T0316423

Menschen und Städte

Kieler Werkstücke

Reihe E:
Beiträge zur Sozial-
und Wirtschaftsgeschichte

Herausgegeben von
Gerhard Fouquet

Band 11

PETER LANG

Frankfurt am Main · Berlin · Bern · Bruxelles · New York · Oxford · Wien

Ulf Dirlmeier

Menschen und Städte

Ausgewählte Aufsätze

Herausgegeben von
Rainer S. Elkar, Gerhard Fouquet
und Bernd Fuhrmann

Unter Mitarbeit
von Christian Hagen

PETER LANG
Internationaler Verlag der Wissenschaften

Bibliografische Information der Deutschen Nationalbibliothek
Die Deutsche Nationalbibliothek verzeichnet diese Publikation in der
Deutschen Nationalbibliografie; detaillierte bibliografische Daten sind im
Internet über http://dnb.d-nb.de abrufbar.

Umschlagabbildung:
Siegel der Christian-Albrechts-Universität zu Kiel.

Die Universität trägt ihren Namen nach ihrem Gründer, dem Herzog
Christian Albrecht von Schleswig-Holstein-Gottorf, der sie im
Jahre 1665 – nur siebzehn Jahre nach dem Ende des Dreißigjährigen
Krieges – für sein Herzogtum ins Leben rief. An diese Zeit erinnert
auch ihr Siegel: Es zeigt eine Frauengestalt mit einem Palmzweig
und einem Füllhorn voller Ähren in den Händen, die den Frieden
versinnbildlicht. Das Siegel trägt die Unterschrift: Pax optima rerum
(Frieden ist das höchste Gut).

Abdruck mit freundlicher Genehmigung
der Christian-Albrechts-Universität zu Kiel.

Gedruckt auf alterungsbeständigem,
säurefreiem Papier.

ISSN 1431-729X
ISBN 978-3-631-62575-0
© Peter Lang GmbH
Internationaler Verlag der Wissenschaften
Frankfurt am Main 2012
Alle Rechte vorbehalten.

Das Werk einschließlich aller seiner Teile ist urheberrechtlich
geschützt. Jede Verwertung außerhalb der engen Grenzen des
Urheberrechtsgesetzes ist ohne Zustimmung des Verlages
unzulässig und strafbar. Das gilt insbesondere für
Vervielfältigungen, Übersetzungen, Mikroverfilmungen und die
Einspeicherung und Verarbeitung in elektronischen Systemen.

www.peterlang.de

Vorwort

Am 21. Februar 2011 verstarb Ulf Dirlmeier. Er bekleidete von 1981 bis 2003 die Professur für mittlere und neuere Geschichte an der Universität Siegen. Sein Tod ist trauriger Anlass, ihn, der sich zeitlebens jeglicher Festschrift beharrlich verweigerte, postum mit der Sammlung seiner ausgewählten Aufsätze und mit Gedanken und Erinnerungen seiner Weggefährten zu ehren.

Wir stellen Schriften Ulf Dirlmeiers, geordnet in fünf Abschnitten, vor, die uns typisch für sein Schaffen als Historiker erscheinen: Begonnen wird mit drei Studien zu den von ihm untersuchten Räumen, in denen Menschen wirtschafteten und politische Entscheidungen auch unter ökonomischem Kalkül trafen, in denen mit Zoll- und Mittelgebirgsschranken ‚gerechnet‘ und mit der kulturellen Andersartigkeit zwischen dem Norden und Süden des spätmittelalterlichen Deutschlands umgegangen werden musste. Dann haben wir drei Aufsätze über die Bedingungen der Lohnarbeit, insbesondere auf den Baustellen des Spätmittelalters, ausgesucht. Die Bauhandwerker, über die vergleichbar viele Quellen überliefert sind, waren überhaupt die von Ulf Dirlmeier hochgeachteten ‚Helden‘ seiner Geschichtsschreibung vom Mittelalter. Dann folgen vier Studien über die Konsumgewohnheiten in spätmittelalterlichen Städten, insbesondere über die von vielen anderen Historikern schon untersuchten, aber von Ulf Dirlmeier teilweise anders und differenzierter beantworteten Zusammenhänge zwischen Ernährung und Bevölkerungsentwicklung, auch über die ökonomischen Rahmenbedingungen spätmittelalterlicher Privathaushalte, über ihren Alltag, materielle Kultur und Lebensgewohnheiten. In einem vierten Kreis sind zwei seiner bekannteren Aufsätze versammelt, zum einen die Studie zur Umweltforschung, eine Fragestellung, die Ulf Dirlmeier überhaupt wieder in die Mittelaltergeschichtsforschung einführte, und zum anderen der großartige Beitrag zu ‚Kommunalpolitischen Zuständigkeiten und Leistungen süddeutscher Städte‘, mithin zu den Problemen der Inneren Urbanisierung. Im fünften und letzten Kreis finden sich vier Arbeiten, die das vertiefte Nachdenken Ulf Dirlmeiers über die spätmittelalterlichen Städte als soziale Körper aufzeigen: Wie formierten sich die städtischen Räte seit Ende des 15. Jahrhunderts in dem konsensgestützten genossenschaftlichen Rahmen zu einer Institution der Herrschaft, die schon die Zeitgenossen des 16. Jahrhunderts Obrigkeit nannten? Welche Möglichkeiten sozialen Aufstiegs – ein weiterer der bekannteren Aufsätze – gab es in einer städtischen Genossenschaft von Bürgern, deren weite soziale Differenzierung in den unterschiedlichen sozialen Gruppen von Anfang an unter den Vorzeichen der Vorherrschaft von Herkunft und Reichtum stand? Die lange gebräuchliche Urkundenformel „wir Bürger reich und arm" meinte dies, was nicht hieß, dass die im Rat sitzenden reichen Geschlechter mit traditionsreichem Herkommen und stadtadligen Lebensformen nicht die ‚Kleinen‘ in der Enge jener Städte ins Kalkül ihres politischen Wollens und Handelns zu ziehen hatten. Warum es überdies in der Zeit um 1525, als der Gemeine Mann in den Dörfern und Kleinstädten aufstand, auch in größeren Kommunen zu Unruhen kam, hat Ulf Dirlmeier stets genauso interessiert wie Ursachen und Bedingungen der Kriege im Mittelalter, auch die Lebensformen von Menschen, insbesondere Städtern, in militärischen Auseinandersetzungen.

Insgesamt haben wir uns bemüht, Untersuchungen auszuwählen, die für das wissenschaftliche Werk Ulf Dirlmeiers charakteristisch sind. In seinem Œuvre waren Dissertation (1965/66) und Habilitationsschrift (1977/78) die Brennpunkte. Hinzu kamen zwei Forschungsrichtungen, die mit dem Blick auf ihre Innovationskraft, zugegebenermaßen aus unserer individuellen Sichtweise, seinem Denken als Historiker Richtung gaben.

Die in Heidelberg auf Anregung Erich Maschkes entstandene, 1966 im Druck erschienene Dissertation über das Verhältnis von Macht und Wirtschaft im Mittelalter kann bereits als magistral bezeichnet werden.[1] Ausgehend von der Beobachtung der beiden weithin ausgeleuchteten Phänomene ‚Wettbewerb' und ‚Staatszweck' beschrieb Ulf Dirlmeier die „Leistungen und Absichten mittelalterlicher Herrschaftsausübung im Bereich der Wirtschaft" als „wirtschaftspolitischen Fiskalismus". In späteren Aufsätzen etwa über ‚Friedrich Barbarossa – auch ein Wirtschaftspolitiker?' (1992) oder über ‚Mittelalterliche Zoll- und Stapelrechte als Handelshemmnisse?' mit einer gegen die bisherige Forschung durchgeführten Neubewertung der Auswirkungen fürstlicher und städtischer Rheinzollpolitik (1987) zeigte Ulf Dirlmeier weitere Aspekte dieser schon allein durch die schwierige Quellenlage, durch die Sprachlosigkeit der Zeitgenossen über ihre oeconomia problembehafteten Anfänge von ‚Wirtschaftspolitik' herrschaftlicher oder kommunaler Ausprägung auf: einerseits rüdester Fiskalismus (gerade bei Fragen von Münze und Geld), anderseits durchaus der Förderung des materiellen Gemeinwohls verpflichtet, stets nur situativ ansetzend, immer lediglich lokal oder regional wirksam.

Der zweite Wurf, die Habilitationsschrift (1978), erwies sich als Geniestreich. Denn es war in den 1970er Jahren in der deutschen Mediävistik noch sehr „eigenwillig", in der Manier der französischen Sozialgeschichtsschreibung „nach dem Verbrauch von Brennholz, Schuhen oder Brot zu forschen und die Anzahl der jährlich verdienten Pfennige zu berechnen". Mit seinem vielzitierten Buch über die Bedingungen spätmittelalterlicher Lohnarbeit in ihrem Verhältnis zu den Lebenshaltungskosten, dem zahlreiche Aufsätze folgten, war Ulf Dirlmeier führend an der Entstehung der Alltagsgeschichte in Deutschland beteiligt. Trotz der Quellenlage für die untersuchten oberdeutschen Städte, die weder eine statistische Absicherung für Verbrauchsmengen und Aufwandskosten noch die Rekonstruktion des Aufwandes auch nur eines einzigen Haushalts einer auf Lohnarbeit angewiesenen Familie zuließ, konnte er beispielsweise die durchschnittliche Fünf-Tage-Arbeitswoche im Spätmittelalter anhand von Baurechnungen auch individuell belegen. Die Unsumme der kirchlichen Feiertage vor der Reformation brachte die auf Tagelohn angewiesenen Arbeiter und Arbeiterinnen um ihren Verdienst, den sie eigentlich bitter benötigten. Den überkommenen Vorstellungen vom Goldenen Zeitalter der Lohnarbeit, genährt vornehmlich von der Historischen Schule der Nationalökonomie, stellte Ulf Dirlmeier nämlich bei allen methodischen Schwierigkeiten klare Erkenntnisse über die keineswegs so günstigen Preisbedingungen des spätmittelalterlichen Konsums (Bier, Wein, Brot, Fleisch) und den verhältnismäßig teuren sonstigen Lebenshaltungskosten (Wohnung und Kleidung) gegenüber.

---

1   Dem Text liegt zugrunde: Gerhard FOUQUET, Ulf Dirlmeier (1938–2011), in: Vierteljahrschrift für Sozial- und Wirtschaftsgeschichte 98 (2011), S. 141–142. Außerdem verweisen wir auf das Schriftenverzeichnis in diesem Band, S. 13.

Das war auch Grund dafür, warum es infolge der Agrarpreisdepression „nicht zu breiterer Ersparnis- und Vermögensbildung innerhalb der Städte" kam.

Der dritte Wurf mit dem Ziel, der mittelalterlichen Ökonomie zumindest eine moderne Wissenschaftssprache zu geben, kam als glücklicher Zufall einer Auftragsarbeit des ‚Südwestdeutschen Arbeitskreises für Stadtgeschichtsforschung' zustande: Die Studie ‚Die kommunalpolitischen Zuständigkeiten und Leistungen süddeutscher Städte im Spätmittelalter (vor allem auf dem Gebiet der Ver- und Entsorgung)' wurde zusammen mit späteren Arbeiten zu einem gleichfalls vielzitierten Vorbild für die junge deutsche Umweltgeschichte vom Mittelalter. Es ging Ulf Dirlmeier dabei nämlich nicht nur um die Zusammenhänge zwischen Wohnen und gewerblichem Wirtschaften im engen Stadtraum, um Abfallentsorgung und Wasserversorgung, mithin um die Anfänge Innerer Urbanisierung, sondern auch um die Gesundheit der Menschen im Verhältnis zu ihren Ernährungsmöglichkeiten, endlich um das Naturverständnis der Zeit.

Im vierten Wurf versammeln sich seine zahlreichen Überlegungen und Ausarbeitungen zur städtischen Sozialgeschichte, zu den ‚großen Hansen' ebenso wie zu den ‚kleinen' Leuten. Paradigmatisch dafür ist der bereits zitierte Aufsatz ‚Merkmale des sozialen Aufstiegs und der Zuordnung zur Führungsschicht in süddeutschen Städten des Spätmittelalters' (1983). In der leider erst spät rezipierten, dennoch für ihre Zeit wegweisenden Studie untersuchte Ulf Dirlmeier zeitgenössisches Wissen um den sehr schwierigen Weg ‚nach oben' in die städtischen Führungseliten, auch das Glück und die Gefahren der Aufsteiger. Reichtum, so sein Fazit, war zwar die Grundlage, aber nicht Wert an sich, sondern „als Mittel zur Verwirklichung der angestrebten Standeserhöhung".

Ulf Dirlmeier regte mit seinem Werk Vieles an, ohne eine Schule um sich geschart zu haben. Das wollte er nie. Er selbst sah sich in der Tradition der Wirtschafts- und Sozialgeschichtsschreibung Erich Maschkes, den er stets auch kritisch bewunderte. Deshalb haben wir dieser Gedächtnisschrift in Anlehnung an den 1980 erschienenen Band ‚Städte und Menschen', der die einschlägigen Beiträge Erich Maschkes zwischen 1959 und 1977 enthält, den Titel ‚Menschen und Städte' gegeben, auch weil für Ulf Dirlmeier die einzelnen Menschen stets wichtiger als die Institutionen waren.

Das Erscheinen des Bandes haben viele Wohlmeinende und zahlreiche helfende Hände ermöglicht. Zuvörderst bedanken wir uns bei Frau Dr. Imma Kilian. Sie hat uns freundlicherweise wie zuvor schon die Verlage die Abdruckerlaubnis für die nachfolgenden Texte ihres Bruders gegeben. Dank sagen wir allen Beiträgerinnen und Beiträgern, Kolleginnen, Kollegen, Schülern und beruflich eng verbundenen Menschen, die ihre anfänglichen Sorgen über ein allzu persönliches Wort der Erinnerung überwinden konnten. Sehr herzlich bedanken wir uns bei Frau Franka Zacharias und Herrn Christian Hagen, M. A., auch bei den weiteren Mitarbeiterinnen und Mitarbeitern der Kieler Professur für Wirtschafts- und Sozialgeschichte, für ihren großen Einsatz bei der Einrichtung der Texte.

Kiel-Siegen, Pfingsten 2012

Rainer S. Elkar, Gerhard Fouquet und Bernd Fuhrmann

Inhaltsverzeichnis

Vorwort 7

Ausgewählte Schriften Ulf Dirlmeiers

Bibliographische Nachweise.. 15

I. Räume und Wirtschaft.. 17

Friedrich Barbarossa – auch ein Wirtschaftspolitiker?....................................... 19

Mittelalterliche Zoll- und Stapelrechte als Handelshemmnisse?........................ 37

Zu den Beziehungen zwischen oberdeutschen und norddeutschen Städten im
Spätmittelalter 57

II. Lohnarbeit und materielle Kultur.. 71

Zu Arbeitsbedingungen und Löhnen von Bauhandwerkern im Spätmittelalter 73

Zu den Bedingungen der Lohnarbeit im spätmittelalterlichen Deutschland 87

Zum städtischen Bauwesen der frühen Neuzeit. Ein Ausschnitt aus der
Alltagswirklichkeit am Beispiel der Stadt Siegen 113

III. Alltag, Konsum und materielle Lebensbedingungen.................................... 129

Die Ernährung als mögliche Determinante der Bevölkerungsentwicklung 131

Zum Problem von Versorgung und Verbrauch privater Haushalte im
Spätmittelalter 143

Alltag, materielle Kultur, Lebensgewohnheiten im Spiegel spätmittelalterlicher
und frühneuzeitlicher Abrechnungen... 173

Zu den materiellen Lebensbedingungen in deutschen Städten des Spätmittelalters:
Äußerer Rahmen, Einkommen, Verbrauch.. 191

IV. Umweltforschung und Probleme der Inneren Urbanisierung........................ 217

Historische Umweltforschung aus der Sicht der mittelalterlichen Geschichte 219

Die kommunalpolitischen Zuständigkeiten und Leistungen süddeutscher Städte
im Spätmittelalter (vor allem auf dem Gebiet der Ver- und Entsorgung)................. 235

V. Die Stadt im Spätmittelalter: Genossenschaft und Herrschaft...................... 273

Obrigkeit und Untertan in den oberdeutschen Städten des Spätmittelalters. Zum
Problem der Interpretation städtischer Verordnungen und Erlasse 275

Merkmale des sozialen Aufstiegs und der Zuordnung zur Führungsschicht in
süddeutschen Städten des Spätmittelalters 287

Stadt und Bürgertum. Zur Steuerpolitik und zum Stadt-Land-Verhältnis................. 321

Die Kosten des Aufgebots der Reichsstadt Rothenburg ob der Tauber im
Schweizerkrieg von 1499... 341

Erinnerungen an Ulf Dirlmeier

Kurt Andermann
Erinnerungen an Ulf Dirlmeier 357

Jens Aspelmeier
Condicio sine qua non 359

Hans-Peter Becht
Ja, das ist es! 361

Manfred Clauss
Heidesand und Contenance 363

Ute Daniel
Erinnerung an Ulf Dirlmeier in den Dolomiten 365

Rainer S. Elkar
Sag' niemals Tschüss! 367

Gerhard Fouquet
„UD" – Erinnerungen an einen Historiker und Freund 369

Bernd Fuhrmann
Erinnerte Momente 371

Peter Funke
Kollegialität und Freundschaft 373

Volker Hirsch
Erinnerungen eines Siegener „Historikerfabrikats" 375

Guido Lammers
„Ich würde Ihnen folgenden Rat geben..." 377

Jürgen Reulecke
Mit Ulf Dirlmeier in der „Historikerfabrik" Siegen 379

Johann Peter Schäfer
Begegnungen mit Ulf Dirlmeier 383

Harald Witthöft
Ulf Dirlmeier in Siegen 385

Anhang

Ulf Dirlmeier (1938–2011) – Schriftenverzeichnis 389

Abkürzungs- und Siglenverzeichnis 395

Ausgewählte Schriften Ulf Dirlmeiers

Bibliographische Nachweise

I. Räume und Wirtschaft

Friedrich Barbarossa – auch ein Wirtschaftspolitiker?, in: Alfred HAVERKAMP (Hrsg.), Friedrich Barbarossa. Handlungsspielräume und Wirkungsweisen des staufischen Kaisers (Vorträge und Forschungen, 40), Sigmaringen 1992, S. 501–518.

Mittelalterliche Zoll- und Stapelrechte als Handelshemmnisse?, in: Hans POHL (Hrsg.), Die Auswirkungen von Zöllen und anderen Handelshemmnissen auf Wirtschaft und Gesellschaft vom Mittelalter bis zur Gegenwart (Vierteljahrschrift für Sozial- und Wirtschaftsgeschichte, Bh. 80), Stuttgart 1987, S. 19–39.

Zu den Beziehungen zwischen oberdeutschen und norddeutschen Städten im Spätmittelalter, in: Werner PARAVICINI (Hrsg.), Nord und Süd in der deutschen Geschichte des Mittelalters (Kieler Historische Studien, 34), Sigmaringen 1990, S. 203–217.

II. Lohnarbeit und materielle Kultur

Zu Arbeitsbedingungen und Löhnen von Bauhandwerkern im Spätmittelalter, in: Rainer S. ELKAR (Hrsg.), Deutsches Handwerk in Spätmittelalter und Früher Neuzeit. Sozialgeschichte – Volkskunde – Literaturgeschichte (Göttinger Beiträge zur Wirtschafts- und Sozialgeschichte, 9), Göttingen 1983, S. 35–54.

Zu den Bedingungen der Lohnarbeit im spätmittelalterlichen Deutschland, in: Annalisa GUARDUCCI (Hrsg.), Forme ed evoluzione del lavoro in Europa: XIII–XVIII secc. (Istituto internazionale di storia economica ‚F. Datini' Prato, serie II, 13), Florenz 1991, S. 521–558.

Zum städtischen Bauwesen der frühen Neuzeit. Ein Ausschnitt aus der Alltagswirklichkeit am Beispiel der Stadt Siegen, in: Ulf DIRLMEIER/Rainer S. ELKAR/Gerhard FOUQUET (Hrsg.), Öffentliches Bauen in Mittelalter und früher Neuzeit. Abrechnungen als Quellen für die Finanz-, Wirtschafts- und Sozialgeschichte des Bauwesens (Sachüberlieferung und Geschichte, 9), St. Katharinen 1991, S. 348–367.

III. Alltag, Konsum und materielle Lebensbedingungen

Die Ernährung als mögliche Determinante der Bevölkerungsentwicklung, in: Bernd HERRMANN/Rolf SPRANDEL (Hrsg.), Determinanten der Bevölkerungsentwicklung im Mittelalter, Weinheim 1987, S. 143–154.

Zum Problem von Versorgung und Verbrauch privater Haushalte im Spätmittelalter, in: Alfred HAVERKAMP (Hrsg.), Haus und Familie in der spätmittelalterlichen Stadt (Städteforschung, A, 18), Köln-Wien 1984, S. 257–288.

Alltag, materielle Kultur, Lebensgewohnheiten im Spiegel spätmittelalterlicher und frühneuzeitlicher Abrechnungen, in: Mensch und Objekt im Mittelalter und in der frühen Neuzeit. Leben – Alltag – Kultur (Österreichische Akademie der Wissenschaften, phil.-hist. Kl. SB 568: Veröffentlichungen des Instituts für Realienkunde des Mittelalters und der frühen Neuzeit, 13), Wien 1990, S. 157–180.

Zu den materiellen Lebensbedingungen in deutschen Städten des Spätmittelalters: Äußerer Rahmen, Einkommen, Verbrauch, in: Reinhard ELZE/Gina FASOLI (Hrsg.), Stadtadel und Bürgertum in den italienischen und deutschen Städten des Spätmittelalters (Schriften des Italienisch-Deutschen Historischen Instituts in Trient, 2), Berlin 1991, S. 59–88.

IV. Umweltforschung und Probleme der Inneren Urbanisierung

Historische Umweltforschung aus der Sicht der mittelalterlichen Geschichte, in: Siedlungsforschung. Archäologie – Geschichte – Geographie 6 (1988), S. 97–111.

Die kommunalpolitischen Zuständigkeiten und Leistungen süddeutscher Städte im Spätmittelalter (vor allem auf dem Gebiet der Ver- und Entsorgung), in: Jürgen SYDOW (Hrsg.), Städtische Versorgung und Entsorgung im Wandel der Geschichte (Stadt in der Geschichte, 8), Sigmaringen 1981, S. 113–150.

V. Die Stadt im Spätmittelalter: Genossenschaft und Herrschaft

Obrigkeit und Untertan in den oberdeutschen Städten des Spätmittelalters, in: Werner PARAVICINI/Karl Ferdinand WERNER (Hrsg.), Histoire comparée de l'administration (IVe-XVIIIe siècles) (Beihefte der Francia, 9), München 1980, S. 437–449.

Merkmale des sozialen Aufstiegs und der Zuordnung zur Führungsschicht in süddeutschen Städten des Spätmittelalters, in: Hans-Peter BECHT (Hrsg.), Pforzheim im Mittelalter. Studien zur Geschichte einer landesherrlichen Stadt (Pforzheimer Geschichtsblätter, 6), Sigmaringen 1983, S. 77–106.

Stadt und Bürgertum. Zur Steuerpolitik und zum Stadt-Land-Verhältnis, in: Horst BUSZELLO/Peter BLICKLE/Rudolf ENDRES (Hrsg.), Der deutsche Bauernkrieg, Paderborn-München-Wien-Zürich 1984, S. 254–280.

Die Kosten des Aufgebots der Reichsstadt Rothenburg ob der Tauber im Schweizerkrieg von 1499, in: Bernhard KIRCHGÄSSNER/Günter SCHOLZ (Hrsg.), Stadt im Krieg (= Stadt in der Geschichte, 15), Sigmaringen 1989, S. 27–39.

I. Räume und Wirtschaft

Friedrich Barbarossa – auch ein Wirtschaftspolitiker?

Spätestens seit Johannes Frieds eingehender Untersuchung über Kaiser Friedrichs I. Wirtschaftspolitik in Deutschland kann es nicht mehr a priori als anstößig gelten, den Staufer und „Wirtschaft" in einem Atemzug zu nennen[1]. Ich halte dies für einen wirklichen Forschungsfortschritt, aber nicht für einen Freibrief, um unbesehen wirtschaftliche Triebkräfte als das eigentliche politische Movens der Zeit zu unterstellen. Mein nachfolgender Beitrag verzichtet darauf, den sehr vollständigen Katalog von Barbarossas Wirtschaftsmaßnahmen nördlich der Alpen, den Fried erarbeitet hat, in neuer Anordnung zu wiederholen, und versucht nicht, seine Ergebnisse umzukehren. An sie anknüpfend, geht es mir in erster Linie um die Rahmenbedingungen der wirtschaftlich relevanten Maßnahmen, um das grundsätzliche Verhältnis von Staat und Wirtschaft im 12. Jahrhundert und um die Vertrautheit des Stauferhofs mit Wirtschaftstatbeständen. Das erfordert teilweise etwas weiter ausholende Argumentationen.

Auch in den Jahrhunderten vor den Staufern kann es eine von den Realitäten abgelöste, gewissermaßen abstrakte Kaiser- oder Reichspolitik nie gegeben haben. Allein schon die Vorbereitung eines größeren Italienzugs mit ihren logistischen Sachzwängen[2] muß zu Überlegungen und Maßnahmen geführt haben, die im weitesten Sinn mit „Wirtschaft" in der heutigen Wortbedeutung zu tun haben. Es ist aber gar nicht zu bezweifeln, daß im 12. Jahrhundert, besonders in dessen zweiter Hälfte, die Voraussetzungen für ein engeres Verhältnis von Herrschaft und Wirtschaft, auch auf Reichsebene, so günstig waren wie kaum zuvor[3]. Einige Handbuchschlagwörter müssen hier zur Illustrierung der hochmittelalterlichen Auf[502]bruchsphase ausreichen[4]: Das sich zu seinen höchsten Zuwachsraten beschleunigende Bevölkerungswachstum bildet den Basisfaktor. Ermöglicht beziehungsweise gefördert werden dadurch die Intensivierung des Landesausbaus im Inneren, der Beginn der politischen Expansion Europas, die Ausweitung und Verdichtung des Handels auch nördlich der Alpen, die Entstehung und Ausbreitung neuer Formen des Gemeinschaftslebens – die Stadtgemeinde – und vor allem auch: Die unaufhaltsame Rückkehr und Bedeutungszunahme des Geldwesens, das im frühen Mittelalter zwar nicht völlig verschwunden, aber doch deutlich geschrumpft war. Für die Zeit um 800 können die Vorschriften des Capitulare de villis zur Bewirtschaftung der Königshöfe als Ausdruck des herrscherlichen Reform- und

---

1   J. FRIED, Die Wirtschaftspolitik Friedrich Barbarossas in Deutschland, in: BDLG 120 (1984), S. 195–239. Vgl. auch U. DIRLMEIER, Staatliche Gewalt und Wirtschaft im Deutschen Reich des 12. Jahrhunderts, in: Siegener Studien 36 (1984), S. 12–18.

2   Zur Logistik der Italienzüge siehe C. BRÜHL, Fodrum, Gistum, Servitium Regis. Studien zu den wirtschaftlichen Grundlagen des Königtums im Frankenreich und in den fränkischen Nachfolgestaaten Deutschland, Frankreich und Italien vom 6. bis zur Mitte des 14. Jahrhunderts I–II, 1968, I, S. 656f.

3   Zur Komplizierung der Königsherrschaft im wirtschaftlichen und gesellschaftlichen Bereich: H. PATZE, Herrschaft und Territorium, in: Die Zeit der Staufer. Katalog der Ausstellung, III, 1977, S. 35–49, hier S. 47. H. LÖWE, Die Staufer als Könige und Kaiser, in: ebd., S. 21–34, hier S. 23.

4   Die gängigen Handbuch-Übersichten werden als bekannt vorausgesetzt. Lesenswert sind die Ausführungen von H. BOOCKMANN, Stauferzeit und spätes Mittelalter. Deutschland 1125–1517, 1987, S. 14–36.

Fortschrittswillens interpretiert werden[5]. Dagegen erscheinen Eigenwirtschaft und Naturalabgaben im vieldiskutierten Tafelgüterverzeichnis um die Mitte des 12. Jahrhunderts als ausgesprochen archaische Reliktformen[6]. Geld ist also zur Voraussetzung für eine erfolgreiche Herrschaftsausübung geworden[7]: Damit besteht für die Inhaber hoheitlicher Gewalt auch nördlich der Alpen, unabhängig von eigenen Einsichten, eine geradezu zwingende Notwendigkeit, sich mehr und gründlicher als zuvor mit dem Wirtschaftssektor zu befassen, für den es eine eigenständige Fachterminologie damals noch nicht gegeben hat.

Diese Annäherung von Herrschaft und Wirtschaft läßt sich für das 12. Jahrhundert nicht nur durch Fakten nachweisen, sondern meiner Ansicht nach auch auf einer gewissermaßen vortheoretischen Ebene. Dabei ist besonders an die zeitgenössischen Vorstellungen über Umfang und Inhalt des Staatszwecks zu denken, die mir in diesem Zusammenhang besonders wichtig sind: Denn nur, wenn der Nachweis gelingt, daß Hoheitsträger eben nicht auf eine eng gefaßte, rein defensive Rechts- und Friedenswahrung beschränkt waren[8], wird es möglich und zulässig, aus Einzelfakten auf bewußte Eingriffe im Bereich der Wirtschaft und dabei maßgebliche Motive zu schließen – auch wenn diese in den Quellen nicht ausdrücklich überliefert werden.

Vor dem breiteren Einsetzen staatstheoretischer Schriften im 13. Jahrhundert findet man Hinweise auf die zeitgenössischen Ansichten über den Staatszweck vor allem in den Arengen von Königsdiplomen und Fürstenurkunden[9]. Dem bloßen Wortlaut nach scheint gar kein Zweifel daran möglich, daß gerade auch bei hoheitlichen Maßnahmen mit wirtschaftlichen Bezügen – wie zum Beispiel bei Stadt- und Marktrechtverleihungen, Zoll- und Münzprivilegien – besonders das Wohlergehen der Beherrschten intendiert war. Ausdrücke, die in diesem [503] Zusammenhang häufig vorkommen, sind beispielsweise: *communis utilitas, bonum commune, utilitas reipublicae, commoda subjectorum, bonus Status terrae...* Weil solche Formulierungen in den Urkunden über Jahrhunderte fast stereotyp wiederkehren und ihr gedanklicher Gehalt offensichtlich auf die spätantike Gesetzgebung zurückzuführen ist, wurde ihr Quellenwert lange bestritten. Erst Heinrich Fichtenau forderte, die Arenga ernst zu nehmen als „wichtigste Maximen des ethischen und politischen Handelns der Regierenden"[10].

Es soll nicht bestritten werden, daß die Verpflichtungen des Herrschers gegenüber *res publica* und *communis hominum utilitas* in den Arengen hochmittelalterlicher Urkunden vielfach ganz vage und allgemein gefaßt sind, beispielsweise in vielen Diplomen der Salierkaiser. Es ist ferner auch ganz offensichtlich, daß sich die Ansicht vom eng begrenzten mittelalterlichen Staatszweck gut belegen läßt, beispielsweise in einer Urkunde Heinrichs des Löwen von 1171, in der Förderung von *pax et securitas* der

---

5   E. ENNEN et al., Deutsche Agrargeschichte, 1979, S. 14f. u. 138, mit weiteren Literaturhinweisen.

6   BRÜHL (wie Anm. 2), S. 185ff., bes. 195. DERS. et al., Das Tafelgüterverzeichnis des römischen Königs, 1979, S. 21 u. 24.

7   Siehe unten S. 509f.

8   In der neueren Forschung noch A. NITSCHKE, Naturerkenntnis im Zeitalter der Staufer, in: Die Zeit der Staufer (wie Anm. 3), III, S. 231–238, hier S. 233. Zur älteren Lit. siehe U. DIRLMEIER, Mittelalterliche Hoheitsträger im wirtschaftlichen Wettbewerb, 1966, S. 180–185.

9   DIRLMEIER (wie Anm. 1), S. 13. DERS. (wie Anm. 8), S. 182f.

10   H. FICHTENAU, Arenga. Spätantike und Mittelalter im Spiegel von Urkundenformeln, 1957, S. 8.

Untertanen als Herrscherpflicht bezeichnet wird. Ganz entsprechend wird im ersten nachkarolingischen Fürstenspiegel, dem Policraticus des Johann von Salisbury (1159), Allgemeinwohl durch die Rechtswahrung des Herrschers garantiert[11] Im folgenden geht es aber nicht um einen repräsentativen Querschnitt aller Arenga-Aussagen zum hochmittelalterlichen Staatszweck. Vielmehr ist meine Beispielauswahl bewußt einseitig ausgerichtet auf Allgemeinwohl-Verpflichtungen mit konkreterem Inhalt, die freilich nicht gleichsetzbar sind mit Belegen für eine tatsächliche Wirtschaftspolitik.

So wird etwa im Lehnsgesetz Lothars III. von 1136 formuliert: *Imperialis benevolentie proprium iudicamus commoda subiectorum investigare et eorum diligenti cura mederi calamitatibus simulque publicum bonum statum ac dignitatem imperii omnibus privatis commodis preponere*[12]. Vorteile der Untertanen, Abstellung von Unzuträglichkeiten, allgemeiner Wohlstand und Würde des Reichs – hier werden also offensichtlich Herrscherpflichten und Lebensumstände der Untertanen auf eine Linie gebracht. Aber soll man das wörtlich nehmen? Die Beobachtung, daß der erste Teil dieser Arenga ein Zitat aus dem Codex Justinianus ist, kann für sich allein noch kein schlagendes Gegenargument sein. Wohl aber die folgende Überlegung: Ein so umfassender, auf das gleichmäßige Wohlergehen aller „Untertanen" bezogener Staatszweck kann zwar vom spätantiken (und danach wieder vom neuzeitlichen) Flächen- und Anstaltsstaat gefordert werden, aber kaum vom mittelalterlichen Personenverbandsstaat mit seinen individuellen Treueverhältnissen[13]. Die Übernahme der spätantiken Herrscherauffassung im Hochmittelalter wäre demnach wirklich ein inhaltsleeres Formelzitat?

[504] Dieser naheliegende Einwand läßt sich wohl entkräften durch die Beobachtung, daß durchaus eine den Besonderheiten hochmittelalterlicher Staatlichkeit angepaßte Modifizierung entwickelt wurde: Mit Hilfe einer Art do-ut-des-Prinzips konnte der spätantike Grundsatz, einer gleichmäßig übergreifenden Herrscherverantwortung eingeschränkt werden. Ausführlich und mit ganz konkretem Hintergrund werden beispielsweise in dem bekannten Privileg Heinrichs IV. für Worms (1074) die engen Bindungen der Bürger an den Herrscher als Grund für die Förderung ihrer *utilitas* herausgestellt. Dieser Gedankengang wird wiederholt in Heinrichs V. Urkunde von 1114 ebenfalls für Worms, und später hat auch Friedrich II. Städteprivilegien wie das für Goslar (1219) als *remuneratio* für geleistete Dienste bezeichnet[14]. Geradezu als leitmotivisch aber begegnet das Wechselseitigkeitsverhältnis zwischen Herrscher und Beherrschten als Begründung für Privilegienerteilungen bei Friedrich I., nördlich wie südlich der Alpen. Nur einige wenige Beispiele: Pisa erhielt 1155 sein Münzprivileg wegen der breit aufgezählten, besonderen Verdienste der Stadt. Ein Schutzprivileg für Wibald von Stablo gegen Bedrückungen seines Besitzes durch einen Adligen wird

---

11   MGH DDHdL 88, S. 130ff. (1171). W. BERGES, Die Fürstenspiegel des hohen und späten Mittelalters (ND der Ausgabe 1938), 1952, S. 151 zu Joh. v. Salisbury.

12   MGH DDLIII 105. MGH Const. 1 Nr. 120.

13   PATZE (wie Anm. 3), S. 38. A. HAVERKAMP, Herrschaftsformen der Frühstaufer in Reichsitalien, I–II, 1970–1971, S. 668.

14   MGH DDHIV 267. Quellen zur deutschen Verfassungs-, Wirtschafts- und Sozialgeschichte bis 1250, Hg. L.WEINRICH (AQ 32), 1977. 33 (1074) u. 48 (1114). Elenchus Fontium Historae Urbanae, Hg. B. DIESTELKAMP, I, 1967, Nr. 122 (Goslar).

ausgestellt, weil es der Kaiser für richtig und angemessen hält, *ut persone, que imperio nostro promptiori devotione obsequantur et a nobis artius diligantur...* Und wer wollte angesichts von Wibalds Verdiensten um das Reich in diesem Fall den Realitätsbezug der Arenga bestreiten! In dem Privileg für Cremona von 1159 heißt es, zwar seien *alle* fideles der Zuwendung des Kaisers würdig, aber besonders gern reiche er die *victricem dexteram imperiale potentie* denen, deren besondere Treue ihm bewiesen worden sei; auch Genua erhielt 1162 seine Handelsvorrechte als besondere Belohnung für besondere Dienste[15]. Dieses Motiv des belohnenden und beschenkenden Herrschers ist in Friedrichs nächster Umgebung bezeichnenderweise auch literarisch ausformuliert worden. Otto von Freising läßt Barbarossa im Jahr 1155 an die Unterhändler der Stadt Rom unter anderem folgende Worte richten: *Regaliter et magnifice hactenus mea cui libuit et quantum decuit et precipue bene de me meritis dare consuevi.* Und Friedrich beansprucht, diese von den Vorfahren übernommene Gewohnheit bisher auch bewahrt zu haben: *hunc ... a divis parentibus meis acceptam servavi morem...*[16].

Als weiterer Anlaß für Maßnahmen herrscherlicher Zuwendung wird bei Friedrich I. eine besonders enge Hinwendung der Empfänger zum Reich erkennbar. So erklärt er in dem Privileg zum Wiederaufbau des castrum Medicina (bei Bologna) zwar ausdrücklich seine Verantwortung für alle Bewohner seines Reichs, fährt dann aber fort: *eorum tamen necessitatibus intendimus specialiter qui iure strictiori nostro imperio coniunguntur.* Und auch die [505] Wormser Juden erhielten ihr Privileg 1157 mit der Begründung: *Quia ergo volumus, ut de omni iusticia ad nos tantum habeant respicere...*[17].

Die pauschale herrscherliche Pflicht zur Wahrung oder Herstellung des Allgemeinwohls kann nach zeitgenössischer Auffassung also einschränkend, dabei aber an Intensität zunehmend, an ein besonderes Treue- oder Rechtsverhältnis gebunden sein. Das mag zwar wie ein Topos wiederholt werden, hat aber seinen ganz realen Bezug zu der bekannten Verfassungswirklichkeit des Reichs – darauf wird abschließend nochmals einzugehen sein[18]. Darüber hinaus fällt auf, daß bei den angeführten Beispielen – und in zahlreichen weiteren Fällen – den einleitenden Urkundenformulierungen über Fürsorgepflichten des Herrschers (der „Staatsgewalt") gegenüber den Beherrschten auch tatsächlich Verfügungen folgen, die ganz oder teilweise wirtschaftliche Tatbestände betreffen und eindeutig über eine eng gefaßte Rechts- und Friedenssicherung als einzigem Staatszweck hinausreichen. Diese Beobachtung von Sinnzusammenhängen zwischen einleitender Begründung und Urkundeninhalt läßt sich zusätzlich belegen. Dabei geht es weiterhin, um daran zu erinnern, nicht so sehr um den Nachweis konkreter wirtschaftspolitischer Ansätze, sondern vorrangig um den möglichen Umfang der herrscherlichen Zuständigkeit und um den tatsächlichen Sinngehalt der auf öffentliches Wohl und Rechtswahrung bezogenen Ausdrücke wie *communis utilitas,*

---

15   MGH DFI 119 (Pisa 1155); 180 (Privileg für Wibald, von dem das Diktat stammt, 1157); 261
        (Cremona, 1159); 367 (Genua, 1162).
16   Gesta Frederici II, 32 = Otto von Freising und Rahewin, Die Taten Friedrichs, ed. F.-J. SCHMALE
        (AQ 17), 1965, S. 350, Z. 28–32.
17   MGH DFI 104 (Medicina) u. 166 (Wormser Juden).
18   Siehe unten S. 516.

bonum publicum, Status bonus, iura, iusticia und ähnliche im 12. Jahrhundert und speziell bei Friedrich I.

So begründet der Kaiser eine Zollbefreiung für die Regensburger Donaubrücke (1182) mit dem Nutzen des Bauwerks für die Allgemeinheit, und in einem Privileg für Cremona (1176) werden die Handelsrechte der Stadt als *commoditates et utilitates sive usantias* bezeichnet[19]. Auf die *communis utilitas* beruft sich auch Friedrichs Privileg für den Basler Bischof (1154), in dem eine Verbesserung der Basler Münze verfügt wurde. Hier ist nun besonders zu beachten, daß in der – nach den Beobachtungen der Herausgeber – gleichzeitig ausgefertigten Besitzbestätigung für den Bischof von Genf die *communis-utilitas*-Passagen der Arenga eben nicht übernommen worden sind[20]. In einem Zollprivileg für Goslar von 1188 wird die Befreiung von Unrechtsmaßnahmen und Bedrückungen durch Zollmißbräuche *(iniuriis et angariis)* auf den *statum bonum* der Bürger bezogen. Noch entschiedener formuliert findet sich der Gedanke des Zusammenhangs von Fürsorge, Wohlergehen der Beherrschten und Eingriffen des Kaisers in das Zollwesen in Friedrichs I. viel zitiertem Erlaß zur Aufhebung der Mainzölle von 1157. Zur Begründung der Maßnahme heißt es da unter anderem: *...quia ex assumpte* [506] *potestatis debito patientibus iniuriam nostrum est prebere solatium...*[21]. Herrscherliche Zollregulierung also eine Unterstützung unrechtmäßig Geschädigter – hier werden, wie ich meine, zeitgenössische Vorstellungen erkennbar, wonach Zusammenhänge bestehen können zwischen der Rechts- und Friedenswahrung durch das Reichsoberhaupt und einem durchaus konkret, materiell aufzufassenden Allgemeinwohl. Das bestätigt wohl am nachdrücklichsten die Arenga zu Friedrichs I. Verfügung über Flußbaumaßnahmen am Niederrhein (1165). Als seine Herrschaftpflicht bezeichnet er hier *ut necessitates rei publice semper pre oculis et manibus habeamus...,* und daraus wird als Folgerung gezogen: *Tunc enim honor imperii* (!) *recto tramite incedit et in meliorem statum roboratur, quando et salutis totius patrie utiliter providetur et necessitatibus pauperum misericorditer subvenitur*[22]. Wenn der *honor imperii,* das Wohlergehen des ganzen Landes und die Bedürfnisse der Untertanen auf eine Linie gebracht werden, wird hier also zumindest dem Anspruch nach die Kompetenz des Herrschaftsträgers auch auf die materielle Existenz der Beherrschten ausgedehnt und unter Berufung darauf werden tatsächlich wirtschaftsrelevante Maßnahmen getroffen. Die unbestritten vorrangige Pflicht der hochmittelalterlichen Staatsgewalt zur Rechts- und Friedenswahrung hat offensichtlich zumindest eine verbale Ausweitung des Staatszwecks nicht unmöglich gemacht[23]. Mehr noch: Die Beispiele für Friedrichs

---

19   MGH DFI 831 (Regensburg). Dazu F. OPLL, Stadt und Reich im 12. Jahrhundert (1125–1190), 1986, S. 141f. DFI 653 (Cremona).

20   MGH DFI 67 u. 69. Dazu E. NAU, Münzen und Geld in der Stauferzeit, in: Die Zeit der Staufer (wie Anm. 3), III, S. 87–102, hier S. 94.

21   MGH DFI 983 (Goslar) (wie Anm. 19), S. 83, Das Zollprivileg wird unmittelbar auf den *statum bonum* der Stadt bezogen. DFI 167 (Mainzölle). Dazu FRIED (wie Anm. 1), S. 207.

22   MGH DFI 496. Zur Sorge des Herrschers für materiellen Wohlstand vgl. FRIED (wie Anm. 1), S. 202. Zum *honor imperii* siehe unten Anm. 32.

23   H. APPELT, Friedrich Barbarossa und die italienischen Kommunen, in: Friedrich Barbarossa, Hg. G. WOLF, 1975 (Erstdruck in MIÖG 72, 1964, S. 311–325), S. 83–103, hier S. 84 mit der zutreffenden Feststellung, alles politische Handeln sei im Mittelalter an die Idee von Recht und Gerechtigkeit gebunden gewesen. Man kann dies aber nicht in der Weise umkehren, Recht und Ge-

Vorgehen gegen willkürliche Zollerhebungen als *iniuria* zeigen, daß gerade die Rechtswahrung der Reichsgewalt die Möglichkeit eröffnet, jedenfalls als Ordnungsfaktor auch im Bereich der Wirtschaft Verantwortung zu übernehmen. Dies gilt genauso für die Friedenswahrung, die ja schon mit der regelmäßigen Zuordnung der Kaufleute zum Kreis der besonders geschützten Personen einen wichtigen Wirtschaftszweig, den Handel, berücksichtigt. Dieser ganz allgemeine Bezug wird im Landfrieden Friedrichs I. von 1152 konkreter. Hier findet man bekanntlich die Vorschrift, daß in jeder Landschaft im Spätsommer der zuständige Graf mit sieben Beratern eine nach den Zeitumständen angemessenen Getreidepreis festzusetzen habe. Ein Verkauf über diesen Preis gilt als *Friedensbruch*[24]. Als Reaktion auf die Hungersnot von 1151 war dieser Reglementierungsversuch nach modernen marktwirtschaftlichen Maßstäben sicher nicht sinnvoll, und mit den organisatorischen Mitteln der damaligen Zeit war er auch sicher nicht durchsetzbar. Darauf kommt es hier aber nicht an. Wichtiger ist die Beobachtung, wie die Pflicht zur Friedenswahrung den Herrscher sogar zu einem – wenn auch rudimentären – Ansatz [507] staatlicher Preispolitik legitimiert und wie selbstverständlich diese Pflicht zum Schutz des Friedens auch gegenüber Preiswucher zum Tragen kommt, einem Tatbestand also, den wir als Wirtschaftsdelikt einordnen würden. Natürlich war Landfriedenspolitik im Hochmittelalter und auch später nie in erster Linie Wirtschaftspolitik[25]. Man wird aber auch den Menschen des 12. Jahrhunderts so viel Realitätssinn zugestehen müssen, daß ihnen der enge Zusammenhang zwischen gesichertem Frieden und materieller Prosperität nicht entgangen ist. Das bestätigen auch erzählende Quellen der Zeit. Ekkehard von Aura schildert, wie dem Bruch des Gottesfriedens im Reich zu Anfang des 12. Jahrhunderts Entvölkerung, Lebensmittelmangel und Teuerung nachgefolgt sind. Helmold von Bosau dagegen erklärt mit der erreichten Friedenssicherung das Bevölkerungswachstum (incrementum) im Lande Wagrien und die tägliche Zunahme *(crescebit in singulos dies)* des Lübecker Marktverkehrs[26].

Die Wahrung von Recht und Frieden als vorrangige Aufgabe steht, so gesehen, in keinerlei Widerspruch zu der Annahme, Friedrich Barbarossas Herrscherpflichten hätten grundsätzlich auch die Förderung des materiellen Gemeinwohls umfaßt. Da ja gerade „die Wirtschaft", voran Handel und Verkehr, auf ein Mindestmaß an Sicherheit und Rechtlichkeit angewiesen sind[27], kann man die kaiserliche Friedenswahrung durchaus als zeitadäquates Mittel auffassen, eine auch konkret gedachte *publica utilitas* zu mehren. Der Versuch, dem hochmittelalterlichen Reich wegen seiner überwiegenden Ordnungsfunktionen weiterreichende Kompetenzen, einen „positiven Staats-

---

setz seien der einzige Inhalt mittelalterlicher Politik gewesen.

24   MGH DFI 25. Der Hinweis auf die Hungersnot von 1151 findet sich in der Vorbemerkung der Herausgeber.

25   Ich sehe daher auch keinen Widerspruch zu FRIED (wie Anm. 1), S. 226, der den friedenswahrenden Charakter der Maßnahmen stärker hervorhebt. Zum Schutz der Bevölkerung durch Landfrieden siehe LÖWE (wie Anm. 3), S. 24.

26   Ekkehard Chronica III u. IV (zu Heinrich V.) = Frutolfs und Ekkehards Chroniken, ed. F.-J. SCHMALE et al. (AQ 15), 1972, S. 324, 326, 362 (zu 1116 u. 1123). Helmoldi Chronica Slavorum c.71 = Helmold v. Bosau, Slawenchronik, ed. H. STOOB (AQ 19), 1963, S. 252 (zu 1151).

27   Dazu G. RÖSCH, Venedig und das Reich. Handels- und verkehrspolitische Beziehungen in der deutschen Kaiserzeit, 1982, S. 47f.

zweck", überhaupt abzusprechen, geht von unrichtigen Voraussetzungen aus[28]. Übersehen wird dabei vor allem, wie umfassend diese Ordnungsfunktionen zeitgenössisch gesehen wurden. Schon in karolingischer Zeit läßt sich die Vorstellung nachweisen, daß ein pflichtvergessener Herrscher die Weltordnung ins Wanken bringt mit der Konsequenz von Erdbeben, Seuchen, Hungersnöten. Umgekehrt garantiert ein Reichsoberhaupt wie Karl der Große nicht nur Friede und Eintracht, sondern darauf beruhend auch Überfluß und Freude für alle[29]. Ganz ähnliche Auffassungen werden durch die oben angeführten Stellen aus Ekkehard von Aura und Helmold von Bosau auch für das 12. Jahrhundert belegt. Das Recht wurde eben im Mittelalter als eine umfassende, über den Menschen stehende Ordnung gesehen, und entsprechend weit konnte unter diesem Überbau das Bedeutungsspektrum von *ius, iusticia* oder *iniuria* sein. Die Subsumierung von Zollvergehen [508] unter *iniuria* wurde bereits erwähnt[30]. Der begriffliche Inhalt von *iusticia* reichte bei Friedrich Barbarossa, wie Heinrich Appelt anschaulich formuliert hat, von der weltgebietenden, friedenswahrenden kaiserlichen Gewalt bis hin zu den einzelnen, in barer Münze zu entrichtenden Regalien[31]. „Gerechtigkeit" ist hier also alles andere als ein bloß abstrakter Begriff. Friedrichs I. Herrschaft war gewiß auf die Sicherung von pax und *iusticia* konzentriert, aber der Sinngehalt der darauf bezogenen Terminologie war so umfassend und elastisch, daß ohne weiteres auch der Bereich der Wirtschaft erfaßt werden konnte, lange bevor dafür eine eigene Begrifflichkeit entstanden ist. Wie zuvor am Beispiel der Flußbaumaßnahmen am Niederrhein gezeigt, konnte ja sogar der honor imperii, der Zentralbegriff von Friedrichs Reichspolitik, in Zusammenhang gebracht werden mit der *necessitas pauperum*[32]. Selbstverständlich bedeutet die organisatorische und terminologische Abgrenzung von Wirtschaft und Wirtschaftspolitik als eigenem Zuständigkeitsbereich der Obrigkeit im frühmodernen Staat einen erheblichen Entwicklungsfortschritt. Grundlagen dazu werden aber bereits im hohen Mittelalter gelegt, auch unter Friedrich Barbarossa. Wenn er von Rahewin als *unius domus, unius rei publice paterfamilias* charakterisiert wird[33], als Hausvater also, dann ist damit doch wohl gemeint, daß sein Verhältnis zu den Beherrschten mehr umfaßt hat als bloße Macht- und Ordnungsfunktionen im engeren Sinn. Zweifellos ist die Zunahme der staatlichen Wirtschaftsinteressen auf Reichsboden wegen der allgemeinen verfassungspolitischen Entwicklung letztlich den partikularen Gewalten zugute gekommen. Das ändert aber nichts an dem Beitrag der staufischen Zentralgewalt zu der Annäherung von Staat und Wirtschaft im 12. Jahrhundert[34].

---

28 Siehe oben Anm. 8.

29 P. RICHÈ, Die Welt der Karolinger, 1981, S. 304. Nithardi Historiarum Libri III, IV 6 u. 7 = Quellen zur karolingischen Reichsgeschichte I, ed. R. RAU (AQ 5), 1962, S. 458 u. 460.

30 Siehe oben Anm. 21.

31 H. APPELT, Der Vorbehalt kaiserlicher Rechte in Diplomen Friedrich Barbarossas, in: Friedrich Barbarossa (wie Anm. 23) (Erstabdruck in MIÖG 68, 1960, S. 81–97), S. 32–57, hier S. 39.

32 G. WOLF, Der „Honor Imperii" als Spannungsfeld von Lex und Sacramentum im Hochmittelalter, in: Ebd., S. 297–322 (Erstabdruck Miscellanea Mediaevalia 6, 1969, S. 189–207), hier S. 297f. Vgl. oben S. 506.

33 Gesta Frederici III, 17 (wie Anm. 16), S. 428.

34 W. v. STROMER, Die Begründung der Baumwollindustrie in Mitteleuropa. Wirtschaftspolitik im Spätmittelalter 1978, S. 10 mit dem Hinweis auf staufische Wirtschaftspolitik. E. MASCHKE, Die

Vorangehend habe ich nachzuweisen versucht, daß unter den veränderten Rahmenbedingungen des 12. Jahrhunderts Herrschaftsträger, speziell die Staufer, zunehmende Verantwortung im Bereich der Wirtschaft übernehmen konnten und daß dabei grundsätzlich auch die Verpflichtung auf das Allgemeinwohl anerkannt wurde. Daß dies in der Praxis auch ganz anders aussehen konnte, ist eine gut begründete Vermutung, aber die Defizite in der Quellenüberlieferung[35] erschweren es ungemein, die tatsächlichen Verhältnisse nachzuprüfen. Im folgenden geht es zunächst um Friedrichs Verhältnis zum Geld als neuem Medium der Politik und um seinen Umgang mit Tatbeständen, die ich im weitesten Sinn als „Wirtschaftsrealitäten" bezeichnen möchte. Dabei ist, um an diese Selbstverständlichkeit einmal zu erinnern, mit dem Kaiser nicht strikt die Person gemeint, sondern auch die Kanzlei und der Beraterkreis.

[509] Friedrich I. war, das steht zweifelsfrei fest, mehr und enger mit Geld befaßt als jeder römisch-deutsche Herrscher vor ihm, die Geldfragen ziehen sich wie ein roter Faden durch seine Regierungsjahre, vom ersten Italienzug bis zu dem letzten Brief an seinen Sohn Heinrich aus Philippopel, in dem so dringend um Geld nachgesucht wurde[36]. Unbestreitbar ist auch, das sei vorweg konzediert, daß die kaiserliche Steuerverwaltung in Reichsitalien zeitweise eine recht rüde Fiskalpolitik betrieben hat – der Charakterisierung durch Alfred Haverkamp und Carl Richard Brühl ist nichts hinzuzufügen[37]. Der überwiegend negative Eindruck wird auch nicht dadurch gemildert, daß die Anlage eines Steuerkatasters für das Mailänder Gebiet die Übernahme fortschrittlicher Verwaltungsmethoden belegt[38]. Auch ein zweites, auffallendes Faktum in Friedrichs I. Beziehungen zum Geld weckt auf den ersten Blick nicht unbedingt Sympathie, jedenfalls nicht nach den ethischen Normen der Gegenwart: Ich meine die „Konvertibilität von Geld und Macht" oder die „Monetarisierung in der Politik"[39].

Verbindungen von Geld und Politik waren zwar in der zweiten Hälfte des 12. Jahrhunderts nichts neues[40], und Friedrich steht in seiner Zeit damit natürlich nicht allein. Auch Heinrich der Löwe beispielsweise hat Zahlungsangebote erhalten und akzeptiert[41]. Soweit ich sehe, hat aber kein anderer Hoheitsträger so systematisch Geldgewinne aus Machtbesitz gezogen wie Barbarossa. Aus der tabellarischen Übersicht von Friedrichs italienischen Einkünften bei Ferdinand Opll erwähne ich nur die herausragende Zahlung von 11000 lb (1159) durch Cremona für die Zerstörung von Crema und die abwechselnden Zahlungen von Genua und Pisa (1159, 1164) für die

---

deutschen Städte der Stauferzeit, in: Die Zeit der Staufer (wie Anm. 3), III, S. 54–74, hier S. 62.

35 Dazu FRIED (wie Anm. 1), S. 214, 218, 228.

36 HAVERKAMP (wie Anm. 13), S. 693. FRIED (wie Anm. 1), S. 216. B. U. HUCKER, Friedrich Barbarossa als Empfänger von Zahlungen Bremer Bürger, in: Bremisches Jb. 65 (1987), S. 125–139, hier S.138f. Im Zusammenhang mit der Kreuzzugsfinanzierung ist besonders hinzuweisen auf den Münzschatzfund von „Barbarossas Kriegskasse". Dazu B. U. HUCKER, Barbarossa-Schatz. Die Kriegskasse des toten Kaisers, in: Geschichte. Das Magazin der Gesch. 16 (1990), Nr. 94, S. 62/63.

37 HAVERKAMP (wie Anm. 13), S. 669 u. 729. BRÜHL (wie Anm. 2), S. 661 u. 730. Vgl. auch FRIED (wie Anm. 1), S. 196.

38 BRÜHL (wie Anm. 2), S. 647. HAVERKAMP (wie Anm. 13), S. 726.

39 HAVERKAMP (wie Anm. 13), S. 670. FRIED (wie Anm. 1), S. 197.

40 Siehe z. B. OPLL (wie Anm. 19), S. 563 (Zahlung Kölns an HeinrichV.).

41 Helmoldi Chronica Slavorum c.85, c.104 (wie Anm. 26), S. 300 u. 360.

Rechte über Sardinien[42]. Es wäre aber ganz falsch zu unterstellen, Friedrich habe sich damit und mit der Annahme der zahlreichen Kaufsummen zur Wiedererlangung der kaiserlichen Gnade auf die Stufe eines Condottiere begeben und seine Herrscherwürde gemindert. Nicht nur, daß zeitgenössisch von außen keine Kritik an diesen Zahlungen – ganz im Gegensatz zur Verurteilung der Steuerpolitik – erhoben wurde, auch Friedrich I. selbst hat beispielsweise seine 1159 eingegangene Verpflichtung zur Unterwerfung von Crema viele Jahre später in der Klageschrift gegen Cremona (1185) völlig offen angesprochen[43]. Außerdem stehen den Fällen, in denen der Kaiser nach Kriterien der Gegenwart seine politische Entscheidung verkauft hat, auch mehrere Belege dafür gegenüber, daß er Zahlungs[510]angebote glatt abgelehnt hat, nicht nur die der Mailänder[44]. Nur in einem einzigen Fall erfahren wir durch den Zufall der Überlieferung auch etwas darüber, wie solche Entscheidungen zustande gekommen sind: Gegenüber dem Erzbischof von Salzburg verweigert Friedrich 1161 die Annahme einer Ersatzzahlung für nicht geleistete Heeresfolge. Er könne entsprechend dem Rat seiner Fürsten das Geld nicht *cum honore* annehmen, *quia nostre consuetudinis non est, alicuius pecuniam accipere et odium contra eum in mente retinere*[45]. Man wird folglich unterstellen dürfen, daß vor allen größeren politischen Geschäftsabschlüssen zwischen Geldbedarf und Opportunität abgewogen wurde[46], daß der Kaiser an bestimmten, uns im einzelnen nicht überlieferten Grundpositionen festhielt, die *nicht* in Geld konvertierbar waren. Zugespitzt formuliert: Barbarossa hat seine Entscheidungsfreiheit nicht an der Kasse abgegeben.

Das Zahlungsangebot des Salzburger Erzbischofs erinnert schließlich noch daran, daß die Verbindung von Geld und Politik unter Friedrich I. nicht auf Reichsitalien beschränkt war. Der Kaiser hat auch nördlich der Alpen für Privilegienerteilungen Geld gefordert, hat beispielsweise den Frieden von Venedig (1177) zum Anlaß genommen, von den geistlichen Fürsten Deutschlands 1000 Silbermark als Kostenbeitrag zu fordern, und er hat versucht, auch Städte zur Finanzierung seiner Unternehmungen heranzuziehen[47]. Insgesamt aber, und das ist hier vorläufig nur als Faktum zu notieren, bleiben diese Beträge, speziell die Zahlungen der deutschen Städte, hinter denen der italienischen Kommunen mit weitem Abstand zurück[48].

Als vertraut erweist sich Friedrichs Hof aber nicht nur mit den Möglichkeiten, Macht in Einkünfte umzusetzen, sondern auch mit dem Geldmarkt und Geldwesen insgesamt. Als Indiz dafür kann unter anderem angeführt werden: In einem kaiserlichen Schiedsspruch zwischen dem Erzbischof und den Bürgern von Köln wird emp-

---

42 OPLL (wie Anm. 19), S. 526f. BRÜHL (wie Anm. 2), S. 649f. HAVERKAMP (wie Anm. 13), S. 704–710.
43 MGH Const. 1 Nr. 302. Dazu OPLL (wie Anm. 19), S. 244. HAVERKAMP (wie Anm. 13), S. 704.
44 Gesta Frederici III, 33 (wie Anm. 16), S. 464. APPELT (wie Anm. 23), S. 89. FRIED (wie Anm. 1), S. 197f.
45 MGH DFI 346. Dazu OPPL (wie Anm. 19), S. 553.
46 Beratungen im Kreis um Barbarossa über die Zahlungen italienischer Städte vermutet G. FASOLI, Friedrich Barbarossa und die lombardischen Städte, in: Friedrich Barbarossa (wie Anm. 23) (Erstabdruck in VuF 12, 1965, S. 121–142), S. 149–183, hier S. 157.
47 MGH DFI 713 (1177). HUCKER, Friedrich Barbarossa (wie Anm. 36), S. 135. OPLL (wie Anm. 19), S. 59f.
48 OPLL (wie Anm. 19), S. 553 u. 562f. Vgl. unten S. 24.

fohlen, die Bußzahlung von 300 Silbermark mit einem Jahreszins von zehn Prozent zugunsten der Kirche anzulegen[49]. Friedrich selbst ist auf dem italienischen Kreditmarkt tätig geworden und hat 1177 in mehreren Schreiben den Patriarchen von Aquileia ersucht, wegen dringenden Bedarfs Geld für ihn in Venedig aufzunehmen. Der Hinweis an den Patriarchen *et in nulla re gracius nobis facere poteris* zeigt, wie wichtig dem Kaiser die Angelegenheit war[50]. Er hat über derartige Geldgeschäfte auch persönliche Beziehungen zu dem venezianischen Finanzmann Bernardus [511] Teotonicus angeknüpft[51]. Zu erwähnen ist besonders noch, Alfred Haverkamp hat die einschlägigen Einzelheiten nachgewiesen, daß es unter Friedrich I. gelungen ist, in Italien eine erfolgreiche Reichsmünze in Umlauf zu bringen[52]. Aber auch nördlich der Alpen werden in kaiserlichen Münzprivilegien[53] konkrete technische Details angesprochen wie Münzstempel, Kohlebedarf und die Nachprüfung verdächtiger Prägungen: Die Verleihungen gehen also inhaltlich über eine abstrakte Rechtsübertragung hinaus.

Insgesamt kann man konstatieren: Der Kaiser und seine Umgebung zeigen sich den Herausforderungen des erneuerten und erweiterten Geldwesens gewachsen, gebotene Möglichkeiten werden erkannt und wahrgenommen. Allerdings, vergleicht man den oben erwähnten Anspruch von Friedrichs Basler Münzprivileg auf Wahrung der *communis utilitas*[54] mit dem, was an Tatsachen greifbar ist, dann ergibt sich ganz eindeutig, daß das Interesse an Einnahmen überwogen hat. Das Auftreten des Staates im Bereich der Geldwirtschaft war unter Friedrich I. also weitgehend von fiskalischen Interessen geprägt, was aber weder als überraschend, noch als grundsätzlich negativ zu bewerten ist: Die wirtschaftliche Entwicklung des 12. Jahrhunderts stellt jeden Inhaber staatlicher Hoheitsrechte, der konkurrenzfähig bleiben will, vor die Aufgabe, eine ausreichende materielle Basis der eigenen Politik mit neuen oder angepaßten Methoden zu sichern – das ist ein legitimes Ziel jeder Staatsgewalt. Friedrich I. erfüllt, so betrachtet, mit seinem „Fiskalismus" einfach Herrscherpflichten. Die erwähnten Auswüchse seiner Finanzverwaltung in Reichsitalien[55] sollen nicht verharmlost werden, doch ist zu bedenken: Ohne ein allgemeines und flächendeckendes Besteuerungsrecht und ohne gesicherte regelmäßige Einnahmen waren Handlungs- und Ermessensspielraum der Reichsgewalt gerade auf dem Finanzsektor äußerst begrenzt. Allgemeinwohl oder Wohlfahrt der Untertanen sind erkennbar *nicht* die oberste Leitlinie der konkret nachweisbaren kaiserlichen Maßnahmen. Das ist unter den gegebenen Voraussetzungen aber kein Beweis dafür, daß die Staatsgewalt im 12. Jahrhundert allgemein und unter Friedrich I. im besonderen gegenüber dem Bereich der Wirtschaft nur zu einer restriktiven Fiskalpolitik befähigt gewesen wäre[56].

---

49 FRIED (wie Anm. 1), S. 206.
50 MGH DFI 678 (Zitat); 679; 681. RÖSCH (wie Anm. 27), S. 84.
51 FRIED (wie Anm. 1), S. 216. RÖSCH (wie Anm. 27), S. 85. W. v. STROMER, Bernardus Teotonicus und die Geschäftsbeziehungen zwischen den deutschen Ostalpen und Venedig vor der Gründung des Fondaco dei Tedeschi, in: Beiträge zur Handels- und Verkehrsgeschichte, 1978, S. 1–15.
52 HAVERKAMP (wie Anm. 13), S. 570ff., bes. S. 581.
53 MGH DFI 491 (Privileg für Worms, 1165).
54 Oben Anm. 20.
55 Oben Anm. 37.
56 HAVERKAMP (wie Anm. 13), S. 585, 665, 685. FRIED (wie Anm. 1), S. 229f.

Ganz unabhängig vom Anteil der fiskalischen Motive kann Friedrichs Interesse am Geldwesen als Indikator gelten für das engere Verhältnis der Reichsgewalt zu Wirtschaftsfragen unter Barbarossa[57]. Dem ist im folgenden weiter nachzugehen, wobei ich voraussetze: Es wird nicht beabsichtigt, an Stelle der großen Reichspolitik eine staufische Alltagsidylle zu etablieren, als alternative Geschichte gewissermaßen. Festzustellen ist einfach, in welchem [512] Umfang Friedrich, seine Umgebung, seine Kanzlei im Rahmen der allgemeinen Rechtswahrung und Rechtssetzung mit im weitesten Sinn wirtschaftsbezogenen Themen und Realitäten befaßt waren, zwischen und neben den politischen Großereignissen der Zeit. Das wichtigste Quellenmaterial dazu bringen natürlich die Herrscherurkunden, bei deren Auswertung ich unterstelle – wie oben bei der Monetarisierung der Politik[58] –, daß in der Regel über den Inhalt von Vergabungen beraten wurde, auch wenn die Initiative eindeutig vom Empfänger ausgegangen sein mag Wenn man dies bestreitet, verlieren die verfugbaren Belege allerdings viel von ihrer Aussagefähigkeit über Friedrichs Verhältnis zu Wirtschaftsfragen. Man müßte dann aber auch nachweisen, daß sich dieses unterstellte Desinteresse des Hofes am Inhalt ausgefertigter Urkunden gerade auf den wirtschaftlichen Bereich beschränkt hat. Andernfalls bliebe nicht nur von der Wirtschaftspolitik des Kaisers, sondern schlechthin von seiner Politik nur wenig übrig.

Natürlich begegnen unter den Diplomen Friedrichs in Wahrnehmung der Regalienrechte regelmäßig die Verfügungen zu Fragen von Münze, Zoll, Markt, Städtewesen, Bergbau – das muß hier nicht im einzelnen aufgezählt werden. Überraschend ist aber, wie konkret teilweise die Details werden, mit denen die Kanzlei bei diesen Privilegienvergabungen befaßt wurde. Zum Beispiel den Wald betreffend: Kloster Neuburg bei Hagenau erhielt 1158 das Recht, Vieh in den Heiligen Forst treiben zu lassen, mit Ausnahme von Schafen. Brennholzeinschlag war erlaubt, für Bauholz brauchte man aber die Erlaubnis und Anweisung eines königlichen *minister*[59]. Ganz ähnliche Regelungen betreffen Hagenau – das berühmte Privileg von 1164 ist eben nicht nur rechtsgeschichtlich relevant[60]: Die Einwohner dürfen Bau- und Brennholz im Forst holen, außerdem Heu oder (Laub-)Einstreu für den Eigenbedarf, doch dürfen beim Einbringen Eichen und Buchen nicht angetastet werden, die der Nutzung als Bauholz vorbehalten sind. Man hat bei allen den Hagenauer Forst betreffenden Vorschriften gewiß besonders an die Wahrung von Herrschaftsinteressen zu denken. Es erscheint aber zumindest möglich, daß die eben erwähnten Schutzbestimmungen als Reaktion auf Holzmangel und Waldrückgang im 12. Jahrhundert aufzufassen sind[61]. Nicht ohne weiteres würde man auch in einer Urkunde Friedrichs Anweisungen erwarten über einen vom Herrscher soeben erworbenen Berg bei Heidingsfeld nahe

---

57 Oben S. 506f. Das Verständnis Friedrichs für die wirtschaftlichen Verhältnisse Oberitaliens bemerkt HAVERKAMP (wie Anm. 13), S. 59 u. 612.
58 Oben S. 510 und Anm. 46.
59 MGH DFI 206. FRIED (wie Anm. 1), S. 217.
60 MGH DFI 447. OPLL (wie Anm. 19), S. 85–89. H. SCHWARZMAIER, Die Heimat der Staufer, 1976, S. 54–56.
61 D. LOHRMANN, Energieprobleme im Mittelalter: Zur Verknappung von Wasserkraft und Holz in Mitteleuropa bis zum Ende des 12. Jahrhunderts, in: VSWG 66 (1979), S. 297–316, hier S. 306–310.

Würzburg, der für den Weinanbau kultiviert werden soll[62] – kaiserlicher Landesausbau also, am Bedarf des Hofes orientiert. Auf den Agrarsektor stößt man unversehens auch in einem Privileg über die Teilbefreiung vom Spolienrecht für Rainald von Dassel (1166), das auf die Bewirtschaftung und Leistungsfähigkeit der bischöflichen Höfe eingeht[63].

[513] Im Kontext infrastruktureller Maßnahmen hatten der Kaiser und seine Umgebung besonders mit dem Handelsverkehr zu tun. Die Beseitigung irregulärer Zölle und die Abschaffung von Brückenzöllen habe ich bereits erwähnt[64] außerdem wurden Hospize privilegiert wie 1166 das auf dem Semmering, und einzelnen Städten wurde die Sicherheit der Straßen garantiert, weil – wie es bezeichnenderweise in einer Urkunde für Lodi (1158) heißt – *nulla civitas publica via de civitate ad civitatem, de loco ad locum pro communi usu carere debet vel potest*[65]. Aber auch erheblich bescheidenere Anliegen mußten vom Kaiser bewilligt werden: Die Siechen außerhalb von Piacenza erhielten die Erlaubnis, einen Wassergraben *(rivulum)* von der Trebbia *propter suas necessitates* abzuleiten, und die Einwohner von Levate (südlich von Bergamo) durften als Lohn für treue Dienste eine Wasserleitung bauen[66]. Nördlich der Alpen bestätigte Friedrich I. den Nonnen des elsässischen Klosters Sindeisberg Abmachungen über die Nutzung einer Wasserleitung, wobei besonders zu beachten ist, daß diese Abmachungen auf Wunsch und in Gegenwart eines kaiserlichen Legaten vereinbart wurden[67]. Zu erwähnen ist auch noch, daß die Heeresordnung von 1158 unter anderem auf Probleme der Versorgung eingeht: Die Märkte wurden geschützt, ebenso die Kaufleute, die für das Heer einkauften, die dabei aber auch einem Wucherverbot unterstellt wurden. Selbst das Kohlebrennen der Schmiede fand noch Erwähnung[68]. Wie wichtig für einen Barbarossa solche Alltagsrealitäten waren, beweist seine nachtragend-mißmutige Erinnerung von 1185 an einen gut acht Jahre zurückliegenden Besuch in Cremona, bei dem er sich schlecht untergebracht und versorgt gefühlt hat: *nec meminimus, quod infra tempus, quo aput eos morati fuimus, servitium nobis fecerint estimatione panis unius*[69]. Diese unvollständige Auswahl einschlägiger Belege schließt mit dem Hinweis auf die Reglementierungen des Wirtschaftslebens im Privileg für Hagenau von 1164: Es finden sich Bestimmungen zum Weinausschank und zu den Hohlmaßen, Qualitätsvorschriften für die Bäcker und für die Metzger, die *sanas et recentes carnes*, nicht *leprosas ... vel commaculatas* verkaufen sollen. Selbst die Gewinnspanne beim Verkauf von Pferdefutter während Aufenthalten des Hofes war festgeschrieben[70].

Die Behauptung, der Staat des 12. Jahrhunderts habe im Rahmen von Rechts- und Friedenswahrung auch umfangreiche Zuständigkeiten und Eingriffsmöglichkeiten im

---

62 MGH DFI 559 (1170). Fried (wie Anm. 1), S. 210.
63 MGH DFI 513.
64 Oben S. 505 und Anm. 19.
65 MGH DFI 518 (Semmering); 246 (Lodi).
66 MGH DFI 1011 (Piacenza, 1159/89). MGH DFI 936 (Levate 1186).
67 MGH DFI 207. Vgl. den Beitrag von K. LEYSER, Friedrich Barbarossa – Hof und Land, in: Friedrich Barbarossa. Handlungsspielräume und Wirkungsweisen des staufischen Kaisers, Hg. A. HAVERKAMP, 1992, S. 519–530.
68 MGH DFI 222. Zum hohen Bedarf bei Italienzügen siehe BRÜHL (wie Anm. 2), S. 656–658.
69 MGH Const. 1 Nr. 302. BRÜHL (wie Anm. 2), S. 607.
70 Oben Anm. 60.

Bereich der Wirtschaft besessen, läßt sich also mit konkreten Details bestätigen. Und es erscheint als plausible Vermutung, daß im Umkreis des Kaiserhofes Wirtschaftsfragen in viel größerem Umfang wahrgenommen worden sind, als dies in den Quellen explizit überliefert ist. Dafür finden sich Indizien, allerdings nur schwache und ganz am Rande, bei zeitgenössischen Autoren, deren Thema nun wirklich nicht in erster Linie Wirtschaftsfragen waren: Otto von [514] Freising hat nicht nur – eine vielzitierte Stelle – die Wirtschaftskraft der Gegend um Worms notiert, ihm ist auch der Bozener Weinexport nach Norden aufgefallen, und über den Zusammenhang von Reichtum, Macht, Verfassungseinrichtungen in den oberitalienischen Städten hat er zutreffende Beobachtungen angestellt[71]. Auffallend betonen Rahewin und Otto Morena die aktive Beteiligung des Kaisers an der Neugründung von Lodi, auch bei der Auswahl des dafür geeigneten Platzes. Und Otto Morena läßt die 1153 in Konstanz auftretenden Lodesen Friedrich Barbarossa die große Bedeutung des Marktes für ihre Stadt schildern[72]. Die erkennbare Wahrnehmung von Wirtschaftsfaktoren nimmt, wie ich meine, der staufischen Politik nichts von ihren räumlich wie inhaltlich weitgespannten Dimensionen, sie gibt ihr vielmehr Wirklichkeitsnähe und damit auch menschliche Züge.

Es bleibt noch die Frage, wie denn nun die Spuren zu bewerten sind, die von der hoffentlich ausreichend plausibel gemachten Berührung von Reichsgewalt und Wirtschaft unter Friedrich I. in der politischen Wirklichkeit zurückgelassen worden sind. Dabei sollte man die Erwartungen nicht zu hoch ansetzen und bedenken, daß noch die frühindustriellen Staaten des 19. Jahrhunderts im Bereich der Wirtschaft nur den „punktuellen Interventionismus" (Karl Schiller) gekannt haben, und daß ihnen ein geschlossenes Konzept, ein vollständiges Instrumentarium zur Beeinflussung ökonomischer Prozesse noch gefehlt hat[73]. Zu erinnern ist hier aber auch nochmals an die Quellendefizite: Gerade aus den Verdichtungszonen des Haus- und Reichsguts, den *terrae imperii,* sind uns aus frühstaufischer Zeit kaum direkte Zeugnisse zu den Intentionen und zur Wirksamkeit der Verwaltung überliefert, wie Johannes Fried mit Bedauern konstatiert hat[74]. Was hier an Erkenntnismöglichkeiten verloren gegangen ist, zeigen die zuvor erwähnten, zufällig erhaltenen Hinweise auf Grundsätze einer geordneten Waldbewirtschaftung im Reichsforst um Hagenau.

Ein größerer Komplex überörtlich angelegter wirtschaftspolitischer Maßnahmen ist, soweit ich sehe, für Friedrich I. am besten belegbar für das westliche Niederrheingebiet. Die Vorgänge sind in der Forschung schon mehrfach dargestellt worden[75], so daß eine breitere Schilderung hier unnötig ist. Den völlig unbestreitbaren territorial-

71 BRÜHL (wie Anm. 2), S. 146. Gesta Friderici II, 14; II, 43; II, 48 (wie Anm. 16), S. 308, 310 (oberital. Städte), 370 (Weinhandel), 376 (Worms).

72 Gesta Frederici III, 56 (wie Anm. 16), S. 506. Ottonis Morenae eiusdemque continuatorum Libellus, zu 1158 u. 1153 = Italische Quellen über die Taten Friedrichs I. in Italien, ed. F.-J. SCHMALE (AQ 17a), 1986, S. 38 (Markt von Lodi), S. 82 (Neugründung von Lodi). OPLL (wie Anm. 19), S. 299.

73 DIRLMEIER (wie Anm. 8), S. 227. Zum Fehlen eines umfassenden nationalökonomischen Systems bei Barbarossa auch FRIED (wie Anm. 1), S. 238.

74 FRIED (wie Anm. 1), S. 214 u. 216. Siehe auch den Beitrag von K. LEYSER (wie Anm. 67). Zur Königslandpolitik PATZE (wie Anm. 3), S. 41 u. LÖWE (wie Anm. 3), S. 24.

75 FRIED (wie Anm. 1), S. 224f. mit weiteren Nachweisen. DIRLMEIER (wie Anm. 8), S. 71–80.

und machtpolitischen Implikationen ist Odilo Engels detailliert nachgegangen[76]. Damit sind aber auch ökonomi[515]sche Aspekte nicht ausgeschlossen, denn selbstverständlich ist eine „reine" Wirtschaftspolitik ohne allgemeinpolitische Einbindungen im 12. Jahrhundert so wenig zu erwarten wie in der Gegenwart. Entscheidend für unsere Fragestellung bleibt vielmehr, daß am Niederrhein Politik ganz entschieden unter Einbeziehung wirtschaftlicher Möglichkeiten gestaltet worden ist. Die wichtigsten Fakten in aller Kürze: Friedrich I. hat 1165 die Eigenschaft des Rheins als *libera strata* hervorgehoben und den Duisburger Kaufleuten Zollvorrechte verliehen. Im folgenden Jahr erhielt Aachen zwei Jahrmärkte, eine neue Münze und Sonderrechte für die Kaufleute. 1173 wurden dann in Aachen und Duisburg je zwei Jahrmärkte besonders für den Bereich der flandrischen Kaufleute privilegiert, deren Sicherheit im ganzen Reich verfügt und außerdem die Prägung einer überörtlich gültigen Pfennigmünze beschlossen.

Einige Einzelheiten aus den Privilegien, die mir in unserem Zusammenhang besonders bemerkenswert erscheinen: Den Duisburgern wurde ganz ausdrücklich bestätigt, daß sie *ad nos tantummodo et ad solum pertineant imperium* – das entspricht dem oben festgestellten Grundsatz von Reichsnähe als Anlaß besonderer Förderung[77]. In der Urkunde für Aachen (1166) werden einleitend die verliehenen Vorrechte in ihrer Wirkung der Befestigung mit Mauer und Türmen gleichgestellt. Die Einrichtung einer nicht mehr verrufbaren Münze wird begründet mit dem Schaden, den ständige Veränderungen des Pfenniggewichts für die Stadt verursachen; der Zwangswechsel wird als *iniqua lex* abgeschafft. Erkennbar wird auch eine Art Zuständigkeitsverteilung beim Zustandekommen derartiger Privilegierungen: Der ja rein wirtschaftlich, nicht rechtlich relevante Termin der Jahrmärkte wurde *ex consilio mercatorum vicinarum civitatum* festgelegt, mit Hilfe von Sachverständigen also. Die völlige Zollfreiheit für die Kaufleute, auch bei ihrer Geschäftätigkeit in Aachen, wurde dagegen *ex consilio principum nostrorum* verliehen. Die Einrichtung der für immer *(perpetuo)* gleichbleibenden Münze erfolgte *ex consilio curie nostre* – ein weiterer Beleg für die Beratung solcher Angelegenheiten in der Umgebung des Herrschers. Die rechtliche Stellung der Kaufleute schließlich wurde mit der *imperiali auctoritate* bekräftigt – der Kaiser erscheint also als einzige Quelle des Rechts[78]. Das Privileg für die Flandrer von 1173 ist, was solche über das rein Faktische hinausreichende Aussagen betrifft, einfacher angelegt. Beachtung verdient, daß die in Duisburg und Aachen neu geprägten Münzen mit Umlauffähigkeit auch in Flandern damit begründet werden, *ut autem mercatores melius commodum habeant*[79].

Niemand wird behaupten wollen, bei diesen Maßnahmen sei die Initiative bis in die Einzelheiten von Friedrich Barbarossa ausgegangen. Aber die Reichsgewalt zeigt

---

76 O. ENGELS, Der Niederrhein und das Reich im 12. Jahrhundert, in: DERS., Stauferstudien. Beiträge zur Geschichte der Staufer im 12. Jahrhundert, 1988 (Erstabdruck Klever Archiv 4, 1983, S. 79–101), S. 177–199, hier S. 188f. Siehe auch DERS., Die Reliquien der Heiligen Drei Könige in der Reichspolitik der Staufer, in: Die Heiligen Drei Könige – Darstellung und Verehrung, Katalog der Ausstellung, 1982, S. 33–36, hier S. 35.

77 MGH DFI 499. Vgl. auch oben S. 504f.

78 MGH DFI 503. OPLL (wie Anm. 19), S. 25–28 u. 69f. FRIED (wie Anm. 1), S. 224–226.

79 MGH DFI 602.

sich dazu in der Lage, an sie herangetragene Möglichkeiten, auch wirtschaftlicher Art, sinnvoll aufzugreifen. Ihre Rechtskompetenz erweist sich als notwendig zur Absicherung überregionaler Wirtschaftsbeziehungen, wobei eben nicht nur bestehende Verhältnisse bestätigt, sondern [516] auch ganz neue Wirtschaftseinrichtungen konzipiert und sanktioniert werden – gewiß nicht als Akt selbstloser Wohlfahrts- oder Entwicklungspolitik. Die Verlegung des Reichszolls von Tiel nach Kaiserswerth[80] läßt deutlich auch die finanziellen Interessen erkennen. Die Abschaffung der Münzverrufung und die Zollfreiheit der Kaufleute belegen aber die Einsicht, daß der Verzicht auf kurzfristige Fiskalgewinne größeren Dauernutzen versprechen konnte.

Zu einem solchen Standard frühstaufischer Wirtschaftspolitik passen ohne Zwang auch die in stattlicher Zahl überlieferten wirtschaftsrelevanten Einzelinterventionen und Privilegierungen Friedrichs I. Für das Reichsgebiet nördlich der Alpen sind sie von Johannes Fried umfassend dokumentiert worden, so daß sich eine erneute Aufzählung hier erübrigt. Ich erwähne nur die auffällige Begünstigung besonders königsnaher Städte und Orte, gerade auch durch Zollbefreiungen, wie sie beispielsweise Kaiserswerth, Hagenau, Duisburg, Gelnhausen, Wetzlar und Goslar erhalten haben[81]. Südlich der Alpen kennen wir die großen Handelsprivilegien und Rechtsbestätigungen aus Friedrichs Regierungszeit beispielsweise für Venedig, Cremona, Pisa, Genua, Lodi[82]. Auch sie dokumentieren Berührungen zwischen Kaiserhof und Wirtschaftsrealitäten. Aber der Zusammenhang mit den wechselnden Bündniskonstellationen im Rahmen der politischen Auseinandersetzungen ist derart eng, daß man den Stellenwert selbständiger wirtschaftspolitischer Erwägungen als äußerst gering veranschlagen muß. Kleinere Orte haben allerdings, unter nachdrücklicher Betonung ihrer unmittelbaren Reichszugehörigkeit, kaiserliche Begünstigungen erfahren, die den Verleihungen nördlich der Alpen bis in Einzelheiten entsprechen: Beispielsweise Sarzana (bei La Spezia), *ad specialem nostram ac sacri imperii cameram* gehörig, erhielt 1163 die Freiheit von Verkehrsabgaben und einen Wochenmarkt. Ähnlich auch das Privileg für Monte San Vito (bei Senigallia) von 1177: Nachdem der Ort aus der Mark Ancona ausgegliedert und unmittelbar dem Reich unterstellt worden war, bekam er besonders günstige Zuzugsrechte, mit denen die Niederlassung neuer Einwohner gefördert werden sollte. Außerdem wurde ein Wochenmarkt neu eingerichtet, ausdrücklich *ad eiusdem loci augmentum*[83].

Die Verleihung von wirtschaftlich nutzbaren Vorrechten an abgrenzbare Empfängergruppen, die Bereitschaft zur Förderung von Neuerungen, der Teilverzicht auf kurzfristigen Fiskalgewinn bei entsprechenden Voraussetzungen – diese Merkmale erscheinen mir als kennzeichnend für die wirtschaftspolitischen Ansätze unter Friedrich I., zu denen sich eine Vielzahl von Einzelnachweisen[84] zusammentragen läßt. Gelegentlich, wie am Beispiel des Niederrheins gezeigt, ergeben sich aus der Zusam-

---

80 MGH DFI 626.
81 MGH DFI 55; 447; 499; 571; 794; 983. MASCHKE (wie Anm. 34), S. 60–62. OPLL (wie Anm. 19), S. 523f.
82 HAVERKAMP (wie Anm. 13), S. 576f., 665f. OPLL (wie Anm. 19), S. 528f. RÖSCH (wie Anm. 27), S. 22f. Beispielsweise MGH DFI 246; 253; 261; 356; 367.
83 MGH DFI 405 u. 716. BRÜHL (wie Anm. 2), S. 688.
84 OPLL (wie Anm. 19), S. 148f. u. 521–523.

menschau dieser Mosaiksteine zwar Ansätze größerer Konturen, aber sie lassen sich, wie ich meine, nicht zu einem geschlossenen Ganzen, zu einem reichsweiten Wirtschaftskonzept zusammenfügen. Das gilt auch für Barbarossas [517] wirtschaftliche Beziehungen zu Städten und Orten nördlich der Alpen, denen ja die Mehrzahl der einschlägigen Privilegien zuzuordnen ist. Dieser teilweise negative Befund ist auch gar nicht anders zu erwarten: Eine übergreifende staatliche Wirtschaftspolitik ist, wie Alfred Haverkamp formuliert hat, erst möglich, „wenn eine weitgehende Gleichordnung der Beherrschten in einem faktisch entmachteten Untertanenverband durchgesetzt worden ist"[85]. Daß solche Voraussetzungen im Reich auch in der zweiten Hälfte des 12. Jahrhunderts nicht gegeben waren, darf hier als bekannte Tatsache ohne weitere Nachweise einfach vorausgesetzt werden. Eben deswegen habe ich im Verlauf der vorangehenden Beweisführung immer wieder die Bedeutung unmittelbar ausgeübter Herrschaft als Begründung und Motiv für wirtschaftliche Förderung im Einzelfall hervorgehoben. Der Struktur seiner Herrschaft entsprechend, hat Friedrich I. eigene und ihm besonders eng verbundene Orte[86] zweifellos auch mit materiellen Begünstigungen versehen. Die Vorstellung aber, er hätte (nördlich der Alpen) ein wirtschaftspolitisches System schaffen können, bezogen auf „die" Städte schlechthin[87], verkennt neben den allgemeinpolitischen auch die ökonomischen Realitäten von Barbarossas Regierungszeit[88]: Gewiß konnte der Kaiser die Kosten seiner Herrschaft in Reichsitalien im wesentlichen mit den Zahlungen der Städte bestreiten[89]. Nördlich der Alpen spielten dagegen trotz aller Ansätze die materiellen Leistungen reichsnaher Städte und stadtähnlicher Orte im 12. Jahrhundert noch eine untergeordnete Rolle[90]. Der Unterhalt des Königtums wurde, außer durch das Reichsgut, vor allem durch die Reichskirche gesichert[91]. Nach den kürzlich vorgelegten Berechnungen von Andreas Schlunk erreichten die Städte um 1200 erst einen Anteil von rund zwölf Prozent am staufischen Krongut, und es ist bezeichnend, daß noch in der Steuerliste von 1241 die Zahlungen der meisten Städte weit hinter denen der ländlich strukturierten Ämter Kaiserslautern und Trifels zurückbleiben[92]. Friedrich I. war nicht nur im Interesse seiner Italienpolitik, sondern auch wirtschaftlich auf das Zusammenwirken mit der Reichskirche, speziell

---

85 HAVERKAMP (wie Anm. 13), S. 668. Ähnlich auch PATZE (wie Anm. 3), S. 38.

86 OPLL (wie Anm. 13), S. 122, 148f., 523f.

87 FRIED (wie Anm. l), S. 238 sieht demgegenüber zwar die „Geschlossenheit" von Friedrichs wirtschaftspolitischem Handeln, konstatiert aber die überwiegend punktuellen Ansätze und das Fehlen eines übergreifenden Systems.

88 H. STOOB, Formen und Wandel staufischen Verhaltens zum Städtewesen, in: DERS. (Hg.), Altständisches Bürgertum, I, 1978 (Erstabdruck in Fs. H. Aubin zum 80. Geburtstag, II, 1965, S. 423–451), S. 380–413, hier S. 385f. mit der grundsätzlichen Kritik an der Vorstellung, ein engeres Zusammengehen von König und Städten wäre als Grundlage einer anderen Reichspolitik möglich gewesen. Vgl. auch OPLL (wie Anm. 19), S. 521.

89 OPLL (wie Anm. 19), S. 550–554 u. 562 f.

90 STOOB (wie Anm. 88), S. 397f. zu den Ansätzen. BRÜHL (wie Anm. 2), S. 145 u. 197 hebt besser hervor, daß die reichsstädtischen Leistungen erst im 13. Jh. an Bedeutung zugenommen haben.

91 Siehe den Beitrag von B. TÖPFER, Kaiser Friedrich I. Barbarossa und der Reichsepiskopat, in: Friedrich Barbarossa. Handlungsspielräume und Wirkungsweisen des staufischen Kaisers, Hg. A. HAVERKAMP, 1992, S. 389–433.

92 A. Chr. SCHLUNK, Königsmacht und Krongut. Die Machtgrundlage des deutschen Königtums im 13. Jahrhundert – und eine neue historische Methode, 1988, S. 107, 141, 148, 159

mit Reichsbischöfen angewiesen. Der daraus erwachsende Zwang zu Rücksicht-
nah[518]men hat auch die wirtschaftspolitische Handlungsfreiheit des Kaisers einge-
engt[93]. Die Städte waren also eindeutig noch zu schwach, seine Herrschaft nördlich der
Alpen materiell im wesentlichen allein zu tragen. Damit fehlten der ökonomische
Anreiz wie die politischen Voraussetzungen, um im Zusammengehen von Reichsgewalt und Städten neben geschlossener Herrschaft auch ein übergreifendes System der
Wirtschaftspolitik anzustreben.

Vorstellungen, die an den Gegebenheiten der Zeit vorbeigehen, dürfen aber keine
Rolle spielen für die Beurteilung von Friedrichs punktuell ansetzenden und punktuell
wirksamen Wirtschaftsmaßnahmen: Unter seiner Herrschaft haben sich Staat und Wirtschaft im Grundsatzbereich angenähert, sozusagen auf einer vortheoretischen Ebene.
Wo Barbarossa unmittelbare Eingriffsmöglichkeiten aufgrund unmittelbarer Herrschaftsrechte besessen hat, konnte er darüber hinaus Wirtschaftsfaktoren in das Kalkül
seiner Politik einbeziehen, und dabei war er auch zu Leistungen bereit, die über bloß
fiskalische Gewinnabschöpfungen hinausgereicht haben[94]. In Geldfragen versiert und
ökonomischen Alltagsrealitäten keineswegs entrückt, war Friedrich I. in den Dimensionen und nach den Möglichkeiten seiner Zeit ganz zweifellos *auch* ein Wirtschaftspolitiker. Die staufische Lern- und Entwicklungsfähigkeit auf diesem Gebiet hat sein
Enkel bewiesen, aber Friedrichs II. sizilische Wirtschaftspolitik[95] kann nicht mehr Gegenstand dieses Beitrags sein.

93　OPLL (wie Anm. 19), S. 519–524. Zu politischen Rücksichtnahmen bei Münzprivilegierungen
　　HAVERKAMP (wie Anm. 13), S. 585.
94　Dies sieht HAVERKAMP (wie Anm. 13), S. 668 ebenso.
95　E. MASCHKE, Die Wirtschaftspolitik Kaiser Friedrichs II. im Königreich Sizilien, in: DERS.,
　　Städte und Menschen, 1980 (Erstabdruck VSWG 53, 1966, S. 289–328), S. 1–40.

Mittelalterliche Zoll- und Stapelrechte als Handelshemmnisse?

I.

Es gibt kaum einen Tätigkeitsbereich, in dem die vormoderne Staatsgewalt so häufig und so entschieden negativ bewertet wurde und wird wie hinsichtlich der Ausübung des Zollregals. Allenfalls die Münzpolitik wird ähnlich scharf verurteilt. Trotz modifizierter Ergebnisse in der neueren Forschung[1] gilt es weithin noch immer als ausgemacht, daß die Wasser- und Landzölle vor allem durch die Territorialfürsten über Gebühr fiskalisch ausgebeutet wurden, daß dadurch Handelsabläufe im Reich schwer geschädigt und ernsthaft behindert wurden[2]. Solche Urteile können sich auf eine Reihe teilweise sehr bekannter zeitgenössischer Zeugnisse stützen. Zu erinnern ist beispielsweise an die früheste Quelle zum Zollwesen im Raum des späteren deutschen Reichs, das Zollweistum von Raffelstetten, das mit der Klage von Reisenden beginnt, sie würden im östlichen Bayern „mit ungerechtem Zoll und ungerechtfertigter Maut belastet und belästigt"[3]. Gern zitiert wird auch der Bericht des Engländers Thomas Wikes aus dem Jahr 1260. Er kam als Gefolgsmann Richards von Cornwall nach Deutschland und schreibt bekanntlich einprägsam von der *furiosa Teutonicorum insania* mit der von den Handelsschiffen auf dem Rhein ohne Furcht vor Gott oder dem König unerträgliche Zölle erpreßt würden. Die Tatsache, daß König Richard mit einem Programm gegen die fürstlichen Zölle am Rhein seine eigene Herrschaft zu legitimieren suchte, macht Wikes, was in der Regel unerwähnt bleibt, freilich zu einem durchaus voreingenommenen Zeugen[4]. Ähnlich eingängig wie Wikes und deswegen ähn[20]lich oft zitiert, schildert im 15. Jahrhundert der Verfasser der Reformatio Sigismundi den Zustand des Zollwesens im Reich: *in iglicher stauden ist schir ein Zoll; es mag schir ein lant das ander wyder getrosten noch zü statten sten, noch nymant dem andernn kein recht pfennigwert geben, da Zoll groß ursach an seind.* Und ergänzend: man *verdirbet alle weit* mit den Zöllen, würden sie abgeschafft, *mocht man wol lender pauen, das man nü nit ton kann*[5]. Von der übertreibenden Bildhaftigkeit einmal abgesehen, sind

---

1   Vgl. z. B. Jappe ALBERTS, Beitrag zur Wirtschaftsgeschichte des Rheins im Zusammenhang mit der spätmittelalterlichen Wirtschaftsentwicklung der Niederlande, in: Rhein. Vjbll. 26 (1961), S. 297–322, hier S. 318–320 zur Frage der prohibitiven Wirkung der Rheinzölle.

2   Diese Ansicht wurde geprägt durch das Urteil von Theo SOMMERLAD, Die Rheinzölle im Mittelalter, Halle 1894 (ND Aalen 1978), S. 46, 61f. u. 142 sowie von Heinrich TROE, Münze, Zoll und Markt und ihre Bedeutung für das Reich vom Ausgang der Staufer bis zum Regierungsantritt Karls IV. (VSWG Beiheft 32, 1937), S. 126. Es fällt auf, wie demgegenüber die Ausübung städtischer Stapelrechte gerechtfertigt wurde; vgl. Bruno KUSKE, Der Kölner Stapel und seine Zusammenhänge als wirtschaftspolitisches Beispiel, in: Jb. des Kölnischen Geschichtsvereins 21 (1939), S. 1–46, hier S. 17 u. 21f.

3   Zitiert nach: Quellen zur deutschen Verfassungs-, Wirtschafts- und Sozialgeschichte bis 1250, ausgew. und übs. von Lorenz WEINRICH (Freiherr-vom-Stein-Gedächtnisausgabe. Mittelalter Bd. 32, 1977), S. 14–19 nr. 4.

4   Zitat nach SOMMERLAD, wie Anm. 2, S. 55. Zur Zollpolitik Kg. Richards siehe TROE, wie Anm. 2, S. 238.

5   Reformation Kaiser Siegmunds, hrsg. v. Heinrich KOLLER (MGH Staatsschriften des späten Mittelalters 6, 1964) S. 256 u. 258f.

das recht konkrete Behauptungen: Die Zölle verhinderten den Warenaustausch von Landschaft zu Landschaft, verteuerten den Alltagsbedarf und verhinderten die Entwicklung ganzer Regionen. Und zumindest partiell wird dies bestätigt durch Aussagen derer, die es eigentlich am besten wissen müssen: Im Spätmittelalter klagen Zollinhaber im ganzen Reich über rückläufige Einkünfte wegen des ausbleibenden oder verlagerten Handelsverkehrs[6].

Will man der Frage nachgehen, wie gesichert Forschungsurteile und wie stichhaltig zeitgenössische Behauptungen über den schädlichen Zollmißbrauch sind, steht man vor dem bekannten Problem des Mangels an quantifizierbarem Quellenmaterial. Es reicht aber keinesfalls aus, sich bei einer kritischen Überprüfung auf das Trivialargument zu stützen, Steuer- und Abgabenzahler hätten zu allen Zeiten lauthals geklagt und mit diesem Hinweis zu versuchen, fiskalische Eingriffe in Handelsabläufe pauschal zu bagatellisieren. Auch neueste Darstellungen, die den fürstlichen Territorialstaat vorurteilsfrei behandeln, betonen die große Bedeutung von Zolleinkünften für den Ausbau der Landesherrschaft[7]. An dem Tatbestand, daß der Handel mit Zöllen und anderen Abgaben belastet wurde, ist also nicht zu rütteln. Ausgangsbasis dieses Beitrags sind vielmehr folgende Überlegungen:

1. Die mittelalterlichen Zölle sind ganz überwiegend Transitzölle auf den Warenverkehr, sie sind keine großräumig wirksamen Schutz- und Abwehrzölle, die erst der merkantilistische Fürstenstaat der frühen Neuzeit einrichtet[8]. Gerade die ertragreichsten Zölle auf Reichsgebiet setzen den durchgehenden Handelsverkehr voraus, ein fiskalisch genutzter Transitzoll, der den Warenfluß sperrt, führt sich selbst ad absurdum.

2. Territorialherren, Kaufleuten und Historiographen stehen im Mittelalter nur ganz ansatzweise Erklärungsmodelle für wirtschaftliche Veränderungen [21] zur Verfügung. Die zeitgenössisch immer wieder belegte Kausalverbindung Zollerhebung–Rückgang des Handelsverkehrs kann möglicherweise als der Versuch interpretiert werden, vielschichtigere Zusammenhänge durch den Rückgriff auf den am leichtesten erkennbaren Faktor sinnfällig zu erklären. Ähnlich verkürzend wurde im Spätmittelalter ja auch aus dem verstärkten Auftreten von Kornhändlern in Zeiten der Getreideteuerung auf den Handel als Krisenverursacher geschlossen; die unzähligen Fürkaufverbote lassen sich aus dieser Überlegung ableiten[9].

---

6   Vgl. z. B. SOMMERLAD, wie Anm. 2, S. 140–142. Georg DROEGE, Die kurkölnischen Rheinzölle im Mittelalter, in: Annalen des hist. Ver. für den Niederrhein 168/169 (1967), S. 21–47, hier S. 37. DERS., Verfassung und Wirtschaft in Kurköln unter Dietrich von Moers (1414–1469) (Rheinisches Archiv 50, 1957), S. 126. Karl LAMPRECHT, Deutsches Wirtschaftsleben im Mittelalter. Bd. 2. Leipzig 1885, S. 284.

7   Dietmar WILLOWEIT, Die Entwicklung und Verwaltung der spätmittelalterlichen Landesherrschaft, in: Deutsche Verwaltungsgeschichte, hrsg. von Kurt G. A. JESERICH, Hans POHL, Georg-Christoph VON UNRUH, Bd. 1, Stuttgart 1983, S. 66–144, hier S. 71 u. 128.

8   Diese Feststellung bezieht sich auf die Binnenzölle Mitteleuropas, die spätmittelalterlichen englischen Wollzölle mit ihren spezifischen Funktionen bleiben hier unberücksichtigt.

9   Vgl. B. H. Slicher VAN BATH, The Agrarian History of Western Europe A.D. 500–1850, London 1963, S. 120.

II.

Zuerst, immer mit Rücksicht auf das mögliche Ausmaß der Handelsbehinderung, ein kurzer Blick auf die Zollpolitik: Der aus der Spätantike zu Gratian tradierte Grundsatz, Zölle dürften nur als Gebühr für erbrachte Gegenleistungen erhoben werden[10], dient in der Forschung oft als Kriterium, um das Zollwesen des frühen und hohen Mittelalters abzusetzen von der fiskalisch dominierten Entwicklung ab dem 13. Jahrhundert. Eine derartige Gegenüberstellung von zunächst gerechtfertigter, dann ungerechtfertigter Zollerhebung erscheint aber zumindest übertrieben: Der Fiskalcharakter der merowingerzeitlichen Zölle steht außer Zweifel, und Zölle als Besitzausstattung hochgestellter Frauen im 10. und 11. Jahrhundert lassen darauf schließen, daß hier durchaus Einnahmeüberschüsse erzielt wurden[11]. Dieser Aspekt soll hier aber nicht ausdiskutiert werden, denn für die vorliegende Fragestellung ist wichtiger, daß das ausgehende 12. und das 13. Jahrhundert für die Entwicklung des Zollwesens in Mitteleuropa tatsächlich einen gründlichen Wandel gebracht haben. Der Bevölkerungs- und Wirtschaftsaufschwung veranlaßte, wie Karl Lamprecht das formuliert hat, einen Wettlauf zwischen König, Adel und Kirche um die Neueinrichtung oder Erweiterung von Zollstätten[12]. Und man kann ergänzen: In diesem Wettlauf ging es auch um den Erwerb von Stapelrechten, wobei sich Städte besonders hervortaten. Im 13. Jahrhundert erlangten oder sicherten ihre Stapelrechte beispielsweise Köln, Hamburg, Wien, Dordrecht, Brügge[13]. Zu erwähnen ist aber, daß das Funktionieren dieser Stapel, d. h. die tatsächliche Zwangsunterbrechung des Handelsverkehrs, umstritten ist. Zumindest der Kölner und der Hamburger Stapel wurden im 14. Jahrhundert nicht strikt gehandhabt, auf die Entwicklung im 15. Jahr[22]hundert wird weiter unten eingegangen[14]. Aber ganz unabhängig von der Frage nach der Umsetzung in die Wirklichkeit: Die einigermaßen vollständige Kartierung aller Zoll- und Stapelverleihungen ab dem ausgehenden 12. Jahrhundert würde ein optisch eindrucksvolles Bild geben von der fortschreitenden Verdichtung des Netzes potentiell handelshemmender Einrichtungen.

Trotzdem ist es voreilig, aus der unbestreitbaren Vermehrung verliehener oder angemaßter Zoll- und Stapelrechte auf ein chaotisches Auswuchern ohne Ordnungsstrukturen und ohne jede Rücksicht auf mögliche Folgewirkungen zu schließen. Vielmehr, um bei dem zuvor verwendeten Bild des Wettlaufs zu bleiben, ist vom Beginn bis zum Ende des hier zu betrachtenden Zeitraums ein sehr striktes und sehr rigoroses Reglement erkennbar. Es kommt darauf an, nicht nur als erster vor anderen anzukommen oder weiter als diese vorzudringen, sondern den jeweiligen Mitbewerber nach

---

10 Winfried TRUSEN, Spätmittelalterliche Jurisprudenz und Wirtschaftsethik (VSWG Beiheft 43, 1961), S. 46.
11 Reinhold KAISER, Steuer und Zoll in der Merowingerzeit, in: Francia 7 (1979), S. 1–17, hier S. 4. Michael MITTERAUER, Zollfreiheit und Marktfreiheit. Studien zur Wirtschaftsverfassung am Beispiel einer niederösterreichischen Altsiedellandschaft (Forschungen zur Landeskunde von Niederösterreich 19, 1969), S. 143f.
12 LAMPRECHT Bd. 2, wie Anm. 6, S. 273.
13 Otto GÖNNENWEIN, Das Stapel- und Niederlagsrecht (Quellen und Darstellungen zur hansischen Geschichte NF 11, 1939), S. 18f., 33, 37f., 97f.
14 KUSKE, Stapel, wie Anm. 2, S. 25f. Rolf SPRANDEL, Das Hamburger Pfundzollbuch von 1418 (Quellen und Darstellungen zur hansischen Geschichte NF 18, 1972), S. 54. Siehe unten S. 37f.

Möglichkeit vollständig von der Bahn zu verdrängen. So, wie das städtische Stapel-recht die alleinige Teilhabe an einer bestimmten Handelsverbindung anstrebt, so strebt auch der erfolgreiche Zollinhaber nach dem Ausschluß aller konkurrierenden Ansprü-che innerhalb bestimmter Grenzen. Beispiele dafür findet man von den Alpenpässen bis zur Rheinmündung in Fülle: So kämpft Utrecht in der ersten Hälfte des 13. Jahr-hunderts gegen die Zollerhebungen der Grafen v. Geldern am Niederrhein. Der Erz-bischof v. Köln versucht 1308 durch Wahlverpflichtungen Heinrichs VII. die Siche-rung vor konkurrierenden Zollerhebungen des Reiches zu erlangen. Friedrich d. Schö-ne muß 1314 dem Kölner Erzbischof versprechen, im Gebiet von dessen Geleit keinen Reichszoll zu errichten. Auf der Seite des anderen Thronanwärters, Ludwigs d. Bay-ern, läßt sich der Trierer Erzbischof Balduin den Verzicht auf Reichszollerhebungen im Gebiet zwischen Oberwesel und Hammerstein garantieren. Und um ganz sicher zu gehen, vereinbaren die drei geistlichen Kurfürsten 1317, daß der, dessen Thronkan-didat siegt, die Interessen der anderen Seite mit vertritt[15]. Das gleiche Ziel, zum eige-nen politischen und finanziellen Vorteil gegen die Zollerhebung anderer vorzugehen, bestimmt auch die zollkriegsartige Auseinandersetzung der Grafen v. Tirol und v. Görz Mitte des 14. Jahrhunderts, den Konflikt zwischen Johann v. Kleve und Eduard v. Geldern (1363), zwischen der Stadt und dem Erzbischof von Trier (1351), zwischen dem Erzbischof v. Köln einerseits, der Stadt Köln und dem Herzog v. Berg an-dererseits (1418), zwischen dem Bischof v. Chur und Graf Friedrich v. Toggenburg (1421)[16].

[23] Von 1339 an suchten sich die drei geistlichen Kurfürsten systematisch durch Verträge gegen einseitige Zollerhöhungen und neue Zollstätten in ihrem Interessenge-biet von Oppenheim bis Rheinberg abzusichern. 1371 schloß sich auch Kurpfalz dieser Politik an, die im ganzen 15. Jahrhundert immer wieder vertraglich bekräftigt und er-neuert wurde. Zwischen 1399 und 1502 sind mindestens 12 Vertragsabschlüsse der rheinischen Kurfürsten überliefert[17]: Ziel war die Verdrängung aller potentiellen Mit-bewerber um die Einkünfte aus den Rheinzöllen und mindestens zeitweise ist diese Vertragspolitik auch sehr energisch in die Praxis umgesetzt worden. So bekämpfte Kurköln, gestützt auf die bis Rees beanspruchte Stromhoheit, die territorial-fürstliche Zollerhebung am Niederrhein. Der Erwerb von Kaiserswerth, der wichtigsten nieder-rheinischen Zollstelle, durch Erzbischof Dietrich v. Moers um nominell 100 000 rhein. Gulden (1424) ist typisch für diesen Verdrängungswettbewerb[18]. Besonders geschlos-sen war das Vorgehen gegen den Versuch der Stadt Köln, sich am Rheinzollgeschäft

---

15 Wilhelm JANSSEN, Niederrheinische Territorialbildung. Voraussetzungen, Wege und Probleme, in: Edith ENNEN u. Klaus FLINK (Hrsg.), Soziale und wirtschaftliche Bindungen am Niederrhein (Klever-Archiv 3, 1981), S. 95–113, hier S. 100. TROE, wie Anm. 2, S. 167f., 224, 250–252.

16 Otto STOLZ, Quellen zur Geschichte des Zollwesens und Handelsverkehrs in Tirol und Vorarl-berg vom 13. bis 18. Jahrhundert (Dt. Handelsakten des Mittelalters und der Neuzeit 10. 1955), S. 49. Marie SCHOLZ-BABISCH, Quellen zur Geschichte des Klevischen Rheinzollwesens vom 11. bis 18. Jahrhundert (ebd. 12, 1971), S. XLIV u. S. 59 nr. 101. LAMPRECHT Bd. 2, wie Anm. 6, S. 276. DROEGE, Verfassung und Wirtschaft, wie Anm. 6, S. 48f. Aloys SCHULTE. Geschichte des mittelalterlichen Handels und Verkehrs zwischen Westdeutschland und Italien, Bd. 2 Quellen, Leipzig 1900 (ND Berlin 1966), S. 179 nr. 282.

17 TROE, wie Anm. 2, S. 147f. LAMPRECHT Bd. 2, wie Anm. 6, S. 278f.

18 DROEGE, Verfassung und Wirtschaft, wie Anm. 6, S. 48f., 53, 121.

zu beteiligen: 1475 hatte die Stadt von Kaiser Friedrich III. ein Zollprivileg erhalten als Kompensation für ihre Aufwendungen im Neußer Krieg. Der Versuch, dieses Privileg zu realisieren, traf auf den entschiedenen Widerstand der rheinischen Kurfürsten, die ohnehin durch die Stapelpolitik der Stadt gereizt waren. Ihnen schloß sich noch der Landgraf von Hessen an als Inhaber des Rheinzolls von St. Goar. Im Oktober 1489, also zur Jahreszeit des höchsten Verkehrsaufkommens, wurde der Rhein für kölnische Schiffe und Waren gesperrt. Trotz kaiserlicher Strafandrohungen, die von der Stadt erwirkt werden konnten, wurde im Sommer 1490 die Verlängerung der Sperre beschlossen, deren Wirksamkeit durch den Rückgang des Kölner Weinimports deutlich wird. Schließlich erreichten die rheinischen Zollinhaber auf dem Nürnberger Reichstag 1491, daß Maximilian I. das Kölner Privileg mit Wirkung des Jahres 1494 wieder kassierte[19].

Die angeführten Beispiele zeigen die Zölle eindeutig als wichtiges Mittel territorialer Machtpolitik, auch wenn daneben Ansätze zu verkehrslenkenden Funktionen erkennbar werden. Dabei zielt die Bekämpfung fremder Zölle nicht nur auf die Schwächung des Gegners, sondern auch auf die Absicherung der eigenen Einkünfte, eine Absicht, die in zahlreichen Zollkonflikten direkt ausgesprochen wird, die also nicht erst rückblickend erschlossen werden muß[20]. Im Hinblick auf die einleitende Überlegung zur Notwendigkeit des [24] Transitverkehrs bedeutet dies: Eine Steigerung der eigenen Zolleinkünfte erschien nur möglich auf Kosten anderer, unter Verdrängung von Mitbewerbern, nicht aber durch eine willkürliche Ausweitung der eigenen Zölle. Bei aller fiskalischen Ausnutzung des Zollregals war der Inhaber gezwungen, auf das Funktionieren der Handelsverbindungen Rücksicht zu nehmen.

Für die Frage nach dem Ausmaß der Handelsbehinderung durch Verkehrsabgaben ist durchaus bemerkenswert, daß in den vorausgehenden Beispielen mit Köln und Trier auch zwei Städte in Konflikte wegen der Ausübung des Zollrechts verwickelt waren. Und dies sind keineswegs Einzelfälle, obwohl die Städte seit ihrem Bund von 1254 immer wieder den Anspruch erneuerten, Vorkämpfer gegen die fürstlichen Handelsbeschränkungen zu sein[21]. In Wirklichkeit ist aber die von Karl Lamprecht benannte Trias der Wettbewerber um Zollprivilegien – König, Adel, Kirche – eben noch um die Städte zu erweitern. Ihr bevorzugtes Mittel, Anteil an Zolleinkünften zu erringen, wurde vom letzten Drittel des 13. Jahrhunderts an bis zur Mitte des 14. Jahrhunderts die Beteiligung an Landfrieden[22]. So wurden 1278 im Einvernehmen zwischen Pfalzgraf Ludwig, weiteren Herren sowie Städten der Wetterau und des Rheingebiets Landfriedenszölle in Boppard und Mainz zu Lasten des Warenverkehrs auf dem Rhein eingerichtet. Unter Ludwig d. Bayern wurde 1316 versucht, mit Hilfe des Landfriedens

---

19 Das Katzenelnbogener Rheinzollerbe 1479–1584, Bd. 1, Der Zoll zu St. Goar, bearb. v. Karl E. DEMANDT (Veröff. d. Hist. Komm. für Nassau 25, 1978), S. 55. KUSKE, Stapel, wie Anm. 2, S. 39. Zur Entwicklung der Kölner Weinimporte siehe die Zahlenangaben und Graphik bei Franz IRSIGLER, Die wirtschaftliche Stellung der Stadt Köln im 14. und 15. Jahrhundert. Strukturanalyse einer spätmittelalterlichen Exportgewerbe- und Fernhandelsstadt (VSWG Beiheft 65, 1979), S. 243f.

20 Vgl. die voranstehenden Anmerkungen sowie SOMMERLAD, wie Anm. 2, S. 61 und DROEGE, Rheinzölle, wie Anm. 6, S. 36.

21 SOMMERLAD, wie Anm. 2, S. 152.

22 TROE, wie Anm. 2, S. 217, 222–225, 227f. mit Nachweisen zu den folgenden Beispielen.

ein völlig neues Rheinzollsystem einzurichten, an dem zu 2/3 König und Fürsten, zu 1/3 die Städte beteiligt werden sollten, denen in Koblenz und Köln eigene Zollstätten zugestanden wurden. Die Rechnungsbelege für den städtischen Rheinzoll zu Köln sind für die Jahre 1317–21 erhalten, an den Einnahmen beteiligt waren Speyer, Worms, Mainz und Köln. Auch ein zwischen dem Erzbischof v. Mainz und den Städten Mainz, Oppenheim, Worms, Speyer, Straßburg 1322 geschlossener Landfriede für das Gebiet von Bingen bis Straßburg führte zur Errichtung eines neuen Rheinzolls, der in der Folge abwechselnd in Oppenheim und Mainz erhoben wurde. Gegen neue Zollprivilegien Karls IV. an Kurpfalz reagierte Straßburg 1350 mit einer angeblich vollständigen Rheinsperre von eineinhalb Jahren. Dieses Vorgehen wird gern als bürgerliche Selbsthilfe gegen unerträglich werdende Handelsbelastungen gelobt, aber die Städte Basel, Speyer, Worms, Mainz ließen sich selber von Karl IV. und seinem Nachfolger neue Zollrechte verleihen. Auch der schwäbisch-rheinische Städtebund legte 1384 in Mannheim einen neuen Rheinzoll auf[23].

Diese noch bei weitem nicht vollständige Beispielsreihe erlaubt als Schlußfolgerung: Soweit Städte sich programmatisch und grundsätzlich gegen fiskalische Handelsbelastungen wenden, geschieht dies weniger aus einer höheren, quasi freihändlerischen Einsicht, sondern ganz nach dem Muster der zwischenterritorialen Konflikte, bei denen immer der Zoll des Nachbarn störend und unerwünscht ist. Im Ringen um die Mittel zu Behauptung und Ausbau der [25] eigenen Machtposition erschien offenbar auch den Städten eine Belastung des Warenverkehrs, auf den sie schließlich angewiesen waren, eher tragbar als ein Verzicht auf Einnahmen. Das setzt zumindest die Hoffnung voraus, daß mit einem kostenbedingten Stocken oder Ausbleiben des Handels nicht zu rechnen war.

Das intensive Bemühen um den Besitz von Zollstätten ist aus der Sicht der Landesherren gerechtfertigt, ja unabdingbar wegen der herausragenden Bedeutung der Erträge für die zentralen Einkünfte und damit für die Entfaltung staatlicher Aktivitäten – übrigens nicht ausschließlich im Bereich der Machtpolitik[24]. Maßgeblich zur Frage des Anteils von Zöllen am landesherrlichen Haushalt sind nach wie vor die Arbeiten von Georg Droege, die hier allenfalls um ein paar Details ergänzt werden können. Folgende Zahlen sind verfügbar: Der Erzbischof v. Köln erzielte in der ersten Hälfte des 15. Jahrhunderts landesherrliche Einkünfte zwischen rund 12.000 und 50.000 rhein. Gulden jährlich – das starke Schwanken ist zeittypisch. Bis zu 78 % dieser Einnahmen stammten aus Regalrechten, der Anteil der Rheinzölle liegt zwischen 28,5 und 49 % des Gesamtbetrages. Nach Droeges begründeter Einschätzung erzielten in der ersten Hälfte des 15. Jahrhunderts alle rheinischen Territorialherren rund 60 % ihrer Zentraleinkünfte aus den Regalien und vor allem aus den Rheinzöllen. Nur in Jülich, zu dieser Zeit ohne Zollstätte, dominieren die Steuererträge[25]. Die Kurfürsten von der Pfalz

---

23 SOMMERLAD, wie Anm. 2, S. 101 u. 160f.

24 So besitzt z. B. die Universität Heidelberg 1399 in Kaiserswerth 1 Turnose Zollanteil, übereignet vom Kurfürsten von der Pfalz. SCHOLZ-BABISCH, wie Anm. 16, S. 101f. nr. 168.

25 DROEGE, Verfassung und Wirtschaft, wie Anm. 6, S. 200–202. DERS., Die finanziellen Grundlagen des Territorialstaates in West- und Norddeutschland an der Wende vom Mittelalter zur Neuzeit, in: VSWG 53 (1966), S. 145–161, hier S. 149–151. DERS., Spätmittelalterliche Staatsfinanzen in Westdeutschland, in: Öffentliche Finanzen und privates Kapital im späten Mittelalter und

bezogen noch in der ersten Hälfte des 16. Jahrhunderts rund 25% ihrer durchschnittlichen Jahreseinkünfte in Höhe von 50.000 rhein. Gulden aus den Zollrechten, in der hessischen Kammerrechnung von 1514/16 mit 51.612 rhein. Gulden Einnahmen haben die Rheinzölle einen Anteil von 30,6%[26]. Einen ähnlich hohen Haushaltsanteil wie am Rhein erreichen die Einkünfte aus Regalien auch in Territorien des Alpenraumes, entsprechend den unterschiedlichen natürlichen Voraussetzungen freilich in anderer Zusammensetzung: So bezog der Erzbischof v. Salzburg in seinen Gebieten nördlich des Alpenhauptkamms 1274 rund 3/5 seiner Einnahmen aus dem Salzregal, 1/5 aus den Zöllen. In der Grafschaft Tirol sank zwar der Netto-Anteil der Zölle zwischen 1300 und 1500 auf rund 10% der Kammereinkünfte, dafür entfallen aber in der zweiten Hälfte des 15. Jahrhunderts über 40% auf Erträge des Berg- und Münzregals[27].

[26] Auch hier noch ein kurzer Blick auf die Städte: Zollerträge im engeren Sinn erreichen trotz der oben geschilderten Bemühungen um Teilhabe, soweit erkennbar, in keiner Stadt eine fiskalische Bedeutung wie in Territorialstaaten. Dafür verfügen diejenigen Städte, die ihre Haushaltseinnahmen nicht überwiegend durch eine Vermögenssteuer aufbringen, mit den Ungeldern oder Akzisen über ein fiskalisches Instrument, das ähnlich wie die Zollbelastung des Warenverkehrs unmittelbar den Verbrauch verteuert. Und es ist sehr zu beachten, daß Städte wie Nürnberg und Basel im 15. Jahrhundert über Jahrzehnte bis weit über 50% ihrer Netto-Einkünfte aus diesen Verbrauchssteuern erzielten[28].

Der Exkurs in das Haushaltswesen sollte nicht vom Thema wegführen, sondern mit wenigen Zahlenbeispielen belegen, daß an der Tatsache der fiskalischen Belastung von Handelsverkehr und Verbrauch im Spätmittelalter nicht zu rütteln ist: Die Prozentanteile der Zölle und indirekten Steuern in Haushaltsrechnungen sind schließlich keine Fiktion. Umgekehrt läßt sich aber auch argumentieren: Wenn Verkehrszölle und Verbrauchsabgaben dauerhaft zu den wichtigsten Stützen territorialer bzw. städtischer Haushaltseinnahmen zählten, dann kann ihre Erhebung nicht gut gleichzeitig Handel bzw. Konsum ernsthaft behindert oder gar verhindert haben[29]. Ob diese Annahme für den Rhein am Ende des Mittelalters zu modifizieren ist, wird weiter unten zu behandeln sein.

---

in der ersten Hälfte des 19. Jahrhunderts (Forschungen zur Sozial- und Wirtschaftsgeschichte 16, 1971), S. 5–13, hier S. 11.

26 Henry J. COHN, The Government of the Rhine Palatinate in the 15th Century, London 1965, S. 92. Das Katzenelnbogener Rheinzollerbe Bd. 1, wie Anm. 19, S. 139–141 nr. 56.

27 Herbert HASSINGER, Zollwesen und Verkehr in den österreichischen Alpenländern bis um 1500, in: MIÖG 73 (1965), S. 292–361, hier S. 321. STOLZ, Quellen, wie Anm. 16, S. 211–213. DERS., Zur Entwicklungsgeschichte des Zollwesens innerhalb des alten Deutschen Reiches, in: VSWG 41 (1954), S. 1–41, hier S. 13.

28 Zahlenbelege bei: Paul SANDER, Die reichsstädtische Haushaltung Nürnbergs. Dargestellt auf Grund ihres Zustandes von 1431–1440, Leipzig 1902, S. 762–787. Bernhard HARMS, Die Steuern und Anleihen im öffentlichen Haushalt der Stadt Basel 1361–1500. Ein Beitrag zur mittelalterlichen Finanzstatistik, in: Zs. für die gesamte Staatswiss. 63 (1907), S. 627–681, hier S. 679–681.

29 Auch nach DROEGE, Rheinzölle, wie Anm. 6. S. 38 war die Zollerhebung im Prinzip *nicht* handelsfeindlich.

III.

Der schon erwähnte Mangel an quantifizierbarem Quellenmaterial verhindert es, die hier angestellten Überlegungen durch präzise Zahlenreihen zur Relation zwischen Zollerhebungen und Verkehrsfrequenz zu verifizieren oder falsifizieren. Die Höhe, in der spätmittelalterliche Zollbelastungen zu vermuten sind, kann zwar mit recht instruktiven Einzelbeispielen veranschaulicht werden, aber es bleibt stets der Einwand möglich, daß es sich eben um nicht mehr als den Einzelfall handle. In der älteren Literatur wird die fiskalische Belastung des Warenverkehrs in der Regel durch die Addition der Zollstellen und, soweit faßbar, der jeweiligen Tarife ermittelt. Die Zahlen sind bekannt: Über 60 Rheinzölle im Spätmittelalter, im Durchschnitt einer auf 10 Flußkilometer, und dementsprechend schon auf kurzen Strecken eine Zollbelastung von über 60% auf den Warenwert[30]. Obwohl schon Werner Bastian [27] und Aloys Schulte gegen diese Befunde gravierende Einwände erhoben haben[31], haben sie sich bis in die neuere Forschung gehalten[32], ebenso wie die Überzeugung, der Transport zu Wasser sei dem Landweg auf jeden Fall überlegen und dessen Benutzung ein zollbedingtes Unglück[33].

Es erscheint freilich unwahrscheinlich, daß durch die Addition von Zolltarifen eine verläßliche Vorstellung von der Zollbelastung des Handels zu gewinnen ist. Schon bei der auf Theo Sommerlad zurückgehenden Gesamtzahl der Rheinzölle, basierend auf der Addition aller Privilegien vom 13. bis zum 15. Jahrhundert, ist unberücksichtigt, daß einige Erhebungsstätten wieder verschwanden, andere zusammengelegt wurden. Nach der Tagebuchaufzeichnung Albrecht Dürers über seine Rheinreise 1520 wurden auf der Mittelrheinstrecke zwischen Mainz und Köln, der am stärksten belasteten Strecke, auf rund 200 km 10 Zollstellen angefahren, durchschnittlich alle 20 km eine[34]; gegenüber Sommerlad ist die Zolldichte also halbiert. Noch gravierender ist aber die Tatsache, daß auf kaum einem anderen Gebiet des öffentlichen Lebens der Gegensatz zwischen dem Buchstaben der Vorschriften und der Alltagspraxis im Spätmittelalter so groß war wie bei der Zollerhebung. Dabei ist nicht in erster Linie an den Schmuggel zu denken, auch wenn dazu aus den Klagen der Zollinhaber und aus Kaufleutepapieren hübsche Einzelheiten überliefert sind[35]. Vielmehr läßt sich nach-

---

30   SOMMERLAD, wie Anm. 2, S. 60 u. 118. TROE, wie Anm. 2. S. 130.

31   Franz BASTIAN, Das Runtingerbuch 1383–1407 und verwandtes Material zum Regensburger – Südostdeutschen Handel, 3 Bde. (Deutsche Handelsakten des Mittelalters und der Neuzeit 6–8, 1935–44), Bd. 1, S. 476f. u. 490. Aloys SCHULTE, Geschichte der großen Ravensburger Handelsgesellschaft 1380–1530, 3 Bde. (ebd. 1–3, 1923, ND 1964), Bd. 2, S. 46–48.

32   STOLZ, Entwicklungsgeschichte, wie Anm. 27, S. 26 u. 34. Hektor AMMANN, Untersuchungen zur Wirtschaftsgeschichte des Oberrheinraumes I. Konrad von Weinsbergs Geschäft mit Elsässer Wein nach Lübeck im Jahre 1426, in: ZGOrh 108 (1960), S. 466–498, hier S. 474f.

33   Vgl. dazu unten S. 35f.

34   Katzenelnbogener Rheinzollerbe, wie Anm. 19, S. 154–157 nr. 70. Zur absichtlichen Belastung der Mittelrheinstrecke wegen schlechter Ausweichsmöglichkeiten Beleg bei SCHOLZ-BABISCH, wie Anm. 16, S. 244f. nr. 298 (1492).

35   Andreas EICHSTAEDT, Der Zöllner und seine Arbeitsweise im Mittelalter. Ein Beitrag zur Geschichte des öffentlichen Dienstrechts (Europäische Hochschulschriften Reihe II, 271, 1981), S. 103f. nr. 2: Wertvolle Waren werden auf Rheinschiffen unter Kohl, Holz u.a. versteckt. SCHULTE, Große Ravensburger, wie Anm. 31, Bd. 1, S. 133f. u. 248: Edelmetallschmuggel.

weisen, daß ein mehr oder weniger legal praktiziertes Abweichen von der Norm offenbar zum Alltag der Zollerhebung gehört hat. Es ist bekanntlich ein beliebtes Mittel der spätmittelalterlichen Preispolitik, nominell gleichbleibende Preise durch Maß- und Gewichtsveränderungen zu erzielen: So bei den Brottaxen, die das Gewicht des Pfennigbrotes je nach Getreidepreis fallen oder steigen lassen, so bei der Reduzierung des Schankmaßes zur Verdeckung steuerbedingter Preisaufschläge. Einer ähnlichen Methode haben sich die Zollinhaber am Rhein bedient: Spätestens seit der Mitte des 14. Jahrhunderts wurde die Identität von Zoll- und Handelsfuder [28] Wein als Basisgröße für die Berechnung der Zollgebühren aufgegeben[36]. Die Festsetzung des Handelsfuders mit 6 Ahm, des Zollfuders mit 10–12 Ahm bedeutete im günstigsten Fall eine Halbierung der Abgabenbelastung. Für die Folgezeit war damit eine Möglichkeit gefunden, bei nominell unveränderten Tarifen sehr elastisch auf wirtschaftliche Wechsellagen, auf Schwankungen des Verkehrsaufkommens zu reagieren, eine Möglichkeit, die auch nachweislich genutzt wurde: Am klevischen Zoll Büderich wurde um 1438 wegen Verkehrsrückgang das Zollfuder von 10 auf 12 Ahm = 2 Handelsfuder heraufgesetzt, was einer Zollminderung um 1 Fünftel entspricht. Nach einem Bericht der klevischen Zollverwaltung wurde 1486 auf dem Weg von Köln bis Dordrecht generell 1 Zollfuder mit 2,5 Handelsfudern veranschlagt. Im gleichen Jahr verhandelten der Herzog v. Kleve und der Erzbischof v. Köln darüber, man solle den Kaufleuten *wat gnaden doen* und auf den großen oberländischen Schiffen 3 Handelsfuder als 1 Zollfuder veranschlagen. Gegenüber dem Maßansatz von vor 1438 (1 Zollfuder = 10 Ahm) wäre die Zollhöhe damit (1 Zollfuder = 18 Ahm) fast auf die Hälfte ermäßigt. Aber auch die gegenläufige Politik ist zu belegen: 1491 setzte erst Kurköln und nachfolgend dann Kleve das Zollfuder wieder auf zwei Handelsfuder herab, eine fiskalische Maßnahme, die sich offenbar so nicht durchsetzen ließ und eine kölnisch-klevische Zollkonferenz notwendig machte (1492): Hier erklärten die als Sachverständigen zugezogenen Zolldiener in aller, Offenheit, derartige Erhöhungen ließen sich aus geographischen Gründen nur am „oberen Strom" durchsetzen, nicht am Niederrhein, wo das platte Land, d.h. die günstigen Landwege, dazu zwängen, den Kaufleuten Gnade zu tun. Ein doch sehr schöner Beleg für die Grenzen des Fiskalismus, wenn und solange, wie oben ausgeführt, auf den durchgehenden Verkehr als Einnahmequelle Wert gelegt werden mußte. Vorgeschlagen wurde 1492 eine nach Schiffsarten gestaffelte Größe des Zollfuders von 2; 2,5; 3 Handelsfudern und nach der Aussage der Zollsachverständigen hatten Köln und Kleve vor „20 oder 25 Jahren", d.h. um 1470, vier bis fünf Fuder als 1 Zollfuder passieren lassen[37]. Danach wäre im 15. Jahrhundert die Größe des Zollfuders am Niederrhein also zwischen 1,66 und 5,0 Handelsfudern angesetzt gewesen, entsprechend konnte die Zollbelastung in einer Bandbreite von rund 300 % schwanken, ein Beweis dafür, wie unsicher von einem eventuell bekannten Zollbetrag pro Zollfuder die prozentuale Belastung des Konsumguts Wein ermittelt werden kann. Damit nicht genug: Quellenmäßig durch Ordnungen und Berichte belegt, wurden seit der Mitte des

---

36 DROEGE, Rheinzölle, wie Anm. 6, S. 37f.
37 SCHOLZ-BABISCH, wie Anm. 16. S. 171 ff. nr. 209 (Büderich); 232 nr. 285 (Bericht von 1486); 233 nr. 287 (Verhandlungen 1486); 241 nr. 294 (Herabsetzung des Zollfuders 1491); 244f. nr. 298 (Zollkonferenz 1492).

14. Jahrhunderts 10 bis 15% Rabatt auf den geschuldeten Zollbetrag gewährt, und noch höhere Rabatte haben sich die Schiffsleute erzwungen. Dazu gibt es die, soweit ich sehe, instruktivste und detailreichste Quelle zum Zollalltag am Rhein, die von Karl Demandt edierten Aufzeichnungen über angebliche Zollhinterziehungen in St. Goar aus dem Jahr 1531, eine Quelle, [29] die wohl ohne Bedenken auch als Beleg für die Zustände vorhergehender Jahrzehnte gewertet werden darf[38]. In dem Verfahren ging es um die im Vergleich mit Bacharach und Kaub zu niedrigen Einnahmen des Zolls von St. Goar und den daraus abgeleiteten Verdacht pflichtwidriger Manipulationen des Zollpersonals. Daß es in dem Verfahren nicht zur Verurteilung der Angeschuldigten kam, erhöht die Glaubwürdigkeit ihrer protokollierten Aussagen. Ich reduziere den viel reicheren Inhalt der Quelle auf die Aussagen, die hier von Interesse sind:

1. Man nahm den Zoll nicht strikt nach Taxe, vielmehr war üblich an *allen zollen, daz man theidingen lest*. Dieses *theidingen*, also Verhandeln, geschah offenbar in den Formen orientalischer Marktgewohnheiten: Wenn der Zoll mit dem Schiffmann ausgehandelt wurde, kam es vor, daß *der ein schrei, der ander flucht, der drit bit und flet*[39].
2. Die Zollbediensteten beanspruchten das Recht zur Zollerhebung nach Ermessen aufgrund ihres Diensteids, der sie verpflichtet so zu handeln, daß dem Zollinhaber *recht geschee und der schiffmann auch bleiben möge*.
3. Die Warenverfrachtung auf dem Rhein erfolgte aufgrund pauschalierter Abmachungen zwischen dem auftraggebenden Kaufmann und dem Frachtschiffer. Der Pauschalpreis enthielt Fuhrlohn und Zölle, er lag wesentlich unter der rechnerischen Zollbelastung. Nach Aussage der Zollbediensteten von St. Goar kostete nach Tarif 1 Zollfuder von Ehrenfels bis Köln 21 rhein. Gulden Zoll. *Aber: es sei die Wahrheit, daz die schiffleut 1 zfd. umb 13 oder 12 fl* übernehmen. Für 1 Zollfuder Hering bei der Bergfahrt, das ebenfalls 21 rhein. Gulden Zoll geben solle, zahlten die Kaufleute nur 8 rhein. Gulden. Nach diesen Frachtsätzen, die teilweise mehr als die Halbierung der offiziellen Zolltarife bedeuten, haben laut ihren eigenen Beteuerungen zwei der St. Goarer Zollbediensteten früher als Schiffleute selber ihre Transportgüter verzollt.
4. Genauso wichtig wie diese Bestätigung der Alltagspraxis, des Ist-Zustands, ist eine Mitteilung über die Grundsätze bei der Fixierung der Zolltarife, des Soll-Zustands also: Es sei *von alters die rhol an den zollen am Rhein uf die fracht und furlon gemacht*, d.h. also, die Zolltarife wurden an den Pauschalpreisen der Rheinschiffer orientiert. Und weiter: Daß die Kaufleute den Frachtsatz für das Zollfuder jetzt von früher 16 auf 12 und 8 rhein. Gulden drücken konnten, liege daran, daß sie nicht mehr auf den Rhein allein angewiesen seien, sondern *über landt und wasser handtiren* können.

---

38 Katzenelnbogener Rheinzollerbe Bd. 1, wie Anm. 19, S. 376 nr. 98–491 nr. 107.
39 Darunter war ein Johann von Siegen, der den Zoll *mit schreien abgebettelt*. Bei der nächsten Fahrt erreicht er Zollnachlaß mit dem Hinweis auf Kinderzahl und Krankheit der Frau. Bei einer dritten Fahrt wird er beim Kupferschmuggel ertappt.

Ich stelle den letzten Aspekt zunächst zurück und bleibe bei der pauschalierten Zollzahlung. Durch einen glücklichen Überlieferungszufall werden die Aussagen von 1531 bestätigt, gerade auch darin, daß es sich um alteingefahrene Gewohnheiten handelt. In einer Kurkölner Zollordnung von 1452/63 heißt [30] es: Von Ehrenfels bis Köln gebe das Zollfuder Wein tarifgemäß 18 rhein. Gulden weniger zwei Turnosen. Doch gäben die Schiffleute nur 15 bis 16 rhein. Gulden (16 Gulden ist der Betrag, den als früher üblich 1531 die Zöllner von St. Goar nennen), was ihnen möglich sei durch mangelhafte Deklaration und Absprachen mit den Zöllnern. Das bedeutet also: Um die Mitte des 15. Jahrhunderts wurden ca. 85% des offiziellen Zolltarifs bezahlt, um 1530 nur knapp 60%. Und obwohl die Belastung des Zollfuders in diesem Zeitraum nominell von 18 = 100% auf 21 rhein. Gulden = 116% gestiegen war, wurden de facto nur noch rund 77% des Zolls aus der Mitte des 15. Jahrhunderts bezahlt (12 statt 15 bis 16 Gulden).

Aufgrund dieser Nachweise kann festgehalten werden: Am Rhein, und sicher nicht nur hier, belegen die Zolltarife fiskalische Wunschvorstellungen des Regalieninhabers. Sie sagen nichts darüber aus, wieviel davon in der Praxis jeweils durchsetzbar war. Aufgrund der variablen Zollfuder-Größe und der von den Kaufleuten durchsetzbaren pauschalen Frachtsätze ist davon auszugehen, daß die tatsächliche Zollbelastung um ein Mehrfaches von den Normen der offiziellen Tarife abweichen konnte. Aus solchen Tarifen abgeleitete Warenverteuerungen sind Rechnungsgrößen ohne Bezug zur Wirklichkeit.

Bei günstiger Überlieferungslage kann diese Wirklichkeit aus Abrechnungen ermittelt werden. Zu erinnern ist beispielsweise an das von Hektor Ammann untersuchte Weingeschäft Konrads v. Weinsberg[40]. Anhand der Aufzeichnungen über den Transport von rund 30 Fudern Elsässer Weins nach Lübeck im Jahr 1426 ermittelte Ammann für die Strecke Straßburg-Lübeck eine zollbedingte Verdoppelung des Wareneinkaufspreises und schloß daraus auf die „gewaltige Verteuerung des Warenversandes ... durch die maßlos gehäuften Zölle". Dabei sind für den nicht wie Konrad privilegierten, normalen Kaufmann ziemlich großzügig aufgerundete Zollzahlungen unterstellt. Aber selbst wenn man sie unverändert beibehält, läßt sich das Ergebnis auch anders darstellen. Der Lübecker Verkaufspreis des Weins betrug rund das Vierfache des Einkaufspreises, er setzte sich wie folgt zusammen:

- Wareneinkauf   25,4%
- Zölle   25,4%
- Transportkosten   25,4%
- Gewinn   23,8%.

Zu diesem Befund eines Zollanteils von 25% am Großhandels-Endverkaufspreis eines gehobenen Konsumguts ist folgende Gegenrechnung möglich: Nach der oben erwähnten Kurkölner Zollordnung (1452/63) wurden von Ehrenfels bis Köln von den Kaufleuten 15 bis 16 Gulden pro Zollfuder Wein bezahlt. Im Vergleich mit dem Durchschnittspreis von knapp 39 Gulden pro Fuder in Köln zu dieser Zeit ergibt sich

---

40 AMMANN, wie Anm. 32, bes. S. 471–475.

ein Zollanteil von rund 20% unter der Voraussetzung, daß auf das Zollfuder zwei Handelsfuder Wein gingen[41].

[31] Weitere Belege für den Anteil von Transportkosten und Zöllen am Warenpreis finden sich beispielsweise in den überlieferten Papieren der Runtinger, der Großen Ravensburger Handelsgesellschaft, der Paumgartner und im Mederschen Handelsbuch. Entsprechend den Handelsaktivitäten beziehen sich die Angaben nicht auf Massengüter wie Wein und sie beschränken sich auch nicht auf die Rheinstraße, mit der aber begonnen werden soll: 1395 ließ M. Runtinger in Brüssel und Löwen Tuche für 1170 ungar. Gulden einkaufen. Sie wurden über Köln und Mainz rheinaufwärts, dann via Nürnberg nach Regensburg gebracht[42]. Sämtliche Pack- und Transportkosten, einschließlich Geleitgeld Mainz–Nürnberg, werden mit nicht ganz 33 ungar. Gulden = 2,82% des Einkaufspreises verbucht. Vielleicht noch überraschender ist es, daß bei der am dichtesten mit Zöllen besetzten Rheinstrecke von Köln bis Mainz überhaupt keine Zollzahlung vermerkt wird. Es heißt lediglich: Von Köln bis Mainz pro Saum 2 rhein. Gulden. Ich schließe daraus, daß die obengeschilderte Zollpraxis des frühen 16. Jahrhunderts (Pauschaltransportpreis einschließlich Zollgebühren) schon im ausgehenden 14. Jahrhundert geübt wurde. Entsprechend werden übrigens auch in den Abrechnungen der Großen Ravensburger Handelsgesellschaft und im Mederschen Handelsbuch für Transporte von Frankfurt nach Köln keine gesonderten Zollzahlungen, sondern nur die Transportkosten verbucht[43].

Für den Warentransport Venedig–Regensburg notierte M. Runtinger auf der Strecke über Salzburg und durch Niederbayern nicht weniger als 17 Passierzölle, was eine bedeutende fiskalische Belastung erwarten läßt. Tatsächlich erreichten aber beispielsweise 1395 bei einem Posten von Pfeffer, Baumwolle, Gewürzen und Damast die Zoll- und Transportkosten zusammen nur einen Anteil von 6,33% am Warenpreis bis Regensburg (= 6,74% Aufschlag auf den Einkaufspreis in Venedig)[44]. Nach Papieren der Paumgartner betrugen 1501 bei dem Transport eines Großeinkaufs Safran von Aquila bis Nürnberg die Ausgaben für Fracht und alle Abgaben 545 rhein. Gulden = 5,5% des Warenpreises bis Nürnberg oder 5,9% Aufschlag auf den Einkaufspreis[45]. Auch nach der Mitte des 16. Jahrhunderts hielt sich die fiskalische Belastung der Route Nürn-

---

41 Die Kölner Stadtrechnungen des Mittelalters, bearb. von Richard KNIPPING, Bd. 1 (Publikationen der Gesellschaft für rhein. Geschichtskunde 15, 1896), S. 229: Weinpreise pro Fuder (der ungewogene Durchschnitt der Jahre 1456–63 beträgt 38,9 Gulden). Hinzuweisen ist auch auf ALBERTS, wie Anm. 1, S. 321 f. mit Angaben über einen Steintransport Koblenz–Utrecht im Jahr 1508. An den Gesamtkosten (Zoll, Transport, Einkauf) erreichen die Zollabgaben einen Anteil von 18%.

42 BASTIAN, wie Anm. 31, Bd. 1, S. 480. Wiltrud EIKENBERG, Das Handelshaus der Runtinger zu Regensburg: Ein Spiegel süddeutschen Rechts-, Handels- und Wirtschaftslebens im ausgehenden 14. Jahrhundert (Veröff. des Max-Planck-Instituts für Geschichte 43, 1976), S. 91–95.

43 SCHULTE, Große Ravensburger, wie Anm. 31, Bd. 3, S. 381. Handelsbräuche des 16. Jahrhunderts. Das Meder'sche Handelsbuch und die Welser'schen Nachträge, hrsg. u. eingeleitet von Hermann KELLENBENZ (Deutsche Handelsakten des Mittelalters und der Neuzeit 15, 1974), S. 150.

44 BASTIAN, wie Anm. 31, Bd. 2, S. 129. EIKENBERG, wie Anm. 42, S. 82.

45 Karl Otto MÜLLER, Welthandelsbräuche (1480–1540) (Deutsche Handelsakten des Mittelalters und der Neuzeit 5, 1934, ND 1962), S. 88.

berg–Venedig in Grenzen. Nach dem Mederschen Handelsbuch waren zwar 1560 von Salzburg bis Venedig 10 Zölle zu passieren; aber sämtliche Mauten zusammen ergaben bei einer Wachssendung von Nürn[32]berg nach Venedig nur eine Verteuerung um knapp 2%. Bei der Großen Ravensburger Handelsgesellschaft lassen sich zu Beginn des 16. Jahrhunderts auf der Strecke Genua–Frankfurt für hochwertige Stoffe und Korallen transportbedingte Verteuerungen zwischen 1,3 und 2,8% errechnen, wobei die Zölle nicht eigens ausgewiesen wurden[46].

Die angeführten Beispiele belegen hinreichend, daß nachweisbare Zollbelastungen weit hinter den aus Tarifen hochgerechneten Beträgen und Prozentsätzen zurückbleiben. Für die Verfrachtung hochwertiger Kaufmannsgüter waren in dem Raum zwischen Venedig und Genua einerseits und Regensburg, Nürnberg, Frankfurt, Flandern andererseits wohl eher die zollbedingten Aufenthalte ein lästiges Handelshindernis[47], als daß die Höhe der Abgaben prohibitiv gewirkt hätte. Mit einem Zollanteil von 20–25% am Warenpreis eindeutig höher belastet als die Luxusgüter war der Wein, und für andere Massengüter wie Getreide und Fisch ist ein ähnlicher Befund sehr wahrscheinlich[48]. Diese Verteuerung von Gütern des täglichen Bedarfs war gewiß nicht konsumentenfreundlich, aber sie überstieg nicht den Rahmen dessen, was im Spätmittelalter Stadtregierungen den Bürgern gegenüber für zumutbar und praktizierbar hielten: Wein war auch ein bevorzugtes Objekt der städtischen Verbrauchssteuererhebung, und Aufschläge um die 20% herum waren keine Seltenheit. Trotz der Belastung des Weinimports durch die kurfürstlichen Rheinzölle hat zum Beispiel die Stadt Köln im Spätmittelalter mehrfach versucht, die eigene Zapfakzise auf 1 Sechstel vom Fuder (= 16,66%) zu erhöhen, offenbar ohne Rücksicht auf die weitere Verteuerung des Verbrauchs. Es ist aber sehr zu beachten, daß sich diese drastische Steuererhöhung wegen der negativen Auswirkungen auf den Weinimport offenbar nicht auf Dauer durchsetzen ließ[49].

IV.

Die Zölle sind also, gerade auch am Rhein, sicher nicht das einzige potentielle Handelshemmnis, eine Feststellung, die freilich noch keine Antwort auf die Frage gibt, ob es einen eindeutig fiskalisch bedingten Handelsrückgang im Spätmittelalter gegeben hat. Da hier keine erneute Gesamtdiskussion des spätmittelalterlichen Konjunkturverlaufs möglich ist, beschränken sich, dem Thema entsprechend, die Belege für das Handelsaufkommen auf Quellen aus dem Bereich des Zollwesens. Soweit Zahlenreihen vorliegen, ist natürlich nicht auszuschließen, daß die Höhe von Zolleinnahmen nicht durch die [33] Verkehrsfrequenz, sondern auch durch Tarifänderungen beeinflußt

---

46 Das Meder'sche Handelsbuch, wie Anm. 43, S. 152. SCHULTE, Große Ravensburger, wie Anm. 31, Bd. 3, S. 380–385 nr. 74 (1503) und Bd. 1, S. 47.

47 Vgl. die Klagen über den Zöllner am Fernstein bei STOLZ, Quellen, wie Anm. 16, S. 20 nr. 9 (1312).

48 Nach den Befragungen der Zöllner von St. Goar 1531 (siehe oben S. 29) sollten für das Zollfuder Hering und Schollen tarifgemäß 21 rhein. Gulden Zoll gegeben werden, gezahlt wurden 8. Katzenelnbogener Rheinzollerbe, wie Anm. 19, S. 491–497 nr. 107.

49 IRSIGLER, wie Anm. 19, S. 243 u. 274. DROEGE, Verfassung und Wirtschaft, wie Anm. 6, S. 88.

wird. Trotzdem halte ich es für eine begründete Annahme, daß längerfristig fallende oder steigende Erträge einer Zollstelle auf abnehmendes bzw. steigendes Verkehrsaufkommen schließen lassen.

An der Brennerstraße deutet die Entwicklung der Zolleinnahmen für die Zeit vom 13. bis Ende des 15. Jahrhunderts insgesamt auf eine Zunahme des Warenverkehrs. Am Lueg, also an der Zollstelle unterhalb der Passhöhe, stiegen die jährlichen (Netto-) Einnahmen im 15. Jahrhundert von 1440 Gulden (1415) auf über 4000 Gulden (1478 und 1500). Natürlich gab es auch hier Klagen über Mißstände, aber von einer fiskalisch bedingten Verdrängung des Handelsverkehrs kann offensichtlich nicht die Rede sein[50]. Zu dieser Feststellung passen die oben mitgeteilten Belege für die niedrige Transport- und Zollbelastung hochwertiger Waren im Verkehr zwischen Deutschland und Italien. Schon wegen der Versicherungsgebühren in Höhe von 8–16% des Warenwerts für den Seetransport Italien–Brügge[51] war der Landweg hier konkurrenzfähig. Ein im Spätmittelalter zunehmender Transitverkehr durch Bayern wird durch die herzoglichen Zolleinkünfte in München belegt. Danach passierten gegen Ende des 14. Jahrhunderts jährlich rund 3300 Fernhandelswagen, im Jahr 1490 aber 9750, also eine Steigerung fast auf das Dreifache. Im gleichen Zeitraum stieg übrigens auch die Zahl der Nahhandelswagen von pro Jahr rund 26.000 auf 78.000[52]. Ansteigende Ausgaben für die Geleitsmannschaften machen auch für den Warenverkehr zwischen Nürnberg und Frankfurt während der Messezeiten eine ansteigende Tendenz wahrscheinlich: Von 1420–1480 ist eine Zunahme um gut 40% zu ermitteln[53]. Auch hier besteht gute Übereinstimmung zu den Nachweisen verhältnismäßig niedriger Transportunkosten in der kaufmännischen Überlieferung. Diese drei Beispiele sind gewiß nicht flächendeckend. Sie zeigen aber, daß Zölle, Geleitsgelder und die Organisation des Fuhrwesens gerade auf besonders wichtigen Transportverbindungen nicht, wie so oft behauptet, als lähmende Handelshemmnisse gewirkt haben.

Ganz andere Verhältnisse scheinen dagegen am Rhein feststellbar zu sein. Hier sind aus dem ganzen 14. und 15. Jahrhundert in dichter Folge zeitgenössische Klagen über einen zollbedingten Verkehrsrückgang überliefert. Schon 1318 konnte angeblich wegen der enormen Zollhöhe im Erzstift Köln der Rhein nicht mehr befahren werden[54]. Derartige Aussagen, öfters von der Forschung übernommen[55], sind in ihrer generalisierenden Tendenz jedenfalls bis zur Mitte des 15. Jahrhunderts nach den Ergebnissen neuerer Untersu[34]chungen nicht haltbar[56]. Die bis zu dieser Zeit herausra-

---

50   STOLZ, Quellen, wie Anm. 16, S. 211f. u. 223f.; zu den Klagen über schlechten Straßenzustand
     S. 207–209.
51   MÜLLER, wie Anm. 45, S. 28.
52   Eckart SCHREMMER, Die Wirtschaft Bayerns: Vom hohen Mittelalter bis zum Beginn der Industrialisierung. Bergbau, Gewerbe, Handel, München 1970, S. 166.
53   Johannes MÜLLER, Geleitswesen und Güterverkehr zwischen Nürnberg und Frankfurt a. M. im
     15. Jahrhundert, in: VSWG 5 (1907), S. 173–195, hier S. 191.
54   DROEGE, Rheinzölle, wie Anm. 6, S. 37. Weitere Belege u.a. bei COHN, wie Anm. 26, S. 91 f.
     und SCHOLZ-BABISCH, wie Anm. 16, S. 205 nr. 250, 233 nr. 287, 244 nr. 297.
55   Vgl. beispielsweise TROE, wie Anm. 2, S. 308.
56   ALBERTS, wie Anm. 1, S. 319. IRSIGLER, wie Anm. 19, S. 243–245 (Mengenentwicklung des
     Kölner Weinhandels), S. 271–275 (steigender Bierumsatz). Raymond VAN UYTVEN, Die Bedeutung des Kölner Weinmarktes im 15. Jahrhundert. Ein Beitrag zu dem Problem der Erzeugung

gende Bedeutung der Rheinzölle für die Haushaltseinnahmen der Regalieninhaber und der nachweisbare Umfang des Weinhandels schließen einen darniederliegenden Rheinhandel aus. Nach etwa 1450 sind dann Veränderungen unbestreitbar, sie sollen abschließend kurz erörtert werden.

Dazu stehen zwei längere Reihen von Zolleinkünften zur Verfügung: Die des unbedeutenden Basler Rheinzolls von Klein-Kembs ab 1421 und die des wichtigen klevischen Rheinzolls zu Orsoy ab 1428, freilich mit Lücken[57].

Prozentuale Entwicklung der Zolleinkünfte, in einfachem zehnjährigen Durchschnitt:

Klein-Kembs		Orsoy	
1420/21 – 29/30	= 100	1428 – 50	= 100
1430/31 – 39/40	= 121	[11 Jahre belegt]	
1440/41 – 49/50	= 53	1451 – 60	= 75
1450/51 – 59/60	= 48	1461 – 70	= 51
1460/61 – 69/70	= 34	1471 – 80	= 41
1470/71 – 79/80	= 47	1481 – 90	= 39
1480/81 – 89/90	= 44	1491 – 1500	= 28
1490/91 – 99/1500	= 60		

Betrachtet man die Einnahmen der einzelnen Jahre, die hier aus Platzgründen nicht wiedergegeben werden können, wird sehr deutlich, daß kurzfristig die politischen Rahmenbedingungen und nicht Zollmanipulationen den Rheinverkehr am nachhaltigsten beeinflußt haben. Nur zwei Beispiele: Fast gegen Null tendierten die Basler Rheinzolleinnahmen im Armagnakenjahr 1444, in Orsoy verursachte der Neußer Krieg 1475 das absolute Ertragsminimum. Für die längerfristige Entwicklung ergibt sich: In Basel wurden die höchsten Einkünfte in den zwei Jahrzehnten 1420–1440 erzielt, bis 1460–1470 sank der Ertrag auf ungefähr ein Drittel, am Ende des 15. Jahrhunderts erholte er sich wieder auf 60 % des Ausgangswertes. In Orsoy schwankten die Zolleinnahmen bis 1450 außer in den Krisenjahren 1436–38 zwischen 3000 und 3400 Schildgulden, insgesamt sind von 1428–1450 nur 11 Jahresabschlüsse belegt. Nimmt man den Durchschnitt dieser Jahre als Ausgangsbasis, fällt der Ertrag in den folgenden Jahrzehnten kontinuierlich, am Ende des Jahrhunderts erreichte er nur wenig mehr als ein Viertel der anfänglichen Höhe. Wenn man, methodisch korrekter, das erste vollständig belegte Jahrzehnt (1451–60) zugrundelegt, verschiebt sich der Befund nur graduell, der Durchschnittsertrag fällt dann bis zum Jahrhundertende auf 37 %.

[35] Bei Abweichungen in der Tendenz wird jedenfalls für den Ober- und Niederrhein die Abnahme der Zolleinkünfte im Laufe des 15. Jahrhunderts übereinstimmend greifbar, ganz ähnlich wird in der Kurpfalz 1476, vielleicht übertreibend, ein Rück-

---

und des Konsums von Rhein- und Moselwein in Nordwesteuropa, in: Rhein. Vjbll. 30 (1965), S. 234–252, hier S. 238–240.

57 HARMS, wie Anm. 28, S. 651–678. Dazu besonders Knut SCHULZ, Rheinschiffahrt und städtische Wirtschaftspolitik am Oberrhein im Spätmittelalter, in: Erich MASCHKE, Jürgen SYDOW (Hrsg.), Stadt am Fluß (Stadt in der Geschichte 4, 1978), S. 141–189, hier S. 175. SCHOLZ-BABISCH, wie Anm. 16, S. 164 166 nr. 199 (1425–1500).

gang der Zolleinnahmen um die Hälfte beklagt[58]. Der Rückgang des Colmarer Wein-
umsatzes und des Kölner Weinhandels in der zweiten Hälfte des 15. Jahrhunderts
ergänzt und bestätigt diese Indizien für einen rückläufigen Warenverkehr auf dem
Rheinstrom[59].

Wie schon einleitend erwähnt, war es für die Zeitgenossen klar, daß der Handel
den Rhein wegen der Zölle verließ. In schöner Offenheit schrieb beispielsweise der
Herzog v. Kleve 1468 an Kurköln, man müsse nur die Landstraße etwas *onbehegelich*
machen, um den Kaufmann wieder auf den Fluß zu holen[60]. So naheliegend und plausibel der Zusammenhang zwischen Verkehrsrückgang (bzw. -verlagerung) und Zollbelastung auch ist, als alleinige Erklärung erscheint er doch unbefriedigend, zumal für
einen Zeitabschnitt, in dem die Höhe der Rheinzölle aller Wahrscheinlichkeit nach
rückläufig war[61]. Der nicht zu bestreitende mengenmäßige Rückgang des Kölner
Weinhandels wurde von Franz Irsigler zutreffend nicht mit den Rheinzöllen, sondern
mit dem Konsumwandel zu qualitativ hochwertigen (Hopfen-)Biersorten erklärt[62]. Ein
in diesem Zusammenhang recht instruktiver Beleg ist der abschlägige Bescheid Herzog Johanns II. v. Kleve an einen ungenannten Fürsten, der 200 Fuder Wein zollfrei
durch das Herzogtum führen wollte. Johann II. erklärt, derartig privilegierte Weine
würden überwiegend auf den Markt gebracht und aufgrund des Kostenvorsprungs so
günstig angeboten, daß die gewöhnlichen Kaufleute, die Zoll bezahlen, zum Schaden
der Klever Zölle ihren Weinhandel aufgeben[63]. Es liegt auf der Hand, daß hier allgemein verschlechterte Absatzchancen in verständlicher Unkenntnis längerfristiger
Nachfrageverschiebungen vordergründig mit der als Faktum ja unbestreitbaren Zollbelastung allein erklärt werden.

Die Verluste des Kölner Weinhandels werden also von Irsigler sicher zurecht
nicht als Krisensymptom, sondern als Anzeichen für wirtschaftliche Veränderungen
gedeutet. Ähnlich läßt sich aber auch für den Rheinverkehr insgesamt argumentieren:
Ein aus sinkenden Zolleinnahmen ableitbarer Rückgang ist ein Krisensymptom für die
Attraktivität der Schiffahrt und damit auch ein Krisensymptom für die Finanzlage der
Zollherren, aber er ist kein [36] Beleg für ein allgemeines Stocken des Warenaustauschs aufgrund fiskalischer Hemmnisse. Zu den seit dem 14. Jahrhundert toposartig
wiederholten Klagen über Zollumgehungen zu Land begegnen spätestens seit der
Mitte des 15. Jahrhunderts zunehmend recht konkrete Nachrichten, die auf den Ausbau
leistungsfähiger, offensichtlich attraktiver Transportsysteme über Land im Niederrheingebiet und anderen Regionen schließen lassen. So war es nach Ansicht der Stadt

---

58 COHN, wie Anm. 26, S. 91. Heinrich MAULHARDT, Die wirtschaftlichen Grundlagen der Graf-
    schaft Katzenelnbogen im 14. und 15. Jahrhundert (Quellen und Forschungen zur hessischen Ge-
    schichte 39, 1980) ermittelt demgegenüber S. 132 einen Anstieg der katzenelnbogischen Zoll-
    erträge von 4000–5000 Gulden (1420) auf 10.000–15.000 Gulden (1479). Dies ist wohl eher auf
    den Erwerb neuer Zollrechte als auf Verkehrsanstieg rückführbar.
59 VAN UYTVEN, wie Anm. 56, S. 246. IRSIGLER, wie Anm. 19, S. 245 u. 271.
60 SCHOLZ-BABISCH, wie Anm. 16, S. 233 nr. 287.
61 Gegen eine monokausale Erklärung mit Zollbelastungen vgl. SCHULZ, wie Anm. 57, S. 142. Zur
    abnehmenden Zollhöhe siehe oben S. 29f. und SCHOLZ-BABISCH, wie Anm. 16, Einleitung
    S. XLIII u. XLVI.
62 IRSIGLER, wie Anm. 19, S. 272f. Vgl. auch VAN UYTVEN, wie Anm. 56, S. 25lf.
63 SCHOLZ-BABISCH, wie Anm. 16, S. 254f. nr. 307 (Ende 15. Jahrhundert).

Wesel am Niederrhein leichter und billiger, den Landweg zu fahren statt den Fluß zu benutzen[64]. Der Syndikus der Stadt Köln beobachtete 1490 in Bonn die Verladung von Wein für den Landtransport nach Aachen und von Galmei, das von dort kam, organisiert wurde das ganze durch einen Vertreter der Stadt Aachen. Nach einem wahrscheinlich klevischen Zollgutachten (ca. 1501) wurden aus dem Rheingau Weine nach Bremen und von dort kostengünstig zu Schiff in die Niederlande gebracht. Zu erinnern ist auch an die Zollverhöre von St. Goar (1531), in denen die Wahl zwischen Wasser- und Landweg ausdrücklich als kostensenkender Vorteil für die Kaufleute bezeichnet wurde[65]. Schließlich ist noch hinzuweisen auf die von Edith Ennen mitgeteilten Geschäfte des Weseler Kaufmanns Bernhard Daems zwischen Köln und Antwerpen in den Jahren 1488–1503[66]. Erfaßt sind 42 Geschäftsabschlüsse, davon 33 mit Wein, 9 mit Salz und/oder Fisch. Dabei ergibt sich, daß alle 9 Salz/Fischtransporte flußaufwärts den Landweg nahmen, von den 33 Weinsendungen gingen 7 auf den Wasserweg, 26 gingen über Land und von 1495 an ist kein Schiffstransport mehr faßbar.

Besonders der Landweg Köln–Antwerpen, aber auch andere Landstraßen erscheinen hier nicht als erzwungene Notlösung, sondern als funktionierende Handelsverbindungen, die Teile des Rheinverkehrs auf sich ziehen können. Diese Beobachtung läßt aber offen, warum nach Ausweis der Rheinzollrechnungen die Verkehrsverlagerung offenbar verstärkt erst ab der Mitte des 15. Jahrhunderts einsetzte und nicht schon in Zeiten mit wahrscheinlich höherer Zollbelastung. Vor Jahren hat Knut Schulz den im Spätmittelalter einsetzenden Rückgang der Schiffahrt am Oberrhein auf die wirtschaftspolitischen Konflikte zwischen den Städten Straßburg und Basel zurückgeführt, die schließlich zur zwangsweisen Unterbrechung des zuvor durchgehenden Rheinverkehrs geführt haben[67]. Die Ergebnisse von Schulz haben wohl nicht nur für den Oberrhein Gültigkeit: Der Prozeß der territorialstaatlichen Verfestigung und das städtische Bemühen um wirtschaftlich-politische Selbstbehauptung führen vom 15. Jahrhundert an zu einer deutlichen Zunahme [37] der obrigkeitlichen Eingriffe in Handelsabläufe, besonders wirksam in den territorial kleinräumig gegliederten Teilen des Reichs. Der mittelalterliche Fiskalzoll auf den Durchgangsverkehr brauchte, wie mehrfach hervorgehoben, den möglichst ungestörten Warentransit. Die vertragliche Absicherung einer im Interesse der eigenen Zölle sonst ungehinderten Rheinschiffahrt hat bei den rheinischen Kurfürsten aber offenbar im Verlauf des 15. Jahrhunderts an Priorität verloren: Anders ist der häufigere Einsatz der Rheinsperrung als politisches Kampfmittel nicht zu erklären[68]. Die Tatsache, daß im gleichen Zeilraum die direkten Steuern anstelle der

---

64 Ebenda, S. 205 nr. 250 (1472).
65 Bruno KUSKE, Quellen zur Geschichte des Kölner Handels- und Verkehrs im Mittelalter, Bd. 2, 1450–1500, Bonn 1917 (ND Düsseldorf 1978), S. 598–600 nr. 1205. SCHOLZ-BABISCH, wie Anm. 16, S. 258 nr. 314. Katzenelnbogener Rheinzollerbe, wie Anm. 19, S. 490; hier wird ausdrücklich betont, die Möglichkeit des Ausweichens auf den Landweg habe früher nicht in gleicher Weise bestanden.
66 Edith ENNEN, Grundzüge des niederrheinischen Städtewesens im Spätmittelalter (1350–1500), in: DIES. u. Klaus FLINK, Soziale und wirtschaftliche Bindungen im Mittelalter am Niederrhein (Klever Archiv 3, 1981), S. 55–94, hier Anhang S. 83–87.
67 SCHULZ, wie Anm. 57, bes. S. 178–183.
68 Katzenelnbogener Rheinzollerbe, wie Anm. 19, S. 55; VAN UYTVEN, wie Anm. 56, S. 250 und bes. COHN, wie Anm. 26, S. 92f.

Zölle allmählich zur wichtigsten Stütze der landesherrlichen Haushalte werden[69], gehört sicher zu den wesentlichen Gründen für diesen Wandel in der Zoll- und Verkehrspolitik.

In seinen Auswirkungen besonders gravierend war aber auch der auf städtischen Initiativen beruhende Trend zur Wiederbelebung oder Neueinrichtung von Stapelrechten oder stapelähnlichen Vorrechten zum Schutz der eigenen Handelsinteressen und zentralörtlichen Funktionen. Diese Erscheinung ist nicht auf das Rheingebiet beschränkt: Hamburg setzte beispielsweise auf der Elbe ab 1461 regelmäßig Schiffe ein, um die Einhaltung seines Kornstapels zu erzwingen und durchgehende Transporte in die Niederlande zu verhindern. Wien bemühte sich nach der Mitte des 15. Jahrhunderts mit wechselndem Erfolg, seine Niederlagsprivilegien wieder zur Geltung zu bringen[70]. Besonders dicht wurde die Häufung solcher, jedenfalls für den weiträumigen Transitverkehr störenden, Einrichtungen aber zweifellos am Rhein. Im Mündungsgebiet setzte Dordrecht Mitte des 15. Jahrhunderts seinen Weinstapel mit Waren-Zwangsumschlag durch, aber am energischsten trat Köln auf. Im 15. Jahrhundert konnte die Stadt ihren Stapel mit teilweise drastischen Mitteln durchsetzen, sicher zum Vorteil der eigenen Stellung als zentraler Verteilermarkt, aber kaum zum Vorteil des Transitverkehrs auf dem Rhein[71]. Zwar wurde der Zwangsaufenthalt der Waren, beispielsweise der Salzheringe, von der Stadt mit dem Hinweis auf die Qualitätskontrolle gerechtfertigt und als wohltätige, vom Handel gesuchte Leistung hingestellt, aber die ständigen Konflikte wegen der Kölner Stapelpolitik sprechen eine andere Sprache[72]. Stromaufwärts beanspruchte Mainz spätestens ab 1472 Stapelrechte und erhielt dabei die Unterstützung des wieder als Stadtherr etablierten Erzbischofs. Jedenfalls de jure bestand danach in Dordrecht, Köln und Mainz ein regel[38]rechter Warenumschlagszwang, ferner mußte in Speyer angelegt und in Straßburg zur Weiterfahrt nach Basel umgeladen werden[73]. Die Rheinschiffahrt war damit fraktioniert oder gewissermaßen territorialisiert, vielleicht zum Vorteil des Lokalhandels, aber sicher zum Nachteil des Transitverkehrs. In den größeren Territorien des Reichs ist dagegen mindestens partiell eine andere Entwicklung erkennbar: Der Wiener Stapel wurde 1515 von Maximilian I. praktisch aufgehoben, und in Bayern, wo unter Herzog Albrecht IV. (1465–1508) der systematische Bau von Alpenstraßen für den Durchgangsverkehr einsetzt, wurden seit 1509 die stadtischen Salzstapelrechte durch die Herzöge aufgehoben[74].

---

69 DROEGE, Grundlagen, wie Anm. 25, S. 153f. COHN, wie Anm. 26, S. 107.

70 Ernst PITZ, Die Zolltarife der Stadt Hamburg (Deutsche Zolltarife des Mittelalters und der Neuzeit 11, 1961), S. 47 nr. 65 (1460/61), 47f. nr. 66 (1461 ff.), 54 nr. 75 (1472 bis 1507), 74 nr. 104 (1474). GÖNNENWEIN, wie Anm. 13, S. 110f.; 1515 wurde das Wiener Niederlagsrecht praktisch bedeutungslos.

71 GÖNNENWEIN, wie Anm. 13, S. 63 u. 65 (Dordrecht). KUSKE, Stapel, wie Anm. 2, S. 27. IRSIGLER, wie Anm. 19, S. 322 zur Durchsetzung des Kölner Eisenstapels Ende des 15. Jahrhunderts.

72 KUSKE, Quellen, wie Anm. 65, Bd. 2, S. 276 nr. 570 (1472), 737 nr. 1465 (1497), 740–757 nr. 1467 (Verhandlungen der Stadt Köln mit Räten der rheinischen Kurfürsten über den Stapel und verschiedene Klagen dagegen).

73 KUSKE, Stapel, wie Anm. 2, S. 33. DERS., Quellen, wie Anm. 65, Bd. 2, S. 277–287 nr. 571 (Mainzer Aufzeichnungen über Stapelrechte am Rhein, 1472).

74 GÖNNENWEIN, wie Anm. 13, S. 111. SCHREMMER, wie Anm. 52, S. 52, 164, 166.

Um Mißverständnisse zu vermeiden: Ich unterstelle hier kein allgemeines Stocken von Handel und Wirtschaft am Rhein aufgrund von verkehrs-und landespolitischen Eingriffen und beabsichtige nicht, die Stapel- und Schifffahrtsrechte am Rhein statt der Zölle pauschal als wirtschaftsschädigend oder handelshemmend einzustufen. Wie Franz Irsigler mit präzisem Zahlenmaterial beweisen konnte, hat die Stadt Köln ihre wirtschaftliche Bedeutung bis in das 16. Jahrhundert behaupten können[75]. Auch am Oberrhein läßt sich zeigen, daß ein Rückgang des Transitverkehrs nicht gleichbedeutend mit Handelsstockung sein muß. Der Basler Rheinzoll in Klein-Kembs ist, wie oben erwähnt, im 15. Jahrhundert drastisch zurückgegangen; dagegen erreichten die Zolleinnahmen aus dem Kaufhaus der Stadt am Ende des 15. Jahrhunderts wieder den Stand von 1420/30[76]: Der die Stadt aufsuchende Handel nimmt also eine ganz andere Entwicklung als der Transitverkehr. Es erscheint als begründete Vermutung, daß der Strukturwandel vom weiträumigen Durchgangsverkehr als Hauptträger des Warenaustauschs zu kleinraumigeren Handelsverbindungen durch die gewollte Fraktionierung des Rheinverkehrs zumindest gefördert worden ist.

V.

Als Fazit in aller Kürze: Für die mitteleuropäischen Territorialherren waren Zollerhebungen für Jahrhunderte die beinahe einzige Möglichkeit, größere Bargeldmengen einzunehmen und an der Mehrwertschöpfung der Wirtschaft zu partizipieren. Es steht außer Zweifel, daß die Zollpolitik ganz überwiegend fiskalisch dominiert war, ebenso sicher konnte sie aber nicht grundsätzlich handelsfeindlich ausgerichtet sein, denn die Höhe der Einnahmen war auf Dauer von der Dichte des Durchgangsverkehrs abhängig. Daß die Abgabenbelastung des Warenverkehrs – wie gezeigt, kein fürstliches Monopol – für den Handel irritierend und hinderlich werden konnte, soll grundsätzlich nicht bestritten werden. Aber die zeitgenössisch so gern gezogene Kausalverbindung zwischen Zöllen und angeblichem oder tatsächlichem Handelsrückgang reicht [39] sicher nicht aus, um Verkehrsverlagerungen und veränderte Absatzchancen für Konsumgüter wie beispielsweise den Wein zu erklären. Als *ein* Faktor neben anderen konnten Zölle und Abgaben zu Strukturwandlungen und zur Umorientierung von Wirtschaftsbeziehungen beitragen, aber eher ungewollt, nicht zielgerichtet wie die städtische Stapelpolitik: Der spätmittelalterliche Territorialstaat konnte mit seiner Zollpolitik wirtschaftliche Entwicklungen weder flächendeckend hemmen noch fördern. Nicht zu verkennen ist aber auch, daß im Lauf des 15. Jahrhunderts, verstärkt nach der Jahrhundertmitte, die territorial- und stadtstaatlichen Eingriffe häufiger und wirksamer werden. Hier sind Voraussetzungen erkennbar für die viel engere Verbindung von Staat und Wirtschaft in der frühen Neuzeit, die zwar neue Entwicklungsmöglichkeiten eröffnet hat, die aber im Bereich des überregionalen Warenaustauschs zweifellos zu einem Verlust an Freizügigkeit geführt hat.

---

75 IRSIGLER, wie Anm. 19, S. 319–325.
76 HARMS, wie Anm. 28, S. 651–678. Vgl. oben S. 34.

Zu den Beziehungen zwischen oberdeutschen und norddeutschen Städten im Spätmittelalter

Schon vor vielen Jahrzehnten meinte Ernst Daenell feststellen zu können, zwischen den Handelszentren der Hanse und Oberdeutschlands seien die Beziehungen „auffallend geringfügig" gewesen. In der Forschungsdiskussion nach ihm wurde diese Auffassung ebenso uneingeschränkt bestätigt wie kategorisch bestritten. Um hier nur zwei große Autoritäten der älteren Forschungsgenerationen zu nennen: Für Hektor Ammann waren die Mittelgebirge eine „große Schranke", die nur spärliche Kontakte zwischen Nord und Süd zuließ, während Fritz Rörig derartige Annahmen kompromißlos als „Legende" abtat[1]. Überhaupt fällt bei der Durchsicht der zahlreichen einschlägigen Arbeiten auf, daß die wissenschaftliche Auseinandersetzung ungewöhnlich engagiert geführt wurde, die beteiligten Emotionen werden in der Wortwahl deutlich: Da ist von Offensive, Existenzkampf, Vorwärtsdrängen, Verhängnis und hundertjährigem Ringen die Rede – stets im Kontext nord-süddeutscher Handelsbeziehungen, wohlgemerkt[2]. Man könnte vermuten, hier würden eben alte preußisch-süddeutsche Konflikte auf einem Ersatz-Kriegsschauplatz ausgetragen, aber die Gründe scheinen tiefer zu liegen. Claus Nordmann, der vor dem Zweiten Weltkrieg fundierte und keineswegs zeitgebundene Beiträge zu den hansisch-oberdeutschen Beziehungen geliefert hat, resümierte: „Zwischen Hanse und Oberdeutschen konnte trotz aller kleinen Differenzen sich ein starkes Zusammengehörigkeitsgefühl ausbilden, so daß trotz des staatlichen Zerfalls des damaligen deutschen Reiches eine gewisse Einheitlichkeit, zunächst wenigstens, bestehen blieb, zu der der deutsche Kaufmann seinen guten Teil beigetragen hat." Aber auch eine ganz neue Arbeit kommt zu dem Ergebnis, der Handel habe über die spätmittelalterliche „Kleinteiligkeit des Reiches" hinausgegriffen und so Wesentliches für den Zusammenhalt des Ganzen geleistet[3]. Wirtschaft explizit oder implizit als Ersatz für national- beziehungsweise zentralstaatliche Defizite – das erklärt vielleicht am besten, warum die Intensität der hansisch-oberdeutschen Verbindungen nicht nur cum studio, sondern oft auch cum ira erörtert worden ist.

Für den Versuch einer emotionsfreien erneuten Überprüfung dieser alten Streitfrage [204] leisten neuere und neueste Forschungsergebnisse wichtige Hilfen. Beispielsweise Franz Irsigler, Ernst Pitz, Rolf Sprandel, Wolfgang v. Stromer korrigierten das Klischee von Stagnation und Niedergang der Hanse, von der gleichzeitig konkurrenzlosen Dynamik der Oberdeutschen[4]. Ein altes und oft strapaziertes Problem bleibt allerdings weitgehend unverändert: die defizitäre Quellenlage. Es gibt zwar eine Fülle von verschiedenartigsten Einzelfakten, aber kaum Möglichkeiten, speziell die wirt-

---

1   DAENELL 1906, S. 257. Daenell hat das Bestehen nord-süddeutscher Wirtschaftsbeziehungen aber in keiner Weise generell bestritten. AMMANN 1973, S. 287. Im Tenor entsprechende Feststellungen finden sich in zahlreichen weiteren Arbeiten von H. Ammann. RÖRIG 1973a, S. 240.
2   Vgl. beispielsweise NORDMANN 1939, S. 7, 19, 59. PÖLNITZ 1955, S. 13, 24. DOLLINGER 1981, S. 300.
3   NORDMANN 1933, S. 154. HEINIG 1983, S. 135.
4   IRSIGLER 1979a, S. 17 u. 22 f. PITZ 1984, S. 49f., 60f. SPRANDEL 1984, S. 36. STROMER 1976, S. 211–215.

schaftlichen Binnenbeziehungen im spätmittelalterlichen Reich auch nur annähernd zu quantifizieren. Damit steht jede Untersuchung vor der Gefahr, von bewußt oder unbewußt einseitig ausgewählten Daten auszugehen und quantitative Veränderungen aus Material abzuleiten, das dazu im Grunde ungeeignet ist. Nicht zuletzt auch wegen dieser Quellenlage konnte die Forschung zu den süddeutsch-hansischen Beziehungen zu so extremen Gegenpositionen kommen.

Die folgenden Ausführungen beschränken sich weitgehend auf das 15. Jahrhundert, und unter Vernachlässigung kultureller Aspekte auf den Bereich wirtschaftlicher und politischer Beziehungen zwischen Städten Oberdeutschlands und des Hanseraums. Dabei wird der Terminus „Beziehungen" sehr allgemein verwendet, nicht nur für formalisierte und institutionalisierte Kontakte, sondern zunächst einmal für jede Art zwischenstädtischer Berührungsmöglichkeiten. Der Schwerpunkt auf dem politischen Bereich wird dadurch gerechtfertigt, daß die wirtschaftlichen Beziehungen schon häufiger Gegenstand systematischer Untersuchungen waren.

Was die politische Ebene betrifft, scheint ausnahmsweise einmal eine Tatsache ohne Einschränkung festzustehen: Ein Zusammenwirken oberdeutscher und der Hanse angehörender Städte im Rahmen fester Bündnisabschlüsse und gemeinsamer politischer Aktionen hat es vor der Reformationszeit mit ihrem Wandel der Bezugssysteme nicht gegeben[5]. Nur eine verschwindend kleine Anzahl von Indizien deutet darauf hin, daß zu bestimmten Zeiten eine Art Süderweiterung der Hanse nicht völlig ausgeschlossen schien: Da ist das Schreiben von Thorn an Nürnberg im Zusammenhang mit der 1358 von der Hanse verhängten Flandernblockade. Der Rat der Stadt wird darin zum Vorgehen gegen einen Blockadebrecher aufgefordert, sofern Nürnberg und seine Kaufleute sich im Sinn der Rechte des gemeinen deutschen Kaufmanns, der Hanse also, verhalten wollten[6]. Das kann man, muß man aber nicht als verschlüsseltes Beitrittsangebot interpretieren. Öfters zitiert wird auch die ohne Konsequenzen gebliebene Initiative der Stadt Konstanz, die 1417 zum glücklich vollendeten Konzil König Sigmund darum bat, *das wir in der hänse in Flandern syen mit andern Österlingen*[7]. Offenbar weniger beachtet wurde ein Vorgang des Jahres 1444, der aber für das politische Verhältnis zwischen Hanse und oberdeutschen Städten bezeichnend erscheint. Damals verhandelten die Ratssendboten von Lübeck, Hamburg, Wismar, [205] Rostock und Stralsund in Kampen mit den Holländern über die Besetzung eines Schiedsgerichts zur Lösung strittiger Fragen. Braunschweig und Magdeburg, von der Hanse vorgeschlagen, wurden von den Holländern abgelehnt. Kampen und Göttingen brachten als Kompromiß Erfurt, Nürnberg und Frankfurt ins Spiel. Auf die Rückfrage der wendischen Städtevertreter in Lübeck ging der Rat auf die Benennung von Nürnberg und Frankfurt aber mit keiner Silbe ein. Er gab nur die Anweisung, bei erneuter Ablehnung von Braunschweig oder Magdeburg dann seitens der Hanse allein Erfurt für das Schiedsgericht zu nominieren[8]. Bedauerlich ist das Fehlen jeder Lübecker Erläuterung oder Begründung zu diesem Entscheid, aber man darf vermuten, daß die

---

5   FAHLBUSCH 1983, S. 207. DOLLINGER 1975, S. 118, 122, 136.

6   STROMER 1970, I, S. 30–32.

7   Die Recesse und andere Akten der Hansetage von 1256 bis 1430; Hanserezesse 1. Abt.: 428 Anm. 1; vgl. dazu STROMER 1970, I, S. 44.

8   Hanserezesse 2. Abt. III, 68 nr. 152. Codex diplomaticus Lubecensis. LUB VIII, 286 nr. 244.

Einbeziehung von Fernstehenden in die eigenen Angelegenheiten unerwünscht war. Dabei folgte man offenbar gängiger Alltagspraxis, für die sich Beispiele häufen ließen: Ob es um interne Probleme oder um die Außenvertretung ging – für die vorliegende Untersuchung konnten keine Belege dafür ermittelt werden, daß bei offiziellen politischen Verhandlungen sich nord- und süddeutsche Städte wechselseitig, etwa als Vermittler, einbezogen hätten. Dabei sollte man ganz konkret auch daran denken, daß es zwischen Ober- und Niederdeutschen eben rein sprachliche Verständigungsprobleme gegeben hat[9].

Entsprechend selten ist die Erwähnung süddeutscher Städte in hansischen Urkunden, und wenn sie einmal begegnen, ist der Anlaß oft negativ, wie die Hamburger Verbote von Wallfahrten, unter anderem ins Elsaß. Es bedarf schon erhöhter interpretatorischer Anstrengungen, aus dem Fehlen urkundlicher Erwähnungen auf besonders enge, weil reibungslose Beziehungen rückzuschließen[10]. Während man in den Chroniken durchaus voneinander Kenntnis genommen hat, entsprechen die Urkunden und Akten der oberdeutschen Städte mit dem weitgehenden Fehlen von Nordbezügen spiegelbildlich durchaus denen des Hanseraums. Dafür nur ein Beispiel: In den Nürnberger Ratsverlässen aus den Jahren 1449/50, als wegen des Markgrafenkriegs doch erhöhte Außenaktivitäten entfaltet wurden, wird von den norddeutschen Küstenstädten nur Lübeck erwähnt, mit dem lapidaren Satz: *Item gen Lewbeck schreiben*[11].

Solche Anzeichen für wenig ausgeprägte politische Beziehungen erklären sich wohl in erster Linie und ganz zwanglos durch die geographische Distanz, die eine unmittelbare Interessengemeinschaft kaum entstehen ließ. Befunde auf anderen Gebieten bestätigen und ergänzen diese Feststellung noch: So fehlen Stadtrechtsfiliationen zwischen niedersächsischen Städten und dem fränkischen Rechtskreis, die feststellbare Zuwanderung aus dem Norden in oberdeutsche Städte wie Frankfurt und Straßburg fällt zahlenmäßig nicht ins Gewicht. Umgekehrt reicht beispielsweise der Einzugsbereich der Bevölkerung von Northeim im Spätmittelalter nach Süden [206] nicht über Kassel hinaus, und die Zuwanderung an die hansische Ostseeküste rekrutierte sich bekanntlich weitestgehend aus Nordwestdeutschland[12].

Die Städte des Hansegebiets und Süddeutschlands politisch also eindeutig Rücken an Rücken? Enge Nachbarn konnten sie schon aufgrund der spätmittelalterlichen Kommunikationsstrukturen sicher nicht sein[13]. Das schließt aber Begegnungen und politische Beziehungen unterhalb der Ebene offizieller Bündnisvereinbarungen keineswegs aus. Hier kommt, unübersehbar, die gemeinsame Zugehörigkeit zum spätmittelalterlichen römisch-deutschen Reich ins Spiel. Dabei geht es hier nicht um die an anderer Stelle erörterte Qualität und Dichte der Politik zwischen Hansestädten und Reichsgewalt, sondern um eine ganz triviale Vorüberlegung: Bei den meisten direkten

---

9   Vgl. die Übertragung von niederdeutschen Hansestatuten in Thorner Ostmitteldeutsch zum besseren Verständnis der Nürnberger. STROMER 1970, I, S. 32, u. III, S.462–464 (Text).

10   KOPPE 1952, S. 38. Zu den Wallfahrtsverboten siehe DOLLINGER 1975, S. 127f.

11   Die Nürnberger Ratsverlässe 1449/50, STAHL 1983, S. 246. Für Straßburg: DOLLINGER 1975, S. 119f.

12   KROESCHELL 1985, S. 15, 24. BÜCHER 1886, S. 170, 436ff. DOLLINGER 1975, S. 123. DENECKE 1985, S. 209. PENNERS 1965, S. 42.

13   SPORHAN-KREMPEL 1968, S. 23–27.

Kontakten zum Reich mußten Hansevertreter aufgrund des geographischen Schwerpunktes der Zentralgewalt süddeutsche Städte aufsuchen, nicht nur auf der Durchreise. Reichspolitik erscheint so auch als eine Möglichkeit zu zwischenstädtischen Begegnungen. Dabei ist beispielsweise zu denken an den wochenlangen Aufenthalt hansischer Delegationen 1409 in Heidelberg am Hof König Ruprechts und später, unter anderem in Konstanz, bei König Sigmund, als über die Beilegung des Konflikts zwischen altem und neuem Rat in Lübeck verhandelt wurde[14]. Dazu kommt natürlich die hansische Teilnahme an Reichsversammlungen, die in süddeutschen Städten abgehalten wurden. Im 15. und frühen 16. Jahrhundert sind diese Besuche mit Abstand am dichtesten für Lübeck belegt, das bezeichnenderweise als einzige norddeutsche Hansestadt neben den süddeutschen Reichsstädten nach der Mitte des 15. Jahrhunderts regelmäßig in den Matrikeln aufgeführt wird. Dazu kommt als weitere Hansestadt noch Köln. Sporadisch begegnen aber auch Ratsvertreter u.a. der Städte Stralsund, Lüneburg, Hamburg, Braunschweig und Goslar bei Aufenthalten in Süddeutschland[15]. Damit ist zunächst nur die physische Präsenz bewiesen, überwiegend von Hansevertretern im Süden. Darüber hinaus lassen sich aber auch Ausmaß und Grenzen von dabei verwirklichten nord-süddeutschen Städtekooperationen wenigstens exemplarisch verdeutlichen.

Die regelmäßigen Geschenke des Nürnberger Rats für die Lübecker Vertreter auf Reichsversammlungen in Nürnberg kann man als bloße diplomatische Höflichkeit bewerten, die genauso und teilweise sogar in weit höherem Ausmaß Fürsten und Herren erwiesen wurde[16]. Größere Bedeutung für die vorliegende Fragestellung haben Belege für ein ausdrückliches politisches Zusammenwirken von ober- und niederdeutschen Städten im Kontext von Reichsangelegenheiten. So bat 1431 Lübeck den Frankfurter Rat, die Stadt wegen ihres Fernbleibens vom ausgeschriebenen königlichen Tag zu entschuldigen, und ersuchte zugleich um die Unterrichtung über den Verlauf der Verhandlungen und die gefaßten Beschlüsse. Die Hansestadt erhielt übrigens prompte [207] Antwort aus Frankfurt[17] Daß dies keinen ganz isolierten Einzelfall darstellt, beweist ein entsprechender Vorgang aus dem Jahr 1439: Am 8. Februar erkundigte sich Lüneburg bei Frankfurt über das Zustandekommen eines Treffens der Kurfürsten und die Möglichkeit einer Anwesenheit des Königs. Schon am 16. Februar schickte der Frankfurter Rat seine ausführliche Antwort nach Lüneburg[18]. Die – soweit ich sehe – intensivste Nord-Süd-Kooperation von Städten auf einem Reichstag ergibt sich aus einem Schreiben des Augsburgers Konrad Peutinger von 1521. Er schickte dem Lübecker Rat Abschied und Ordnungen des Wormser Reichstags, zusammen mit einer Entschuldigung: Es sei ihm leider nicht gelungen, dem Wunsch des Rats gemäß durchzusetzen, daß Lübeck von der Berufung in das Reichsregiment verschont werde.

---

14 FAHLBUSCH 1983, S. 72, 85, 90–95. SCHUBERT 1979, S. 81f.
15 ISENMANN 1979, S. 60f., 107. FAHLBUSCH 1983, S. 232–234.
16 Reichsakten VI, 320 nr. 236 (1408); 47 nr. 37 (1421) u. 229 nr. 184 (H22); X, 607 nr. 447 (1431).
17 Ebd. IX, 638 nr. 474 u. 640 nr. 478.
18 Ebd. XIV, 90f. nr. 40.

Es sei aber wohl möglich, die Vertretung Lübecks durch eine andere Stadt zu erreichen[19].

Wie zuvor bereits erwähnt, gab neben der Teilnahme an Reichsversammlungen und Reichstagen auch der Besuch des Königs- beziehungsweise Kaiserhofs Gelegenheit zu Aufenthalten norddeutscher Städtevertreter in Süddeutschland. Dazu enthalten die Hamburger Stadtrechnungen aufschlußreiches Material und ebenso aufschlußreiche Nachweislücken: Die oberdeutschen Städte Konstanz, Basel (mit Ausnahme eines Eintrags wegen des Konzils), Straßburg, Augsburg, Ulm, Frankfurt begegnen in den Rechnungen, von völlig vereinzelten Notizen abgesehen, alle erst im 16. Jahrhundert ab der Reformationszeit. Damit wird der damals eingetretene Wandel des Bezugssystems eindeutig bestätigt[20], aber auch die im 15. Jahrhundert bestehende Distanz. Die einzige Ausnahme bildet Nürnberg. Erstmals nachgewiesen 1421, war die Stadt laut den Rechnungseinträgen der Kämmerei während des 15. Jahrhunderts regelmäßig Zwischenstation für Hamburger Ratsvertreter auf dem Weg an den Herrscherhof und Anlaufstelle für Hamburger Stadtboten mit der gleichen Zielbestimmung[21]. Mehr noch, und damit wird eindeutig eine politische Dimension erreicht: Nach Nürnberg wurden durch Wechsel auch die von den Gesandtschaften benötigten Gelder überwiesen, einschließlich der Beträge, die zum Privilegienerwerb benötigt wurden. Wegen der Hamburger Stapelprivilegien wurde so im Jahre 1481 der Betrag von 1500 fl rh nach Nürnberg transferiert. Die Weitervermittlung nach Wien besorgte der bedeutende Nürnberger Finanzmann Ulrich Rotmund, der in engen Beziehungen zum Lübecker Ratsmann Cord Moller stand[22]. Rolf Sprandel hat bereits darauf aufmerksam gemacht, daß die Wechselgebühr bis Nürnberg 5%, von dort nach Wien aber nur 1% des Überweisungsbetrags ausgemacht hat[23] – auch ein Indiz für die unterschiedliche [208] Häufigkeit und Geläufigkeit beider Verbindungen. Übrigens waren in solche Geldtransfers nicht nur Nürnberger Bürger, sondern auch der Rat der Stadt eingeschaltet: 1481 hatte Hamburg bei ihm 1100 fl rh deponiert[24]. Da hier aber keine einseitige Belegauswahl vorgestellt werden soll, muß auch erwähnt werden, daß zwischen 1491 und 1522, also über 30 Jahre lang, in den Hamburger Kämmereirechnungen kein einziger Eintrag über Vertreter der Stadt auf dem Weg nach Nürnberg aufzufinden ist.

Es entspricht den spezifischen Eigenschaften von Haushaltsrechnungen als Quelle, daß sie zwar anhand der Ausgaben das Faktum einer politisch bedingten Reise festhalten, aber kaum inhaltliche Einzelheiten mitteilen. Eine Ergänzung hinsichtlich der nord-süddeutschen Kontakte bieten aber die Instruktionen für Städtevertreter und deren Berichte nach Hause. So informiert Nürnberg im Jahr 1439 seinen Syndikus Johannes Marquard am Königshof über den Besuch eines Lübecker „Doktor", der sich auf dem Weg an den Hof befinde und, wie es bezeichnend heißt, Stadtschreiber sein

---

19 Briefwechsel: 352 nr. 217.
20 DOLLINGER 1975 (wie Anm. 5), S. 136.
21 Kämmereirechnungen II (1401–1470), 36 Z. 22, 64 Z. 6, 341 Z. 18ff., 333 Z. 3 (und zahlreiche weitere Nachweise in den nachfolgenden Bänden).
22 Kämmereirechnungen III (1471–1500), 467 Z. 28ff.; IV (1482–1500): 22 Z. 16. UNGER 1966, S. 11 zu Rotmund und Cord Moller.
23 SPRANDEL 1975, S. 50.
24 Kämmereirechnungen III, 421 Z. 30.

„soll". Marquard wird beauftragt, den Lübecker zwar bei den Verhandlungen über das westfälische Gericht zu unterstützen, aber ihn auch genau zu beobachten und darüber Mitteilung an den Nürnberger Rat zu machen[25]. Auch in einer Vielzahl von Berichten der Lübecker Syndici des 15. Jahrhunderts finden sich Hinweise auf ihre Besuche in süddeutschen Städten, auf Ansätze wie Grenzen des Zusammenwirkens. Stadtsyndikus Arnold v. Bremen berichtete 1447 nach Lübeck über seine Probleme, Geleit von Nürnberg nach Regensburg zu erhalten. Darüber besprach er sich auch mit einigen Nürnberger Ratsmitgliedern, die aber wegen der Unsicherheit im Land nicht helfen konnten. Arnold benennt und empfiehlt dann den Nürnberger Bürger Eberhard Schön als Adressat für eventuelle Briefe des Lübecker Rats an ihn. Schön suche alleine *ere linde vordernisse* der Lübecker[26]. Der Syndikus Simon Batz meldete 1461 nach Lübeck, wie er in der Gesellschaft der Bürgermeister von Straßburg, Augsburg, Weißenburg aus Salzburg nach Graz gezogen sei und daß er noch direkt vor seinem Aufbruch aus Nürnberg auf das Rathaus bestellt wurde: Der Rat bat ihn, an Lübeck zu schreiben wegen der Bewahrung der dortigen Freiheiten der Nürnberger[27]. Auch in seinem anschließenden Bericht erwähnt Simon Batz ausdrücklich die Anwesenheit süddeutscher Bürgermeister, von Augsburg, Nürnberg, Ulm, Donauwörth, Dinkelsbühl. Es findet sich aber keinerlei Hinweis auf gemeinsame Beratungen, nur die Reise von Lübecks *procurator* am Kaiserhof, Arnold van Loe, zu einigen schwäbischen Städten wird angekündigt[28]. Ein Jahr später, 1463, meldet Simon Batz den Ausbruch der Pest in Süddeutschland, vor allem aber eine Übereinkunft mit dem Nürnberger Rat: Auf Anweisung der Bürgermeister, mit denen er persönlich bekannt ist, erhielt er aus der Kanzlei Abschriften von Nürnberger Privilegien und dazu ein gutes Weingeschenk. Dafür erwartet der Nürnberger Rat, daß Lübeck den Nürnberger Kaufleuten *gunstich* [209] sei und Simon Batz die Nürnberger Angelegenheiten am Kaiserhof fördere[29]. Schließlich ist noch der Lübecker Syndikus Johann Osthusen zu erwähnen, dessen Auslösung nach einer Gefangennahme in Österreich im Jahr 1470 über Nürnberg betrieben wurde. Erneut besorgte der bereits erwähnte Ulrich Rotmund die Abwicklung der nötigen Überweisungen. Wie Hamburg 1481 wegen seines Stapelrechts, überwies auch Lübeck 1470 Gelder zum Privilegienerwerb an den Kaiserhof, es ging um die Freiheit von auswärtigen Gerichten. Auch dieses Geld wurde über Nürnberg transferiert, und Johannes Osthusen erhielt die Anweisung, die erwartete kaiserliche Urkunde gegebenenfalls zunächst beim Nürnberger Rat zu hinterlegen[30].

Um auch hier eine einseitige Akzentsetzung zu vermeiden, ist noch ausdrücklich hervorzuheben, daß in vielen Berichten Aufenthalte in oberdeutschen Städten ohne jede Andeutung von politischen Kontakten erwähnt werden. Und sofern solche Begegnungen stattgefunden haben, machen die Mitteilungen darüber nur einen Bruchteil der Nachrichten aus, die von hansischen Syndici nach Hause gemeldet wurden[31]. Wie

---

25 Reichstagsakten XIV, 144, Anm. 6.
26 LUB VII, 500 nr. 454.
27 LUB X, 90 nr. 87. Zu den Nürnberger „Freiheiten" in Lübeck siehe unten S. 212f.
28 LUB X, 270 nr. 268; vgl. auch: 169 nr. 160.
29 LUB X, 420 nr. 369; vgl. auch unten S. 212.
30 LUB XI, 633 nr. 592, 661 nr. 614, 664 nr. 617, 697 nr. 651. Vgl. auch NORDMANN 1933, S. 50f.
31 Hanserezesse 2. Abt. II, 499 nr. 600. Reichstagsakten XVI, 251 nr. 70 Anm. 1.

gar nicht anders zu erwarten, standen die engeren Interessen der eigenen Stadt ganz im Mittelpunkt. Trotzdem haben diese durch Reichsangelegenheiten und nicht durch städtische Eigeninitiativen bedingten Begegnungen wahrscheinlich dazu beigetragen, wenigstens ein begrenztes Interesse am wechselseitigen politischen Ergehen wachzuhalten oder entstehen zu lassen. Dies wird auch außerhalb der zuletzt herangezogenen Quellen greifbar, besonders anläßlich kriegerischer Konflikte. Auffallend ist beispielsweise das Interesse der Lübecker Stadtchronistik an Räubereien im Gebiet von Straßburg und am Nürnberger Markgrafenkrieg von 1449/50, der im hansischen Raum offenbar besonderes Aufsehen erregt hat[32]. Mehrere sächsische Städte, darunter Magdeburg und Braunschweig, planten einen Tag zu Lübeck, um über das gründliche Verderben zu beraten, das Fürsten und Herren, wie am Beispiel Nürnberg ersichtlich, den Städten bereiten wollten. Dabei ging es aber nicht etwa um eine Hilfeleistung für die angegriffene Reichsstadt, sondern darum, wie die eingeladenen Städte von derartigen Überfällen *mochten bliven unbesorget*. Ganz ähnlich erkundigte sich seinerseits Nürnberg im Jahr 1447 beim Einbecker Rat scheinbar fürsorglich nach dem Ergehen der Stadt angesichts der Bedrohung durch Herzog Wilhelm von Sachsen, verrät dann aber doch die eigentliche Intention: Man möchte wissen, wohin das Heer weitergezogen ist[33]. Zu gemeinsamen hansisch-oberdeutschen Militäraktionen haben derartige Kontakte jedenfalls nicht geführt. Soweit ich sehe, standen städtische Aufgebote beider Bereiche nur im Rahmen von Reichskriegen gemeinsam im Feld. Die Erfahrungen dabei waren aber, was das gegenseitige Verständnis angeht, offensichtlich eher negativ: Im Neußer Krieg kam es zu Schlägereien zwischen Bremern und Oberdeutschen, und als sich 1488 die Kontingente der süddeutschen Städte in Köln zum Reichskrieg gegen [210] Flandern sammelten, schrieb der Kölner Bürger Gerhard Wesel als Stoßseufzer nach Lübeck: *utinam exonerati essemus de ipsis*[34].

Vor dem Versuch einer Bilanz noch ein Blick auf die in zahlreichen Arbeiten erörterten Wirtschaftsbeziehungen. Die einleitend zitierte Ansicht Hektor Ammanns von der Schrankenfunktion der deutschen Mittelgebirge zwischen Nord und Süd ist natürlich nicht einfach frei erfunden. Da, wie erwähnt, der Binnenhandel im Reich nur punktuell und ausnahmsweise beziffert werden kann, wurde und wird in der Forschung als Ersatzmöglichkeit zur Ermittlung räumlicher Wirtschaftsstrukturen gerne darauf zurückgegriffen, die qualifizierend überlieferten Handelsverbindungen von Regionen, Städten und Firmen zu kartieren. Diese Methode hat vor Jahrzehnten eben Hektor Ammann in einer ganzen Reihe von Untersuchungen für Oberdeutschland angewendet. Er ermittelte beispielsweise Braunschweig als den niederdeutschen Endpunkt des Einzugsbereichs der Nördlinger Messen. Außerdem fiel ihm auf, daß hessische, besonders Frankfurter Tuche im Hanseraum nicht als Handelsware nachweisbar sind. So entstand für ihn, obwohl er beispielsweise den Weinhandel von Frankfurt nach Lübeck durchaus gesehen hat, der Eindruck zweier getrennter Wirtschaftsräume Ober- und

---

32 Chroniken III, 124f. u. IV, 99.

33 Hanserezesse 2. Abt. III, 441 nr. 582 (1450) mit Anm. 1. ERNST 1951, Dokumente aus den Jahren 1447, 1554 und 1555, 1951, S. 57.

34 SPRANDEL 1984, S. 36, Anm. 96. ISENMANN 1979 (wie Anm. 15), S. lllf. HUB XI (1486–1500), 167 nr. 219.

Norddeutschland[35]. Auch in neueren Arbeiten erweist sich, vom Süden aus gesehen, vor allem das norddeutsche Tiefland in wirtschaftlicher Hinsicht ganz eindeutig als weißer Fleck. So kartiert beispielsweise Hermann Kellenbenz als Handelspartner Augsburgs nördlich der Linie Köln-Breslau lediglich Hamburg, Lübeck, Danzig und Kopenhagen[36]. Die von Wolfgang v. Stromer rekonstruierten Handelswege der Kamerer und Seiler sparen den norddeutschen Raum vollständig aus, umgehen ihn im Westen via Köln und Niederlande, im Osten über Krakau und Thorn[37]. Selbst für die im Frankfurter Messegeschäft tätigen Kölner Kaufleute kann Franz Irsigler nördlich einer Linie Osnabrück–Frankfurt/Oder lediglich Handelspartner in Hamburg und Lübeck nachweisen. Und auch im 16. Jahrhunden verzeichnet das Handelsbuch der Meder in dem weiten Dreieck zwischen Deventer, Frankfurt/Main und Danzig lediglich Hamburg und Lüneburg als Wirtschaftsplätze, sonst nichts, auch nicht Lübeck[38].

Trotzdem hat die neuere Forschung mit Recht und wohl für immer die wenig glückliche Vorstellung von einer Schranke zwischen ober- und niederdeutscher Wirtschaft aufgegeben. Hermann Kellenbenz unterschied kürzlich mit dem Rheinland, Oberdeutschland, dem norddeutschen Raum und den Mittelgebirgen innerhalb des alten Deutschen Reiches vier Wirtschaftslandschaften mit eindeutigen Interdependenzen. Und Rolf Sprandel unterscheidet für die Hansestädte sieben Haupthandelsrichtun[211]gen, von denen immerhin auch eine binnenwärts, nach Süden, gerichtet ist[39]. Trotz der durch eine Fülle von Einzelbelegen abgesicherten Funktion der Frankfurter Messen als Drehscheibe des binnendeutschen Handels im 15. Jahrhundert wird bei beiden Autoren aber auch ganz deutlich, daß vor allem für die Hansestädte der südwärts gerichtete Verkehr nicht die erste Priorität besessen hat. Diese unterschiedliche Orientierung der ober- und niederdeutschen Wirtschaftszentren, die nicht verschwiegen werden darf, kommt ja auch in den eben erwähnten Kartierungen zum Ausdruck. Sie spiegelt sich wohl auch in dem Tatbestand, daß Teile des norddeutschen Raumes im Jahr 1350 über See und nicht über den Landweg von Süden her mit der Pest infiziert wurden[40]. Auch zeitgenössisch wurde der Unterschied gesehen. Zu erinnern ist an Christoph Scheurls berühmtes Schreiben über die Folgen der Kolumbus-Expedition, in dem er ganz klar zwischen den Wirtschaftsinteressen Nürnbergs und denen der *Germania inferior* unterscheidet. Geradezu paradigmatisch erscheint eine Fritzlarer Münzordnung des 15. Jahrhunderts: Hier heißt es, mögliche Vorbilder seien Westfalen, Sachsen oder *off die dritten syden zu Ryne* die Frankfurter Währung. Und die Stadt, in ihrer nach beiden Richtungen offenen Mittellage, halte den Anschluß an die Frankfurter Münze, eine Südorientierung also, ausdrücklich für die allerbeste Lösung[41].

---

35 AMMAN 1973, S. 287 u. Tafel II nach S. 304. DERS. 1955, S. 50 (Karte). DERS. 1958, S. 46, 55, 57.

36 KELLENBENZ 1984, S. 273 (Karte),

37 STROMER 1973, S. 335 (Karte).

38 IRSIGLER 1979, S. 79 u. 286 (Karten). KELLENBENZ 1974, S. 69–72 und Karte am Schluß des Bandes.

39 KELLENBENZ 1985, S. 221f. SPRANDEL 1975, S. 103.

40 ZADDACH 1971, S.10. DOLLINGER 1981, S.10. BULST 1985, S. 251.

41 Quellen: 400–403 nr. 132 (Scheurl, 1506) u. 268–271 nr. 81 (Fritzlar, 1405). Zur Terminologie oberdeutsch-niederdeutsch siehe SCHUBERT 1979, S. 357.

Oberdeutscher und norddeutscher Raum als zwei jeweils eigenständige Gravitationszentren, aber zweifellos durch wechselseitigen Warenaustausch in Verbindung – das bedeutet für die vorliegende Fragestellung, daß nicht nach der Existenz, sondern nach der Qualität der Wirtschaftsbeziehungen zu fragen ist. Dabei stehen aufgrund ihrer Bedeutung wie aufgrund der Quellenlage Lübeck und Nürnberg im Vordergrund des Interesses, als Exponenten einer eigenbrötlerisch-xenophoben beziehungsweise fortschrittlich-dynamischen Wirtschaftsgesinnung, wenn man der Forschung glauben darf[42].

Die Einschätzung von Lübecks Wirtschaftspolitik gegenüber den Oberdeutschen, vor allem Nürnberg, orientiert sich auch heute noch an der zusammenfassenden Darstellung Claus Nordmanns aus dem Jahre 1933[43]. Die erste Klage der Lübecker Messerzunft über Detailhandel der Nürnberger ist für 1353 überliefen. Mit der Zollbefreiung auf Gegenseitigkeit zwischen Lübeck und Nürnberg wurde 1373 der Höhepunkt der Beziehungen zwischen beiden Städten erreicht, dann folgt durch das ganze 15. Jahrhundert die lange Reihe der wechselseitigen Klagen und der restriktiven Lübecker Ratserlässe gegen die Nürnberger, mit einer ausgeprägten Häufung in den Jahren 1460–1463[44]. Der Wortlaut der Quellen ist in der Tat eindeutig: 1406 ersuchen beispielsweise die Lübecker Krämer um Schutz, damit sie von *utlendeschen luden nicht* [212] *verdervet* würden. Dieser Vorwurf, durch die Geschäftspraktiken der Nürnberger werde den Einheimischen der Lebensunterhalt entzogen, wird mit Variationen immer wieder erhoben, in Lübeck wie in den gleichzeitigen Verhandlungen der preußischen Städte über Maßnahmen gegen den Detailhandel der Nürnberger. Thorns Erinnerung daran, Nürnberg sei doch eine *erliche keiserreichs stat*, wirkt demgegenüber als ganz vereinzelte Mahnung zu zwischenstädtischer Solidarität[45]. Auf die zeitgenössischen Formulierungen über Schädigungen, Verderben und Verlust der Erwerbsmöglichkeiten im Zusammenhang mit dem Auftreten der Nürnberger im Hansegebiet stützen sich offenbar weitgehend die älteren Forschungsansichten vom verhängnisvollen Eindringen der Oberdeutschen und der weitgehenden Verdrängung des Hansehandels.

Die Initiative bei dem Vorgehen hansischer Städte gegen die Nürnberger lag bei Zunfthandwerkern und Krämern, nicht bei den städtischen Führungsschichten, worauf schon die ältere Forschung hingewiesen hat[46]. Es gibt aber durchaus Belege dafür, daß die kleinhändlerisch-handwerklichen Vorstöße auch Erfolge erzielen konnten: Konkrete Maßnahmen preußischer Städte gegen die Nürnberger samt den zeitweisen Folgen sind belegt[47]. In Lübeck entschied der Rat ganz im Sinn des einheimischen Detailhandels auf Restriktionen gegen die Nürnberger, besonders gegen deren Warenverkäufe in den oft erwähnten „offenen Kellern". Nürnberg sah sich dadurch immerhin 1462 und 1463 veranlaßt, mehrfach beim Lübecker Rat gegen die Behandlung seiner

---

42 STROMER 1976 (wie Anm.4), S. 217 (Xenophobie). DERS. 1970, 1, S. 46 (eigenbrödlerisch und gästefeindlich).
43 NORDMANN 1933, S. 5f., 24, 37, 102i.
44 Ebd., S. 22–24. DERS. 1939, S. 21 f., 34f., 50f.
45 NORDMANN 1933, S. 5. P. OSTWALD 1913, S. 92.
46 NORDMANN 1933, S. 62f. DERS. 1939, S. 28f.
47 NORDMANN 1939, S. 37, 41. MILITZER [979, S. 244 (keine Nürnberger in Danzig wegen Handelsverbot, 1448).

Kaufleute zu protestieren[48]. Bei dem Versuch, die angebliche Lübecker Fremdenfeindlichkeit vorsichtiger zu bewerten, kann man es sich also jedenfalls nicht so einfach machen, die lübischen Ratsbeschlüsse von vornherein als wirkungslose Pflichtübungen abzutun. Aber gerade eines der Nürnberger Schreiben an Lübeck kann wohl auf den richtigen Weg weisen: Der Rat erinnert Lübeck an freundliche Schreiben der vergangenen Jahre bezüglich der Geschäfte von Nürnbergern in Lübeck, besonders in den offenen Kellern, und bezüglich der Beschränkung auf den Verkauf von in Nürnberg erzeugten Waren. Laut Bericht der eigenen Kaufleute habe sich der lübische Rat aber bisher *gutlich darin beweist und erzeigt*[49]. Auf die Wiederherstellung oder Bewahrung der Gunst Lübecks zielte auch die oben schon erwähnte Übereinkunft des Nürnberger Rates mit Lübecks Syndikus Simon Batz[50]. Im Klartext heißt dies: Nürnberg erwartete, daß seine Kaufleute in Lübeck nicht nach dem Buchstaben der Erlasse, sondern nach entgegenkommendem Ermessen des Stadtregiments behandelt wurden. Und wenn Nürnberg glaubte, durch die Überlassung einiger Urkundenabschriften und ein Weingeschenk an Syndikus Batz dieses Lübecker Entgegenkommen sichern zu können, dann wird man folgern dürfen, daß der ganzen Angelegenheit nicht gerade erstrangige Bedeutung beigemessen wurde. Aber es wird auch deutlich, daß wirtschaftliche Bezie-[213]hungen hier eng mit städtischer Politik verbunden sind. Es erscheint danach als durchaus plausible Vermutung, daß die Lübecker Handelsvorschriften des 14. und 15. Jahrhunderts weniger Ausdruck einer grundsätzlichen Fremdenfeindlichkeit sind, sondern eher ein politisches Instrument, das der Rat wahlweise einsetzen konnte, um Teile der eigenen Bevölkerung zu beruhigen oder einen gewissen Druck nach außen zu entfalten. Von der Schärfe und den Dimensionen eines Konflikts, wie er dann im 16. Jahrhundert zwischen Lübeck und den Fuggern ausgetragen wurde, ist in den lübisch-nürnbergischen Beziehungen des Spätmittelalters jedenfalls kaum etwas zu spüren[51].

Die teilweise ja durchaus erkennbaren tatsächlichen Verhältnisse in den nürnbergisch-oberdeutschen Wirtschaftsbeziehungen zum Hanseraum sind, soweit ich sehe, durchaus geeignet, einen großen Abstand zwischen normativen Quellen und Alltagspraxis zu bestätigen. Ohne hier in Einzelheiten zu gehen, ist beispielsweise daran zu erinnern, daß gegen Ende des 15. und zu Beginn des 16. Jahrhunderts zahlreiche Nürnberger Kaufleute in Lübeck eingebürgert wurden, die teilweise zuvor schon über Jahrzehnte ihre Geschäfte in der Hansestadt ungehindert betrieben hatten. Zu erinnern ist weiter an Nürnbergs Funktionen für den Lübecker Geldtransfer nach Süden und an Silberkäufe von Nürnbergern für die Lübecker Münze[52], vor allem aber auch daran, daß selbst bei buchstabengetreuer Umsetzung aller Rechtsvorschriften ja nur der Detailhandel betroffen gewesen wäre. Wirtschaftswirklichkeit war auch der Überlandhandel zwischen Frankfurt und den norddeutschen Hansestädten. Dabei reichte die Warenpalette von italienischen Luxusstoffen und Orientwaren bis zu Salzfischen und Wein als Massengütern. Bedroht wurde dieser Warenverkehr offensichtlich mehr

---

48 MÜLLER 1908, S. 17.
49 LUB X, 170 nr. 161 u. 322 nr. 308.
50 Ebd., 420 nr. 396 (1463), vgl. oben S. 208f.
51 PÖLNITZ 1955, S. 16–24.
52 SPRANDEL 1975, S. 48f., 111. RÖRIG 1973b, S. 288–350, bes. 301f.

durch fürstliche Übergriffe als durch städtischen Protektionismus[53]. Entgegen oft wiederholten Behauptungen waren die Hansekaufleute dabei eben nicht von den Oberdeutschen aus dem aktiven Nord-Südhandel „verdrängt" worden, jedenfalls sind sie als Messebesucher während des ganzen 15. Jahrhunderts bezeugt[54]. Ob ihr Handelsanteil dabei tendenziell rückläufig war, läßt sich anhand der verfügbaren Quellen kaum entscheiden. Jedenfalls halte ich es für eine Überinterpretation, wenn ein oft zitierter Satz des Siegfried Veckinchusen immer wieder als Resignation vor den übermächtigen Oberdeutschen ausgelegt wird[55]: *wand were profyt an sarken, dey Noremberger unde ander lude solden er ghenoech varen* – das kann zumindest auch verstanden werden als Warnung vor dem Umgang mit einer Textilart, die offenbar ohne Gewinnchancen ist, weil auch Oberdeutsche und andere Leute (!) nicht damit handeln.

Zur oberdeutsch-hansischen Wirtschaftswirklichkeit und zum Wirtschaftsalltag haben selbstverständlich auch Probleme gehört. Sie reichen von privaten Zahlungsschwierigkeiten und Wechselprozessen über Qualitätsmängel bis hin eben auch zu [214] zwischenstädtischen Schikanen und Feindseligkeiten[56]. Nur, und damit sollen diese Überlegungen abgeschlossen werden, solche Probleme können nicht als exklusives oder besonders typisches Merkmal für die Wirtschaftsbeziehungen ober- und niederdeutscher Städte betrachtet werden. Lübecker Krämer haben auch gegen Venedig, Köln, Erfurt und Schmalkalden geklagt[57]. Das besondere Interesse, das dem süddeutsch-hansischen Verhältnis in der Forschung entgegengebracht worden ist, hat teilweise die Tatsache verdeckt, daß sich die Kaufleute und Städte beider Seiten ja niemals als in sich geschlossene Blöcke gegenübergestanden sind. Wirtschaftlich bedingte Konflikte benachbarter Städte in Norddeutschland wie in Süddeutschland haben die unbestreitbaren lübisch-nürnbergischen Spannungen an Schärfe teilweise ganz erheblich übertroffen. So stritten sich Braunschweig und Lüneburg um die Schiffahrt auf Oker und Aller, Lübeck und Hamburg wehrten sich gegen den neuen Lüneburger Zoll, Frankfurt stritt sich mit Nürnberg wegen dessen neu eingerichteter Heiltumsmesse, und innerhalb der Nürnberger Kaufleuteschaft in Lübeck gab es konkurrenzbedingte Spannungen[58]. Auch Handelsordnungen zugunsten der Einheimischen sind nicht auf Lübeck und andere Hansestädte beschränkt, selbst das vergleichsweise freizügige Nürnberg hat im 15. Jahrhundert die Beschränkung der Gäste auf den Großhandel gekannt[59]. Konkurrenzfurcht und quasi protektionistische Maßnahmen, gewiß nach Zeit und Ort unterschiedlich ausgeprägt, entsprechen einer Wirtschaftsauffassung, die den Wachstumsbegriff nicht kennt und die Vorteile stets nur auf Kosten anderer für möglich hält. Wenn Wirtschaftsbeziehungen nicht ahistorisch mit Ersatzfunktionen für fehlende staatliche Einheit überfrachtet werden, fügt sich der Umgang zwischen Oberdeutschen und Hansen zwanglos in die zeitgebundenen Rahmenbedingungen: Sofern

---

53 DIETZ 1910, I, S. 221–223.
54 AMMANN 1985, S. 41, 49, 61 f. RÖRIG 1973a, S. 240. Zum Quellenproblem vgl. DOLLINGER 1975, S. 136.
55 NORDMANN 1939, S. 20f. DERS. 1933, S.34. IRSIGLER 1979, S. 325.
56 DIETZ 1910, I, S. 221–223. DOLLINGER 1975, S.119f. NORDMANN 1933, S 19–23.
57 LUB X, 123 nr. 119 (1461).
58 ELLMERS 1985, S. 249f. WITTHÖFT 1985, S.283. HENNING 1970, S. 50–52. PITZ 1984, S. 41.
59 GABRIELSSON 1971, S. 97. BAADER 1861, S. 128f.

ein Minimum an gemeinsamen Interessen gegeben war, bestand auf der politischen und wirtschaftlichen Ebene die Bereitschaft zur Kooperation. Aber eben nicht unter dem festen Dach einer zu Gemeinsamkeit verpflichtenden Reichsorganisation, sondern mit dem tatsächlichen oder vermeintlichen Vorteil der eigenen Stadt als oberster Richtschnur. Das führte gewiß nicht zu einer städtischen Solidargemeinschaft Seite an Seite, aber auch nicht zur bewußten Abwendung Rücken zu Rücken zwischen Nord und Süd. Oberdeutsche und hansische Städte konnten sich, um im Bild zu bleiben, durchaus die Hand reichen. Dabei blieben sie aber immer bereit, gegebenenfalls auch in einen begrenzten Schlagabtausch einzutreten.

[215] LITERATUR

AMMANN, H. 1955. Vom geographischen Wissen einer deutschen Handelsstadt des Spätmittelalters. Ulm und Oberschwaben 34, S. 39–65.

–, 1958. Der hessische Raum in der spätmittelalterlichen Wirtschaft. Hessisches Jahrbuch für Landesgeschichte 8, S. 37–70.

–, ^{2}1973. Die nördlinger Messe im Mittelalter. In: Festschrift Th. Meyer zum 70. Geburtstag, S. 283–315. Zweite Auflage. Sigmaringen.

BAADER, J. 1861, Nürnberger Polizeiordnungen aus dem XIII. bis XV. Jahrhundert. Bibliothek des Litterarischen Vereins 63. Stuttgart. (ND Amsterdam 1966).

BÜCHER, K. 1886. Die Bevölkerung von Frankfurt am Main. Tübingen.

BULST, N. 1985. Vier Jahrhunderte Pest in niedersächsischen Städten. In: Stadt im Wandel 4, S. 251–270. Katalog zur Ausstellung. Stuttgart.

[LUB] 1882–1905. Codex diplomaticus Lubecensis. Lübeckisches Urkundenbuch Bd. 7–11. Verein für Lübeckische Geschichte (Hg.). Lübeck.

[Chroniken] KOPPMANN, K. und BRUNS, F. (Bearb.) 1902–1910. Die Chroniken der deutschen Städte 28 u. 30, Lübeck Bd. 3–4. Historische Kommission bei der bayerischen Akademie der Wissenschaften (Hg.). Leipzig. (ND Göttingen 1968).

DAENELL, E. 1906 (ND 1973), Die Blütezeit der deutschen Hanse, 2. Berlin.

DENECKE, D. 1985. Beziehungen zwischen Stadt und Land in Norddeutschland während des späten Mittelalters und der frühen Neuzeit. In: Stadt im Wandel. Katalog der Ausstellung, III, S. 191–218. Stuttgart.

DIETZ, A. 1910–1925 (ND 1970). Frankfurter Handelsgeschichte, 1–4. Frankfurt am Main.

DOLLINGER, Ph. 1975. Relations directes entre Strasbourg et les villes hanséatiques, XIV–XVI siècles. In: Aus Stadt- und Wirtschaftsgeschichte Südwestdeutschlands. Festschrift E. Maschke. Stuttgart.

–, ^{3}1981. Die Hanse. Stuttgart.

ELLMERS, D. 1985. Wege und Transport: Wasser. In: Stadt im Wandel 3, S. 243–255. Katalog zur Ausstellung. Stuttgart.

ERNST, G. 1951. 4 für die Beziehungen Einbecks zu Nürnberg bemerkenswerte Dokumente aus den Jahren 1447, 1554 und 1555. 19. Jahresbericht des Vereins für Geschichte und Altertümer der Stadt Einbeck und Umgehung für die Jahre 1948–1950, S. 56–60.

FAHLBUSCH, F. B. 1983. Städte und Königtum im frühen 15. Jahrhundert. Ein Beitrag zur Geschichte Sigmunds von Luxemburg. Städteforschung Reihe A, 7. Köln, Wien.

GABRIELSSON, P. 1971. Struktur und Funktion der Hamburger Rentengeschäfte in der Zeit von 1471–1490. Ein Beitrag zur Wirtschafts- und Sozialgeschichte der norddeutschen Stadt. Beiträge zur Geschichte Hamburgs 7. Hamburg.

[Hanserezesse 2. Abt.] ROPP, G. Frhr. v. d. (Bearb.) 1876–92. Hanserecesse von 1431–1476, Bd. I–VII. Verein für Hansische Geschichte (Hg.). Leipzig.

[Hanserezesse 1. Abt.] 1889. Die Recesse und andere Akten der Hansetage von 1256 bis 1430, VI. Historische Commission bei der königlichen [bayerischen] Akademie der Wissenschaften (Hg.). Leipzig.

HEINIG, P. J. 1983. Reichsstädte, freie Städte und Königtum 1389–1450. Ein Beitrag zur deutschen Verfassungsgeschichte. Veröffentlichungen des Instituts für europäische Geschichte Mainz. Abteilung Universalgeschichte 108. Wiesbaden.

HENNING, F.-W. 1970. Handelsordnungen des Mittelalters und der frühen Neuzeit als wirtschaftspolitische Instrumente. Scripta Mercaturae, 2, S. 41–65. München.

[216] [HUB] STEIN, W. (Bearb.) 1916. Hansisches Urkundenbuch XI. Verein für Hansische Geschichte (Hg.). Leipzig.

IRSIGLER, F. 1979a. Hansischer Kupferhandel im 15. und in der ersten Hälfte des 16. Jahrhunderts. Hansische Geschichtsblätter 97, S. 15–35.

–, 1979b. Die wirtschaftliche Stellung der Stadt Köln im 14. und 15. Jahrhundert. Beihefte zur Vierteljahrschrift für Sozial– und Wirtschaftsgeschichte 65. Wiesbaden.

ISENMANN, 1979. Reichsstadt und Reich an der Wende vom späten Mittelalter zur frühen Neuzeit. In: J. Engel (Hg.), Mittel und Wege früher Verfassungspolitik. Spätmittelalter und frühe Neuzeit 9, S. 9–223. Stuttgart.

KELLENBENZ, H. (Hg.) 1974. Handelsbräuche des 16. Jahrhunderts. Das Meder'sche Handelsbuch und die Welser'schen Nachträge. Deutsche Handelsakten des Mittelalters und der Neuzeit 15. Wiesbaden.

–, 1984. Wirtschaftsleben in der Blütezeit. In: Geschichte der Stadt Augsburg, S. 258–301. Stuttgart.

–, 1985. Norddeutsche Wirtschaft im europäischen Zusammenhang. In: Stadt im Wandel 3, S. 221–241. Katalog zur Ausstellung. Stuttgart.

[Briefwechsel] KÖNIG, E. (Hg.) 1923. Konrad Peutingers Briefwechsel (Humanistenbrief 1). München.

KOPPE, W. 1952. Die Hansen in Frankfurt am Main im 14. Jahrhundert. Hansische Geschichtsblätter 71, S. 30–49.

[Kämmereirechnungen] KOPPMANN, K. (Bearb.) 1873. Kämmereirechnungen der Stadt Hamburg 1350–1562. Bd. 1–10. Hamburg.

KROESCHELL, K. 1985. Stadtrecht und Stadtverfassung. In: Stadt im Wandel. Katalog der Ausstellung, IV, S. 11–25. Stuttgart.

MILITZER, K. 1979. Die Finanzierung der Erhebung Sylvester Stodeweschers zum Erzbischof von Riga. Zeitschrift für Ostforschung 28, S. 239–255.

MÜLLER, J. 1908. Der Umfang und die Hauptrouten des Nürnberger Handelsgebiets im Spätmittelalter. Vierteljahrschrift für Sozial- und Wirtschaftsgeschichte 6, S. 1–38.

NORDMANN, C. 1933. Nürnberger Großhändler im spätmittelalterlichen Lübeck. Dissertation Kiel. Erlangen.

–, 1939. Oberdeutschland und die deutsche Hanse. Pfingstblätter des Hansischen Geschichtsvereins 26. Weimar.

OSTWALD, P. 1913. Nürnberger Kaufleute im Lande des Deutschen Ordens. Deutsche Geschichtsblätter 14, S. 91–98.

PENNERS, Th. 1965. Fragen der Zuwanderung in den Hansestädten des späten Mittelalters. Hansische Geschichtsblätter 83, S. 12–45.

PITZ, E. 1984. Steigende und fallende Tendenzen in Politik und Wirtschaftsleben der Hanse. Hansische Geschichtsblätter 102, S. 59–77.

PÖLNITZ, G. Frhr. v. 1955. Fugger und Hanse. Ein hundertjähriges Ringen um Ostsee und Nordsee. Tübingen.

[Quellen] MÖNCKE, G. (Bearb.) 1982. Quellen zur Wirtschafts- und Sozialgeschichte mittel- und oberdeutscher Städte im Spätmittelalter 1982. Ausgewählte Quellen zur Geschichte des Mittelalters, Freiherr vom Stein-Gedächtnisausgabe 37. Darmstadt.

[Reichstagsakten] Deutsche Reichstagsakten, Ältere Reihe I–XVI. 1867–1928 (ND 1956f.). Historische Kommission bei der bayerischen Akademie der Wissenschaften (Hg.). München und Gotha.

RÖRIG, F. 1973a. Großhandel und Großhändler im Lübeck des 14. Jahrhunderts. In: DERS., Wirtschaftskräfte im Mittelalter. Zweite Auflage. S. 217–246. Wien, Köln, Graz.

[217] –, 1973b. Das Einkaufsbüchlein der Nürnberg–Lübecker Mulichs auf der Frankfurter Fasten-
messe des Jahres 1495, ibid., S. 288–350.

SCHUBERT, E. 1979. König und Reich. Studien zur spätmittelalterlichen deutschen Verfassungsgeschichte. Veröffentlichungen des Max-Planck-Instituts für Geschichte 63. Göttingen.

SPORHAN-KREMPEL, L. 1968. Nürnberg als Nachrichtenzentrum. Nürnberger Forschungen 10. Nürnberg.

SPRANDEL, R. 1975. Das mittelalterliche Zahlungssystem. Nach hansisch-nordischen Quellen des 13.–
15. Jahrhunderts. Stuttgart.

–, 1984. Die Konkurrenzfähigkeit der Hanse im Spätmittelalter. Hansische Geschichtsblätter 102,
S. 21–38.

STAHL, I. (Hg.) 1983. Die Nürnberger Ratsverlässe 1449/50. Schriften des Zentralinstituts für fränkische Landeskunde 23. Neustadt/Aisch.

STROMER, W.v. 1970. Oberdeutsche Hochfinanz 1350–1450, 1–3. Beihefte zu Vierteljahrschrift für
Sozial- und Wirtschaftsgeschichte 55–57. Wiesbaden.

–, 1973. Konkurrenten der Hanse: Die Oberdeutschen. In: Hanse in Europa. Brücke zwischen den
Märkten 12.–17. Jahrhundert. Katalog der Ausstellung, S. 331–340. Köln.

–, 1976. Der innovatorische Rückstand der hansischen Wirtschaft. In: Wirtschafts- und Sozialgeschichte des Mittelalters. Festschrift H. Helbig, S. 204–217. Köln, Wien.

UNGER, E, E. 1966. Nürnbergs Handel mit Hamburg im 16. und beginnenden 17. Jahrhundert. Mitteilungen des Vereins für Geschichte der Stadt Nürnberg 54, S.3–85.

WITTHÖFT, H. 1985. Die Lüneburger Saline. In: Stadt im Wandel 3, S. 281–302. Katalog zur Ausstellung. Stuttgart.

ZADDACH, B. J. 1971. Die Folgen des Schwarzen Todes (1374–1551) für den Klerus Mitteleuropas.
Forschungen zur Sozial- und Wirtschaftsgeschichte 17. Stuttgart.

II. Lohnarbeit und materielle Kultur

Zu Arbeitsbedingungen und Löhnen von Bauhandwerkern im Spätmittelalter

Die Frage nach den Daseinsbedingungen der Menschen vergangener Zeiten gehört zu den Forschungsaufgaben mit jahrzehntelanger Tradition. Für Epochen mit entwickelter Geldwirtschaft stehen dabei Einkommen und Löhne als wichtigste Mittel der Existenzsicherung im Vordergrund des Interesses. Seit dem 19. Jahrhundert beschäftigt sich auch die preis- und sozialgeschichtlich orientierte europäische Mittelalterforschung mit dem Problem, welche Bargeldbeträge in bestimmten Berufen erzielt werden konnten und wie deren Höhe zu beurteilen ist[1]. Bedingt durch die Überlieferungslage, bestehen dabei, beschränkt auf innerstädtische Berufsausübung, folgende Hauptprobleme:

1. Es fehlen weitestgehend Anhaltspunkte zur Ermittlung von Brutto- und Nettoerträgen aus kaufmännisch-händlerischer Tätigkeit und aus gewerblicher Produktion. Dagegen gibt es eine Fülle von Belegen für feste, gehaltsähnliche Bezüge, z. B. von städtischen Bediensteten, Ärzten, Professoren, Hausgesinde. Weil in diesen Fällen aber in der Regel mit zusätzlicher Entlohnung in Naturalien (Kleidung, Lebensmitteldeputate) zu rechnen ist, kann die Höhe der Gesamteinkünfte nicht exakt in Geld veranschlagt werden. [36] Als Untersuchungsmaterial stehen deswegen in erster Linie die zahlreichen, für gelernte wie ungelernte Arbeit überlieferten Tagelohnsätze vor allem aus dem Bausektor zur Verfügung[2].
2. Diese in Geldbeträgen der Zeit überlieferten Löhne müssen nun meßbar gemacht und in eine Relation zum erzielbaren Jahreseinkommen gebracht werden.

Obwohl schon längst erkannt wurde, daß die unmittelbare Umrechnung von Geldsummen der Vergangenheit in Währungseinheiten der eigenen Zeit zu keinen brauchbaren Ergebnissen führen kann[3], wird auf derartige Berechnungsversuche noch immer nicht ganz verzichtet[4]. Ganz überwiegend hat sich freilich die Erkenntnis durchgesetzt, daß Kaufkraft über größere Zeiträume nur begrenzt und allenfalls mit Hilfe der Preise eines möglichst breit gefächerten Warenkorbes verglichen werden kann. In der Praxis

---

1   JACOBS, A.: „Preisgeschichte", in: Handwörterbuch der Sozialwissenschaften 8, Stuttgart, Tübingen 1964, Sp. 459–476 mit ausführlichen Literaturangaben.
2   BRAUDEL, F. P., SPOONER, F.: Prices in Europe, from 1450 to 1750, in: The Cambridge Economic History of Europe, vol. IV, Cambridge 1967, S. 374–486, hier: S. 426.
3   Zur Ablehnung der Geldumrechnung in der älteren Forschung vgl. LAMPRECHT, K.: Deutsches Wirtschaftsleben im Mittelalter 2, Leipzig 1885, S. 396. Eindeutige Stellungnahmen in der neueren Forschung: ABEL. W.: Agrarkrisen und Agrarkonjunktur, 3. Aufl., Hamburg, Berlin 1978, S. 16 mit Anm. 8, ferner PROBSZT, G.: österreichische Münz- und Geldgeschichte. Wien, Köln, Graz 1973, S. 38.
4   Vgl. beispielsweise MAYER, H. E.: Geschichte der Kreuzzüge, Urban-Taschenbücher 86, 5. Aufl., Stuttgart 1980, S. 284 mit der Umrechnung von Münz- und Silbergewichtseinheiten des 12. u. 13 Jahrhunderts in Goldmark der Zeit vor 1914 und dem Hinweis auf „die Schwierigkeiten der Umrechnung von GM in heutige DM".

zwingt die Überlieferungslage dazu, Tagelöhne für den überzeitlichen Vergleich überwiegend allein in Getreideäquivalente (kg Roggen oder Weizen) umzurechnen[5].

[37] Gegenüber der in der Forschung ausführlich diskutierten Kaufkraftmessung tritt die Erörterung des Zusammenhangs zwischen dem einzelnen Tagelohn und dem erzielbaren Jahreseinkommen deutlich zurück[6]. Auf dieses Problem werde ich mich im folgenden konzentrieren und versuchen, wenigstens exemplarisch zu belegen, welche Faktoren neben dem Tagelohnsatz die Höhe des Arbeitsertrages beeinflußt haben. Dabei gehe ich von der Voraussetzung aus, daß diesen zusätzlichen Faktoren sogar besondere Bedeutung zukommt. Denn: Die Löhne waren bekanntlich im Spätmittelalter eher unelastisch und unterlagen weitgehend obrigkeitlichen Fixierungen. In Extremfällen, wie z. B. Frankfurt/Main, sind die Baulöhne nominell über ein Jahrhundert unverändert geblieben[7]. Will man nicht von entsprechend starren Einkommensverhältnissen ausgehen, müssen Arbeitsbedingungen wirksam gewesen sein, die nicht über die Höhe des Zeitlohns erfaßbar sind. Ich beginne mit der Frage nach der Dauer des Arbeitsjahres, weil bei der üblichen Verwendung des Tagelohnsatzes als Indikator für die Höhe des Lohnniveaus explizit oder implizit das Höchsteinkommen aus Dauerbeschäftigung unterstellt wird. Anschließend bringe ich Überlegungen zum Arbeitsangebot als Hinweise darauf, ob und unter welchen Bedingungen eine dauernde Beschäftigung gegen Tagelohn überhaupt erreichbar erscheint, und ob weitere Faktoren als einkommenswirksam berücksichtigt werden müssen. Ich stütze mich dabei ganz überwiegend auf die Verhältnisse im Bauhandwerk, die, wie erwähnt, besonders gut belegt sind. Ferner berücksichtige ich ausschließlich bar bezahlte, nicht auch aus Geld und Verköstigung zusammengesetzte Löhne. Trotz der relativ reichlichen Überlieferung sind die Lohn- und Arbeitsverhältnisse der Bauberufe freilich nicht ohne weiteres auch als repräsentativ zu betrachten – was in Darstellungen oft übersehen wird. Nach der allerdings nur bruchstückhaften Oberlieferung zur städtischen Berufsstatistik waren z. B. in Frank[38]furt/Main im 14. und 15. Jahrhundert weniger als 10% der Beschäftigten im Baugewerbe tätig. In einem Nürnberger Verzeichnis von 1363 sind nur rund 2% der aufgeführten Meister Steinmetzen/Maurer bzw. Zimmerleute. Dagegen erreichen in ausgesprochenen Textilstädten die Weber einen Beschäftigungsanteil bis zu 50% – aber wir wissen so gut wie nichts über ihre Einkommensverhältnisse[8].

---

5   Für Deutschland sind in erster Linie die Arbeiten von W. Abel und dessen Schülern zu nennen. Zuletzt ABEL, W.: Strukturen und Krisen der spätmittelalterlichen Wirtschaft (= Quellen und Veröffentlichungen zur Agrargeschichte 32), Stuttgart, New York 1980 mit weiteren Literaturangaben (Zur Umrechnung in Getreideäquivalente bes. 58–60). Zur methodischen Problematik vgl. IRSIGLER, F.: Kölner Wirtschaft im Spätmittelalter, in: Zwei Jahrtausende Kölner Wirtschaft, hrsg. von H. KELLENBENZ u.a., Bd. 1 Köln 1972 (S. 217–319), hier S. 302.

6   Hinweise bei HANAUER, A.: Études économiques sur l'Alsace ancienne et moderne, t. 2, Paris, Strasbourg 1878, S. IX–XI; BRAUDEL, SPOONER (Anm. 2) S. 425–427.

7   BOTHE, F.: Die Entwickelung der direkten Besteuerung in der Reichsstadt Frankfurt (= Staats- und sozialwissenschaftliche Forschungen 26,2) 1906, S. 175f. (nominell gleichbleibende Löhne 1425–1546.).

8   BÜCHER, K.: Die Bevölkerung von Frankfurt am Main im 14. und 15. Jahrhundert, Tübingen 1886, S. 105 (Nürnberger Meisterverzeichnis), S. 141–146 und S. 215–224 (Beschäftigte im Baugewerbe, Frankfurt 1387 und 1440). EITEL, P.: Die oberschwäbischen Reichsstädte im Zeitalter der Zunftherrschaft, (= Schriften zur südwestdeutschen Landeskunde 8), 1970, S. 154.

Als Berechnungsbasis für die mit tageweise bezahlter Arbeit im Spätmittelalter erzielbaren Einkommen wird bis in neuere Untersuchungen ein Arbeitsjahr von 300 Tagen zugrundegelegt, was offensichtlich an den Verhältnissen des 19. Jahrhunderts orientiert ist. Demgegenüber gehen andere Annahmen bis hinunter zu nur 240 jährlichen Arbeitstagen. Hier erlauben die Quellen aber eine Eingrenzung: Nach Bauabrechnungen des 13. bis 15. Jahrhunderts konnte im deutschen Sprachraum vom Niederrhein bis zu den Alpen durchschnittlich an 5 Tagen pro Woche oder an rund 265 Tagen pro Jahr gearbeitet werden[9].

An dieser Zahl hat jüngst ein Forscher der DDR, Jürgen Kuczynski, Kritik geübt: Nach seiner Ansicht machen Witterungseinflüsse, willkürliche Handhabung der Feiertage und krankheitsbedingte Arbeitsausfälle die Berechnung des Arbeitsjahres im Bauhandwerk illusorisch[10]. Demgegenüber ist festzuhalten: [39]

1. Sofern Bauabrechnungen die Lohnzahlung Werktag für Werktag notieren, geben sie nicht den Soll- sondern den Ist-Zustand wieder, sie führen also zu einem gesicherten Ergebnis.
2. In den zugrundegelegten spätmittelalterlichen Bauabrechnungen ergibt sich der Durchschnitt von rund 5 Werktagen pro Woche aufgrund der exakt eingehaltenen Feiertage. Schlechtwetter hat nicht durchwegs zur völligen Baueinstellung geführt (s. u.).
3. Die Feststellung, an wievielen Tagen des Jahres maximal gearbeitet werden konnte, hat nichts zu tun mit der Frage, wieviel der einzelne Handwerker tatsächlich gearbeitet hat. Ob und unter welchen Umständen das Maximum an Arbeitstagen individuell erreicht werden konnte, ist gesondert zu prüfen (s. u.).

Die Tatsache, daß die Dauer der Arbeitswoche in den ausgewerteten Bauabrechnungen von den Feiertagen bestimmt wird und nicht von berufsspezifischen oder individuellen Eigenheiten, erlaubt als Schlußfolgerung: Mit durchschnittlich 5 Werktagen pro Woche ist auch in nicht-bauhandwerklichen Berufen zu rechnen. Voraussetzung ist natürlich, daß die Arbeit in der Öffentlichkeit verrichtet wurde, denn darüber, wann z. B. Schneider, Kürschner oder Schreiber gearbeitet haben, sind naturgemäß nur Vermutungen möglich. Zusätzliche, wenn auch nicht so exakt wie Abrechnungen quantifizierende Belege bestätigen, daß nicht nur das Baugewerbe von der feiertagsbedingten Arbeitsverkürzung des Spätmittelalters profitiert hat, bzw. betroffen war[11].

---

9   Ausführliche Nachweise bei: DIRLMEIER, U.: Untersuchungen zu Einkommensverhältnissen und Lebenshaltungskosten in oberdeutschen Städten des Spätmittelalters, (= Abhandlungen der Heidelberger Akad. d. Wiss. Phil-hist. Kl., 1978,1), Heidelberg 1973, S. 129–133. Ausgewertet wurden Abrechnungen aus Xanten, Koblenz, Nürnberg, Regensburg sowie vom Bau der Grasburg bei Freiburg im Üchtland. Zur Zahl der Arbeitstage vgl. auch IRSIGLER (Anm. 5), S. 303.

10 KUCZYNSKI, J.: Geschichte des Alltags des deutschen Volkes 1600–1645, Köln 1981, S. 262f. Die übereinstimmende Zahl der Arbeitstage erklärt Kuczynski so: „Vielleicht waren die Wetterbedingungen in Xanten ausgerechnet 1356 und 1495 und dazu noch in Nürnberg im Jahre 1507 praktisch die gleichen".

11 Nachweise bei DIRLMEIER (Anm. 9) S. 133f. In England war im Spätmittelalter dagegen die Zahl der Arbeitstage offensichtlich höher; zahlreiche Nachweise finden sich bei ROGERS, Th.: Six Centuries of Work and Wages, London 1884 (zahlreiche Neudrucke), S. 180f.

Ich halte es also für eine ausreichend fundierte Annahme, daß im spätmittelalterlichen Deutschland vom letzten Drittel des 13. Jahrhunderts bis zur Reformationszeit durchschnittlich nur an 5 Tagen der Woche gearbeitet werden konnte. Nach unserer [40] freizeitorientierten Werteskala erscheint dieser Zustand als ein Mehr an Lebensqualität, das erst in der Gegenwart wieder erreicht und durch Einführung eines bezahlten Jahresurlaubs sogar übertroffen wurde. Dagegen wurde die Einschränkung von Arbeits- und Verdienstmöglichkeiten durch das kirchliche Feiertagsgebot von den Zeitgenossen zumindest nicht durchwegs positiv gesehen: Nach dem Augsburger Chronisten Wilhelm Rem wurden in der Stadt 1525 die Feiertage abgeschafft, weil das *gemaine volck* von sich aus nicht mehr feiern wollte. Wegen der Zugehörigkeit des Chronisten zur Augsburger Oberschicht und wegen der proreformatorischen Tendenz kann man allerdings daran zweifeln, ob er hier wirklich die Meinung des Volkes wiedergibt. Auch der Beschluß des Berner Rates (1504), die hohe Zahl der Feiertage zu vermindern, muß nicht der Volksstimmung entsprochen haben. Aber es ist doch sehr zu beachten, daß sich Zunftordnungen und städtische Erlasse des Spätmittelalters häufig gegen die Arbeit an Sonn- und Feiertagen wenden. So wird in Frankfurt 1439, 1442 und 1468 jede *wergliche* Arbeit an Sonntagen, hohen Festen, Aposteltagen und allen gebannten Heiligentagen bei Geldbuße verboten. Betroffen von dem Verbot sind u.a. Krämer, Hausgesinde, alle Handwerker und die Gärtner, nur für die Messezeit und während der Ernte werden Ausnahmen zugelassen[12]. Ohne daß man hier auf das Problem der Durchsetzbarkeit[13] oder auf die möglichen Motive des Rates eingehen muß, kann festgehalten werden: Eine von allen als angenehm empfundene Sache – die lohn- und arbeitsfreie Feiertage – muß nicht bei Strafe [41] geboten werden. Bei der Entscheidung zwischen weniger Arbeit oder mehr Erwerbsmöglichkeit scheint das Bedürfnis nach einem höheren Einkommen überwogen zu haben. Zumindest subjektiv wurde der Arbeitsertrag offenbar als verbesserungswürdig empfunden, auch auf Kosten der eigenen Freizeit.

Unter dem Gesichtspunkt der Vergleichbarkeit von Tagelöhnen ist zu beachten, daß mit der Reformationszeit bezifferbare, deutliche Veränderungen hinsichtlich der Dauer des Arbeitsjahres einsetzten. So wurden in Nürnberg 1525 von bisher 48 zusätzlichen Feiertagen 28 abgeschafft, damit stieg die erreichbare Zahl von Arbeitstagen pro Jahr um 10,53 % auf 293. In Frankfurt wurden 1529 zu den Sonntagen nur 5 zusätzliche Feiertage zugelassen, damit ergibt sich rein rechnerisch eine Zunahme der Arbeitstage um 16,2 % auf 308 pro Jahr[14].

---

12 ENNEN, R.: Zünfte und Wettbewerb (= Neue Wirtschaftsgeschichte 3), 1971, S. 37. Die Gesetze der Stadt Frankfurt im Mittelalter (= Veröff. der Frankfurter Mittelalter Komm. 13), 1969, S. 327f. nr. 234 und S. 357–363 nr. 274 (Ziff. 22–28). Weitere Nachweise bei DIRLMEIER (Anm. 9), S. 134.

13 Zur ausnahmsweisen Duldung von Sonntagsarbeit vgl. IRSIGLER, F.: Die wirtschaftliche Stellung der Stadt Köln im 14. und 15. Jahrhundert, (= Vierteljahrschrift f. Sozial- und Wirtschaftsgeschichte Beiheft 65), 1979, S. 91. Zur Möglichkeit von Feiertagsarbeit bei Schneidern, siehe SCHANZ, G.: Zur Geschichte der deutschen Gesellenverbände, Leipzig 1877, S. 240. Gegen KUCZYNSKI (Anm. 10), S. 252 ist aber festzuhalten, daß die Beachtung der Feiertage im Baugewerbe durch die Abrechnungen eindeutig belegt wird.

14 SACHS, C. L.: Das Nürnberger Bauamt am Ausgang des Mittelalters (= Neujahrsblätter hrsg. von der Gesellschaft für Fränkische Geschichte 10), 1915, S. 7. Frankfurter Amts- und Zunfturkunden

Dem muß die Entwicklung der Jahreseinkommen aus Lohnarbeit natürlich nicht in jedem Fall oder im vollen Umfang entsprechen. Ich halte es andererseits aber auch nicht für gerechtfertigt, bei Lohnvergleichen verschiedener Epochen die Veränderungen des Arbeitsjahres ganz zu vernachlässigen, etwa mit dem Hinweis, bei Bauarbeiten sei wegen der Wetterabhängigkeit ein Anstieg der Zahl der Arbeitstage ausgeschlossen. Wie zuvor hervorgehoben, ergeben sich die rund 265 spätmittelalterlichen Arbeitstage bei durchgehendem, nur durch Feiertage unterbrochenem Baustellenbetrieb, und es fällt schwer anzunehmen, daß die Heiligentage nun in vollem Umfang durch Arbeitsunterbrechungen anderer Art ersetzt worden wären. Es steht fest, daß bis in das 20. Jahrhundert 300 Arbeitstage und mehr pro Jahr üblich wurden, bei Krupp sind in der 1. Hälfte des 19. Jahrhunderts bis zu 330 Werktage belegt[15]. Dies bedeutet aber: Zwischen dem späten [42] Mittelalter und der industrialisierten Neuzeit können Kaufkraftverluste des <u>Tagelohns</u> von 13,2 bis 24,5% rechnerisch durch eine entsprechende Zunahme der Arbeitstage kompensiert werden. Anders ausgedrückt: Auf Kosten der individuellen Lebensqualität kann die Entwicklung des nominellen Einkommens reale Kaufkraftverluste von bis zu 24,5% ausgleichen. Diese Möglichkeit ist immer dann zu beachten, wenn einzelne Lohnsätze und nicht nachweisbar erreichte Einkommen als Basis für Berechnungsversuche dienen[16].

Ausgehend von der spätmittelalterlichen 5-Tagewoche ist es natürlich kein Problem, jeden überlieferten Tagelohn in ein höchstmögliches Jahreseinkommen umzurechnen, damit ist über den Aussagewert solcher Zahlen allerdings noch nichts gesagt. Es gibt, wie ich meine, Hinweise darauf, daß die Unterstellung von tageweise bezahlter Dauerbeschäftigung für viele Berufssparten unrealistisch ist. Skepsis ist besonders angebracht bei landwirtschaftlichen Tagelöhnen, die durchaus auch im Bereich der größeren Städte eine Rolle gespielt haben[17]. Es spricht viel dafür, daß bei dem saisongebundenen Arbeitskräftebedarf nur kurzfristige Beschäftigungsmöglichkeiten bestanden, besonders bei den durchwegs höher bezahlten, aber eben auch zeitlich begrenzten Erntearbeiten. Dauerbeschäftigung erscheint ausgeschlossen, aber das schwankende Beschäftigungsangebot und die winterliche Arbeitslosigkeit sind nur als Faktum nachweisbar, [43] nicht exakt zu beziffern[18]. Der Tagelohn allein ist also kein

---

bis zum Jahr 1612, 2 Bde., (= Veröff. d. Hist. Komm. der Stadt Frankfurt a. M. 4,1 u. 2), Frankfurt a. M. 1914/15, hier Bd. 1, S. 74*f.

15 SAALFELD, D.: Handwerkseinkommen vom ausgehenden 18. bis zur Mitte des 19. Jahrhunderts, in: ABEL, W. (Hrsg.): Handwerksgeschichte in neuer Sicht, (= Göttinger Beiträge zur Wirtschafts- und Sozialgeschichte 1), Göttingen 1978, S. 65–120, hier S. 78.

16 Zur unterschiedlichen Entwicklung von Tagelohn, Wochenlohn und Jahreseinkommen am Beispiel englischer Löhne des 18. Jahrhunderts siehe NEALE, R. S.: The Standard of Living, 1780–1844: a Regional and Class Study, in: Econ. Hist. Rev., Sec. Series 19, 1966, S. 590–605, hier S. 595f.

17 BÜCHER (Anm. 8), S. 294 (Frankfurt, 1440, ca. 18% aller Berufstätigen arbeiten im agrarischen Sektor).

18 Das Rote Buch der Stadt Ulm, (= Württembergische Geschichtsquellen 8), 1905, S. 181 nr. 327f. (Lohntaxe mit Sonderregelungen für Erntezeit bzw. Wintersaison). MAULHARDT. H.: Die wirtschaftlichen Grundlagen der Grafschaft Katzenelnbogen im 14. und 15. Jahrhundert, (= Quellen u. Forschungen zur hessischen Geschichte 39), 1980, S. 35f. (schwankendes Arbeitsangebot). WINKELMANN, O.: Das Fürsorgewesen der Stadt Straßburg vor und nach der Reformation bis zum Ausgang des 16. Jahrhunderts, 2 Teile, (= Quellen und Forschungen zur Reformationsge-

ausreichender Indikator für die erreichbare Einkommenshöhe aus unselbständigen, agrarischen Tätigkeiten.

Diese Bedenken bestehen nicht in gleichem Umfang auch gegenüber handwerklicher Lohnarbeit. Aber es gibt auch hier genügend Zeugnisse dafür, daß die (in Einzelfällen nachweisbare) lückenlose Dauerbeschäftigung nicht als Normalfall unterstellt werden kann. Zeitgenössische Berichte erwähnen z. B. krisenbedingte Beschäftigungsprobleme in Städten, aber häufiger und gelegentlich auch genauer quantifizierbar sind die Belege über den jahreszeitlich bedingten Rückgang des Arbeitsangebotes auch im gewerblichen Bereich, eine Art struktureller Arbeitslosigkeit also: Ein Bericht über süddeutsche Wohlfahrtseinrichtungen (1531) erwähnt nicht nur die vier- bis fünffache Zunahme an unterstützungsbedürftigen Weinbergsarbeitern in Konstanz. Weniger kraß, aber ebenfalls deutlich sind seine Zahlenangaben für eine Gewerbestadt wie Nürnberg, wo im Winter 11–25% mehr einheimische Almosenempfänger zu versorgen sind. In der Textilstadt Ulm wird vom Almosen im Winter bei Brot ein Mehrbedarf von 18%, bei Schmalz von 33% veranschlagt. Mit mehr Unterstützungsbedürftigen im Winter wird auch in Straßburg gerechnet[19]. Vor allem für das Bauhandwerk wird eine im Winter verminderte Nachfrage nach Arbeitskräften auch durch Lohntaxen wahrscheinlich gemacht[20]. Die Nürnberger Bauhandwerksordnung von 1502 bestimmt für die Periode des Winterlohns (10.9.–22.2.), daß Maurer, Dachdecker [44] und Tüncher den vollen Taxlohn nur erhalten, falls ihnen das Wetter ihre eigentliche Berufsausübung erlaubt; für „irer notdurft halben" übernommene Ersatztätigkeiten kann der Arbeitgeber den Lohn frei vereinbaren. Ganz ähnlich gibt eine Konstanzer Taxe (1520) den Lohn der Maurer im Winter nach unten frei: Der Bauherr kann mit ihnen „nach gelegenheit" abschließen. Derartige Hinweise auf ein reduziertes Arbeitsangebot im Winter treten aber nicht erst zu Beginn des 16. Jahrhunderts auf, sie sind also kein nur für diese Zeit typisches, zusätzliches Krisenmerkmal. So fehlen z. B. in den Augsburger Stadtrechnungen im 15. Jahrhundert Maurerlöhne im Dezember und Januar, generell erscheint in den von J.M. Elsas ausgewerteten oberdeutschen Stadtrechnungen des Spätmittelalters eine durchgehende Beschäftigung von Bauhandwerkern als Ausnahme. In Frankfurter Arbeitsanweisungen für den Bau der Stadtbefestigung sind nur Schlechtwetterregelungen für den Sommer vorgesehen, der Winter wird gar nicht erwähnt. In Straßburg ist es dem Stadtbaumeister (1443) ausdrücklich verboten, von Martini bis Lichtmeß (11.11.–2.2.) Bau- und Zimmerarbeiten gegen Tagelohn zu vergeben; 1451 wird angeordnet, ab Michaeli (29.9.) alle nicht unabweisbar notwendigen Bauarbeiten einzustellen, und der Rheinbrückenmeister wird 1465 angehalten, im Winter möglichst keinen Knecht zu beschäftigen. Schließlich heißt es in Straßburg 1485, zwischen Martini und Matthie (11.11.–24.2.) könne wegen Kälte, Frost und Kürze der Tage nicht nützlich gearbeitet werden, so daß keine städtischen Bauarbeiten im Tagelohn durchgeführt werden dürften[21]. [45] Wie stets bei Verord-

---

schichte 5), 1922, hier Teil 2, S. 278 (Angaben über winterbedingte Arbeitslosigkeit in einem Bericht aus dem Jahre 1531). Zur Saisonabhängigkeit agrarischer Löhne vgl. auch BÜCHER (Anm. 8), S. 230.

19   WINKELMANN (Anm. 18), S. 267–278.
20   Zur winterlichen Arbeitslosigkeit von Bauarbeiten vgl. BRAUDEL, SPOONER (Anm. 2), S. 426.
21   SACHS (Anm. 14) S. 72 (Nürnberger Lohntaxe). Das Konstanzer Wirtschafts- und Gewerberecht

nungen kann hier natürlich nicht von einer lückenlosen Verwirklichung ausgegangen werden, aber über den jahreszeitlich bedingten Beschäftigungsrückgang berichtet auch der Nürnberger Stadtbaumeister Endres Tucher für den städtischen Bauhof (Mitte des 15. Jahrhunderts): Betroffen waren besonders Pflasterer und Dachdecker, Zimmergesellen wurden mit Ersatzarbeiten beschäftigt, die Steinmetzen fertigten während winterlichen Baupausen Quadersteine im Akkord. Diese allgemeinen Hinweise werden durch den Befund von Abrechnungen bestätigt: Beim Koblenzer Mauerbau wurde danach nur von Mitte März bis Mitte November gearbeitet. Beim Xantener Kirchenbau blieben (1436) der ganzjährig beschäftigte Meister und seine drei regelmäßig arbeitenden Gesellen wegen Winterausfällen um 20–25% unter der arbeitsjährlich erreichbaren Höchstzahl von Tagelöhnen[22]. Aus einer Nürnberger Kirchenbaurechnung (1462/63) ergibt sich, daß die Steinbrucharbeiter im Sommer genauso durchgehend beschäftigt wurden wie Steinmetzen und Maurer; wegen einer Winterpause von 13 Wochen bleibt die Gesamtzahl ihrer Arbeitstage aber um 25% zurück. 1482/83 wurden die Maurerarbeiten am Kirchturm von St. Sebald (in Nürnberg) vom 23. Oktober bis zum folgenden Frühjahr eingestellt. Da die Gesamtzahl der am Kirchenbau beschäftigten Gesellen laut Rechnung nicht abnimmt, wurden sie offenbar nicht entlassen. Aber: Es entfiel der Zuschlag für die Arbeit auf dem Turm, und damit erlitten die Gesellen, verglichen mit dem einfachen Winterlohn zu 18 Pfennigen pro Tag, eine Einbuße von gut 18%. Dagegen führte die Reduzierung der Bauarbeiten am Freiburger Münster im Winter offenbar zu Entlassungen: Nach Einstellung der Fundamentarbeiten Ende November 1471 wurden den Winter über 6–7 Gesellen beschäftigt, von Februar 1472 an aber 8-11; 1491 wurden im Sommer bis zu 6 Gesellen beschäftigt, nach der Baueinstellung an Allerheiligen erscheinen [46] in der Abrechnung nur noch 2 Gesellen[23]. Während bei diesen Kirchenbauten durch Arbeitsmöglichkeiten unter Dach (Bauhütte) im Winter ein, wenn auch reduzierter, Arbeitskräftebedarf weiterbesteht, lassen sich für den weltlichen Bereich vollständige Stillegungen nachweisen:

So wurde nach den Abrechnungen der Burgbau in Horb (Grafschaft Hohenberg) vom 16. Oktober 1396 bis 12. März 1397 (also fast 4 Monate) *von dez winters wegen* eingestellt. Während dieser Baupause erhielten die Werkleute in drei Raten Tagelöhne ausbezahlt, die sie im Sommer verdient hatten. Auch in den Bauabrechnungen der zwischen Bern und Freiburg im Üchtland gelegenen Grasburg sind, z. B. für die Jahre 1484/86, die winterlichen Baupausen von rund 3 Monaten zu erkennen. Sie führen selbstverständlich zu einer deutlichen Reduzierung der jährlich erreichten Lohntage:

---

zur Zeit der Reformation, (= Konstanzer Geschichts- und Rechtsquellen 11), 1961, S. 118–120 nr. 189. ELSAS, M. J.: Umriß einer Geschichte der Preise und Löhne und Deutschland vom ausgehenden Mittelalter bis zum Beginn des neunzehnten Jahrhunderts, Bd. 1, Leiden 1936, S. 58, S. 721, S. 729. Frankfurter Amts- und Zunfturkunden, (wie Anm. 14) Bd. 2, S. 93f. nr. 45. EHEBERG, K. Th.: Verfassungs- Verwaltungs- und Wirtschaftsgeschichte der Stadt Straßburg bis 1681, Bd. 1: Urkunden und Akten, Straßburg 1899 (nicht mehr erschienen), S. 126f. nr. 33 (1443), S. 163f. nr. 47 (1451), S. 222 nr. 74 (1465), S. 331–333 nr. 132 (1485).

22 Endres Tuchers Baumeisterbuch der Stadt Nürnberg, hrsg. von M. LEXER (= Bibl. d. Literar. Vereins Stuttgart 64), 1882 (ND 1968), S. 40, S. 51f., S. 55. LAMPRECHT (Anm. 3), S. 251 und 525f., (Koblenzer Mauerbau). BEISSEL, S.: Geldwerth und Arbeitslohn, in: Die Bauführung des Mittelalters, 2. Aufl., Freiburg i. Br. 1889, (ND 1966), S. 157 (Kirchenbau Xanten).

23 Nachweise im einzelnen bei DIRLMEIER (Anm. 9), S. 142f. und S. 146f.

Die meistbeschäftigten Werkleute erzielen in 15 bzw. 16 Arbeitsmonaten 223 bzw. 228 Tagelöhne, während, wie oben gezeigt, bei dauernder Beschäftigung in 12 Monaten 265 Arbeitstage rechnerisch erreichbar sind. Natürlich kann aber in allen angeführten Fällen nicht von einer völligen Erwerbslosigkeit der Werkleute im Winter ausgegangen werden. Hinweise geben die Abrechnungen der Grasburg auch darauf, wie problematisch die Gleichsetzung der Tagelohnhöhe mit der tatsächlichen Einkommenslage sein kann: Die beim Burgbau beschäftigten Handlanger erhalten durchschnittlich 30 % weniger Lohn als die gelernten Maurer, sie bleiben aber, z. B. in den 15 Arbeitsmonaten der Rechnung 1485/86, durch Mehrbeschäftigung nur um 7,5 % unter der Lohnsumme des am regelmäßigsten arbeitenden Bauhandwerkers. Am Schluß dieser Nachweise zum saisonbedingten Schwanken noch eine auf Nürnberger Material beruhende Berechnung: Am städtischen Bauamt wurden z. B. im Rechnungsjahr 1506/07 während der Winterlohnperiode durchschnittlich um 15 % weniger gelernte und um 23 % weniger ungelernte Bauarbeiter bezahlt. Da die Beschäftigten des Bauamts, wie oben erwähnt, nach Möglichkeit Aushilfsarbeiten zugewiesen erhielten, muß davon ausgegangen werden, daß sich bei Lohnarbeitern ohne festes Arbeits[47]verhältnis der winterbedingte Nachfragerückgang wesentlich stärker bemerkbar machte[24]. Begründete Schätzwerte können dazu aber nicht ermittelt werden.

Trotz dieser einschränkenden, teils quantifizierbaren, meist aber nur erschließbaren Tatbestände wäre es freilich falsch, die volle Ausschöpfung der Verdienstmöglichkeiten innerhalb eines Arbeitsjahres auch bei tageweiser Bezahlung ganz abstreiten zu wollen. Sofern in Abrechnungen die Zahl der Beschäftigten innerhalb eines Jahres häufig wechselt oder wenn sogar komplette Entlassungen und Neueinstellungen verzeichnet sind, kann die Höchstzahl der Tagelöhne natürlich nicht mit dem individuellen Einkommen gleichgesetzt werden; teilweise sind aber auch personenbezogene Feststellungen möglich. Sie widerlegen die Annahme, durchgehende Beschäftigung sei in bauhandwerklichen Berufen witterungs- bzw. gesundheitsbedingt auszuschließen[25].

In den Bauabrechnungen der Grasburg (bei Freiburg i. Üchtland) begegnen z. B. 1484/86 namentlich genannte Handwerker und Tagelöhner mit 190–289 bezahlten Arbeitstagen. In den Abrechnungen der Grafschaft Hohenberg findet sich (1435/36) ein Zimmermeister mit 251 Tagelöhnen. Individuell zuweisbare Jahreseinkommen aus werktäglich wirklich lückenlosen, tageweise entlohnten Arbeitsverhältnissen im Baugewerbe belegen die Abrechnungen des Kirchenbaus von St. Lorenz in Nürnberg: Hier ist in den Jahren 1462/63–1466/67 ein Handlanger notiert, der als Gehilfe der Steinmetzen in vier Arbeitsjahren durchschnittlich je 267 Tagelöhne erzielt und bis zu 4000 Pfennige = knapp 18 rheinische Gulden jährlich verdient. Ebenso regelmäßig sind in den gleichen Rechnungen auch gelernte Bauhandwerksgesellen (Steinmetzen/Maurer) geführt. Einer davon, Kunz Lang, erhält als Vorarbeiter höheren Lohn und ein zusätzliches Fixum; damit erreicht er bei durchschnittlich 264,5 Arbeitstagen in den Jahren 1462/63–1466/67 umgerechnet knapp 30 rheinische Gulden im Jahr, während gleichzeitig der [48] normale Gesellenlohn ein Jahreseinkommen von knapp 24 rheinischen Gulden ermöglicht. Dieser Kunz Lang ist 1440 als vermögensloser Steinmetz Nürnberger Bürger geworden, er wird erstmals in einer Kirchenbaurechnung 1445 erwähnt.

---

24 SACHS, (Anm. 14), S. 150–154 und Beilage I, S. 186–207; weitere Nachweise wie Anm. 23.
25 So KUCZYNSKI, (Anm. 10), S. 263.

Demnach hat er mindestens 27 Jahre, wahrscheinlich sogar länger, als tageweise bezahlter Bauhandwerker gearbeitet[26].

Zugleich belegen Kirchenbau-Abrechnungen, daß die Entlohnung in der Praxis sehr viel variabler war, als es nach den starren Fixierungen der obrigkeitlichen Lohntaxen zu unterstellen wäre. Zwar wurden bei den großen, halb öffentlichen Kirchenbauunternehmen die Tagelöhne nicht frei ausgehandelt, sondern folgten zumindest in Anlehnung den offiziellen Vorschriften, aber es gab zusätzlich ein vielfältiges System von Zu- und Abschlägen. Höher bezahlt wurde z. B. die Maurerarbeit am Turm und auf Gerüsten, das ,Laubhauen' (= Anfertigen von Verzierungen) der Steinmetzen und die Arbeit im Tretrad des Lastenaufzugs. Lohnabzüge, die auf eine recht genaue Kontrolle schließen lassen, begegnen für versäumte Arbeitsstunden und für die Mitnahme von Baumaterial wie Mörtel und Steinen[27]. Im Fall der dauerbeschäftigten Bauhandwerksgesellen und ihres Handlangers am Nürnberger Kirchenbau von St. Lorenz wirkt sich der Winter, im Widerspruch zu den voranstehenden Überlegungen, eindeutig nicht beschäftigungsmindernd aus. Gerade dies wird man, selbst bei festen Arbeitsverhältnissen von Bauarbeitern, nicht verallgemeinern dürfen, weil hier besondere [49] Bedingungen vorliegen: Kunz Lang und seine Kollegen arbeiten als besonders qualifizierte Spezialisten im Winter in der Steinmetzhütte, also unter Dach. Davon profitiert auch der <u>eine</u>, von ihnen benötigte Gehilfe. Eine vergleichbar durchgehende, regelmäßige Beschäftigung ist dagegen in den gleichen Nürnberger Kirchenbauabrechnungen für keinen einzigen Zimmermann nachweisbar, ähnlich ist der Befund für den Bau der Grasburg. Zimmerleute gehören offenbar, wie z. B. Pflasterer, Dachdecker, Tüncher, zu den Bauhandwerkern mit geringerer Aussicht auf durchgehende Arbeit, auch wenn die Stadt Nürnberg einen Zimmermeister am Bauhof fest beschäftigte[28]. Es darf ferner nicht verschwiegen werden, daß in den Abrechnungen neben den längerfristig und regelmäßig tätigen Handwerkern auch Arbeitskräfte begegnen, die nur ganz kurzfristig beschäftigt werden: So verdienten sich z. B. Gesellen auf der Wanderschaft ein paar Tagelöhne für das Weiterkommen[29]. Obwohl dazu kaum Zahlen beigebracht werden können, wird man weiter einschränkend unterstellen dürfen: Das Angebot langfristiger Dauerbeschäftigung für Handwerker im privaten Bereich ist unwahrscheinlich, es dürfte auf öffentliche und halböffentliche Arbeitgeber (Kirchenbau) beschränkt ge-

---

26 BURRI, F.: Die Grasburg, ihre Baugeschichte und ihr einstiges Bild, in: Archiv des Hist. Vereins d. Kantons Bern 20, 1911, S. 45–159 u. S. 161–217, hier S. 169, S. 173, S. 176–178. Zu den Abrechnungen des Kirchenbaus von St, Lorenz in Nürnberg siehe DIRLMEIER (Anm. 9), S. 150–154 und S. 157f.

27 GÜMBEL, A.: Abrechnungen und Aktenstücke zur Geschichte des Chorbaus von St. Lorenz in Nürnberg unter der Leitung Konrad Heinzelmanns, in: Repertorium f. Kunstwiss. 32, 1909, S. 1–30 und S. 132–159, hier S. 17f. (Tretrad). DERS.: Baurechungen vom Chorbau von St. Lorenz in Nürnberg 1462–1467, ebd. 33, 1910 (S. 36–54, S. 136–154, S. 239–253, S. 339–358, S. 443–458, S. 525–544) hier S. 144, S. 151, S. 448, S. 536 u. passim (Lohnzulagen). S. 456 (Lohnabschlag). DERS.: Die Baurechnungen über die Erhöhung der Türme von St. Sebald in Nürnberg 1481–1495, in: Mitteilungen des Vereins für Geschichte der Stadt Nürnberg 20, 1913, S. 10–94, hier S. 28f. (Baumaterial), S. 35–37 (Zuschläge), S. 41 (Überstunden und Abschläge wegen Versäumnis). Vgl. auch Endres Tuchers Baumeisterbuch, Anm. 22, S. 67 (Zu- und Abschläge).

28 SACHS, (Anm. 14), S. 16. Endres Tuchers Baumeisterbuch, (Anm. 22), S. 40, S. 50, S. 55, S. 116.

29 GÜMBEL: Baurechnungen 1462–1467, (Anm. 27), S. 243, S. 446.

blieben sein. Daß hier am ehesten Verhältnisse vorlagen, die mit einem festen, industriellen Arbeitsplatz der Neuzeit vergleichbar sind, können nochmals einige Nürnberger Beispiele belegen: Unter Baumeister Endres Tucher war ein wöchentlich bezahlter
Vorarbeiter seit 27 Jahren angestellt, zwei Karrenführer arbeiteten seit 29 und 18 Jahren für die Stadt; drei gegen Stücklohn tätige Meister – je ein Schlosser, Schmied, und
Wagner – standen 27, 32 und 34 Jahre im Dienst der Stadt[30].

Unter besonderen Bedingungen und in bestimmten Berufen haben also auch tageweise bezahlte Arbeitnehmer durchgehende Beschäftigung und mithin die höchstmög-
liche Anzahl von Tagelöhnen pro Jahr erreichen können. Diesem Nachweis steht als
völlig offene Frage gegenüber, wie viele Lohntage im Baugewerbe als spätmittelalterlicher Durchschnitt zu veranschlagen sind und ob zwischen dem 13. [50] und 15. Jahrhundert mit deutlichen Veränderungen zu rechnen ist.

Das bleibt aber leider nicht der einzige Unsicherheitsfaktor bei der Berechnung
von Einkommen aus Tagelohnsätzen. Ohne die Belege im einzelnen auszuführen, nen-
ne ich als Fakten: Gerade für das Bauhandwerk, aber beispielsweise auch für Kürschner, läßt sich nachweisen, daß mit dem Tagelohn auch Werkzeug- oder Materialkosten
abgegolten werden können. Rechnerisch kann dabei der Bruttolohn in Einzelfällen bis
ca. 17 % über dem Nettolohn liegen[31]. Erhöhte Einkünfte wurden erzielt durch zusätzliche Beschäftigung während der Arbeitspausen (im Extremfall + 55 % gegenüber dem
normalen Tagelohn) und besonders häufig durch die Mitarbeit von Familienmitgliedern. Dabei kann bei Söhnen die Berufsausbildung maßgeblich sein, aber wenn
auch Ehefrauen als Hilfskräfte am Bau arbeiten, wird man von der Notwendigkeit der
Existenzsicherung ausgehen dürfen und unterstellen können, daß der Tagelohn des
Mannes als nicht ausreichend betrachtet wurde[32].

Arbeitsangebot, Nebenbeschäftigung, Mehrfacheinkommen und Unkosten können
also bei völlig gleichbleibenden Tagelohnsätzen zu sehr unterschiedlichen Einzel- und
Familieneinkünften innerhalb desselben Berufs führen. Trotz vereinzelt nachweisbarer
Zahlenanga[51]ben bleibt aber die Bestimmung von Durchschnittswerten hinsichtlich
Beschäftigungsdauer und Einkommen pro Jahr ganz unmöglich. Immerhin: Während
wir über die Einkommensverhältnisse der nicht gegen Zeitlohn arbeitenden Mehrheit
der städtischen Handwerker sowie der Kaufleute und Händler so gut wie nichts wis-

---

30 Endres Tuchers Baumeisterbuch, (Anm. 22), S. 17, S. 51, S. 97, S. 101.
31 In Nürnberg erhält der städtische Dachdeckermeister, wenn er Gerüst und Aufzug stellt, 2 Pfen-
    nige mehr Tagelohn (+ 8,8 % gegenüber dem jahresdurchschnittlichen Lohnsatz von 22,6 Pfenni-
    gen). Die Steinmetzgesellen erhalten bei Arbeiten an besonders hartem Gestein eine Verschleiß-
    zulage von 3 Pfennigen (+ 15 % gegenüber dem Sommerlohn von 20 Pfennigen): Endres Tuchers
    Baumeisterbuch, (Anm. 22), S. 52, S. 56, S. 62, S. 64, S. 100. Nach der Nürnberger Lohnordnung
    von 1502 erhalten die Meister 4 Pfennige mehr Lohn (+ 17,7 %) als die Gesellen, weil sie selbst
    alles Gerät zu stellen haben: Sachs (Anm. 14), S. 29, S. 73. Nach einer Frankfurter Kürschnertaxe
    (1476) vermindert sich der bar bezahlte Lohnanteil um knapp 17 %, wenn der Kunde das benö-
    tigte Nähgarn selber stellt: Frankfurter Amts- und Zunfturkunden, (Anm. 14), Bd. 1, S. 280.
32 Endres Tuchers Baumeisterbuch, (Anm. 22), S. 57–59 (zusätzliche Beschäftigung städtischer
    Tagelöhner während der regulären Arbeitspausen). Mitarbeit von Söhnen und Ehefrauen: SACHS
    (wie Anm. 14), S. 75; WINKELMANN, O. (Anm. 18), Teil 2, S. 278; ELSAS (Anm. 21), S. 75; BÜ-
    CHER (Anm. 8), S. 21. Kinderarbeit im St. Galler Textilgewerbe: J. Kesslers Sabbata mit kleine-
    ren Schriften und Briefen, St. Gallen 1902, S. 242, S. 479, S. 487.

sen, erlaubt es die Überlieferung zu den Arbeitsbedingungen im Baugewerbe, aus Tagelöhnen Jahreseinkünfte zu berechnen, die nicht als abstrakte Zahlenspielereien einzustufen sind, sondern als die Obergrenze dessen, was der einzelne Handwerker unter besonders günstigen Umstanden verdienen konnte.

Abschließend ein Wort zur Bewertung der spätmittelalterlichen Baulöhne. Wie erwähnt, wird die Kaufkraft von Tagelöhnen in bewußter Vereinfachung überwiegend in Getreide dargestellt, weil Versuche zur Berechnung von Kaufkraft-Indices aufgrund eines breiter gefächerten Warenkorbes bisher nicht zu befriedigenden Ergebnissen geführt haben[33]. Nun entsprechen im 15. Jahrhundert Tagelöhne für gelernte Bauarbeit dem Preis von bis zu 30 kg Roggen, gelegentlich sogar noch mehr. Sie übertreffen damit den Getreidewert frühindustrieller Tagelöhne (bei ca. 10 kg) um ein mehrfaches und scheinen zu bestätigen, daß das Spätmittelalter ein „Goldenes Zeitalter der Lohnarbeit" war, in dem die ausreichende Versorgung von Familien aus einem Arbeitsverhältnis ohne weiteres möglich war[34]. Daß die Getreidekaufkraft von Bau-Tagelöhnen im 15. Jahrhundert höher lag als in vor- und frühindustrieller Zeit, wird niemand bestreiten wollen. Es ist aber zu bezweifeln, daß diese Differenz in vollem Umfang mit einer materiellen Besserstellung spätmittelalterlicher Arbeitnehmer gleichzustellen ist. Ich habe zuvor darauf hingewiesen, daß der bloße Vergleich mittelalterlicher und neuzeitlicher Tagelohnsätze wahrscheinliche Veränderungen der Arbeitsdauer [52] übergeht. Wenn man die Kaufkraft von Löhnen ausschließlich am Preis des Rohprodukts Getreide mißt, übergeht man aber auch (ganz abgesehen von der Frage nach der tatsächlichen Zusammensetzung des Verbrauchs) die Verteuerung der Ernährung für städtische Konsumenten, die überwiegend auf den Markt angewiesen waren[35]. Zumindest wird stillschweigend vorausgesetzt, daß dieser Kostenfaktor im Vergleichszeitraum unverändert geblieben ist.

Anhand des Grundnahrungsmittels Brot läßt sich die Verteuerung für den Verbraucher recht genau mit Zahlen belegen; ich bringe hier nur ein Beispiel dafür, wie Herstellungskosten, Gewinnspanne und steuerliche Belastung das Fertigprodukt belasten konnten.

1465/79, Straßburg[36]:
1 Tagelohn = 29,6 kg Roggen/Kalendertag = 15,5 kg Roggenbrot (grob)
1 Tagelohn = 26,5 kg Weizen/Kalendertag = 7,6 kg Weizenbrot (fein)

33 Zu den Indexmodellen vgl. HIPPEL, W. v.: Bevölkerungsentwicklung und Bevölkerungsstruktur im Königreich Württemberg 1815/16. Überlegungen zum Pauperismusproblem in Südwestdeutschland, in: Industrielle Welt, Sonderband Soziale Bewegung und politische Verfassung, Stuttgart 1977, S. 270–371, hier S. 346–350. Forschungsüberblick bei DIRLMEIER (Anm. 9), S. 420–423.
34 ABEL: Agrarkrisen, (Anm. 3), S. 61 und S. 67; DERS.: Strukturen, (Anm. 5), S. 58–60.
35 Aus diesem Grund fordert z. B. schon HANAUER (Anm. 6), S. IXf., Löhne möglichst mit dem Brotpreis, nicht nur mit dem Getreidepreis zu vergleichen.
36 Berechnet nach Angaben bei HANAUER (Anm. 6), S. 92–94 (Getreidepreise), S. 126–130 (Backversuche), S. 417–419 (Löhne).

Dabei bevorzugt der spätmittelalterliche Verbraucher, soweit möglich, die feineren, hellen Brotsorten. Nur in Notsituationen wurde durch die Verwendung gröberen Mehls ein höherer Brotertrag erreicht und damit der Endpreis verbilligt[37]. Besonders zu beachten ist, daß der spätmittelalterliche Lohnarbeiter offensichtlich relativ teurer einkaufen mußte als der Lohnarbeiter zu Beginn der Industrialisierung. Nach Berechnungen von D. Saalfeld war in Berlin 1790/1805 das Brot nur um 14% teurer als das Getreide. Die von ihm aus dieser Zeit für Nord- und Mitteldeutschland errechneten Kornlöhne von ca. 10 kg Roggen pro Kalendertag entsprächen also 8,6 kg Brot, während für das späte Mittelalter bei einem Kornlohn gleicher Höhe im günstigsten Fall (nach der Frankfurter Backordnung von 1439) nur 6 kg Brot [53] veranschlagt werden können, nach den meisten Backproben aber noch deutlich weniger[38]. Sind die voranstehenden Zahlen und Berechnungen richtig, bedeutet dies also: Die Kaufkraftentwicklung der Löhne, bezogen auf das Konsumgut Brot, kann anders verlaufen, als es der Vergleich mit dem Rohprodukt Getreide anzeigt. Neben der steuerlichen Belastung, für die mir neuzeitliche Vergleichszahlen fehlen, wird man andere Verbrauchsgewohnheiten und andere mahltechnische Voraussetzungen für die Höhe der spätmittelalterlichen Herstellungskosten beim Brot verantwortlich machen dürfen. Da andere Konsumgüter, z. B. Getränke, im Spätmittelalter noch höher besteuert wurden als Brot, und weil unverdächtige zeitgenössische Berichte die steuerbedingte Verteuerung des Lebens in der Stadt ausdrücklich belegen[39], erscheint es mir zumindest vorschnell, von Getreideäquivalenten der Tagelöhne die Aufwandsmöglichkeiten breiter Bevölkerungsschichten abzuleiten[40].

Als Fazit ergibt sich: Die Quellenlage erlaubt nur Feststellungen dazu, welche Faktoren, vor allem im Bausektor, neben der Höhe des Zeitlohns für das aus tageweise bezahlter Arbeit erzielbare Jahreseinkommen maßgeblich sind. Wie vorangehend gezeigt, ist es im Einzelfall sogar möglich, zu bezifferten Ergebnissen zu kommen. Aber selbst so grundlegend wichtige Tatbestände wie der saisonale Beschäftigungsrückgang lassen sich nicht in begründeten Durchschnittswerten oder in ihrer längerfristigen Entwicklung darstellen. [54] Ähnlich ist es aufgrund der Überlieferungslage nur möglich, punktuell zu verdeutlichen, daß und welche Kostenfaktoren den städtischen Verbraucher zusätzlich zu den Ausgangspreisen unverarbeiteter Grundnahrungsmittel (in erster Linie Getreide) belasteten. Angesichts des notorischen Mangels an brauchbaren

---

37 Vgl. die Auswertung spätmittelalterlicher Backproben bei DIRLMEIER (Anm. 9), S. 336–353. Durch Verarbeitung und Steuerbelastung kann sich der Brotpreis gegenüber dem Getreidepreis mehr als verdreifachen.

38 SAALFELD, D.: Lebensstandard in Deutschland 1750–1860, in: Festschrift für Wilhelm Abel zum 70. Geburtstag, Bd. 2, Hannover 1974, S. 417–443, hier S. 417ff. ABEL (Anm. 5), S. 37. Die Frankfurter Backordnung von 1439 bei BOTHE (Anm. 7), S. 173* nr. 4g.

39 Beispielsweise BRUCKER, J.: Straßburger Zunft- und Polizeiordnungen des 14. und 15. Jahrhunderts, Straßburg 1889, S. 121 (geringere Steuerbelastung der Landbäcker, 1447). SCHMOLLER, G.: Straßburger Tucher- und Weberzunft, Urkunden und Darstellung, Straßburg 1879, S. 104f. nr. 50 (billigeres Leben auf dem Land). Die Gesetze der Stadt Frankfurt, (Anm. 12), S. 252 nr. 164 und S. 335 nr. 245 (Vorschriften gegen den billigeren Einkauf auf dem Land).

40 IRSIGLER (Anm. 5), S. 302 verweist mit Nachdruck darauf, daß die Getreidepreise nur eines von zahlreichen möglichen Kriterien darstellen, nach denen die wirtschaftliche Situation von Bevölkerungsgruppen beurteilt werden kann.

Zahlen zur mittelalterlichen Gesellschafts- und Wirtschaftsgeschichte verbietet sich aber die Konsequenz, auf Berechnungsversuche zur Einkommenssituation mit Tagelohnsätzen und Getreidepreisen ganz zu verzichten. Bauhandwerkerlöhne und lange Getreidepreisreihen bleiben mangels überzeugender und besser belegbarer Alternativen ein unentbehrliches Hilfsmittel. Nur: Die dabei in Kauf zu nehmenden Unsicherheitsfaktoren in der Größenordnung zweistelliger Prozentzahlen müssen deutlicher herausgestellt werden, als dies oft geschieht.

Zu den Bedingungen der Lohnarbeit im spätmittelalterlichen Deutschland[*]

Seit es wissenschaftliche Beschäftigung mit der Preisgeschichte im engeren Sinn und mit sozialgeschichtlichen Fragestellungen im weiteren Sinn gibt, gehört die Frage nach dem Ertrag der Lohnarbeit, nach seiner Meßbarkeit und seiner Entwicklung zu den immer wieder untersuchten Problemen. Ausgangspunkt waren und sind in der Regel weniger gehaltsähnliche Bezüge, etwa von fest angestelltem Gesinde, sondern die auch in Deutschland zahlreich überlieferten Tagelohnsätze für gelernte und ungelernte Arbeit. Als Maßstab für die vergleichende Bewertung dieser Beträge wurde in der Forschung des 19. Jahrhunderts oft die Umrechnung in das Geld der damaligen Gegenwart versucht. Dieser Weg schien naheliegend, solange die Währungssysteme – wie das Geld des Mittelalters – auf Silber und Gold beruhten. Die Erkenntnis, daß es einen festen Geldwert als Bemessungsgrundlage nicht geben kann, und vor allem die Entwicklung der preis- und konsumstatistischen Methoden haben zur Aufgabe dieser untauglichen Umrechnungsversuche geführt – sieht man von vereinzelten Irrläufern einmal ab[1]. Freilich hat es sich, quellenbedingt, bisher auch als unmöglich [522] erwiesen, für Mittelalter und frühe Neuzeit Indexziffern zu erarbeiten, mit deren Hilfe die Entwicklung des Lohn-Preisniveaus und des Lebensstandards exakt und im längerfristigen Vergleich ermittelt und dargestellt werden könnte. Ersatzweise bevorzugt man deswegen gegenwärtig die Umrechnung der nominalen Zeitlohnsätze in deren Silbergehalt und, noch häufiger, in Getreideäquivalente[2]. Dazu stehen Getreidepreisreihen zur Verfügung, die in Deutschland in unterschiedlicher Geschlossenheit in das 14. Jahrhundert zurückreichen. Sie ergeben, im Vergleich mit den Tagelöhnen, das bekannte Bild der spätmittelalterlichen Preisschere zugunsten der Lohnarbeit. Die, in Getreideäquivalenten gemessen, hohe Kaufkraft der Löhne läßt das Schlagwort vom „Goldenen Zeitalter der Lohnarbeit" als gerechtfertigt erscheinen[3].

Gegen eine Verallgemeinerung der Ergebnisse, die sich aus der Messung der Lohnkaufkraft in Getreide ergeben, wurden schon früh und neuerdings verstärkt Bedenken angemeldet. Sie beziehen sich vor allem auf die fraglichen Zusammenhänge zwischen Getreidepreisen und Lebenshaltungskosten, sowie zwischen Tagelohnsätzen

---

[*]   Überarbeitete Fassung des Vortrags, gehalten während der Tredicesima Settimana di Studio in Prato. Die Anmerkungen wurden auf das Notwendigste beschränkt, Zeitschriften und Reihentitel werden unabgekürzt zitiert.

[1]   Als Beispiel für die Umrechnung des mittelalterlichen Geldes in zeitgenössische Währung in der älteren Forschung siehe A. HANAUER, Études économiques sur l'Alsace ancienne et moderne, II, Paris-Strasbourg 1878, passim. Zur modernen Kritik an derartigen Berechnungen: W. ABEL, Agrarkrisen und Agrarkonjunktur, 3. Aufl. Hamburg-Berlin 1978, S. 16 mit Anm. 8.

[2]   In Deutschland sind auf diesem Gebiet führend die Untersuchungen von W. Abel und dessen Schülern. Zuletzt W. ABEL, Strukturen und Krisen der spätmittelalterlichen Wirtschaft, Quellen und Veröffentlichungen zur Agrargeschichte, XXXII, 1980; dort auch der Nachweis früherer Arbeiten.

[3]   W. ABEL, Agrarkrisen und Agrarkonjunktur, S. 61 und 67.

und Einkommensentwicklung[4]. Für den agrarischen Sektor wurde kürzlich anhand von Modellberechnungen nachgewiesen, daß die Entwicklung der bäuerlichen Einkommen von einer Vielzahl von Faktoren abhängt, nicht nur von dem Verhältnis zwischen Getreidepreis und Lohnhöhe[5].

Ich kann und will im folgenden keine entsprechenden Modelle zum Ertrag der Lohnarbeit entwickeln und will selbstverständlich auch nicht den aussichtslosen Versuch unternehmen, die Existenz der spätmittelalterlichen Lohn-Getreidepreisschere abzustreiten, mein Material ist zur Überprüfung des langfristigen Trends mangels [523] Geschlossenheit weitestgehend ungeeignet. Ich kann dagegen versuchen, einige Faktoren exemplarisch zu belegen, die neben der Höhe des Tagelohnsatzes die Höhe des erreichbaren Jahreseinkommens beeinflußt haben.

Dabei gehe ich von der Voraussetzung aus, daß diesen zusätzlichen Faktoren sogar besondere Bedeutung zukommt. Denn: Die Löhne waren bekanntlich im Spätmittelalter eher unelastisch und unterlagen weitgehend obrigkeitlichen Fixierungen. In Extremfällen, wie z. B. Frankfurt/Main, sind die Baulöhne nominell über ein Jahrhundert unverändert geblieben[6]. Will man nicht von entsprechend starren Einkommensverhältnissen ausgehen, müssen Arbeitsbedingungen wirksam gewesen sein, die nicht über die Höhe des Zeitlohns erfaßbar sind. Ich beginne mit der Frage nach der Dauer des Arbeitsjahres, weil ja vielfach bei der Beurteilung des Lohnniveaus vom einzelnen Tagelohnsatz ausgegangen wird, womit explizit oder implizit ein Höchsteinkommen aus Dauerbeschäftigung unterstellt wird[7]. Anschließend bringe ich Angaben zum Arbeitsangebot als Hinweis darauf, ob und unter welchen Bedingungen eine dauernde Beschäftigung gegen Tagelohn erreichbar erscheint und Überlegungen dazu, ob die Einkünfte aus einem derartigen Arbeitsverhältnis als Netto-Einkommen veranschlagt werden können. Zwei wichtige Probleme – der Zusammenhang zwischen Löhnen und Währung sowie die Bewertung der Lohnhöhe – werden zum Abschluß wenigstens noch ganz kurz gestreift.

Als Berechnungsbasis für die mit tageweise bezahlter Arbeit erzielbaren Einkommen wird bis in neuere Untersuchungen ein Arbeitsjahr von 300 Tagen zugrunde gelegt, was offensichtlich von den Verhältnissen des 19. Jahrhunderts ausgeht. Demgegenüber gehen andere Annahmen bis hinunter zu nur 240 jährlichen Arbeitstagen. Danach wären alle an spätmittelalterliche Tagelohnsätze anknüpfenden Berechnungen zu Einkommen und Kaufkraft von vornherein mit einem Unsicherheitsfaktor, in der Größenordnung bis zu 25 %, belastet. Hier ist aber – ausnahmsweise – eine exaktere Abgrenzung möglich: Die [524] Abrechnungen des Koblenzer Mauerbaus (1276/81) umfassen, überwiegend aus den Sommermonaten, insgesamt 68 Wochen mit durch-

---

4   A. HANAUER, Études économiques, S. IX–XI; F. P. BRAUDEL/F. SPOONER, Prices in Europe from 1450 to 1750, in The Cambridge Economic History of Europe, vol. IV, 1967. S. 425–427; F. IRSIGLER, Kölner Wirtschaft im Spättmittelalter, in Zwei Jahrtausende Kölner Wirtschaft, hrsg. von H. KELLENBENZ u. a., I, Köln 1975, S. 302.

5   H. FREIBURG, Agrarkonjunktur und Agrarstruktur in vorindustrieller Zeit, in „Vierteljahrschrift für Sozial- und Wirtschaftsgeschichte", LXIV, 1977, S. 325.

6   FR. BOTHE, Die Entwicklung der direkten Besteuerung in der Reichsstadt Frankfurt, Staats- und sozialwissenschaftliche Forschungen, XXVI, 2, 1906, S. 175f. (nominell gleichbleibende Löhne von 1425–1546).

7   Vergleiche dazu F. P. BRAUDEL/F. SPOONER, Prices in Europe, S. 426.

schnittlich 5,03 Arbeitstagen. Aus den ganzjährigen Xantener Kirchenbaurechnungen von 1356 und 1495 ergeben sich 5,1 Arbeitstage pro Woche oder 265 pro Jahr. Mit geringfügigen, kalenderbedingten Abweichungen werden diese Zahlen bestätigt durch Regensburger (1459/60) und Nürnberger (1445/67 und 1507) Bauabrechnungen. Dabei handelt es sich – außer Koblenz – jeweils um Nachweise für Bautätigkeit ohne Unterbrechungen, die Zahl der Arbeitstage wird ausschließlich vom Festkalender bestimmt[8]. Es ist also eine nicht zutreffende Annahme, mit der Veranschlagung der 5-Tagewoche im spätmittelalterlichen Bauhandwerk seien durch den niedrigen Ansatz bereits mögliche Arbeitsausfälle mit abgedeckt[9]: 265 Tagelöhne pro Jahr bedeuten das bei durchgehender, werktäglicher Beschäftigung erreichbare Maximum. Die Abhängigkeit der 5-Tagewoche in den angeführten Abrechnungen allein vom Festkalender, und nicht von individuellen oder berufsspezifischen Eigenarten bedeutet, daß sie grundsätzlich auch bei der Einkommensberechnung für nicht bauhandwerkliche, tageweise bezahlte Berufe zugrunde gelegt werden kann. Voraussetzung dabei ist, daß die Arbeit in der Öffentlichkeit verrichtet wurde, denn darüber, wann z. B. Schneider, Kürschner oder Schreiber gearbeitet haben, sind naturgemäß nur Vermutungen möglich. Zusätzliche Belege – wenn auch nicht so exakt quantifizierend wie Abrechnungen – bestätigen, daß nicht nur das Baugewerbe von der feiertagsbedingten Arbeitsverkürzung profitiert hat bzw. betroffen war[10]. [525]

Ich halte es also für eine ausreichend fundierte Annahme, daß im spätmittelalterlichen Deutschland – vom letzten Drittel des 13. Jahrhunderts bis zur Reformationszeit – durchschnittlich nur an 5 Tagen der Woche gearbeitet wurde. Nach unserer freizeitorientierten Werteskala erscheint dieser Zustand als ein Mehr an Lebensqualität, das erst in der Gegenwart wieder erreicht und (durch die Einführung eines bezahlten Jahresurlaubs) sogar übertroffen wurde. Dagegen wurde die Einschränkung von Arbeits- und Verdienstmöglichkeiten durch das kirchliche Feiertagsgebot von den Zeitgenossen zumindest nicht durchwegs positiv gesehen: Nach dem Augsburger Chronisten Wilhelm Rem wurden in der Stadt 1525 die Feiertage abgeschafft, weil das „gemaine volck" von sich aus nicht mehr feiern wollte. Wegen der Zugehörigkeit des Chronisten zur Augsburger Oberschicht und wegen seiner proreformatorischen Tendenz kann man allerdings daran zweifeln, ob er hier wirklich die Meinung des Volkes wiedergibt. Auch der Beschluß des Berner Rates (1504), die hohe Zahl der Feiertage zu vermindern, muß nicht der Volksstimmung entsprochen haben. Aber es ist doch sehr zu beachten, daß sich Zunftordnungen und städtische Erlässe des Spätmittelalters häufig

---

8   Ausführliche Nachweise bei: U. DIRLMEIER, Untersuchungen zu Einkommensverhältnissen und Lebenshaltungskosten in oberdeutschen Städten des Spätmittelalters, Abhandlungen der Heidelberger Akademie der Wissenschaften, Phil.-Hist. Klasse Jahrgang 1978, I, S. 129–133; vergleiche auch F. IRSIGLER, Kölner Wirtschaft, S. 303.

9   So W. ABEL, Strukturen und Krisen, S. 58.

10   Nachweise bei U. DIRLMEIER, Untersuchungen zu Einkommensverhältnissen und Lebenshaltungskosten, S. 133f. Sonntagsarbeit wurde offiziell nur ausnahmsweise geduldet; F. IRSIGLER, Die wirtschaftliche Stellung der Stadt Köln im 14. und 15. Jahrhundert, „Vierteljahrschrift für Sozial- und Wirtschaftsgeschichte", Beihefte LXV, 1979, S. 91. In England scheint mehr gearbeitet worden zu sein; Nachweise bei: Th. ROGERS, Six Centuries of Work and Wages, London 1884 (zahlreiche Neudrucke), S. 180f. Zur Möglichkeit von Feiertagsarbeit bei Schneidern siehe G. SCHANZ, Zur Geschichte der deutschen Gesellenverbände, Leipzig 1877, S. 240.

gegen die Arbeit an Sonn- und Feiertagen wenden. So wird in Frankfurt 1439, 1442 und 1468 jede *wergliche* Arbeit an Sonntagen, hohen Festen, Aposteltagen und allen gebannten Heiligentagen bei Geldbuße verboten. Betroffen von dem Verbot sind u.a. Krämer, Hausgesinde, alle Handwerker und die Gärtner, nur für die Messezeit und während der Ernte werden Ausnahmen zugelassen[11]. Ohne daß man hier auf das Problem der Durchsetzbarkeit oder auf die möglichen Motive des Rates eingehen muß, kann festgehalten werden: Eine von allen als angenehm empfundene Sache – die lohn- und arbeitsfreie Feiertage – muß nicht bei Strafe geboten werden. Bei der Entscheidung zwischen weniger Arbeit oder mehr Erwerbsmöglichkeit scheint das Bedürfnis nach einem höheren Einkommen überwogen zu haben. Zumindest subjektiv wurde der Ar[526]beitsertrag offenbar als verbesserungsbedürftig empfunden, auch auf Kosten der eigenen Freizeit. Offizielle Klagen über vorzeitigen Abgang der Handwerker von der Arbeit belegen demgegenüber keine generelle Arbeitsunlust, sondern zeigen eher, wie bei nominell fixierten Tagelöhnen de facto durch Arbeitszeitverkürzung Lohnerhöhungen erreicht werden konnten.

Unter dem Gesichtspunkt längerfristiger Kaufkraftvergleiche bei Tagelöhnen ist zu beachten, daß mit der Reformationszeit bezifferbare, deutliche Veränderungen hinsichtlich der Dauer des Arbeitsjahres einsetzten. So wurden in Nürnberg 1525 von bisher 48 zusätzlichen Feiertagen 28 abgeschafft, damit stieg die erreichbare Zahl von Arbeitstagen pro Jahr um 10,5% auf 293. In Frankfurt wurden 1529 zu den Sonntagen nur 5 zusätzliche Feiertage zugelassen, damit ergibt sich rein rechnerisch eine Zunahme der Arbeitstage um 16,2% auf 308 pro Jahr[12]. Dem muß die Entwicklung der Jahreseinkommen aus Lohnarbeit natürlich nicht in jedem Fall oder im vollen Umfang entsprechen. Ich halte es andererseits aber auch nicht für gerechtfertigt, bei Lohnvergleichen die Veränderungen des Arbeitsjahres ganz zu vernachlässigen, etwa mit dem Hinweis, bei Bauarbeiten sei wegen der Wetterabhängigkeit ein Anstieg der Zahl der Arbeitstage ausgeschlossen. Wie zuvor hervorgehoben, ergeben sich die 265 spätmittelalterlichen Arbeitstage bei durchgehendem, nur durch Feiertage unterbrochenem Baustellenbetrieb, und es fällt schwer anzunehmen, daß die Heiligentage nun in vollem Umfang von Regentagen ersetzt worden wären. Es steht fest, daß bis in das 20. Jahrhundert 300 Arbeitstage und mehr pro Jahr üblich wurden, bei Krupp sind in der 1. Hälfte des 19. Jahrhunderts bis zu 330 Werktage belegt[13]. Dies bedeutet aber: Zwischen dem späten Mittelalter und der industrialisierten Neuzeit können Kaufkraftverluste des Tagelohns von 13,2 bis 24,5% rechnerisch durch eine entsprechende Zunahme der Arbeitstage [527] kompensiert werden. Anders ausgedrückt: Auf Kosten

---

11   U. DIRLMEIER, Untersuchungen zu Einkommensverhältnissen und Lebenshaltungskosten, S. 134; R. ENNEN, Zünfte und Wettbewerb, Neue Wirtschaftsgeschichte, III, 1971, S. 37; Die Gesetze der Stadt Frankfurt im Mittelalter, Veröffentlichungen der Frankfurter Historischen Kommission, XIII, 1969, S. 327f. nr. 234 und 357–363 nr. 274 (Ziffer 22–28).

12   C. L. SACHS, Das Nürnberger Bauamt am Ausgang des Mittelalters, Neujahrsblätter hrsg. von der Gesellschaft für Fränkische Geschichte, X, 1915, S. 7; Frankfurter Amts- und Zunfturkunden bis zum Jahr 1612, I, Veröffentlichungen der Historischen Kommission der Stadt Frankfurt a. M., IV, 1, 1914, S. 74*f.

13   D. SAALFELD, Handwerkseinkommen vom ausgehenden 18. bis zur Mitte des 19. Jahrhunderts, in: W. ABEL (Hrsg.), Handwerksgeschichte in neuer Sicht, Göttinger Beiträge zur Wirtschafts- und Sozialgeschichte, I, 1978, S. 78.

der individuellen Lebensqualität kann die Entwicklung des nominellen Einkommens reale Kaufkraftverluste von bis zu 24,5% ausgleichen. Diese Möglichkeit ist immer dann zu beachten, wenn einzelne Lohnsätze und nicht nachweisbar erreichte Einkommen als Basis für Berechnungsversuche dienen.

Ausgehend von der spätmittelalterlichen 5-Tagewoche ist es natürlich kein Problem, jeden überlieferten Tagelohn in ein höchstmögliches Jahreseinkommen umzurechnen, damit ist über den Aussagewert solcher Zahlen allerdings noch nichts gesagt. Es gibt, wie ich meine, Hinweise darauf, daß die Unterstellung von tageweise bezahlter Dauerbeschäftigung für viele Berufssparten unrealistisch ist. Skepsis ist angebracht bei landwirtschaftlichen Tagelöhnen, die durchaus auch im Bereich der größeren Städte eine Rolle gespielt haben. Es spricht viel dafür, daß bei dem saisongebundenen Arbeitskräftebedarf nur kurzfristige Beschäftigungsmöglichkeiten bestanden, besonders bei den durchwegs höher bezahlten Erntearbeiten. Ein Indiz dafür sind die Vorschriften in Lohntaxen, auf deren exakte Befolgung es unter diesem Aspekt weniger ankommt: Vielfach werden während der Erntezeit besonders günstige Bedingungen geboten um Arbeitskräfte anzuziehen, während umgekehrt im Winter die Tagelöhne nach unten freigegeben werden[14]. Daß ein für die Arbeitnehmer günstiges Verhältnis von Angebot und Nachfrage keinesfalls ganzjährig unterstellt werden kann, wird auch durch Abrechnungen belegt: So werden vom Spital der Stadt Markgröningen Mitte des 15. Jahrhunderts höchstens 10 Bedienstete ganzjährig gegen festen Lohn beschäftigt, Tagelöhner werden zwar in großer Zahl benötigt (bis zu 60 Personen für Weinbergsarbeiten), aber sie werden als Aushilfskräfte nur ganz kurzfristig, für wenige Tage eingesetzt. Ähnlich werden z. B. für die Bewirtschaftung des Domaniums der Grafen von Katzenelnbogen neben den fest angestellten Knechten und Mägden nur zur Bewältigung von Arbeitsspitzen auch Tagelöhner beschäftigt[15]. [528]

Ich schließe Beobachtungen an aus den Abrechnungen der Grafschaft Hohenberg, die Zahlenangaben zur Beschäftigungslage in der Getreideernte und während der Weinlese überliefern: In Rottenburg, einer Stadt mit knapp 3000 Einwohnern (1394), dauert in der 1. Hälfte des 15. Jahrhunderts der Weinherbst zwischen 30 und 10 Tagen, an der Kelter werden zwischen 25 und 5 Kelterknechte beschäftigt, die insgesamt zwischen 630 und 50 bezahlte Arbeitstage erreichen – also Schwankungen um mehrere 100%. Ende des 14. Jahrhunderts dauert das Dreschen des Getreides, meist Zehntabgaben an die Herrschaft, ziemlich regelmäßig rund 70 Tage. Aber einem Maximum von 1050 Dreschtagen (1395) steht ein Minimum von 580 (1392) gegenüber – die Zahl der Beschäftigten hat also kurzfristig um ca 100% geschwankt. In der 1. Hälfte des 15. Jahrhunderts liegt die Höchstzahl der Dreschertagelöhne bei 1065 (1440/41), die Tiefstzahl bei 345 (1425/26). Oder anders ausgedrückt: In dem einen Erntejahr

---

14 Das Rote Buch der Stadt Ulm, Württembergische Geschichtsquellen, VIII, 1905, S. 181 nr. 327f. als Beispiel einer Lohntaxe mit Sonderregelungen für Erntezeit bzw. Wintersaison.

15 K. MILITZER, Das Markgröninger Heilig-Geist-Spital im Mittelalter, Vorträge und Forschungen, Sonderband XIX, 1975, S. 89, 152f., 204f.; H. MAULHARDT, Die wirtschaftlichen Grundlagen der Grafschaft Katzenelnbogen im 14. und 15. Jahrhundert, Quellen und Forschungen zur hessischen Geschichte XXXIX, 1980, S. 35f.

wurden mit Drescherarbeit insgesamt 133 Pfund Heller verdient, im anderen nur 37 Pfund Heller (= 28 %)[16].

Der Tatsache eines von Jahr zu Jahr kräftig schwankenden Arbeitsangebots bei den Erntearbeiten kann aus den Hohenberger Abrechnungen eine weitere Beobachtung angeschlossen werden: Die Drescher sind zwar nicht ganzjährig, aber immerhin bis über 70 Arbeitstage beschäftigt worden. Ihre Arbeit ist wetterunabhängig, leicht zu überwachen und muß nicht wie die Ernte selbst, innerhalb einer bestimmten Frist erledigt sein[17]. Drescharbeit zählt also nicht zu dem unabweisbaren, ganz kurzfristigen Spitzenbedarf, und das wirkt sich deutlich auf den Lohn aus. In der Grafschaft Hohenberg waren die Drescher laut Rechnungsvermerk einem Meister unterstellt, also beaufsichtigt. In der [529] 1. Hälfte des 15. Jahrhunderts erhielten sie in der Regel für Lohn und Verpflegung täglich 26–30 Heller. Dagegen beziehen die Erntesammler der Zehntabgaben, ebenfalls für Lohn und Kost, 66 Heller pro Tag und mehr, also reichlich das Doppelte. Ähnlich wie die Tagelöhner beim Markgröninger Spital werden diese Erntesammler, wohl aus arbeitstechnischen Gründen, in hoher Zahl gebraucht, z. B. 75 in der Ernte 1439. Ihre Tätigkeit ist aber ebenfalls ganz kurzfristig: In der Ernte 1438 stehen z. B. 517 Dreschertagelöhnen nur 37 Zehntsammlerlöhne gegenüber, 1437 lautet das Verhältnis 932 zu 48. Den gleichen hohen Tagelohn wie die Zehntsammler erhalten mit 66 Heller auch die Mäher in der Heuernte, 1426 z. B. sind das 10 Mann, die aber nur für einen einzigen Tag bezahlt werden[18]. Erntesammler und Mäher erreichen und übertreffen die gleichzeitig an Handwerksmeister gezahlten Tagelöhne (aber diese erreichen zumindest teilweise eine wesentlich höhere Beschäftigungsdauer). Nimmt man zu diesen Beobachtungen Einzelnachweise wie für Sonntagsarbeit oder die Angabe der Hohenberger Abrechnungen, mit dem Abmessen des eingesammelten Korns sei ein geschworener Knecht *von naht ze naht* beschäftigt gewesen[19], dann wird man folgern dürfen: Zur Bewältigung des erntebedingten termingebundenen Arbeitsanfalls mußten in großer Anzahl Aushilfskräfte angeworben werden, die vergleichsweise sehr hoch bezahlt, aber nur ganz kurzfristig beschäftigt wurden. Und zwischen den einzelnen Erntejahren werden extreme Bedarfsunterschiede deutlich. Natürlich können die ganz kurzfristigen Beschäftigungsverhältnisse landwirtschaftlicher Arbeitskräfte nicht mit Erwerbslosigkeit im übrigen Jahr gleichgesetzt werden, aber daß die saisonbedingt erreichbaren Tagelöhne lückenlos bezogen wurden, erscheint recht unwahrscheinlich. Diese Annahme läßt sich noch weiter abstützen: In der Deutschordenskommende Beuggen (bei Freiburg im Breisgau) werden (1414) für die Bezahlung des fest angestellten Gesindes 188,75 Pfund Pfennige ausgegeben, für die *gemainen taglön* aber nur 3,3 Pfund Pfennig (= 1,75 %). In der Kommende

---

16 Edition der Abrechnungen: Quellen zur Verwaltungs- und Wirtschaftsgeschichte der Grafschaft Hohenberg, bearbeitet von K. O. MÜLLER, 2 Bände; I, Württembergische Geschichtsquellen, XXIV, 1953; II, Veröffentlichungen der Kommission für Geschichtliche Landeskunde in Baden-Württemberg, Reihe A, IV, 1959. Die oben angeführten Zahlen wurden errechnet nach: I, S. 163 (1392), 201 (1395). II, S. 27 (1425/26), 29 (1426/27), 157 (1440/41), 197 (1446).

17 Zu den Arbeitsbedingungen vergleiche Th. ROGERS, Six Centuries of Work, S. 171.

18 Quellen zur Verwaltungs- u. Wirtschaftsgeschichte, I, S. 217 und 233; II, S. 24, 114, 120.

19 Feiertagsarbeit während der Weinlese ist z. B. in Frankfurt erlaubt: Die Gesetze der Stadt Frankfurt, S. 327f. nr. 324 (1439); Quellen zur Verwaltungs- u. Wirtschaftsgeschichte, II, S. 276 (1459).

Sundheim (Elsaß) beträgt im gleichen Jahr [530] der Aufwand für Gesindelöhne rund 68 Pfund Pfennige, für Tagelöhne etwas über 2 Pfund Pfennige (= 3,5 %)[20].

Die Belege für das schwankende, saisongebundene Arbeitsangebot und für das Verhältnis zwischen fest besoldeter und tageweise bezahlter Arbeit stützen die Vermutung, daß landwirtschaftliche Tagelöhnerarbeit allein kaum durchgehenden Verdienst sicherte, daß sie zumindest teilweise eher als Zusatzerwerb anzusprechen ist[21] und daß sie mit saisonbedingter Unterbeschäftigung verbunden sein konnte. Für diesen letzten Aspekt gibt es ganz vereinzelt auch Zahlenbeispiele: Nach einem umfangreichen Straßburger Bericht (1531) über süddeutsche Almoseneinrichtungen stieg in Konstanz die Zahl der unterstützungsbedürftigen Armen von 50 im Sommer auf 200–250 im Winter. Das wird damit begründet, daß der gewöhnliche, ungelernte Mann überwiegend auf Tagelöhnerarbeit in Gärten und Weinbergen angewiesen sei. Entsprechend werden im Konstanzer Vorort Peterhausen (1543) die Almosenleistungen im Frühjahr herabgesetzt, weil *die werk angond*[22].

Über Einzelbelege hinausgehende, quantifizierende Angaben zu Arbeitsangebot bzw. Arbeitslosigkeit bei agrarischer Lohnarbeit, oder gar exakte Angaben zu längerfristigen Entwicklungstendenzen sind, soweit ich sehe, nicht möglich. Dauerbeschäftigung bei tageweiser Bezahlung erscheint als Norm für Tätigkeiten wie Mähen, Ernten, Dreschen ganz ausgeschlossen, aber es fehlen Grundlagen für eine begründete Schätzung der durchschnittlich tatsächlich erreichbaren Arbeitstage. Das Ergebnis bleibt damit teilweise negativ: Längerfristige Vergleiche des Lohnniveaus bzw. Kaufkraftberechnungen, die vom [531] einzelnen agrarischen Tagelohn ausgehen, enthalten einen Unsicherheitsfaktor unbekannter Größe, weil das erzielbare Einkommen weit mehr von der Arbeitsmarktlage als von der Höhe des Tagelohns abhängig ist.

Diese ausführlich dargestellten Bedenken gegen Einkommensberechnungen aus landwirtschaftlichen Tagelöhnen bestehen nicht im gleichen Umfang auch gegenüber handwerklicher Lohnarbeit Es gibt aber genügend Zeugnisse dafür, daß die in einzelnen Fällen nachweisbare, lückenlose Dauerbeschäftigung bei Berufsausübung gegen Tagelohn und gegen Stücklohn im Spätmittelalter nicht als Regelfall unterstellt werden kann. So erwähnen zeitgenössische Berichte krisenbedingte Beschäftigungsprobleme[23], aber häufiger und z.T. genauer quantifizierbar sind die Belege über den jahreszeitlich bedingten Rückgang des Arbeitsangebots auch im gewerblichen Bereich (eine

---

20 Die Zahlen sind errechnet nach: K. O. MÜLLER, Das Finanzwesen der Deutschordenskommenden Beuggen und Freiburg i. Br., in „Zeitschrift der Gesellschaft für Beförderung der Geschichts-, Altertums- und Volkskunde von Freiburg, dem Breisgau und den angrenzenden Landschaften", XXXII, 1917, S. 60; DERS., Die elsässischen Deutschordenskommenden im Jahre 1414, in „Jahrbuch für Geschichte, Sprache und Literatur Elsass-Lothringens", XXX, 1914, S. 227.

21 Vergleiche dazu K. MILITZER, Das Markgröninger Heilig-Geist-Spital, S. 85 sowie K. BÜCHER, Die Bevölkerung von Frankfurt am Main im 14. und 15. Jahrhundert, Tübingen 1886, S. 230.

22 O. WINCKELMANN, Das Fürsorgewesen der Stadt Straßburg vor und nach der Reformation bis zum Ausgang des 16. Jahrhunderts, 2 Teile, Quellen und Forschungen zur Reformationsgeschichte, V, 1922, Teil 2, S. 278; Die Statutensammlung des Stadtschreibers Jörg Vögeli, Konstanzer Stadtrechtsquellen, IV, 1951, S. 238f. nr. 366.

23 Zum Beispiel für das Textilgewerbe in St. Gallen: J. Kesslers Sabbata mit kleineren Schriften und Briefen, St. Gallen 1902, S. 486 und 521 (1539/40).

Art struktureller Arbeitslosigkeit also): Der Straßburger Almosenbericht (1531) erwähnt nicht nur die vier- bis fünffache Zunahme an unterstützungsbedürftigen Weinbergsarbeitern in Konstanz. Weniger kraß, aber ebenfalls deutlich sind seine Zahlenangaben für eine Gewerbestadt wie Nürnberg, wo im Winter 11–25 % mehr einheimische Almosenempfänger zu versorgen sind. In der Textilstadt Ulm wird beim Almosen
im Winter bei Brot ein Mehrbedarf von 18 %, bei Schmalz von 33 % veranschlagt. Mit
mehr Unterstützungsbedürftigen im Winter wird auch in Straßburg gerechnet[24]. Vor
allem für das Bauhandwerk wird eine im Winter verminderte Nachfrage nach Arbeitskräften auch durch Lohntaxen wahrscheinlich gemacht[25]. Die Nürnberger Bauhandwerksordnung von 1502 bestimmt für die Periode des Winterlohns (16.09.–22.02.),
daß Maurer, Dachdecker und Tüncher den vollen Taxlohn nur erhalten, falls ihnen das
Wetter ihre eigentliche Berufsausübung erlaubt; für *irer notdurft halben* übernommene
Ersatztätigkeiten kann der Arbeitgeber den Lohn frei vereinbaren. Ganz [532] ähnlich
gibt eine Konstanzer Taxe (1520) den Lohn der Maurer im Winter nach unten frei: Der
Bauherr kann mit ihnen *nach gelegenheit* abschließen. Derartige Hinweise auf ein reduziertes Arbeitsangebot im Winter treten aber nicht erst zu Beginn des 16. Jahrhunderts auf, sie sind also kein nur für diese Zeit typisches, zusätzliches Krisenmerkmal.
So fehlen z. B. in den Augsburger Stadtrechnungen im 15. Jahrhundert Maurerlöhne
im Dezember und Januar, generell erscheint in den von J. M. Elsas ausgewerteten
oberdeutschen Stadtrechnungen des Spätmittelalters eine durchgehende Beschäftigung
von Bauhandwerkern als Ausnahme. In Frankfurter Arbeitsanweisungen für den Bau
der Stadtbefestigung sind nur Schlechtwetterregelungen für den Sommer vorgesehen,
der Winter wird gar nicht erwähnt. In Straßburg ist es dem Stadtbaumeister (1443)
ausdrücklich verboten, von Martini bis Lichtmeß (11.11.–02.02.) Bau- und Zimmerarbeiten gegen Tagelohn zu vergeben; 1451 wird angeordnet, ab Michaeli (29.09.) alle
nicht unabweisbar notwendigen Bauarbeiten einzustellen, und der Rheinbrückenmeister wird (1465) angehalten, im Winter möglichst keinen Knecht zu beschäftigen.
Schließlich heißt es in Straßburg 1485, zwischen Martini und Matthie (11.11.–24.02.)
könne wegen Kälte, Frost und Kürze der Tage nicht nützlich gearbeitet werden, so daß
keine städtischen Bauarbeiten im Tagelohn durchgeführt werden dürften[26]. Wie stets
bei Verordnungen, kann hier natürlich nicht von einer lückenlosen Verwirklichung
ausgegangen werden, aber über den jahreszeitlich bedingten Beschäftigungsrückgang
berichtet auch der Nürnberger Stadtbaumeister Endres Tucher für den städtischen
Bauhof (Mitte des 15. Jahrhunderts): Betroffen waren besonders Pflasterer und Dachdecker, Zimmergesellen wurden mit Ersatzarbeiten beschäftigt, die Steinmetzen fertigten während winterlicher Baupausen Quadersteine im Akkord. Diese allgemeinen
Hinweise werden durch den Befund von Abrechnungen bestätigt: Beim Koblenzer
Mauerbau wurde danach nur von Mitte März bis Mitte November gearbeitet. Beim
Xantener Kirchenbau blieben (1436) der ganzjährig beschäftigte Meister [533] und

---

24   O. WINCKELMANN, Das Fürsorgewesen der Stadt Straßburg, S. 267–278.
25   Zur Frage der Arbeitslosigkeit von Bauarbeitern im Winter allgemein: F. P. BRAUDEL/F. SPOO
NER, Prices in Europe, S. 426.
26   C. L. SACHS, Das Nürnberger Bauamt, S. 72 (Nürnberg, 1502). Weitere Nachweise bei U. DIRL
MEIER, Untersuchungen zu Einkommensverhältnissen und Lebenshaltungskosten, S. 135f. und
138f.

seine drei regelmäßig arbeitenden Gesellen wegen Winterausfällen um 20–25% unter der arbeitsjährlich erreichbaren Höchstzahl von Tagelöhnen[27].

Aus einer Nürnberger Kirchenbaurechnung (1462/63) ergibt sich, daß die Steinbrucharbeiter im Sommer genauso durchgehend beschäftigt wurden wie Steinmetzen und Maurer; wegen einer Winterpause von 13 Wochen bleibt die Gesamtzahl ihrer Arbeitstage aber um 25% zurück. 1482/83 wurden die Maurerarbeiten am Kirchturm von St. Sebald (in Nürnberg) vom 23. Oktober bis zum folgenden Frühjahr eingestellt. Da die Gesamtzahl der am Kirchenbau beschäftigten Gesellen laut Rechnung nicht abnimmt, wurden sie offenbar nicht entlassen. Aber: Es entfiel der Zuschlag für die Arbeit auf dem Turm und damit erlitten die Gesellen, verglichen mit dem einfachen Winterlohn zu 18 Pfennigen pro Tag eine Einbuße von gut 18%. Dagegen führte die Reduzierung der Bauarbeiten am Freiburger Münster im Winter offenbar zu Entlassungen: Nach Einstellung der Fundamentarbeiten Ende November 1471 wurden den Winter über 6–7 Gesellen beschäftigt, von Februar 1472 an aber 8–11; 1491 wurden im Sommer bis zu 6 Gesellen beschäftigt, nach der Baueinstellung am Allerheiligen nur noch 2. Während bei diesen Kirchenbauten durch Arbeitsmöglichkeiten unter Dach (Bauhütte) im Winter ein, wenn auch reduzierter, Arbeitskräftebedarf weiterbesteht, lassen sich für den weltlichen Bereich vollständige Stillegungen nachweisen: So wurde nach den Abrechnungen der Burgbau in Horb (Grafschaft Hohenberg) vom 16. Oktober 1396 bis 12. März 1397 (also fast 4 Monate) *von dez winters wegen* eingestellt. Während dieser Baupause erhielten die Werkleute in drei Raten Tagelöhne ausbezahlt, die sie im Sommer verdient hatten. Auch in den Bauabrechnungen der zwischen Bern und Freiburg im Üchtland gelegenen Grasburg sind, z. B. für die Jahre 1484/86, die winterlichen Baupausen von rund 3 Monaten zu erkennen. Sie führen selbstver[534]ständlich zu einer deutlichen Reduzierung der jährlich erreichten Lohntage: Die meistbeschäftigten Werkleute erzielen in 15 bzw. 16 Arbeitsmonaten 223 bzw. 228 Tagelöhne, während, wie oben gezeigt, bei dauernder Beschäftigung in 12 Monaten 265 Arbeitstage erreichbar sind. Natürlich kann in allen angeführten Fällen aber nicht von einer völligen Erwerbslosigkeit der Werkleute im Winter ausgegangen werden. Hinweise geben die Abrechnungen der Grasburg auch darauf, wie problematisch die Gleichsetzung der Tagelohnhöhe mit der tatsächlichen Einkommenslage sein kann: Die beim Burgbau beschäftigten Handlanger erhalten durchschnittlich 30% weniger Lohn als die gelernten Maurer, sie bleiben aber (z. B. in den 15 Arbeitsmonaten der Rechnung 1485/86) durch Mehrbeschäftigung nur um 7,5% unter der Lohnsumme des am regelmäßigsten arbeitenden Bauhandwerkers. Am Schluß dieser Nachweise zum saisonbedingten Schwanken noch eine auf Nürnberger Material beruhende Berechnung: Am städtischen Bauamt wurden z. B. im Rechnungsjahr 1506/07 während der Winterlohnperiode durchschnittlich um 15% weniger gelernte und um 23% weniger ungelernte Bauarbeiter beschäftigt. Da die Beschäftigten des Bauamts, wie oben erwähnt, nach Möglichkeit Aushilfsarbeiten zugewiesen erhielten, muß davon ausge-

---

27 Endres Tuchers Baumeisterbuch der Stadt Nürnberg, hrsg. von M. LEXER, Bibliothek des Litterarischen Vereins Stuttgart, LXIV, 1862 (Neudruck 1968), S. 40, 51f., 55. Vergleiche auch C. L. SACHS, Das Nürnberger Bauamt, S. 40f.; K. LAMPRECHT, Deutsches Wirtschaftsleben im Mittelalter, II, Leipzig 1885, S. 521 und 525f. (Koblenzer Mauerbau); S. BEISSEL, Geldwerth und Arbeitslohn, in Die Bauführung des Mittelalters, 2. Aufl., Freiburg i. Br. 1889, S. 157.

gangen werden, daß sich bei Lohnarbeitern ohne festes Arbeitsverhältnis der winterbedingte Nachfragerückgang noch stärker bemerkbar machte[28].

Anhand des städtischen Bauwesens werden neben den saisonalen Schwankungen auch periodische (freilich nicht in erster Linie konjunkturbedingte) Veränderungen des Arbeitsangebots auf dem Bausektor erkennbar: Nach Endres Tucher beschäftigte die Stadt Nürnberg im 1. Drittel des 15. Jahrhunderts 100–200 Tagelöhner, hauptsächlich am Grabenbau; er selbst kam mit 30–36 Handlangern aus, im 1. Jahrzehnt des 16. Jahrhunderts arbeiteten in den Jahresdurchschnitten 48–59 ungelernte Kräfte für das Stadtbauamt. Setzt man die Höchstzahl des 15. Jahrhunderts gleich 100%, sinkt das Arbeitsangebot unter Tucher bis auf 15% und steigt unter Stadtbaumeister Behaim wieder [535] auf rund 30%. Dieses Auf und Ab wird durch den Umfang der städtischen Befestigungsarbeiten bedingt: nach den Nürnberger Haushaltsrechnungen betrugen die Bauausgaben 1431/40 durchschnittlich 10565 Pfund Heller pro Jahr (= 100%), 1469/71 durchschnittlich 6126 Pfund Heller (= 58%), im 1. Jahrzehnt des 16. Jahrhunderts durchschnittlich 18053 Pfund Heller (= 171%). Dabei verdecken diese Durchschnittszahlen noch den sprunghaften Ausgabenwechsel von Jahr zu Jahr[29]. Zur konjunkturabhängigen, privaten Nachfrage nach Arbeitskräften sind vergleichbare Belege, soweit ich sehe, nicht beizubringen, ebenso muß offen bleiben, ob und wann der städtische Bedarf pro- oder antizyklisch gewirkt hat. Bedenkt man aber, daß die Bautätigkeit einer Stadt außer für die unmittelbar Beschäftigten auch für Zulieferer verschiedenster Art die Verdienstmöglichkeiten positiv oder negativ beeinflußt hat, dann wird man sie als Ursache für kurzfristige Veränderungen auf dem Arbeitsmarkt nicht unterschätzen dürfen. Dabei ist nun sehr zu beachten, daß es den Städten offensichtlich keine Schwierigkeiten gemacht hat, die in beträchtlichen Zahlen benötigten Kräfte zu beschaffen (besonders was die ungelernten Handlanger angeht). Tucher, der so viele Einzelheiten notiert hat, erwähnt nur bei einigen Spezialisten (Pflasterer, Dachdecker) die Notwendigkeit, höhere Löhne zu zahlen. Dagegen konnten Tagelöhner und andere Bauhandwerker anscheinend nach dem Belieben der Baubehörde angestellt oder entlassen werden. Tuchers Bemerkung, die Arbeiter würden sich wegen versäumter Stunden gegenseitig angeben, wirft, falls sie zutrifft, ein bezeichnendes Licht auf die Stimmung am Arbeitsmarkt. Die Stadt Frankfurt konnte beim Befestigungsbau sogar unter den offiziell vorgeschriebenen Taxlöhnen bleiben. Hält man dagegen, daß in Nürnberg im privaten Bereich bei ganz kurzfristiger Beschäftigung von Bauhandwerkern ein Lohnaufschlag erlaubt war, darf man annehmen, daß ein festes Arbeitsverhältnis im Dienst der Stadt besonders attraktiv und arbeitsjährliche Dauerbeschäftigung eine Ausnahme [536] war[30].

---

28 Nachweise im einzelnen bei U. DIRLMEIER, Untersuchung zu Einkommensverhältnissen und Lebenshaltungskosten, S. 142f. und 146f.

29 Endres Tuchers Baumeisterbuch, S. 59 und 62; C. L. SACHS, Nürnbergs reichsstädtische Arbeiterschaft während der Amtszeit des Baumeisters Michel Beheim VII. (1503–1511), in „Mitteilungen aus dem Germanischen Nationalmuseum" 1914/15, S. 150–154 und 186–207. Bauausgaben nach P. SANDER, Die reichsstädtische Haushaltung Nürnbergs, Leipzig 1902, S. 698 und 782.

30 Endres Tuchers Baumeisterbuch, S. 48 und 54 (Löhne von Spezialisten), S. 34, 38 und 43 (Einstellung und Entlassung), S. 67 (versäumte Stunden), S. 277 (kurzfristige Beschäftigung); F. BOTHE, Die Entwicklung der direkten Besteuerung, S. 178 (Lohn in Frankfurt).

Trotz allen diesen einschränkenden, teils bezifferbaren, teils nur erschließbaren Tatbeständen wäre es freilich falsch, die volle Ausschöpfung der Verdienstmöglichkeiten innerhalb eines Arbeitsjahres auch bei tageweiser Bezahlung ganz abstreiten zu wollen. Sofern in Abrechnungen die Zahl der Beschäftigten innerhalb eines Jahres häufig wechselt oder wenn sogar komplette Entlassungen und Neueinstellungen verzeichnet sind, kann die Höchstzahl der Tagelöhne natürlich nicht mit dem individuellen Einkommen gleichgesetzt werden; teilweise sind aber auch personenbezogene Feststellungen möglich. So beziehen sich die zuvor vom Bau der Grasburg mitgeteilten Angaben (190–289 Beschäftigungstage) auf namentlich genannte Handwerker und Tagelöhner, ebenso die Eintragungen der Xantener Kirchenbaurechnungen. In den Abrechnungen der Grafschaft Hohenberg findet sich z. B. ein Zimmermeister mit 251 Tagelöhnen (1435/36), Faßbinder sind mit 193 (1426/27) und 235 (1428/29) Tagelöhnen verzeichnet. Das ist deswegen bemerkenswert, weil z. B. in den Augsburger Rechnungen Faßbinderlöhne nur saisonal begrenzt vertreten sind. Hier muß bezüglich der möglichen Dauerbeschäftigung also landschaftlich differenziert werden. Individuelle Jahreseinkommen aus werktäglich wirklich lückenlosen, tageweise entlohnten Arbeitsverhältnissen im Baugewerbe, belegen die Abrechnungen des Kirchenbaus von St.Lorenz in Nürnberg. Hier ist in den Jahren 1462/63–1466/67 ein Handlanger notiert, der als Gehilfe der Steinmetzen in vier Arbeitsjahren durchschnittlich je 267 Tagelöhne erzielt und bis zu 4000 Pfennige = knapp 18 rheinische Gulden jährlich verdient. Ebenso regelmäßig sind in den gleichen Rechnungen auch gelernte Bauhandwerksgesellen (Steinmetzen/Maurer) geführt. Einer davon, Kunz Lang, erhält als Vorarbeiter höheren Lohn und ein zusätzliches Fixum; damit erreicht er bei durchschnittlich 264,5 Arbeitstagen in den Jahren 1462/63–1466/67 umgerechnet knapp 30 rheinische Gulden im Jahr, während gleichzeitig der normale Gesellenlohn ein Jahreseinkommen von [537] knapp 24 rheinischen Gulden ermöglicht. Dieser Kunz Lang ist 1440 als vermögensloser Steinmetz Nürnberger Bürger geworden, er wird erstmals in einer Kirchenbaurechnung 1445 erwähnt. Demnach hat er mindestens 27 Jahre, wahrscheinlich sogar länger, als tageweise bezahlter Bauhandwerker gearbeitet[31].

In den eben angeführten Fällen wirkt sich der Winter, im Widerspruch zu den voranstehenden Überlegungen, nicht beschäftigungsmindernd aus. Gerade dies wird man, selbst bei festen Arbeitsverhältnissen von Bauarbeitern, nicht verallgemeinern dürfen, weil hier besondere Bedingungen vorliegen: Kunz Lang und seine Kollegen arbeiten als besonders qualifizierte Spezialisten im Winter in der Steinmetzhütte, also unter Dach. Davon profitiert auch der eine, von ihnen benötigte Gehilfe. Eine vergleichbar durchgehende, regelmäßige Beschäftigung ist dagegen in den gleichen Nürnberger Kirchenbaurechnungen für keinen einzigen Zimmermann nachweisbar, ähnlich ist der Befund für den Bau der Grasburg. Zimmerleute gehören offenbar, wie z. B. Pflasterer, Dachdecker, Tüncher, zu den Bauhandwerkern mit geringerer Aussicht auf durchgehende Arbeit, auch wenn die Stadt Nürnberg *einen* Zimmermeister am Bauhof fest beschäftigte[32]. Im Fall der 251 Zimmermeister-Tagelöhne in den Hohenberger Abrech-

---

31 Nachweise dazu bei U. DIRLMEIER, Untersuchungen zu Einkommensverhältnissen und Lebenshaltungskosten, S. 150–154 und 157f.

32 Zu der geringeren Aussicht auf Dauerbeschäftigung vergleiche C. L. SACHS, Das Nürnberger Bauamt, S. 16 und Endres Tuchers Baumeisterbuch, S. 40, 50, 55, 116.

nungen muß an die besonderen Bedingungen im landwirtschaftlichen Bereich gedacht werden, mit erhöhtem Anfall von Holzarbeiten an Mühlen, Keltern und Scheunen. Auch wenn dazu kaum Zahlen beigebracht werden können, wird man weiter einschränkend unterstellen dürfen: Das Angebot langfristiger Dauerbeschäftigung für Handwerker im privaten Bereich ist unwahrscheinlich, es dürfte auf öffentliche und halböffentliche Arbeitgeber (Kirchenbau) beschränkt geblieben sein. Daß hier am ehesten Verhältnisse vorlagen, die mit einem festen, industriellen Arbeitsplatz der Neuzeit vergleichbar sind, können nochmals einige Nürnberger Beispiele belegen: Unter Baumeister Endres Tucher war ein wöchentlich bezahlter Vorarbeiter seit 27 [538] Jahren angestellt, zwei Karrenführer arbeiteten seit 29 und 18 Jahren für die Stadt; drei gegen Stücklohn tätige Meister – je ein Schlosser, Schmied und Wagner standen 27, 32 und 34 Jahre im Dienst der Stadt[33].

Dem Nachweis, daß auch tageweise bezahlte Arbeitnehmer unter besonderen Bedingungen und in bestimmten Berufen eine durchgehende Beschäftigung erreichen konnten, steht als völlig offene Frage gegenüber, wie viele Lohntage als Durchschnitt im Baugewerbe zu veranschlagen sind. Das bleibt aber leider nicht der einzige Unsicherheitsfaktor bei der Berechnung von Einkommen aus Tagelohnsätzen:

So läßt sich z. B. ermitteln, daß Tagelöhne in spürbaren Größenordnungen auch als Unkostenersatz bestimmt sein können, so daß sie nicht in voller Höhe als einkommenswirksam zu veranschlagen sind. Das betrifft besonders Bauberufe wegen des notwendigen Arbeitsgeräts. So notiert Endres Tucher (Nürnberg) genau, wie weit er für die Handwerker des städtischen Bauhofs Werkzeuge bereitstellen und pflegen muß. Neben der ja naheliegenden Schlußfolgerung, daß die Verwendung von Werkzeug – Schaufeln, Meißel, Äxte, Gerüste etc. – kostenwirksam war, erlauben Tuchers Aufzeichnungen glücklicherweise auch genauere Berechnungen: So erhält der städtische Dachdeckermeister, wenn er Gerüst und Aufzug selbst stellt, 2 Pfennige täglich mehr Lohn. Das bedeutet gegenüber dem jahresdurchschnittlichen Tagelohn von 22,6 Pfennigen einen Aufschlag von 8,8 %. Dagegen ist der städtische Tünchermeister ohne Extraaufschlag verpflichtet, Werkzeug und Gerüst selbst zu stellen. Die Steinmetzgesellen erhalten bei Arbeiten an besonders hartem Gestein eine Verschleißzulage von 3 Pfennigen, das entspricht einem Aufschlag von 15 % auf den Sommerlohn (20 Pfennige). Tucher, der nach eigenen Angaben 10–12 Steinmetzen für die Stadt beschäftigte, zahlte jährlich gegen 20 000 spitzen (= Schärfen des Werkzeugs). Je 100 spitzen kosteten 12–13 Pfennige, pro Steinmetz waren also durchschnittlich rund 227 Pfennige zu bezahlen, das entspricht 11 Tagelöhnen oder 4,2 % des höchstmöglichen Jahreslohns. Diese Kosten trug also der städtische Arbeitgeber, dagegen sollten, jedenfalls nach der Ordnung, privat [539] beschäftigte Handwerker ohne zusätzliche Forderungen alles benötigte Gerät selber stellen. Die Nürnberger Taxe von 1502 erklärt dazu, die Meister erhielten 4 Pfennige mehr Lohn als die Gesellen, weil sie alles Arbeitsgerät zu leihen hätten. Zwar deutet die Ordnung selbst Verstöße gegen diese Vorschrift an, trotzdem kann der um 17,7 % höhere Meisterlohn nicht in voller Höhe einem Einkommensvorsprung vor den Gesellen gleichgesetzt werden. Mit lohnmindernden Kostenanteilen ist übrigens nicht nur im Baugewerbe zu rechnen: Nach einer Frank-

---

33 Endres Tuchers Baumeisterbuch, S. 17, 51, 55, 97, 101.

furter Kürschnertaxe (1476) vermindert sich bei Arbeit im Haus des Kunden der bar bezahlte Teil des Tagelohns um knapp 17%, falls der Auftraggeber das benötigte Garn selbst liefert[34].

Die nicht exakte eingrenzbare Höhe der Unkosten macht es übrigens unmöglich, verläßlich zu beurteilen, ob sich die Beschäftigung im *Verding* (= Pauschal- bzw. Akkordlohn) positiv oder negativ auf die Einkommenssituation von Lohnarbeitern im Baugewerbe ausgewirkt hat. Straßburger und Basler Ratsbeschlüsse des 15. Jahrhunderts verordnen aus Kostengründen bei städtischen Bauarbeiten die Vergabe im *Verding*; danach wäre der Pauschallohn für den Arbeitgeber vorteilhafter als der Zeitlohn[35]. Aus Angaben bei Endres Tucher ist dagegen zu errechnen, daß zwei Nürnberger Steinmetzen und deren Gehilfen 1473 in 15 Wochen bei pauschal bezahlter Arbeit an einem Wasserstollen tagesdurchschnittlich jeweils auf knapp 30 Pfennige kommen, das bedeutet gegenüber dem gleichzeitigen, amtlichen Sommerlohn eine Mehreinnahme von 48%. Aber die Handwerker haben eben selber zum Beispiel für Licht und für den Abtransport des Abraums zu sorgen, und vor allem die Fuhrkosten müssen spürbar gewesen sein: Nach Tucher ist die Karrenmiete höher als ein handwerklicher Tagelohn und dem städtischen Pflastermeister in Straßburg wird (Mitte des 15. Jahrhunderts) der Lohn gekürzt, weil er den [540] Steintransport nicht mehr zu besorgen hat[36].

Zusammengenommen erlauben die angeführten Beispiele die Feststellung, daß auch bei Lohnarbeitern mit erheblichen Unterschieden zwischen Netto- und Bruttoeinkommen zu rechnen ist. Die Übernahme bzw. Nichtübernahme von Werkzeug- und Transportkosten durch den Arbeitgeber kann die Einkommensentwicklung beeinflussen, ohne daß sich an der Höhe des Tagelohns etwas ändern muß.

Außer mit einkommensmindernden Unkosten ist aber auch mit der Möglichkeit von Einkommenssteigerungen durch Mehrarbeit zu rechnen. Das gilt nicht nur für Familieneinkommen aus mehreren Arbeitsverhältnissen, sondern auch für Einzelpersonen. Angesichts der Länge des mittelalterlichen Arbeitstages – bis zu 16 Stunden im Sommer – erscheint Nebenerwerb bei regelmäßig beschäftigten Lohnarbeitern eine fast absurde Annahme. Es gibt aber Belege dafür: Nach einer Straßburger Ordnung von 1487 arbeiteten die städtischen Pflasterer vor Arbeitsbeginn und während der drei insgesamt 2 1/2 Stunden dauernden Pausen privat für die Bürger der Stadt. Da schlechtere Arbeit die Folge ist, wird nur noch erlaubt, nach Feierabend Privataufträge zu erledigen[37]. Derartiger Zusatzerwerb auf Kosten der Arbeitspausen wird in der Praxis durch Stadtbaumeister Endres Tucher (Nürnberg) bestätigt: Vor seiner Zeit wurde ein Zimmergeselle beschäftigt, der zwischen der Arbeit die Brücken kontrollierte. Er er-

---

34 Endres Tuchers Baumeisterbuch, S. 52 und 56 (Dachdecker, Tüncher), S. 62, 64 und 100 (Steinmetzen, Schärfen des Werkzeugs,); C. L. SACHS, Das Nürnberger Bauamt, S. 29 und 73 (privat beschäftigte Handwerker); Frankfurter Amts- und Zunfturkunden, I, S. 280 Ziffer 9.

35 R. WACKERNAGEL, Geschichte der Stadt Basel, II, 1, Basel 1911 (Neudruck 1968), S. 285; K. Th. EHEBERG, Verfassungs-, Verwaltungs- und Wirtschaftsgeschichte der Stadt Straßburg bis 1681, I, Urkunden und Akten, Straßburg 1899, S. 331–333 ur. 132.

36 Endres Tuchers Baumeisterbuch, S. 318. Zur Höhe des Pauschallohnes vergleiche auch C. L. SACHS, Nürnbergs reichsstädtische Arbeiterschaft, S. 165.

37 K. TH. EHEBERG, Verfassungs-, Verwaltungs- und Wirtschaftsgeschichte, S. 334f. nr. 134.

hielt dafür pauschal 240 Pfennige, entsprechend einem Aufschlag von 5,5 % auf das im Dienst der Stadt rechnerisch erzielbare Jahreseinkommen. Tucher selbst hielt einen Tagelöhner, also einen ungelernten Arbeiter, der während der *stunden, die einer sust feiert*, die städtische Bauschuttabfuhr überwachte. Er erhielt dafür freie Wohnung in einem Stadtturm und zusätzlich zum normalen Tagelohn eine Wochenpauschale von 30 Pfennigen im Sommer bzw. 26 Pfennigen im Winter. Ohne Berücksichtigung der freien Unterkunft erhöhte sich, Dauerbeschäftigung vorausgesetzt, sein Jahreseinkommen gegenüber einem [541] gewöhnlichen, städtischen Tagelöhner um 55 %[38]. Das mag ein Extremfall sein und man wird wohl unterstellen dürfen, daß die Möglichkeit zu regelmäßigem Nebenerwerb und dauernde Beschäftigung gegen Tagelohn nur ausnahmsweise zusammentreffen. Aber die Belege für Mehrarbeit während der Pausen zeigen, wie schon die eingangs erwähnte Feiertagsgesetzgebung, daß bei Tagelohnempfängern offenbar verbreitet Neigung und Notwendigkeit bestanden, der Unterhaltssicherung einen höheren Stellenwert einzuräumen als der Bequemlichkeit im Alltagsleben.

In diesem Zusammenhang sind auch Hinweise darauf zu beachten, daß die Einkünfte aus einem einzigen Arbeitsverhältnis nicht mit dem benötigten Familieneinkommen gleichgesetzt werden können. Glaubt man dem Wortlaut von Almosenordnungen des ausgehenden Mittelalters, war es vor allem für Handwerker und Tagelöhner mit Kindern schwierig, allein mit ihrem Arbeitsertrag den Unterhalt der Familie sicherzustellen[39]. Man wird solche Quellenzeugnisse sicher nicht unbesehen als Ersatz für Wirtschaftsstatistiken heranziehen dürfen, aber in diesem Fall lassen sich Realitätsbezüge untermauern, weil die Mitarbeit von Familienmitgliedern öfters erwähnt und belegt wird. Wenn in Bauberufen und besonders bei Kirchen- oder Brückenbaumeistern Söhne mitarbeiten[40], können natürlich Ausbildung und Berufsnachfolge das ausschlaggebende Motiv sein, aber es gibt auch ganz anders gelagerte Fälle: Nach der Nürnberger Handwerkerordnung von 1502 war es verbreitete Gewohnheit der Dachdecker, *ire weiber oder andere frauenpild* als Mörtelrührer aufs Dach zu stellen und voll bezahlen zu lassen. Das soll verboten werden, aber die Beschäftigung der Frauen als Handlanger bleibt offiziell erlaubt. In den Würzburger Bauamtsrechnungen des 15. Jahrhunderts ist eine Dachdeckergattin als Gehilfin für mehr als ein Jahrzehnt nachweisbar. In Konstanz arbeite[542]ten die Tagelöhnerfrauen während der Saison in Gärten und Weinbergen, das Markgröninger Spital zahlte Tagelöhne an einen Mann, dessen Frau und deren Sohn und in Nürnberg arbeitete die Ehefrau eines Gärtners ebenfalls als dessen Gehilfin[41]. Prädestiniert für den Zusatzerwerb durch Frauen und

38   Endres Tuchers Baumeisterbuch, S. 57–59.

39   O. WINCKELMANN, Das Fürsorgewesen der Stadt Straßburg, Teil 1, S. 48 und 100; Teil 2, S. 266; W. RÜGER, Mittelalterliches Almosenwesen. Die Almosenordnungen der Reichsstadt Nürnberg, Nürnberger Beiträge zu den Wirtschafts- und Sozialwissenschaften, XXXI, 1932, S. 28 und 41.

40   K. Th. EHEBERG, Verfassungs-, Verwaltungs- und Wirtschaftsgeschichte, S. 222 nr. 74; C. L. SACHS, Nürnbergs reichsstädtische Arbeiterschaft, S. 150 und 155f.

41   C. L. SACHS. Das Nürnberger Bauamt, S. 75; M. J. ELSAS, Umriß einer Geschichte der Preise und Löhne in Deutschland, I, Leiden 1936, S. 75; O. WINCKELMANN, Das Fürsorgewesen der Stadt Straßburg, Teil 2, S. 278; K. MILITZER, Das Markgröninger Heilig-Geist-Spital, S. 86; J. KAMANN, Aus Nürnberger Haushaltungs- und Rechnungsbüchern des 15. und 16. Jahrhunderts,

Kinder waren offenbar die Textilgewerbe. In Oberschwaben glichen Frauen und Mädchen Mißernten und Teuerungen nach übereinstimmenden zeitgenössischen Berichten durch verstärktes Garnspinnen aus. In St. Gallen konnten sich in normalen Jahren *knebli und maitli* durch Spinnen ihre Kost und Kleidung aufbessern, auch die Nachtarbeit von Kindern scheint nach einem chronikalischen Bericht nichts außergewöhnliches gewesen zu sein[42].

Arbeitsangebot, Mehrarbeit, Nebenbeschäftigung, Werkzeugkosten können also bei gleichbleibenden Tagelohnsätzen das erzielbare Jahreseinkommen deutlich beeinflussen. Trotz vereinzelt nachweisbarer Zahlenangaben dazu, bleibt freilich die Bestimmung von Durchschnittswerten unmöglich. Aber während wir über Brutto- und Nettoverdienst der nicht gegen Zeitlohn arbeitenden Handwerker nur sehr wenig wissen, können mit Hilfe von Tagelohnsätzen und Arbeitsjahr immerhin Gesamtbeträge errechnet und in Einzelfällen sogar individuell nachgewiesen werden. Die Tatsache, daß bei allen Einschränkungen Tagelöhne, speziell im Baugewerbe, die am besten überlieferten Löhne des Spätmittelalters sind[43], belegt freilich nicht ohne weiteres auch ihren Repräsentativcharakter als Indikatoren der allgemeinen Entwicklung. Exakte Berufsstatistiken für deutsche Städte liegen, soweit ich sehe, nicht vor. Auch da, wo Mitgliederzahlen [543] der Zünfte überliefert sind, bleiben Unsicherheitsfaktoren, weil bekanntlich viele Zünfte Mischzünfte waren und Zugehörigkeit mit Berufsausübung nicht gleichsetzbar ist. Trotzdem ergeben sich wenigstens Anhaltspunkte für das zahlenmäßige Gewicht des Bauhandwerks und allgemein der tageweise bezahlten Berufe, mit weitgehender Ausnahme der ungelernten Arbeit. Für Frankfurt/Main kann man auf die Fülle statistischer Angaben von Karl Bücher zurückgreifen. Danach waren 1387 (bei 1554 Personen mit Berufsangaben) 9,07% der Erwerbsbevölkerung im Bauhandwerk tätig, 1440 waren es 7,9%, dazu kommen 2,5%, die als *arbeider* oder *arbeidende knechte* verzeichnet sind. Von insgesamt 153 Personen oder 10% aller Erwerbstätigen kann aufgrund des Berufs angenommen werden, daß sie gegen Tagelohn gearbeitet haben. Das Nürnberger Meisterverzeichnis von 1363 nennt nur 25 Steinmetzen und Zimmerleute, das sind 2,05% aller aufgeführten Meister. In Basel gehören Mitte des 15. Jahrhunderts 9,42% aller Zunftmitglieder zur Zunft der Zimmerleute und Maurer, aber darunter befinden sich auch Wagner, Küfer, Armbruster. Dagegen erreichen die Weber, also ein kaum gegen Tagelohn arbeitendes Gewerbe, z. B. in Kempten (1525) einen Anteil von 51,5% der Bürgerschaft, in Kaufbeuren (1479) immerhin noch 25%[44]. Wesentlich höher als die Prozentanteile der Bauberufe sind auch die der

in „Mitteilungen des Vereins für Geschichte der Stadt Nürnberg", VII, 1866, S. 99.
42 J. Kesslers Sabbata, S. 242, 479, 487; A. SCHULTE. Geschichte der großen Ravensburger Handelsgesellschaft, III, Deutsche Handelsakten des Mittelalters und der Neuzeit, III, 1923 (Neudruck 1964), S. 39. Allgemein zur Notwendigkeit der Mitarbeit von Ehefrauen: K. BÜCHER, Die Bevölkerung von Frankfurt, S. 240 und P. SANDER, Die reichsstädtische Haushaltung Nürnbergs, S. 35.
43 F. P. BRAUDEL/F. SPOONER, Prices in Europe, S. 426.
44 K. BÜCHER, Die Bevölkerung von Frankfurt, S. 105 (Nürnberger Meisterverzeichnis), S. 141–146 (Frankfurt 1387), S. 215–224 (Frankfurt 1440); G. SCHÖNBERG, Die Finanzverhältnisse der Stadt Basel im 14. und 15. Jahrhundert, Tübingen 1879, S. 298–300, Anmerkung 2; P. EITEL, Die oberschwäbischen Reichsstädte im Zeitalter der Zunftherrschaft, Schriften zur südwestdeutschen Landeskunde, VIII, 1970, S. 154.

unselbständigen, nicht tageweise bezahlten Lohnempfänger, der Knechte und Mägde. In Basel gehören Mitte des 15. Jahrhunderts 20,5 % bis 22,3 % der Steuerzahler zu dieser Gruppe von Arbeitnehmern, die hier meist wöchentliche Lohnzahlungen erhalten. Es ergibt sich danach für Mägde der Durchschnittsbetrag von 3,12 rheinischen Gulden jährlich, für Knechte (meist Handwerksgesellen) von 7,0 rheinischen Gulden. In München sind Mitte des 15. Jahrhunderts 17,04 % der Stadtbevölkerung Dienstboten, in Nürnberg beträgt nach der Bevölkerungsaufnahme von 1449 der Anteil der Knechte und Mägde 18,6 %. In dieser Stadt erhielten zu Beginn des 16. Jahrhunderts Haus-[544]knechte neben ihrem Lebensunterhalt einen Barlohnanteil von 6–7 rheinischen Gulden im Jahr, während gleichzeitig Steinmetz- und Maurergesellen auf einen Barlohn von ca. 27 rheinischen Gulden kommen können[45].

Auf diese Relation wird nochmals einzugehen sein, hier kommt es nur auf die Feststellung an, daß Jahreseinkommen aus tageweise bezahlter Arbeit ihrer Häufigkeit nach offensichtlich *nicht* typisch für spätmittelalterliche Lohnempfänger waren. Das schließt natürlich nicht aus, daß die Baulöhne die allgemeine Einkommensentwicklung in der arbeitenden Bevölkerung anzeigen, doch ist dieser Zusammenhang schwer zu beweisen oder zu widerlegen. So bleiben in Nürnberg nach Mitte des 15. Jahrhunderts bei nominell steigenden Tagelöhnen Stücklöhne von Schmieden und Wagenmachern unverändert. In Frankfurt geht, bei festgeschriebenen Tagelöhnen, der Stücklohn der Hutmacher zwischen 1407 und 1511 um 57 % zurück. Aber in derartigen Fällen ist immer mit einkommenswirksamen Qualitäts- oder Verfahrensänderungen zu rechnen, die nur ausnahmsweise deutlicher faßbar werden: So sinkt in Straßburg zwischen 1447 und 1473 der Ölmüller-Lohn auf 1/3 der ursprünglichen Höhe, ausdrücklich wegen der Einführung der Wassermühle[46].

Man wird also, mangels überzeugend belegbarer Alternativen, bei Untersuchungen zur Einkommenssituation weiter von den Tagelöhnen ausgehen und trotz aller Bedenken den Bauberufen exemplarischen Charakter unterstellen müssen. Versucht man allerdings überörtliche Vergleiche, steht man dabei vor neuen Problemen, die wenigstens noch kurz gestreift werden sollen, weil sie Hinweise auf das Zustandekommen nomineller Lohnveränderungen geben:

Setzt man den gleichen (Bau-)Beruf und die gleiche Anzahl von Arbeitstagen voraus, und rechnet man statt in der örtlichen Silberwäh[545]rung mit dem überregional gültigen Goldgulden, dann ergeben sich erstaunlich große Unterschiede in der Höhe der Jahreseinkommen. (In weniger deutlichen Ziffern ergibt sich dieser Unterschied natürlich auch bei der Umrechnung einzelner Tagelohnsätze in Gramm Silber). Ich beschränke mich auf den Vergleich der rechnerischen Jahreseinkommen fertiger Bauhandwerksgesellen in Nürnberg, Straßburg und Frankfurt (wobei ich auf die Einbeziehung von Extremwerten verzichte). Für die 2. Hälfte des 15. Jahrhunderts ergibt sich in gerundeten Zahlen:

---

45 K. BÜCHER, Die Bevölkerung von Frankfurt, S. 41; G. SCHÖNBERG, Die Finanzverhältnisse der Stadt Basel, S. 289–295f.; F. SOLLEDER, München im Mittelalter, München 1938 (Neudruck 1962), S. 530f. Zu den Löhnen siehe U. DIRLMEIER, Untersuchungen zu Einkommensverhältnissen und Lebenshaltungskosten, S. 90–95 und 160f.

46 Endres Tuchers Baumeisterbuch, S. 97, 101, 112; Frankfurter Amts- und Zunfturkunden, S. 261–270; A. HANAUER, Études économiques, S. 369f.

Nürnberg 5 500 Pfennige =   100% entspricht 23–24 Gulden = 100%
Straßburg 4 900 Pfennige =   89% entspricht 39–40 Gulden = 168%
Frankfurt 9 750 Heller =   4 875 Pfennige = 88,6% entspricht 45 Gulden = 191,5%

Danach liegt also der Nominallohn bei einer Differenz von knapp 12% auf recht einheitlicher Höhe, während sich bei der Umrechnung in rheinische Gulden ein Unterschied um fast 100% ergibt. Dabei ist zu beachten, daß in Straßburg und Frankfurt im 15. Jahrhundert Lohnsätze und Guldenkurs fast bzw. völlig unverändert bleiben, während in Nürnberg nach der Mitte des 15. Jahrhunderts der Guldenkurs von ca. 150 Pfennigen auf 250 Pfennige ansteigt und die Tagelöhne mehrfach neu festgesetzt wurden[47].

Mit dieser Beobachtung stellt sich die Frage nach dem Zusammenhang zwischen Lohn- und Währungsentwicklung. Dazu werden in der Forschung konträre Standpunkte vertreten: Bis in das 16. Jahrhundert soll der Wert der Münzen allein vom Feingehalt abhängig gewesen sein, andererseits findet man aber auch die These, daß Münzmanipulationen nicht den geringsten Einfluß auf die Preise hatten[48]. Diese [546] schlechterdings unvereinbaren Ansichten können beide mit zeitgenössischen Aussagen gestützt werden: In erzählenden Quellen, Verträgen und Münzgutachten werden (nominelle) Preissteigerungen auf Mißstände im Münzwesen zurückgeführt, Lohnforderungen und -erhöhungen werden mit dem Hinweis auf geringwertiges Silbergeld oder gestiegenen Guldenkurs begründet[49]. Solchen Aussagen über eine gewissermaßen marktgesetzliche Anpassung von Löhnen und Preisen an den jeweiligen Stand der Silbermünzprägung stehen aber Zeugnisse für ganz andere Prinzipien gegenüber: In längerfristigen Zahlungsabreden, besonders bei Zins- oder Rentenkäufen, findet sich im 14. und 15. Jahrhundert oft die Festlegung, der Betrag solle gezahlt werden in Pfennigen oder Münze, die *geng und gäb ist umb win, umb brot, umb korn und umb ander ässig gut.* Kürzer und einfacher auch nur: Die Zahlung habe zu erfolgen in *sölicher werung, als sy denn zu mal geng ist.* Wenn ich dies richtig verstehe, ist dabei offenbar an ein Silbergeld mit Währungscharakter gedacht, dessen Nennwert nach dem Grundsatz Pfennig = Pfennig vom Edelmetallgehalt abgelöst ist, und zwar besonders im örtlichen Zahlungsverkehr[50]. Städtische Verbote von Geschäftsabschlüssen in

---

47 Vergleiche dazu und zu den vorangehenden Löhnen U. DIRLMEIER, Untersuchungen zu Einkommensverhältnissen und Lebenshaltungskosten, S. 209–211.

48 Zum Problem des Zusammenhangs zwischen Münzveränderungen und Preisen siehe F. P. BRAUDEL/F. SPOONER, Prices in Europe, S. 381–390. Den Grundsatz, daß allein der Feingehalt an Edelmetall den Tauschwert mittelalterlicher Münzen bestimmte, vertritt z. B. W. ABEL, Agrarkrisen und Agrarkonjunktur, S. 290. Keinerlei Zusammenhänge zwischen Währungsmanipulationen und Preisentwicklung siehe z. B. D. W. SABEAN, Landbesitz und Gesellschaft am Vorabend des Bauernkriegs, Quellen und Forschungen zur Agrargeschichte, XXVI, 1972, S. 74.

49 Die Chroniken der deutschen Städte vom 14. bis ins 16. Jahrhundert, hrsg. durch die Historische Kommission bei der Bayerischen Akademie der Wissenschaften, Augsburg, VI, Leipzig 1906 (Neudruck 1966), S. 58; J. CAHN, Der Rappenmünzbund. Eine Studie zur Münz- und Geldgeschichte des oberen Rheintals, Heidelberg 1901, S. 92f.; Endres Tuchers Baumeisterbuch, S. 39.

50 G. SCHANZ, Zur Geschichte der deutschen Gesellenverbände, S. 165f. Regesten der Urkunden des Spitalarchivs Isny, Inventare der nichtstaatlichen Archive in Baden-Württemberg, VII, 1960, S. 2f. nr. 9 und 10 nr. 44; B. ZELLER, Das Heilig-Geist-Spital zu Lindau im Bodensee, Schwäbische Geschichtsquellen und Forschungen, IV, 1952, S. 265f. nr. 7; E. F. WEISS-BASS, Wein-

Gulden statt in Silbergeld beim Handel mit Gütern des täglichen Bedarfs (besonders Korn) deuten in die gleiche Richtung, und lassen zugleich Durchsetzungsprobleme erkennen. Aber zumindest kurzfristig konnte am Nennwert des Geldes festgehalten werden. Dazu bringt der Augsburger Chronist Burkard Zink ein besonders krasses Beispiel: In der Schinderlingskrise 1459 konnten oberdeutsche Kaufleute ihre Spekulationsgewinne in Wien erzielen, weil die schlechte *müntz was werung, darumb muest man sie nemen in Österreich*. In einer Pfennigkrise in St. Gallen (1530) können die [547] Kaufleute für Importwaren (Ingwer, Safran) Preisaufschläge durchsetzen. Bäcker, Metzger und Weinschenken, *die das pfenwert löβtend*, und die, wie zu ergänzen ist, obrigkeitlichen Preistaxen unterliegen, mußten dagegen von der Stadt *mit ufwechsel* unterstützt werden. Anders ausgedrückt: Die festgeschriebenen Preise mußten durch einen künstlichen Wechselkurs der Pfennige subventioniert werden. Auf eine unterschiedliche Auswirkung des Wertabfalls der Silberprägung auf die Preise von Importwaren bzw. von Wein und Korn verweisen auch Münzgutachten des 15. Jahrhunderts[51].

Um Mißverständnissen vorzubeugen: Hier soll keine nur auf Vorschriften aufgebaute Deutung der spätmittelalterlichen Preis- und Geldentwicklung versucht werden. Es geht nur um den Nachweis, daß seitens der Obrigkeiten zumindest versucht wurde, Marktgesetze durch Reglementierungen zu ersetzen. Das gilt besonders auch für den Preis der Arbeit, den eine Vielzahl von Stück- und Zeitlohntaxen festzulegen suchte. Für unsere Fragestellung nach dem Zustandekommen von Lohnveränderungen und dem Zusammenhang zwischen Nominallohn und Währung ist eine Entscheidung des Basler Rates (1400) besonders aufschlußreich. Bei der Ablehnung erhöhter Lohnforderungen der Müller werden nämlich die Entscheidungskriterien angegeben: Der Stücklohn der Müller wird fixiert in Pfennigen, die *ie ze ziten in unser statt Basel genge und gebe* sind, und *mit den man win und brote kofft*. Es sei erwiesen, daß die Müller seit alters her nicht mehr erhielten und daß sie mit ihrem Lohn auskommen könnten. Obwohl das Basler Silbergeld zwischen 1383 und 1402 gegenüber dem Gulden knapp 70 % seines Kurswertes verlor, hielt der Rat, ohne Rücksicht auf den inneren Wert der Pfennige, am Nominalprinzip fest und proklamierte die Unveränderlichkeit der alten Lohnsätze[52].

[548] Es kann tatsächlich kaum bezweifelt werden, daß die Tagelöhne – die freilich, wie ausführlich erörtert, nicht allein die Höhe der Einkommen aus Lohnarbeit bestimmt haben – der freien Vereinbarung weitgehend entzogen waren. Jedenfalls wird in der Forschung übereinstimmend hervorgehoben, daß sich die nominelle Ent-

---

gewerbe und Weinleutezunft im alten Basel, Basel 1958, S. 191.

51 Quellen zur Zürcher Wirtschaftsgeschichte, II, Zürich-Leipzig 1937, S. 826–830 nr. 1439 und 877f. nr. 1489; Die Chroniken der deutschen Städte, Augsburg, II, Leipzig 1866 (Neudruck 1965), S. 112; Joachim v. WATT (Vadian), Deutsche Schriften, III, St. Gallen 1879, S. 237, Ziffer 14 und 245f, Ziffer 48; J. Kesslers Sabbata, S. 339; J. CAHN, Der Rappenmünzbund, S. 80 und 93.

52 G. SCHANZ, Zur Geschichte der deutschen Gesellenverbände, S. 164–167 ur. 26; B. HARMS, Die Münz- und Geldpolitik der Stadt Basel im Mittelalter, „Zeitschrift für die gesamte Staatswissenschaft", Ergänzungsheft 23, 1907, S. 84.

wicklung der Tagelöhne von den heftigen, kurzfristigen Preisschwankungen des Spätmittelalters durch ihre außerordentliche Gleichmäßigkeit unterscheidet[53]. Das wohl extremste Beispiel ist Frankfurt, wo bis ins 16. Jahrhundert hinein für gelernte und ungelernte Bauarbeit unveränderte Tagelöhne vorgeschrieben waren und auch bezahlt wurden. Die angeblich zu niedrig festgelegten Löhne gehören dann zu den Beschwerden der Bürgerschaft gegenüber dem Ratsregiment im Jahr 1525[54]. Freilich ist, wie bereits bemerkt, gerade im Zusammenhang mit Währungsumstellungen die nominelle Festschreibung der Löhne nicht immer geglückt. Die wohl besten Belege dazu bringt die Lohnentwicklung in Nürnberg. Hier verlor der Heller von der Mitte des 15. Jahrhunderts bis zum Beginn des 16. Jahrhunderts 53% seines Feingehalts, der Kurs des rheinischen Guldens stieg bis Ende des 15. Jahrhunderts um gut 57%. Die neuen Löhne des städtischen Bauamts (1464) wurden zwar ausdrücklich mit dem gestiegenen Guldenkurs begründet, aber die Erhöhung erfolgte zeitlich verzögert und war zu niedrig: Die seit mindestens 1452 bezahlten Löhne wurden 1464 für die Bauhandwerksgesellen um 12% heraufgesetzt, der Guldenkurs war in der gleichen Zeit um gut 37% gestiegen. Erst zu Beginn des 16. Jahrhunderts brachte eine deutliche Erhöhung die Bauamtslöhne, bezogen auf den Kurswert des Guldens, fast wieder auf den Stand der Mitte des 15. Jahrhunderts. Der städtische Maurermeister und der Zimmermeister erhielten einen festen Wochensold von 150 Pfennigen, was vor dem Kursanstieg der 1450er Jahre dem Gegenwert von 1 Gulden entsprach. Unabhängig vom Guldenkurs blieb der Wochensold dann nominell [549] unverändert, er wurde erst 1503 durch einen Sprung auf 252 Pfennige (+ 68%) wieder auf den Wert von 1 Gulden gebracht[55].

Nach den Angaben von Stadtbaumeister Endres Tucher kann es übrigens keinen Zweifel daran geben, daß die Löhne des Bauamts tatsächlich in Hellern und Pfennigen, nicht etwa in Goldgeld, ausbezahlt wurden. Die privat und bei Kirchenbauten bezahlten Gesellenlöhne lagen in Nürnberg meistens um durchschnittlich 2 Pfennige über denen der Bauamtstaxe. Eine mit dem Sommerlohnbeginn (Februar) 1465 nachweisbare Lohnerhöhung fällt zeitlich mit der Neufestsetzung der amtlichen Löhne zusammen[56]. Der Aufschlag beträgt knapp 13% danach bleiben die privaten Löhne bis gegen Ende des 15. Jahrhunderts nominell unverändert, verlieren gegenüber dem Gulden also genauso an Wert wie die amtlichen Löhne. Der obrigkeitliche Grundsatz, möglichst lange am nominell unveränderten Lohn festzuhalten, hat also offensichtlich zur Folge, daß die Tagelöhne, der freien Vereinbarung entzogen, den Schwankungen des Silbergeldes verzögert und unvollständig folgen. Soweit sich obrigkeitliche Reglementie-

---

53 Vergleiche dazu F. P. BRAUDEL/F. SPOONER, Prices in Europe, S. 425. Die Vielzahl spätmittelalterlicher Lohntaxen in Deutschland kann an dieser Stelle nicht einzeln nachgewiesen werden.

54 Zu den Löhnen in Frankfurt siehe oben Anm. 6. G. L. KRIEGK, Frankfurter Bürgerzwiste und Zustände im Mittelalter, Frankfurt 1862, S. 147–149.

55 Endres Tuchers Baumeisterbuch, S. 39. Zur Währungsentwicklung in Nürnberg siehe H. WEISS, Lebenshaltung und Vermögensbildung des „mittleren" Bürgertums, „Zeitschrift für bayerische Landesgeschichte", Beiheft 14, Reihe B, 1980, S. 200; C. L. SACHS, Das Nürnberger Bauamt, S. 15 (Wochenlohn). Vergleiche auch U. DIRLMEIER, Untersuchungen zu Einkommensverhältnissen und Lebenshaltungskosten, S. 152 und 154.

56 Endres Tuchers Baumeisterbuch, S. 67; U. DIRLMEIER, Untersuchungen zu Einkommensverhältnissen und Lebenshaltungskosten, S. 169.

rungen durchsetzen konnten, blieb die Höhe des einzelnen Tagelohns also unberührt von Angebot und Nachfrage. Bei einem nominell für Jahrzehnte, oder sogar für mehr als ein Jahrhundert, festgeschriebenen Preis der Arbeit, müssen konjunkturelle Veränderungen durch die allgemeinen Arbeitsbedingungen, besonders die Anzahl der jährlich erreichbaren Tagelöhne, einkommenswirksam geworden sein. Der Tagelohn für sich ist, als gebundener Preis, nur bedingt als Indiz für den mittelfristigen Konjunkturverlauf zu werten. Lohn- und Preisberechnungen auf der Basis des Feingehalts übergehen den zumindest kurzfristig durchsetzbaren Währungscharakter des Silbergeldes.

Abschließend einige Überlegungen zur Bewertung der Tagelöhne und der – mit allen angeführten Unsicherheitsfaktoren – von ihnen [550] ableitbaren Jahreseinkommen: Ich habe zuvor einige Beispiele dafür angeführt, daß die Bezieher von Gesellen- und Gesindelöhnen rund 1/5 der Gesamtbevölkerung einer Stadt ausmachen können. Obwohl nun Gesellen-, Knechte- und Mägdelöhne durchaus nicht unbekannt sind, werden sie in der Forschung viel weniger berücksichtigt als z. B. die Baulöhne. Das hat natürlich einen Grund: Gesellen und Hausangestellte erhalten außer Bargeld auch Unterkunft, Verpflegung und häufig einen Teil des Kleiderbedarfs von ihren Arbeitgebern. Der Wert dieses Lohnanteils läßt sich aber nur unvollständig und keinesfalls in langen Reihen erfassen. Trotzdem lassen sich aus dem Verhältnis von Gesindelöhnen und Jahreseinkommen aus Tagelöhnen auch Schlußfolgerungen zur Kaufkraft ableiten. Wie zuvor angegeben, erhielten in Nürnberg qualifizierte Knechte in einem Patrizierhaushalt zu Beginn des 15. Jahrhunderts einen Barlohnanteil von 6–7 fl im Jahr. Das sind nur 22–26% des gleichzeitigen, rechnerischen Jahreseinkommens eines Steinmetzgesellen oder 33–38% dessen, was in den 1460er Jahren ein Handlanger beim Kirchenbau nachweislich verdient hat[57]. Solche Gegenüberstellungen von (rechnerischen) Jahreseinkommen aus tageweise bezahlter Arbeit und dem Bargeldanteil von festen Gesindelöhnen könnten mit ähnlichen Resultaten nahezu beliebig vermehrt werden. Sie erlauben verschiedene Erklärungsversuche:

1. Selbst qualifiziertes Gesinde in herrschaftlichen Haushalten war wesentlich schlechter gestellt als Bauarbeiter – dann sind deren Einkünfte für einen Großteil der Lohnempfänger nicht repräsentativ.

2. Durchgehende Beschäftigung gegen Tagelohn ist so selten, daß Arbeit ohne Beschäftigungsrisiko wesentlich niedriger bezahlt werden konnte, in diesem Fall entsprechen Kaufkraftberechnungen, die vom einzelnen Tagelohn ausgehen und volle Beschäftigung unterstellen, nicht der wirklichen Einkommenssituation.

3. Fest angestelltes Hausgesinde und gegen Tagelohn dauerbeschäftigte Bauarbeiter haben jährlich ungefähr gleichviel verdient. Die Differenz zwischen Gesindelohn und Einkommen aus bar bezahlter [551] Bauarbeit würde in diesem Fall durch den Gesamtwert der Unterhaltsleistungen für Hausgesinde (Unterkunft, Verpflegung, Bekleidung) ausgeglichen.

Auf die möglichen Kombinationen zwischen diesen drei Thesen kann nicht weiter eingegangen werden, doch sind zu dem dritten Erklärungsansatz noch abschließende Überlegungen angebracht. Unter der Voraussetzung, daß qualifizierte Hausknechte

---

57   Nachweise siehe oben Anm. 31 und 45.

und Bauarbeiter materiell ungefähr gleichgestellt sind, ergibt sich nach den oben angeführten Nürnberger Zahlen: Die Unterhaltskosten für einen Hausknecht (mit 6–7 Gulden Barlohnanteil) betragen über 70% des Jahreseinkommens eines Steinmetzgesellen (Anfang 16. Jahrhundert ca. 27 Gulden). Bei dem wohl realistischeren Vergleich mit Einkünften von Handlangern (nach der Mitte des 15. Jahrhunderts nachweisbar ca. 18 Gulden) ergäbe sich ein Kostenanteil von über 60% für den Unterhalt einer Einzelperson. Am Nürnberger städtischen Bauhof wurde 1474 ein Helfer für die Werkmeister auf fünf Jahre verpflichtet. Er erhielt einen festen Jahreslohn von 24 Gulden, das entspricht ziemlich genau dem Betrag, den gleichzeitig tageweise bezahlte Bauhandwerksgesellen erreichen konnten. In dem Anstellungsvertrag werden 10 Gulden als Lohngeld bezeichnet, die restlichen 14 Gulden als Kostgeld (*für cost*)[58]. Der Lebensunterhalt (einschließlich Quartier und Kleidung?) wird also mit rund 58% des Gesamtverdienstes veranschlagt. Sehr zu beachten ist in diesem Zusammenhang auch, daß nach Lohnvorschriften und Abrechnungen über die Verköstigung von Bauhandwerkern die Verpflegung bis deutlich über 50% des Tagelohns ausmachen konnte[59]. Aus diesen unterschiedlichen Prozentsätzen die durchschnittliche Höhe der Lebenhaltungskosten verbindlich festlegen zu wollen, wäre sicher ein vergeblicher Versuch. Die nachweisbaren Kostenanteile erlauben aber die Vermutung, daß in der mittelalterlichen Stadt [552] der Lebensunterhalt, verglichen mit den Einkünften aus Lohnarbeit, nicht billig war. Die oben nachgewiesene Mitarbeit von Familienangehörigen in Bauberufen wird, so gesehen, besser verständlich.

Wie erwähnt, werden die spätmittelalterlichen Tagelöhne aber ganz überwiegend nach ihrem Verhältnis zum Getreidepreis beurteilt[60], und hier ergeben sich Widersprüche zu unseren Befunden: Misst man die Kaufkraft der Löhne allein in Getreideäquivalenten, dann waren spätmittelalterliche Lohnarbeiter sehr günstig gestellt und ohne weiteres in der Lage, auch eine Familie ausreichend zu versorgen[61].Daß die Getreidekaufkraft von Baulöhnen im 15. Jahrhundert höher lag als in der vorindustriellen Zeit, wird niemand bestreiten. Aber der Vergleich des Lohnes ausschließlich mit dem Preis eines Rohproduktes wie Getreide, übergeht ganz die mögliche Verteuerung für den städtischen Verbraucher, der überwiegend auf die Versorgung am Markt angewiesen war. Das läßt sich zum Beispiel für das Brot als wichtiges Grundnahrungsmittel mit Zahlen belegen.

---

58   Endres Tuchers Baumeisterbuch, S. 319f.

59   Nachweise bei U. DIRLMEIER, Untersuchungen zu Einkommensverhältnissen und Lebenshaltungskosten, S. 224–234. Vergleiche auch E. MASCHKE, Die Unterschichten der mittelalterlichen Städte Deutschlands, in Gesellschaftliche Unterschichten in den südwestdeutschen Städten, hrsg. von E. MASCHKE und J. SYDOW, Veröffentlichungen der Kommission für geschichtliche Landeskunde in Baden-Württemberg, Reihe B, XLI, 1967, S. 32–34.

60   Zur Problematik des Getreides als Kaufkraftmesser vergleiche: B. KIRCHGÄSSNER, Möglichkeiten und Grenzen in der Auswertung statistischen Urmaterials für die südwestdeutsche Wirtschaftsgeschichte im Spätmittelalter, in Voraussetzungen und Methoden geschichtlicher Städteforschung, hrsg. von W. EHRBRECHT, Städteforschung, Reihe A, VII, 1979, S. 78f. und F. IRSIGLER, Kölner Wirtschaft, S. 302.

61   W. ABEL, Strukturen und Krisen, S. 58–60.

Getreidekaufkraft der Löhne von Bauhandwerksgesellen pro Kalendertag (bei 265 Arbeitstagen pro Jahr)[62]:

	Nürnberg	Frankfurt	Straßburg
1465–79	11,23 kg Roggen	30,1 kg Roggen	29,5 kg Roggen / 26,5 kg Weizen
1480–94	6,87 kg Roggen	17,0 kg Roggen	17,1 kg Roggen / 14,4 kg Weizen
1495–1509	8,17 kg Roggen	18,1 kg Roggen	21,3 kg Roggen / 17,9 kg Weizen

[553] Diese Zahlen bestätigen für Frankfurt und Straßburg in Abschnitten niedrig stehender Getreidepreise, daß der Tagelohn den Gegenwert von 30 kg Getreide übertreffen kann. Nürnberg dagegen – und dies bestätigt die über den Vergleich in Gulden ermittelten niedrigeren Löhne – bleibt weit zurück. Nach der Bewertungsskala für Kornlöhne[63] sind die Nürnberger Getreidelöhne knapp bis dürftig, die Frankfurter und Straßburger zufriedenstellend bis sehr auskömmlich. Neben diesen regionalen Unterschieden der Lohnhöhe läßt sich nun auch mit einer Reihe von Beispielen belegen, in welchem Ausmaß sich das Fertigprodukt Brot für den Verbraucher verteuert hat: In Frankfurt und in Straßburg war im 15. Jahrhundert der Brotverbrauch durch Getreide bzw. Mahlungeld steuerlich belastet. Bezogen auf den durchschnittlichen Marktpreis des Getreides ergab sich dadurch eine Verteuerung um 18–23%.

Dazu kamen die aus Bäckerordnungen überlieferten Herstellungskosten für Brot, in Frankfurt (1439) 32 Heller pro Achtel Getreide, in Straßburg (1460) 12 Pfennige pro Viertel[64]. Damit ergeben sich folgende neue Lohnäquivalente:

1 Tagelohn = kg Roggen = kg Roggen + Ungeld + Backkosten

Frankfurt		
1465/79	30,1	17,6
1480/94	17,0	12,1–11,8
1495/1509	18,1	12,3
Straßburg		
1465/79	29,6	17,9
1480/94	17,0	12,4
1495/1509	21,3	14,5

---

62 Nachweise bei U. DIRLMEIER, Untersuchungen zu Einkommensverhältnissen und Lebenshaltungskosten, S. 172 und 213–217.
63 D. SAALFELD, Lebensstandard in Deutschland 1750–1860, in Festschrift für Wilhelm Abel zum 70. Geburtstag, II, Hannover 1974, S. 420.
64 Die Gesetze der Stadt Frankfurt, S. 402–404 nr. 321 mit Anm. 1. S. 127.

In Frankfurt beträgt der Aufschlag für Steuer und Herstellungsko[554]sten bei Roggenbrot demnach 40–70%, in Straßburg 37–65% auf den Getreidepreis. Diese Prozentsätze sind aber nicht ohne weiteres mit der Gesamtverteuerung für den Endverbraucher gleichzusetzen, weil sie das Verhältnis von Getreideausgangsgewicht und Gewichtertrag in fertigem Brot unberücksichtigt lassen. Nur ausnahmsweise und bei gröberem Roggenbrot wird im Spätmittelalter das Getreiderohgewicht vom Brotertrag erreicht oder sogar übertroffen. Dies ist der Fall bei der Frankfurter Bäckertaxe (Backprobe) von 1439, die den vorausstehenden Berechnungen zugrundegelegt wurde. Hier hat sich das Brot für Lohnarbeiter als Endverbraucher also tatsächlich um 40–70% verteuert, die Kaufkraft des Tagelohns ist also, gemessen am Brot, entsprechend niedriger.

In Straßburg sieht diese Rechnung anders aus. Aufgrund der niedrigeren Broterträge verteuert sich hier das Roggenbrot, bezogen auf die Getreidepreise von 1465/79, um 87%. Dieser Prozentsatz erhöht sich noch drastisch beim feinen Weißbrot. Da nur ein Brotertrag von knapp 50% des Getreideausgangsgewichtes erzielt wird, ist das fertige Weißbrot gegenüber dem Weizenpreis auf mehr als das Dreifache verteuert[65]. Für Nürnberg ergeben sich in der Größenordnung abweichende Zahlen: Für das im Krieg 1449/50 in städtischer Regie hergestellte, gröbere Roggenbrot errechnet W. Abel eine Endverteuerung von maximal 30% gegenüber dem Getreidepreis. Bei einer Backprobe aus der ersten Hälfte des 15. Jahrhunderts, durchgeführt zur Ermittlung der Taxpreise, ergibt sich für feinstes Weißbrot ein Gesamtaufschlag von 223%[66]. Obwohl hier der Brotertrag nur 32% des Getreidegewichts erreicht, also noch feineres Mehl verwendet wurde als in Straßburg, ist die Verteuerung deutlich niedriger. Freilich: in Nürnberg hat es in der Regel auch kein Getreideungeld, also keine steuerliche Belastung des Brotes, gegeben. Nur zu Beginn des 16. Jahrhunderts wurden ausnahmsweise pro Sümmer Roggen 32 Pfennige erhoben, [555] was eine durchschnittliche Verteuerung um 7,6% bedeutet[67]. Der Vergleich mit Straßburg und Frankfurt legt die Vermutung nahe, daß in diesen beiden Städten ein Teil des Ertrags der Lohnarbeit durch Verbrauchsabgaben weggesteuert wurde. Dem entspricht F. Irsiglers Beobachtung für Köln, wonach bei sinkenden Getreidepreisen (d. h. bei steigender Kaufkraft der Löhne) die Mahlakzise heraufgesetzt wurde; der Getreidepreis verteuerte sich dabei um durchschnittlich 15%[68].

Steuerbelastung und Herstellungsprozeß bewirken also, daß die Kaufkraft spätmittelalterlicher Tagelöhne, bezogen auf den Brotpreis, wesentlich ungünstiger zu beurteilen ist, als der Vergleich mit dem Marktpreis des Getreides nahelegt. Für Straßburg, um nur ein Beispiel nochmals mit Zahlen anzuführen, ergibt sich folgende Relation:

---

65 Nachweise bei U. DIRLMEIER, Untersuchungen zu Einkommensverhältnissen und Lebenshaltungskosten, S. 348.

66 W. ABEL, Strukturen und Krisen, S. 37f. und 100; P. SANDER, Die reichsstädtische Haushaltung Nürnbergs, S. 911f.

67 P. SANDER, Die reichstädtische Haushaltung Nürnbergs, S. 864.

68 F. IRSIGLER, Getreidepreise, Getreidehandel und städtische Versorgungspolitik in Köln, vornehmlich im 15. und 16. Jahrhundert, in Die Stadt in der Europäischen Geschichte, Festschrift Edith Ennen, Bonn 1972, S. 588.

1465/79

1 Tagelohn = 29,6 kg Roggen/Kalendertag   = 15,5 kg Roggenbrot (grob)
1 Tagelohn = 26,5 kg Weizen/Kalendertag   = 7,6 kg Weizenbrot (fein)

Dabei bevorzugte der spätmittelalterliche Verbraucher, soweit möglich, die feineren, hellen Brotsorten. Nur in Notsituationen wurde durch die Verwendung gröberen Mehls ein höherer Brotertrag erreicht und damit der Endpreis verbilligt. Besonders zu beachten ist, daß der spätmittelalterliche Lohnarbeiter offensichtlich relativ teurer einkaufen mußte als der Lohnarbeiter zu Beginn der Industrialisierung. Nach Berechnungen von D. Saalfeld war in Berlin 1790/1805 das Brot nur um 14% teurer als das Getreide. Die von ihm aus dieser Zeit für Nord- und Mitteldeutschland errechneten Kornlöhne von ca. 10 kg Roggen pro Kalendertag[69] entsprächen also 8,6 kg Brot, während nach unseren Zahlen für das späte Mittelalter bei einem Kornlohn gleicher Höhe nur 6 kg Brot (Frankfurt) und deutlich darunter veranschlagt werden könnten. Sind die voranstehenden Zahlen und Berechnungen richtig, [556] bedeutet das also: Die Kaufkraftentwicklung der Löhne, bezogen auf das Konsumgut Brot, kann anders verlaufen, als es der Vergleich mit dem Rohprodukt Getreide anzeigt. Neben der steuerlichen Belastung, für die mir neuzeitliche Vergleichszahlen fehlen, wird man andere Verbrauchsgewohnheiten und andere mahltechnische Voraussetzungen für die Höhe der spätmittelalterlichen Herstellungskosten beim Brot verantwortlich machen dürfen. Steueraufschläge haben übrigens nicht nur das Brot verteuert. Noch häufiger als bei Getreide sind die Verbrauchsangaben für Getränke. Bei Wein sind Ungeldsätze von 12–25% in Süddeutschland und am Rhein keine Seltenheit[70]. Auch die Ergebnisse der städtischen Haushaltsrechnungen belegen die Belastung der Verbraucher mit diesen indirekten Steuern. So erbringt z. B. in Nürnberg die Verbrauchssteuer auf Wein im 15. Jahrhundert bis über 50% der städtischen Einkünfte. Für andere Konsumgüter fehlen uns vergleichbar genaue Nachweise über steuer- oder herstellungsbedingte Preisaufschläge, aber es ist festzuhalten, daß das Leben in der spätmittelalterlichen Stadt schon bei den Zeitgenossen als teuer gegolten hat. Als Ausnahme wird Ende des 15. Jahrhundert Ulm gepriesen, das sich durch besondere *libertas* auszeichne und dadurch viele Menschen anziehe: *non enim sunt ibi graves angariæ sed leviter potest quilibet pauper ibi stare.* Neuere Forschungsergebnisse bestätigen, daß Konsumgüter wie Bier, aber auch Textilien, auf dem Land billiger produziert werden konnten als in der Stadt, vor allem wegen der niedrigeren Steuerlast[71]. Insgesamt stützen die voranstehenden Nachweise und Berechnungen die Annahme, daß die Lebenshaltungskosten marktabhängiger Verbraucher in spätmittelalterlichen Städten relativ hoch sein konnten, und daß die

---

69 W. ABEL, Strukturen und Krisen, S. 37; D. SAALFELD, Lebensstandard in Deutschland, S. 417ff.
70 F. IRSIGLER, Die wirtschaftliche Stellung, S. 242; U. DIRLMEIER, Untersuchungen zu Einkommensverhältnissen und Lebenshaltungskosten, S. 62.
71 Zitat aus der Beschreibung der Stadt Ulm von Felix Faber nach A. KÖLLE, Ursprung und Entwicklung der Vermögenssteuer in Ulm, in „Württembergische Vierteljahrshefte für Landesgeschichte", Neue Folge, VII, 1898, S. 16. Zur billigeren Produktion auf dem Land vergleiche: R. VAN UYTVEN, Die ländliche Industrie während des Spätmittelalters in den südlichen Niederlanden, in Agrarisches Nebengewerbe und Formen der Reagrarisierung im Spätmittelalter und 19./20. Jahrhundert, hrsg. v. H. KELLENBENZ, Forschungen zur Sozial- und Wirtschaftsgeschichte, XXI, 1975, S. 59 und 65.

tatsächliche Kaufkraft von Löhnen und Lohneinkommen niedriger zu veranschlagen ist, als dies der Vergleich [557] mit dem Getreidepreis allein nahelegt.

Als Fazit ergibt sich:

Mit ziemlicher Sicherheit ist das spätmittelalterliche Arbeitsjahr mit 265 Tagen oder durchschnittlich 5 Arbeitstagen pro Woche zu veranschlagen. Bei der Berechnung von Einkommen aus Tagelöhnen ist freilich zu beachten, daß besonders im agrarischen Bereich wegen der Saisonabhängigkeit des Arbeitsangebots eine durchgehende Beschäftigung gegen Tagelohn äußerst unwahrscheinlich ist und daß die hohen Erntelöhne nur kurzfristig zur Deckung des termingebundenen Spitzenbedarfs bezahlt wurden. Grundsätzlich unterliegt die Chance auf Dauerbeschäftigung auch in handwerklichen Berufen starken, teilweise jahreszeitlich bedingten Nachfrageschwankungen. Nach Einzelbelegen zu schließen, kann der winterbedingte Rückgang der Beschäftigung bei Bauberufen in der Größenordnung zweistelliger Prozentzahlen veranschlagt werden. Indizien für saisonbedingte Arbeitslosigkeit konnten beigebracht werden, aber für die Berechnung von durchschnittlichen Quoten fehlen alle Voraussetzungen. Nicht am Tagelohn ablesbare, einkommenswirksame Faktoren wie Mehrarbeit, Nebenerwerb oder Werkzeugkosten konnten ebenfalls nur exemplarisch nachgewiesen, aber nicht exakt beziffert werden. Immerhin steht fest, daß es jedenfalls im Baugewerbe die jahrelange, ununterbrochene Berufsausübung bei tageweiser Bezahlung tatsächlich gegeben hat, bei durchwegs öffentlichen oder halböffentlichen Arbeitgebern. Die Berechnung von Einkommen aus der arbeitsjährlich höchstmöglichen Anzahl von Tagelöhnen stellt für das Spätmittelalter also keine bloße Zahlenspielerei dar. Dabei ist zu beachten, daß Fabrikarbeiter des 19. Jahrhunderts im Vergleich zu Bauarbeitern des späten Mittelalters an 35 bis 65 Tagen zusätzlich arbeiten konnten oder mußten (= bis zu 24,5 % mehr Tagelöhne pro Jahr). Hier besteht also die Möglichkeit, neuzeitliche Kaufkraftverluste durch Mehrarbeit auszugleichen. Andererseits konnte mit Zahlen belegt werden, daß die regional unterschiedlich hohe Kaufkraft spätmittelalterlicher Löhne stark reduziert wird, wenn statt dem Preis des unverarbeiteten Getreides der des fertigen Brotes als Maßstab genommen wird; zusätzliche Indizien bestätigen die Verteuerung der Lebenshaltung in der Stadt.

Obwohl die neben der Höhe des Tagelohnsatzes einkommens[558]wirksamen Faktoren nicht beziffert werden können, und obwohl die Baulöhne als weitgehend gebundene Preise für Arbeit zu berechnen sind, wird man sie weiterhin als repräsentativ für die Lohnentwicklung insgesamt betrachten müssen: Vergleichbar geschlossenes Material scheint für keinen anderen Berufszweig vorzuliegen. Ebenso werden Getreideäquivalente als Indikatoren der langfristigen Lohnentwicklung und für Kaufkraftvergleiche weiter unentbehrlich bleiben. Das Verhältnis zwischen Tagelohn und Getreidepreis war im Spätmittelalter in Deutschland für die Arbeitnehmer zweifellos günstiger als in den nachfolgenden Jahrhunderten. Man wird aber davon ausgehen müssen, daß die relativ hohe Getreidekaufkraft allein[72] nicht ohne weiteres und nicht

---

72 Daß die Getreidepreise nur eines von vielen möglichen Kriterien sind, nach denen die wirtschaftliche Situation von Bevölkerungsgruppen beurteilt werden kann, betont nachdrücklich F. IRSIGLER, Kölner Wirtschaft, S. 302.

in vollem Umfang mit einem entsprechend hohen Lebensstandard breiter städtischer Bevölkerungsschichten gleichsetzbar ist.

Zum städtischen Bauwesen der frühen Neuzeit.

Ein Ausschnitt aus der Alltagswirklichkeit am Beispiel der Stadt Siegen

Planungshoheit und weitgehende Autonomie auf dem Bausektor gehören zu den wichtigsten kommunalen Vorrechten der Gegenwart. Das öffentliche Bauwesen hat aber schon seit dem Mittelalter in den deutschen Städten eine herausragende Rolle gespielt, die für die frühe Zeit freilich nur dürftig dokumentiert werden kann. Aber ein wichtiger verfassungspolitischer Aspekt ist nicht zu übersehen: Im 13. Jahrhundert gelang es der sich formierenden Bürgerschaft in zahlreichen Städten auf Reichsgebiet, die Verantwortung für den Mauerbau und damit für die eigene Sicherheit vom geistlichen und weltlichen Stadtherrn zu übernehmen – vielfach auf ganz, friedlichem Weg durch Geldzahlungen[1]. Die Bedeutung dieses Schrittes in Richtung kommunaler Selbstverwaltung wurde noch gesteigert durch die Tatsache, daß zusammen mit der Zuständigkeit für den Mauerbau finanzielle Selbständigkeit und Beweglichkeit erreicht wurde. Angesichts der mit der Sicherheitswahrung stets verbundenen hohen Kosten erscheint dies auf den ersten Blick paradox, aber: Im engsten Kontext mit der Übernahme des Mauerbaus erscheint auch die erste städtische Steuer, teils vom Stadtherrn verliehen, teils einfach usurpiert. Dabei handelt es sich durchwegs um eine Verbrauchssteuer, die bevorzugt vom Wein erhoben wurde, das sogenannte Ungeld. Der Terminus weist darauf hin, daß es sich dabei eigentlich um eine außerordentliche Besteuerung gehandelt hat, die deswegen ursprünglich auch durchwegs zweckgebunden war – eben zur Bestreitung der Ausgaben für die Stadtbefestigung. Tatsächlich hat sich aber in vielen größeren und kleineren Städten die Ungelderhebung – dem Wesen aller Steuern entsprechend – schnell verselbständigt. Sie wurde zur Dauereinrichtung und tragenden Säule des öffentlichen Haushalts, wobei übrigens die Sozialverträglichkeit dieser Konsumsteuer schon zeitgenössisch und bis in die Neuzeit hinein teilweise leidenschaftlich kontrovers diskutiert wurde[2]. In Siegen, das sein Ungeld – hier Ziese oder Akzise genannt – im Jahr 1303 erkaufte, sind die Einnahmen daraus bis an die [350] Schwelle der Industrialisierung ein wesentlicher Teil der städtischen Einkünfte geblieben[3].

Die verfassungspolitisch-fiskalischen Aspekte sollen allerdings nicht im Mittelpunkt der folgenden Ausführungen stehen, die sich auf die konkrete Seite des öffentlich-städtischen Baubetriebs konzentrieren werden. Trotz des einleitend erwähnten, engen Zusammenhangs zwischen Stadtbau und Verteidigung kann keine Rede davon sein, die städtische Zuständigkeit und Verantwortung habe sich hier auf den militärischen Sektor beschränkt. Natürlich wurden auch gewaltige Bauanstrengungen im Interesse der eigenen Sicherheit unternommen. Die Anpassung an die technische Ent-

---

1   K. WAGNER, Das Ungeld in den Schwäbischen Städten bis zur zweiten Hälfte des vierzehnten Jahrhunderts, Diss., Marburg 1903, S. 3, 10, 36 u. 93f.

2   WAGNER, Ungeld (wie Anm. 1), S. 110, 114 u. 119.

3   T. IRLE, Die Wirtschaft der Stadt Siegen in der Vergangenheit, Siegen 1972, S. 216 u. 217 (Tabelle). H. v. ACHENBACH, Geschichte der Stadt Siegen, 2 Bde., Siegen 1894 (ND Kreuztal 1978), Bd. 1, S. 58ff.

[349]

Siegen im 16. Jahrhundert nach dem Stich von Braun und Hogenberg

[350]wicklung des Geschützwesens hat im späten Mittelalter und in der frühen Neuzeit den Umbau der Stadtmauern zur Festungsanlage mit Wall, Graben und Bastionen
notwendig gemacht[4]. Die Investitionen dafür erreichten im 16. und 17. Jahrhundert
fünfstellige Gulden-Beträge, die nur von reichen Städten – wie beispielsweise Nürnberg – eben noch finanziert werden konnten[5]. Viele andere waren dazu nicht mehr in
der Lage, und manche typisch mittelalterliche Stadtbefestigung – wie Rothenburg/Tau-
ber – verdankt ihr Überleben nur der Tatsache, daß eben kein Geld mehr zum Umbau
vorhanden war. Umfangreiche Befestigungsarbeiten treten in städtischen Haushaltsrechnungen als Ausgabespitzen in Erscheinung, meist auf wenige Jahre konzentriert.
Aber neben diesen doch eher punktuellen Bauanstrengungen für die Außensicherung
stehen – und damit verlasse ich die militärischen Aspekte – die im ganzen weniger
spektakulären, dafür kontinuierlicheren innerstädtischen zivilen Bauleistungen. Die
vorneuzeitlichen Städte waren eben nicht in erster Linie, sondern nur unter anderem
auch Festungsstädte. Mit dem Einsetzen einer detaillierten Schriftüberlieferung der
Verwaltung – in Mitteleuropa also im wesentlichen seit dem 14. Jahrhundert – wird
die Breite der städtischen Bautätigkeit eindeutig belegbar. Dazu gehören Leistungen,
die im allgemeinen mit der vormodernen, speziell mittelalterlichen Stadt kaum asso-
ziiert werden: Die systematische Pfla[351]sterung der Straßen, Brückenbauten, die
Sicherstellung der Wasserversorgung durch Grundwasserbrunnen und Leitungsbau,
die Anlage von Grünflächen und das Anpflanzen von Bäumen innerhalb der Stadt.
Maßnahmen zur geordneten Entsorgung privater und gewerblicher Abfälle – so, wie
man es damals eben für richtig gehalten hat[6]. Zu diesen sicherlich zeitlich wie örtlich
unterschiedlich erfolgreichen Bemühungen zugunsten der innerstädtischen Infra-
strukturen und Lebensqualität treten auch Bauprojekte mit ausgesprochenem Repräsentativcharakter, die teilweise heute noch, original oder rekonstruiert, Zeugnis ablegen über öffentliche Bauleistungen der Vergangenheit: Beispielsweise der Schöne
Brunnen auf dem Nürnberger Markt (spätes 14. Jahrhundert), das Augsburger Rathaus
des Elias Holl (frühes 17. Jahrhundert) oder der Kölner Gürzenich, der Mitte des 15.
Jahrhunderts als Saalbau mit einem Fassungsvermögen von 4000 Personen errichtet
wurde und 80000 Gulden gekostet hat[7]. Bezogen auf die damalige Kölner Einwohnerzahl von höchstens 35000, kann mit dieser Kapazität heute allenfalls ein Großstadion
konkurrieren, aber keiner der modernen Hallenbauten.

---

4   V. SCHMIDTCHEN, Bombarden, Befestigungen, Büchsenmeister, Düsseldorf 1977, S. 120–139.
    G. PARKER, Die militärische Revolution. Die Kriegskunst und der Aufstieg des Westens, Frank-
    furt-New York 1990, S. 27–36. R. GÖMMEL, Vorindustrielle Bauwirtschaft in der Reichsstadt
    Nürnberg und ihrem Umland (16.–18. Jh.) (= Beiträge zur Wirtschafts- und Sozialgeschichte,
    30), Wiesbaden 1985, S. 71.

5   GÖMMEL, Bauwirtschaft (wie Anm. 4), S. 76f. Nürnbergs Ausgaben für den Festungsbau lagen
    Mitte des 16. Jhs. bei 330 000 fl pro Jahr.

6   U. DIRLMEIER, Die kommunalpolitischen Zuständigkeiten und Leistungen süddeutscher Städte
    im Spätmittelalter, in: J. SYDOW (Hrsg.), Städtische Versorgung und Entsorgung im Wandel der
    Geschichte (= Stadt in der Geschichte, 8), Sigmaringen 1981, S. 113–150, hier: S. 120–122 u.
    130–141.

7   M. SCHATTENHOFER, Das alte Rathaus in München. Seine bauliche Entwicklung und seine stadt-
    geschichtliche Bedeutung, München 1972, S. 162 (Tanzhäuser, Kölner Gürzenich). B. ROECK,
    Elias Holl. Architekt einer europäischen Stadt, Regensburg 1985, bes. S. 172ff.

Der Bedeutung des Bauwesens innerhalb der städtischen Gesamtverantwortung entsprach, zumindest in allen größeren Städten, die organisatorische Entwicklung, die Ausbildung eines eigenen Verwaltungsapparats im Spätmittelalter. Beispielsweise in Köln, Frankfurt, Straßburg, Augsburg und Nürnberg leiteten vom Rat bestellte, meist patrizische ‚Bauherren" (o. ä.) das Stadtbauamt. Ihnen unterstand der jeweilige technische Leiter, der in Köln die Amtsbezeichnung „der Umlauf" trug – auch ein Hinweis auf die Lebhaftigkeit des städtischen Baubetriebs[8]. Beschäftigt wurde von den Bauämtern eine breite Palette spezialisierter Handwerker, dazu kamen die ungelernten Arbeitskräfte. In Zeiten gesteigerter öffentlicher Bautätigkeit konnte die Gesamtzahl der Mitarbeiter – wie im Augsburg des frühen 17. Jahrhunderts – 500 Personen erreichen. In sehr viel bescheidenerem Rahmen, aber doch als [352] selbständige Behörde, haben sich auch mittlere Städte, wie Konstanz oder Marburg, ein eigenes Bauamt geleistet[9].

Siegen gehört nicht zu den Orten, die sich durch besondere historische Formen der Bauorganisation auszeichnen. Die Stadt, der in einer vor kurzem erschienenen Veröffentlichung zutreffend eine „geringe Verwaltungsdifferenzierung" und eine einfache Technik der Haushaltsführung bescheinigt worden ist, kannte keine getrennten, institutionalisierten Ämter, folglich auch kein Bauamt, keinen städtischen Fuhrpark, keine dauerangestellten Handwerker. Es gab lediglich die von Bürgermeister und Rat ad hoc bestimmten Bauherren für die Durchführung konkreter Einzelobjekte[10].

Das bedeutet aber keinesfalls, daß es in Siegen nur eine reduzierte öffentliche Bautätigkeit gegeben hätte – die Stadtrechnungen des Spätmittelalters und der frühen Neuzeit belegen das Gegenteil. Neben einem insgesamt eher bescheidenen Befestigungsaufwand begegnen regelmäßig, aber natürlich in stark wechselnder Höhe, folgende einschlägige Ausgabeposten: Bauholz, Kalk, Unterhalt der Brücken, Unterhalt von Rathaus und Kaufhaus, Wasserbau, Straßenpflasterung, Brunnenbau, Wasserleitungsbau. Vor allem für die Wasserleitung, die sog. Kalberbach, sind gegen Ende des 16. Jahrhunderts größere Beträge ausgegeben worden, auch im Zusammenhang mit technischen Innovationen: Allerdings wurde der Einsatz von Eisenröhren zum Fehlschlag, weil sie dem Siegerländer Winter nicht gewachsen waren und geplatzt sind[11].

Grundsätzlich stand also die Bautätigkeit einer mittleren Territorialstadt (mit ca. 3000 Einwohnern im 16. Jahrhundert)[12] trotz fehlender Behördenorganisation, kaum hinter den großen Reichsstädten zurück, jedenfalls nicht, was die Vielfalt der Aktivitäten angeht. In der zweiten Hälfte des 16. Jahrhunderts lagen in Siegen die regelmä-

---

8   GÖMMEL, Bauwirtschaft (wie Anm. 4), S. 27–29 u. 56–64.
9   ROECK, Holl (wie Anm. 7), S. 113: ca. 550 Arbeiter im Jahr 1608. Zu den Bauämtern anderer Städte vgl. GÖMMEL, Bauwirtschaft (wie Anm. 4), S. 56ff.
10 R. S. ELKAR/G. FOUQUET, Und Sie bauten einen Turm ... Bemerkungen zur materiellen Kultur des Alltags in einer kleineren deutschen Stadt des Spätmittelalters, in: Handwerk und Sachkultur im Spätmittelalter (= Österreichische Akademie der Wissenschaften, phil.-hist. Kl. Sb. 513: Veröffentlichungen des Instituts für mittelalterliche Realienkunde Österreichs, 11), Wien 1988, S. 169–201, hier: S. 175 u. 178. Vgl. auch den Beitrag in dem Band U. DIRLMEIER/R. S. ELKAR/G. FOUQUET (Hrsg.), Öffentliches Bauen in Mittelalter und Früher Neuzeit. Abrechnungen als Quellen für die Finanz-, Wirtschafts- und Sozialgeschichte des Bauwesens (= Sachüberlieferung und Geschichte, 9), St. Katharinen 1991, S. 293–328.
11 ACHENBACH, Siegen (wie Anm. 3), Bd. 2, S. 357f.
12 ACHENBACH, Siegen (wie Anm. 3), Bd. 2, S. 275.

ßigen Bauaufwendungen bei ca. 5–19% der ordentlichen Haushaltsausgaben[13], auch das läßt sich im überörtlichen [353] Vergleich durchaus sehen: Nürnberg beispielsweise kam in der 1. Hälfte des 16. Jahrhunderts auf einen Durchschnitt von 11,6% jährlicher Bauausgaben[14]. Allerdings darf man auch die absoluten Zahlen nicht übergehen. In Siegen lagen die ordentlichen Bauausgaben (in der zweiten Hälfte des 16. Jahrhunderts) zwischen 40 und 240 Rechnungsgulden, im Schnitt bei 145 fl pro Jahr. Nürnberg steigerte dagegen den Bauetat von ca. 3000 fl im 15. Jahrhundert auf 50 000 fl zu Beginn des 17. Jahrhunderts. D. h., eine Stadt die ca. 15mal größer war als Siegen, hatte ca. 340mal höhere Bauausgaben. Vergleiche mit Städten wie Basel oder Schwäbisch Hall bestätigen zwar nicht diesen Extremwert, aber die Tendenz: Die Siegener Bauausgaben waren, auch bei Berücksichtigung der unterschiedlichen Bevölkerungsgröße, im Vergleich zu Reichsstädten unterproportional niedrig[15]. Das beleuchtet schlaglichtartig die reduzierten finanziellen Möglichkeiten einer mittleren landesherrlichen Stadt gegenüber unabhängigen Reichsstädten, deren viel umfangreicheren staatlichen Zuständigkeiten eben auch absolut wie relativ höhere Einnahmen entsprachen. So waren z. B. Nürnbergs Haushaltseinkünfte zu Beginn des 17. Jahrhunderts ca. 300mal größer als die von Siegen[16] – das erklärt mühelos die ungefähr um ebenso viel höheren Bauausgaben!

Völlig aus dem hier skizzierten einigermaßen bescheidenen Finanzrahmen städtischen Bauens in Siegen fällt nun der teilweise Neubau des Rathauses in den Jahren 1583 bis 1588. Die damalige Erweiterung des am Markt gelegenen Rathauses durch einen wesentlich größeren, rückwärtigen Gebäudeteil steht als Fallstudie im Mittelpunkt der folgenden Ausführungen. Besonders berücksichtigt werden dabei die Verdienstmöglichkeiten der Handwerker, die Durchführung und Ausstattung des Baus, Zusammenhänge zwischen Bauobjekt und der Siegener Wirtschaft. Grundlage der Untersuchung sind die Abrechnungen des Rathausbaus, die der älteren Siegener Stadtforschung [354] durchaus bekannt waren[17], die bisher m. W. aber noch nie systematisch ausgewertet wurden, wohl weil sie ausgesprochen schwierig zu lesen sind[18]. Die Knochenarbeit des Entzifferns und der Eingabe in den Computer haben meine Siegener Mitarbeiter Andreas Bingener und Detlef vom Bovert geleistet, denen auch an dieser Stelle dafür ausdrücklich gedankt sei.

---

13 StadtA Siegen, Stadtrechnungen 1578–1588.
14 GÖMMEL, Bauwirtschaft (wie Anm. 4), S. 85 (Durchschnitt der Ausgaben 1486–1551).
15 GÖMMEL, Bauwirtschaft (wie Anm. 4), S. 90f. (Schwäbisch Hall) u. 259 (Nürnberg). Zu Basel vgl. G. FOUQUET/U. DIRLMEIER, Probleme und Methoden der quantitativen Finanz- und Wirtschaftsgeschichte des Spätmittelalters: Öffentliche Finanzen und städtische Militärpolitik in Basel und Hamburg während der Jahre 1460 bis 1481, in: Geschichtswissenschaft und elektronische Datenverarbeitung, hrsg. v. K. H. KAUFHOLD/J. SCHNEIDER (= Beiträge zur Wirtschafts- und Sozialgeschichte, 36), Wiesbaden 1988, S, 175–228, hier: S. 195.
16 IRLE, Wirtschaft (wie Anm. 3), S. 217. GÖMMEL, Bauwirtschaft (wie Anm. 4), S. 86.
17 Vgl. z. B. W. GÜTHLING, Kaufhaus und Rathaus in Siegen, in: Siegerland 28 (1951) 2, S. 37–48.
18 StadtA Siegen, Rechnungen des Rathausbaus 1583/84, 1585/86, 1586/87, 1587/88.

Die Verdienstmöglichkeiten

Aussagen zur Lohn- und Kaufkraftentwicklung in Siegen sind schwierig, weil es an geschlossenen Lohn- und Preisreihen fehlt und, wie in Deutschland allgemein, natürlich auch an verläßlichen Verbrauchsangaben, erst recht an privaten Haushaltsabrechnungen. Trotzdem sind einige Beobachtungen möglich, besonders durch den Vergleich mit den Verhältnissen beim städtischen Kirchturmbau von St. Nikolai in den Jahren 1461/62, der eben von meinen Kollegen Rainer S. Elkar und Gerhard Fouquet untersucht worden ist[19].

Laut einer Vorbemerkung der ersten Rathausrechnung von 1583/84 wurden (im Februar 1583) unter den Werkleuten folgende Tagelöhne „vereinbart", wobei ein größerer Verhandlungsspielraum seitens der Arbeitnehmer nicht zu unterstellen ist: 6 ß (72 hl) für die Werkmeister, 5 ¼–5 ½ ß (63–66 hl) für die Maurergesellen, 5 ß (60 hl) für die – mit den Maurergesellen meist personenidentischen – Steinbrecher.

Die riesigen Hellerbeträge für hunderte von abgerechneten Arbeitstagen ergeben Durchschnitte von 66 bis 68 Heller, es wurden also überwiegend die höheren Löhne gezahlt. Der Tagelohn von 30 hl für Lehrjungen wird so selten verbucht, daß er hier übergangen werden kann.

Auffallend, aus der Sicht der Arbeitnehmer erschreckend, ist das Beharrungsvermögen der Nominallöhne im Vergleich zum (ebenfalls städtischen) Kirchturmbau von St. Nikolai (1461/62). Damals erhielten Meister wie Gesellen 5 ß (60 hl) am Tag. Nach 120 Jahren und trotz der bekannten „Preisrevolution" des 16. Jahrhunderts[20] hat sich (1583/84) der Lohn bei den Steinbrechergesellen nominell konstant gehalten, bei den Maurergesellen ergibt sich eine Zunahme um nur 5–10% (3–6 hl), bei den Werkmeistern stieg der Lohn um 20% (oder durchschnittlich 0,16% im Jahr!). Auch dieser Meister[355]lohn (6 ß oder ¼ Rechnungsgulden) war 1583/84 offenbar schon lange gebräuchlich; er ist auch 1512 beim Marburger Rathausbau belegt[21], anscheinend handelt es sich um einen regional üblichen, langfristig fixierten Normlohn.

Neben der außerordentlichen Konstanz der Nominallöhne ist die starke Vereinheitlichung des Lohngefüges zwischen 1461/62 und 1583/88 auffallend. Beim Kirchturmbau wurde ein vom Meister bis zum einfachsten Handlanger sechsfach abgestufter Tagelohn bezahlt, in Prozenten differierte er zwischen 100% und 30%[22]. Beim Rathausbau des späten 16. Jahrhunderts sind erstaunlicherweise die unteren Hilfsarbeiter-Lohngruppen sämtlich verschwunden, und mit ihnen auch die typischen Hilfsarbeiter des Spätmittelalters. Meister- und Gesellenlöhne differieren nur noch zwischen 100% und 87,5% (seltener auch 83,3%). Eine ausgesprochene Handlangertätigkeit wie das Mörtelrühren wurde also beim Siegener Rathausbau von Gesellen mit dem vollen Lohnsatz für gelernte Arbeit ausgeführt. Tendenziell entspricht dies offenbar einer verbreiteten Entwicklung, denn auch am Nürnberger Bauamt ging der Anteil der Hilfs-

---

19 Vgl. oben Anm. 10.

20 Man rechnet mit einem Anstieg des Getreidepreises in den Großstädten im 16. Jh. um mindestens 150%. GÖMMEL, Bauwirtschaft (wie Anm. 4), S. 217.

21 Arbeitsgruppe für Bauforschung und Dokumentation (Hrsg.), Zur Baugeschichte des Marburger Rathauses (= Marburger Schriften zur Bauforschung, 2), Marburg 1984, S. 26.

22 ELKAR/FOUQUET, Turm (wie Anm. 10), S. 185–194. Vgl. auch den Beitrag in dem Band DIRL-MEIER/ELKAR/FOUQUET, Bauen (wie Anm. 10), S. 309–320.

arbeiter von 45% im 16. auf 20% im 17. Jahrhundert zurück[23]. Die Siegener Lohnvereinheitlichung des 16. Jahrhunderts führt zu dem paradox erscheinenden Ergebnis, daß Hilfsarbeiten (wie das Mörtelrühren) gegenüber dem 15. Jahrhundert um 100% besser bezahlt wurden, während bei gelernter Arbeit der nominelle Lohnanstieg eben nur 5–20% betrug. Wir stehen hier vor einem typischen Problem bei der Auswertung von Rechnungen: Sie verraten und zwar verläßlich die Ist-Zustände, aber meist mit keinem Wort, wie und warum es dazu gekommen ist. Im vorliegenden Fall könnte man an einen Monopolanspruch der zünftigen Arbeitnehmer auf Beschäftigung und an die Ausgrenzung gesellschaftlicher Randgruppen denken, hier der ungelernten Arbeiter.

Die naheliegende Vermutung, daß sich aus der weitgehend gleichbleibenden Höhe der Nominallöhne keine entsprechende Stabilität der Kaufkraft und damit des Lebensstandards ableiten läßt, kann wenigstens punktuell erhärtet werden. Ich operiere dabei zunächst, wie allgemein üblich, mit dem einzelnen Tagelohnsatz als Vergleichsmaßstab. Ich werde anschließend aber zeigen, daß [356] mit Hilfe des Tagelohns die wirkliche Entwicklung der Einkommen nur unzureichend erfaßt werden kann.

1461/62 entsprach der Meister/Gesellentagelohn (5 ß) dem Gegenwert von ca. 6 l Wein oder 23,6 kg Roggen – ein nach der Roggenlohn-Skala von Gustav Schmoller voll ausreichender Arbeitsertrag[24]. 1548 betrug die Kaufkraft des Meisterlohns (6 ß) noch ca. 5,5 l Wein oder 17–19 kg Roggen (Gesellenlohn 5 ß: 4,6 l oder 14–16 kg). 1560 konnte man für den Meisterlohn nur noch 11–17 kg Roggen kaufen, für den Gesellenlohn (5 ß) nur noch 9–14 kg. Um 1580 schließlich war der Meisterlohn nunmehr 3,5 bis 4 l Wein wert und, um einen anderen Vergleich aus der Rechnung selbst zu geben: Die Verpflegung auswärtiger Fuhrleute, allerdings einschließlich einer sehr reichlichen Weinration von 2 Maß = ca. 3,4 l entsprach 135% des Meisterlohns.

Trotz eines Getreidepreisanstiegs zwischen 1461/62 und 1548 auf 150% zeigt die Kaufkraft des einzelnen Tagelohnsatzes in Siegen bis Mitte des 16. Jahrhunderts noch recht gute Ergebnisse und bleibt mit 14–19 kg Getreidegegenwert weit über der von Gustav Schmoller bei 10 kg Lohnäquivalent veranschlagten Dürftigkeitsgrenze. Nach der Jahrhundertmitte wird dann ein drastischer Verfall aufgrund der „Preisrevolution" erkennbar, der zu Getreideäquivalenten um 10 kg führt, wie sie für das vorindustrielle Norddeutschland des 18. Jahrhunderts als Armutsindiz nachgewiesen worden sind[25]. Im überregionalen Vergleich haben die Siegener Bauhandwerker bis zur Mitte des 16. Jahrhunderts anscheinend deutlich besser abgeschnitten als die Augsburger, bei denen schon im Schnitt der Jahre 1551–60 mit einer Maurerlohn-Kaufkraft von 9,3 kg die Dürftigkeitsschwelle deutlich unterschritten wurde. Vielleicht haben die Siegener also von ihrer Lage abseits der großen Wirtschaftszentren profitiert. Wie sehr man sich

23 GÖMMEL, Bauwirtschaft (wie Anm. 4), S. 55.
24 Nach D. SAALFELD, Die Wandlungen der Preis- und Lohnstruktur während des 16. Jahrhunderts in Deutschland, in: Beiträge zu Wirtschaftswachstum und Wirtschaftsstruktur im 16. und 19. Jahrhundert (= Schriften des Vereins für Socialpolitik, NF 163), Berlin 1971, S. 9–28, hier: S. 19. Unsere Umrechnung der Siegener Löhne in Wein- und Getreideäquivalente stützt sich auf Preisangaben in den Stadtrechnungen.
25 D. SAALFELD, Lebensstandard in Deutschland 1750–1860, in: I. BOG u.a. (Hrsg.), Wirtschaftliche und soziale Strukturen im säkularen Wandel. Festschrift für Wilhelm Abel zum 70. Geburtstag, Bd. 2 (= Schriftenreihe für ländliche Sozialfragen, 70), Hannover 1974, S. 417–443, hier: S. 417ff.

hier aber vor Verallgemeinerungen hüten muß, zeigt der Blick auf Nürnberg, wo ganz antizyklisch die Kaufkraft des Tagelohns im Bauhandwerk im 16. Jahrhundert noch, gemessen am Getreidepreis, um 13 % gestiegen ist[26]!

[357] Wie schon angedeutet, enthalten die Siegener Bauabrechnungen aber auch Hinweise, wie fragwürdig es überhaupt ist, die materielle Lage der Bauarbeiter allein von ihrem Tagelohn her beurteilen zu wollen.

Für die Frage nach den wirklichen Verdienstmöglichkeiten ist ja gerade im Baugewerbe neben der Höhe des einzelnen Tagelohnsatzes entscheidend, wie lange die Arbeitssaison war, an wie vielen Tage tatsächlich gearbeitet werden konnte[27]. Unsere Rechnungen führen in dieser Frage zu bemerkenswerten Ergebnissen: 1461/62 dauerte beim Bau des Kirchturms von St. Nikolai die Saison 26 Wochen zu durchschnittlich 5,1 Arbeitstagen – die 5-Tagewoche kann also als Norm veranschlagt werden. Bei rechnerisch möglichen 133 Arbeitstagen erreichte der am kontinuierlichsten beschäftigte Handwerker 113 Tagelöhne[28].

1583/84 haben in Siegen die Maurer im regelmäßigen Tagelohn von der ersten Märzwoche bis Mitte Oktober gearbeitet, also 33 Wochen. Für die Zimmerleute dauerte die Saison von Mitte März bis Ende November, also 38 Wochen (knapp 50 % länger als 1461/62). Da im Schnitt an 5,9 Tagen pro Woche gearbeitet wurde – dazu unten weitere Erläuterungen – betrug die rechnerische Höchstzahl an Arbeitstagen 224 oder 68 % (zwei Drittel) mehr als 120 Jahre davor.

Wie damals, war auch beim Rathausbau ab 1583 die Fluktuation unter den Handwerkern groß. Von den insgesamt – nie gleichzeitig! – bezahlten ca. 48 Maurern und 29 Zimmerleuten waren viele nur wenige Tage oder Wochen beschäftigt. Ebenso wie 1461/62 gab es aber auch Personengruppen (Meister und Gesellen) und Individuen in durchgehender Tätigkeit. Die höchste einzeln erreichte Zahl von 186,5 Tagelöhnen liegt tatsächlich wesentlich, um 65 % höher als 1461/62. Und mit individuell nachgewiesenen durchschnittlich 5,66 tatsächlich erreichten wöchentlichen Arbeitstagen geht die Tendenz eindeutig zur 6-Tagewoche. Das läßt sich noch erhärten: Ein Vergleich der Arbeitstage der meistbeschäftigten Handwerker 1583/84 zeigt, daß Fehltage offenbar persönlich bedingt sind. In 85 % der nachgeprüften Wochen wurde – wenn auch eben nicht von allen – an 6 Tagen gearbeitet. Weniger als 5 Arbeitstage pro Woche hat es, im Gegensatz, zu 1461/62, nicht mehr gegeben, [358] die durchschnittliche Arbeitswoche dauerte, wie schon erwähnt, 5,9 Tage. Damit sind, zumindest rechnerisch, pro Jahr bis über 300 Arbeitstage möglich, gegenüber der vorreformatorischen Zeit mit ca. 260 Tagen eine Steigerung auf 115 %[29].

---

26   GÖMMEL, Bauwirtschaft (wie Anm. 4), S. 217.
27   Vgl. dazu U. DIRLMEIER, Zu Arbeitsbedingungen und Löhnen von Bauhandwerkern im Spätmittelalter, in: R.S. ELKAR (Hrsg.), Deutsches Handwerk in Spätmittelalter und Früher Neuzeit. Sozialgeschichte – Volkskunde – Literaturgeschichte (= Göttinger Beiträge zur Wirtschafts- und Sozialgeschichte, 9), Göttingen 1983, S. 35–54, hier: S. 39.
28   ELKAR/FOUQUET, Turm (wie Anm. 10), S. 180f.
29   Vgl. auch DIRLMEIER, Arbeitsbedingungen (wie Anm. 27), S. 42. Nach GÖMMEL, Bauwirtschaft (wie Anm. 4), S. 207 stieg im nachreformatorischen Nürnberg die Zahl der Arbeitstage pro Jahr von 260–264 auf ca. 294 (= rd. 112 %).

Der Zunahme der tatsächlich nachweisbaren Arbeitstage in den Siegener Baurechnungen entspricht natürlich auch die Höhe der erzielten Spitzeneinkünfte. Der
meistbeschäftigte Maurergeselle bezog 1583 mit 32,2 fl um nominell 46% mehr als
sein entsprechender Kollege 1461/62. Das höchste Einkommen eines Zimmergesellen
lag beim Rathausbau mit 43,8 fl sogar zweieinhalbmal höher (257%) als beim Kirchturmbau, und war doppelt so hoch wie der damals vom Werkmeister erzielte Gesamt-
lohn!

Trotz der fast gleich gebliebenen nominellen Tagelohnsätze hat es bei den tatsächlich erzielten Lohneinkommen also ganz eindeutige Veränderungen gegeben. Entsprechend müßten die Lohnvergleiche auf der Basis der Kaufkraft einzelner Tagelohnsätze revidiert werden. Die hier ermittelte individuelle Steigerung der Gesamteinkünfte aus vergleichbarer Lohnarbeit von 48–250% in zwei Einzelfällen reicht aber
natürlich nicht aus, um damit einen Siegener Durchschnittswert für die Jahre 1460–
1583 zu bilden. Trotzdem ist das Ergebnis über den lokalen Bezug hinaus wichtig: Es
erschüttert die verbreitete Zuversicht, mit Hilfe einzelner Tagelohnsätze verläßliche
Daten zur materiellen Lage von Lohnempfängern ermitteln zu können.

Im übrigen geben auch die Siegener Baurechnungen von 1461/62 wie die von
1583–88 keine exakten Anhaltspunkte dafür, wie weit die Lohnsumme einer Bausaison mit den tatsächlichen bzw. rechnerischen Jahreseinkünften eines Bauhandwerkers
gleichzusetzen ist. Vereinzelte Hinweise auf Winterarbeit und (winterliche?) Neben-
beschäftigungen beispielsweise von Dachdeckern zeigen aber, daß nicht mit genereller
Arbeitslosigkeit während der Baupausen zu rechnen ist. Das Fehlen gesicherter Ge-
samtjahreseinkünfte macht die Beurteilung der Daseinsbedingungen von Arbeitskräften mit tageweiser Entlohnung zusätzlich unsicher, das sollte bei den manchmal apo-
diktischen Äußerungen zum Verlauf des säkularen Trends nicht übergangen werden.

Unbezweifelbar ist aufgrund der Abrechnungsergebnisse freilich: Der nachrefor-
matorische Arbeitsalltag war auch in Siegen einförmiger und grauer geworden. Der
Verlust der 5-Tagewoche durch Abschaffung der Feiertage müßte entsprechend den
Interessenschwerpunkten einer auf Freizeit ausge[359]richteten Industriegesellschaft
sogar als markanter Verlust an Lebensqualität bezeichnet werden. Ob aber von den
Menschen des 16. Jahrhunderts demgegenüber die Möglichkeit zum Mehrverdienst
durch zusätzliche Arbeit nicht doch eher positiv gesehen worden ist, muß mangels
zeitgenössischer Zeugnisse offenbleiben. Freudige offizielle Kommentare zur Abschaffung der Heiligentage aus reformierten Städten dürfen jedenfalls nicht unbesehen
mit der öffentlichen Meinung gleichgesetzt werden[30]. Doch bleibt das Faktum, daß
durch die Entwicklung der Gesamtarbeitszeit im 16. Jahrhundert ein gewisser Aus-
gleich für die Folgen der Preisrevolution erreicht werden konnte.

Zum Neubau des Rathauses

Nach diesen Überlegungen über die Baulöhne in Siegen einige Beobachtungen dazu,
wofür sie ausgegeben wurden: Welche Planungszeiten und -schritte dem Siegener Rat-
hausumbau von 1583/88 vorausgegangen sind, wissen wir wegen des Fehlens von

---

30 DIRLMEIER, Arbeitsbedingungen (wie Anm. 27), S. 40.

Ratsprotokollen nicht. Nach den vorliegenden Abrechnungen[31] begann man unter der Leitung der vier vom Rat ernannten Bauherren – die alle Ratsmitglieder waren – im Frühjahr 1583 mit der Beschaffung des Bauholzes, wohl überwiegend Eiche. Dazu wurden in Entfernungen bis ca. 30 Kilometer geeignete Bäume ausgesucht bzw. von Förstern angewiesen. Nach dem Fällen wurden die Stämme dann von den zum Bau angestellten Zimmerleuten noch im Wald zur Weiterverarbeitung vorbereitet. Über 100 Stämme, darunter mindestens 25 als Geschenke umsitzender Adliger, brachte man auf den Weg zur Stadt. Den Transport besorgten Fuhrwerke aus den jeweils nächstgelegenen Dörfern. Außer diesen 100 Stämmen wurden u.a. auch 14909 Fuß oder ca. 4500 laufende Meter Dielen und Latten verbraucht.

Wohl gleichzeitig, die Rechnung gibt hier keine Tagesdaten, begannen die Steinbrecher/Maurer mit der Materialbeschaffung in der Steinkaute, auch Sand und Kalk wurden besorgt. Insgesamt verzeichnen die Baurechnungen für solche Materialtransporte ca. 360 Pferdefuhrtage: Zusammen mit den Bauholzfuhrwerken ein Verkehrsaufkommen, das den Rathausneubau für jeden Siegener sieht- und hörbar machen mußte. Übrigens kostete der Pferdefuhrtag mit 144 hl für Pferd und Fuhrmann exakt zwei Werkmeistertagelöhne. Wie in Nürnberg, wo der Unterhalt der stadteigenen Pferde im [360] Bauamt 90% des wöchentlichen Meisterlohns kostete, war der Pferdetransport also eine teure Angelegenheit[32].

Wie zuvor bei den Löhnen schon erwähnt, begann Anfang März 1583 die regelmäßige Arbeit der Zimmerleute und Maurer/Steinbrecher, damals wurde also wohl die eigentliche Baustelle eröffnet. Nach vorbereitenden Abbruchaktionen – die Rechnung notiert den Abtransport von Schutt und den Verkauf von Altmaterial – wurde in der Woche vom 13. bis 18. Mai *der erste Stein* verlegt. Nach dem Abschluß der Maurerarbeit wohl am 13. Oktober (die Rechnung notiert: *zum beschluß der Mauer*) wurden *das erste gebälk* und dann *das zweite gesetz* gehoben und am 30. November/1. Dezember 1583 das Richtfest gefeiert. In durchaus spätmittelalterlicher, vorreformatorischer Tradition wurden – auch dies gehört zum Handwerkeralltag – bei Gelegenheit solcher Bauabschnitte vom Rat an die Bauarbeiter Wein-, Geld- und Mahlzeitgeschenke verteilt. Zum Richtfest wurde auf dem Rathaus sogar eine gemeinsame Mahlzeit der Spitzen des Stadtregiments mit den Zimmerleuten abgehalten. Der Aufwand von rund 14 fl = 56 Meistertagelöhnen deutet auf eine recht fröhliche Feier, die unter solchen Aspekten auch als Indiz für eine wenigstens partielle Integration zwischen Angehörigen der Führungsschicht und der Handwerkerschaft gewertet werden kann.

Insgesamt wurden im ersten Jahr des Rathausbaus gleichzeitig bis zu 22 Maurer unter dem Werkmeister Gottschalk und bis zu 18 Zimmerleute unter dem Werkmeister Jost eingesetzt. Die insgesamt also bis zu 40 gelernten Bauhandwerker sind eine stattliche Zahl; zum Vergleich: Beim Nürnberger Rathausneubau 1620, der mindestens 40-mal teurer war als der in Siegen, wurden nur zweieinhalbmal soviel Maurer und Zimmerleute eingesetzt[33]. Der, wie man also sagen kann, massive Einsatz von Arbeits-

---

31 Zugrunde liegen weiterhin die Rechnungen des Siegener Rathausbaus. Vgl. oben S. 117 mit Anm. 18.
32 GÖMMEL, Bauwirtschaft (wie Anm. 4), S. 128. Der Einsatz von Ochsen als billigere Zugtiere ist für den Siegener Rathausbau nicht belegt.
33 GÖMMEL, Bauwirtschaft (wie Anm. 4), S. 46: 70 Steinmetze/Maurer und 30 Zimmerleute.

kräften in Siegen diente offenbar dem Zweck, den Rohbau schon während der ersten Bausaison hochzuziehen und unter Dach zu bringen, was auch gelang: Mit zwei Gesellen und einem Lehrling führte Meister Conrad Leyendecker die Schieferdeckung aus, in Verding – also zu einem festen Gesamtpreis für Arbeit und Material – nicht im Tagelohn. Man nahm dabei in Kauf, daß später (im Winter 1586!), beim Einbau der Kamine, das Dach nochmals aufgebrochen werden mußte. Der nachträgliche Einbau der Schornsteine ist aber beispielsweise auch bei den Marburger Rathausneu- und -umbauten des [361] 16. Jahrhunderts zu beobachten[34]: Es handelte sich also in Siegen bei der vorzeitigen Dacheindeckung nicht um einen Planungsfehler, sondern um eine gewollte Maßnahme zum Schutz des Rohbaus und im Interesse der Innenarbeiten. Das neue Siegener Rathaus war zweifellos, im Gegensatz zu Marburg, kein reiner Steinbau, sondern mit Fachwerk kombiniert. Die kurze Bauzeit, die Menge des verbrauchten Bauholzes, die Dauer der Zimmermannsarbeiten, die zahlreichen Lehmfuhren, die Rechnungsnotizen über das Heben von *gebälk und gesetz*, schließlich die Verschieferung eines Teils der Außenwände (1585) sprechen eindeutig für die Verwendung der Fachwerktechnik. Bezeichnend auch, daß man, anders als beim Steinbau in Marburg, offenbar ohne Baukran ausgekommen ist.

Für das zweite Baujahr (1584/85) fehlt leider die Abrechnung. Wir haben nur eine Notiz aus dem Ratsbuch vom Sommer 1584, wonach das Rathaus *ganz herrlichen und mit großen Kosten* erbaut sei[35]. Damit kann aber nur der Rohbau gemeint sein, denn mit den nachfolgenden Rechnungen der Jahre 1585 bis 1588 kann der weitere Innenausbau verfolgt werden, auch Einblicke in das Raumprogramm sind möglich: Im gemauerten Erdgeschoß waren die Verkaufsbänke der Metzger (die *Fleischschirn*) untergebracht; der Raum war steingepflastert und eingewölbt, die Fenster waren mit Eisen vergittert. Auf der gleichen Ebene befanden sich auch die *Deutsche Schule* und das *Salzhaus*, d.h. das Verkaufslokal der Salzhändler. Auf diese Lösung war der Rat übrigens besonders stolz: Die armen Salzhändler, die bisher *undern bloßen himmell im Regen und Kott gestanden haben*, hätten nun einen trockenen Stand[36]. Allerdings sollte damit – wie bei den Metzgern – eine Gebührenerhöhung für das neue Verkaufslokal begründet werden, so daß die Argumentation nicht ganz unverdächtig ist. Über der Fleischschirn lagen zwei *Stuben* mit unklarer Zweckbestimmung und das *Tanzhaus*, d.h. ein Saal zur Veranstaltung auch privater Feste, besonders von Hochzeiten. Nebenbei: Im Spätmittelalter ist die Zulassung zum Tanz auf dem Rathaus ein hochrangiges innerstädtisches Merkmal der sozialen Abgrenzung[37]. In der frühen Neuzeit kommt dazu ver[362]stärkt das Motiv der obrigkeitlichen Überwachung. Das oberste Geschoß schließlich war dem großen bzw. neuen Ratssaal vorbehalten, der durch zwei Treppen erschlossen wurde. Der Dachstuhl darüber war sicher, wie allgemein üblich, zur Einla-

---

34 Baugeschichte (wie Anm. 21), S. 39 u. 76.
35 StadtA Siegen, Ratsbuch zu 1584. W. GÜTHLING, Geschichte der Stadt Siegen im Abriss, Siegen 1955, S. 38.
36 Vgl. auch GÜTHLING, Kaufhaus (wie Anm. 17), S. 41.
37 Zum Rathaussaal als Festsaal beispielsweise: H.E. SPECKER, Das Bauwesen der Städte, in: W. BERNHARDT (Hrsg.), Acht Jahrhunderte Stadtgeschichte, Sigmaringen 1981, S. 112–132, hier: S. 122. SCHATTENHOFER, Rathaus (wie Anm. 7), S. 162. ACHENBACH, Siegen (wie Anm. 3), Bd. 1, S. 96f.

gerung von Vorräten bestimmt[38]. Zur Außenansicht können wir nur sagen, daß das Dach mit Gauben verziert war, die in der Rechnung als *welsche Giebel* bezeichnet werden, also besonders geformt waren, ferner, daß es – wohl im ersten Obergeschoß – einen oder mehrere Erker gab, und daß die einfach, nicht bunt verglasten Fenster Oberlichter aufwiesen. Wie das aus den Rechnungen ersichtliche Raumprogramm zeigt, das dem des Marburger Rathauses weitgehend ähnlich ist[39], handelte es sich also nicht um einen reinen Verwaltungspalast, sondern um das Wirtschaft- und Kommunikationszentrum der Stadt Siegen.

Zum weiteren Innenausbau bringen die Rechnungen eine Fülle von Einzelangaben, doch bleiben vor allem die Notizen zur Raumausstattung auffallend lückenhaft: Tische und Bänke für *Deutsche Schulstube* und Ratssaal, Kachel- und Eisenöfen, ein Ahorntisch – das kann kaum die gesamte Inneneinrichtung gewesen sein. Ich will aber nur noch einiges zur Bautechnik und Baugestaltung besonders hervorheben: Das Fachwerk wurde mit der üblichen Lehm-Stroh-Mischung ausgekleidet. Auffallend dagegen ist, daß zur Herstellung des Kalk-Sand-Verputzes große Menge Tierhaare verbraucht wurden, die Rechnung notiert 1585 Einkäufe von mehr als 1000 Pfund. Diese spezielle Beimischung für ein rißloses, festes Abbinden wurde z. B. beim Augsburger Rathausbau des Elias Holl 1616 für die besonders belasteten Kellergewölbe verarbeitet[40]. Die buchstäblich flächendeckende Anwendung in Siegen ist sicher mit der bequemen Verfügbarkeit des Rohstoffs Haare durch das stark besetzte Gerbergewerbe zu erklären. Gestrichen wurden die Wände übrigens mit einer Kalk-Leim-Farbe.

Die Einplanung von Entsorgungseinrichtungen belegt die Ausgabennotiz für einen Stein *zur cloack*. Dagegen gibt es keinen Hinweis für einen Anschluß an die nahe Wasserleitung, obwohl der Nutzen z. B. für die Metzgerverkaufsstände ja auf der Hand liegt. Allerdings kann man aus dem Schweigen der Rechnung nicht unbedingt auf das Fehlen der Einrichtung schließen.

Das Bemühen um eine den örtlichen Klimaverhältnissen angepaßte, solide Bauqualität bezeugen z. B. die Blechverkleidungen der Fensterbretter und die [363] bereits erwähnte Teilverschieferung der Außenwände. Ganz auffallend tritt demgegenüber das dekorative, erst recht das künstlerische Element zurück – ob aus erzwungener oder freiwilliger Sparsamkeit, muß offenbleiben. Jedenfalls findet sich keinerlei Hinweis auf Figurenschmuck am Rathaus. Immerhin leistete man sich 1594/95 noch ein Uhrtürmchen, das mit einem in Frankfurt erstandenen Uhrwerk bestückt wurde. Dieses Türmchen baute man aber in den Giebel der alten, 1583/88 stehengebliebenen Rathaushälfte ein vorne nach dem Markt zu[41]. Beim Innenanstrich des Hauses wird wenigstens eine gewisse Farbenfreude erkennbar. Neben Leinöl, Leim, Terpentin, Alaun kaufte man nämlich, überwiegend auswärts, Ockergelb, rote Mennige, blaue Glasur, Himmelblau, Spangrün. Der repräsentativste Innenraum, der große Ratssaal, war weitgehend vertäfelt. Zwar offensichtlich ohne Schnitzwerk, aber ebenfalls in Farbe gefaßt, denn zum *Getafel in der großen Stube* wurde unter anderem Safran als Gelbfarbe verwendet. Außerdem wurde hier auch Wandmalerei zur Dekoration einge-

---

38 So z. B. auch in Marburg: Baugeschichte (wie Anm. 21), S. 48.
39 Baugeschichte (wie Anm. 21), S. 45–48.
40 ROECK, Holl (wie Anm. 7), S. 141 u. 203.
41 ACHENBACH, Siegen (wie Anm. 3), Bd. 2, S. 352f. GÜTHLING, Kaufhaus (wie Anm. 17), S. 46.

setzt. Insgesamt kann aber gar keine Rede davon sein, daß figürliche Wandmalereien und Bilderschmuck auch nur im entferntesten die Rolle gespielt hätten wie z. B. bei den Rathausbauten des 16. Jahrhunderts in Nürnberg und Basel, wo Dürer und Holbein beteiligt waren[42]: Ein Geschenk an den Maler, der *etliche stuck an eine tafel gemalt hat*, Ausgaben von 100 ß (immerhin 16 Meistertagelöhne) für *etliche Stuck* in der Ratsstube, der Rahmen für ein Ölbild auf Leinwand, neue Leisten zu *den großen tafeln* (möglicherweise eine Passionsdarstellung von 1515, die später – 1616 – nach Heidelberg kam?[43]), schließlich etwas Dekorationsmalerei in der *hintersten Stube* – das sind die einzigen Arbeiten, die mit der künstlerischen Innenausstattung des Siegener Neubaus zu tun haben. Insgesamt wurden dafür nur rund 13 fl aufgewendet, das sind 0,3 % der Gesamtausgaben, wozu jeder weitere Kommentar überflüssig ist. Der ganz auf das Praktische ausgerichteten Bauweise entspricht es auch, daß rund 52 % der Kosten auf Lohnzahlungen entfallen. Dagegen erreichten bei den öffentlichen Bauten [364] Nürnbergs im 16. Jahrhundert die Löhne und Gehälter nur einen Anteil von 30 %[44].

Sicher kein Indiz für ortstypische Sparsamkeit, sondern ein allgemein verbreitetes Merkmal vorindustrieller (Mangel-) Gesellschaften ist dagegen die in den Siegener Baurechnungen vielfach greifbare hohe Bedeutung des Materialwertes, oder, wenn man so will, der sehr behutsame Umgang mit Ressourcen: Alles Abbruchholz konnte noch als Brennholz verkauft werden, selbstverständlich hatte Metallschrott noch seinen guten Wert: 16 Pfund altes Bleirohr erbrachten z. B. 16 ß, das entspricht immerhin gut 2½ Meister-Tagelöhnen! Der wohl verblüffendste Tatbestand ist aber: In riesigen Mengen, ca. 30000 Stück, wurden alle Decknägel (vom abgebrochenen Dach) wiederverwendet. Für das Geradeklopfen *(strecken)* von 1000 Stück wurden 15 hl bezahlt. Das lohnte sich für den Bauherrn, denn neu eingekaufte Decknägel kosteten 70 – über 80 hl das Tausend; für das Geradeklopfen war also nur ein Fünftel (20 %) des Neupreises aufzuwenden. Man sollte aber auch bedenken, daß ein Mensch 4000 bis 4500 Nägel glatthämmern mußte, um auf den Tagelohn eines gelernten Bauhandwerkers zu kommen. Das läßt dann doch fraglich erscheinen, ob solche Sparsamkeit im Umgang mit Material vor dem Hintergrund der vielgeschmähten Überflußgesellschaft idealisiert werden darf.

Zusammenhänge zwischen dem, gemessen an den örtlichen Verhältnissen, Großunternehmen des Siegener Rathausbaus und der Wirtschaft der Region lassen sich teils unmittelbar aus den Rechnungen ableiten, teils erschließen. Die Baukosten der Jahre 1583–88 – nachweisbar sind, wie mehrfach erwähnt, 3800 fl, aber ein ganzer Rechnungsjahrgang fehlt – entsprechen ungefähr den ordentlichen städtischen Einnahmen aus drei Haushaltsjahren. Rein rechnerisch wurde gut 1 fl pro Kopf der ca. 3000 Einwohner ausgegeben. Tatsächlich sind in den Abrechnungen rund 250 Personen im Zusammenhang mit dem Rathausbau namentlich faßbar, ganz überwiegend Einheimi-

---

42 M. MENDE (Bearb.), Das alte Nürnberger Rathaus. Baugeschichte und Ausstattung des großen Saales und der Ratsstube, Bd. 1, Nürnberg 1979, S. 38–88 (Rathausausstattung unter Mitarbeit Dürers). R. WACKERNAGEL, Geschichte der Stadt Basel, Bd. 3, Basel 1924 (ND Basel 1968), S. 271–282 (Bildausstattung des Rathauses). E. LANDOLT, Das Rathaus als künstlerischer Auftrag: Die Ausstattung im 16. und 17. Jahrhundert, in: Das Basler Rathaus, Basel 1983, S. 43–64.

43 ACHENBACH, Siegen (wie Anm. 3), Bd. 2, S. 337f.

44 GÖMMEL, Bauwirtschaft (wie Anm. 4), S. 99.

sche, darunter 3% Frauen. Das bedeutet, daß bei einer unterstellten Haushaltsgröße von durchschnittlich 3,5 Personen ein knappes Drittel (ca. 30%) der Siegener Bevölkerung unmittelbar, nicht nur als Zuschauer, mit dem Rathausbau in Berührung gekommen ist und davon unmittelbar profitiert hat. Natürlich in ganz unterschiedlichem Ausmaß, aber doch bis hin zum Bezug zweistelliger Guldenbeträge – wie erwähnt bei den meist beschäftigten Handwerkern, aber auch bei Fuhrunternehmern nachweisbar. Darunter findet sich z. B., nicht [365] ganz unverdächtig, der reiche Siegener Thomas Pithan, der zugleich Bauherr, also sein eigener Auftraggeber war. Doch ist hervorzuheben, daß die Rechnungen insgesamt einen sehr korrekten Eindruck vermitteln. Die Lohnkosten – wie erwähnt 52% der Bausumme – und die Materialausgaben für den Rathausbau sind ganz überwiegend Einwohnern der Stadt selbst und der unmittelbaren Umgebung zugute gekommen. Ohne jede Möglichkeit, den Einfluß dieser öffentlichen Investitionen auf das Siegener Bruttosozialprodukt beziffern zu können, darf man doch einen spürbaren Impuls vermuten. Umgekehrt erlaubt der vielleicht absichtlich lokalkonzentrierte Ausgabenschwerpunkt den Schluß, daß die Wirtschaft der Stadt und ihrer Umgebung von ihren Strukturen und Kapazitäten her in der Lage war, ein großes Bauprojekt weitgehend autark durchzuführen – natürlich unter Verzicht auf die Extravaganzen großer Städte. Die wenigen Ausnahmen von dieser Autarkie der örtlichen Bauwirtschaft sind teils von vornherein zu erwarten (und genauso auch andernorts anzutreffen), teils sind sie auch überraschend:

Es entspricht verbreiteter Praxis, daß in begrenztem Umfang auch auswärtige Arbeitskräfte beschäftigt wurden oder werden mußten. Wohl um den Rohbau noch rechtzeitig abschließen zu können, wurde so in Siegen zum 1. Oktober 1583 ein Zimmermeister aus Hachenburg samt Sohn und drei Gesellen eingestellt. Genauso haben aber auch Siegener auswärts gearbeitet, etwa beim Marburger Rathausbau 1512[45]. Ein Großauftrag zur Anfertigung von 51 Fenstern einschließlich Verglasung wurde nach Herborn vergeben, vielleicht, weil gleiche Leistungen örtlich nicht zu haben waren: Man muß einfach davon ausgehen, daß in einer kleinen Mittelstadt die Differenzierung und Spezialisierung der Bauhandwerke nur in Grenzen möglich war. Völlig normal ist es auch, daß viereinhalb Zentner Blei (vielleicht für Dachrinnen) aus Köln besorgt werden mußten und daß die benötigten Malerfarben überwiegend nicht in Siegen selbst zu beschaffen waren. Keinesfalls war es aber so, daß nur einfachste Rohstoffe wie Holz, Steine, Sand und Lehm örtlich bezogen werden konnten. Aus Siegen selbst kamen z. B. die glasierten Ofenkacheln und, bei der Tradition des Eisengewerbes naheliegend, Schmiedeprodukte wie Türbeschläge, Schlösser sowie Maueranker und Ringanker für Gewölbe. Umso überraschender ist es, daß ausgerechnet die Nägel zum Schieferdecken nur zu einem Bruchteil bei heimischen Schmieden gekauft wurden. Soweit man nicht auf die erwähnten Altnägel in Zweitverwendung zurückgriff, wurde der Bedarf zum überwiegenden Teil durch einen Großein[366]kauf auf der Frankfurter Messe gedeckt – nicht weniger als 160 000 Stück! Offensichtlich fehlte es hier an einem entsprechenden örtlichen Angebot[46]. Zumindest von den heutigen Gegebenheiten

---

45 Baugeschichte (wie Anm. 21), S. 27.

46 Auf möglicherweise fehlende Leistungsfähigkeit des örtlichen Gewerbes deutet auch hin, daß die in Frankfurt gekauften Nägel pro 1000 Stück 83 hl kosteten, Decknägel von Siegener Schmieden aber, trotz der wegfallenden Transportkosten, bis über 6% teurer waren. Nach den Notizen der

her ist auch der zweite Siegener en-gros-Einkauf auf der Frankfurter Messe genauso unerwartet: Man bezog 466 Tannenbretter, ausdrücklich in guter Qualität, die wohl zur Vertäfelung des Ratssaales bestimmt waren. Nachdem die übrigen Bau- und Schreinerhölzer, z. B. Ahorn, lokal bezogen werden konnten, bleibt nur eine Erklärung: Es hat damals in der näheren Umgebung keine Nadelholzbestände gegeben, jedenfalls nicht als Hochwald. Der Holzeinkauf in Frankfurt belegt übrigens auch die infrastrukturellen Transportprobleme bei Massengütern: Die Tannenbretter kosteten auf der Messe rund 29 fl, aber Fuhrlöhne in Höhe von knapp 35 fl verteuerten den Einkauf bis Siegen um 117% auf mehr als das Doppelte. Siegens Solitärlage hatte also schon in vorindustrieller Zeit ihren Preis.

Es bleibt die Frage, woher die mindestens 3800 fl Rathausbaugelder kamen, die zum größten Teil in die Siegener Bauwirtschaft geleitet worden sind. Hier ergeben sich Probleme, die einstweilen nur andeutungsweise geklärt werden können. Denn: Zwischen den Haushaltsabrechnungen der Stadt (Hauptrechnung) und den Sonderrechnungen des Rathausbaus fehlt nämlich zunächst jede erkennbare Kommunikation mit einer einzigen Ausnahme, und die betrifft einen Betrag von 284 fl, und das sind nur 7,5% der nachgewiesenen Bauausgaben. Die Bauherren erhielten als Einnahme – von geringen Kreditaufnahmen abgesehen – Bargeld aus den Händen der Bürgermeister, aber diese Summen sind in der Hauptrechnung nicht als Ausgaben verbucht. Dazu kommt noch, daß parallel zum Bau kein Anwachsen der städtischen Verschuldung feststellbar ist. Ganz im Gegenteil: Siegen hatte zu Beginn der Bauarbeiten am Rathaus in seiner Hauptrechnung einen Negativsaldo (den sog. Rezeß) in Höhe von mehr als 2000 fl aufzuweisen. Mit Hilfe einer drastischen Erhöhung der Getränkesteuer, deren Ertrag von ca. 400 fl jährlich bis 1584 auf das Maximum von 1235 fl (= 308%) gesteigert wurde, konnte gleichzeitig mit dem Rathausbau der Negativsaldo abgebaut werden und 1585 erzielte man sogar erstmals einen Haushalts-Überschuß.

[367] Für diesen unerwarteten Befund bleibt nur eine Erklärung: Die Stadt Siegen muß über Einkünfte bzw. Geldreserven verfügt haben, die – um sie gegenüber dem Landesherrn zu verschleiern? – nicht in den Hauptrechnungen der Stadt erscheinen. Eine dieser zusätzlichen Geldquellen für den Rathausneubau war offensichtlich die Zollkiste. Nach den aus dieser Zeit erhaltenen Zollrechnungen[47] wurden 1583/84 aus der Zollkiste an die Bauherren des Rathauses insgesamt 1048 fl 21 ß ausbezahlt, das sind 43% der Einnahmen, die in der Baurechnung des gleichen Jahres verbucht sind. Für das Jahr 1584/85 fehlen sowohl Zoll- als auch Baurechnung, 1585/86 wurden dann aus der Zollkiste 788 fl 18 ß 6,5 hl für den Rathausbau ausbezahlt, dessen Rechnung allerdings nur Einnahmen in Höhe von 756 fl 18 ß 7 hl nachweist. Die Kommunikation zwischen den verschiedenen Rechnungen der Stadt Siegen ist also ganz eindeutig gegeben, doch bestehen rechnerische Diskrepanzen, die sich derzeit noch nicht restlos aufklären lassen. Aber wie auch immer diese Lösung aussehen wird, fest steht schon jetzt: Selbst im zunehmend fürstlich-obrigkeitlich bestimmten 16. Jahrhundert konnte

---

Siegener Stadtrechnungen stieg der Preis für Siegener Decknägel von 41 hl pro Tausend (1500) auf 88,5 hl (1583) = 215%. Für den Hinweis danke ich Andreas Bingener.

47 StadtA Siegen, Zollrechnungen 1583/84, 1585/86, 1586/87. Für den Hinweis auf diese Rechnungen danke ich Herrn Fritz Weber, Siegen.

auch eine kleinere Territorialstadt wie Siegen mit Hilfe ihrer geschickten Haushalts-politik noch finanzielle Freiräume offenhalten und eigenverantwortlich handeln.

Die Siegener Rathausbaurechnungen vermitteln Einblicke in die Alltagsrealität der Stadt und in Wirtschaftsabläufe der Region in der Vergangenheit – das hat seinen Reiz und historischen Wert an sich. Darüber hinaus kann in einer so weitgehend kriegszerstörten Stadt wenigstens eine gewisse, wenn auch abstrakte, Kontinuität zu Bauleistungen der Vergangenheit hergestellt werden. Und es hat nichts mit Glorifizie-rung fernliegender Zeiten zu tun, wenn ich die Ansicht äußere, daß es Achtung ver-dient, wie hier in materiell unvergleichlich viel beengteren Zeiten das städtebauliche Großprojekt eines Rathausneubaus durchgeführt worden ist.

III. Alltag, Konsum und materielle Lebensbedingungen

Die Ernährung als mögliche Determinante der Bevölkerungsentwicklung

Abstract

The frequently assumed interrelation between medieval population movements and food supplies seems to be a logical explanatory approach. Considerable difficulties, however, arise when exact proof of causality is to be provided. Thus, the synergism between starvation and death rates is fiercely disputed especially in the latest research. In addition, medieval historians encounter the problem of incomplete source material. It is a fact that in the centuries of the Middle Ages there were numerous famines and food supply crises of varying frequency, often accompanied by epidemics with a rise of death rates. Only with the assistance of medical research can the historian understand the mechanism and the consequences for demographic development.

This also applies to the effects of the long term development of the food situation. Today historians often no longer consider the permanent shortage, the chronic malnutrition as typical but the instability of provisions, the swift alternation between good and bad years. Special attention should be paid to food impurities in the broadest sense as a possible threat to the population development. Reference for this fact ranges from spoilt bread grain to the use of polluted drinking water.

Attempts to presume a demographically relevant abuse of everyday and luxury food (health hazards due to super-abundance) can be rejected. Available consumption rates for grain and meat are indeed higher than those of early industrial times, but items of reference for real excess must be seen as isolated cases. This also applies to the consumption of alcoholic drinks: true, there is frequent reference to the average per year consumption of many a hundred litres of wine and beer, but it should be considered that they certainly were of low alcoholic strength.

From a historian's point of view nutrition was on the whole only one of the risks in the lives of medieval men and women. The complete correlation between living conditions in the past and demographic development can only be cleared up interdisciplinarily.

Der langfristige Trend der mittelalterlichen Bevölkerungsentwicklung – Wachstum vom 10. bis Ende des 13. Jahrhunderts, anschließend Rückgang bis über die Mitte des 15. Jahrhunderts hinaus – gilt heute in der Forschung als gesicherte Tatsache, auch wenn die exakte Quantifizierung der Bevölkerungshöhe nach wie vor Probleme bereitet. Ein in sich schlüssiger, griffiger und dementsprechend häufig herangezogener Erklärungsansatz verknüpft die Bevölkerungsbewegung mit der Entwicklung der Agrarwirtschaft, d.h. die Zu- und Abnahme der Bevölkerungsdichte wird von einem zu- bzw. abnehmenden Nahrungsmittelangebot abhängig gemacht[1]. Trotz der Logik [144] des dabei zugrunde liegenden Malthusianischen Gesetzes vom Gleichgewicht zwischen Nahrungsvorrat und Bevölkerungsgröße bleibt es eine Forschungsaufgabe, die von ihrer befriedigenden Lösung, die notwendigen Kausalverbindungen exakt nachzuweisen oder das ganze Erklärungsmodell zu widerlegen, noch weit entfernt ist. So kann beispielsweise der Produktivitätswandel in der Agrarwirtschaft nur erschlossen, nicht gemessen werden, und die Größenordnung, in der sich technische bzw. klimati-

---

1   Eine gute Zusammenfassung des Forschungsstandes mit weiterführenden Literaturhinweisen bringt J.A. VAN HOUTTE, Europäische Wirtschaft und Gesellschaft von den großen Wanderungen bis zum Schwarzen Tod, in: H. KELLENBENZ (Hrsg.), Handbuch der europäischen Wirtschafts- und Sozialgeschichte, Bd. 2, Stuttgart 1980, S. 1–149, hier S. 14–24.

sche Veränderungen auf die Nahrungsmittelproduktion ausgewirkt haben, bleibt weitgehend offen. Außerordentlich schwierig bleibt es auch, ein jeweiliges Existenzminimum zu definieren oder die Ernährungslage für einen gegebenen Ort über einen gegebenen Zeitraum im Detail zu erfassen und Rückwirkungen auf die Gesellschaft zu bestimmen. Kein Wunder also, daß hinsichtlich der Kausalzusammenhänge für widersprüchliche Forschungsmeinungen ein breiter Spielraum bleibt. Beispielsweise ist für W. Abel, B. H. Slicher van Bath, H. A. Miskimin, R. Roehl der Synergismus zwischen Hunger, Armut, Seuchenanfälligkeit und Sterblichkeit eine durch Wahrscheinlichkeitserwägungen ausreichend abgesicherte Tatsache[2]. Dagegen schließt T. H. Hollingsworth den Hunger als Ursache katastrophaler Sterblichkeit aus, und J. Hatcher kommt sogar zu dem Ergebnis, im spätmittelalterlichen England habe die Bevölkerung in den Jahrzehnten des höchsten Lebensstandards ihren tiefsten Stand erreicht; eine Korrelation zwischen Lebenshaltung und Sterblichkeitshöhe lehnt er kategorisch ab[3]. Und auch J. C. Russel, sonst durchaus ein Anhänger des Kausalzusammenhangs zwischen Ernährung und Bevölkerungsentwicklung, erklärt den anthropologischen Befund fast identischer Lebenserwartung von Unfreien und Landbesitzern in England mit dem Hinweis, trotz unterschiedlichen Aufwands seien Wohnverhältnisse und Ernährung beider Schichten gleich ungesund gewesen[4].

Bei einem so breiten Meinungsspektrum liegt es nahe, daß in jüngster Zeit die Rolle der Ernährung in der Geschichte erneut zum Gegenstand von Grundsatzdiskussionen geworden ist, die bis jetzt vor allem zur Formulierung der Gegenpositionen geführt haben[5]: Für den Mediziner Th. McKeown sind Veränderungen der Ernährungssituation die einzige rationalisierbare Erklärung für die Bevölkerungsentwicklung vor und seit der Industrialisierung[6]. Gesellschaftswissenschaftler und Demographen wie A. G. [145] Carmichael, S. C. Watkins und E. van de Walle verneinen dagegen, teilweise ebenfalls unter Berufung auf die medizinische Forschung, einen schematischen Zusammenhang zwischen Ernährungslage und Bevölkerungsdynamik, der Synergismus zwischen Hunger und Seuchen wird von ihnen differenzierend beurteilt[7].

---

2 W. Abel, Agrarkrisen und Agrarkonjunktur. Eine Geschichte der Land- und Ernährungswirtschaft Mitteleuropas seit dem hohen Mittelalter, 3. Aufl. Hamburg, Berlin 1978, S. 49. B. H. Slicher van Bath, The Agrarian History of Europe A.D. 500–1850, London 1963, S. 83–89. H. A. Miskimin, The Economy of Early Renaissance Europe 1300–1460, Cambridge, London, New York, Melbourne 1975, S. 18–25. R. Roehl, Nachfrageverhalten und Nachfragestruktur 1000–1500, in: C. M. Cipolla, K. Borchardt (Hrsg.), Europäische Wirtschaftsgeschichte, Bd. 1: Mittelalter, Stuttgart, New York 1978, S. 67–89, hier S. 71.

3 T. H. Hollingsworth, Historical Demography, London 1969, S. 335. J. Hatcher, Plague, Population and the English Economy 1348–1530, London 1977, S. 69f.

4 J. C. Russel, Die Bevölkerung Europas 500–1500, in: C. M. Cipolla, K. Borchardt (Hrsg.), wie Anm. 2, S. 13–43, hier S. 26.

5 Vgl. die Zusammenfassung von R. I. Rotberg, Nutrition and History, in: Hunger and History. – Journal of Interdisciplinary History 14, 2, 1983, S. 199–205, hier bes. S. 200.

6 Th. McKeown, Food, Infection, and Population, in: Hunger and History, wie Anm. 5, S. 227–249, hier S. 227.

7 A. G. Carmichael, Infection, Hidden Hunger, and History, in: Hunger and History, wie Anm. 5, S. 249–265, hier bes. S. 251. S. C. Watkins and E. van de Walle, Nutrition, Mortality, and Population Size: Malthus' Court of Last Resort, in: Hunger and History, wie Anm. 5, S. 205–227, hier bes. S. 206–210.

Die unterschiedlichen Erklärungsansätze für die Richtungswechsel des Bevölkerungstrends sind nicht auf Forscherwillkür oder ungenaue Beobachtungen zurückzuführen. Ursache ist, wie bei so vielen Historiker-Kontroversen, die durchaus unbefriedigende Quellenlage. Die schriftliche Überlieferung, auf die ich mich im folgenden hauptsächlich beziehe, stellt zu Daseinsbedingungen und Alltagsleben im Mittelalter nur ausnahmsweise verläßliches Zahlenmaterial bereit. Hinsichtlich der Ernährungslage fehlen vielfach quantifizierbare Angaben über den Durchschnittsverbrauch, über langfristige Konsumwandlungen, über schichtspezifische Unterschiede und über die Qualität von Nahrungsmitteln. Die Geschichtsschreibung der Zeit hatte für solche Fragen kaum Interesse, sie konzentrierte sich auf die großen und die außergewöhnlichen oder katastrophalen Ereignisse. Erst aus dem späten Mittelalter stehen örtlich und zu Einzelfragen auch exakte Zahlenangaben über Ernährungsgewohnheiten zur Verfügung. Sie sind überwiegend aus den Abrechnungen von Großhaushalten zu gewinnen, einer Quellengattung, bei der mit besonders hohen Überlieferungsverlusten zu rechnen ist[8].

Angesichts der verfügbaren Daten und besonders auch im Hinblick auf die naturwissenschaftlich-medizinischen Implikationen der Fragestellung nach dem Zusammenhang von Ernährung und demographischer Entwicklung ist die Geschichtswissenschaft allein sicher nicht in der Lage, einen neuen, umfassenden Erklärungsansatz zu liefern. Sie kann nur versuchen, Tatbestände zu ermitteln, die in einem künftigen Erklärungsmodell für die Ursachen von Bevölkerungsbewegungen zu berücksichtigen wären.

1. Hungerkrisen und Bevölkerungsentwicklung

Es steht fest, daß das agrarisch dominierte Wirtschaftssystem der vorindustriellen Gesellschaft aufgrund der Klimaabhängigkeit und sehr niedriger Ernteerträge labil gewesen ist und daß diese Labilität in West- und Mitteleuropa bis in das 19. Jahrhundert Hungersnöte unterschiedlicher Ausdehnung und Schwere in unregelmäßigen Abständen verursacht hat[9]. Eindeutig sind dabei Perioden unterschiedlicher Häufigkeit festzustellen. Grob gesagt, liegen Krisenverdichtungen in der Zeit vor 1000 und nach 1300, während die dazwischen liegenden Jahrhunderte keine größeren Hungersnöte [146] gekannt zu haben scheinen[10]. Die Übereinstimmung mit dem mittelalterlichen Verlauf der Bevölkerungsentwicklung ist auffällig, aber über diese Feststellung hinaus sind konkrete Kausalverbindungen aufgrund der Quellenlage nur schwer nachweisbar: Die Berichte der Chroniken und Annalen konzentrieren sich im allgemeinen auf das besonders Aufsehenerregende und Schaurige bis hin zu den toposartig wiederkehrenden Erzählungen über hungerbedingten Kannibalismus. Es fehlt die Möglichkeit, Dauer und regionale Ausdehnung der Krisen exakt zu bestimmen und die verfügbaren Kalo-

---

8 Beispielsweise die Auswertung südfranzösischer Haushaltsrechnungen bei L. STOUFF, Ravitaillement et alimentation en Provence aux XIVe et XVe siècles (Civilisations et Societés 20), Paris 1970, bes. S. 234–250.

9 W. ABEL, Agrarkrisen, wie Anm. 2, S. 44f., S. 68. E. LE ROY LADURIE, Times of Feast, Times of Famine: A. History of Climate since the Year 1000, London 1972, S. 66.

10 G. FOURQUIN, Histoire économique de l'Occident Médiéval (Collection U), Paris 1969, S. 322.

rienmengen bzw. Versorgungsdefizite zu beziffern oder das Subsistenzminimum zu definieren[11]. Erst vom 14. Jahrhundert an werden auch in beschränktem Umfang Zahlenangaben möglich: So gilt es anhand englischer Quellen als gesichert, daß den krisenbedingten Spitzen der Getreidepreise in parallelem Anstieg die Sterblichkeitskurve folgt, und in den schweren Hungerjahren 1315/17 wurde für Ypern ein Bevölkerungsverlust von 10%, für Brügge von 5,5% ermittelt[12].

Trotzdem gelten Hungersnöte in der neueren Forschung vielfach nicht als wesentlicher, unmittelbar wirksamer demographischer Faktor. Nach den computersimulierten Berechnungen von S. C. Watkins und E. van de Walle traten Hungersnöte nur in Abständen auf, die größer waren als der Zeitraum, den eine Gesellschaft brauchte, um eingetretene Verluste auszugleichen[13]. T. H. Hollingsworth, J. C. Russel und viele andere Forscher sehen in den Notjahren nur die Voraussetzung für Seuchenausbrüche als den eigentlichen Verursachern extrem hoher Sterblichkeit[14]. Das leuchtet ein, beispielsweise für die Hungerjahre 1315/17, die offenbar zum Auftreten ruhrähnlicher Infektionskrankheiten geführt haben; erhebliche Verständnisprobleme ergeben sich dagegen hinsichtlich des Auftretens der Pest von 1347 an, des bevölkerungsgeschichtlich sicher gravierendsten Seuchenausbruchs des Mittelalters. Auch hier wurden und werden Hungerjahre und die daraus resultierende geschwächte Widerstandskraft weiter Teile der Bevölkerung verantwortlich gemacht für das Ausmaß des Sterbens[15]. Aber: Die Jahre zwischen 1331 und 1350 sind Jahre auffallend tiefstehender Getreidepreise, was auf eine zufriedenstellende Versorgungslage schließen läßt, und zwischen der großen Hungersnot von 1315/17 und dem ersten Ausbruch der Pest liegen immerhin 30 Jahre[16]. Da die nächste schwere, überregionale Versorgungskrise erst in den Jahren um 1437 auftritt, können auch die wiederkehrenden Pestzüge nach 1351 nicht mit akuter Unterernährung erklärt werden. Die gelegentlich schon von Historikern wie z. B. W. [147] Abel geäußerten Bedenken gegen eine zu enge Kausalverbindung Hungersnot-Peststerblichkeit[17] werden durch medizinische Erkenntnisse nachhaltig bestätigt: Danach gehört die Beulenpest zu den weitgehend ernährungsunabhängigen Infektionskrankheiten[18].

So sicher akuter Hunger zu den Daseinsbedingungen des Mittelalters gehören konnte und so sicher örtlich gravierende Auswirkungen nachweisbar sind, so schwie-

---

11   Zu diesem Problem vgl. S. C. WATKINS and E. VAN DE WALLE, Nutrition, wie Anm. 7, S. 207f.

12   R. MOLS, Introduction á la démographie historique, t. deuxième: Les résultats, Louvain 1955, S. 461f. G. FOURQUIN, Histoire économique, wie Anm. 10, S. 317. H. A. MISKIMIN, The Economy, wie Anm. 2, S. 80.

13   S. C. WATKINS and E. VAN DE WALLE, Nutrition, wie Anm. 7, S. 216–218.

14   T. H. HOLLINGSWORTH, Historical Demography, wie Anm. 3, S. 355. B. H. SLICHER VAN BATH, The Agrarian History, wie Anm. 2, S. 84.

15   N. BULST, Der Schwarze Tod. Demographische, wirtschafts- und kulturgeschichtliche Aspekte der Pestkatastrophe von 1347–1352. Bilanz der neueren Forschung. – Saeculum. Jahrbuch f. Universalgeschichte 30, 1979, S. 45–67, hier S. 47. B. I. ZADDACH, Die Folgen des Schwarzen Todes (1347–51) für den Klerus Mitteleuropas (Forschungen zur Sozial- und Wirtschaftsgeschichte 17), Stuttgart 1971, S. 22.

16   G. FOURQUIN, Histoire économique, wie Anm. 10, S. 318f.

17   W. ABEL, Agrarkrisen, wie Anm. 2, S. 50. J. HATCHER, Plague, wie Anm. 3, S. 73.

18   S. C. WATKINS and E. VAN DE WALLE, Nutrition, wie Anm. 7, S. 225.

rig ist die Gewichtung des Einflusses auf die demographische Gesamtentwicklung. Wenn überhaupt, werden die vorhandenen Quellen nur unter verstärkter Einbeziehung medizinischer Forschungsergebnisse präzisere Aussagen erlauben[19].

2. Nahrung und langfristig wirksame Einflüsse auf die Bevölkerungsentwicklung

Auch unter diesem Aspekt ist zuerst nach dem Hunger, der chronischen Unterernährung als demographisch wirksamem Faktor zu fragen. Für den Mediziner Thomas McKeown ist das Nahrungsmittelangebot der Schlüssel schlechthin zum Verständnis vor- und nachindustrieller Bevölkerungsveränderungen, und ist der chronische Hunger die wichtigste Ursache für die hohe Sterblichkeit vor dem 18. Jahrhundert[20]. Das durchaus einleuchtende Konzept läßt sich aber nicht ohne weiteres mit der vorhandenen Überlieferung zur Deckung bringen. Zwar gibt es Skelettuntersuchungen, die auch Ernährungsschäden belegen[21], aber Unterernährung als Dauerzustand großer Teile der Bevölkerung wird, soweit ich das sehe, von der Gesamtheit der überlieferten Quellen nicht bestätigt. Vielmehr gilt für die Zeit des mittelalterlichen Bevölkerungswachstums vom 11. bis gegen Ende des 13. Jahrhunderts die Versorgungslage als mindestens ausreichend[22], wobei freilich immer die Gefahr einer Argumentation im Kreise besteht: Das Anwachsen der Bevölkerung belegt das zunehmende Nahrungsangebot, von dem der Bevölkerungsanstieg ermöglicht wird. Nach der Trendumkehr der demographischen Entwicklung gilt dann aufgrund der geänderten Boden-Mensch-Relation das spä[148]te Mittelalter, sicher weit übertrieben, sogar als ein Zeitalter, das durch überhöhten Konsum und Luxusaufwand gekennzeichnet ist[23]. Jedenfalls steht der Nachweis lebensbedrohender Unterernährung als *Konstante* unter den mittelalterlichen Daseinsbedingungen bisher aus. Dagegen läßt sich für das Spätmittelalter sehr gut exemplifizieren, in welch unterschiedlichem Ausmaß die Bevölkerung gegenüber der im labilen ökonomischen System stets latenten Gefahr von Versorgungskrisen abgesichert war: Städtische Vorratserhebungen des 15. Jahrhunderts zeigen einzelne Bürger im Besitz von Getreidemengen, die den Unterhalt einer Familie über viele Jahre hinweg sicherstellen konnten. Aber zwischen 30 und wahrscheinlich 50% der Stadtbe-

---

19 Dazu von deutscher Seite beispielhaft: H. P. BECHT, Medizinische Implikationen der historischen Pestforschung am Beispiel des „Schwarzen Todes" von 1347/51, in: B. KIRCHGÄSSNER, J. SYDOW (Hrsg.), Stadt und Gesundheitspflege (Stadt in der Geschichte 9), Sigmaringen 1982, S. 78–94, hier bes. S. 81–88.

20 Th. McKEOWN, Food, wie Anm. 6, S. 227.

21 Gerd G. KOENIG, Schamane und Schmied, Medicus und Mönch: Ein Überblick zur Archäologie der merowingerzeitlichen Medizin im südlichen Mitteleuropa. – helvetia archaeologica 51/52, 1982, S. 75–174, hier S. 76–80. H. ETTER, Die Bevölkerung vom Münsterhof, in: J. SCHNEIDER u.a., Der Münsterhof in Zürich, Teil II (Schweizer Beiträge zur Kulturgeschichte und Archäologie des Mittelalters 10), Olten, Freiburg 1982, S. 179–212, hier bes. S. 208f. G. BRÄUER, Zu den anthropologischen Untersuchungen an Funden menschlicher Skelette aus der Lübecker Innenstadt, in: Archäologie in Lübeck 1980, S. 125–128.

22 G. FOURQUIN, Histoire économique, wie Anm. 10, S. 317.

23 W. ABEL, Agrarkrisen, wie Anm. 2, S. 61–67, Ders., Die Wüstungen des ausgehenden Mittelalters (Quellen und Forschungen zur Agrargeschichte 1), 3. Aufl. Stuttgart 1976, S. 102ff., S. 110ff., S. 179–181.

wohner besaßen keine oder nur ganz unbedeutende Vorräte, in einzelnen Stadtteilen verdichtete sich der Anteil der Einwohner ohne Vorräte auf bis zu 70%[24]. Dem entspricht es, daß z. B. in Augsburg und Nürnberg bei Getreideverknappungen und dadurch verursachten Teuerungen des 15. Jahrhunderts Tausende auf Spenden und verbilligte Lebensmittelverkäufe des Rates angewiesen waren, um überleben zu können[25]. Für die Landbewohner, also für die überwiegende Mehrheit der Bevölkerung, fehlen mir Zahlen, die das gleiche krisenanfällige Wirtschaften von der Hand in den Mund belegen können. Doch gibt es ein Indiz: Anders als in den Nachkriegs-Notjahren des 20. Jahrhunderts flieht im Spätmittelalter die Landbevölkerung bei Versorgungskrisen in die Stadt, die Gefährdung durch Hunger muß auf dem Dorf also noch größer gewesen sein.

Zumindest als Arbeitshypothese wird man davon ausgehen können: In Jahren mit gestörter Lebensmittelversorgung konnte ein sehr erheblicher Teil der Bevölkerung, weil ohne eigene Reserven, rasch unter das Existenzminimum zurückfallen. Und jedenfalls für das Spätmittelalter scheinen Wechsellagen eher charakteristisch als dauernder Hunger. Nun sind andererseits aber auch geradezu sprunghafte Veränderungen städtischer Einwohnerzahlen öfters beobachtet worden. Um nur ein Beispiel zu nennen: Die Untersuchungen von A. Higounet-Nadal über Perigueux ermitteln nicht nur Perioden bestürzend hoher Sterblichkeit, sondern auch innerhalb von nur zwei Jahrzehnten (1470–1490) eine Zunahme der Familien von 908 auf 2110 innerhalb der Stadt[26]. Es erscheint sehr plausibel, daß zwischen der demographischen Instabilität und der Instabilität der Versorgungslage im Spätmittelalter ein wenn auch sicher nicht monokausaler Wechselbezug besteht.

Während die Vorratssituation als Indikator für Sicherheit bzw. Schutzlosigkeit in Versorgungskrisen wenigstens exemplarisch mit Zahlen veranschaulicht werden kann, ist es, soweit ich sehe, kaum möglich, andere von der Nahrung abhängige Gefahren für Gesundheit und Lebenserwartung in ihren Größenordnungen abzuschätzen. Trotz-[149]dem soll an einige Tatbestände erinnert werden: Daß im Mittelalter Lebensmittel absichtlich verfälscht wurden, ist ein Faktum. Das verbreitete Strecken von Safran und anderen Gewürzen mit Ersatzstoffen wie Ziegelmehl, Zinnober u.a. war in der Regel wohl kaum gesundheitsgefährdend[27]. Bedenklicher erscheinen schönende Praktiken bei der Weinbehandlung, vor allem wenn mit dem Einsatz von Chemikalien gearbeitet wurde. Gelegentliche Vernichtungsaktionen – in Nürnberg werden z. B. 1440 vier Fässer Wein *mit posem gemecht* in die Pegnitz geschüttet – belegen das Problem, aber

---

24 U. DIRLMEIER, Zum Problem von Versorgung und Verbrauch privater Haushalte im Spätmittelalter, in: A. HAVERKAMP (Hrsg.), Haus und Familie in der spätmittelalterlichen Stadt (Städteforschung A 18), Köln, Wien 1984, S. 257–288, hier S. 269f.

25 Die Chroniken der deutschen Städte, Nürnberg Bd. 5, Leipzig 1874 (Neudr. Göttingen 1961), S. 634–636: Bericht über das städtische Brotbacken in der Teuerung von 1501/03.

26 A. HIGOUNET-NADAL, Haus und Familie in Périgueux im ausgehenden Mittelalter, in: A. HAVERKAMP (Hrsg.), Haus und Familie, wie Anm. 24, S. 244–256, hier S. 253f.

27 A. SCHULTE, Geschichte der großen Ravensburger Handelsgesellschaft 1380–1530 (Deutsche Handelsakten des Mittelalters und der Neuzeit 1–3), Stuttgart, Berlin 1923 (Neudr. Wiesbaden 1964), Bd. 1, S. 451, Bd. 2, S. 169f.

gewiß keine lückenlose Kontrolle[28]. Viel gravierendere Gefahren brachte aber wahrscheinlich der Verbrauch unabsichtlich verunreinigter und verdorbener Lebensmittel. Zahlreiche Vorschriften besonders zum Verkauf von Fleisch und Fisch sowie die Beseitigung nicht mehr einwandfreier Warenbestände zeigen, daß es durchaus ein zeitgenössisches Problembewußtsein gegeben hat[29]. Aber viele Gefahrentatbestände waren nach dem Wissensstand der Zeit und den verfügbaren Untersuchungsmethoden gar nicht oder kaum erkennbar. Das gilt etwa hinsichtlich der möglichen Folgen von Schimmelbefall, der angesichts begrenzter Konservierungs- und schlechter Aufbewahrungsmöglichkeiten sicher keine Seltenheit war. Da auch die mögliche Kontamination von Lebensmitteln durch Berührung mit Schädlingen nicht erkennbar war, konnte die Gefährlichkeit von z. B. Ratten- und Mäusefraß oder von Fliegenbefall nicht zutreffend eingeschätzt werden[30]. Die bei modernen Altstadtgrabungen festgestellte Häufigkeit des Wurmbefalls der Einwohner bestätigt die nach modernen Maßstäben unzureichende Lebensmittelhygiene.

Bedenkt man den Umfang des potentiell betroffenen Personenkreises, waren schädliche Beimischungen bei dem Grundnahrungsmittel Brot eine besonders gravierende Bedrohung der menschlichen Gesundheit. Schon die oft langjährige Lagerung von Getreidevorräten in städtischen Kornspeichern erscheint bedenklich, auch wenn die Bestände durch Umschaufeln gepflegt wurden[31]. Am sichersten belegt sind aber die Verunreinigungen des Brotgetreides durch Unkrautsamen und an erster Stelle durch das Mutterkorn (*Secale cornutum*). Der von dieser Dauerform eines Pilzes ausgelöste Ergotismus (Mutterkornbrand) wurde im Mittelalter „Antoniusfeuer" genannt, die davon Befallenen wurden von einem eigenen Mönchsorden den Antonitern, betreut. Deren weite Verbreitung und auch die vielen Darstellungen von deutlich am Ergotismus Erkrankten auf Heiligenbildern sprechen für die Häufigkeit der Vergiftungen, doch können nicht einmal spekulative Zahlen genannt werden[32]. Vom 16. Jahrhundert [150] an haben dann mühlentechnische Fortschritte jedenfalls in Mitteleuropa die pflanzenbedingten Vergiftungen des Brotmehls seltener werden lassen.

Im Kontext der Gesundheitsrisiken durch Ernährung ist schließlich noch an das Wasser zu erinnern, auch wenn es kein Nahrungsmittel im eigentlichen Sinn ist. Auch hier fehlen Nachrichten über die Versorgungsverhältnisse auf dem Land, wo die Mehrheit der mittelalterlichen Bevölkerung lebte. Für die Städte ist es dagegen möglich, anhand der schriftlichen Überlieferung und zunehmend mit Hilfe archäologischer Befunde den mittelalterlichen Standard der Wasserversorgung recht genau zu bestimmen:

---

28 Die Chroniken der deutschen Städte, Nürnberg Bd. 1, Leipzig 1862 (Neudr. Göttingen 1961), S. 406.
29 A. G. VARRON, Hygiene im Mittelalter. – Ciba-Zeitschrift 74, 7, 1955, S. 2439–2466, hier S. 2445f. Die Chroniken der deutschen Städte, Augsburg Bd. 6, Leipzig 1906 (Neudr. Göttingen 1966), S. 48 (verdorbene Schmalzvorräte, 1531).
30 H. P. BECHT, Medizinische Implikationen, wie Anm. 19, S. 86f.
31 P. SANDER, Die reichsstädtische Haushaltung Nürnbergs. Dargestellt auf Grund ihres Zustandes von 1431–1440, Leipzig 1902, S. 377.
32 Lexikon des Mittelalters Bd. 1, München, Zürich 1980, Spalte 734f., Artikel Antoniusorden, Antoniter.

Nördlich der Alpen wurde das im Haushalt benötigte Wasser wohl am häufigsten aus öffentlichen oder hauseigenen flachen Grundwasserbrunnen (Sodbrunnen) gewonnen, die höchstens etwas über 10 m tief niedergebracht wurden. In die gleichen Schichttiefen reichten Abort- und Abfallgruben, deren Inhalt bei Ausgrabungen der letzten Jahre so reiche Informationen zum städtischen Alltagsleben geliefert hat[33]. Seit dem 13. Jahrhundert und verstärkt seit dem 14. Jahrhundert gibt es nördlich der Alpen auch den städtischen Wasserleitungsbau (Wasserkunst). Im günstigsten Fall wurde dabei Quellwasser von außerhalb der Stadt herangeführt, vielfach wurde aber Oberflächenwasser aus stadtnahen Flüssen geschöpft. So versorgte sich die Stadt Lübeck aus der Wakenitz, Paris entnahm bis weit in die Neuzeit Trinkwasser direkt aus der Seine[34]. Bei den undicht verlegten Holzleitungen war aber auch Quellwasser keine Garantie für eine hygienisch einwandfreie Wasserqualität. Der Infektionskreislauf Wasser – Mensch – Kloake/Abwasser – Wasser muß in den Städten des Mittelalters und der Neuzeit als permanent gegebene Gesundheitsgefahr eingestuft werden[35]. Wie städtische Vorschriften zum Schutz von Brunnen und zur Abdichtung von Fäkalgruben zeigen, gab es durchaus ein zeitgenössisches Problembewußtsein, doch konnte die Gefahr in ihrem vollen Umfang mit den verfügbaren Mitteln nicht erkannt werden: Bakterielle Verunreinigungen lassen sich mit Sicht-, Geschmacks- und Geruchsproben nicht feststellen. Dazu kommt erschwerend, daß das zeitgenössische Erklärungsmodell für Krankheitsentstehung und -übertragung Maßnahmen zur Verbesserung der Stadthygiene in die falsche Richtung wies. In Übernahme antiker Tradition dominierte die Ansicht über Luftvergiftungen als Krankheitsverursacher (Miasma-Theorie), und deswegen galten in erster Linie Geruchsbelästigungen als gefährlich. Die Beseitigung von Aas und Gewerbeabfällen in Flußläufen, das Abtiefen von Abortgruben bis ins Grundwasser erschienen daher nicht nur unbedenklich, sondern notwendig[36]. Unter dem Gesichtspunkt der demographischen Entwicklung ist besonders bemerkenswert, daß, anders als beim [151] allmählichen Wandel von Ernährungsgewohnheiten, die Umstellung der Wasserversorgung und Abwasserentsorgung exakt datierbar ist. Gezielte Untersuchungen des Gesundheitszustands und der Sterblichkeit von Stadtbevölkerungen vor und nach dem Bau von Wasserleitung und Kanalisation im 19. Jahrhundert[37] müßten es ermöglichen, den Faktor Hygiene als Determinante der Bevölkerungsbewegung quantitativ einzugrenzen.

33 Beispielsweise J. SCHNEIDER u.a., Der Münsterhof in Zürich, Teil I, wie Anm. 21, S. 123–131. P. SCHMIDT-THOMÉ, Die Abortgrube des Klosters der Augustinereremiten in Freiburg, in: Archäologische Ausgrabungen in Baden-Württemberg 1983, Stuttgart 1984, S. 240–244. A. FALK, Archäologische Erkenntnisse zu Wirtschafts- und Alltagsleben, in: Archäologie in Lübeck, wie Anm. 21, S. 94–97.

34 T. LÜDECKE, Vom Brunnenwasser zum „Kunstwasser" – die Wasserversorgung im mittelalterlichen und frühneuzeitlichen Lübeck, in: Archäologie in Lübeck, wie Anm. 21, S. 97–100, hier S. 100.

35 H. KÜHNEL, Das Alltagsleben im Hause der spätmittelalterlichen Stadt, in: A. HAVERKAMP (Hrsg.), Haus und Familie, wie Anm. 24, S. 37–65, hier S. 53. T. LÜDECKE, Vom Brunnenwasser, wie Anm. 34, S. 99f. R. MOLS, Introduction, wie Anm. 12, S. 401.

36 Nachweise bei U. DIRLMEIER, Umweltprobleme in deutschen Städten des Spätmittelalters. – Technikgeschichte 48, 3, 1981, S. 191–205, hier S. 193 und 197.

37 Vgl. dazu Th. MCKEOWN, Food, wie Anm. 6, S. 232.

3. Einige Beobachtungen zu mittelalterlichen Ernährungsgewohnheiten

Es ist nochmals daran zu erinnern, daß die bezifferbare Überlieferung zum Nahrungsmittelverbrauch für Mitteleuropa in größerem Umfang erst seit dem 14. Jahrhundert vorliegt. Damit werden Vergleiche mit dem frühen und hohen Mittelalter und die Festlegung langfristiger Entwicklungstendenzen problematisch.

Oft wird pauschal behauptet, die mittelalterliche Küche sei monoton, abwechslungslos und allein auf Quantität ausgerichtet gewesen[38]. Das ist zumindest hinsichtlich der Festtagsgestaltung unrichtig, aber es trifft zu, daß für die Ernährung im Mittelalter einige wenige Grundnahrungsmittel eine dominierende Rolle spielen: mit Abstand an erster Stelle das Getreide, das zu Brot und Mus verarbeitet wurde, dann Fleisch, das überwiegend gekocht verzehrt wurde (Braten ist Herrenspeise), und Wein bzw. Bier[39]. In der Forschung dominiert heute die Ansicht, daß wegen der Intensivierung des Ackerbaus auf Kosten des Grünlandes (die sog. Vergetreidung) im Hochmittelalter der Anteil tierischer Produkte an der Ernährung der großen Mehrheit der Bevölkerung deutlich rückläufig war. Dementsprechend wäre der Kalorienbedarf zunehmend einseitig mit Kohlehydraten gedeckt worden. Der mit dem 14. Jahrhundert einsetzende Bevölkerungsrückgang ermöglichte dann aufgrund der geänderten Boden-Mensch-Relation den Trend zum zunehmenden Verbrauch höherwertiger Nahrungsmittel tierischer Herkunft. Diese grundsätzlich sicher richtig beobachtete Entwicklung wird freilich unzulässig übertrieben und verallgemeinert, wenn das Spätmittelalter schlechthin als Epoche des Überflusses und der Verbrauchsexzesse charakterisiert wird. Zweifellos spielten gutes Essen und reichliches Trinken im 14. und 15. Jahrhundert als Statussymbol eine immense Rolle. Die Unterscheidung zwischen Herrenspeise und gemei[152]ner Speise, der betont zelebrierte Speisenaufwand an Feiertagen sind aber nicht gleichsetzbar mit allgemeinem, gesundheitsgefährdendem Nahrungsmissbrauch, sie sprechen vielmehr für die differenzierten Konsumgewohnheiten und -möglichkeiten der Zeit[40]. Die Spannbreite reicht in den Städten von den gewürzgesättigten, mehrgängigen Festmahlzeiten der kaufmännisch-patrizischen Oberschicht bis zur tatsächlich trostlos monotonen Armenkost: So verteilt z. B. das Konstanzer Almosen an die Stadtarmen ausschließlich Brot und ein mit etwas Schmalz gekochtes Wassermus[41].

---

38 W. WERMELINGER, Lebensmittelteuerungen, ihre Bekämpfung und ihre politischen Rückwirkungen in Bern vom ausgehenden 15. Jahrhundert bis in die Zeit der Kappelerkriege (Archiv d. Hist. Vereins der Stadt Bern 55), Bern 1971, S. 9. G. SCHIEDLAUSKY, Essen und Trinken. Tafelsitten bis zum Ausgang des Mittelalters (Bibl. des Germanischen Nationalmuseums Nürnberg 4), Nürnberg 1956, S. 54. Nachweise zum Komplex der Ernährungsgewohnheiten auch bei U. DIRLMEIER, Untersuchungen zu Einkommensverhältnissen und Lebenshaltungskosten in oberdeutschen Städten des Spätmittelalters (Abhandlungen der Heidelberger Akad. d. Wiss., phil.-hist. Klasse, 1978, 1), Heidelberg 1978, S. 293–390.

39 R. ROEHL, Nachfrageverhalten, wie Anm. 2, S. 72f.

40 L. STOUFF, Ravitaillement, wie Anm. 8, S. 194. U. DIRLMEIER, Untersuchungen, wie Anm. 38, S. 306f. u. 311f.

41 Die Statutensammlung des Stadtschreibers Jörg Vögeli, hrsg. v. O. FEGER (Konstanzer Geschichtsquellen 4), Konstanz 1951, S. 29–37 Nr. 12 (1527).

3.1 Der Getreideverbrauch

Aus Abrechnungen von Großhaushalten wie z. B. denen des Erzbischofs von Arles kann sich im 15. Jahrhundert ein rechnerischer Getreideverbrauch von mehr als 600 kg pro Person und Jahr (über 1,5 kg/Tag) ergeben. Das bedeutet freilich nicht, daß diese gewaltige Ration in vollem Umfang verzehrt wurde: die verfeinernde Verarbeitung, etwa zu feinem Weißbrot, kann eine Reduktion auf etwa 40% des Ausgangsgewichts zur Folge haben[42]. Natürlich konnten vereinzelt, etwa bei schwerer körperlicher Arbeit, sehr hohe tägliche Getreiderationen erreicht werden. Aber die vorhandene Überlieferung läßt es als wahrscheinlich erscheinen, daß für Mitteleuropa mit einem Durchschnittsverbrauch von ungefähr 200 kg pro Kopf der Gesamtbevölkerung zu rechnen ist[43], und zwar regional verschieden überwiegend Roggen oder Weizen bzw. Spelt (Triticum spelta). Zahlreiche Verpflegungsordnungen, Speisepläne und Abrechnungen belegen, daß Brot bei keiner Mahlzeit des Tages fehlte und daß zum warmen Essen meist auch Mus aus Getreide und/oder Hülsenfrüchten gehörte. Bei dieser hochrangigen Bedeutung von Cerealien für die Ernährung versteht es sich von selbst, daß Versorgungsstörungen oder gefährliche Beimischungen zum Brotgetreide (Mutterkorn) ein erhebliches Risiko darstellten, das für Mitteleuropa ebenfalls, wie die hygienischen Zustände, zu den spezifisch vorindustriellen Daseinsbedingungen gerechnet werden muß.

3.2 Der Fleischverbrauch

Beim Fleisch ist mit einem nord-südlichen Konsumgefälle zu rechnen, wie es noch heute zwischen den Mittelmeerländern und Europa nördlich der Alpen besteht: Für die [153] Provence wurde ein Durchschnittsverbrauch von höchstens 26 kg pro Kopf im 15. Jahrhundert errechnet, während der mitteleuropäische Fleischverbrauch des Spätmittelalters oft mit 100 kg pro Kopf angegeben wird[44]. Ich halte diesen Ansatz, der über dem gegenwärtigen Konsum liegen würde, für weit überhöht, auch wenn einzelne Verpflegungsordnungen sogar noch höhere Fleischrationen errechnen lassen. Soweit dies die verstreute Überlieferung erkennen läßt, scheint es aber möglich, daß im 14. und 15. Jahrhundert in deutschen Städten der durchschnittliche Fleischverbrauch bei 50 kg pro Kopf gelegen hat[45]. Das wäre noch immer erheblich mehr als in Deutschland unmittelbar vor der Industrialisierung, wo mit einem Verbrauch von unter 20 kg pro Kopf zu rechnen ist; erst nach 1900 ist ein Anstieg auf über 50 kg zu ermitteln[46]. Damit besteht ein Faktum, das für den Zusammenhang Bevölkerungsbewegung – Ernährung schwierig zu interpretieren ist: Trotz deutlich besserer Versorgung mit

---

42 L. STOUFF, Ravitaillement, wie Anm. 8, S. 225 u. S. 228f.
43 U. DIRLMEIER, Untersuchungen, wie Anm. 38, S. 295 u. S. 336.
44 L. STOUFF, Ravitaillement, wie Anm. 8, S. 192f., W. ABEL, Agrarkrisen, wie Anm. 2, S. 78.
45 U. DIRLMEIER, Untersuchungen, wie Anm. 38, S. 362f.
46 H. J. TEUTEBERG, Studien zur Volksernährung unter sozial- und wirtschaftsgeschichtlichen Aspekten, in: H. J. TEUTEBERG, G. WIEGELMANN, Der Wandel der Nahrungsgewohnheiten unter dem Einfluß der Industrialisierung (Studien zum Wandel von Gesellschaft und Bildung im Neunzehnten Jahrhundert 3), Göttingen 1972, S. 12–221, hier S. 118–124.

tierischem Eiweiß sind die Bevölkerungszahlen des Spätmittelalters rückläufig[47] – ein Befund, der deutlich macht, daß ein Synergismus Lebenserwartung – Ernährung *allein* keine befriedigenden Erklärungen liefern kann.

3.3 Der Alkoholkonsum

Über die spätmittelalterliche Trunksucht findet man in der Literatur außerordentlich dezidierte Ansichten bis hin zu der Feststellung – nicht Vermutung –, die Sauflust habe Vermögen und Gesundheit der Deutschen am Ende des Mittelalters ruiniert[48]. Sieht man genauer hin, beruhen solche Pauschalurteile, soweit sie sich überhaupt um Belege bemühen, auf Verallgemeinerung einzelner Aufwandsbelege und zeitgenössischen Moraltraktaten. Tatsächlich gibt es in erzählenden Quellen, wie z. B. der Chronik der Grafen v. Zimmern[49], zahlreiche Berichte über Saufexzesse, und Verpflegungsordnungen, Naturaldeputate, Verbrauchsabrechnungen ergeben teilweise verblüffende Konsummengen: Tägliche Weinrationen von 1 bis 2 Maß sind bei Spitalspfründnern und bei der Verköstigung von Arbeitskräften keine Seltenheit, auf das Jahr umgerechnet ergibt sich daraus ein Verbrauch, der 1000 l übersteigen kann[50]. Im Haushalt des [154] Erzbischofs von Arles betrug im 15. Jahrhundert laut Abrechnungen der Pro-Kopf-Verbrauch an Wein zwischen 657 und 894 l, für Städte des Mittelmeergebiets wurde für die Gesamtbevölkerung ein Durchschnittskonsum zwischen ca. 270 l (Florenz) und 419 l (Siena) berechnet[51]. Auch für Bier ist ein Jahresverbrauch von 300 bis 400 l nichts Ungewöhnliches[52]. Bevor man aus derartigen Zahlen aber auf gravierende Alkoholprobleme im Alltagsleben schließt, ist zu bedenken: Vor allem nördlich der Alpen spielen harte Alkoholika bis gegen Ende des 15. Jahrhunderts keine größere Rolle, weil Destillate erst ganz allmählich vom Arzneimittel zum Konsumgut wurden. Natürlich gab es schwere Luxusweine und kräftige Qualitätsbiere, aber die einfachen Sorten für den Durchschnittsverbraucher waren alkoholarm[53]: Das billige Bier war Dünnbier und die billigen Weine waren Massenweine mit niedrigem Mostgewicht. Der Handwerker oder Bedienstete mit einer Tagesration von 1 bis 2 Maß war sicher nicht in der Gefahr alkoholbedingter Arbeitsunfähigkeit. Den Verbrauchsexzeß hat es natürlich auch gegeben, aber die vorhandene Überlieferung zwingt nicht dazu, ihn zum demographisch relevanten Dauersymptom zu verallgemeinern.

---

47 J. HATCHER, Plague, wie Anm. 3, S. 69f. mit dem Hinweis auf Bevölkerungsrückgang in Perioden relativen Wohlstands im Mittelalter.

48 G. GEIGER, Die Reichsstadt Ulm vor der Reformation. Städtisches und kirchliches Leben am Ausgang des Mittelalters (Forschungen zur Geschichte der Stadt Ulm 11), Ulm 1971, S. 182 („erschreckender Alkoholismus"). G. SCHIEDLAUSKY, Essen und Trinken, wie Anm. 38, S. 41–46.

49 Die Chronik der Grafen von Zimmern, hg. von H. DECKER-HAUFF, Bd. 3, Darmstadt 1972, S. 239 u. 322f.

50 U. DIRLMEIER, Untersuchungen, wie Anm. 38, S. 324.

51 L. STOUFF, Ravitaillement, wie Anm. 8, S. 92, S. 230, S. 238.

52 Lexikon des Mittelalters, wie Anm. 32, Bd. 2, 1983, Sp. 138, Artikel Bier- und Brauwesen.

53 Ebenda, Sp. 136.

4. Fazit

Das europäische Mittelalter kennt in den Jahrhunderten, für die wir genauere Informationen besitzen, sicher keine Überflußwirtschaft. Es ist aber auch nicht derart durch Mangelwirtschaft am Rande oder unterhalb des Existenzminimums geprägt, daß chronische Unterernährung und akuter Hunger die langfristige demographische Entwicklung allein oder entscheidend geprägt hätten. Man wird aber davon ausgehen können, daß die Labilität der Versorgungslage und ernährungsbedingte Gesundheitsgefährdungen zu den bezeichnenden Risikofaktoren in den Daseinsbedingungen der vorindustriellen Gesellschaft gehören. Der Wegfall der wirtschaftsendogenen Versorgungskrisen und Verbesserungen der Lebensmittelhygiene haben hier seit der Mitte des 19. Jahrhunderts zu deutlich verbesserten Lebensbedingungen beigetragen, aber der Wandel beschränkt sich eben nicht auf den Ernährungssektor. Besonders deutlich erkennbar ist beispielsweise der veränderte Hygienestandard im Privathaushalt und im städtischen Wohnumfeld. Bei der Suche nach Erklärungen für den instabilen Verlauf der vorindustriellen Bevölkerungsentwicklung wird also die Konzentration auf einen Faktor, sei es der Hunger oder sei es die Pest, nicht weiterhelfen. Bei der notwendigen Erfassung eines möglichst breiten Spektrums der zeittypischen Daseinsrisiken ist auch die Geschichtswissenschaft gefordert, aber die Klärung des Zusammenspiels der einzelnen Faktoren ist nur interdisziplinär möglich.

Zum Problem von Versorgung und Verbrauch privater Haushalte im Spätmittelalter

I.

Zumindest nach dem Wortlaut der zahlreich überlieferten Verordnungen hat es zu den vordringlichen Aufgaben mittelalterlicher Stadtobrigkeiten gehört, eine ausreichende Lebensmittelversorgung der Einwohner sicherzustellen. Im Zusammenhang mit Kriegsvorbereitungen und Steuererhebungen wurden Bevorratung und Verbrauch von Grundnahrungsmitteln reglementiert und gelegentlich auch in Zahlen erfaßt[1]. In den erzählenden Quellen des Spätmittelalters begegnen sogar schon Ansätze zur Konsumstatistik ganzer Städte, in der Regel mit der erkennbaren Absicht, die Bedeutung eines Ortes durch überhöhte Zahlen herauszustreichen[2]. Derartige Angaben belegen zwar das zeitgenössische Interesse an Verbrauchsbeobachtungen, sie erlauben aber allenfalls Berechnungen unterschiedlicher Exaktheit zum Pro-Kopf-Bedarf einzelner Lebensmittel[3]. Für die Frage nach dem Durchschnittsverbrauch von Privathaushalten geben sie wenig her, weil für Mitteleuropa noch immer nicht verbindlich nachgewiesen werden kann, mit welchen Kopfzahlen pro Haus[258]halt bzw. Familie im späten Mittelalter zu rechnen ist[4]. Wir kennen zwar aus privaten Rechnungsbüchern die Details großbürgerlich-patrizischer Haushaltsführung[5], aber für die Stadtbevölkerung

---

1 Zu Vorratsvorschriften und Besteuerung siehe unten S. 151f. In einer Lohnverordnung für die Müllerknechte beziffert der Basler Rat (1400) den Kornverbrauch in der Stadt mit wöchentlich rund 700 Viernzel; diese Angabe dürfte von den Einnahmen aus der Mahlsteuer abgeleitet sein. G. SCHANZ, Zur Geschichte der deutschen Gesellenverbände, Leipzig 1877, S. 164–167, Nr. 26.

2 Cronica di Giovanni Villani, hg. v. F. G. DRAGOMANNI, Bd. 3, Florenz 1845 (Neudr. Frankfurt 1969), S. 323–326: *Ancora della grandezza e stato e magnificenza del commune di Firenze* mit Angaben über Brotverbrauch und Bevölkerungszahl; A. WERMINGHOFF, Conrad Celtis und sein Buch über Nürnberg, Freiburg i. Br. 1921, S. 200f. mit Angaben zur Versorgungslage, zum Fleisch- und zum Getreideverbrauch in Nürnberg. Die Zahlenangaben von Celtis werden übernommen bei Johannes Cochlaeus, Brevis Germaniae descriptio (1512) mit der Deutschlandkarte des Erhard Etzlaub von 1502, hg., übers. und kommentiert von K. LANGOSCH (= Ausgewählte Quellen zur dt. Gesch. der Neuzeit 1), Darmstadt 1969, S. 77; allgemeine Beobachtungen zur Versorgungslage von St. Gallen bei Joachim v. Watt (Vadian), Deutsche Schriften, hg. v. E. GRÖTZINGER, Bd. 2, St. Gallen 1877, S. 423.

3 E. FIUMI, Economia e vita privata dei fiorentini nelle rilevazioni statistiche di Giovanni Villani, in: Archivio Storico Italiano 111 (1953), S. 207–241, hier bes. S. 210f. zum Brotverbrauch; G. SCHMOLLER, Die historische Entwicklung des Fleischconsums, sowie der Vieh- und Fleischpreise in Deutschland, in: ZgesStaatsWiss 27 (1871), S. 284–362, hier S. 290f. zum Fleischverbrauch aufgrund der Zahlenangaben von Conrad Celtis.

4 Vgl. P.-J. SCHULER, Die Bevölkerungsstruktur der Stadt Freiburg im Breisgau im Spätmittelalter. Möglichkeiten und Grenzen einer quantitativen Quellenanalyse, in: Voraussetzungen und Methoden geschichtlicher Städteforschung, hg. v. W. EHBRECHT (= StF A 7), Köln/Wien 1979, S. 139–176, hier S. 148–151; E. MASCHKE, Die Familie in der deutschen Stadt des späten Mittelalters (= SbbAkHeidelb 1980, 4), Heidelberg 1980, S. 9.

5 Z. B. Anton Tuchers Haushaltsbuch 1505–1517, hg. v. W. LOOSE (= BiblLitVStuttgart 134), Stuttgart 1877; F. IRSIGLER, Ein großbürgerlicher Kölner Haushalt am Ende des 14. Jahrhunderts, in: FS M. Zender. Studien zur Volkskultur, Sprache und Landesgeschichte, Bd. 2, Bonn

insgesamt fehlen uns statistisch verwertbare Angaben über Verbrauchsmengen, Warenkorb und Unterhaltskosten sowie darüber, wie diese Kosten bestritten wurden.

Dieses quellenbedingte Ausmaß an Unsicherheit ermöglicht einerseits die widersprüchlichsten qualifizierenden Aussagen über Elend oder Überfluß im Spätmittelalter, es zwingt andererseits bei dem Versuch des Quantifizierens zur Arbeit mit Modellberechnungen[6]. Im folgenden Beitrag soll kein dramatisches Zeitgemälde entworfen und auch kein weiteres fiktives Normalbudget errechnet werden, im Grunde bleibt er auf zwei Aspekte beschränkt: in welchem Ausmaß der private Bedarf gesichert erscheint, und wie die materielle Lage des städtischen Verbrauchers zu beurteilen ist.

II.

Im Hinblick auf die Möglichkeiten der Existenzsicherung erscheint grundsätzlich wichtig, mit welchem Anteil die Eigenversorgung zu veranschlagen ist, vor allem bei der Versorgung mit Lebensmitteln. Vielfach wird dazu in der Forschung die Ansicht vertreten, in Deutschland habe, auch innerhalb der Städte, die Selbstversorgung bis in das 18. und 19. Jahrhundert bei weitem überwogen[7]. Daß es auch in den größeren spätmittelalterlichen Städten ein [259] starkes ackerbürgerliches Element gegeben hat, ist unbestreitbar. So beziffert z. B. Karl Bücher für Frankfurt/Main zum Jahre 1440 den Anteil der im agrarischen Sektor Beschäftigten mit ca. 18 % aller Berufsausübenden[8]. Folgt man aber der Ansicht vom allgemeinen Vorherrschen der Bedarfsdeckung durch Eigenerzeugung, dann muß unterstellt werden, daß neben den hauptberuflichen Landwirten aller Art auch die Mehrheit der übrigen Stadtbevölkerung Möglichkeiten zur nichtkommerziellen Nahrungsmittelproduktion besessen hat. In letzter Konsequenz würde diese Prämisse bedeuten, daß alle aus Löhnen und Preisen abgeleiteten Folge-

---

	1972, S. 635–688; dort S. 637 weitere Quellenhinweise.

6	Verbrauchsmodelle entwickeln z. B. W. ABEL, Strukturen und Krisen der spätmittelalterlichen Wirtschaft (= Quellen und Veröff. zur Agrargeschichte 32), Stuttgart/New York 1980, S. 59 oder D. SAALFELD, Die Wandlungen der Preis- und Lohnstruktur während des 16. Jahrhunderts in Deutschland, in: Beiträge zu Wirtschaftswachstum und Wirtschaftstruktur im 16. und 19. Jahrhundert (= Schriften des Vereins für Socialpolitik NF 163), Berlin 1971, S. 9–28, hier S. 18; nach E. PITZ, Die Wirtschaftskrise des Spätmittelalters, in: VSWG 52 (1965), S. 367 war für das Spätmittelalter der „ausschweifende Luxuskonsum" kennzeichnend; nach K. HELLEINER, Europas Bevölkerung und Wirtschaft im späteren Mittelalter, in: MIÖG 62 (1954), S. 254–269, hier S. 269 zeigt das Jahrhundert 1350 – 1450 ein „krisenhaft düsteres Gepräge".

7	F. LERNER, Neue Beiträge zur Geschichte der Preise und Löhne in Deutschland, Holland und Italien, in: VSWG 39 (1952), S. 251–265, hier S. 254; H. J. TEUTEBERG, Studien zur Volksernährung unter sozial- und wirtschaftsgeschichtlichen Aspekten, in: DERS./G. WIEGELMANN, Der Wandel der Nahrungsgewohnheiten unter dem Einfluß der Industrialisierung (= Studien zum Wandel von Gesellschaft und Bildung im Neunzehnten Jahrhundert 3), Göttingen 1972, S. 12–221, hier S. 89; vgl. auch U. HAUSCHILD, Studien zu Löhnen und Preisen in Rostock im Spätmittelalter (= QDHansG NF 19), Köln/Wien 1973, S. 153f.; bei der Frage nach dem Anteil der Eigenerzeugung am Lebensmittelverbrauch ist mit ausgeprägten regionalen Unterschieden zu rechnen. Die folgenden Ausführungen beziehen sich auf größere, wirtschaftlich entwickelte Städte Oberdeutschlands.

8	K. BÜCHER, Die Bevölkerung von Frankfurt am Main im 14. und 15. Jahrhundert. Socialstatistische Studien, Bd. 1, Tübingen 1886, S. 294.

rungen über die materielle Lage der Stadtbewohner in der Luft hängen. Man müßte dann nämlich aus Bargeld und Eigenerzeugung zusammengesetzte Einkommen annehmen, aber es fehlen alle Voraussetzungen, das Mischverhältnis zu beziffern[9]. Und da die Lebensmittelversorgung als weitgehend marktunabhängig zu betrachten wäre, blieben Verschiebungen der Lohn-Preisrelationen praktisch ohne Einfluß auf den zeitgenössischen Lebensstandard.

An dieser Stelle darf nicht verschwiegen werden, daß tatsächlich manche Hinweise vorliegen für eine weit verbreitete nebenberufliche Lebensmittelproduktion auch in den größten Städten. Einige Beispiele: Die in Frankfurter Getreidehandelsordnungen (1458) erwähnte Kornerzeugung von Bürgern mag sich auf die Oberschicht beziehen[10], aber in der Urkundenüberlieferung städtischer Spitäler finden sich zahlreiche Einzelbelege dafür, daß auch kleine Handwerker über landwirtschaftliche Nutzflächen verfügen konnten. In Markgröningen (Mitte 15. Jahrhundert) besaß ein Wagnermeister Ackerland, und Spitalknechte erhielten Getreideäcker als Teil ihres Lohnes. Aus den Urkunden des Münchner Heiliggeistspitals geht hervor, daß die Frau eines Schusters außerhalb der Stadt ein Gütlein besaß, daß ein Bäcker 14 Krautäcker pachtete und daß zum Besitz einer Tagelöhnerwitwe drei Krautäckerchen gehörten. Ähnliche Nachweise finden sich auch in den Urkunden des Freiburger Heiliggeistspitals[11]. Als Bestandteil der *virtus economica* [260] Nürnbergs lobt Johannes Cochlaeus die reizenden Gärten vor der Stadt. Sie gehörten aber, nach den eher zufälligen Erwähnungen in Endres Tuchers Baumeisterbuch, überwiegend bedeutenderen Familien[12]. Dagegen ist am Rhein offenbar mit Weinbergbesitz in breiten Schichten der Bevölkerung zu rechnen. Nach Koblenzer Baurechnungen des 13. und 15. Jahrhunderts gab es jeweils im Oktober Bauunterbrechungen *propter autumptum* bzw. *propter vindemiam*[13]. Es darf wohl unterstellt werden, daß die Handwerker ihre Arbeit unterbrachen, um eigenen Wein einzubringen, und nicht, um gegen Tagelohn in der Lese zu arbeiten. Ent-

---

9 Modellberechnungen zu den möglichen Zusammensetzungen bäuerlicher Einkommen entwickelt H. FREIBURG, Agrarkonjunktur und Agrarstruktur in vorindustrieller Zeit, in: VSWG 64 (1977), S. 289–327; BÜCHER, wie Anm. 8, S. 293 hält es für ausgeschlossen, den möglichen agrarischen Nebenerwerb Frankfurter Bürger zu beziffern.

10 Die Gesetze der Stadt Frankfurt im Mittelalter, hg. v. A. WOLF (= VHistKommFrankfurt 13), Frankfurt 1969, S. 352, Nr. 266, Ziff. 1; zum Getreidebesitz von Angehörigen der Oberschicht siehe weiter unten.

11 K. MILITZER, Das Markgröninger Heilig-Geist-Spital im Mittelalter (= VuF Sonderbd. 19), Sigmaringen 1975, S. 84 u. 89; Die Urkunden des Heiliggeistspitals in München 1250 – 1500, bearb. v. H. VOGEL (= Quellen und Erörterungen zur bayer. Gesch. NF 16,1), München 1960, S. 285, Nr. 195 (1396); S. 231–233, Nr. 163 (1386); S. 525, Nr. 394 (1475); Die Urkunden des Heiliggeistspitals zu Freiburg im Breisgau, 3 Bde, bearb. v. A. POINSIGNON, L. KORTH, P. P. ALBERT und J. REST (= VStAFreiburg 1,3 und 5), Freiburg 1890/1900/1927, Bd. 2, S. 52, Nr. 872 (1418); S. 89, Nr. 957 (1430); S. 305f., Nr. 1342 (1472); S. 417, Nr. 1617 (1504); S. 435f., Nr. 1686 (1532); S. 515, Nr. 65 (1425); S. 532, Nr. 98 (1468).

12 Cochlaeus, wie Anm. 2, S. 84–86; Endres Tuchers Baumeisterbuch der Stadt Nürnberg, hg. v. M. LEXER (= Bibliothek des Lit. Ver. Stuttgart 64), Stuttgart 1862 (Neudr. Amsterdam 1968), S. 173f., 182f., 213, 215. Tucher erwähnt z. B. Gärten der Familien Ortolf, v. Plauen, Meißner, Hirschvogel, Groland, Schürstab, Mendel, Behaim. Zur Gartennutzung durch den reichen Kölner Hermann v. Goch siehe IRSIGLER, wie Anm. 5, S. 653.

13 K. LAMPRECHT, Deutsches Wirtschaftsleben im Mittelalter, Bd. 2, Leipzig 1885, S. 523 und 526.

sprechende Hinweise auf erntebedingte Arbeitspausen fehlen dagegen, soweit ich sehe, in oberdeutschen Bauabrechnungen vollständig.

Unter dem Gesichtspunkt möglicher Ernährungssicherung durch Eigenerzeugung ist nach der Lage der Überlieferung die innerstädtische Viehhaltung besonders zu beachten: Ungezählte obrigkeitliche Verordnungen und Appelle gelten dem Versuch, die Zahl der erlaubten Schweine, seltener auch Rinder, festzulegen und die lästigen Begleiterscheinungen der Tierhaltung einzuschränken[14]. Bei den dabei häufig angesprochenen Bäckern, Metzgern und Müllern gehörte die Schweinemast zum Beruf und war sicher überwiegend erwerbsorientiert, aber die städtischen Ordnungen beziehen sich auch auf die Viehhaltung der übrigen Bevölkerung. Die Häufigkeit der Erlasse spricht gewiß für die Dringlichkeit des Problems, aber auch da, wo Höchstzahlen festgelegt wurden, sind keine Rückschlüsse darauf möglich, wer tatsächlich wieviel Stück Vieh besessen hat. Nur ausnahmsweise gibt es neben Einzelnachrichten über Viehbesitz auch spätmittelalterliche Zählungen des Gesamtbestandes, so beispielsweise aus dem Bereich des Hochstifts Speyer für die Jahre 1464/78[15]. Danach ergibt sich:

[261] *Tabelle 1 Der Viehbestand im Hochstift Speyer*

	Bruchsal	Lauterburg	Bruchsal + Lauterburg
Herdstätten	500	288	788
Pferde	240	123	363
Rinder	550	355	905
Schweine	850	550	1.400
Schafe	1.000	354	1.354
Tiere insgesamt	2.640	1.382	4.022
Tiere pro Herdstatt	5,28	4,8	5,1
davon ernährungsrelevant	4,8	4,4	4,6

In diesen beiden kleineren Landstädten entfallen also auf jeden Haushalt knapp fünf ernährungsrelevante Tiere (Rinder, Schweine, Schafe). Natürlich verdeckt diese Feststellung die individuellen Besitzunterschiede, aber im Durchschnitt ist hier bei tierischen Produkten tatsächlich mit weitgehender Marktunabhängigkeit aufgrund von Eigenerzeugung zu rechnen. Es wäre freilich außerordentlich voreilig, diesen Befund

---

14 Vgl. beispielsweise: Gesetze der Stadt Frankfurt, wie Anm. 10, S. 149f., Nr. 35; S. 225f., Nr. 137; S. 375–377, Nr. 289; K. Th. EHEBERG, Verfassungs-, Verwaltungs- und Wirtschaftsgeschichte der Stadt Straßburg bis 1681, Bd. 1, Straßburg 1899, S. 393, Nr. 165; S. 480–482, Nr. 242; Das Rote Buch der Stadt Ulm, hg. v. C. MOLLWO (= WürttGQ 8), Stuttgart 1905, S. 157f., Nr. 284; S. 203f., Nr. 396.

15 Einzelnachrichten über Viehbesitz z. B. bei IRSIGLER, wie Anm. 5, S. 641 und 655; SCHANZ, wie Anm. 1, S. 164–167, Nr. 26 (S. 165: Viehbesitz von Brotbäckern); E. MASCHKE, Der wirtschaftliche Aufstieg des Burkard Zink, in: FS H. Aubin zum 80. Geburtstag, Bd. 1, Wiesbaden 1965, S. 235–262, hier S. 238 (eine Kuh als Mitgift von Zinks Frau); die Zahlen zur Viehhaltung in Bruchsal und Lauterburg nach K. DROLLINGER, Kleine Städte Südwestdeutschlands (= VKommGLkBWürtt Reihe B 48), Stuttgart 1968, S. 58.

weitgehender Autarkie zu verallgemeinern, als repräsentativ zu betrachten für den Ernährungssektor insgesamt und für die Versorgungslage der städtischen Bevölkerung im Spätmittelalter schlechthin.

Bei der rechnerischen Übertragung der Durchschnittswerte für Bruchsal und Lauterburg auch auf größere Städte kommt man zu Ergebnissen, die nicht als realistisch gewertet werden können. Nach der Nürnberger Bevölkerungsaufnahme von 1449 mit 3.753 Bürgern (= Haushaltsvorstände)[16] käme man auf eine Tierhaltung von knapp 20.000 Stück, davon knapp 7.000 Schweine. Futterbeschaffung und räumliche Unterbringung innerhalb der Stadt erscheinen kaum vorstellbar, außerdem beteuert Conrad Celtis für Nürnberg (Ende 15. Jahrhundert) ausdrücklich: *Armenta et pecora, oves et caprae in urbe non sunt*[17]. Für Frankfurt/Main läßt sich die Diskrepanz zwischen Rechenexempel und spätmittelalterlicher Wirklichkeit noch konkretisieren: Bei 2.621 Steuerzahlern (= Haushaltsvorstände) im Jahre 1495 ergäbe sich eine innerstädtische Tierhaltung von rund 13.000 Stück, davon rund 4.700 Schweine. Karl Bücher ermittelt dagegen Ende des 15. Jahrhunderts nur einen Bestand von knapp 700 Schweinen und veranschlagt für die erste Hälfte des 16. Jahrhunderts 1.100–1.200 Mastschweine innerhalb der Stadt[18]. Bei knapp 8.000 Einwohnern und etwas über 1.000 Schweinen kann von Fleischversorgung durch Eigenerzeugung als Regelfall nicht die Rede sein.

[262] Es muß ausdrücklich festgehalten werden, daß weitaus mehr Einzelnachweise für Vieh-, Garten- oder Ackerbesitz von Städtern beizubringen sind als die vorangehend angeführten Beispiele. Aber man wird an einer grundsätzlichen Überlegung nicht vorbeigehen können: Angesichts der niedrigen mittelalterlichen Landwirtschaftserträge[19] ist die bedarfsdeckende Eigenerzeugung von Lebensmitteln neben der vollen Beschäftigung in Handwerk oder Gewerben kaum vorstellbar. Es muß als unwahrscheinlich betrachtet werden, daß die Existenz der Mehrheit der Stadtbevölkerung durch den Bezug voller Arbeitseinkommen bei weitgehend autarker Lebensmittelversorgung abgesichert war. Diese Wahrscheinlichkeitsüberlegung läßt sich durch Hinweise auf die tatsächliche Marktabhängigkeit der Städter abstützen und konkretisieren.

Zu erinnern ist besonders an die begründete Sorge der Stadtobrigkeiten vor Unruhen aufgrund von Versorgungsstörungen und, im Zusammenhang damit, an die Fülle regulierender Maßnahmen[20]. Man kann die möglichen Motive und Zielsetzungen der

---

16 BÜCHER, wie Anm. 8, S. 34; vgl. R. ENDRES, Zur Einwohnerzahl und Bevölkerungsstruktur Nürnbergs im 15./16. Jahrhundert, in: MVGNürnberg 57 (1970), S. 242–271, hier S. 246.

17 Text bei WERMINGHOFF, wie Anm. 2, S. 199.

18 K. BÜCHER, Die Entstehung der Volkswirtschaft, Vorträge und Aufsätze, 1. Sammlung, 10. Aufl. Tübingen 1917, S. 400; DERS., wie Anm. 8, S. 283f. (Schweinehaltung in Frankfurt).

19 W. ABEL, Die Wüstungen des ausgehenden Mittelalters (= Quellen und Forschungen zur Agrargesch. 1), 3. Aufl. Stuttgart 1976, S. 123–127; B. H. SLICHER VAN BATH, The Agrarian History of Western Europe A.D. 500–1850, London 1963, S. 18f. und S. 172.

20 Vgl. C. L. SACHS, Metzgergewerbe und Fleischversorung der Reichsstadt Nürnberg bis zum Ende des 30jährigen Kriegs, in: MVGNürnberg 24 (1922), S. 1–260, hier S. 64; H. MORGENTHALER, Teuerungen und Massnahmen zur Linderung ihrer Not im 15. Jahrhundert, in: Archiv des Hist. Ver. des Kantons Bern 26 (1921), S. 1–61, hier S. 53; H. WERMELINGER, Lebensmittelteuerungen, ihre Bekämpfung und ihre politischen Rückwirkungen in Bern vom ausgehenden 15. Jahrhundert bis in die Zeit der Kappelerkriege (= Archiv des Hist. Ver. des Kantons Bern 55), Bern 1971, S. 203–209.

städtischen Eingriffe in das Marktgeschehen diskutieren und vor allem ihre Wirksamkeit sehr unterschiedlich beurteilen. Aber die endlose Reihe der ganz überwiegend städtischen, spätmittelalterlichen Preistaxen für die Grundnahrungsmittel Brot, Fleisch und Wein setzt doch voraus, daß von einer mehrheitlichen Bedarfsdeckung durch Kauf und nicht durch Eigenerzeugung ausgegangen wurde. Schon das aufwendige Preisfestsetzungsverfahren durch städtische Back- und Schlachtproben[21] spricht dagegen, daß die Taxen überwiegend aus Freude am Reglementieren erlassen wurden, obwohl sie aufgrund der Versorgungsstruktur eigentlich überflüssig gewesen wären. Beiläufige Mitteilungen in Marktordnungen selbst und ergänzende Belege stützen diese Schlußfolgerung: Nach dem Wortlaut der Erlasse war in einer Stadt wie Straßburg, trotz ihrer Lage in einer Weingegend, der Einkauf von Wein die Regel, nur Wohlhabendere besaßen eigene Vorräte. Für Schenken mit billigem Wein gab es eine Sonderregelung: Sie durften schon am frühen Morgen öffnen, *um armen lüten, arbeitern und bilgerin* zu verkaufen[22]. In Nürnberg erbrachte das Getränkeungeld, überwiegend auf [263] Wein, in einigen Jahren des 15. Jahrhunderts bis über 50% der ordentlichen Haushaltseinnahmen[23]. Da in der Umgebung der Stadt nennenswerte Weinberge fehlen, muß eine entsprechende Einfuhr und die ganz überwiegende Bedarfsdeckung durch Kauf vorausgesetzt werden.

In Augsburg wurden 1439 zwei zusätzliche, freie Fleischmärkte eingerichtet, um die Versorgung der angewachsenen Bevölkerung sicherzustellen. Die Stadt St. Gallen beanspruchte für sich, aus ihrer *metzig* auch die ganze umliegende Nachbarschaft mit Fleisch versorgen zu können, aber während einer Teuerung 1526/27 konnte angeblich nur noch der Bedarf der knappen Hälfte der Stadtbevölkerung gedeckt werden; in beiden Fällen wird freilich die Versorgung über den Markt als selbstverständlich vorausgesetzt[24]. In Nürnberg gab es, wie erwähnt, nach der Beschreibung von Conrad Celtis kein Vieh in der Stadt. Während des Markgrafenkrieges 1449/50 ließ der Rat Beutevieh in eigener Regie schlachten und verkaufen. Nach dem chronikalischen Bericht wurden jeden Samstag 120 Kühe benötigt und an den übrigen Wochentagen ungefähr gleichviel – eine Angabe, die zu vage ist, um daraus Verbrauchszahlen abzuleiten. Dagegen besteht kein Anlaß, an der Situationsschilderung des Chronisten zu zweifeln: An der zunächst einzigen Verkaufsstelle herrschte derartiges Gedränge, daß es unmöglich war, *die gemain* zu versorgen. Erst nachdem insgesamt 10 Metzgermeister mit Gehilfen für die Stadt verkauften, konnte das *volck wol gefürdert und außgericht* werden[25].

---

21   A. HANAUER, Etudes économiques sur l'Alsace ancienne et moderne, Bd. 2, Paris/Strasbourg 1878, S. 115–162 (Backproben), S. 178 (Probeschlachten); P. SANDER, Die reichsstädtische Haushaltung Nürnbergs. Dargestellt auf Grund ihres Zustandes von 1431 – 1440, Leipzig 1902, S. 91 ff. (Backprobe); Sachs, wie Anm. 20, S. 62 (Probeschlachten).

22   Code historique et diplomatique de la ville de Strasbourg, Bd. I,2, Strasbourg o. J. [1848], S. 177; J. BRUCKER, Straßburger Zunft- und Polizeiverordnungen des 14. und 15. Jahrhunderts, Straßburg 1889, S. 553–558 und S. 547–549.

23   Tabelle der Nürnberger Ungeldeinnahmen bei SANDER, wie Anm. 21, S. 762–787.

24   G. ADLER, Die Fleisch-Teuerungspolitik der deutschen Städte beim Ausgange des Mittelalters, Tübingen 1893, S. 54 (Augsburg); Joachim von Watt, wie Anm. 2, S. 423; Johannes Kesslers Sabbata mit kleineren Schriften und Briefen, hg. vom Hist. Ver. des Kantons St. Gallen, St. Gallen 1902, S. 241.

25   Conrad Celtis' Stadtbeschreibung bei WERMINGHOFF, wie Anm. 2, S. 199; Schilderung des städ-

Die von Stadtbaumeister Endres Tucher notierte Gewohnheit der Nürnberger Bauar-
beiterfamilien, Brot, Fleisch und andere Lebensmittel am Samstag einzukaufen, bestätigt die Marktabhängigkeit breiter Bevölkerungsschichten ebenso, wie Unruhen wegen
der Fleischpreisentwicklung in der ersten Hälfte des 16. Jahrhunderts[26].

Noch weniger als bei Fleisch dürfte bei Getreide, schon aufgrund der benötigten
Mengen, in den größeren Städten eine Bedarfsdeckung durch Eigenerzeugung möglich
gewesen sein. Bei einem als Durchschnittswert nicht unwahrscheinlichen Jahresverbrauch von 200 kg pro Einwohner errechnet Franz Irsigler für Köln einen jährlichen
Getreidebedarf von rd. 6.000 t[27]; Nürnberg und andere oberdeutsche Großstädte würden bei gleichem Be[264]rechnungsansatz nicht weit zurückbleiben. Solche Mengen
konnten in der unmittelbaren Umgebung einer Stadt nicht von den Bewohnern selbst
erzeugt werden. Sogar das günstig gelegene Straßburg war auf Zufuhr von außen angewiesen[28]. Entsprechend häufig sind die Belege dafür, daß die Mehrheit der Stadtbevölkerung ihren Brotbedarf durch Einkauf gedeckt hat. So griff der Zürcher Rat in
der Teuerung 1438 ein, weil es an vielen Tagen schon mittags in der Brotlaube nichts
mehr zu kaufen gab und ließ zum Verkauf an die Gemeinde selber backen. In Nürnberg trat der Rat seit der zweiten Hälfte des 15. Jahrhunderts als Großunternehmer in
Versorgungskrisen auf und ließ zum verbilligten Kauf Brot backen. Der Heilbronner
Rat ließ zu Beginn des 16. Jahrhunderts Brot backen für alle, die nicht in der Lage waren, Getreide selbst in größeren Mengen einzukaufen[29]. Die Marktabhängigkeit war
aber nicht auf Krisenzeiten beschränkt: In Frankfurt war Mitte des 14. Jahrhunderts
den Bäckern vorgeschrieben, auch Brote zu 1 Heller zu backen, damit *ein yglicher arm
man sine notdorft finde*. In Straßburg (15. Jahrhundert) erklärten die Bäcker in Verhandlungen mit dem Rat, ihre Herstellungskapazität reiche nicht aus, um *der menige ...
brotz genuog zuo bachen*. In Basel war im 15. Jahrhundert der Kauf bei den Landbäckern, die billiger waren, den weniger bemittelten Einwohnern vorbehalten[30]. In
Nürnberg verbrauchten die Bäcker während des Markgrafenkrieges (1449/50) nach
chronikalischer Überlieferung wöchentlich 300 Summer Korn für den Brotverkauf,
dazu ließ die Stadt für den kriegsbedingten Bedarf eigens backen. Unterstellt man die
wöchentlich 300 Sümmer einmal als richtig, dann ergibt sich ein Jahresverbrauch von

---

tischen Fleischverkaufs in: ChrDtSt, Nürnberg Bd. 2, Leipzig 1864, (Neudr. Göttingen 1961),
S. 308f.

26 Tuchers Baumeisterbuch, wie Anm. 12, S. 62; SACHS, wie Anm. 20, S. 64f.

27 F. IRSIGLER, Getreidepreise, Getreidehandel und städtische Versorgungspolitik in Köln, vornehmlich im 15. und 16. Jahrhundert, in: Die Stadt in der europäischen Geschichte, FS E. Ennen,
Bonn 1972, S. 571–610, hier S. 572.

28 A. HERZOG, Die Lebensmittelpolitik der Stadt Straßburg im Mittelalter (= AbhMNG 12), Berlin
1909, S. 5; zu Nürnberg vgl. H. HOFMANN, Die Getreidehandelspolitik der Reichsstadt Nürnberg,
insbesondere vom 13. bis 16. Jahrhundert, Diss. Erlangen, Nürnberg 1912, S. 12, 21, 55f.

29 Chronik der Stadt Zürich. Mit Fortsetzungen hg. v. J. DIERAUER (= Quellen zur Schweizer Geschichte 18), Basel 1900, S. 193f.; ChrDtSt, Nürnberg Bd. 5, Leipzig 1874 (Neudr. Göttingen
1961), S. 474 und 635; Urkundenbuch der Stadt Heilbronn, bearb. v. M. v. RAUCH, Bd. 3 (=
WürttGQ 19), Stuttgart 1916, S. 233, Nr. 2158 b.

30 Gesetze der Stadt Frankfurt, wie Anm. 10, S. 83f., A. 3; BRUCKER, wie Anm. 22, S. 111; G.
SCHÖNBERG, Finanzverhältnisse der Stadt Basel im 14. und 15. Jahrhundert, Tübingen 1879, S.
139, Anm. 2: nur wer unter 200 rhein. Gulden besaß, durfte bei den Landbäckern einkaufen.

15.600 Sümmer = 3.588 t Roggen. Bezogen auf rund 30.000 in der Stadt anwesende Personen ergeben sich pro Kopf und Jahr ca. 120 kg. Bei einem unterstellten Jahresbedarf von 200 kg Getreide würden danach mindestens 60% durch den Einkauf von Brot gedeckt werden[31]. Weniger unmittelbar auf das Marktangebot angewiesen waren nur die Besitzer eigener Getreidevorräte: Nach einer Frankfurter Ordnung von 1500 sollte jeder, der *des Vermögens ist,* [265] sein Brot durch Lohnbäcker ins Haus backen lassen. Der Rat versprach sich dadurch bessere Einkaufsmöglichkeiten für den gemeinen Mann. Lohn- und Hausbäcker gab es auch in anderen Städten, aber nur ausnahmsweise, in ausgesprochenen Teuerungsjahren, griff z. B. der Nürnberger Patrizier Anton Tucher auf diese Möglichkeit der Brotversorgung zurück. Der reiche Kölner Hermann von Goch ließ das in seinem Haushalt benötigte Brot und Fleisch regelmäßig einkaufen[32]. Größtmögliche Autarkie durch Eigenversorgung wurde also zumindest in diesen Beispielsfällen nicht angestrebt.

Daß die Lebensmittelversorgung der Stadtbewohner überwiegend von Zufuhren, d. h. vom Markt abhängig war, ist übrigens auch zeitgenössisch klar gesehen worden. So wehrt sich z. B. der Basler Rat (1432) gegen Konzilsforderungen nach verbilligten Preisen mit dem zweifellos zutreffenden Argument, in der Stadt wachse nichts, man sei auf Zufuhr von außen angewiesen, und die Bürger müßten ihren Bedarf genauso einkaufen wie die Konzilsbesucher. Conrad Celtis' Beschreibung der Stadt Nürnberg (1495/1502) enthält auch ein Kapitel *de annona et victualibus;* an der hymnisch übertreibenden Schilderung ist die Feststellung richtig, daß neben Luxuswaren auch die lebensnotwendigen Grundnahrungsmittel eingeführt wurden. Joachim v. Watt lobt zu Beginn des 16. Jahrhunderts an seiner Stadt St. Gallen das Leinengewerbe und die gute Lage am Bodensee, die eine sichere, ganzjährige Lebensmittelversorgung durch Zufuhr ermögliche[33]. Doch wurden auch negative Folgen der zunehmenden Gewerbespezialisierung notiert: Nach Johannes Kessler waren in St. Gallen Probleme bei der Milchversorgung (1526/27) auf die Umwandlung der Allmende in Bleichen zurückzuführen, weil dadurch *ain armer man nit vermag, wie bißhar ain kuoli uf das feld zu schlachen.* Ähnlich heißt es von einer anderen Textilstadt, Ulm, hier sei es den Bei-

---

31 ChrdtSt, Nürnberg Bd. 2, wie Anm. 25, S. 302; die Zahl der anwesenden Bevölkerung nach ENDRES, wie Anm. 16, S. 246; mit einem Jahresbedarf von 200–240 kg Getreide (bzw. Getreide und Hülsenfrüchte) rechnet ABEL, wie Anm. 6, S. 59, bzw. DERS., wie Anm. 19, S. 126f.; vgl. auch U. DIRLMEIER, Untersuchungen zu Einkommensverhältnissen und Lebenshaltungskosten in oberdeutschen Städten des Spätmittelalters (= AbhAkHeidelb 1978, 1), Heidelberg 1978, S. 294–296 mit weiteren Nachweisen.

32 Frankfurter Amts- und Zunfturkunden bis zum Jahre 1612, hg. v. K. BÜCHER und B. SCHMIDT, Bd. I (= Veröff. d. Hist. Kommm. d. Stadt Frankfurt a. M. 4,1) Frankfurt 1914, S. 52–57 (1500); Anton Tuchers Haushaltsbuch, wie Anm. 5, S. 48–50; IRSIGLER, wie Anm. 5, S. 642; nach Irsiglers Ansicht wurde im Haushalt Goch das frisch eingekaufte Brot bevorzugt. Auch die oben angegebene Fankfurter Ordnung erklärt ausdrücklich, die Vermögenden würden Brot lieber am Markt einkaufen. Zu den Getreidevorräten siehe unten S. 153f.; für den Hinweis auf Hermann v. Goch in der Diskussion danke ich Frau M. Wensky.

33 R. WACKERNAGEL, Geschichte der Stadt Basel, Bd. I, Basel 1907, (Neudr. Basel 1968), S. 485f.; WERMINGHOFF, wie Anm. 2, S. 199f. (Conrad Celtis über Nürnberg); Joachim v. Watt, wie Anm. 2, S. 423 (Versorgungslage von St. Gallen).

wohnern (d.h. den Einwohnern ohne Bürgerrecht) von der Stadt verboten, Kühe, Geißen oder Schafe zu halten[34].

Aus vereinzelten Zahlenangaben, z. B. zur Viehhaltung (Bruchsal/Lauterburg, Frankfurt), lassen sich natürlich keine exakten Korrelationen ableiten zwischen der Bevölkerungsgröße der Stadt und dem Anteil der Eigenerzeugung am Nahrungsmittelbedarf. Sicher sind dabei neben der Einwoh[266]nerzahl auch andere Faktoren zu berücksichtigen. Es scheint aber auch zulässig, aus dem vorgelegten Material folgende Vermutung abzuleiten: Mit zunehmender arbeitsteiliger Berufsspezialisierung verringert sich in den spätmittelalterlichen Städten die Möglichkeit der nebenberuflichen Selbstversorgung mit Lebensmitteln. Wenn die qualifizierenden Quellenaussagen zutreffen, bzw. richtig interpretiert wurden, dann ist für die Privathaushalte in wirtschaftlich entwickelten Städten ein Überwiegen der Marktabhängigkeit anzunehmen. Mit Rücksicht auf die städtischen Einnahmen aus Verbrauchssteuern wurde diese Abhängigkeit übrigens auch bewußt gefördert: so verboten z. B. der Rat von Konstanz (1383) und der Rat von Worms (1407) den Bezug von Mehl und Salz bzw. von Getreide und Wein als Naturallohn[35].

III.

Aus der Annahme, die Privathaushalte hätten als städtische Endverbraucher ihren Lebensmittelbedarf überwiegend am Markt gedeckt, darf nun nicht vorschnell auf ein vorratsloses Wirtschaften von der Hand in den Mund als Regelverhalten geschlossen werden. Zumindest nach den zeitgenössischen obrigkeitlichen Intentionen war das Gegenteil der Fall. Die offizielle Wertschätzung der privaten Vorratshaltung wird schon durch deren fiskalische Begünstigung in Steuerordnungen des 14. und 15. Jahrhunderts belegt. Neben Hausrat, Kleidung und Werkzeug werden auch die Lebensmittelvorräte für den Bedarf des gesamten Haushalts, einschließlich des Gesindes, bei der steuerlichen Vermögensveranschlagung ausgenommen. In Augsburg ist 1368 pauschal *speis uf ein jare* von der Besteuerung befreit, sonst werden meist Getreide und Wein, seltener auch Fleisch genannt[36]. Leider geben auch die besonders detaillierten Frankfurter Steuerordnungen keine Vorratsmengen an, aber sie zählen auf, was zum Haushaltsbedarf gehörte: Wein, Getreide, Öl, Stockfisch, Hering, Salzfleisch, Schmalz, Butter,

---

34 Johannes Kesslers Sabbata, wie Anm. 24, S. 242; O. WINCKELMANN, Das Fürsorgewesen der Stadt Straßburg vor und nach der Reformation bis zum Ausgang des 16. Jahrhunderts, 2 Teile (= QFRefG 5), Leipzig 1922, Teil 2, S. 274 (aus einem Bericht über süddeutsche Almoseneinrichtungen, hier bezüglich Ulm).

35 F. WIELANDT, Das Konstanzer Leinengewerbe, Bd. 1 (= Konstanzer Stadtrechtsquellen 2), Konstanz 1950, S. 103; H. BOOS, Geschichte der rheinischen Städtekultur von den Anfängen bis zur Gegenwart mit besonderer Berücksichtigung der Stadt Worms, Bd. 2, 2. Aufl. Berlin 1899, S. 264; F. BLENDINGER, Versuch einer Bestimmung der Mittelschicht der Reichsstadt Augsburg vom Ende des 14. bis zum Anfang des 18. Jahrhunderts, in: Städtische Mittelschichten, hg. v. E. MASCHKE u. J. SYDOW (= VKommGLkBWürtt, Reihe B 69), Stuttgart 1972, S. 32–78; auf S. 35 wird ausdrücklich die Möglichkeit verneint, daß in Augsburg im 15. Jh. die Eigenversorgung der Einwohner noch eine nennenswerte Rolle gespielt habe.

36 ChrDtSt, Augsburg Bd. 1, Leipzig 1865 (Neudr. Göttingen 1965), S. 137; E. MACK, Das Rottweiler Steuerbuch von 1441, Tübingen 1917, S. 124.

Salz[37]. In der Regel galt freilich als wesentliche Einschränkung, daß nur wirklich vorhandene Vorräte steuerlich begünstigt wurden; Unterhaltskosten als solche konnten nicht vom [267] steuerpflichtigen Vermögen abgesetzt werden.

Außer in Steuerordnungen begegnet die private Vorratshaltung auch in städtischen Vorschriften zur Verproviantierung bei Kriegsgefahr[38]. Wie in den Steuerordnungen, wird dabei Getreide am regelmäßigsten genannt. Häufiger als die pauschale Aufforderung zur Bevorratung begegnet die Präzisierung auf den Bedarf eines bestimmten Zeitraums: In Straßburg (14. und 15. Jahrhundert), in Basel (1408 und 1442/43), in Bern (1491, die Bauern des Landgebietes betreffend), in Konstanz (1532) wird befohlen, Getreidevorräte für ein Jahr anzulegen. Für zwei Jahre sollen die Rothenburger (um 1400) Korn einlagern, für die gleiche Zeitspanne sollen sich die Straßburger (1475/76) mit Speisen und Getränken versehen. Nach den Vorstellungen des Nürnberger Rates (1449) sollen die Bürger Korn, Wein, Küchenspeise, Hafer und Heu für ein bis zwei Jahre bevorraten[39].

Aber ähnlich, wie sich die Steuerordnungen nur auf tatsächlich vorhandene Vorräte beziehen, machen auch die Ratserlasse zur Verproviantierung häufig eine wesentliche Einschränkung: Wie es z. B. in Nürnberg (1403), Straßburg (1475/76) oder Bern (1491) ausdrücklich heißt, gelten die vorgeschriebenen Mengen nur für den, der es vermag. Dabei konnte das Nicht-Vermögen drastische Folgen haben, weil manche Städte, wie Basel oder Straßburg, bei Kriegsgefahr die Aufenthaltsbewilligung für geflüchtete Landleute und für unterbürgerliche Bevölkerungsschichten vom Besitz der angeordneten Vorräte abhängig machten[40]. Der Zusammenhang zwischen der Fähigkeit zur privaten Unterhaltsvorsorge und der materiellen Lage der Betroffenen wird in den städtischen Vorschriften durch die Angabe von Vermögensgrenzen noch konkretisiert: So beginnt in Rothenburg (1383) die Pflicht zur Salzbevorratung bei 100 rheinischen Gulden. In Straßburg (erste Hälfte des 15. Jahrhunderts) waren Getreidevorräte für Steuerzahler ab umgerechnet 95 rhein. Gulden Vermögen vorgeschrieben. In

---

37 F. BOTHE, Die Entwicklung der direkten Besteuerung in der Reichsstadt Frankfurt bis zur Revolution 1612 – 1624 (= Staats- und sozialwiss. Forschungen 26,2), Leipzig 1906, Anhang S. 3*ff.; Gesetze der Stadt Frankfurt, wie Anm. 10, S. 188f., Nr. 90, S. 255–258, Nr. 170, S. 393–399, Nr. 315.

38 Vgl. L. SCHÖNBERG, Die Technik des Finanzhaushalte der deutschen Städte im Mittelalter (= Münchener volkswirtsch. Studien 103), Stuttgart 1910, S. 76f.

39 EHEBERG, wie Anm. 14, S. 360f., Nr. 148 und BRUCKER, wie Anm. 22, S. 232 (Straßburg); WACKERNAGEL, wie Anm. 33, S. 368 und 545 (Basel); WERMELINGER, wie Anm. 20, S. 92f. (Bern); P. MEISEL, Die Verfassung und Verwaltung der Stadt Konstanz im 16. Jahrhundert (= Konstanzer Geschichts- und Rechtsquellen 8), Konstanz 1957, S. 111 mit Anm. 21 (Konstanz); J.W. OHLAU, Der Haushalt der Reichsstadt Rothenburg o.T. in seiner Abhängigkeit von Bevölkerungsstruktur, Verwaltung und Territorienbildung (1350–1450), Diss. Erlangen/ Nürnberg o. J. [1965], S. 99f. (Rothenburg); Code historique et diplomatique, wie Anm. 22, S. 197 (Straßburg 1475/76); ChrDtSt, Nürnberg Bd. 2, wie Anm. 25, S. 299.

40 Quellen zur Handelsgeschichte der Stadt Nürnberg seit 1400, bearb. v. W. BIEBINGER und W. NEUKAM, Bd. 1,1 (= VGesfränkG Reihe X, 2), Nürnberg 1934, S. 98, Nr. 121 (Nürnberg 1403); die Anordnungen Straßburg 1475/76 und Bern 1491, wie oben Anm. 39; Getreidevorräte und Aufenthaltsbewilligung in der Stadt: Basler Chroniken, hg. v. d. hist. u. antiquar. Ges. in Basel, Bd. 4, Leipzig 1890, S. 214f.; EHEBERG, wie Anm. 14, S. 360f., Nr. 148; BRUCKER, wie Anm. 22, S. 232.

Nürnberg wurden vor Beginn des Markgrafenkrieges (1449/50) Getreidevorräte angeordnet; wer 200 rhein. Gulden Vermögen besaß, sollte einen Sümmer Korn (ca. 230 kg) *auf sein poden* [268] schütten und ab 4.000 Gulden Vermögen war die Höchstmenge von 20 Sümmern (ca. 4.600 kg) festgesetzt. In Frankfurt sollten (1458 und 1490) Steuerzahler ab 500 rhein. Gulden Vermögen den Getreidebedarf eines Jahres für ihren gesamten Haushalt besitzen und zusätzliche Vorräte zur Verfügung des Rates bereitstellen. Nach der Frankfurter Steuererhebung von 1495 war allerdings nur eine Minderheit von diesen Vorschriften betroffen: 86,6 % der Steuerzahler besaßen Vermögen unter 400 Gulden[41]. Für die Vermögensverteilung in Nürnberg und Straßburg liegen keine Zahlen vor, aber bekanntlich überwiegen in allen oberdeutschen Städten, für die Steuerbücher ausgewertet wurden, die Besitzgrößen unterhalb der 100-Gulden-Grenze[42]. Die in den angeführten Verordnungen festgelegten Vermögenswerte von ca. 100 bis 500 Gulden als Untergrenze der Vorratshaltung machen also wahrscheinlich, daß nach zeitgenössischer Auffassung eine ausreichende Versorgungssicherung durch Reservebildung für die Mehrheit der Stadtbevölkerung nicht erreichbar war.

Diese pauschale Schlußfolgerung läßt sich durch qualifizierende Quellen vielfach bestätigen, aber zur quantifizierenden Beurteilung der Versorgungslage anhand eines breiter gefächerten Warenkorbs fehlen, soweit ich sehe, alle Voraussetzungen. Nur für das Grundnahrungsmittel Getreide wird die sehr unterschiedliche Bevorratung der Haushalte auch bezifferbar. Dabei ist zu beachten, daß Getreidevorräte in den Städten nicht nur für Kriegszeiten wichtig waren. Angesichts der unterschiedlichen Ernteergebnisse und der dadurch bedingten Kornpreisschwankungen gehörten sie auch in friedlichen Zeiten zu den existenzsichernden Vorsorgemaßnahmen[43].

In Basel wurde während einer Getreideteuerung 1420 den Zünften und Gesellschaften die Anlage von Vorräten in unterschiedlicher Höhe vorgeschrieben. Ein Vergleich mit der zeitlich nächstliegenden Vermögenssteuer (1429) ergibt: 19 % aller Steuerzahler, als *allerley volkes nitzünftig* verzeichnet, blieben in der Vorratsordnung völlig unberücksichtigt; in dieser Gruppe liegen 93 % der Vermögen unter 100 rhein. Gulden. Mit weitem Abstand liegen die Angehörigen der Hohen Stube (Ritter, Burger) an der Spitze. Bei ihnen ergibt sich pro Kopf ein veranschlagter Getreidevorrat von knapp 38 Viernzel (ca. [269] 10.000 l), nur ein einziges Mitglied dieser Gruppe versteuert ein Vermögen von weniger als 100 rhein. Gulden. Am unteren Ende der Vor-

---

41 OHLAU, wie Anm. 39, S. 101 (Rothenburg); EHEBERG, wie Anm. 14, S. 402f., Nr. 173; danach beginnt die Vorratspflicht in Straßburg bei 50 Pfund Pfennigen Vermögen mit umgerechnet ca. 405 kg Roggen oder 430 kg Weizen; ChrDtSt, Nürnberg Bd. 2, wie Anm. 25, S. 299f.; Gesetze der Stadt Frankfurt, wie Anm. 10, S. 352, Nr. 266 (1458) und S. 407, Nr. 328 (1490); BOTHE, wie Anm. 37, S. 56 und 106*f.; BÜCHER, wie Anm. 18, S. 420 (Frankfurt).

42 Vgl. dazu G. WUNDER, Die Sozialstruktur der Reichsstadt Schwäbisch Hall im späten Mittelalter, in: VuF 11, Konstanz/Stuttgart 1966, S. 25–52, hier S. 28 (Übersichtstabelle); ferner B. KIRCHGÄSSNER, Probleme quantitativer Erfassung städtischer Unterschichten im Spätmittelalter, besonders in den Reichsstädten Konstanz und Esslingen, in: Gesellschaftliche Unterschichten in den südwestdeutschen Reichsstädten, hg. v. E. MASCHKE und J. SYDOW (= VKommGLkBWürtt, Reihe B 41), Stuttgart 1967, S. 75–89, hier S. 77–80.

43 E. MASCHKE, Die Unterschichten der mittelalterlichen Städte Deutschlands, in: Gesellschaftliche Unterschichten, wie Anm. 42, S. 1–74, hier S. 19.

ratspflichtigen steht die Zunft der Grautucher; pro Kopf der Mitglieder ergeben sich 3,7 Viernzel (ca. 1.000 l) Getreide, 89,6 % der versteuerten Vermögen liegen unter 100 rhein. Gulden[44].

Detaillierte Vorratsverzeichnisse wurden 1449 in Nürnberg und 1444 in Straßburg im Rahmen von Kriegsvorbereitungen angelegt[45]. Für beide Städte ist aufgrund der Quellenlage ein Vergleich mit der Vermögensstruktur der Bevölkerung nicht möglich, aber es wird sehr deutlich, wie ungleichmäßig der Getreidebesitz verteilt war: In Nürnberg wurde vor dem Kriegsausbruch nach den acht Stadtbezirken getrennt erfaßt, wieviel Brotgetreide, Küchenspeise (= Getreide und Hülsenfrüchte zur Musbereitung) und Hafer (für die Pferde) von der ortsansässigen Bevölkerung und den geflüchteten Landleuten tatsächlich eingelagert war. Beschränkt auf die Stadtbevölkerung und das Brotgetreide ergibt sich: Pro Kopf der bürgerlichen Haushaltsvorstände sind die Vorräte mit umgerechnet ca. 1.600 kg im ersten Stadtbezirk am höchsten, im fünften sind sie mit ca. 350 kg am niedrigsten. Pro Kopf der städtischen Bevölkerung (Bürger mit Familien und Gesinde) sind im ersten Bezirk ca. 312 kg Getreide vorhanden, also deutlich mehr als ein Jahresbedarf von 200 kg[46]. Im fünften Bezirk ist dagegen mit durchschnittlich 83 kg dieser Jahresbedarf nur zu 40 % gedeckt, im sechsten und achten Stadtbezirk ist der Pro-Kopf-Vorrat kaum größer. Während so die räumliche Konzentration von besser und schlechter gestellten Haushalten erkennbar wird, verdecken die Durchschnittszahlen für die Nürnberger Stadtbezirke die individuellen Besitzunterschiede und besonders die völlige Vorratslosigkeit. Sie wird in der Straßburger Getreidebestandsaufnahme von 1444 faßbar. Pro Kopf der städtischen Bevölkerung (einschließlich einer nicht genau bestimmbaren Zahl von Landleuten) waren danach im Durchschnitt 6,1 Viertel (ca. 490 kg) Brotgetreide vorhanden, also mehr als der vermutliche Bedarf für zwei Jahre. Allerdings waren 37 % bis 44 % der Städter ohne jeden eigenen Vorrat, der Durchschnitt pro Besitzer erhöht sich damit auf ca. 780 kg. Innerhalb der 15 Stadtbezirke und Vororte schwankt der Anteil der vorratslosen Städter zwischen 22 % und 70 %; in sieben Bezirken liegt er über 45 %. Entsprechend weit liegen die Pro-Kopf-Vorräte der einzelnen Erhebungsbezirke auseinander: Im zweiten Bezirk wird mit ca. 1.800 kg der Höchstwert erreicht, in den Stadtteilen Krautenau, Ruprechtsau und St. Agnesenende sind nur ca. 150/80/60 kg Getreide pro Einwohner [270] gespeichert.

Wenigstens ansatzweise kann hier auch die Bevorratung mit einem weiteren Konsumgut als Unterscheidungsmerkmal zwischen besser und schlechter versorgten Haushalten festgestellt werden: Nach einer Straßburger Wochenmarktordnung von 1491 war es nicht ungewöhnlich, daß Bürger Weinvorräte über den Bedarf eines Jahres hinaus besaßen. Auch die Straßburger Ungeldvorschriften gehen davon aus, daß Wein

---

44 H. BRUDER, Die Lebensmittelpolitik der Stadt Basel im Mittelalter, Diss. Freiburg, Achern 1909, S. 7f. (Vorratsvorschriften); SCHÖNBERG, wie Anm. 30, S. 180–183 (Steuererhebung 1429).

45 ChrDtSt, Nürnberg Bd. 2, wie Anm. 25, S. 317–323; EHEBERG, wie Anm. 14, S. 499–501, Nr. 254; DIRLMEIER, wie Anm. 31, S. 47–50. Die Auswertung für Nürnberg berücksichtigt 7 der 8 Stadtbezirke; die unterschiedlichen Prozentzahlen der vorratslosen Städter in Straßburg ergeben sich aus der Unsicherheit, mit welchem Anteil die Landbevölkerung an der Gesamterhebung zu veranschlagen ist.

46 Zum Jahresbedarf siehe oben Anm. 31.

zum Eigenverbrauch eingelagert wurde, freilich überwiegend nur von den *richen und ... habenden*. Dementsprechend heißt es bei anderer Gelegenheit im Rat, in einigen Teilen der Stadt erübrige sich eine regelmäßige Kontrolle der Weinvorräte, weil dort im ganzen Jahr kaum ein Fuder eingelagert werde. Bei den betreffenden Stadtteilen wird unter anderem die Ruprechtsau genannt, die, wie gezeigt, 1444 auch weit unterdurchschnittlich mit Getreidevorräten versehen war[47].

Einen weiteren Beleg für die unterschiedliche Vorratshaltung innerhalb einer Stadt ergibt die Aufzeichnung des privaten Kornbesitzes in Frankfurt (1488), zusammen mit der zeitlich naheliegenden Vermögenssteuer von 1495[48]. Danach waren in der Oberstadt pro Steuerzahler umgerechnet gut 1.100 kg Getreide eingelagert, also knapp der vermutliche Jahresbedarf für sechs Personen. In Sachsenhausen gab es dagegen pro Steuerzahler – in der Regel also pro Haushalt –, durchschnittlich nur 117 kg oder ca. 58 % des vermutlichen Jahresbedarfs einer Einzelperson. In der Oberstadt lagen 36 % aller Steuervermögen über 100 rhein. Gulden, in Sachsenhausen nur 16 %. Es bestätigt sich also wieder, daß Vorratsverzeichnisse Hinweise auf die städtische Sozialtopographie geben können, die mit dem Befund von Vermögensaufnahmen (Steuerbüchern) vergleichbar sind[49]. Zusätzlich können anhand der Frankfurter Aufzeichnungen von 1488 wenigstens exemplarisch auch die enormen individuellen Besitzunterschiede beziffert werden: Die zwei Patrizier Bechthold Heller und Arnold von Holzhausen verfügten zusammen über 4.400 Achtel Korn[50]. Damit war exakt ein Drittel (33,03 %) des privaten Getreidevorrats der Oberstadt in der Hand von nur zwei Personen (0,2 % der Steuerzahler von 1495). Nicht ganz so extrem, zeigt auch eine Frankfurter Vorratserhebung von 1409 Einzelpersonen im Besitz großer Getreidemengen: Von den in der Oberstadt vorhandenen ca. 1.300 Achtel Weizen waren knapp 31 % durch Johann von Holzhausen eingelagert. Bezogen auf den Gesamtbestand an Weizen und Roggen, erreichten seine Vorräte immerhin noch einen Anteil von 7 %[51].

[271] Ohne daß dabei jeweils ein Bezug auf die durchschnittliche Versorgungslage der Gesamtbevölkerung möglich ist, lassen sich große Getreidevorräte in der Hand von Einzelpersonen öfters nachweisen. Es dürfte sich in solchen Fällen freilich weit eher um kommerziell-spekulative als um versorgungsorientierte Vorratshaltung handeln. So besaß der Regensburger Kaufmann Matthäus Runtinger 1390 vor der neuen Ernte noch ca. 42.000 kg Weizen und Roggen, also den vermutlichen Jahresbedarf von mehr als 200 Personen. Für den Nürnberger Kaufmann Ulrich Starck sind die Geschäfte mit den eigenen Getreidevorräten überliefert: 1429 verkaufte er umgerechnet rund 27 t Roggen, 1432 waren es rund 17 t[52]. Der Augsburger Chronist Burkard Zink

---

47 BRUCKER, wie Anm. 22, S. 332f.; EHEBERG, wie Anm. 14, S. 413–415, Nr. 182 und S. 484–494, Nr. 242 (Zitat).

48 BOTHE, wie Anm. 37. S. 56 mit Anm. 4, S. 62 und 106*. An Vorräten wurden erfaßt: in der Oberstadt 13.319 Achtel Getreide, in Sachsenhausen nur 445 Achtel.

49 Vgl. dazu F. de CAPITANI, Untersuchungen zum Tellbuch der Stadt Bern von 1389, in: Berner Zeitschrift 39 (1977), S. 73–100, hier S. 92–97.

50 BOTHE, wie Anm. 37, S. 56; nach BÜCHER, wie Anm. 18, S. 312 besaß Bechtold Heller auch einen Vorrat von 55 „Stück" Wein (= ca. 63.000 l).

51 Deutsche Reichstagsakten, hg. von der Hist. Komm. bei der bayer. Ak. der Wiss. ältere Reihe, Bd. 6, München 1888 (Neudr. Göttingen 1956), S. 364–367, Nr. 260.

52 F. BASTIAN, Das Runtingerbuch 1383–1409 und verwandtes Material, Bd. 2 (= Dt. Handelsakten

investierte 1443 angesichts der Armagnakengefahr knapp 10% seines Gesamtvermögens in den Kauf von Lebensmittelvorräten. Darunter waren auch umgerechnet ca. 6.000 kg Getreide, die den vermutlichen Jahresbedarf von 30 Personen decken konnten. Da Zink schon in früheren Jahren bei Getreide Teuerungsgewinne realisiert hatte, ist auch hier mit großer Wahrscheinlichkeit die spekulative Absicht zu unterstellen[53]. Nach eigenen Angaben über ein Teuerungsgeschäft besaß der Basler Chronist und Geistliche Hans Knebel 1477 umgerechnet rund 8.000 kg Roggen, während der Augsburger Wilhelm Rem 1517 behauptet, seine Getreidevorräte von gut 45 t *für arm leut* gekauft zu haben[54].

IV.

Soweit nicht, wie bei Burkard Zink und Wilhelm Rem, ausdrücklich vom Einkaufen die Rede ist, wird man annehmen dürfen, daß größere Getreidevorräte überwiegend auf den Bezug von Naturalrenten (Gülten) zurückzuführen sind. Der Besitz solcher Gülten ist für reiche Kaufleute und Patrizier gut belegt, aber er war kein ausschließliches Privileg der Oberschicht[55]. Vor allem anhand der Geschäftsabschlüsse städtischer Spitäler lassen sich Wein- und Getreidegülten auch im Besitz von Handwerkern nachweisen. Beim Freiburger Heiliggeistspital begegnen beispielsweise auch Schuhmacher, Schmiede und Färber als Käufer[56]. Dabei kann natürlich nicht [272] in jedem Falle die Sicherung des Eigenbedarfs als einziges Motiv unterstellt werden. Aber den Kauf von Verpflegungsleistungen als Leibgeding oder den Erwerb kleinster Getreidegülten[57] wird man ohne Risiko als versorgungsorientierte Kapitalinvestition einordnen dürfen. Und derart angelegtes Geld war bei der Besteuerung als Teil des Vermögens zu veranschlagen: Damit ergeben sich rein rechnerisch Anhaltspunkte dafür, wie weit für spätmittelalterliche Stadtbewohner die Möglichkeit bestand, den Lebensmittelbedarf durch den Bezug von Naturalrenten sicherzustellen.

Nach der Berner Tellordnung von 1458 waren 2 Mutt Roggengült (ca. 244 kg) mit 45 rhein. Gulden Kapitalwert zu veranschlagen. Unterstellt man wieder einen Jahresverbrauch von 200 kg, dann waren zur Deckung des Getreidebedarfs durch Naturalrenten für eine Person rund 37 rhein. Gulden, für einen 4-Personen-Haushalt rund 150

---

des Mittelalters und der Neuzeit 7), Stuttgart/Berlin 1935, S. 16; W. G. NEUKAM, Ulrich Starck, ein Nürnberger Handelsherr und Unternehmer († 1478), in: Beiträge zur Wirtschaftsgeschichte Nürnbergs, Bd. 1 (= BeitrGKulturNürnberg 11,1), Nürnberg 1967, S. 177–220, hier S. 205.

53   ChrDtSt, Augsburg Bd. 2, Leipzig 1866 (Neudr. Göttingen 1965), S. 178; dazu: MASCHKE, wie Anm. 15, S. 242, 246, 248.

54   Basler Chroniken, wie Anm. 40, Bd. 3, Leipzig 1887, S. 153; ChrDtSt, Augsburg Bd. 5, Leipzig 1896 (Neudr. Göttingen 1966), S. 73.

55   Vgl. HOFMANN, wie Anm. 28, S. 58 zum Getreidebesitz von Patriziern; siehe auch unten Anm. 68.

56   Die Urkunden des Heiliggeistspitals zu Freiburg, wie Anm. 11, Bd. 2, S. 342, Nr. 1399 (1483); S. 382, Nr. 1504 (1480); S. 391f., Nr. 1543 (1492); Bd. 3, S. 109, Nr. 2038 (1489). Dabei handelt es sich um eine Roggengült von 2 Sestern (= ca. 26,5 kg).

57   F. SOLLEDER, München im Mittelalter, München 1938 (Neudr. Aalen 1962), S. 387 mit Anm. 1: der Kauf von Verpflegung als Leibgeding beim Münchner Angerkloster kostet 5–8 Pfund Pfennige Ewiggeld.

rhein. Gulden zu investieren. Unterstellt man statt Roggen den Verbrauch des höherwertigen Kernen, würde sich der Kapitalbedarf auf 46/184 rhein. Gulden erhöhen. In der Berner Ordnung von 1458 wird pro Saum Weingült ein Wert von 25 rhein. Gulden veranschlagt. Für einen Tagesverbrauch von einer Maß (ca. 1,6 l) müßten danach Gülten im Wert von 90 rhein. Gulden pro Person erworben werden, für zwei Erwachsene wären also 180 rhein. Gulden anzulegen. Nach dem Ergebnis der Berner Vermögenssteuer von 1458 gehörten aber 76% der Steuerzahler zu den Vermögensklassen unter 100 rhein. Gulden[58]. Nach den Frankfurter Steuersätzen für Naturalgülten wäre der Jahresbedarf an Roggen für vier Personen mit rund 60 rhein. Gulden Kapital abzusichern; nach dem Anschlag von 30 rhein. Gulden für ein Ohm (= 90 Schenkmaß) Weingült müßten bei einer Tagesration von je einer Maß für zwei Erwachsene Gülten im Wert von rund 240 rhein. Gulden gekauft werden. Nach dem Steuerergebnis von 1495 besaßen 57% der Steuerzahler in Frankfurt weniger als 50 rhein. Gulden Vermögenswerte[59].

In Straßburg werden pro Viertel Weizengült umgerechnet ca. 7,6 rhein. Gulden als Kapitalwert eingesetzt; der Jahresbedarf eines 4-Personen-Haushalts wäre danach mit einer Investition von rund 70 rhein. Gulden zu sichern. 70 bis 90 rhein. Gulden Kapitalbedarf ergeben sich unter den gleichen rechnerischen Voraussetzungen auch aus einer Schlettstadter Ordnung und aus den Kaufpreisen für Getreidegülten in Freiburg i. Br.[60]

[273] Bei einem unterstellten Jahresbedarf von 200 kg Getreide pro Person im Durchschnitt[61], erfordern nach diesen Beispielen also Gülten, die für einen 4-Personen-Haushalt ausreichen, 60–150 rhein. Gulden Kapitaleinsatz und für den Bezug von täglich je einer Maß Wein wären für zwei Erwachsene bis über 200 rhein. Kapital erforderlich. Der Vergleich mit den bekannten Befunden zur innerstädtischen Vermögensverteilung[62] ergibt demnach, daß es der Mehrzahl der Haushalte finanziell unmöglich war, den vollen Bedarf auch nur eines Grundnahrungsmittels durch Gültbezug sicherzustellen, selbst unter der unrealistischen Annahme, das gesamte Steuervermögen sei in Naturalrenten angelegt worden.

Man wird sicher mit erheblichen örtlichen und zeitlichen Differenzierungen rechnen müssen und besser auf den Versuch verzichten, verbindliche Prozentzahlen fest-

---

58   De CAPITANI, wie Anm. 49, S. 80 und F. E. WELTI, Die Tellbücher der Stadt Bern aus dem Jahre 1389, in: Archiv d. Hist. Ver. d. Kantons Bern 14 (1896), S. 505–704, hier S. 691 (Tellordnung des Jahres 1458) und DERS., Das Tellbuch der Stadt Bern aus dem Jahre 1488, ebd., 33 (1936), S. 497–575, hier S. 546 (Vermögensverteilung). Die Annahme eines 4-Personen-Haushalts hier und bei den folgenden Überlegungen ist als bloße Rechenhilfe aufzufassen, nicht als Beitrag zur Frage nach den tatsächlichen Familien- bzw. Haushaltsgrößen; vgl. oben Anm. 4.

59   Gesetze der Stadt Frankfurt, wie Anm. 14, S. 393–399, Nr. 315; die Berechnung setzt voraus, daß 1 rhein. Gulden Kapitalwert mit 1 Heller Steuer belastet ist.

60   EHEBERG, wie Anm. 14, S. 354–360, Nr. 147 (Straßburg, um 1400); Oberrheinische Stadtrechte Abt. 3, Elsässische Rechte, Bd. 1,2, Heidelberg 1902, S. 1060 (Ordnung über die Ablösung von Gülten, Schlettstadt 1528); Kaufpreise der Getreidegülten in Freiburg wie oben Anm. 56; die nach diesen Belegen gekauften Gülten bleiben weit hinter dem hier unterstellten Jahresbedarf zurück.

61   Siehe oben Anm. 31.

62   Siehe oben Anm. 42.

zulegen. Aber: Aufgrund der Vermögensverteilung, der vorgeschriebenen Vermögensgrenzen für die Vorratshaltung, der Preise bzw. Kapitalwerte von Naturalgülten, der ungleichen Vorratsverteilung und des Anteils vorratsloser Stadtbewohner muß davon ausgegangen werden, daß im Spätmittelalter die Versorgungslage etwa der Hälfte der Stadtbewohner labil und krisenanfällig war[63].

Damit meine ich: Rund die Hälfte der Haushalte war offenbar nicht imstande, durch eine regelmäßige, ausreichende Bevorratung von Grundnahrungsmitteln den periodisch wiederkehrenden Versorgungskrisen vorzubeugen. Ich unterstelle dagegen nicht, daß diese Haushalte dauernd unterversorgt oder dauernd unterstützungsbedürftig gewesen sind.

Das verstärkte Hervortreten der wirtschaftlichen Ungleichheit innerhalb der Stadtbevölkerung in Zeiten erschwerter Daseinsbedingungen ist übrigens auch zeitgenössisch immer wieder beobachtet worden. Die Gegenüberstellung der besser und schlechter gestellten Einwohner – reich und arm –, begegnet vor allem bei der Schilderung von Versorgungskrisen fast leitmotivisch[64]: Im Nürnberger Markgrafenkrieg hatten sich die reichen Leute wohl versehen, die Armen litten mancherlei Mangel. Wer *es vermöcht*, hatte sich in Augsburg 1461 wegen Kriegsgefahr Vorräte besorgt, aber es gab *des armen volkes so vil, die nit einkaufen mochten*; deswegen gab die Stadt verbilligtes Korn nur *armen leuten*, aber *kainem reichen, der es wol zu kaufen hett*. Und während eines [274] frostbedingten Mehlmangels in Augsburg entstand unter den armen Leuten eine Hungersnot, während die Wohlhabenden genügend Mehlvorräte besaßen (1442/43)[65]. In Konstanz (1433) brachten die Reichen in einer Teuerung alles Getreide an sich, die Armen mußten bei ihnen Schulden machen. In Bern (1477) wollten während einer Getreideknappheit *die richen und gewaltigen* weder in der Stadt, noch auf dem Land etwas von ihren Vorräten hergeben und in Augsburg (1534) drohte ein Aufruhr der Armen, weil in einer Hungersnot die reichen Patrizier ihre Getreidekästen nicht öffneten, sondern auf zunehmende Teuerung warteten[66]. Ähnlich wollten in Straßburg (1446) die Reichen in einer Weinteuerung nicht zu angemessenen Preisen verkaufen und in St. Gallen, wo nach Ansicht von Bürgermeister Watt mehr Arme als Wohlvermögliche lebten, fehlte es 1526/27 in einer Teuerung dem *gemainen man* an Fleisch, weil die *reichen* bei den Metzgern im großen einkauften und Vorräte in Salz einlegten[67].

---

63 Entsprechend der Definition von KIRCHGÄSSNER, wie Anm. 42, S. 81, nach der Ernteabhängigkeit und Haushaltsführung ohne Rücklagen kennzeichnende Merkmale der städtischen Unterschichten sind. Die fehlende Reservebildung hält A. HIGOUNET-NADAL für eine wesentliche Ursache der heftigen demographischen Auswirkungen von Hungersnöten, die sie am Beispiel von Perigueux beobachtet hat (Diskussionsbeitrag).

64 Zum zeitgenössischen Sprachgebrauch vgl. MASCHKE, wie Anm. 43, S. 5–8 und 52–54.

65 ChrDtSt, Nürnberg Bd. 2, wie Anm. 25, S. 350 und Augsburg Bd. 2, wie Anm. 53, S. 179–181 und 265f.

66 Die Chroniken der Stadt Konstanz, hg. v. Ph. RUPPERT, Konstanz 1891, S. 180; Die Berner Chronik des Diebold Schilling 1468 – 1484, hg. v. G. TOBLER, Bd. 2. Bern 1901, S. 177; ChrDtSt, Augsburg Bd. 4, Leipzig 1894 (Neudr. Göttingen 1966), S. 378.

67 Code historique et diplomatique, wie Anm. 22, S. 177; Joachim v. Watt, wie Anm. 2, S. 423; Johannes Kesslers Sabbata, wie Anm. 24, S. 241.

Vor allem im Zusammenhang mit dem Besitz von Getreidevorräten sind in den Quellen mit den *richen* häufig eindeutig Angehörige der grundbesitzenden Oberschicht gemeint[68]. Dagegen wird nur ausnahmsweise genauer beschrieben, welcher Personenkreis mit den *armen* gemeint ist: In Nürnberg ließ der Rat in einer Teuerung 1501/03 der *armen gemain* verbilligtes Brot backen. Vor Beginn der Aktion mußten die Viertelmeister ermitteln, wieviel an *armen hantwerkleuten, taglonern und hausarmen hausgesinden* in ihren Bezirken lebten. Nur diese Gruppe sollte zum Bezug des verbilligten Brotes zugelassen sein. Nahezu identisch ist der Kreis der Unterstützungsbedürftigen 1490/91 in München: Verbilligtes Korn erhielten in der Stadt vor allem Kleinhandwerker, Witwen, Tagelöhner, verheiratete Knechte und Gesellen[69]. Ähnliche Abgrenzungen im Bereich des Wohlfahrtswesens bestätigen die Schlußfolgerung, daß unselbständige Lohnarbeit und teilweise auch Handwerkstätigkeit keine Reservebildung und keine ausreichende Unterhaltssicherung ermöglichten, vor allem, wenn Familien zu versorgen waren: Nach einer Straßburger Findelhausordnung (1500) bestand besonders bei Dienstknechten, Tagelöh[275]nern und dergleichen Leuten die Gefahr, daß Kinder verwahrlost wurden. Nürnberger Almosenordnungen des 15. und 16. Jahrhunderts berücksichtigen bei der Unterstützung von Hausarmen besonders die Kinderzahl, und sie erwähnen Handwerker, die von ihrer Arbeit nicht leben können. Ein Augsburger Gutachten (1544) kommt zu dem Ergebnis, Tagelöhner seien nicht in der Lage, den Aufwand für Nahrung, Kleidung und Wohnung einer Familie zu bestreiten[70].

Chronikalische Berichte und der Tenor von Almosenordnungen dürfen sicher nicht unbesehen als exakte Beschreibungen der Wirklichkeit übernommen werden. Zu den hier angesprochenen Zusammenhängen zwischen Versorgungslage und Verdienstmöglichkeiten gibt es aber zusätzliche Belege von teilweise ganz anderer Herkunft. Zwar nicht in statistischer Dichte, aber doch mit recht zahlreichen Beispielen wird die Notwendigkeit belegbar, durch einen Zusatzverdienst oder durch mehr als einen Verdiener pro Familie den Unterhalt zu sichern. So war es in Freiburg i. Br. Zunftangehörigen erlaubt, ein *gewerblein nebenbei* zu betreiben, wenn sie von ihrem Handwerk allein nicht leben konnten[71]. Auch Lohnarbeiter haben, trotz der Länge des mittelalter-

---

68   Neben den Nachweisen in Anm. 66 und 67 als weitere Beispiele: EHEBERG, wie Anm. 14, S. 293f., Nr. 106 (Straßburg 1477, Getreidevorräte in den Häusern der „bürger" = Patrizier); Johannes Kesslers Sabbata, wie Anm. 24, S. 242 (St. Gallen, Landgüter im Umkreis der Stadt im Besitz der Reichen): Basler Chroniken, wie Anm. 40, Bd. 5, Leipzig 1895, S. 280 (Basel 1445, die *rychen* besitzen *korn von yn selbs*).

69   ChrDtSt, Nürnberg Bd. 5, wie Anm. 29, S. 635; nach den Angaben der Chronik wurden 5.002 Bedürftige gezählt bzw. 5.200 Brote pro Austeilung gebraucht. Es ist aber nicht klar erkennbar, ob die Unterstützung überwiegend für Einzelpersonen oder für Haushaltungen (Familien) geleistet wurde; SOLLEDER, wie Anm. 57, S. 287 (München).

70   WINCKELMANN, wie Anm. 34, Teil 1, S. 48; DERS., Die Armenordnungen von Nürnberg (1522). Kitzingen (1523), Regensburg (1523) und Ypern, in: ARG 10 (1912/13), S. 242–280 und 11 (1914), S. 1–18, hier 10, S. 226f. und 278; W. RÜGER, Mittelalterliches Almosenwesen. Die Almosenordnungen der Reichsstadt Nürnberg (= Nürnberger Beiträge zu den Wirtschafts- und Sozialwiss. 31), Nürnberg 1932, S. 20 t, 28, 41 (Almosenordnungen); M. BISLE, Die öffentliche Armenpflege der Reichsstadt Augsburg mit Berücksichtigung der einschlägigen Verhältnisse in anderen Reichsstädten Süddeutschlands, Paderborn 1904, S. 28 (Gutachten von 1544).

71   K. Fr. MÜLLER, Geschichte der Getreidehandelspolitik, des Bäcker- und Müllergewerbes der

lichen Arbeitstages, die Gelegenheit zum Zusatzverdienst wahrgenommen und dafür auf Pausen verzichtet[72]. Bei der Arbeit von Söhnen im Beruf des Vaters kann die Ausbildung maßgeblich sein, bei der Mitarbeit von Ehefrauen wird man die soziale Notwendigkeit unterstellen dürfen. Nach einer Nürnberger Handwerkerordnung von 1502 war es besonders bei den Dachdeckern üblich, die Ehefrau als Gehilfin mitzubringen und für sie zu hohen Lohn zu fordern. In Konstanz arbeiteten die Tagelöhnerfrauen während der Saison in Gärten und Weinbergen; das Markgröninger Spital zahlte zeitweise Tagelöhne für Landarbeit an einen Mann, dessen Frau und deren Sohn; auch ein Messerschmied diente dem Spital zusammen mit seiner Ehefrau[73]. Prädestiniert für zusätzlichen Verdienst durch die Mitarbeit von Familienangehörigen war offensichtlich das Textilgewerbe. In Oberschwaben war es nach [276] übereinstimmenden zeitgenössischen Berichten üblich, daß Frauen und Mädchen durch verstärktes Garnspinnen erntebedingte Lebensmittelteuerungen ausglichen. In St. Gallen konnten sich in Jahren normaler Textilkonjunktur die *knebli und maitli* durch Spinnen Kost und Kleidung aufbessern, auch Nachtarbeit scheint nach einem chronikalischen Bericht nicht außergewöhnlich gewesen zu sein[74]. Nach Felix Fabers Beschreibung von Ulm war Kinderarbeit – hier ohne die Beschränkung auf das Textilgewerbe – nicht nur selbstverständlich, sondern wegen der Verdienstmöglichkeiten durchaus zu begrüßen. Zu den Vorzügen der Stadt gehört nach seiner Ansicht die *negotiorum generalitas*, dank derer *non solum adulti, sed pauperum pueri possunt in die denarium vel duos lucrari*[75]. Daß in materiell bedrängter Lage die Ehefrauen durch Spinnen zum Familieneinkommen beigetragen haben, berichten auch der Augsburger Burkard Zink und der Basler Thomas Platter in ihren Lebensbeschreibungen. Platter erwähnt zwar, trotz Armut in bescheidenem Umfang auch Wein verbraucht zu haben, aber weder bei ihm, noch bei Zink ergeben sich Anhaltspunkte dafür, daß überhöhte Konsumansprüche das zusätzliche Einkommen notwendig gemacht haben[76].

Stadt Freiburg i.Br., Diss. Freiburg 1926, S. 73.

72 Vgl. beispielsweise Endres Tuchers Baumeisterbuch, wie Anm. 12. S. 58f. oder EHEBERG, wie Anm. 14, S. 334f., Nr. 134 zur Zusatztätigkeit in Arbeitspausen.

73 C. L. SACHS, Das Nürnberger Bauamt am Ausgang des Mittelalters (= Neujahrsblätter. hg. v. d. Ges. f. Frank. Gesch. 10), Nürnberg 1915. S. 12 (Handwerkerordnung 1502); WINCKELMANN, wie Anm. 34, Teil 2, S. 278 (Konstanz); MILITZER, wie Anm. 10. S. 86 und 96 (Markgröningen); allgemein zur Mitarbeit von Frauen vgl. MASCHKE, wie Anm. 4, S. 35ff.; BÜCHER, wie Anm 8, S. 240; SANDER, wie Anm. 21, S. 35.

74 A. SCHULTE, Geschichte der großen Ravensburger Handelsgesellschaft, Bd. 3 (= Dt. Handelsakten des Mittelalters und der Neuzeit 3), Stuttgart/Berlin 1923 (Neudr. Wiesbaden 1964), S. 39 (1477); Johannes Kesslers Sabbata, wie Anm. 24, S. 242,479,487 (St. Gallen, 1526/1539).

75 Fratris Felicis Fabri tractus de civitate ulmensi, de eius origine, ordine, regimine, de civibus eius et statu, hg. v. G. VEESENMEYER (BibLitVStuttgart 186), Tübingen 1889, S. 147.

76 ChrDtSt, Augsburg Bd. 2, wie Anm. 53, S. 128 (Burkard Zink); vgl. dazu MASCHKE, wie Anm. 15, S. 239 und (zu Zinks Sparsamkeit) S. 242–244; Thomas und Felix Platter. Zur Sittengeschichte des XVI. Jahrhunderts, bearb. v. H. BOOS, Leipzig 1878, S. 60; die wissenschaftliche Ausgabe von Th. Platters Lebensbeschreibung (Basel 1944) stand mir beim Abschluß des Manuskriptes nicht zur Verfügung.

V.

Nach den voranstehenden Ergebnissen und Schlußfolgerungen war die städtische Bevölkerung im Spätmittelalter überwiegend vom Markt abhängig und zu einem großen Teil nicht in der Lage, durch Reservebildung bzw. Bevorratung den periodisch wiederkehrenden Versorgungskrisen vorzubeugen. Besonders das Fehlen ausreichender Getreidevorräte scheint mit dem Befund einer hohen Getreidekaufkraft der spätmittelalterlichen Löhne schwer vereinbar, es sei denn, man wollte den fehlenden Kornbesitz einfach mit dem Hinweis auf die Verschwendungssucht der Zeit erklären[77]. Mit dem bisherigen Gang der Darstellung wurde aber schon der Versuch angedeutet, den Anteil der unterversorgten Haushalte nicht mit dem Aufwand, sondern mit den begrenzten materiellen Möglichkeiten zu erklären. Ohne daß man deswegen die Tagelohn-Getreidepreisrelation gewaltsam umdrehen müßte, stehen dafür [277] m. E. die folgenden Untersuchungsansätze zur Verfügung, von denen hier nur die beiden letzten berücksichtigt werden sollen:

1) Das Verhältnis zwischen Tagelohn und wirklichem Jahreseinkommen.
2) Die Verteuerung der Ernährung für den städtischen Endverbraucher.
3) Die tatsächliche Höhe der Lebensunterhaltskosten.

Daß die privaten Haushalte einer Stadt bei vom Markt bezogenen Konsumgütern Preisaufschläge für Gewinnspannen und Verarbeitungskosten bezahlen mußten, ist selbstverständlich. Die genauesten Zahlenangaben sind für das Brot möglich[78], im übrigen sind für Lebensmittelhandel und -gewerbe nur einzelne Hinweise überliefert, deren Repräsentativcharakter fraglich ist und die keine klaren Entwicklungstendenzen erkennen lassen. Danach gab es im Detailhandel mit Lebensmitteln Bruttoverdienstspannen von 11–18%, den Münchner Metzgern wurde laut Taxe ein Bruttoaufschlag von 6% zugestanden, nach Nürnberger Probeschlachtungen (Mitte 16. Jahrhundert) verteuerte sich Ochsenfleisch für den Endverbraucher freilich um 23–40%, bezogen auf den Einkaufspreis des Metzgers. Nach einer Nürnberger Lohntaxe von 1431 verteuerten sich bei Hausschlachtungen Fleisch und Würste durch den Arbeitslohn des Metzgers um rund 3,5–4,2%. Für das Vermahlen von Getreide betrug der Aufschlag durch den Mahllohn überregional recht einheitlich 6,25%[79]. Aus dem Rahmen solcher Bruttospannen fällt eine Schlettstadter Wirtstaxe, nach der Fleischmahlzeiten, bezogen auf den Einkaufspreis des Fleisches, um 41–125% teurer sein dürfen[80]. Nach den Abrechnungen der Grafschaft Hohenberg betrug in Rottenburg beim Ausschank des Herrschaftsweines in der ersten Hälfte des 15. Jahrhunderts der Brutto-Schanklohn zwischen 4 und 8% des Verkaufspreises, nach einer Straßburger Taxe von 1436 sind den Weinschenken Bruttoaufschläge bis zu 20% erlaubt[81].

---

77 Zur hohen Getreidekaufkraft siehe z. B. ABEL, wie Anm. 6, S. 58; HOFMANN, wie Anm. 28, S. 52f. (unwirtschaftliche Haushaltsführung als Ursache für das Fehlen von Getreidevorräten).
78 Unten S. 165f.
79 Vgl. dazu DIRLMEIER, wie Anm. 31, S. 103–109 mit den Einzelnachweisen.
80 Oberrheinische Stadtrechte, wie Anm. 60, S. 769 und 1030.
81 Quellen zur Verwaltungs- und Wirtschaftsgeschichte der Grafschaft Hohenberg, bearb. v. K. O. MÜLLER, Bd. 2 (= KommGLkBWürtt Reihe A 4), Stuttgart 1959, S. 48 (1428/29), S. 77 (1432/33), S. 85 (1433/34), S. 118 (1438/39), S. 155 (1440/41), S. 211 (1446/47) und passim; HANAUER, wie Anm. 21, S. 319 mit Anm. 2.

Gegenüber solchen Streunachrichten über gewerblich bedingte Verteuerung von Lebensmitteln haben die Belege für Aufschläge durch Verbrauchssteuern Repräsentativcharakter, weil außer besonders privilegierten Gruppen grundsätzlich die ganze Stadtbevölkerung betroffen war. Der indirekten Besteuerung unterlagen bevorzugt Verbrauchsgüter des täglichen Bedarfs, an erster Stelle die Getränke – in Süddeutschland überwiegend Wein –, danach Getreide. Fleisch, als das dritte mittelalterliche Grundnahrungsmittel, wurde nur ausnahmsweise fiskalisch belastet, so beispielsweise in Basel in der zweiten Hälfte des 15. Jahrhunderts.

Die Schankweinsteuer war in den meisten Städten prozentual festgelegt, [278] nach zeitgenössischer Formulierung waren z. B. der achte Pfennig oder die vierte Maß zu entrichten, wobei im letzteren Fall aber keineswegs an eine Abgabe in natura zu denken ist[82]. Bei häufig zunehmender Tendenz verteuert die indirekte Steuer den Schankwein in den süddeutschen Städten im Spätmittelalter durchweg um mehr als 10%. In Augsburg (1460), Frankfurt (Ende 14./Anfang 15. Jahrhundert), Basel (Anfang 16. Jahrhundert) werden mit 25% Ungeldaufschlag Spitzenwerte erreicht[83]. Nach einer Straßburger Zapferordnung von 1453 sind durch die Gewinnspanne und das Ungeld zusammen sogar Verteuerungen bis zu 40% möglich. Das traf in erster Linie den kleinen Endverbraucher, denn besser gestellte Haushaltungen lagerten zum eigenen Bedarf den niedriger besteuerten Hauswein ein. Ausdrücklich heißt es bei Straßburger Beratungen über die Hausweinbesteuerung, daß davon *allermeist* die *richen und die habenden* betroffen würden[84]. Seltener als in Prozenten wurde das Getränkeungeld auch in Festbeträgen veranschlagt. So waren in Nürnberg pro Fuder Wein zu Beginn des 15. Jahrhunderts 2 Gulden, 1435 4 Gulden, 1458 6 Gulden und zu Beginn des 16. Jahrhunderts zeitweise 8 Gulden Ungeld zu bezahlen. Bezogen auf den durchschnittlichen Preis der Schenkmaß Wein ergibt sich nach der Mitte des 15. Jahrhunderts eine Verbrauchsbelastung von ca. 27%, zu Beginn des 16. Jahrhunderts ca. 33%[85]. Bier war in Nürnberg wesentlich billiger als Wein, in Almosenordnungen erscheint es zumindest teilweise als Konsumgut minderen Ranges, das aus Kostengründen den Wein ersetzte. Trotzdem unterlag es einer Besteuerung in gleicher Größenordnung: Nach einer Berechnung der Nürnberger Bierbrauer von 1470 erreicht das Ungeld an den Gestehungskosten des Biers einen Anteil von 34–41%. Der Schankpreis von 2–2,5 Pfennigen pro Maß enthält einen Steueraufschlag bis zu 28,5%[86].

Die Verteuerung des Konsums in den Städten wird auch durch den Anteil der Verbrauchssteuer an den Haushaltseinnahmen als Tatsache belegt. In Basel werden beispielsweise im 15. Jahrhundert knapp 50% bis über 80% der regulären Einnahmen

---

82   W. HABICH, Das Weinungeld der Reichsstadt Frankfurt am Main (= Untersuchungen zur dt. Staats- und Rechtsgeschichte NF 8), Aalen 1967, S. 62–65 und 71f.

83   Einzelnachweise bei DIRLMEIER, wie Anm. 31, S. 62.

84   EHEBERG, wie Anm. 14, S. 484–494, Nr. 242 (das Zitat steht S. 486).

85   SANDER, wie Anm. 21, S. 853–863; ChrDtSt, Nürnberg Bd. 4, Leipzig 1872 (Neudr. Göttingen 1961), S. 152, 239 und Nürnberg Bd. 2, wie Anm. 25, S. 697 mit Anm. 6.

86   ChrDtSt, Nürnberg Bd. 4, wie Anm. 85, S. 317f.; SANDER, wie Anm. 21, S. 917f. (Schankpreise für Wein und Bier); zum Ersatz von Wein durch Bier aus Kostengründen vgl. E. MUMMENHOFF, Die öffentliche Gesundheit- und Krankenpflege im alten Nürnberg, in: FS zur Eröffnung des neuen Krankenhauses der Stadt Nürnberg 1898, S. 1–122, hier S. 40–42.

durch Ungelder erzielt, in Nürnberg erreicht deren Anteil knapp 20% bis über 60%[87]. Ausgehend von den Jahreserträgen des Ungelds auf Getreide und/oder Getränke lassen sich weitere Überlegungen [279] anstellen zur Belastung pro Einwohner oder pro Haushalt. Dabei müssen freilich beträchtliche Unsicherheitsfaktoren in Kauf genommen werden: Die Exaktheit der Einwohnerzahlen ist fraglich, den Anteil des Konsums Auswärtiger am Steuereinkommen auch nur zu schätzen, ist ganz unmöglich, Haushaltsgröße und Anzahl der Einkommen pro Haushalt können nur unterstellt werden. Mit allen diesen Vorbehalten soll einmal gezeigt werden, welche Größenordnungen sich bei derartigen Berechnungsversuchen ergeben: In Basel entfallen 1429/30 auf jeden der 2.536 zur Vermögenssteuer Erfaßten rein rechnerisch 954 Pfennige Verbrauchssteuer für Getreide und Wein[88]. Verglichen mit den nach einer Lohntaxe von 1422 bei ganzjähriger Beschäftigung erzielbaren Einkünften aus gelernter Bauarbeit, würde die indirekte Steuer das Jahreseinkommen eines Meisters mit rund 10% belasten, das eines Gesellen mit 16,5%[89]. Die Nürnberger Bevölkerungsaufnahme von 1449 zählt 3.753 Bürger (= Haushaltsvorstände). Nach den Ungeldeinnahmen der zeitlich naheliegenden Haushaltsrechnung 1442 ergeben sich pro Bürger knapp 5 rhein. Gulden Verbrauchssteuern. Verglichen mit den damals erreichbaren Bauhandwerkereinkommen würde dies einer Belastung von ca. 12% bis über 20% entsprechen – immer unter der Voraussetzung, daß die Einkommenbezieher verheiratet und Alleinverdiener waren[90]. Derartige Berechnungen sind durchaus noch weiterzuführen, aber man gerät dabei immer tiefer in den Bereich des Hypothetischen: Man kann beispielsweise den Anteil der indirekten Steuern auf 20% der Verbraucherpreise für Getränke (in Nürnberg) bzw. für Getränke und Getreide (in Basel) veranschlagen[91]. In diesem Fall würde der durchschnittliche Steuerbetrag, mit 5 multipliziert, den durchschnittlichen Aufwand für Getränke bzw. für Getreidenahrung und die Getränke ergeben. Auf diese Weise ermittelte Zahlen[92] würden zwingend belegen: Ein Bauhandwerker-Jahresverdienst als alleinige Existenzgrundlage ermöglicht für Familien nur unterdurchschnittliche Verbrauchsaufwendungen.

Wie gesagt, enthalten solche Berechnungen, die auf dem städtischen Ungeld basieren, erhebliche Unsicherheitsfaktoren, aber zur Kostenfrage sind Ergänzungen mög-

---

87 SANDER, wie Anm. 21, S. 762–787 (Nürnberger Ungeldeinnahmen); B. HARMS, Die Steuern und Anleihen im öffentlichen Haushalt der Stadt Basel 1361–1500, in: Zeitschrift für die gesamte Staatswissenschaft 63 (1907), S. 627–681, hier Tabellen S. 679–681.

88 Anzahl der Steuerzahler bei SCHÖNBERG, wie Anm. 30, S. 183.

89 Lohntaxe bei HANAUER, wie Anm. 21, S. 414. Bei durchgehender Beschäftigung kommt ein Meister rechnerisch auf 9.494 Pfennige, ein Geselle auf 5.802 Pfennige; vgl. DIRLMEIER, wie Anm. 31, S. 185.

90 BÜCHER, wie Anm. 8, S. 34; zu den gleichzeitigen Bauarbeitereinkünften vgl. DIRLMEIER, wie Anm. 21, S. 153. Nach Endres Tuchers Baumeisterbuch, wie Anm. 12, S. 62 wurden die Arbeitskräfte am Nürnberger städtischen Bauhof am Samstagmorgen entlohnt, damit sie das Geld *iren frawen und kindern* rechtzeitig für Besorgungen auf dem Markt übergeben konnten.

91 Zur Höhe der Steueraufschläge siehe oben S. 161 und unten S. 165f.

92 Unter den genannten Voraussetzungen wären von den in Anm. 89 angegebenen Basler Handwerkereinkünften ca. 50% (Meister) bzw. 82% (Gesellen) für den Jahresverbrauch an Wein und Getreide aufzuwenden. In Nürnberg würde sich aus dem Getränkeungeld, bezogen auf die Jahreseinkünfte aus gelernter Bauarbeit (Nachweis wie oben Anm. 90), rechnerisch ein Aufwand von 63–78% ergeben.

lich. Ungeachtet der regionalen Volumenunterschiede gibt es [280] zahlreiche Belege dafür, daß eine Maß Wein pro Tag für Erwachsene – Männer wie Frauen – nicht als außergewöhnlicher Konsum betrachtet wurde. Spitalsordnungen und Pfründverträge bezeugen diese Ration, auch eine Straßburger Ungeldpauschale für Hauswein scheint den Verbrauch in dieser Höhe vorauszusetzen[93]. Unterstellt man ihn als Berechnungsbasis, sind Kostenanschläge möglich, sofern der Preis der Schenkmaß Wein als steuerbelasteter Endverbrauchspreis bekannt ist. Anhand von Beispielen aus dem oberdeutschen Raum, von Frankfurt bis Straßburg, ergibt sich: Der Weinverbrauch von zwei Erwachsenen in der angegebenen Höhe würde den Jahresverdienst von Bauhandwerkern, selbst bei durchgehender Beschäftigung, mit knapp 40 % bis über 80 % belasten[94]. Die vorangehend von Gültpreisen und Verbrauchssteuern abgeleiteten Vermutungen werden also bestätigt: Regional unterschiedlich ausgeprägt, übersteigt ein Getränkekonsum, der nach zeitgenössischen Belegen keinesfalls als verschwenderisch galt, die finanziellen Möglichkeiten von Lohnarbeitern. Diese Feststellung gilt besonders für den Fall, daß mehrere Personen von einem Verdiener zu versorgen waren. Man kann mit derartigen Berechnungen freilich nur eingrenzen, welcher Konsumaufwand bei gegebenen Einkommensverhältnissen unwahrscheinlich ist. Es bleibt aber offen, welche Getränkemengen im Durchschnitt einer Stadtbevölkerung oder im Durchschnitt der Lohnarbeiter tatsächlich verbraucht wurden und welcher Prozentsatz des verfügbaren Einkommens dafür aufzuwenden war.

VI.

Bei der Ermittlung des Lebensstandards in der spätmittelalterlichen Stadt ist für die Forschung der Vergleich von Löhnen mit dem Getreidepreis bekanntlich sehr viel wichtiger als der Vergleich mit den Kosten eines hypothetischen Weinkonsums. Bezogen auf die in langen Reihen überlieferten Preise des Rohproduktes Getreide, erreicht die Kaufkraft spätmittelalterlicher Löhne tatsächlich sehr günstige Werte[95]. Beispielsweise in Frankfurt oder Straßburg erreichen die Baulöhne im 15. Jahrhundert, während der Perioden niedriger Getreidepreise, kalendertägliche Roggenäquivalente bis ca. 30 kg. Bei [281] einem vermuteten Jahresbedarf von 200 kg pro Person ist die Schlußfolgerung erlaubt, die Tagelöhne hätten ausgereicht, um eine 5-köpfige Familie in Quantität und Qualität weitaus besser zu ernähren, als dies bei Bauarbeitern gegen Ende des vorindustriellen Zeitalters der Fall war[96].

---

93 Nachweise zum Konsum von täglich einer Maß Wein bei DIRLMEIER, wie Anm. 31, S. 325f.
94 Frankfurt (15. Jh.): Bei einem Durchschnittspreis pro Maß Wein von 10,5 Hellern würde der unterstellte Weinverbrauch zweier Erwachsener ein Jahreseinkommen aus gelernter Bauarbeit in Höhe von 50,5 rhein. Gulden mit ca. 70 % belasten. Straßburg (1465/79): Durchschnittspreis der Maß Wein 2,83 Pfennige; ein Jahreseinkommen aus gelernter Bauarbeit in Höhe von 43,3 rhein. Gulden würde mit knapp 38 % belastet. Nürnberg (1465/79): bei einem Durchschnittspreis der Maß von 6,88 Pfennigen würden Bauhandwerkereinkünfte von ca. 23–30 rhein. Gulden mit rund 86 % bzw. 66 % belastet. Einzelnachweise siehe bei DIRLMEIER, wie Anm. 31, S. 172, 215, 217.
95 ABEL, wie Anm. 6, S. 58 (um hier nur die jüngste der zahlreichen Arbeiten Abels zu nennen, in denen die hohe Getreidekaufkraft spätmittelalterlicher Löhne gezeigt wurde).
96 Ebd., S. 60.

Sofern die voranstehenden Belege für fehlende oder sehr ungleich verteilte Getreidevorräte und für eine weitgehende Marktabhängigkeit stichhaltig sind, muß freilich davon ausgegangen werden: Bei einem Großteil der Stadtbevölkerung sind Kaufkraftvergleiche mit dem Endpreis des Brotes realistischer als mit dem Preis des unverarbeiteten Getreides[97]. Für eine Reihe von Städten läßt sich genauer als für jedes andere Lebensmittel belegen, in welchem Ausmaß das Konsumgut „Brot" gegenüber dem Kaufkraftmesser „Getreide" verteuert wurde, und zwar durch den Herstellungsprozeß und die Besteuerung. Getreide- bzw. Mahlungeld belasteten den Brotverbrauch beispielsweise in Köln, Basel, Straßburg, Frankfurt, zeitweise auch in Nürnberg und Augsburg. In Frankfurt und Straßburg ergibt sich durch den Ungeldbetrag, bezogen auf den Marktpreis des Getreides, rechnerisch ein Aufschlag zwischen 18 und 23 %. Vereinzelte, zeitgenössische Rechnungsnotizen belegen, z. B. für Frankfurt und Basel, eine Verteuerung um rund 14–18 % als Tatsache[98]. Zu der Steuer kamen die Herstellungskosten, die durch städtische Ordnungen und Backproben überliefert sind. In Frankfurt (1439) wurden sie mit 32 Hellern pro Achtel Getreide, in Straßburg (1460) mit 12 Pfennigen pro Viertel Getreide veranschlagt[99]. Damit ergeben sich die in Tabelle 2 dargestellten Lohnäquivalente[100]. Durch Steuer und Herstellungsprozeß ergeben sich bei diesen Beispielen für Brot Aufschläge von rund 40–70 % auf den Getreidepreis. Diese Prozentsätze sind aber noch nicht mit der gesamten Konsumverteuerung gleichsetzbar, weil das Verhältnis von Getreideausgangsgewicht und Brotertrag unberücksichtigt geblieben ist. Nur ausnahmsweise und bei den gröberen Roggenbrotsorten wird im Spätmittelalter das Getreidegewicht vom Brotertrag erreicht oder sogar leicht übertroffen. Dies ist der Fall bei der vorangehend zugrundegelegten Frankfurter Bäckertaxe; dementsprechend verteuert sich hier das Brot für den Endverbraucher gegenüber dem Kaufkraftmesser „Roggen" tatsächlich um ca. 40–70 %.

---

97   Darauf verweist z. B. schon HANAUER, wie Anm. 21, Einleitung, S. VII; vgl. auch HAUSCHILD, wie Anm. 7, S. 154.

98   Nachweise bei DIRLMEIER, wie Anm. 31, S. 64.

99   BOTHE, wie Anm. 37, S. 173*. Nr. 4 g (Frankfurt); HANAUER, wie Anm. 21, S. 127 (Straßburg).

100   Bauhandwerkerlöhne Straßburg (18.6 Pfennige im Jahresdurchschnitt) nach EHEBERG, wie Anm. 14, S. 404f., Nr. 176 und S. 469, Nr. 232; Getreidepreise nach Hanauer, wie Anm. 21, S. 92–94; Bauhandwerkerlöhne Frankfurt (36,6 Heller im Jahresdurchschnitt) nach Gesetze der Stadt Frankfurt, wie Anm. 10, S. 286–288, Nr. 194 und S. 400, Nr. 317; Getreidepreise nach M. J. ELSAS, Umriß einer Geschichte der Preise und Löhne in Deutschland vom ausgehenden Mittelalter bis zum Beginn des neunzehnten Jahrhunderts, Bd. 2,1, Leiden 1940, S. 461–465; vgl. DIRLMEIER, wie Anm. 31, S. 215–217 und S. 344–350 zu den Frankfurter und Straßburger Backproben.

[282] *Tabelle 2   Lohnäquivalente in Frankfurt und Straßburg*

1 Bauhandwerkertagelohn

Frankfurt	kg Roggen/Kalendertag	einschl. Steuer u. Backkosten
1465/1479	30,1	17,6
1480/1494	17,0	12,1–11,8
1495/1509	18,1	12,4
Straßburg		
1465/1479	29,6	17,9
1480/1494	17,0	12,4
1495/1509	21,3	15,5

Zu abweichenden Ergebnissen kommt man dagegen in Straßburg. Nach einem städtischen Probebacken von 1439 erbringt das gröbste Roggenbrot nur ca. 88% des Getreideausgangsgewichtes. Für den Preis von 1 Viertel Roggen (ca. 81 kg) zuzüglich Steuer und Herstellungskosten, erhält der Verbraucher also nur ca. 71 kg Brot; bezogen auf den Durchschnittspreis des Roggens in den Jahren 1465/79 bedeutet das eine Verteuerung um insgesamt rund 88%[101]. Dieser Prozentsatz erhöht sich noch drastisch bei dem höherwertigen, in Straßburg (wie überall) bevorzugten Weißbrot. Nach Ordnungen und Backproben des 15. Jahrhunderts werden nur rund 49% des Weizenausgangsgewichts erreicht[102]. Bezogen auf den Durchschnittspreis des Weizens 1465/79 (1 Viertel = 43,9 Pfennige) bedeuten Steuer und Herstellungskosten (30 Pfennige) einen Aufschlag von 68%. Da aber 1 Viertel Weizen (ca. 86 kg) nur 42,5 kg Weizenbrot ergibt, verteuert sich die gleiche Gewichtsmenge Brot gegenüber dem Getreidepreis insgesamt auf 341%. Etwas niedrigere Zahlen ergeben sich in Nürnberg. Für das in städtischer Regie im Krieg 1449/50 gebackene, gröbere Brot ermittelt Wilhelm Abel den herstellungsbedingten Preisaufschlag mit maximal einem Drittel, freilich handelt es sich dabei nicht um Produktion zu Marktbedingungen[103]. Aufgrund einer Backprobe aus der ersten Hälfte des 15. Jahrhunderts ergibt sich bei feinem Weißbrot dagegen eine Verteuerung auf 223% des Getreideausgangspreises. Obwohl der Brotertrag mit ca. 30% noch unter dem in Straßburg erzielten Ergebnis liegt, bleibt die Preissteigerung in Nürnberg geringer. Freilich hat es hier in der Regel auch kein Getreideungeld gegeben. Erst zu Beginn des 16. Jahrhunderts wurden zeitweise pro Sümmer Roggen 32 Pfennige Steuer erhoben, bezogen auf die [283] gleichzeitigen Getreidepreise bedeutete dies aber nur einen Aufschlag von durchschnittlich 7,6%[104]. Es ist nicht auszu-

---

101 Errechnet nach den Angaben bei BRUCKER, wie Anm. 22, S. 94–97 und HANAUER, wie Anm. 21, S. 127.

102 Nach den Angaben der Straßburger Backproben (wie Anm. 101) ergibt sich, bezogen auf den Durchschnittspreis von 1 Viertel Weizen 1465/79 (= 43,9 Pfennige) unter der Voraussetzung, daß 1 Viertel Weizen ca. 86 kg wiegt: 1 kg Weizen = 0,51 Pfennige; 1 kg Weißbrot = 1,74 Pfennige; vgl. DIRLMEIER, wie Anm. 31, S. 348–350 zu den Straßburger Backproben; zur Bevorzugung des Weißbrots z. B. BRUCKER, wie Anm. 22, S. 96.

103 ABEL, wie Anm. 6, S. 100.

104 HOFMANN, wie Anm. 28, S. 70f.; SANDER, wie Anm. 21, S. 864 (Ungeld) und 918 (Getreidepreise).

schließen, daß in Städten wie Straßburg und Frankfurt durch die Konsumbelastung bewußt ein Teil der Lohnkaufkraft weggesteuert wurde, entsprechende Beobachtungen hat Franz Irsigler für Köln gemacht[105].

Bezogen auf den Preis des fertigen Konsumgutes „Brot" ergibt sich für die Kaufkraft spätmittelalterlicher Löhne also ein deutlich ungünstigeres Ergebnis als im Vergleich mit dem Kornpreis. Unter der Voraussetzung von 265 Arbeitstagen im Jahr ergeben sich, um nur ein Beispiel in Zahlen anzuführen, für Straßburg folgende Relationen:

Straßburg 1465/79: 1 Bauhandwerkslohn =
29,6 kg Roggen/Kalendertag= 15,5 kg grobes Roggenbrot
26,5 kg Weizen/Kalendertag = 17,6 kg Weißbrot

Bei diesen Zahlen sind, wie in den vorangehenden Berechnungen, die Ergebnisse offizieller Backproben zugrundegelegt. In der Alltagspraxis wird der Brotertrag also wohl eher unter- als überschritten worden sein. Da niedrige spätmittelalterliche Broterträge auch außerhalb Deutschlands überliefert sind[106], wird man sie als gesichert betrachten dürfen und entsprechend berücksichtigen müssen. Geht man von dem mehrfach erwähnten Jahresbedarf von 200 kg Getreide (auch: Getreide und Hülsenfrüchte) aus, muß entweder die täglich verfügbare Ration entsprechend den Backergebnissen reduziert werden, oder es muß ein Aufschlag auf den Marktpreis des Getreides angerechnet werden. Ein Getreideverbrauch, wie ihn Wilhelm Abel in seinem Verbrauchsmodell einer 5-köpfigen Bauarbeiterfamilie voraussetzt[107], würde das oben zugrundegelegte Straßburger Bauhandwerkereinkommen, in Roggen veranschlagt, mit nur knapp 7% belasten. Die gleiche Gewichtsmenge Roggen- bzw. Weißbrot wäre dagegen mit rund 13 bzw. 27% einzusetzen. Natürlich ist Getreide nicht nur in Form von Brot und erst recht nicht ausschließlich als Weißbrot verbraucht worden, insofern sind Kostensätze, die auf Brotpreisen beruhen, partiell überhöht. Aber auch die als Mus (Küchenspeise) verbrauchten Getreideprodukte haben sich durch Steuer und Gewinnspannen für den städtischen Konsumenten verteuert, ohne daß dafür ein exakter Prozentsatz zu ermitteln wäre. Besonders beachtenswert erscheint aber, daß der spätmittelalterliche Städter sein Brot relativ teurer einkaufen mußte als der Lohnarbeiter um die Wende des 18. zum 19. Jahrhundert. Nach Diedrich Saalfeld war in Berlin in den Jahren 1790–1805 Brot nur um 14% teurer als der Ausgangspreis des Roggens. Die aus der gleichen Zeit für Nord-[284] und Mitteldeutschland überlieferten Kornlöhne von ca. 10 kg/Kalendertag entsprechen danach 8,6 kg Brot[108]. Dagegen würden im 15. Jahrhundert nach den vorangehenden Beispielen 10 kg Roggen günstigstenfalls 6 kg Brot in Marktqualität entsprechen. Veränderte Konsumgewohnheiten und wohl auch veränderte produktionstechnische Voraussetzungen bewirken also, daß sich bei dem Vergleich mit

105 IRSIGLER, wie Anm. 27, S. 588
106 Vgl. L. STOUFF, Ravitaillement et alimentation en Provence aux XIVe et XVe siècles (= Civilisations et Sociétés 20), Paris 1970, S. 288f.
107 ABEL, wie Anm. 6, S. 59.
108 D. Saalfelds Ergebnisse bezüglich Berlin zitiert ABEL, wie Anm. 6, S. 37. Zu den neuzeitlichen Kornlöhnen siehe D. SAALFELD, Lebensstandard in Deutschland 1750 – 1860, in: FS W. Abel zum 70. Geburtstag, Bd. 2, Hannover 1974, S. 417–443, hier S. 419–421.

Getreide bzw. mit Brot die Kaufkraftentwicklung der Löhne unterschiedlich darstellen kann.

VII.

Modellartige Berechnungen zum Lebensmittelverbrauch spätmittelalterlicher Haushalte können vom Kalorienbedarf und dessen überwiegender Deckung durch Getreideprodukte ausgehen. Für die Zusammenstellung vielseitigerer Ernährungsmodelle bestehen rein rechnerisch nahezu unbegrenzte Kombinationsmöglichkeiten, entsprechend unterschiedlich werden die Kostenanteile der einzelnen Konsumgüter gewichtet[109]. Die Quellenlage macht es aber unmöglich, die Kostenentwicklung einer differenzierteren Ernährung mit Hilfe zeitgenössischer Belege in statistischer Geschlossenheit darzustellen. Noch schwieriger ist die Einschätzung des nicht ernährungsbedingten Aufwands. Weder für das Wohnen samt allen Nebenkosten, noch für die Kleidung kann ein spätmittelalterlicher Durchschnitts- oder Mindestbedarf definiert und kostenmäßig kalkuliert werden. Es gibt aber aus den spätmittelalterlichen Städten in größerer Zahl Einzelbelege über Unterhaltskosten aus den Bereichen Ernährung und Bekleidung. Auch wenn dabei Verbrauchsmengen oder Leistungen nicht durchweg im Einzelnen zu spezifizieren sind, gibt der Vergleich mit Einkünften aus Lohnarbeit Hinweise zu den Aufwandsmöglichkeiten spätmittelalterlicher Verbraucher. Als Vorteil gegenüber Modellberechnungen kann dabei die Verwendung zeitgenössischen Zahlenmaterials gelten. Dagegen kann man den Repräsentativcharakter der ausgewählten Bezugsgrößen natürlich unterschiedlich beurteilen, und es ist nicht zu bestreiten, daß bei Vergleichen ortsverschiedener Belege mit zusätzlichen Unsicherheitsfaktoren zu rechnen ist. Als Jahreseinkommen aus gelernter Bauarbeit werden im folgenden ca. 27 bis 50 rhein. Gulden (Nürnberg bzw. Frankfurt) veranschlagt, für Hilfsarbeit ca. 17 rhein. Gulden (Nürnberg)[110].

Als Hinweis auf die Größenordnung der ernährungsbedingten Unterhalts-[285]kosten und als Indiz für den eingeschränkten materiellen Spielraum von Lohnarbeitern gilt bei manchen Forschern der Prozentanteil der Verpflegungskosten in Lohntaxen, die Barlohn und Verköstigungsleistungen festlegen. So hat jüngst Fritz Blaich aus Lohnvorschriften ermittelt, daß „um 1533 der Tagesverdienst eines an- oder ungelernten Bauarbeiters in Regensburg gerade ausreichte, um die Existenz zu fristen"[111]. Tatsächlich erreichen nicht nur nach den Taxen, sondern auch nach Abrechnungen die Kosten der täglichen Verpflegung für handwerkliche und andere Lohnarbeiter bis 50 % eines Tagelohns, gelegentlich auch einen noch höheren Anteil. Vor-

---

109 Zu den Indexmodellen vgl. DIRLMEIER, wie Anm. 31, S. 420–423 und W. v. HIPPEL, Bevölkerungsentwicklung und Bevölkerungsstruktur im Königreich Württemberg 1815/65. Überlegungen zum Pauperismusproblem in Südwestdeutschland, in: Industrielle Welt, Sonderbd. Soziale Bewegung und politische Verfassung, Stuttgart 1977, S. 270–371, hier S. 346–350; siehe auch oben Anm. 6.

110 DIRLMEIER, wie Anm. 31, S. 160, 162, 164, 202.

111 F. BLAICH, Wirtschaft und Gesellschaft in der Reichsstadt Regensburg zur Zeit Albrecht Altdorfers, in: Schriftenreihe der Universität Regensburg 5, Regensburg 1981, S. 83–102, hier S. 92; vgl. auch MASCHKE, wie Anm. 43, S. 33.

aussetzung dabei ist die vollständige Verköstigung mit zwei Haupt- und zwei Zwischenmahlzeiten sowie mit Getränken (Wein oder Bier)[112]. Selbst unter der optimalen Voraussetzung von werktäglich durchgehender Beschäftigung, wären bei kalendertäglich gleichbleibendem Konsum knapp 70 % des Lohneinkommens für die Ernährung einer Einzelperson zu veranschlagen. Die Unterstellung, demnach hätten Bauhandwerker bis hinauf zum Meister keine Familien gründen können, wird von den Quellen widerlegt[113]. Es bleibt als naheliegende Schlußfolgerung: Die Familie mußte über mehr als ein Arbeitseinkommen verfügen oder aber im Jahresdurchschnitt wesentlich bescheidener wirtschaften.

Der Vergleich von Löhnen mit den Kosten von Festtagsessen der städtischen Oberschicht ist sicher wenig aussagefähig. Aber auch ein Konsum, der ohne ausgesprochenen Luxus doch ungefähr den Vorstellungen vom Wohlleben entspricht, das oft als Charakteristikum des Spätmittelalters gilt, lag außerhalb der finanziellen Möglichkeiten derer, die auf Einkünfte aus tageweise bezahlter Arbeit angewiesen waren. Für Verpflegung u. a. mit Fleisch, Geflügel und Fisch, aber ohne verschwenderischen Verbrauch teurer Gewürze und mit keinesfalls übermäßigem Weinkonsum, lassen sich beispielsweise aus einer Ravensburger Abrechnung (1477) Mindestkosten von 30 rhein. Gulden pro Person und Jahr ermitteln. Das wären ca. 60 % eines Frankfurter Meistereinkommens und 112 % eines Jahreseinkommens von Nürnberger Bauhandwerkern. Taxpreise für gehobene Wirtshausmahlzeiten mit mehreren Gängen ergeben, als regelmäßiger Aufwand unterstellt und auf das ganze Jahr umgerechnet, noch wesentlich höhere Beträge[114].

Auch aus dem Vergleich mit Kleidungskosten ergibt sich der Eindruck, daß die Kaufkraft von Einkommen, wie sie mit Lohnarbeit erzielt werden konnten, [286] begrenzt war. Auch hier ist der Festtagsaufwand der städtischen Oberschicht sicher kein geeigneter Vergleichsmaßstab. Ohne ausgesprochen luxuriös zu sein, entspricht aber der berufsbedingte Bedarf von Handlungsdienern in etwa dem Topos vom spätmittelalterlichen Kleiderluxus. Nach Abrechnungen aus der zweiten Hälfte des 15. Jahrhunderts betrug der Jahresaufwand u.a. für Rock, Hose, Wams, Schuhe, Stiefel und Hüte ungefähr 15 rhein. Gulden[115]. Gleiche Ausgaben würden bei Handwerkern mit den oben angegebenen Jahreseinkommen 30–55 % des Verdienstes beanspruchen. Das ist für Einzelpersonen unwahrscheinlich, für Familien mit nur einem Einkommen auch rechnerisch ausgeschlossen. Aber selbst Kleidung, die sicher nicht anspruchsvoll war, schlägt sich in Kosten nieder, die bezogen auf den Familienbedarf problematisch werden: Der Basler Rat bezahlte (zu Beginn des 16. Jahrhunderts) für die Kleidung eines Waisenknaben in sechs Jahren durchschnittlich knapp 4 rhein. Gulden. Bei Handwerksgesellen (meist Webern) in Freiburg i. Ue. ergibt sich aufgrund der vertraglichen

---

112 Nachweise bei DIRLMEIER, wie Anm. 31, S. 224–236.
113 Vgl. beispielsweise Endres Tuchers Baumeisterbuch, wie Anm. 12, S. 62. Für Handwerkerfrauen scheint aber häufiger die Notwendigkeit bestanden zu haben, durch Mitarbeit zum Familienunterhalt beizutragen: BÜCHER, wie Anm. 8, S. 249f.; siehe auch oben S. 159.
114 Die Abrechnung von 1477 bei SCHULTE, wie Anm. 74, S. 26–33, Nr. 3; Regensburger Wirtstaxe bei BLAICH, wie Anm. 111, S. 91; Augsburger Wirtstaxen (anläßlich der Abhaltung von Reichstagen in der Stadt), in: ChrDtSt, Augsburg Bd. 4, wie Anm. 66, S. 81 und 297.
115 Kleiderabrechnung eines Handlungsdieners (1477/79) bei SCHULTE, wie Anm. 74, S. 334.

Kleiderdeputate ein nicht ganz vollständiger Kostensatz von mindestens 2 bis über 4 rhein. Gulden pro Jahr im 15. Jahrhundert. Für das Gesinde im Haushalt des Nürnberger Patriziers Anton Tucher ergeben sich zu Beginn des 16. Jahrhunderts allein für Oberbekleidung Ausgaben von mindestens 2,4 rhein. Gulden im Jahresdurchschnitt[116].

In dem Bewußtsein, daß Kleidung ein sehr elastisch nachgefragtes Konsumgut ist, unterstelle ich aufgrund dieser Belege als Berechnungsgrundlage einen Jahresaufwand von 3,5 rhein. Gulden pro Person, d. h. nur knapp ein Viertel des Betrages, der für Handlungsdiener nachweisbar ist. Einen 4-Personen-Haushalt vorausgesetzt, wurde ein Jahreseinkommen aus gelernter Bauarbeit in Nürnberg mit 52%, in Frankfurt mit 28% belastet. Für Frankfurter Meister läge danach der Kostenanteil für Kleidung höher als in allen Budget-Rechnungen veranschlagt[117], für gelernte und erst recht für ungelernte Nürnberger Bauarbeiter mit Familie wäre danach ein Kleideraufwand unmöglich, wie er in Basel für einen Waisenknaben als angemessen betrachtet wurde. Hier darf an den oben angeführten Beleg für St. Gallen erinnert werden, nach dem sich dort Knaben und Mädchen durch Spinnarbeit ihre Kleidung teilweise selber verdienten[118]. Der Zusatzverdienst von Familienmitgliedern bestätigt sich als soziale Notwendigkeit.

Zu ähnlichen Schlußfolgerungen führen auch Hinweise auf die mögliche Gesamthöhe von Unterhaltskosten. Der nach seinen autobiographischen Aufzeichnungen sicher nicht verschwenderische Burkard Zink hat für seine Haushaltsführung in Augsburg 1441–44 im Jahresdurchschnitt 100 rhein. [287] Gulden verbraucht. In gleicher Höhe werden 1456 die Unterhaltskosten für ein Nürnberger Kaufleuteehepaar beziffert[119]. Damit werden die oben angegebenen Jahreseinkommen von Bauhandwerkern um das Doppelte (Frankfurt) bzw. knapp Vierfache (Nürnberg) übertroffen. Dagegen veranschlagt das Nürnberger Almosen zu Beginn des 16. Jahrhunderts die Unterstützung einkommensloser, kinderreicher Familien mit umgerechnet rund 17 rhein. Gulden pro Jahr, was doch wohl mit dem unabweisbaren Mindestbedarf gleichgesetzt werden kann[120]. Ziemlich genau dieser Betrag – 17 Gulden – kann in Nürnberg zu dieser Zeit mit ungelernter Bauarbeit pro Jahr unter günstigsten Umständen verdient werden. Eine Familie, die allein darauf angewiesen war, lebte also unmittelbar am Rande des Existenzminimums.

Auch bei einer Häufung weiterer Beispiele erscheint mir eine genauere Quantifizierung nicht möglich und irgendwelche Verbrauchsnormen abzuleiten, scheint mir angesichts der Streubreite der Einzelnachweise nicht zulässig zu sein. Trotz fehlender statistischer Qualitäten rechtfertigen die vorangehenden Belege aber die Behauptung, daß eine nicht auf einfachste Bedarfsbefriedigung beschränkte Lebenshaltung, bezogen auf den Ertrag der Lohnarbeit, für spätmittelalterliche Städter teuer war – ein

---

116 DIRLMEIER, wie Anm. 31, S. 275–279 und 289f.
117 Zu den Verbrauchsmodellen siehe oben Anm. 109. Die Unterstellung eines 4-Personen-Haushalts auch hier nur als Rechenhilfe; vgl. oben Anm. 4, zum Problem von Haushalts- bzw. Familiengröße.
118 Johannes Kesslers Sabbata, wie Anm. 24, S. 487; vgl. oben S. 160.
119 ChrDtSt, Augsburg Bd. 2, wie Anm. 53, S. 134; zu Burkard Zink vgl. MASCHKE, wie Anm. 15; S. 251; NEUKAM, wie Anm. 52, S. 183.
120 WINCKELMANN, wie Anm. 70. S. 278 und DERS., wie Anm. 34, Teil 2, S. 267.

Faktum, das schon zeitgenössisch klar gesehen und vereinfachend allein mit der Verbrauchsbesteuerung begründet wurde: Nach einer Straßburger Bäckerordnung (1447) erzielten die Landbäcker höhere Gewinne, weil sie Korn billiger einkaufen können *und ir brot mit geringerm costen bachent, nachdem sie kein zol noch malgelt gebent.* Straßburger Tuchermeister erklären, viele Weber seien auf das Land gezogen, weil sie *im land lüchter sützen dan in der stat*[121]. Der Freiburger Rat behauptet 1486, die Stadt erleide schwere Einbußen, weil die Nachbarn *die grösser maß schenken, daz gar kein zerung by unns ist, unser maß clein mit zweyen ungelt pfennig beladen, unser merckt gond ab ...* [122]. Umgekehrt waren nach Felix Fabers Stadtbeschreibung die niedrigen Verbrauchssteuern ein besonderer Vorzug von Ulm, der vor allem den Ärmeren zugute komme[123]. Ganz unabhängig vom Realitätsgehalt der darin aufgestellten Behauptungen bezeugen solche Quellen, daß die Belastung des Verbrauchers als Spezifikum des Lebens in der Stadt gesehen wurde. Die zahlreichen Verordnungen gegen den Einkauf billigerer Waren außerhalb der Städte belegen den gleichen Tatbestand[124].

[288] VIII.

Ausgangspunkt für diese Überlegungen zur Kostenbelastung städtischer Verbraucher war die Frage, wie die aus dem Fehlen einer ausreichenden Vorratshaltung erschlossene, labile Versorgungslage eines Großteils der Stadtbevölkerung anders als mit Verschwendung erklärt werden kann. Über Einzelbeispiele hinausgehend, war die Verteuerung des Lebensmittelverbrauchs bei Getränken durch die fiskalische Belastung (bis über 20%) zu ermitteln. Brot war durch Steuer und Herstellungskosten je nach Qualität bis reichlich dreimal teurer als Getreide. Es konnte nicht ermittelt werden, von welchen Bevölkerungsschichten bestimmte Bedarfsgüter in bestimmten Mengen oder Zusammenstellungen verbraucht wurden und welche durchschnittlichen Kosten veranschlagt werden müssen. Dagegen konnte mit Kostenvergleichen exemplarisch belegt werden, welcher Aufwand bei bestimmten Einkommenshöhen unwahrscheinlich oder ausgeschlossen ist. Vor allem für den Unterhalt von Familien wurde dabei ein begrenzter Spielraum erkennbar, der bis hin zu den möglichen Jahreseinkommen von Bauhandwerksmeistern (ca. 50 rhein. Gulden) besondere Ansprüche hinsichtlich der Bekleidung und Ernährung ausschließt. Sofern nicht grundsätzlich mehrere, volle Arbeitseinkommen pro Familie vorausgesetzt werden, erklärt sich die potentiell unsichere Versorgungslage eines Großteils der Stadtbevölkerung im Spätmittelalter

---

121 BRUCKER, wie Anm. 22. S. 121; G. SCHMOLLER. Die Strassburger Tucher- und Weberzunft, Urkunden und Darstellung, Strassburg 1879, S, 104f., Nr. 50

122 H. FLAMM, Der wirtschaftliche Niedergang Freiburgs i. Br. und die Lage des städtischen Grundeigentums im 14. und 15. Jahrhundert (= Volkswirtsch. Abhandlungen der bad. Hochschulen 8, 3. Ergbd.), Karlsruhe 1905, S. 146.

123 Fratris Felicis Fabri tractatus, wie Anm. 75, S. 147.

124 Beispielsweise BRUCKER, wie Anm. 22, S. 543 (Straßburg); Basler Chroniken, wie Anm. 40, Bd. 7, Leipzig 1915, S. 450 und Bd. 8. Basel 1945. S. 385 mit Anm. 20; Gesetze der Stadt Frankfurt, wie Anm. 10, S. 252, Nr. 164 und S. 335. Nr. 245; J. BAADER, Nürnberger Polizeiordnungen aus dem XIII. bis XV. Jahrhundert (= BibLitVStuttgart 63), Stuttgart 1861 (Neudr. Amsterdam 1966), S. 202–206, Nr. 5 und S. 241–264, Nr. 4; ChrDtSt, Bd. 15, Die Chroniken der baierischen Städte, Leipzig 1878 (Neudr. Göttingen 1967), S. 43f.

zwanglos aus den begrenzten materiellen Möglichkeiten, die eine systematische Vorratswirtschaft so wenig zuließen, wie Maßlosigkeit als Grundeinstellung im Alltag.

Alltag, materielle Kultur, Lebensgewohnheiten im Spiegel spätmittelalterlicher und frühneuzeitlicher Abrechnungen

Zu dem Themenkomplex „Mensch und Objekt" verfügen die Geschichtswissenschaften über eine Quellengruppe mit besonderen Qualitäten, aber auch besonderen Problemen: die öffentlichen und privaten Haushaltsabrechnungen. Sie zeichnen sich aus durch die Verläßlichkeit der auf Alltag und materielle Kultur bezogenen Nachrichten, ganz im Gegensatz zu der Überlieferung beispielsweise durch Chroniken, Reiseberichte, obrigkeitliche Verordnungen und Moraltraktate. Alltags- und Festagsaufwand, der aus Abrechnungen ermittelt werden kann, hat tatsächlich *so* stattgefunden, und aufgeführte Objekte sind – von der fehlenden Anschaulichkeit einmal abgesehen – so real wie Fund- und Museumsstücke. Probleme bereitet dagegen die in Mitteleuropa auch für das 15. und 16. Jahrhundert nur ganz spärliche Überlieferung privater Haushaltsabrechnungen. Die besser bewahrte Überlieferung halböffentlicher und öffentlicher Haushalte kann ihrem Gegenstand entsprechend natürlich nur begrenzt weiterhelfen, wenn es um das Verhältnis von Individuen zur Welt des Gegenständlichen geht.

Die folgenden Ausführungen gehören in den Kontext eines Forschungsprojekts zur – auch EDV-gestützten – systematischen Auswertung von Haushaltsrechnungen an der Universität Siegen. Dabei geht es in erster Linie um Haushaltstechnik und Finanzierungsmodalitäten, aber auch der Gesamtbereich der „Realien" ist Gegenstand unserer Forschungsinteressen. Die hier skizzierten Ergebnisse sind vorläufig und beruhen ganz überwiegend auf herkömmlichen Arbeitsweisen, (noch) nicht auf Computereinsatz. Ausgangspunkt sind die Haushaltsrechnungen der Nürnberger Patrizierfamilien Behaim und Tucher, die vom Ende des 15. Jahrhunderts bis nach der Mitte des 16. Jahrhunderts überliefert sind, und die ich angesichts der gleichen Schichtzugehörigkeit als [158] Einheit auffasse[1]. Möglichkeiten zur Ergänzung und Kontrolle durch nahestehendes Material sind zumindest beim derzeitigen Stand der Quellenedition kaum gegeben – der von F. Irsigler untersuchte Haushalt Hermanns v. Goch ist immerhin ein gutes Jahrhundert älter und war in Köln angesiedelt[2].

Abschließend soll deswegen ganz kurz überprüft werden, ob eventuell doch mit Hilfe des andersgearteten Materials der öffentlichen Haushaltsrechnungen einzelne Tatbestände bestätigt oder ergänzt werden können.

Im Mittelpunkt des Beitrags sollen dabei einmal nicht Kleidung und Ernährung stehen, auf die sich das Forschungsinteresse ja häufiger konzentriert[3], auch wenn ei-

---

1   W. LOOSE (Hrsg.), Anton Tuchers Haushaltsbuch 1507 bis 1517 (Bibl. Lit. Ver. Stuttgart 134) Tübingen 1877 (nachfolgend zitiert als Tucher, Haushaltsbuch); J. KAMANN, Aus Nürnberger Haushaltungs- und Rechnungsbüchern des 15. und 16. Jahrhunderts. In: Mitteilungen des Vereins für Geschichte der Stadt Nürnberg 6 (1886) 57–122 und 7, 39–168 [nachfolgend zitiert als KAMANN I (Abrechnungen Michael Behaims) bzw. KAMANN II (Abrechnungen Paul Behaims)].

2   F. IRSIGLER, Ein großbürgerlicher Kölner Haushalt am Ende des 14. Jahrhunderts. In: E. ENNEN – G. WIEGELMANN (Hrsg.), Festschrift Matthias Zender 2. Bonn 1972, 635–668 (nachfolgend zitiert als IRSIGLER, Großbürgerlicher Haushalt).

3   Vgl. etwa I. BITSCH u. a. (Hrsg.), Essen und Trinken in Mittelalter und Neuzeit. Sigmaringen

nige Bemerkungen dazu nicht vermieden werden können. In erster Linie geht es aber um die materielle Umgebung von Menschen, ihr Verhältnis zu Gegenständen, ihr Wohnfeld und ihre Verhaltensweisen, wobei es angesichts der gegebenen Überlieferungslage außerordentlich schwer fällt, Entwicklungslinien und Wandel zu verfolgen.

[159] Zunächst das rechnungsmäßige Ergebnis der patrizischen Großhaushaltsführung von Anton Tucher in Nürnberg:

Durchschnittlicher Jahresaufwand im Haushalt von Anton Tucher
(Nürnberg) in den Jahren 1507–1517:

Wochengeld	146,8 Gulden	
Wein	97,0 Gulden	
Bier	35,0 Gulden	34,3 %
Schmalz	16,4 Gulden	
Gewürze u. ä.	22,2 Gulden	
Brennholz	25,6 Gulden	5,1 %
Gesinde	22,0 Gulden	
d. h. laufender Haushalt	363 Gulden	39,2 %
Geschenke		
Kleider		
Hausrat	563 Gulden	60,8 %
Steuer		
Gesamtausgaben	926 Gulden	100 %

Bei wohl acht bis zehn ständigen Hausbewohnern, davon in der Regel zwei Knechte und zwei Mägde, sowie einem ausgeprägten Einladungsbetrieb[4] wurden im Jahresdurchschnitt also 926 Gulden verbraucht. Das entspricht einem mittleren Handwerkervermögen[5] aber Tucher hat offenbar keineswegs von der Substanz gezehrt: Seine Vermögenssteuer ist von 144 Gulden im Jahr 1508 auf 239 Gulden im Jahr 1517 angestiegen, was einen entsprechenden Besitzzuwachs wahrscheinlich macht.

Tucher rechnete zu den laufenden Haushaltsausgaben außer Essen und Trinken mit innerer Logik auch Seife, Licht, Brennholz und Gesindelöhne. Diese Posten erreichten im Schnitt gut 39 % des Gesamtaufwands. Es verdient besondere Beachtung, daß dabei der Gewürzverbrauch, oft als Indikator für Verschwendung der Reichen bezeichnet, als Kostenfaktor kaum ins Gewicht gefallen ist: Zusammen mit Zucker, Seife und Licht erreicht er nur 2,4 % [160] der Jahresausgaben. Gesondert verbucht werden die Aufwendungen *ausserhalb esseder* (sic!) *ding*, nämlich Kleidung, Hausrat, Geschenke und Losung (die Vermögenssteuer)[6]. Die Relation von 60:40 zum Nahrungsaufwand kennzeichnet einen sehr gehobenen Lebensstandard, aber die Tucherschen

---

1987; I. PETRASCHEK-HEIM, Die Sprache der Kleidung. Wesen und Wandel von Tracht, Mode, Kostüm und Uniform. Baltmannsweiler [2]1988.

4   Siehe unten S. 184.

5   E. MASCHKE, Mittelschichten in deutschen Städten des Mittelalters. Zuletzt in: DERS., Städte und Menschen (Vierteljahrschrift für Sozial- und Wirtschaftsgeschichte Beiheft 68) Wiesbaden 1980, 275–305, bes. 283–285.

6   Regelmäßig zum Abschluß des jeweiligen Rechnungsjahres verbucht: z. B. Tucher, Haushaltsbuch 20 und 24.

Rechnungsergebnisse erlauben noch weitere Beobachtungen zur Haushaltsführung: Die laufenden, im wesentlichen ernährungsbedingten Ausgaben schwanken wesentlich weniger als die Sachausgaben; das jeweils teuerste Einzeljahr liegt bei 112 bzw. 240% des Durchschnitts! Man kann also von einem außerordentlichen Haushalt des Sachbedarfs und einem ordentlichen Haushalt des laufenden Unterhalts sprechen. Die Tatsache, daß einzelne Posten der Ausgaben *ins hauß* wie Bier, Gewürze, Brennholz über Jahre kaum oder gar nicht differieren[7], läßt vermuten, daß das Budget geplant, der Verbrauch beobachtet wurde. Ein rund vierzig Jahre späterer Rechnungsvermerk des Nürnbergers Paul Behaim bestätigt diese Ausnahme: In der Küche befand sich ein Brett zum Anschreiben der täglichen Ausgaben[8].

Trotz möglicher methodischer Bedenken bringe ich eine kurze Gegenüberstellung der Rechnungsergebnisse der „großbürgerlichen" Haushaltsführung Hermanns v. Goch in Köln[9]. Immerhin haben Goch und Tucher eine vergleichbare Schichtzugehörigkeit, sind beide Haushalte in einer führenden Handels- und Gewerbestadt angesiedelt.

[161] *Durchschnittlicher Jahresaufwand im Großhaushalt von Hermann v. Goch (Köln) in den Jahren 1391–1394 (27 Monate):*

Nahrung, Getränke	329,9 Gulden	54,4%
Kleidung, Hausrat	77,3 Gulden	12,8%
Dienstleistungen	9,6 Gulden	1,6%
Universitätsstudium des Sohnes	187,2 Gulden	31,2%
Gesamtausgaben	604,0 Gulden	100%

Gewiß ist die Gegenüberstellung von Durchschnittswerten aus 27 Monaten bzw. 11 Jahren problematisch und der Sonderfall der Studienkosten des Sohnes schlägt bei Goch natürlich voll durch. Auch die Vergleichbarkeit von Guldenbeträgen über den Abstand von 120 Jahren müßte eigens erörtert werden. Allerdings ist es schon verblüffend, daß Goch mit 329 Gulden nominal im Durchschnitt fast den gleichen Jahresbetrag für Nahrung und Getränke ausgegeben hat wie Tucher mit 317 Gulden. Ich beschränke mich hier auf die Kostenrelation, bei denen die Frage des Geldwerts keine Rolle spielt und bei denen Unterschiede zwischen beiden Haushaltsführungen augenfällig sind:

Bei Anton Tuchner beträgt der Kostenanteil für Ernährung im engeren Sinn 34% der Gesamtausgaben, bei Hermann v. Goch aber 54%. Für dieses Dominieren der Nahrungskosten bei Goch, im Gegensatz zum Überwiegen der Sachausgaben bei Tucher, gibt es mehrere Erklärungsmoglichkeiten: den Zufall angesichts der kurzen Zeitspanne der Goch'schen Haushaltsrechnung, individuelle Verbrauchsunterschiede oder buchungstechnische Eigenheiten (Unvollständigkeit). Eine denkbare Ursache ist aber auch der Konsumwandel am Ende des Mittelalters zu mehr und anspruchsvolleren Sachgütern. Diese Vermutung wird gestützt durch die Tatsache, daß bei Goch von

---

7   Ebd. 15, 20, 27, 33, 36, 39, 42, 48, 51 (Jahresabschlüsse).
8   KAMANN II, 42 (1549).
9   Nach den Angaben bei IRSIGLER, Großbürgerlicher Haushalt 640. Die Umrechnung von Mark in Gulden nach den Kursangaben bei R. KNIPPING, Die Kölner Stadtrechnungen des Mittelalters 1 (Publikation der Gesellschaft für Rheinische Geschichtskunde 15) Bonn 1897, XXVIII: 1 Gulden = 3 Mark 5 Schilling.

1391 bis 1394 kein einziger Möbelkauf verbucht ist, während bei Tucher Jahr für Jahr Schränke, Truhen oder ähnliche Einrichtungsgegenstände gekauft wurden[10].

Ganz konkret werden einerseits Wandel, aber auch Kontinuität von Verbrauchsgewohnheiten anhand von zwei Einzelposten der Abrechnungen verdeutlicht: Hermann v. Goch hat insgesamt 62 Paar Schuhe eingekauft, seine beiden Söhne haben 7 bzw. 9 Paar innerhalb eines Jahres erhalten. Auch Anton Tucher hat jährlich um die 10 Paar einfache Sommerschuhe verbraucht, [162] dazu die gleiche Menge doppelter Winterschuhe[11]. Von möglichen Modevarianten im Zuschnitt abgesehen, handelt es sich bei Goch und Tucher zweifellos um die auch aus Grabungsbefunden wohlvertrauten Lederschuhe ohne feste Sohle, über denen bei Bedarf Holzschuhe getragen wurden[12]. Der fertigungstechnisch bedingte hohe Jahresverbrauch ist auch sonst bis über die Mitte des 16. Jahrhunderts hinaus nachweisbar[13], er korrespondiert nahtlos mit den bei Altstadtgrabungen festgestellten Mengen an Schuh- und Lederresten[14].

Während hier also offensichtlich gleiche oder zumindest sehr ähnliche Verbrauchsgewohnheiten über einen Zeitraum von rund 150 Jahren nachweisbar sind, ergibt der Konsum mittelmeerischer Importgüter ein ganz anderes Bild: Zwar wurden im Haushalt Goch genauso wie im Haushalt Tucher unter anderem Feigen, Weinbeeren, Mandeln und Zucker verbraucht (bei Tucher auch große Mengen von Pomeranzen, die bei Goch ganz fehlen), aber der Unterschied liegt bei den Quantitäten, nicht bei der Warenpalette. Hermann v. Goch hat im gesamten Abrechnungszeitraum (27 Monate) insgesamt ca. 65 Pfund Feigen eingekauft, über ein Jahrhundert später hat Anton Tucher während der Fastenzeit eines einzigen Jahres über 350 Pfund Feigen verschenkt[15]. Auch hier besteht übrigens eine gute Übereinstimmung zwischen der schriftlichen Überlieferung der Abrechnungen und innerstädtischen Grabungsbefunden mit zahlreichen paläobotanischen Nachweisen von Feigenkernen[16]. Noch augenfälliger als bei den importierten Trockenfrüchten differieren aber die Verbrauchsmengen an Zucker: Goch hat insgesamt knapp 6 Pfund Zucker einge[163]kauft, was einem Jahresmittel von ca. 2,5 Pfund entspricht. Im Haushalt Tucher wurden dagegen zwischen 1507 und 1517 jahresdurchschnittlich 30,5 Pfund Zucker verbraucht[17]. Dem entspricht eine Preisentwicklung, die selbst in nicht inflationsbereinigten Nominalbeträgen überdeutlich erkennbar wird: Hermann v. Goch bezahlte für das Pfund Zucker knapp

---

10   Zu Tuchers Möbelkäufen siehe unten S. 178f.

11   IRSIGLER, Großbürgerlicher Haushalt 658; Tucher, Haushaltsbuch 65, 70, 79, 90 u. a.

12   Vgl. die Abbildung von Grabungsfunden in: Cord MECKSEPER (Hrsg.), Stadt im Wandel, Ausstellungskatalog 1. Stuttgart 1985, 301f., Nr. 239 u. 240.

13   Vgl. dazu U. DIRLMEIER, Untersuchungen zu Einkommensverhältnissen und Lebenshaltungskosten in oberdeutschen Städten des Spätmittelalters (Abh. Heidelberg phil.-hist. Kl. 1978, 1) Heidelberg 1978, 284.

14   Als Beispiel für die zahlreichen neueren Grabungsbefunde vgl. S. SAUER, Ein reichhaltig verfüllter Brunnenschacht vom Gelände des mittelalterlichen Neusser Gasthauses. In: Neusser Jahrbuch 1988, 33–39, bes. 37.

15   IRSIGLER, Großbürgerlicher Haushalt 653f.; Tucher, Haushaltsbuch 87.

16   Beispielsweise K.-H. KNÖRZER, Geschichte der synanthrophen Vegetation von Köln. In: Kölner Jahrbuch 20 (1987) 271–377, bes. 360, 366 u. 376.

17   IRSIGLER, Großbürgerlicher Haushalt 651f.; Tucher, Haushaltsbuch, Jahresabschlüsse (wie oben Anm. 7).

1 Gulden, für Anton Tucher kostete es nur noch durchschnittlich 0,12 Gulden (= 12%). Bei dieser Preisentwicklung überrascht es nicht, daß in Nürnberg nach 1500 neben dem traditionellen Honig bereits Zucker zum Einkochen von Obst verwendet wurde[18]. Bei aller Vorsicht angesichts der schmalen Quellenbasis wird man wohl folgern dürfen, daß im Laufe des Spätmittelalters ein zunehmendes Angebot an Südwaren zunehmenden und regelmäßigen Konsum ermöglicht hat. Im 16. Jahrhundert erscheint der Verbrauch von Zucker aufgrund der Preisentwicklung nicht mehr unbedingt als Privileg der reichsten Oberschicht[19].

Wie eben bei der Gegenüberstellung der Haushaltsrechnungen von Tucher und Goch gezeigt, lagen im Nürnberger Patrizierhaushalt des frühen 16. Jahrhunderts die Sachaufwendungen deutlich über den Ernährungskosten, und dies nicht nur im Durchschnitt, sondern zwischen 1507 und 1517 ganz regelmäßig Jahr für Jahr. Dem Bereich dieser Ausgaben und den daraus ableitbaren Überlegungen gelten die nachfolgenden Abschnitte, wobei überlieferungsbedingt überzeitliche oder überörtliche Vergleiche mit homogenem Quellenmaterial kaum möglich sind. Von außen nach innen fortschreitend, werden berücksichtigt: Der bauliche Unterhalt der Wohnung, Mobiliar und Geräte einschließlich Haushaltstextilien, der Umgang mit den Sachgütern, der Sauberkeitsstandard, Familie und Gesinde, Feste und Geschenke, Gesundheit und schließlich die Religiosität.

Zum baulichen Unterhalt: In den mir zwischen 1490 und 1560 überschaubaren rund 70 Haushaltsjahren der Familien Michael Behaim, Anton Tucher und Paul Behaim gibt es auffallenderweise kaum ein Jahr ohne größere Reparaturen und Renovierungen, ent[164]weder am eigenen Haus oder an einem „Zinshaus" im Besitz der Familie. Zu den Schwachpunkten gehörte das Dach, bei dem man, wie ein Vermerk Tuchers belegt, die vorsorgliche Inspektion auf Schäden kannte. Obwohl auch die Mietshäuser selbstverständlich Tonziegeldächer hatten, mußte der Dachdecker häufig genug gerufen werden. Anton Tucher ließ 1515 das Dach seines Vorderhauses komplett neu eindecken. Dafür kaufte er ausdrücklich 3200 *alte*, also gebrauchte Ziegel, das Stück zu 0,33 Pfennig. Fast gleichzeitig bezahlte Michael Behaim 8500 neue Ziegel, das Stück zu 0,72 Pfennig[20]. Tucher hätte also mit seiner Gebrauchtware knapp 55% gespart; da es sich aber um unterschiedliche Sorten handelt (Hohl- bzw. Flachziegel), ist ein exakter Preisvergleich nicht möglich. Im Zusammenhang mit dem Dach sind die Reparaturen an Kaminen und das regelmäßige Schlotfegen als Feuerschutzmaßnahmen erwähnenswert, ferner die Verwendung von Kupfer, also eines hochwertigen Materials, für die Erneuerung eines Regenfallrohres[21]. So selbstverständlich wie das hartgedeckte Dach waren auch die butzenverglasten Fenster. Wie Reparaturnotizen zeigen, war sogar Tuchers Pferdestall mit Glasfenstern versehen, und auch die an einen Schuster untervermietete Wohnung im Vorderhaus verfügte über diesen Komfort.

---

18 KAMANN II, 73, 76, 98,114 (Honig); Tucher, Haushaltsbuch 18 (Zucker).
19 Zur Entwicklung der Zuckerproduktion siehe E. SCHMITT (Hrsg.), Die mittelalterlichen Ursprünge der europäischen Expansion (Dokumente zur Geschichte der europaischen Expansion 1) München 1986, 140–142.
20 KAMANN I, 104; Tucher, Haushaltsbuch 123.
21 Tucher, Haushaltsbuch 53, 73, 100. Zu den Feuerschutzmaßnahmen zählte auch die regelmäßige Reparatur der Öfen durch einen Hafner (65 und 86).

Butzenscheiben kosteten übrigens pro Stück knapp 2 Pfennige (1494) und waren damit zwar kein ausgesprochenes Luxusgut, aber doch recht teuer, wie der Preisvergleich mit den neuen Dachziegeln (0,72 Pfennig) zeigt[22]. Reparaturen brauchte auch der Fußboden. Ausgabennotizen teils für Platten, teils für das Abhobeln durch den Schreiner verdeutlichen das Nebeneinander von Holz- und Steinböden im Haus Anton Tuchers, übrigens in funktionsgleichen Räumlichkeiten[23]. Ob das Neuverlegen von Plattenböden im Jahr 1562 in drei Kammern des Hauses Paul Behaim einem allgemeinen Wohntrend entsprach, muß offenbleiben[24]. Auf Arbeiten im Sanitärbereich ist im Zusammenhang mit dem Hygienestandard einzugehen. Es bleibt noch zu erwähnen, daß zu den regelmäßig beschäftigten Handwerkern [165] in allen drei hier betrachteten Nürnberger Haushalten auch Maler gehört haben. Teilweise im Abstand von nur zwei Jahren wurden bei Anton Tucher und Paul Behaim Wohnräume neu gestrichen, für andere Hausteile wie Küche, Gänge und Treppenhaus sind Renovierungen in unterschiedlichen Abständen belegt. Die bereits erwähnte Mietwohnung im Vorderhaus von Anton Tucher wurde bei zwei Mieterwechseln 1513 und 1517 jeweils grundrenoviert[25]. Das Ausweißen von Räumen unter Verwendung von Leinöl- und Leimzusatz war die billigste Malerarbeit, teuer waren farbige Anstriche und das Firnissen einer holzgetäfelten Stube. Mit einfachen Anstrichen waren aber die patrizischen Ansprüche an die Gestaltung ihres Wohnumfeldes nicht erfüllt: Tucher hat zweimal einen Kunstmaler mit Dekorationen beauftragt, darunter exakt gezählte 400 Sterne im unteren Flur. Die kosteten 270 Pfennige, während gleichzeitig zwei Räume komplett für 150 Pfennige weiß gestrichen wurden. Paul Behaim beauftragte 1562 einen Maler mit dem Malen einer Sonnenuhr und mit der Ausschmückung seiner oberen Stube mit Rosen und anderem Pflanzenwerk[26]. Die Freude an repräsentativer Schönheit im Patrizierhaushalt ist unverkennbar.

Ihrem Umfang entsprechend, schlagen sich die Bauunterhaltsmaßnahmen auch im Haushaltsbudget nieder: Paul Behaim verwendete Mitte des 16. Jahrhunderts 6–8 % der Gesamtausgaben für diesen Bereich. Die ständigen Reparaturen an Dach, Öfen und Holzwerk, die auch andernorts in öffentlichen Haushaltsabrechnungen auffallen[27] kann man wohl als materialbedingtes Merkmal der vorindustriellen Zeit ansprechen dürfen.

Ein vollständiges Inventar der sorgfältig gepflegten Patrizierhäuser kann aufgrund der Abrechnungen nicht erstellt werden. Aber in den überprüfbaren rund 70 Haushaltsjahren ergibt sich aus der Vielzahl von Hausratskäufen der allerdings kaum exakt quantifizierbare Eindruck, daß sich die Wohnungen zunehmend gefüllt haben. An Möbelstücken werden erwähnt: Truhen aus Eiche, Kiefer und Eisen; große und kleine Schränke für die Wohnstube, mit Schubfächern im Unterbau. Ein von Tucher 1513 er[166]worbenes Prachtstück (der hohe Preis von 18 Gulden entspricht dem) hatte Türen aus gemasertem Holz, Kranz und Fuß waren aus Linde. Als Besonderheit eigens in

---

22 KAMANN I, 75.
23 Tucher, Haushaltsbuch 73 (Steinboden), 133, 148 (Holzfußboden).
24 KAMANN II, 141.
25 Tucher, Haushaltsbuch 71, 86, 102, 148, 154; KAMANN II, 53, 68, 140.
26 Tucher, Haushaltsbuch 85 und 134; KAMANN II, 141f.
27 Beispielsweise in den Abrechnungen der Grasburg bei Fribourg. F. BURRI, Die Grasburg. In: Archiv des Historischen Vereins des Kantons Bern 20 (1911) 45–159 und 161–217.

den Rechnungen notiert wurden auch Schnitzwerk-Verzierungen an den Schränken. Bemerkenswert als Indiz für die Arbeitsteilung in der spätmittelalterlichen Stadtwirtschaft ist die Tatsache, daß beim Schreiner neu gekaufte Truhen und Schränke ohne Beschläge geliefert wurden. Tür und Deckelbänder, bei Truhen besonders auch die Schlösser, wurden eigens vom Schlosser geliefert und eingebaut, wobei – zwei Notizen Tuchers belegen das – Meisterstücke besonders gesucht und gut bezahlt waren[28]. An Großmöbeln begegnen ferner Ruhebetten (Spanbetten), die sich Michael Behaim (1504), Anton Tucher (1507) und Paul Behaim (1548) eigens in ihre Stube bzw. Arbeitszimmer stellten, außerdem Tische mit Stein- und mit Ahornplatten. Sehr spät, bei Paul Behaim im Jahr 1563, werden erstmals Polstersessel erwähnt, grün bezogen und mit Messingknöpfen verziert. Dagegen waren die Polsterbänke in der Stube offenbar so etwas wie der zentrale Ort der Wohnung. Ich schließe dies daraus, daß bei Anton Tucher in 11 Haushaltsjahren nicht weniger als sechsmal (1507, 1509, 1510, 1512, 1513, 1516) Polster und Kissen neu bezogen oder neu gekauft wurden. Die, wie wir erfahren, federgefüllten Polster wurden mit rotem Leder, aber auch mit gewirktem Stoff bezogen, bei den Kissen wird ein Vogelmuster grün in grün (1510) erwähnt, eine Farbe, die Paul Behaim allgemein für Möbel, Öfen und Vorhänge bevorzugt hat[29].

Das zwar teilweise aufwendig gearbeitete, aber überwiegend zweckorientierte Großmobiliar wurde mit zahlreichen Dekorationsobjekten ergänzt. Im gesamten Berichtszeitraum besonders beliebt waren offensichtlich Hängeleuchter aus Hirschgeweih mit Figuren[30] wie sie sich ja bis heute erhalten haben. Paul Behaim besaß mindestens vier Hängeleuchter, davon einer mit Lukretia-Figur, ein anderer *darauf ein schlos auf eim vels stet*[31]. Dazu ka[167]men neben den bereits erwähnten Dekorationsmalereien noch Familienwappen, Heiligenbilder und -figuren, Alabasterbilder, Bildteppiche und gerahmte Bilder auf Leinwand mit wohl weltlichen Motiven. Paul Behaim ließ sich außerdem von einem niederländischen Maler porträtieren[32]. Überraschend niedrig erscheint der Preis für Kunst- und Kunstgewerbeobjekte: Anton Tucher zahlte für 10 Alabasterbilder 1,2 Gulden, für vier gerahmte Bilder auf Leinen 1 Gulden, für ein zweiflügeliges Tafelbild mit dem Englischen Gruß 0,8 Gulden. Dagegen kosteten ein Truhen- und ein Türschloß zusammen 8 Gulden, eine eiserne Truhe und ein Schrank je 18 Gulden:[33] Einen von Material- und Nutzwert losgelösten Kunstwert hat man damals offensichtlich kaum gekannt. Für Paul Behaim belegen die Abrechnungen aber nach der Mitte des 16. Jahrhunderts eindeutig eine quantitativ gesteigerte Sammlertätigkeit: Mit der Zahl seiner Bilderkäufe übertrifft er Anton Tucher bei weitem, außerdem hat er regelmäßig Bücher erworben, was bei Michael Behaim und Anton Tucher nur ganz selten nachweisbar ist. Neben theologischen Werken kaufte Paul Behaim auch Bücher

---

28 Tucher, Haushaltsbuch 76, 81, 91, 94, 97, 103, 139.
29 Ebd. 55, 92, 93 (Tische, Betten); 52, 74, 79, 92, 104 (Polster). KAMANN I, 95 (Michael Behaim) und II, 40, 41, 76, 152 (Paul Behaim)
30 Vgl. R. ENDRES, Adelige Lebensformen in Franken. In: Adelige Sachkultur des Spätmittelalters (Veröffentlichungen des Instituts für mittelalterliche Realienkunde Österreichs 5 = Sb. Ak. Wien, phil.-hist. Kl. 400) Wien 1982, 73–104, bes. 85.
31 KAMANN II, 72 und 77.
32 Ebd. 41 und 115.
33 Tucher, Haushaltsbuch 89, 107, 109 (Bilder); 94, 97, 103 (Möbelpreise).

über die Goldene Bulle, über das Kriegsrecht, über Türken und Moskowiter[34]. Zum historisch orientierten Bildungsstreben, das man daraus ableiten darf, tritt bei ihm eine Vorliebe für Objekte, die nach den Maßstäben unserer Zeit nicht unbedingt als hochrangige Kunstgegenstände einzuordnen wären: wappenbemalte Schildkrötpanzer, acht Rehköpfe mit und ohne Geweih, 13 Tonfiguren *auf die Gesimse* zu stellen[35]. Zusammen mit den erwähnten Hängeleuchtern und Polstersesseln entsteht das Bild eines „altdeutschen Salons" – aber gerade auf diesem Gebiet wird man jeder Epoche das Recht auf den eigenen Geschmack zubilligen müssen.

Bei dem übrigen Hausrat wie Geschirr und Küchengeräten fällt auf, daß außer Ofenkacheln und buntglasierten Gefäßen teilweise italienischer Herkunft in den Rechnungen der Nürnberger Patrizier kaum irdene oder keramische Ware verzeichnet wird. Die bei Hermann v. Goch im Köln des ausgehenden 14. Jahr[168]hunderts notierten irdenen Krüge und Töpfe fehlen ganz, an ihrer Stelle wird jetzt Metallgerät verwendet, das damals natürlich auch nicht ganz fehlte:[36] In der Nürnberger Patrizierküche waren Topfe, drehbare Bratspieße und Pfannen aus Eisen; Wasserkannen, Wasserzuber und Spülständer waren aus Kupfer, die Mörser aus Messing[37].

Nur vereinzelt, wie bei Tucher im Jahr 1507, wurden auch hölzerne Teller und Schüsseln für die Küche gekauft. Aber außerhalb der Küche, das ist zu beachten, wurde nach wie vor auch Holzgeschirr verwendet. Paul Behaim kaufte um die Mitte des 16. Jahrhunderts in größeren Mengen (12–50 Stück) hölzerne Teller, teils aus Ahorn, für den täglichen Gebrauch[38]. Doch dominierte eindeutig Zinn als bevorzugtes Material für Schüsseln, Teller und Kannen. So kaufte 1514 Anton Tucher 24 Teller und 2 große Schüsseln aus Leipzig, 1517 notierte er 100 Zinntellerchen, *statt telerprot aufzudecken,* d. h. sie ersetzten die sonst üblichen flachen Brote als Speiseunterlage. Jedes dieser „Tellerchen" wog gut 150 Gramm, kann also nicht ganz winzig gewesen sein[39].

Keine vollständigen Zahlen, aber doch gute Anhaltspunkte für die Menge des Metallgeschirrs in einem Patrizierhaushalt ergeben die Rechnungsnotizen von Paul Behaim aus der Mitte des 16. Jahrhunderts: Großeinkäufe und eine Erbteilung zu Beginn der eigenen Haushaltsführung addieren sich, soweit das Gewicht aufgeschrieben wurde, zu 102 Pfund Zinn- und 215 Pfund Kupfergeschirr – und dies ist eben erst der Anfang[40]. Daß bei den Besteckkäufen Löffel und Messer überwogen haben und Gabeln nur vereinzelt vorkommen, kann nicht überraschen, die späte Verbreitung der Gabeln nördlich der Alpen ist ja bekannt[41]. Es bleiben noch zwei Details zu erwähnen,

---

34 KAMANN I, 81 (Kauf einer Buchschließe für Michael Behaim); Tucher, Haushaltsbuch 107 und 106; KAMANN II, 78, 150, 152, 154

35 Ebd. 79, 112, 152.

36 IRSIGLER, Großbürgerlicher Haushalt 660 und 662.

37 Tucher, Haushaltsbuch 59, 73, 79f., 97, 101, 132 (Küchengeräte aus Metall).

38 Ebd. 58; KAMANN II, 42 und 75.

39 Tucher, Haushaltsbuch 115 und 146.

40 KAMANN II, 40 f. und 42. Auch bei Hermann v. Goch sind wahrend der 27 Abrechnungsmonate ca. 61 Pfund Zinngeschirr notiert: IRSIGLER, Großbürgerlicher Haushalt 660.

41 Tucher, Haushaltsbuch 61; KAMANN II, 67; D. RUMM-KREUTER, Heizquellen, Kochgeschirre, Zubereitungstechniken und Garergebnisse mittelalterlicher Köche. In: BITSCH, Essen und Trinken 225–244, bes. 235 (Gabeln).

Kuriosa eher, die aber [169] sehr gut belegen, welche Vorsicht bei dem Versuch angebracht ist, aus wenigen Rechnungsbelegen auf Wandlungen der materiellen Kultur zu schließen: Bei Paul Behaim wurden erstmals nach der Mitte des 16. Jahrhunderts Fliegenwedel und Abdeckhauben für das Küchenfeuer notiert – davor findet sich in den Nürnberger Abrechnungen kein Nachweis. Was liegt näher, als hier den zivilisatorischen Fortschritt der frühen Neuzeit zu sehen – aber Fliegenwedel wie Feuerhaube werden schon gut 150 Jahre früher im Haushalt Hermanns v. Goch in Köln verwendet[42].

Bei den Textilien überwog der Verbrauch von Leinen, aber auch Zwilch und Barchent wurden eingekauft. Bedarf bestand für: Bettbezüge, Bettücher, Tischtücher, Servietten, Taschentücher und Männerhemden. Auffallend ist die Betonung hierarchischer Qualitätsunterschiede, denn es gab *Herrenleilach* und *Ehaltenleilach, Ehaltentischtücher, Ehaltenhandtücher*[43]. Das zeigt zum einen natürlich das Standesdenken und die gesellschaftlichen Schranken in der spätmittelalterlichen Stadt, zum anderen aber auch ganz eindeutig, daß das Gesinde, wenn auch auf einfacherem Niveau, vom Komfort der patrizischen Haushaltsführung nicht völlig ausgeschlossen war. Im übrigen ist die Standesunterscheidung auch beim Bettzeug keine Eigenheit der Nürnberger Patrizier, sie war in der spätmittelalterlichen Gesellschaft allgemein verbreitet[44]. Auffallend groß war der Umfang der Textil- und Wäschevorräte: Anton Tucher besaß 1507 mindestens 36 Deck- und Federbetten, 20 Kopfkissen, 30 Bettkissen. 1509 wurden in Lyon für 27,5 Gulden Haushaltstextilien eingekauft, darunter übrigens auch eigens *Ehaltenleilach*. 1510 ließ Tucher 286 Ellen (ca. 190 m) Leinen bleichen, 1512 nochmals 177 Ellen (ca. 113 m) Genfer Leinwand. Paul Behaim kaufte 1549 in Antwerpen 110 Ellen (ca. 72 m) Leinen für Hemden und unter anderem 107 Ellen (ca. 70 m) Leinen für Bettücher. Bei einer Großwäsche in seinem Haus wurden 1566 unter anderem gezählt: 65 große und 32 schmale Tischtücher, 69 Handtücher, 118 Taschentücher, 38 Bettücher. Das war aber offensichtlich keine Eigenheit der frühen [170] Neuzeit: Ähnlich große Wäschevorräte ermittelte F. Irsigler auch für den Kölner Hermann v. Goch am Ende des 14. Jahrhunderts[45].

Es liegt nahe, in diesem Zusammenhang allgemein nach dem Hygienestandard in den patrizischen Großhaushalten zu fragen. Natürlich besteht hier die Gefahr, aufgrund der Abrechnungen ein zu optimistisches Bild zu zeichnen, weil naturgemäß nur die Leistungen, nicht eventuelle Versäumnisse notiert wurden. Aber auch bei zurückhaltender Bewertung zeigen die einzelnen Rechnungsbelege, daß jedenfalls zum patrizischen Lebensstandard des Spätmittelalters und der frühen Neuzeit auch ein gewisses Maß an Reinlichkeitsbedürfnis gehört hat. So war die eben erwähnte Großwäsche im Haus Behaim (1566) kein singuläres Ereignis, vielmehr wurde der große Bestand an Haustextilien regelmäßig gewaschen. Bei Anton Tucher und Paul Behaim fielen jährlich zwei- bis dreimal Ausgaben dafür an, für die Frühjahrs- (April/Mai), Sommer-

42 KAMANN II, 51 und 151; IRSIGLER, Großbürgerlicher Haushalt 600f.
43 Tucher, Haushaltsbuch 54, 74, 104, 134
44 ENDRES, Adelige Lebensformen 84.
45 Tucher, Haushaltsbuch 55, 74, 79, 92; KAMANN II, 47 und 100; IRSIGLER, Großbürgerlicher Haushalt 662.

(August) und Herbstwäsche (September/Oktober)[46]. Das sind natürlich nach modernen Maßstäben enorme Zeitabstände, aber dafür wurden ja auch, wie eben gezeigt, umfangreiche Bestände an Haushaltstextilien vorgehalten. Das Waschen wurde übrigens nicht vom eigenen Gesinde besorgt, sondern von tageweise bezahlten Wäscherinnen, bei Tucher bis zu vier Personen. Wohl je nach Stoffart wurde zwischen Laugen- und Seifenwäsche unterschieden. Für die Lauge kaufte Tucher eine Kupferwanne von 96,5 Pfund Gewicht, für die Seifenwäsche wurden bei ihm jährlich 11 bis 40 Pfund Seife eingekauft. In Paul Behaims Haushalt wurde neben venezianischer Mohnseife auch selbstgesottene (Kern-) Seife verbraucht[47]. Nur einmal, im Jahr 1507, notiert Anton Tucher, daß sämtliches Federbettzeug gereinigt und *geklaubt,* also aussortiert wurde. Da er zugleich alle alten Bettücher waschen ließ, könnte man an einen Ungezieferbefall denken. Die Erwähnung einer gleichartigen Aktion auch im Rechnungsbuch von Paul Behaim zeigt ebenfalls, daß eine solche Grundreinigung des Bettzeugs durchaus zu den üblichen Gewohnheiten der Zeit gehört hat[48].

[171] Ein entsprechendes Bemühen um Körperhygiene belegen die Ausgaben für häusliche Badeeinrichtungen. Anton Tucher kaufte 1507 einen kupfernen Badeofen, 216 Pfund schwer, als Ersatz für den sechs Jahre alten, defekten Vorgänger. Im gleichen Jahr erhielt die Badestube einen neuen Fußboden aus Holz, 1513 mußte der Badekessel repariert werden, 1514 war wieder ein neuer Fußboden fällig[49]. Das Bad im Haus Tucher wurde offensichtlich regelmäßig benützt und diente jedenfalls nicht ausschließlich als Statussymbol. Ein weiteres Bad im Garten erlaubt übrigens einen aufschlußreichen Preisvergleich: 1516 kaufte Tucher dafür eine Kupferwanne, 63 Pfund schwer, die mit 1260 Pfennigen reichlich zehnmal teurer war als die alte, seit 1512 benützte Holzwanne[50].

Das notwendige Badewasser kam aus eigenen Schöpfbrunnen, die in den Haushaltsrechnungen häufig erwähnt sind, weil sie regelmäßig neue Brunnenseile erhielten, in Abständen gefegt, d. h. gereinigt wurden und verhältnismäßig oft neue Holzeimer benötigten. Ohne hier auf Einzelheiten einzugehen ist auch noch zu erwähnen, daß zwar nicht regelmäßig, aber bei Bedarf die sehr geräumigen Klogruben von spezialisierten Handwerkern, den *Pappenheimern,* entleert wurden[51]. Bei Hermann v. Goch in Köln fehlen zwar Ausgabennotizen für das Bad, aber Seifenverbrauch, regelmäßige Großwaschtage und die Latrinenreinigung sind bei ihm genauso belegt wie bei Tucher und Behaim[52]. Wir fassen also auch in diesem Bereich keine Nürnberger Extravaganzen, sondern den gehobenen Standard der Zeit.

Diese eindeutig von materiellem Wohlstand geprägte Lebensführung schließt freilich einen sehr sorgsamen Umgang mit den Dingen und mit dem Geld nicht aus.

---

46   Tucher, Haushaltsbuch 11, 17, 24, 25 u. a.; KAMANN II, 73, 99, 100.
47   Tucher, Haushaltsbuch 50 und 79; KAMANN II, 99.
48   Tucher, Haushaltsbuch 55; KAMANN II, 100.
49   Tucher, Haushaltsbuch 56, 101, 112.
50   Ebd. 92 und 131. Die Holzwanne kostete 120 Pfennige, die Kupferwanne 1260 Pfennige.
51   Vgl. dazu U. DIRLMEIER, Die kommunalpolitischen Zuständigkeiten und Leistungen süddeutscher Städte im Mittelalter. In: J. SYDOW (Hrsg.), Städtische Versorgung und Entsorgung im Wandel der Geschichte (Stadt in der Geschichte 9) Sigmaringen 1981, 113–150, bes. 141f.
52   IRSIGLER, Großbürgerlicher Haushalt 662f.

Die einleitend anhand von Anton Tuchers Rechnungsergebnissen erschlossene überlegte Wirtschaftsführung wird durch zahlreiche Einzelbelege bestätigt, die für eine bewußte Ausgabenkontrolle sprechen: Obwohl Wachs[172]kerzen ein großbürgerliches Statussymbol darstellen[53], wurde in den drei hier untersuchten Nürnberger Patrizierhaushalten ganz überwiegend mit Unschlittlichtern beleuchtet; bei Paul Behaim Mitte des 16. Jahrhunderts daneben auch mit Öllampen. Das war eine Prestigefrage: Im Haushalt Tucher wurden jährlich bis über 100 Pfund Unschlittlichter verbraucht, das Pfund zu 9 Pfennigen. Kerzen, die überwiegend an Kirchen verschenkt wurden, kosteten dagegen pro Pfund 48 Pfennige, waren also gut fünfmal teurer. Nach der Mitte des 16. Jahrhunderts hat sich diese Preisrelation etwas verschoben, im Haus Paul Behaims kosteten die, von einer Verwandten selbst gefertigten Unschlittlichter pro Pfund 16,6 Pfennige, Wachskerzen pro Pfund 56 Pfennige, also gut dreimal mehr. Das Lampenöl lag mit seinem Pfundpreis von 26 Pfennigen in der Mitte. Wie oben schon erwähnt, wurde bei Behaim auch die Seife selbst gekocht, sie war um die Hälfte billiger als gekaufte Ware[54].

Dem jedenfalls partiell preisbewußten Konsumverhalten entspricht die Behandlung der Sachgüter. Anton Tucher ließ nicht nur Großmöbel wie Schränke und Truhen renovieren, sondern auch Holzeimer von einem Büttner reparieren, die neu nur kleine Pfennigbeträge kosteten. Ein Mantel des Patriziers Anton Tucher wurde geflickt, ein mottenzerfressener Mantel von Frau Behaim wurde zu einem Unterkleid für die Tochter umgearbeitet. Nicht mehr benötigte Kleidungsstücke konnten auch verkauft werden[55]. Erst recht behielten schadhafte Metallgeräte ihren Wert: Bei Goch in Köln wie bei Behaim und Tucher in Nürnberg ist das Umgießen zerbrochenen Zinngeschirrs überliefert, wobei der Arbeitslohn weit unter dem Materialwert lag. Hermann v. Goch, bei dem auch das Flicken von Küchentöpfen notiert ist, zahlte bei einem Zinnpreis von 36 Pfennig pro Pfund für die Anfertigung 18 Pfennig pro Pfund. Auch in Nürnberg, über 100 Jahre später, betrug der Gießerlohn nur einen Bruchteil des Gesamtwertes des Zinngeschirrs. Selbst der oben erwähnte, defekte und sechs Jahre alte kupferne Badeofen Anton Tuchers war noch ein gutes Geld [173] wert: Er wurde in Zahlung gegeben, wobei der Kupferschrott mit 53% des Neupreises (einschließlich Herstellungskosten) verrechnet wurde[56] Kein Wunder, daß man bei der Anschaffung von Kupfer-und Zinngerät meist das Gewicht notierte. Und Paul Behaim hatte durchaus recht, wenn er seine Kleider-, Möbel- und Hausratkäufe unter der Rubrik „Hausrat, im Wert noch vorhanden"[57] zusammenfaßte. Er charakterisiert damit ein Konsumverhalten, das sich von dem der Wegwerfgesellschaft diametral unterscheidet: Hausrat im weitesten Sinn war ein Investitionsgut, kein Konsumgut.

---

53   Ebd. 661.
54   Tucher, Haushaltsbuch 56 (Kerzen), 20 (Unschlitt), 58 und 67 [abweichende Kerzenpreise (29 und 36 Pfennige pro Pfund)]; KAMANN II, 87 (Unschlitt und Wachs), 96 (Öl), 99 (Seife).
55   Tucher, Haushaltsbuch 55 und 117 (Möbel), 58 (Büttner), 81 (Kleiderreparatur); KAMANN II, 69 (Kleiderverkauf) und 135f.
56   Tucher, Haushaltsbuch 78 und 110 (Zinngeschirr), 56 (Badeofen); IRSIGLER, Großbürgerlicher Haushalt 660.
57   KAMANN II, z. B. 43, 64, 79, 150.

In aller Kürze soll noch angedeutet werden, welche weiteren Informationen die Abrechnungen zu Lebensgewohnheiten und Atmosphäre im Großhaushalt geben können:

Auffallend ist die Häufigkeit der Einladungen, Feiern und Feste bei Tucher, aber auch noch nach der Reformation im Haus Paul Behaims. Die größte Rolle im Festkalender spielten die Zeit zwischen Weihnachten und Neujahr, Fastnacht, Martini und vor der Reformation auch Kirchweih und Allerheiligen. Dazu kamen natürlich Hochzeiten und Taufen als Familienfeiern. Ohne daß hier näher darauf eingegangen werden kann, ist zu erwähnen, daß die Rechnungen in diesem Zusammenhang auch Hinweise auf Brauchtum geben, etwa an Fastnacht, wo Anton Tucher einmal einen *fastnachthof* abhielt, mit 45 Frauen und einem Harfenspieler[58]. Tuchers Esseneinladungen, mit gleichzeitig bis weit über 30 Personen, sind wegen der sozialen Herkunft der Gäste bemerkenswert: Die Spannweite reicht von den höchsten Honoratioren der Stadt und kirchlichen Würdenträgern über Kanzleischreiber bis zu Handwerkern, Spitalgesinde, abgabepflichtigen Bauern und Spitalsarmen. Dabei wurden, um nur ein Beispiel zu geben, für die Bewirtung von 36 Bauern pro Person 22 Pfennige aufgewandt, bei 18 Kanzleischreibern pro Kopf 87 Pfennige:[59] Standesunterschiede wurden also selbstverständlich gemacht, aber von einer hermetischen gesellschaftlichen Abschließung nach unten kann keine Rede [174] sein – wie oben erwähnt, hatte Tucher ja auch einen Schuster als Untermieter im Haus.

Beachtung verdienen unter dem Aspekt zwischenmenschlicher Beziehungen auch die in den Abrechnungen notierten Geschenke. Zu den Empfängern gehörten Handwerker mit Geschäftsbeziehungen zum Haushalt Tucher, die Naturalien erhielten: regelmäßig vor Weihnachten Gebäcke, unter dem Jahr gelegentlich Käse, Wein und sogar Wild. Dieses anscheinend patriarchalisch-persönliche Verhältnis hatte aber auch seine ganz andere Seite, das darf nicht verschwiegen werden: Tucher ließ „seine" Handwerker teilweise jahrelang auf Bezahlung warten. Bei dem Keßlermeister, der 1507 den schon mehrfach erwähnten Badeofen lieferte, hatte Tucher sechs Jahre alte Schulden. Trotzdem drückte er bei der Abrechnung den Gesamtpreis noch um 6%![60] Den zweiten sozial genau abzugrenzenden Empfängerkreis von Geschenken bildete das Gesinde. Die eigenen Mägde – auffallenderweise nicht auch die Knechte – erhielten regelmäßig ein Neujahrsgeschenk, meist kleinere Geldbeträge. Dazu kamen Geschenke an eigenes und fremdes Gesinde aus besonderem Anlaß: so für das Überbringen einer guten Nachricht, wie der Geburt eines Kindes – dafür gab es das sogenannte „Botenbrot" –, ferner bei besonderer Beanspruchung (Familienfeste) oder wenn ein Dienstbote heiratete. Auch hier darf man nicht vorschnell auf eine Idylle im Haushalt schließen: Das Neujahrsgeschenk war vielfach Bestandteil des Dienstvertrages, das „Botenbrot" war ein allgemein verbreiteter Brauch, beides belegt also noch kein besonders enges Verhältnis zwischen Herrschaft und Gesinde[61]. Bei Paul Behaim (Mitte des 16. Jahrhunderts) beweisen die zahlreichen Querelen und vorzeitigen Vertrags-

---

58 Tucher, Haushaltsbuch 43.
59 Ebd. 10, 18, 45, 49 und zahlreiche weitere Belege für Einladungen.
60 Ebd. z. B. 57, 60, 103 (Geschenke), 56, 59 (verspätete Bezahlung).
61 KAMANN I, 68, 70, 73 (Botenbrot); Tucher, Haushaltsbuch 160 und 162 (vertraglich vereinbarte Geschenke); KAMANN II, 66 (Botenbrot), 77 und 91 (Neujahr), 105 (Hochzeit).

auflösungen sogar ein ausgesprochen gereiztes Klima, bei Anton Tucher (Anfang 16. Jahrhundert) allerdings war es die Regel, daß Knechte und Mägde viele Jahre, zum Teil sogar Jahrzehnte in ihrer Stellung blieben[62]. Wie weit sich hier nur individuelle Verschiedenheiten oder aber strukturelle Wandlungen spiegeln, ist schwer zu entscheiden.

Es ist auch durchaus zweifelhaft, ob die Geschenke innerhalb [175] der Familie in jedem Fall besondere Gefühlsbindungen belegen. Die regelmäßigen Geldgaben zu Neujahr an die Ehefrau bzw. bei dem Witwer Anton Tucher an die Schwiegertochter, machen einen durchaus konventionellen Eindruck[63]. Das ist, wie ich meine, eindeutig anders bei den Geschenken an Kinder und Enkelkinder. Im Gegensatz zu häufig zitierten Forschungsmeinungen[64] werden hier enge Gefühlsbeziehungen und die Berücksichtigung kindlicher Bedürfnisse erkennbar: Michael Behaim schenkte im Jahr 1500 seinem Sohn ein Blasrohr mit 300 Kügelchen, die Enkel Anton Tuchers erhielten von einem befreundeten Kaufmann ein kleines Pferd, der Großvater übernahm die Kosten für den Transport aus Erfurt sowie für Sättelchen und Zaumzeug. Paul Behaims beide Söhne bekamen je einen Schlitten, und in seinen Rechnungen wird erstmals notiert, daß *das kindl*, also das Christkind, beschert[65]. Außer solchen Geschenken bringen die Haushaltsrechnungen noch weitere Belege für eine besondere Berücksichtigung der Kinder: Beim Schreiner wurden eigene Kindermöbel bestellt, es wurden Verträge über die tägliche Lieferung von Milch abgeschlossen, Begleiter für den Schulweg bezahlt und Lehrer für besondere Betreuung beschenkt[66]. Das weitgehende Fehlen einer eigentlichen Kindheit und die Nichtberücksichtigung spezifisch kindlicher Bedürfnisse dürfen nach diesen Zeugnissen ausgeschlossen werden[67].

Die voranstehend ermittelten Tatbestände scheinen weitgehend die Vorstellung vom angenehmen Leben der Reichen zu bestätigen. Deren begrenzte Gültigkeit erweist sich aber sofort, [176] wenn man auch die Spuren von Krankheit und Tod in den Abrechnungen berücksichtigt. Die Ausgaben für Bader, Apotheker und Ärzte ziehen sich wie ein roter Faden durch die Rechnungsaufzeichnungen von Anton Tucher und den beiden Behaims. Beinverletzungen und Geschwüre konnten von Badern offenbar erfolgreich behandelt werden, und Behaims Kinder wird die Verabreichung von Met, Rotwein und Erdbeerwasser während einer Masernerkrankung sicher willkommen gewesen sein. Dagegen waren die Ärzte bei ernsthaften inneren Erkrankungen bekannt-

---

62 Vgl. dazu DIRLMEIER, Untersuchungen 91–97.

63 KAMANN I, 79; Tucher, Haushaltsbuch z. B. 51, 68, 83.

64 Zur Kritik an den von Ph. Ariès und E. Badinter vertretenen Vorstellungen über Kindheit im Mittelalter vgl. C. OPITZ, Mutterschaft und Mütterlichkeit. In: L. BERRISCH u.a. (Hrsg.), 3. Schweizerische Historikerinnentagung, Beiträge. Zürich 1986, 66–85, bes. 66f.; ferner besonders K. ARNOLD, Kind und Gesellschaft in Mittelalter und Renaissance. Beiträge und Texte zur Geschichte der Kindheit. Paderborn-München 1980, 10–16 und 78–86.

65 KAMANN I, 85 (Blasrohr); Tucher, Haushaltsbuch 131f. (Pferd und Zaumzeug); KAMANN II, 122 (Spielzeugpferd), 126 (Christkind).

66 KAMANN I, 94 (Milch), 73 (Kindermöbel); KAMANN II, 121 und 124 (Milch), 67, 76, 79 (Möbel), 123 und 127 (Bezahlung für Begleiter und Lehrer).

67 Auch hier ist auf die Übereinstimmung zwischen Abrechnungen und Grabungsbefunden hinzuweisen. Zu Kinderspielzeug aus Abfallgruben vgl. Stadt im Wandel 376–378, Katalognr. 297–300.

lich weitestgehend machtlos, das geht bei Paul Behaims Steinleiden genauso wie beim frühen Tod seiner ersten Ehefrau und zweier Kinder oder bei den tödlich verlaufenden Krankheiten engster Verwandter von Anton Tucher hervor. Der Kauf von Theriak aus Venedig durch Tucher und eines Stücks vermeintlich kräftigenden Einhorns durch Paul Behaim ist als Ausdruck der verzweifelten Suche nach wirksamer Hilfe zu interpretieren[68] Als letzter Ausweg blieb aber nur die Religion, exemplarisch zu verdeutlichen aus den Rechnungen Tuchers: Als im Frühjahr 1514 sein Sohn ernsthaft erkrankte, zahlte er am 13. April jedem armen Siechen im Spital 1 Pfennig für ein Gebet. Am 2. Juni schickte er je 60 Renken an die Klöster St. Klara und St. Katharina wegen Fürbitte für seinen Sohn, am 25. Juni wandte er sich nochmals an die Spitalsarmen und verdoppelte dabei die Bezahlung für das Gebet auf 2 Pfennige. Wenig später ist sein Sohn dann gestorben[69]. Hier erweist sich die massive Werkfrömmigkeit des Spätmittelalters eindeutig als Reaktion auf die Bedrängnisse des Lebens, und hier wird man mit hoher Wahrscheinlichkeit vom Verhalten des Patriziers auf das der übrigen Bevölkerung schließen dürfen.

Einige weitere Hinweise auf die konkreten Spuren der Religiosität beschließen diesen Überblick: Michael Behaim wie Anton Tucher gaben den Armen und beschenkten die Kirchen, letzteres mit weit höheren Beträgen. Von den Almosen profitierten vor allem die Spitäler, auf die Bewirtung von Spitalsarmen im Haus Tucher wurde oben bereits hingewiesen. Sie erhielten übrigens eine Fleischmahlzeit mit Bier und durften die Tonkrüge – zum [177] Stückpreis von 1 Pfennig eigens gekauft – für sich behalten. Ob hier Hygienegründe maßgeblich waren, ist schwer zu entscheiden. Auch die Waisenkinder erhielten eine Mahlzeit im Haus Tucher, die Zwölfbrüder-Stiftung für verarmte Handwerker wurde mit Naturalien unterstützt. Zu Ostern und vor Weihnachten wechselte Anton Tucher je einen Goldgulden in Heller zum Verschenken an die Armen, Paul Behaim gab den Sondersiechen regelmäßig Getreidespenden, Tucher stiftete ihnen 60 Leinenhauben[70].

Unter Zuwendungen an Kirchen und Klöster sind zunächst auffällig die festen Zahlungen für Jahrtage und Seelmessen sowie Tuchers ständig wiederkehrende Kerzenstiftungen zum Rosenkranz. Mit einem Fixbetrag in den „Schmalzstock" erwarb er für Familie und Gesinde die Erlaubnis zum Schmalzkonsum in der Fastenzeit[71], gewiß ein sehr typischer Zug der spätmittelalterlichen Frömmigkeit. Vor größere Verständnisprobleme stellt eher die nicht abreißende Abfolge von Präsenten erlesener Speisen an Klöster und Geistliche, wobei Tuchers Gebefreudigkeit mit dem Alter eindeutig zunahm: Frische und kandierte Pomeranzen, Muskatnüsse, Salm, Hechte, Karpfen, Renken, dazu Vögel in großen Stückzahlen – 40 Krammetvögel, 50 Drosseln – wurden

---

68   KAMANN I, 74 (Barbier); Tucher, Haushaltsbuch 53, 59, 129 (Apotheke), 62, *78*,132 (Arzt), 97 (Barbier), 131 (Theriak); KAMANN II, 125 (Medizin für die Kinder), 113 (Beinverletzung), 105, 110f., 114 (Steinleiden), 74, 77, 120 (Arzt), 73 (Tod der Frau), 102 (Einhorn).

69   Tucher, Haushaltsbuch 109–111.

70   Ebd. 34 (Armenmahlzeit), 25 (Waisenkinder), 34 (Zwölfbrüder-Stiftung), 77 (Sondersieche), 118 (Wechseln eines Gulden in Heller); KAMANN I, 77, 81, 85f., 103f.; KAMANN II, 80 (Sondersieche).

71   Tucher, Haushaltsbuch 55, 62, 71; vgl. Artikel „Butterbriefe" in Lexikon des Mittelalters 2. München-Zürich 1983, Sp. 1162f.

in die Klöster geschickt, unter anderem auch an den Augustinerprovinzial Staupitz. Wenn dann, wie im Juli 1517, noch die Stiftung eines großen Altarbildes dazukam und das Kapital für eine Jahrtagsstiftung erlegt wurde, konnten die religiös motivierten Ausgaben bei Tucher den erstaunlichen Anteil von 33 % des Jahresaufwands erreichen[72]. Die Folgen der Reformation für Alltag und materielle Kultur sind nicht Thema dieses Beitrages. Trotzdem fällt auf, daß die hier nur paradigmatisch angedeutete Werkfrömmigkeit mit ihren teilweise sehr irdischen Geschenken an Ordensleute und Geistliche bis unmittelbar vor der Reformation offenbar reibungslos funktioniert hat. Bei Paul Behaim finden sich dann nach der Mitte des 16. Jahrhunderts Nachweise für eine weiterbestehende [178] private Wohltätigkeit[73]. Das ist bemerkenswert, weil Nürnberg ja als eine der ersten Städte mit der Almosenordnung von 1522 versucht hat, ein zentralgelenktes Wohlfahrtswesen einzurichten und individuelle Hilfeleistungen an die Armen weitgehend einzuschränken[74]. Paul Behaim hat trotzdem Sondersieche und andere Bedürftige weiter unterstützt, aber völlig eingestellt sind bei ihm natürlich die Zahlungen und Geschenke an Kloster und Kirchen. Daß er den hier eingesparten Aufwand in andere soziale Bereiche verlagert hätte, ist den Abrechnungen nicht zu entnehmen.

Die hier aus nur vier und überdies unvollständigen Haushaltabrechnungen abgeleiteten Tatbestände und Vermutungen zur materiellen Kultur, zu Lebensgewohnheiten und zu Verhaltensweisen der städtischen Oberschicht dürfen, wie mehrfach betont, nicht einfach verallgemeinert werden. Angesichts des Fehlens einer breiteren privaten Rechnungsüberlieferung bleiben für den Versuch einer absichernden Überprüfung vor allem die Ergebnisse öffentlicher und halböffentlicher Haushalte. Diese Quellen, deren Erkenntniswert für das Leben größerer und kleinerer Gemeinwesen zu Recht hoch eingeschätzt wird[75], erlauben in Grenzen auch Rückschlüsse auf die individuelle Lebensführung. Eine erste Durchsicht von ober- wie niederdeutschen Bau- und Stadtrechnungen[76] unter diesem Aspekt hat folgende vorläufige Ergebnisse gebracht (wobei hier nur die wichtigsten Einzelnachweise gegeben werden können):

Dem aus der patrizischen Haushaltsführung zu erschließenden spätmittelalterlich-frühneuzeitlichen Trend zu mehr Sachkomfort und Repräsentation im Privatbereich entspricht sehr gut die Entwicklungsrichtung der städtischen Baumaßnahmen im öffentlichen Bereich. Ich zähle einfach nur auf: Straßenpflasterung, Wasserleitungsbau mit bezeichnender Zunahme der repräsentativen Brun[179]nenanlagen seit dem 15. Jahrhundert[77], Förderung der Ziegeleindeckung, aufwendige Rathausbauten mit künstlerischer Ausgestaltung, öffentliche Uhren, innerstädtische Grünanlagen. Sehr deutliche Parallelen zu den privaten Wohnhäusern ergeben sich auch beim Unterhalt

72 Tucher, Haushaltsbuch 64 (Pomeranzen), 97f., 101, 115 (Fische), 73, 81, 115 (Vogel), 88 (Staupitz), 144f. (Altarbild), 153 (Ewiggeld).
73 KAMANN II, 72 (Almosen, Sondersieche), 92 (Almosen). Zur Umwidmung der älteren Familienstiftungen in eine Wohlfahrtseinrichtung durch Behaim siehe Neue Deutsche Biographie Bd. 2, 3.
74 Dazu zuletzt B. GEREMEK, Geschichte der Armut. München-Zürich 1988, 154f.
75 K.-S. KRAMER, Volksleben im Hochstift Bamberg und im Fürstentum Coburg 1500–1800 (Beiträge zur Volkstumsforschung 15) Würzburg 1967, 31.
76 Erfaßt wurden Basel, Bern, Nürnberg und Xanten. An dieser Stelle können nur einige exemplarische Einzelnachweise gegeben werden.
77 Vgl. dazu DIRLMEIER, Die kommunalpolitischen Zuständigkeiten 136f.

städtischer Gebäude: Wie die Haushaltsrechnungen Tuchers und der beiden Behaims, bringen beispielsweise auch die Basler Stadtrechnungen Ausgaben für Malerarbeiten, für fortlaufende Reparaturen aller Öfen in städtischen Gebäuden durch einen Hafner[78]. Das Ausbessern von Sitzpolstern in der Ratsstube, das Flicken bzw. Umgießen städtischer Schenkkannen aus Zinn, die Reparatur und Pflege von Bauwerkzeugen und Geräten – das entspricht bis in Einzelheiten den oben ermittelten Indizien für einen sorgfältigen Umgang mit den Dingen und Respekt vor dem Materialwert: Selbst Altholzabfälle und altes Heu waren noch verkaufsfähig und schlagen sich so als kleine Einnahmeposten in den Basler Stadtrechnungen nieder[79].

Geradezu herausragend nach Häufigkeit und Gewicht sind in Bau- und Stadtrechnungen die Nachweise über Festtage und den Aufwand bei Einladungen, gemeinsamen Mahlzeiten sowie für Geschenke, keineswegs beschränkt auf hochoffizielle Anlässe. Nach modernen Maßstäben unrationell und manchmal verschwenderisch, sind diese Aktivitäten, genauso wie die oben erfaßten Einladungen Anton Tuchers, nach meiner Einschätzung ein spezifisches Merkmal der vormodernen Gesellschaft mit ihrem hohen Stellenwert persönlicher Beziehungen[80].

Und schließlich: In vollem Umfang bestätigen die öffentlichen Haushaltsrechnungen die Rolle von Religiosität und Werkfrömmigkeit im Alltag des Spätmittelalters. Städte ließen gegen Frost und Unwetter läuten, stifteten Kerzen, beschenkten Klöster und Kirchen, wie das Privatleute taten. Wichtig ist, daß Abrechnungen von Kirchenbauten die weite Verbreitung dieser Spen[180]denfreudigkeit bis zur Reformationszeit bestätigen. Dafür sprechen die regelmäßigen Einkünfte aus den Opferstöcken und die außerordentlich hohen Erträge, die mit Ablaßverkäufen erzielt werden konnten, beispielsweise in Xanten 1486/87 anläßlich des Viktorfestes[81]. Darüber hinaus belegen in den Baurechnungen verzeichnete Spenden wie gebrauchte Kleider, kleinste Pfennigbeträge und gebrauchter Hausrat[82], daß nicht nur die Besitzenden versuchten, ihr Seelenheil durch fromme Geschenke zu sichern.

Die hier skizzierte, partielle Übereinstimmung zwischen Befunden aus privaten und öffentlichen Abrechnungen wird durch eine systematische, EDV-gestützte Quellenauswertung noch abzusichern sein. Auch dann werden die Belege kaum ausreichen, um spätmittelalterlich-frühneuzeitliche Normen zum Verhältnis zwischen Mensch und

---

78 B. HARMS, Der Stadthaushalt Basels im ausgehenden Mittelalter 1–3. Tübingen 1909–1913. Als Einzelbeispiele aus den Jahren 1490–95 in Bd. 3: 2, 19, 28 (Maler); 2, 3, 10 (Gebäudereparaturen); 3, 19, 28 (Ofenreparaturen).

79 Ebd. 11 und 28 (Sitzpolster, Zinnkannen), 3, 29, 35 (Gerätereparaturen); Bd. 1, 332 (altes Heu, 1498/99), 337 (Holzabfall, 1499/1500).

80 Vgl. G. ALTHOFF, Der frieden-, bündnis- und gemeinschaftsstiftende Charakter des Mahles im früheren Mittelalter. In: I. BITSCH, Essen und Trinken, 13–26.

81 HARMS, Der Stadthaushalt 3,3 (Kerzenspende), 5 (Weinspende an Möche), 4 und 37 (Frostläuten). G. ROTTHOFF (Hrsg.), Die Stiftskirche des Hl. Viktor zu Xanten. Die Baurechnungen der Jahre 1438/39 bis 1491/92 (Veröffentlichungen des Xantener Dombauvereins) Kevelar 1975, S. 267f.

82 A. GÜMBEL, Rechnungen und Aktenstücke zur Geschichte des Chorbaus von St. Lorenz in Nürnberg unter der Leitung Konrad Heinzelmanns. In: Repertorium für Kunstwissenschaft 32 (1909) 1–30 und 132–159, hier 15, 28, 141 (Kleiderspenden, Opferstöcke 1445–48); ROTTHOFF, Die Stiftskirche XIX (Opfergaben), 247f. (Spenden 1486/87).

Objekt abzuleiten, wenn es die überhaupt je gegeben hat. Aber auf Abrechnungen kann nicht verzichtet werden, wenn das materielle Lebensumfeld von Menschen und seine Veränderungen wenigstens einigermaßen zutreffend erfaßt werden sollen.

Zu den materiellen Lebensbedingungen in deutschen Städten des Spätmittelalters: Äußerer Rahmen, Einkommen, Verbrauch

I. Vorbemerkung

Die deutsche Stadtgeschichtsforschung konzentrierte ihr Interesse lange Zeit auf die Frage nach der mittelalterlichen Stadtentwicklung in Europa sowie auf Probleme der städtischen Rechts- und Verfassungsentwicklung[1]. Nach bedeutenden Leistungen Ende des 19. Jahrhunderts[2], trat dagegen die Beschäftigung mit sozialgeschichtlichen Fragestellungen in den Hintergrund, ganz abgebrochen ist sie freilich nie. In der neueren deutschen Stadtgeschichtsforschung hat sich aber die Hinwendung zur Sozialgeschichte so verstärkt, daß jüngst schon Besorgnis über die Vernachlässigung rechtsgeschichtlicher Aspekte geäußert wurde[3]. Weitgehend durch den Bestand an auch statistisch auswertbaren Quellen bedingt, sind dabei Bevölkerungsstruktur, Sozialtopographie und innerstädtische Besitzverteilung zu bevorzugten Untersuchungsgegenständen geworden[4]. In diesem Zusammenhang werden z. B. Vermögensgrößen, Hausbesitz und Kleidung als Merkmale sozialer Schichtzugehörigkeit erfaßt[5], also Tatbestände, die der Wirklichkeit des [60] städtischen Alltagslebens zuzuordnen sind. Systematisch werden aber die äußeren Daseinsbedingungen in diesem Zusammenhang von deut-

---

1   H.-Chr. RUBLACK, Probleme der Sozialtopographie der Stadt im Mittelalter und in der frühen Neuzeit, in: Voraussetzungen und Methoden geschichtlicher Städteforschung (Städteforschung, A 7), hrsg. von W. EHRBRECHT, Köln/Wien 1979, S. 177–193, hier S. 177.

2   Z. B. K. BÜCHER, Die Bevölkerung von Frankfurt am Main im 14. und 15. Jahrhundert. Sozialstatistische Studien, Bd. 1, Tübingen 1886, ein Werk, das auch heute noch unentbehrlich ist.

3   G. DILCHER, Zum Bürgerbegriff im späteren Mittelalter, Versuch einer Typologie am Beispiel von Frankfurt am Main, in: Über Bürger, Stadt und städtische Literatur im Spätmittelalter (Abhandlungen der Akademie der Wissenschaften in Göttingen, Phil.-hist. Klasse, Dritte Folge 121), hrsg. von J. FLECKENSTEIN/K. STACKMANN, Göttingen 1980, S. 59–105, hier S. 62.

4   Vgl. etwa die Beiträge von E. Pitz/B. Kirchgässner/K.-O. Bull/H. Ditt/R. Sprandel/P.-J. Schuler/H.-Chr. Rublack, in: Voraussetzungen und Methoden geschichtlicher Städteforschung. Ferner D. DENECKE, Sozialtopographische und sozialräumliche Gliederung der spätmittelalterlichen Stadt. Problemstellungen, Methoden und Betrachtungsweisen der historischen Wirtschafts- und Sozialgeographie, in: Über Bürger, Stadt und städtische Literatur, S. 161–202, hier bes. S. 161–164 (Forschungsüberblick).

5   E. MASCHKE, Die Unterschichten der mittelalterlichen Städte Deutschlands, in: Gesellschaftliche Unterschichten in den südwestdeutschen Reichsstädten (Veröffentlichungen der Kommission für geschichtliche Landeskunde in Baden-Württemberg, Reihe B 41), hrsg. von E. MASCHKE/J. SYDOW, Stuttgart 1967, S. 1–74, hier S. 9–11 (Kleidung). H. WEISS, Lebenshaltung und Vermögensbildung des „mittleren" Bürgertums. Studien zur Sozial- und Wirtschaftsgeschichte der Reichsstadt Nürnberg zwischen 1400–1600 (Zeitschrift für Bayerische Landesgeschichte, Beiheft 14, Reihe B), München 1980, S. 138–147 (Hausbesitz). K. D. BECHTOLD, Zunftbürgerschaft und Patriziat. Studien zur Sozialgeschichte der Stadt Konstanz im 14. und 15. Jahrhundert (Konstanzer Geschichts- und Rechtsquellen 26), Sigmaringen 1981, S. 11 ff. (Vermögensverteilung). P.-J. SCHULER, Die Bevölkerungsstruktur der Stadt Freiburg im Breisgau im Spätmittelalter – Möglichkeiten und Grenzen einer quantitativen Quellenanalyse, in: Voraussetzungen und Methoden geschichtlicher Städteforschung, S. 139–176, hier S. 139 und 175f. (kritisch zur Ableitung der Sozialstruktur von der Vermögensverteilung).

schen Historikern nur selten behandelt[6], ganz im Gegensatz etwa zur französischen oder englischen Mittelalterforschung. Auch in der sehr intensiven wirtschaftsgeschichtlichen Diskussion über den Verlauf der (spät-)mittelalterlichen Preis- und Konjunkturentwicklung spielt die Frage nach den Existenzbedingungen der Städter eine wichtige Rolle.

Die Aussagen beruhen freilich eher auf der Interpretation von Modellen und Theorien als auf breit gestreuter, ortsgeschichtlicher Detailforschung: Entsprechend widersprüchlich bleiben, wie seit Jahrzehnten, die Aussagen über die materiellen Voraussetzungen des Lebens in den spätmittelalterlichen deutschen Städten. Ich deute nur die Extrempositionen an: Die eine erkennt im Spätmittelalter, speziell für die Städte, das „Goldene Zeitalter" des Handwerks und der Lohnarbeit, in dem die gestiegene Kaufkraft breiten Schichten nicht nur ein auskömmliches Dasein sichert[7], sondern große Teile der Bevölkerung zu ausschweifendem Luxuskonsum bei Essen, Trinken und Kleidung verleitet[8].

[61] Dem Freß- und Saufzeitalter, dessen Schattenseiten aus übertriebenem Wohlleben resultieren, steht schroff ein Spätmittelalterbild gegenüber, das diese Periode generell als krisenhaft-düster darstellt. Danach sind aufgrund der depressiven Wirtschaftstendenzen die Verdienstmöglichkeiten auch des städtischen Handwerks eng begrenzt, große Bevölkerungsteile leben in unterstützungsbedürftiger Armut. Hunger und entsetzlicher Schmutz in den Städten begünstigten die spätmittelalterlichen Seuchenzüge und verstärkten ihre negativen demographischen Auswirkungen[9]. Die so offensichtlich divergierenden Urteile über die spätmittelalterlichen Daseinsbedingungen reflektieren die für Mitteleuropa außerordentlich ungünstige Quellenlage. Statistisch auswertbares, repräsentatives Material z. B. über Konsummengen, Lebenshaltungskosten oder Einkommensentwicklung fehlt weitgehend. Auch Angaben über die

---

6	H. J. TEUTEBERG, Studien zur Volksernährung unter sozial- und wirtschaftsgeschichtlichen Aspekten, in: H. J. TEUTEBERG/G. WIEGELMANN, Der Wandel der Nahrungsgewohnheiten unter dem Einfluß der Industrialisierung (Studien zum Wandel von Gesellschaft und Bildung im Neunzehnten Jahrhundert, 3), Göttingen 1972, S. 12–221, hier S. 23.

7	W. ABEL, Agrarkrisen und Agrarkonjunktur. Eine Geschichte der Land- und Ernährungswirtschaft Mitteleuropas seit dem hohen Mittelalter, 3. Aufl., Hamburg/Berlin 1978, S. 61 u. 67. DERS., Strukturen und Krisen der spätmittelalterlichen Wirtschaft (Quellen und Forschungen zur Agrargeschichte, 32), Stuttgart/New York 1980, S. 58–60.

8	E. PITZ, Die Wirtschaftskrise des Spätmittelalters, in: Vierteljahrschrift für Sozial- und Wirtschaftsgeschichte, 52 (1965), S. 347–367, hier S. 367 (ausschweifender Luxuskonsum). W. WEBER/Th. MAYER-MALY, Studie zur spätmittelalterlichen Arbeitsmarkt- und Wirtschaftsordnung, in: Jahrbücher für Nationalökonomie und Statistik, 166 (1954), S. 358–389.

9	K. HELLEINER, Europas Bevölkerung und Wirtschaft im späten Mittelalter, in: Mitteilungen des Instituts für österreichische Geschichtsforschung, 62 (1964), S. 254–269, hier S. 269. R. SPRANDEL, Gewerbe und Handel 1350–1500, in: Handbuch der deutschen Wirtschafts- und Sozialgeschichte, hrsg. von H. AUBIN/W. ZORN, Bd. 1, Stuttgart 1971, S. 335–357, hier 337f. D. PALAZZOTTO, The Black Death and Medicine: A Report and Analysis of the Tractates Written between 1348 und 1350, Diss. University of Kansas, University Microfilms Ann Arbor, Michigan 1974, S. 16–18. Ausnahmsweise wird aber auch die Vermutung geäußert, die Städte des Mittelalters seien möglicherweise nicht so unhygienisch gewesen wie die der frühen Neuzeit: J. C. RUSSELL, Die Bevölkerung Europas 500–1500, in: Europäische Wirtschaftsgeschichte, hrsg. von C. M. CIPOLLA/K. BORCHARDT, Bd. 1, Stuttgart/New York 1978, S. 30.

umweltbedingte Lebensqualität in den Städten des ausgehenden Mittelalters sind überwiegend nur aus Einzelbelegen rekonstruierbar – ein Vorgehen, das bekanntlich methodisch problematisch ist. Dieser ernsthafte Vorbehalt gilt auch für meinen Versuch, zu diesem Themenkreis einige Anhaltspunkte zu vermitteln. Ich beginne mit den äußeren Daseinsbedingungen und beschränke mich, wie auch im folgenden durchwegs, auf die (nach mittelalterlichem Maßstab) größeren Städte.

II. Zu den äußeren Rahmenbedingungen

Daß die mittelalterlichen Städte verdreckt, stinkend, ungesund und ihre Bewohner diesen Mißständen gegenüber völlig gleichgültig waren, ist nahezu *communis opinio* nicht nur der deutschen Forschung[10]. In so allgemeiner Form ist dieses Urteil aber unhaltbar, dafür sind auf zu vielen Gebieten städtische Bemühungen um eine verbesserte Lebensqualität und die Pflege des Stadtbildes nachweisbar[11].

[62] Ich beginne mit den Straßen, die vielfach als Paradebeispiel für die mittelalterliche Verschmutzung der Städte angeführt werden: Sichere Nachrichten über Straßenpflasterung in den deutschen Städten beginnen im 13. Jahrhundert und werden im 14. Jahrhundert häufiger, spätestens gegen Ende des 14. Jahrhunderts werden die Stadtobrigkeiten dann organisatorisch (nicht: finanziell) allein zuständig für die Durchführung der Arbeiten. Darauf deutet das Aufkommen des Pflastermeisteramtes, z. B. in München 1394, in Ulm 1397, in Basel 1417. In Straßburg beschreiben ab 1405 eine Reihe von Verordnungen Amt, Pflichten und Etat der Estricher (= Pflasterer), die Stadt Nürnberg beschäftigte Mitte des 15. Jahrhunderts zwei, später drei Pflasterer (davon zwei nur für die laufenden Reparaturen). Nach der Aussage des Leiters des Stadtbauamtes waren diese Spezialisten gesucht und nur schwer zu verpflichten – sicher auch ein Hinweis auf die starke Nachfrage in der 2. Hälfte des 15. Jahrhunderts[12]. Konkrete Angaben über erzielte Leistungen finden sich in erzählenden Quellen und in Haushaltsrechnungen, wobei zu bedenken ist, daß durchwegs die Anlieger zur Finanzierung mit herangezogen wurden, so daß nur ein Teil des Aufwandes in den Rechnungen erscheint. Chronikalisch belegt ist der Beginn der systematischen Straßenpflasterung, z. B. für Bern (1399), Zürich (1403) oder besonders ausführlich für Augs-

10 M. STRELL, Die Abwasserfrage in ihrer geschichtlichen Entwicklung von den ältesten Zeiten bis zur Gegenwart, Leipzig 1913, S. 2 f., 130, 139. D. STAERK, Gutleutehäuser und Kotten im süddeutschen Raum, in: Die Stadt in der europäischen Geschichte, Festschrift Edith Ennen, Bonn 1972, S. 529–553, hier S. 531f. D. PALAZZOTTO, The Black Death and Medicine, S. 17.

11 Vgl. dazu und zum folgenden U. DIRLMEIER, Die kommunalpolitischen Zuständigkeiten und Leistungen süddeutscher Städte im Spätmittelalter, in: Städtische Versorgung und Entsorgung im Wandel der Geschichte (Stadt in der Geschichte, 8), Sigmaringen 1981, S. 113–150.

12 E. GASNER, Zum deutschen Straßenwesen von der ältesten Zeit bis zur Mitte des XVII. Jahrhunderts, Leipzig 1899 (Neudruck Wiesbaden 1966), S. 125–136. K. Th. EHEBERG, Verfassungs-, Verwaltungs- und Wirtschaftsgeschichte der Stadt Straßburg bis 1681, Straßburg 1899, S. 11–59 Nr. 10, S. 331–333 Nr. 132, S. 334 f. Nr. 134, S. 467 f. Nr. 231, S. 470–473 Nr. 234. P. SANDER, Die reichsstädtische Haushaltung Nürnbergs, Leipzig 1902, S. 282. Endres Tuchers Baumeisterbuch der Stadt Nürnberg (Bibliothek des Litterarischen Vereins Stuttgart, 64), hrsg. von M. LEXER, Stuttgart 1862 (Neudruck Amsterdam 1968), S. 47–49. U. DIRLMEIER, Die kommunalpolitischen Zuständigkeiten und Leistungen, S. 143.

burg (1416). Nach dem Bericht Burkard Zinks dauerten trotz anfänglicher Begeisterung die Arbeiten mehrere Jahre, weil die Anlieger die Hauptlast zu tragen hatten und deswegen mit der Dauer des Pflasterns der Eifer erlahmte[13]. Die Münchner erhielten 1394 einen herzoglichen Pflasterzoll verliehen, die Haushaltsrechnungen der Stadt belegen einen zügigen Beginn der Arbeiten; 1398/99 erreichten die Ausgaben für die Straßen mit 30% des städtischen Gesamthaushaltes einen einmaligen Höhepunkt. In Basel sind besonders in den Jahren zwischen 1417 und dem Beginn des Konzils regelmäßig Posten für das „Besetzwerk" in den Haushaltsrechnungen vermerkt, 1417/18 werden immerhin 5% des Gesamtetats erreicht, wobei [63] auch hier die Stadt nur Kostenanteile übernimmt[14]. Vielfach sind die städtischen Ausgaben für den Straßenbau aber in dem Pauschalposten für Bauaufwendungen enthalten, so daß ihr Anteil nicht ermittelt werden kann. Es besteht aber kaum ein Zweifel daran, daß Ende des 15. Jahrhunderts gepflasterte Straßen in den Städten üblich, vielleicht sogar die Regel waren. Und dies nicht nur in den großen, reichen Wirtschaftszentren: Bei der Schilderung der kleinen Landstadt Villingen (Schwarzwald) bezeichnet es der venezianische Gesandte Andrea de' Franceschi (1492) als eine deutsche Sitte, die Straßen mit Flußkieseln zu pflastern[15]. Neben Kostenanteilen für die Straßenpflasterung hatten die Anlieger auch Verantwortung für die Reinhaltung zu übernehmen. In zahlreichen obrigkeitlichen Erlassen wurden die Stadtbürger daran erinnert, daß sie selber für Sauberkeit vor dem eigenen Haus zu sorgen hätten. Aber auch hier ist im späten Mittelalter eine deutliche Zunahme öffentlicher Zuständigkeit und Leistung festzustellen. Vor allem für die Unratabfuhr von den Straßen sorgte zunehmend die Stadt: In Nürnberg war zunächst um die Wende des 14. zum 15. Jahrhunderts der Pflastermeister dafür zuständig, *daz horb* (= die Abfälle) auf Kosten der Anlieger aus der Innenstadt abzufahren. Ab Mitte des 15. Jahrhunderts wurde dafür regelmäßig von der Stadt der sog. Schüttmeister bestellt. In Augsburg wird 1416 – im Zusammenhang mit dem Beginn der systematischen Straßenpflasterung – die Einrichtung städtischer Karrer erwähnt, die den von Anliegern zusammengeschaufelten Straßenschmutz abzufahren hatten. In Straßburg gab es mindestens seit 1405 das städtische Horbamt, das für die Straßenreinigung und Abfallabfuhr zu sorgen hatte. Das Amt hatte einen eigenen Etat und be-

---

13 Die Berner-Chronik des Conrad Justinger, hrsg. von G. STUDER, Bern 1871, S. 188. Chronik der Stadt Zürich. Mit Fortsetzungen (Quellen zur Schweizer Geschichte, 18), hrsg. von J. DIERAUER, Basel 1900, S. 167. Die Chroniken der deutschen Städte vom 14. bis ins 16. Jahrhundert, hrsg. von der Historischen Kommission bei der Bayerischen Akademie der Wissenschaften: Augsburg, Bd. 1, Leipzig 1865 (Neudruck Göttingen 1965), S. 232 und Augsburg, Bd. 2, Leipzig 1866 (Neudruck Göttingen 1965), S. 146f.

14 F. SOLLEDER, München im Mittelalter, München 1938 (Neudruck Aalen 1962), S. 164, 558f., 562f. B. HARMS, Der Stadthaushalt Basels im ausgehenden Mittelalter, (Quellen und Studien zur Basler Pinanzgeschichte, Erste Abt., Bd. 2), Tübingen 1910, S. 133, 135, 138, 140, 174, 176 f., 181, 187, 190, 193.

15 H. SIMONSFELD, Ein venetianischer Reisebericht über Süddeutschland, die Ostschweiz und Oberitalien aus dem Jahre 1492, in: Zeitschrift für Kulturgeschichte, 4. Folge, 2 (1895), S. 241–283, hier S. 271. Vgl. auch K. VOIGT, Italienische Berichte aus dem spätmittelalterlichen Deutschland (Kieler Historische Studien, 17), Stuttgart 1973, S. 221.

schäftigte Karrenführer, die zur Warnung der Fußgänger beständig *ihre schellen...*
klinglen sollten[16].

An der Existenz dieser Einrichtungen, auch in anderen als den erwähnten Städten,
kann es keinen Zweifel geben, sehr viel schwieriger ist es, ihre Wirksamkeit im Alltag
zu beurteilen. Zeitgenössische Berichte, wie sie besonders von italienischen Gesandten
vorliegen, loben überwiegend die Sauberkeit der deutschen Städte, speziell auch der
Straßen, doch begegnen [64] auch teilweise drastische, gegensätzliche Schilderungen[17]. In der neueren Forschung überwiegt die Meinung, daß die mittelalterlichen
Städte kaum irgendwo so völlig erfolglos waren wie bei ihrem Bemühen um saubere
Straßen und Abfallbeseitigung. Diese Ansicht stützt sich auf die Häufigkeit der Erlasse, die als Indiz für Wirkungslosigkeit interpretiert wird, und auf die darin enthaltenen Angaben über Mißstände, besonders hinsichtlich Belästigungen durch innerstädtische Viehhaltung (Schweine)[18]. Die möglichen Gegenargumente können hier
nicht ausdiskutiert werden, nur soviel: Besonders die innerstädtische Schweinehaltung
wurde schon zeitgenössisch als äußerst störend empfunden[19]. Wenn sie trotzdem bis in
die Neuzeit geduldet wurde, dann sicher nicht nur aus Gleichgültigkeit: Im Hinblick
auf die Fleischversorgung der Stadt konnte auf die Schweinehaltung besonders der
Bäcker, Müller und Metzger nicht ersatzlos verzichtet werden. Aus den daraus resul-
tierenden Problemen auf eine generelle Gleichgültigkeit gegenüber innerstädtischer
Schmutzigkeit zu schließen, erscheint zumindest einseitig.

Bei unvoreingenommener Betrachtungsweise wird auch deutlich, daß sich die privaten und öffentlichen Maßnahmen zugunsten der innerstädtischen Lebensbedingungen im Mittelalter nicht auf die Pflege des Straßenbildes beschränken. Vielmehr wurden auch so elementar wichtige Daseinsfaktoren wie die Entsorgung der Privathaushalte oder die Sicherung des Trinkwasserbedarfs berücksichtigt: Die Beseitigung der
Haushaltsabwässer (Regen- und Schmutzwasser) war grundsätzlich Privatsache. Wie
Bauordnungen (z. B. für München und Nürnberg) oder Ratsentscheide in Rechtsstrei-
tigkeiten (z. B. in Zürich) belegen, war für die Beseitigung der Abwässer das Versickern auf dem eigenen Grundstück vorgeschrieben. Gelegentlich, wie z. B. in Köln,
schlossen sich auch die Anwohner einer Straße zusammen, um für den Unterhalt einer
Gemeinschaftsanlage zu sorgen[20].

---

16 Satzungsbücher und Satzungen der Reichsstadt Nürnberg aus dem 14. Jahrhundert (Quellen zu
    Geschichte und Kultur der Stadt Nürnberg, 3, 1), bearb. von W. SCHULTHEISS, Nürnberg 1965,
    S. 296. P. SANDER, Die reichsstädtische Haushaltung, S. 228f. und 673. Endres Tuchers Bau-
    meisterbuch, S. 57f. Die Chroniken der deutschen Städte: Augsburg, Bd. 2, S. 146. K. Th. EHE-
    BERG, Verfassungs-, Verwaltungs- und Wirtschaftsgeschichte, S. 11–59 Nr. 10 (S. 51, Ziff. 169),
    247f. Nr. 94, 331–333 Nr. 132, 467f. Nr. 231, 470–473 Nr. 234.
17 Vgl. z. B. H. SIMONSFELD, Ein venetianischer Reisebericht, S. 245, 257, 260, 270. K. VOIGT, Ita-
    lienische Berichte, S. 68f., 132–136, 175–178.
18 W. STEINHILBER, Das Gesundheitswesen im alten Heilbronn, 1281–1871 (Veröffentlichungen
    des Archivs der Stadt Heilbronn, 4), Heilbronn 1956, S. 40. M. STRELL, Die Abwasserfrage,
    S. 132f.
19 Fratris Felicis Fabri tractatus de civitate ulmensi de eius origine, ordine, regimine, de civibus eius
    et statu (Bibliothek des Litterarischen Vereins Stuttgart, 186), hrsg. von G. VEESENMEYER, Tü-
    bingen 1889, S. 52.
20 Das Stadtrecht von München, hrsg. von F. AUER, München 1840, S. 213 Artikel 39 und 216f.

Neben den Sickergruben auf dem eigenen oder einem gemeinschaftlich genutzten Grundstück kannte man auch Abzugsrinnen oder -kanäle als Mittel der Abwasserbeseitigung. Solche Anlagen gab es gewiß schon in deutschen Städten des 12. und 13. Jahrhunderts, im Spätmittelalters werden die Belege [65] aber häufiger und detaillierter. Z. B. für Frankfurt, Nürnberg, Augsburg, Ulm, Zürich, Straßburg gibt es Nachrichten über das Vorhandensein und den Unterhalt von Abwassersystemen. Als besonders wichtig galten der ungehinderte Abfluß und die Ableitung in unbewohntes Gebiet[21]. Weil solche Rinnen in vielen Fällen offen geführt wurden, gelten sie in der Forschung als besonders eindringliches Beispiel für die abschreckenden Lebensbedingungen in den mittelalterlichen Städten. Dabei wird vorausgesetzt, daß die offenen Rinnen selbstverständlich auch zur Ableitung der menschlichen Ausscheidungen bestimmt waren und benutzt wurden[22].

Diese Unterstellung wird der mittelalterlichen Wirklichkeit aber zumindest nicht in vollem Umfang gerecht: Einerseits findet man in den Quellen entschieden den Grundsatz vertreten, daß in offene Straßenrinnen nur Küchenabwässer gehören, während für unappetitlichere Dinge andere Beseitigungen verlangt werden[23]. Andererseits wird erkennbar, daß Abzugssysteme, die als eine Art Vorform der Kanalisation auch zur Ableitung von Fäkalien dienen sollten, durchwegs unterirdisch verlegt waren. So gab es z. B. in Basel Straßen, deren Anlieger zu Gemeinschaften zusammengeschlossen waren, die für den Unterhalt der gewölbten Kanäle zu sorgen hatten. Pro angeschlossenem Sitz war ein Einkaufspreis von 5 Pfund Pfennigen zu entrichten, was Ende des 15. Jahrhunderts ca. 20 Meistertagelöhnen entspricht. Noch teurer war der Neubau eines unterirdischen Abzugs: 1420/21 kosteten in Basel ca. 30–35 m unterirdischer Kanal mehr, als ein gelernter Bauhandwerker in zwei Jahren verdienen konnte[24].

Man kann danach derartigen sanitären Komfort sicher nicht für jedes Haus und jede Straße einer Stadt unterstellen[25], aber es ist ein Forschungsirrtum anzunehmen, daß vor dem 16. Jahrhundert offene Ableitung bzw. Ausschütten auf die Straße der Regelfall bei der Fäkalienbeseitigung gewesen seien[26]. Es gab vielmehr ein weiteres, gegenüber der unterirdischen Ablei[66]tung häufiger erwähntes Verfahren zur innerstädtischen Beseitigung der Fäkalien: Abortanlagen mit Gruben, in der Regel für Pri-

---

Artikel 48f. Endres Tuchers Baumeisterbuch, S. 200, 202, 266. E. ENNEN, Kölner Wirtschaft im Früh- und Hochmittelalter, in: Zwei Jahrtausende Kölner Wirtschaft, hrsg. von H. KELLENBENZ unter Mitarbeit von K. VAN EYLL, Bd. 1, Köln 1975, S. 87–193, hier S. 167.

21   U. DIRLMEIER, Die kommunalpolitischen Zuständigkeiten und Leistungen, S. 125f. und 140.

22   M. STRELL, Die Abwasserfrage, S. 133 und 158. W. STEINHILBER, Das Gesundheitswesen, S. 54.

23   Z. B. Die Chroniken der deutschen Städte: Augsburg, Bd. 8, Leipzig 1928 (Neudruck Göttingen 1966), S. 453f.

24   P. KÖLNER, Geschichte der Spinnwetternzunft zu Basel und ihrer Handwerke, Basel 1931, S. 86f. B. HARMS, Der Stadthaushalt, S. 144, Zeile 70–73. Zu den Löhnen in Basel siehe U. DIRLMEIER, Untersuchungen zu Einkommensverhältnissen und Lebenshaltungskosten in oberdeutschen Städten des Spätmittelalters (Abhandlungen der Heidelberger Akademie der Wissenschaften, Phil.-hist. Klasse, Jahrgang 1978, 1), Heidelberg 1978, S. 182–185.

25   Siehe unten S. 197/200.

26   M. STRELL, Die Abwasserfrage, S. 133 und 158 und W. STEINHILBER, Das Gesundheitswesen, S. 54.

vathäuser, vereinzelt (in Nürnberg) aber auch als öffentliche Anlagen. Nach Bauvorschriften des 15. Jahrhunderts, z. B. aus Nürnberg und Straßburg, mußte besonders auf den Schutz der Nachbarn vor Geruchsbelästigungen geachtet werden, nach Münchner Ordnungen dachte man aber auch an den Schutz der Grundwasserbrunnen vor Verunreinigungen[27].

Als weitere Vorsichtsmaßnahme zur Begrenzung der störenden Auswirkungen war das Räumen der Gruben und der Abtransport des Aushubs nur bei Nacht und nur im Winter erlaubt. Mindestens zum Teil sind diese Vorschriften auch praktiziert worden: In Städten wie Augsburg, Frankfurt, München, Nürnberg, Basel, Köln, hat es die Grubenräumer als Gewerbetreibende, teilweise unter Aufsicht des Rates, tatsächlich gegeben. In Augsburg und Basel waren unehrliche Leute damit betraut, in Nürnberg gehörten die Grubenräumer dagegen zu den geschworenen Handwerkern der Stadt[28].

Die Existenz der Anlagen selbst ist nicht nur durch archäologische Befunde und in manchen Städten, wie in Ulm, durch die Weiterverwendung bis in das 19. Jahrhundert gesichert[29]. Zumindest für die Angehörigen der Oberschicht gehören nach den Angaben von Rechnungsbüchern Ausgaben für den Unterhalt der Gruben zu den normalen Haushaltsaufwendungen. So beschäftigte der Kölner Hermann von Goch *mundatores latrinae*, die nachts arbeiteten und den Aushub auf vorgeschriebenem Weg abtransportierten[30]. Besonders viele Einzelheiten überliefern die Haushaltsbücher der Nürnberger Patrizierfamilien Tucher und Behaim: Danach hatten ihre Häuser Gruben mit Fassungsvermögen bis knapp 30 m^3, das Ausräumen wurde tatsächlich überwiegend in der kalten Jahreszeit besorgt, aber nur in sehr unregelmäßigen, großen Abständen, bis zu 30 Jahren. Maßgeblich dafür waren neben der Unannehmlichkeit des Arbeitsvorgangs selbst sicher die hohen Kosten.

Die Tucher und Behaim bezahlten für das Grubenräumen zu Beginn des 16. Jahrhunderts zwischen 600 Pfennigen und 2.843 Pfennigen, das sind 8,5 bis 40,6% des Betrages, den gleichzeitig ausgelernte Bauhandwerker (Gesellen) bei Dauerbeschäftigung im städtischen Dienst innerhalb eines Jahres [67] verdienen konnten[31]. Es überrascht also nicht, daß bei bescheideneren Wohnverhältnissen derart teure Anlagen fehlten: Gegen Ende des 15. Jahrhunderts ließ die Stadt Nürnberg für auswärts angeworbene Weber einfache Wohnhäuser mit Werkstätten errichten, deren Bauausführung

---

27 Das Stadtrecht von München, S. 213 und 216f. K. Th. EHEBERG, Verfassungsgeschichte, S. 319–321 Nr. 124. Endres Tuchers Baumeisterbuch, S. 315.

28 U. DIRLMEIER, Die kommunalpolitischen Zuständigkeiten und Leistungen, S. 124f. und 141.

29 Vgl. K.-H. KNÖRZER/G. MÜLLER, Mittelalterliche Fäkalienfaßgrube mit Pflanzenresten aus Neuss, in: Beihefte der Bonner Jahrbücher, 28, Köln/Graz 1968, S. 131–169. Beschreibung des Oberamts Ulm, hrsg. von dem K. Statistischen Landesamt, Bd. 1, Stuttgart 1897, S. 423.

30 F. IRSIGLER, Ein großbürgerlicher Kölner Haushalt am Ende des 14. Jahrhunderts, in: Festschrift Matthias Zender, Studien zur Volkskultur, Sprache und Landesgeschichte, Bd. 2, Bonn 1972, S. 635–668, hier S. 663.

31 Anton Tuchers Haushaltsbuch 1505–1517 (Bibliothek des Litterarischen Vereins Stuttgart, 134), hrsg. von W. LOOSE, Stuttgart 1877, S. 60f., 99f., 153. J. KAMANN, Aus Nürnberger Haushalts- und Rechnungsbüchern des 15. und 16. Jahrhunderts, in: Mitteilungen des Vereins für Geschichte der Stadt Nürnberg, 7 (1886), S. 57–122, hier S. 72 und 102. Zu den Löhnen U. DIRLMEIER, Untersuchungen, S. 160.

überliefert ist. Hier fehlten aufwendige Sanitäreinrichtungen ganz, die Aborte befanden sich außerhalb der Wohnungen über den Miststätten[32].

Neben Haushaltsabfällen und Fäkalien sind auch die Begleiterscheinungen der Gewerbeausübung als möglicher Störfaktor für das innerstädtische Alltagsleben zeitgenössisch beachtet worden. Neben Vorschriften zur zeitlichen Begrenzung des berufsbedingten Lärms sah man die Möglichkeit zur Abhilfe vor allem in der räumlichen Konzentration bzw. Isolierung bestimmter Berufszweige[33]. Bei der Verlegung von Bäckereien, Ölmühlen o. ä. kann der Feuerschutz maßgebender Gedanke sein, aber gelegentlich wird auch die Reinhaltung der Luft unmittelbar als Ziel angesprochen. In Nürnberg war z. B. das Brennen von Tongeschirr und das Fettschmelzen nur außerhalb der Mauern erlaubt und so, daß der Gestank durch den Wind von der Stadt getrieben wurde. Auch bei der Behandlung der Abfälle aus Metallverarbeitung, Färberei und Kürschnerei war die Reinhaltung der Luft maßgeblich[34]. Im übrigen ist die räumliche Konzentration bestimmter Gewerbe für viele mittelalterliche Städte eine bekannte Erscheinung: Zwar ist nicht jede Schustergasse nur von Schustern bewohnt, aber es gibt ausgeprägte Viertelbildung etwa für das Textilgewerbe oder auch für das geruchsintensive Gerberhandwerk (Straßburg, Colmar, Leipzig, Erfurt, Göttingen, Ulm)[35]. Dabei können natürliche Standortbedingungen maßgeblich sein, wie die Lage am Wasser, so daß nicht jede Gewerbeverdichtung als Folge bewußter Rücksichtnahme auf die Wohnqualität der übrigen Stadtgebiete interpretiert werden darf. Aber es sind auch zeitgenössische Ordnungsvorstellungen beleg[68]bar, die eindeutig auf eine geplante innerstädtische Funktionstrennung hinauslaufen. So wollte der Berner Rat (1314) unter Berufung auf das Vorbild anderer Orte und im Interesse der Sauberkeit der Stadt das Gerberhandwerk um den Ausfluß des Stadtbachs konzentrieren. In Straßburg wurden von der Stadt (15. Jahrhundert) bestimmte Straßenzüge zum Wohnbezirk der Dirnen erklärt, um die übrige Bevölkerung, besonders die ehrbaren Frauen, vor Belästigungen zu schützen[36]. Mit Rücksicht auf die Lebensbedingungen verbot der Frankfurter Rat (1481) die Schweinehaltung, besonders der Metzger und Bäcker, innerhalb der Alt-

---

32 W. SCHWEMMER, Die Bürgerhäuser der Nürnberger Altstadt zu reichsstädtischer Zeit, Bd. 1 (Nürnberger Forschungen, 6), Nürnberg 1961, S. 118.

33 F. IRSIGLER, Die wirtschaftliche Stellung der Stadt Köln im 14. und 15. Jahrhundert. Strukturanalyse einer spätmittelalterlichen Exportgewerbe- und Fernhandelsstadt (Vierteljahrschrift für Sozial- und Wirtschaftsgeschichte, Beiheft 65), Wiesbaden 1979, S. 229 (Nachtarbeitsverbot). Zur Ausbildung von Handwerkervierteln vgl. D. DENECKE, Sozialtopographische und sozialräumliche Gliederung, S. 172 und 178f. oder K. D. BECHTOLD, Zunftbürgerschaft, S. 90ff.

34 Satzungsbücher und Satzungen der Reichsstadt Nürnberg, S. 133. F. IRSIGLER, Die wirtschaftliche Stellung, S. 94. J. BAADER, Nürnberger Polizeiordnungen aus dem XIII. bis XV. Jahrhundert (Bibliothek des Litterarischen Vereins Stuttgart, 63), Stuttgart 1861 (Neudruck Amsterdam 1966), S. 278.

35 Zu den Belegen wie oben in Anm. 33 (D. Denecke, K.D. Bechtold) auch noch H.-Chr. RUBLACK, Probleme der Sozialtopographie, S. 179 und 181.

36 Die Rechtsquellen des Kantons Bern, erster Teil: Stadtrechte. Das Stadtrecht von Bern I und II (Sammlung Schweizerischer Rechtsquellen, II. Abt.: Die Rechtsquellen des Kantons Bern), 2. Aufl., Aarau 1971, S. 349 Nr. 264. F. RAPP, Sozialpolitische Entwicklung und volkssprachlicher Wortschatz im alten Straßburg, in: Über Bürger, Stadt und städtische Literatur, S. 146–160, hier S. 156. Idealvorstellungen der Zeit über die Absonderung von Gewerben in: Fratris Felicis Fabri tractatus, S. 20–22.

stadt und verwies sie in die Vorstädte. Hier ist ausnahmsweise der Erfolg kontrollierbar: Zu Beginn des 16. Jahrhunderts gab es in der Altstadt nur noch 13 Schweinehalter, in den Vororten wurden über 300 gezählt[37].

Neben einem, nach dem Maßstab der Zeit, angemessenen Umgang mit privaten und gewerblichen Abfällen war für die Lebensqualität innerhalb einer mittelalterlichen Stadt die ausreichende Wasserversorgung ein zweiter grundlegender Faktor. Dazu in Kürze:

Die Versorgung der Bewohner in den mittelalterlichen Städten beruhte zunächst fast ausschließlich auf Grund- und Quellwasservorkommen innerhalb der Mauern. Der zivilisatorisch-technische Rückschritt gegenüber den antiken Fernleitungsbauten ist nicht zu bestreiten, aber man muß auch berücksichtigen, daß mittelalterliche Städte aufgrund ihrer auch militärischen Funktionen nicht von der empfindlichen Wasserzufuhr von außerhalb abhängen durften[38]. Vor allem die Bedarfsdeckung aus dem innerstädtischen Grundwasser war überwiegend Privatsache. Besser gestellte Haushalte verfügten, soweit dies erkennbar wird, über eigene Brunnen: Dies war der Fall z. B. bei den zuvor erwähnten Häusern der Nürnberger Familien Behaim und Tucher, wie regelmäßige Ausgabennotizen in den Rechnungsbüchern belegen; in München besaßen in der Dienerstraße, also im bevorzugten Zentrum, im 15. Jahrhundert mehr als 50 % der Häuser eigene Brunnen[39]. Sonst waren die Straßenanlieger in den sogenannten Brunnengemeinden organi[69]siert und für den Unterhalt ihres gemeinsamen Ziehbrunnens finanziell verantwortlich. Bezeichnenderweise sind nach einer Frankfurter Ordnung zwar alle Anlieger zur Bezahlung größerer Arbeiten verpflichtet, aber von den laufenden Unterhaltskosten wird befreit, wer über einen eigenen Brunnen verfügt[40]. Aufgrund der besseren Quellenlage, aber wohl auch aufgrund veränderter Zuständigkeiten, häufen sich in den deutschen Städten seit dem beginnenden 14. Jahrhundert die Belege über öffentliche Maßnahmen zur Verbesserung der Wasserversorgung. Auffallend oft gilt das städtische Interesse zuerst dem Bau öffentlicher Marktbrunnen, konzentriert sich also auf die Wasserversorgung des wirtschaftlichen Kernbereichs[41]. Die zahlenmäßige Zunahme der öffentlichen Grundwasserbrunnen während des 15. Jahrhunderts – in Nürnberg gab es Ende des Jahrhunderts (1495) 120 – verdeutlicht die Fortschritte bei der Wasserversorgung. Gleichzeitig belegen die öffentlichen Haushaltsrechnungen aber einen weiteren Trend: Wachsende Aufwendungen für ausgesprochene Monumentalbrunnen zeigen, daß neben der Bedarfsdeckung der Bevölkerung zunehmend der städtische Repräsentationswille zum Anlaß von Baumaßnahmen wird, eine Tendenz, die sich im 16. Jahrhundert noch verstärkt[42].

---

37 Die Gesetze der Stadt Frankfurt am Main im Mittelalter (Veröffentlichungen der Frankfurter Historischen Kommission, 13), hrsg. von A. WOLF, Frankfurt a. Main 1969, S. 375–377 Nr. 289. K. BÜCHER, Die Bevölkerung. S. 285 f.

38 U. DIRLMEIER, Die kommunalpolitischen Zuständigkeiten und Leistungen, S. 131.

39 J. KAMANN, Aus Nürnberger Haushalts- und Rechnungsbüchern, S. 71. Anton Tuchers Haushaltsbuch, S. 62, 65, 68, 77, 79, 84, 91, 124, 137, 149, 152. F. SOLLEDER, München, S. 369.

40 Die Gesetze der Stadt Frankfurt, S. 277 Nr. 187, 351 Nr. 265, 421, Nr. 357.

41 U. DIRLMEIER, Die kommunalpolitischen Zuständigkeiten und Leistungen, S. 131f.

42 A. WERMINGHOFF, Conrad Celtis und sein Buch über Nürnberg, Freiburg i. Br. 1921, S. 140 (Zahl der Brunnen in Nürnberg). Beispiele für Monumentalbrunnen: Endres Tuchers Baumeister-

Vom frühen 14. Jahrhundert an werden auch die Nachrichten über öffentliche, städtische Wasserleitungsbauten häufiger; die aus früherer Zeit, seit ca. 1200, bekannten Anlagen waren meist in kirchlicher Regie entstanden[43]. Wie bei der Straßenpflasterung, führte diese erweiterte städtische Zuständigkeit auch im Bereich der Wasserversorgung zu institutionellen Neuerungen: Seit der ersten Hälfte des 14. Jahrhunderts begegnet in oberdeutschen Städten das Amt des städtischen Brunnenmeisters. Seine zunehmende Bedeutung veranschaulicht die Entwicklung in Nürnberg. Zuerst wurde 1437 ein Meister nebenberuflich gegen eine geringe Pauschalentschädigung zur Beaufsichtigung der städtischen Brunnen fest eingestellt, seit der Mitte des 15. Jahrhunderts wurden dann hauptberufliche Röhrenmeister eingagiert, die in der Lohnskala der städtischen Handwerker anfangs an der vorletzten Stelle standen, bis zum Beginn des 16. Jahrhunderts aber an die dritte Position aufgerückt waren[44]. Auch die Zahl der an Leitungen angeschlossenen Brun[70]nen belegt den unbezweifelbaren spätmittelalterlichen Entwicklungsfortschritt: In Freiburg gab es 1318 einen, 1535 20 öffentliche und 11 private Brunnen. Nürnbergs erster öffentlicher Leitungsbrunnen war 1396 fertiggestellt, um 1460 gab es 17, 1495 dann 23. Für Basel ist der erste Laufbrunnen 1266 belegt, um 1440 gab es 40 öffentliche und 22 private[45].

Die zahlenmäßige Entwicklung der Grundwasser- und Leitungsbrunnen beweist rein quantitativ eine wesentliche Verbesserung der innerstädtischen Wasserversorgung, doch bleibt zweierlei zu beachten:

1. Trotz verbesserter Mengenzufuhr, Leitungsbauten und prachtvollen Monumentalbrunnen ist das Trinkwasser qualitativ eine unerkannte Gefahrenquelle erster Ordnung geblieben. Sowohl die relativ flachen Grundwasserbrunnen als auch das in Holzröhren geführte Leitungswasser waren gegenüber bakteriellen Verunreinigungen unzulänglich geschützt[46]. Da derartige Verunreinigungen nach Wissensstand und technischen Möglichkeiten der Zeit nicht erkennbar waren, blieb die chronische Gefährdung durch verseuchtes Wasser im wesentlichen bis ins 19. Jahrhundert unverändert, sie ist also kein allein für die mittelalterlichen Daseinsbedingungen typisches Charakteristikum.
2. Wie bei dem sanitären Standard sind zumindest exemplarisch auch bei der Wasserversorgung erhebliche Unterschiede innerhalb derselben Stadt festzustellen. Daß die öffentlich angelegten Brunnen ausgesprochen zentral orientiert waren, wurde schon erwähnt. In Bern gab es in der Innenstadt im 14. Jahrhundert vier bis fünf ge-

---

buch, S. 293. P. SANDER, Die reichsstädtische Haushaltung, S. 782. F. SOLLEDER, München, S. 570.

43 Vgl. U. DIRLMEIER, Die kommunalpolitischen Zuständigkeiten und Leistungen, S. 133f.
44 P. SANDER, Die reichsstädtische Haushaltung, S. 227. Endres Tuchers Baumeisterbuch, S. 46f. C. L. SACHS, Das Nürnberger Bauamt am Ausgang des Mittelalters (Neujahrsblätter hrsg. von der Gesellschaft für Fränkische Geschichte, 10), Nürnberg 1915, S. 20f. und 59.
45 Badisches Städtebuch (Deutsches Städtebuch 4, 2), hrsg. von E. KEYSER, Stuttgart 1959, S. 231. Endres Tuchers Baumeisterbuch, S. 192 und 195. A. WERMINGHOFF, Conrad Celtis, S. 140. R. WACKERNAGEL, Geschichte der Stadt Basel, Bd. 2, 1, Basel 1911 (Neudruck Basel 1968), S. 283.
46 Vgl. die Beschreibung von hölzernen Wasserleitungen in Nürnberg, die im Flußbett der Pegnitz verlegt waren: Endres Tuchers Baumeisterbuch, S. 179.

faßte Quellen, dazu kam 1393 die erste Wasserleitung. Dagegen waren die Bewohner des an der Aare gelegenen, ärmeren Matte-Quartiers bis 1420 ausschließlich auf Flußwasser angewiesen. In Basel gab es, wie erwähnt, um 1440 bereits über 60 an Leitungen angeschlossene Brunnen, während der ärmere Stadtteil Kleinbasel erst Ende des 15. Jahrhunderts eine Wasserleitung erhielt. Auch die für das 15. Jahrhundert überlieferten ersten Leitungsanschlüsse für Private scheinen eine exklusive Prestigesache gewesen zu sein: nach Aufzeichnungen aus Zürich, Augsburg oder Nürnberg waren sie Angehörigen der politisch-ökonomischen Führungsschicht vorbehalten[47].

[71] Bei den bisher angeführten Beispielen handelt es sich um eine Vielzahl einzelner Belege aus ganz verschiedenen Städten. Allein aus diesem Material auf eine konsequente zeitgenössische Beschäftigung mit dem Stadtbild zu schließen oder ein Konzept der wünschbaren Lebensbedingungen zu rekonstruieren, wäre sicher methodisch problematisch. Aber es gibt ergänzendes Material, das Schlußfolgerungen in dieser Richtung stützt: Programmatische Äußerungen aus den spätmittelalterlichen Städten selbst belegen, neben der verbalen Wertschätzung der Sauberkeit im weitesten Sinne, daß durchaus Zusammenhänge zwischen dem Erscheinungsbild eines Ortes, der Annehmlichkeit des Aufenthaltes und der Gesundheit der Einwohner gesehen wurden[48]. Vor allem aber gibt es aus dem 15. Jahrhundert detaillierte Beschreibungen deutscher Städte, die sicher nicht in jeder Hinsicht ganz realistisch sind, die aber zumindest zeitgenössische Wunschvorstellungen vermitteln können. Nach den Darlegungen von Felix Faber über Ulm, in vielem ähnlich beschreibt Conrad Celtis Nürnberg, war seine Stadt nicht nur durch ein weises Regiment und niedrige Steuern ausgezeichnet. Als Wohnort war sie zusätzlich attraktiv durch helle, breite Straßen, Sauberkeit, reichlich Wasser und gute Luft dank unterirdisch verlegter Kanäle zur Abfallbeseitigung. Im Hinblick auf die oben angeführten Hinweise zur innerstädtischen Funktionstrennung halte ich es für bemerkenswert, daß nach Fabers Vorstellungen die ideale Stadt auch topographisch streng hierarchisch gegliedert sein mußte: Der ruhige Innenstadtbereich sollte danach dem Patriziat als bevorzugte Wohnlage reserviert sein, alle mit Unruhe verbundenen Bereiche und Gewerbe wären in Vorstädten anzusiedeln – ein Zustand, den Faber für Ulm nur in Ansätzen verwirklicht sieht[49].

Man wird also, ohne dabei Einzelbelege unzulässig zu verallgemeinern, folgern dürfen: Mittelalterliche Stadtbewohner waren gegenüber den äußeren Rahmenbedingungen ihres Daseins sicher nicht generell gleichgültig, und die mittelalterliche Stadt war sicher nicht wegen völliger Unempfindlichkeit der Menschen durchgehend und gleichmäßig verschmutzt. Dagegen muß davon ausgegangen werden, daß es innerhalb

---

47   H. MORGENTHALER, Die ältere Trinkwasserversorgung der Stadt Bern, Bern 1951, S. 11 und 15. R. WACKERNAGEL, Geschichte der Stadt Basel, S. 282–284. Endres Tuchers Baumeisterbuch, S. 171–176. Die Zürcher Stadtbücher des XIV. und XV. Jahrhunderts, hrsg. von H. ZELLER-WERDMÜLLER, Bd. 2, Leipzig 1901, S. 372f. Die Chroniken der deutschen Städte: Augsburg, Bd. 2, S. 303.

48   U. DIRLMEIER, Die kommunalpolitischen Zuständigkeiten und Leistungen, S. 119ff.

49   Fratris Felicis Fabri tractatus, S. 20 f., 45, 48–52. A. WERMINGHOFF, Conrad Celtis, S. 134–140, 142, 148.

der Städte ganz erhebliche Unterschiede gegeben hat. Soweit sie erfaßt werden können, gehören sie sicher nicht in den Bereich kulturgeschichtlicher Kuriosa, sondern weit eher zu den charakteristischen sozialen Lagemerkmalen. Aufgrund der unvollständigen Überlieferung wird es kaum je möglich sein, die unterschiedliche Lebensqualität innerhalb einer Stadt als Beitrag zur Sozialtopographie geschlossen zu kartieren. Aber auch Einzelbefunde können helfen, Vorstellungen über die wirklichen Daseinsbedingungen in Städten exemplarisch zu konkretisieren und Unterscheidungsmerkmale festzulegen. Es ist z. B. bekannt, daß sich häufig in zentraler, innerstädtischer Lage große Vermögen konzentrieren, während in Randgebieten eine Ballung weitgehend Besitzloser fest[72]gestellt wird[50]. Man kennt auch zahlreiche Beispiele für Häuserpreise, die im 15. Jahrhundert in größeren Städten bei ca. 20 rhein. Gulden beginnen und nach oben praktisch unbegrenzt sind, Kaufleute- und Patrizierhäuser repräsentieren meist Werte von vielen tausend Gulden[51]. Dazu kann bei aller Vorsicht ergänzt werden: Die reichen Innenstadtbereiche der Städte erhielten offenbar auch vielfach zuerst gepflasterte Straßen, sie wurden bevorzugt gereinigt, es gab dort eine quantitativ bessere Wasserversorgung und häufiger Einrichtungen zur Abfall- und Abwasserbeseitigung als in Randgebieten, die nach den zeitgenössischen Zielvorstellungen bevorzugt lästige Gewerbezweige aufnehmen sollten. Und ferner: Teure Häuser unterschieden sich von den ärmlichen offenbar nicht nur durch Lage, Größe oder Fassadenschmuck bei ansonsten, gleich niedrigem Sauberkeitsstandard. Vielmehr geben der eigene Brunnen oder sogar Leitungsanschluß und – nach dem Standard der Zeit – angemessene sanitäre Einrichtungen dem teureren Haus auch erhöhten Wohnkomfort. Feste Relationen zwischen Preis und Komfort können dabei freilich kaum festgelegt werden, genausowenig kann von dem Hauswert allein die soziale Stellung des Inhabers abgeleitet werden.

III. Zu den Einkommensverhältnissen

Wie bezüglich der äußeren Rahmenbedingungen des städtischen Lebens fehlen uns auch zur wirtschaftlichen Existenzgrundlage der Einwohner vielfach konkrete, zusammenhängende Vorstellungen. Durch den Zufall der Überlieferung ist uns nur die Besitzverteilung der Stadtbevölkerung über längere Zeiträume und aus geschlossenen Quellenbeständen rekonstruierbar, aber auch dies nur in einer recht abstrakten Form: Für viele deutsche Städte sind, im 14. Jahrhundert einsetzend, Steuerbücher erhalten, in denen die Steuerpflichtigen, der Taxwert ihres Vermögens und/oder der davon zu entrichtende Betrag verzeichnet sind. Die Auswertungen dieser Vermögensverzeichnisse zur Besitzverteilung dürfen als bekannt vorausgesetzt werden: 50 bis 60 % der Steuerzahler sind in der Regel als besitzlos oder in die Kategorie der kleinsten Vermö-

---

50 F. DE CAPITANI, Untersuchungen zum Tellbuch der Stadt Bern von 1389, in: Berner Zeitschrift, 39 (1977), S. 73–100, hier S. 92–97. E. MASCHKE, Soziale Gruppen in der deutschen Stadt des späten Mittelalters, in: Über Bürger, Stadt und städtische Literatur, S. 127–145, hier S. 142f. D. DENECKE, Sozialtopographische und sozialräumliche Gliederung, S. 194ff. K. D. BECHTOLD, Zunftbürgerschaft, S. 77ff.

51 H. WEISS, Lebenshaltung, S. 141–147 (Nürnberger Häuserpreise; Ende des 15. Jahrhunderts stellen 20.000 rhein. Gulden einen Spitzenwert dar).

gen eingeordnet, während eine schmale Spitzengruppe weit überproportionale Anteile des innerstädtischen Gesamtvermögens auf sich vereinigt[52]. Die sehr anregende Diskussion darüber, welche Zu[73]sammenhänge bestehen zwischen dieser Vermögensverteilung und der sozialen Abstufung der Stadtbewohner ist noch keineswegs abgeschlossen[53]. Ein wichtiges Problem besteht darin, daß in den Steuerbüchern das Einkommen nicht oder jedenfalls nicht für uns erkennbar berücksichtigt ist. Damit bleibt offen, welchen wirtschaftlichen Verhältnissen die einzelnen Vermögensgrößen tatsächlich entsprechen. Wir wissen nicht, welche einkommenswirksamen Erträge die zur Besteuerung in einer Geldsumme veranschlagten, in Wirklichkeit aber heterogenen Vermögenskomplexe erbracht haben und wir wissen auch nicht, wie weit bei den einzelnen Vermögensgrößen mit einem aus Arbeitsertrag und Vermögenserträgen gemischten Einkommen zu rechnen ist. Besonders bei der weitgehend vermögenslosen Gruppe der Steuerzahler (wie erwähnt bis über 60%), die ganz auf das Arbeitseinkommen angewiesen war, wird die tatsächliche wirtschaftliche Lage sehr unterschiedlich beurteilt[54].

Soweit ich sehe, gibt es für die deutschen Städte aber keine Möglichkeit, aus ergänzenden Quellen spätmittelalterliche Einkommenstatistiken zu ermitteln, die dem Befund der Steuerbücher unmittelbar gegenübergestellt werden könnten. Dagegen kann durchaus anhand von Einzelbeispielen veranschaulicht werden, in welchen Größenordnungen innerhalb der Städte neben den Vermögen auch die Einkommen differenziert waren. Für die städtische Oberschicht fehlen weitgehend Nachweise für die Gesamteinkünfte aus patrizisch/stadtadligem Grundbesitz, aber Kapitalerträge bzw. kaufmännische Gewinne sind gelegentlich faßbar: Der Augsburger Großkaufmann Lukas Rem erzielte in der ersten Hälfte des 16. Jahrhunderts bei durchschnittlich knapp 10% Reingewinn aus seinem in Handel und Geldgeschäften angelegten Vermögen jährlich bis zu ca. 5.000 Gulden[55]. Die gleiche Ertragslage für alle in den Augsburger oder, darüber noch hinausgehend, überhaupt für alle in oberdeutschen Steuerbüchern verzeichneten, kaufmännischen Vermögen zu unterstellen, wäre methodisch völlig unzulässig. Da aber andererseits Rems Vermögensverhältnisse (er erreicht ca. 50.000 Gulden) für Großkaufleute nicht aus dem Rahmen der Zeit fallen, und Rein-

---

52 Als Beispiel: G. WUNDER, Die Sozialstruktur der Reichsstadt Schwäbisch Hall im Späten Mittelalter, in: Vorträge und Forschungen, 11, Konstanz/Stuttgart 1966, S. 25–52 (bes. S. 28 mit Übersichtstabelle).

53 B. KIRCHGÄSSNER, Probleme quantitativer Erfassung städtischer Unterschichten im Spätmittelalter, besonders in den Reichsstädten Konstanz und Esslingen, in: Gesellschaftliche Unterschichten, S. 75–89, bes. S. 77–80. K. D. BECHTOLD, Zunftbürgerschaft, S. 11ff. A. HAVERKAMP, Storia sociale della città di Treviri nel basso Medioevo, in: La città in Italia e in Germania nel Medioevo: cultura, istituzioni, vita religiosa, hrsg. von R. ELZE/G. FASOLI (Annali dell'Istituto storico italo-germanico. Quaderno 8), Bologna 1979, S. 259–333, hier S. 260f. Besonders skeptisch über den Wert von Steuerbüchern als Quellen zur Sozialstruktur äußert sich P.-J. SCHULER, Die Bevölkerungsstruktur, S. 139 und 175f.

54 Vgl. oben Anm. 7 und 8.

55 J. HARTUNG, Die Belastung des augsburgischen Großkapitals durch die Vermögenssteuer des 16. Jahrhunderts, in: Jahrbuch für Gesetzgebung, Verwaltung und Volkswirtschaft, 19 (1895), 4, S. 99–124, hier S. 107f. Tagebuch des Lucas Rem aus den Jahren 1494–1541. Ein Beitrag zur Handelsgeschichte der Stadt Augsburg, mitgeteilt von B. GREIFF, Augsburg 1861, S. 31ff.

gewinne in ähnlichen Prozentzahlen wie bei Rem auch aus anderen [74] Handelsunternehmen bekannt sind[56], darf gefolgert werden: Jährliche Erträge von mehreren tausend Gulden aus Handels- und Geldgeschäften sind bei Angehörigen der wirtschaftlich führenden Schicht in deutschen Städten im Spätmittelalter kein Einzelfall.

Einen Beleg für die mögliche Höhe des Einkommens aus kaufmännischer Berufsausübung, aber ohne großes eigenes Vermögen, überliefert der Augsburger Burkard Zink: Nach seinen autobiographischen Angaben bezog er als Angehöriger der Handelsgesellschaft des Hans Meuting in der Zeit von 1441–1444 jährlich rund 200 rhein. Gulden. Zink besaß damals rund 1.000 rhein. Gulden Vermögen, von denen aber nur die Hälfte in seiner Firma angelegt war. Zusätzlich bezog Zink von der Handelsgesellschaft 60 rhein. Gulden Lohn im Jahr[57]. Für den Lokal- und Detailhandel (Krämer), für die zahlenmäßig stark vertretenen kleinhändlerischen und für die handwerklichen, nicht tageweise bezahlten Berufe (d. h. für die Mehrzahl der erwerbstätigen Stadtbevölkerung) fehlen uns Anhaltspunkte für Umsätze, Geschäftsunkosten und Herstellungskapazitäten, als Grundlagen zur Einkommensberechnung. Die teilweise bekannten Bruttoverdienstspannen sind deswegen nur bedingt interpretierbar. Sie liegen z. B. für Schneider, Weber, Metzger und Müller in Einzelfällen zwischen knapp 3 % und etwas über 6 %[58]. Im Vergleich zu den eben erwähnten Reinerträgen im Großhandel deuten diese Bruttospannen auf beschränkte Verdienstmöglichkeiten, absolute Einkommensbeträge können daraus aber nicht abgeleitet werden. Für das weitestgehende Fehlen von Einkommensnachweisen für das Gros der freiberuflich tätigen Erwerbsbevölkerung können die zahlreich überlieferten Gehälter der städtischen Bedienstetenhierarchie keinen befriedigenden Ersatz bieten: Es handelt sich dabei um Festbeträge, zu denen in der Regel Nebeneinkünfte aus Amtsgebühren in unbekannter Höhe zu rechnen wären. Immerhin verdient Beachtung, daß aufgrund der besonderen Berufsqualifikation z. B. Stadtjuristen in Nürnberg im 15. Jahrhundert allein als Festgehalt bis zu 500 rhein. Gulden pro Jahr beziehen, die ebenfalls besonders qualifizierten Stadtschreiber wurden mit ca. 200 rhein. Gulden bezahlt[59]. Fest angestellte städtische Kirchenbaumeister, also handwerkliche Spezialisten, erhielten Ende 15./Anfang 16. Jahrhundert in Straßburg, Ulm, Konstanz, Mainz ein Fixum von 70 bis 100 rhein. Gulden, zu dem ebenfalls Nebeneinkünfte treten konnten[60].

[75] Am unteren Ende der Skala möglicher Einkünfte aus regelmäßiger Tätigkeit sind Dienstpersonal und Gesellen zu vermuten. Da Knechte, Mägde und im Haushalt des Meisters lebende Gesellen aber nur einen Teil ihres Lohns bar bezahlt erhalten, der Rest aber durch Verpflegung und Wohnung abgegolten wird, kann der jährliche Gesamtbetrag schlecht in Geld veranschlagt werden. Festeren Boden gewinnt man dagegen bei der Frage nach dem Lohneinkommen aus tageweise bezahlter Arbeit, auf das ich deswegen etwas ausführlicher eingehe:

---

56 Vgl. U. DIRLMEIER, Untersuchungen, S. 129.
57 E. MASCHKE, Der wirtschaftliche Aufstieg des Burkard Zink, in: Festschrift Hermann Aubin zum 80. Geburtstag, Bd. 1, Wiesbaden 1965, S. 235–262, hier S. 248ff.
58 Vgl. U. DIRLMEIER, Untersuchungen, S. 103ff.
59 H. WEISS, Lebenshaltung, S. 88–92.
60 U. DIRLMEIER, Untersuchungen, S. 85.

Tagelohnsätze für gelernte und ungelernte Arbeit in Landwirtschaft und Handwerk sind für das 14. und 15. Jahrhundert in großer Zahl überliefert. Häufig wird die Kaufkraft des Einzelbetrages bei Berechnungen zur materiellen Lage der Lohnarbeiter zugrundegelegt[61]. Dabei bleibt aber unberücksichtigt, daß die wirkliche Einkommenssituation des Lohnarbeiters wesentlich abhängt von der Zahl der jährlichen Arbeitstage und von der Aussicht auf ununterbrochene Beschäftigung[62].

Aus Bauabrechnungen, in denen Woche für Woche die Zahl der Werktage verzeichnet ist, läßt sich mit Sicherheit ermitteln: In Deutschland wurde vom späten 13. Jahrhundert bis zum Beginn des 16. Jahrhunderts im Baugewerbe im Durchschnitt an 5 Tagen pro Woche gearbeitet, pro Jahr ergeben sich durchschnittlich 265 Tage[63]. Diese Zahl wird allein bestimmt vom kirchlichen Festkalender und enthält keine jahreszeitlich bedingten Arbeitsunterbrechungen[64]. Grundsätzlich ist also auch in anderen Berufen im Durchschnitt mit 5 wöchentlichen Arbeitstagen zu rechnen. Die Einhaltung der Feiertage wurde übrigens von den Stadtobrigkeiten überwacht. Sonntagsarbeit wurde nur ganz ausnahmsweise geduldet, z. B. in Frankfurt während der Messe oder in Köln bei Produktionsprozessen, die nicht unterbrochen werden durften[65].

Legt man das spätmittelalterliche Arbeitsjahr von 265 Tagen zugrunde, kann jeder überlieferte Tagelohn mühelos in ein höchstmögliches Jahres[76]einkommen umgerechnet werden, aber damit ist über den Realitätsbezug eines solchen Vorgehens noch nichts gesagt. Die Vermutung, daß es für viele Tätigkeiten abwegig wäre, durchgehende Beschäftigung bei tageweiser Bezahlung zu unterstellen, läßt sich z. B. für den saisonabhängigen agrarischen Bereich erhärten. Dabei ist zu beachten, daß die Beschäftigung als Mäher, Drescher oder Weinbergsarbeiter auch im Bereich der größeren Städte eine Rolle gespielt hat, für Frankfurt am Main wird im 15. Jahrhundert der agrarische Sektor mit rund 18 % der Beschäftigten veranschlagt[66]. Zahlreiche Nachweise belegen einerseits den kurzfristigen Arbeitskräftebedarf in der Ernte, andererseits aber Unterbeschäftigung bzw. Arbeitslosigkeit im Winter. Aus Abrechnungen läßt sich ermitteln, daß besonders grundherrliche Großbetriebe neben ihrem Stamm an fest besoldetem Gesinde, tageweise bezahlte Kräfte nur aushilfsweise zur Bewältigung von Arbeitsspitzen bezahlt haben[67]. Die Beschäftigung als landwirtschaftlicher Tagelöhner

---

61 Z. B. W. ABEL, Strukturen und Krisen, S. 58–60. Zur Problematik des Zusammenhangs zwischen Getreidepreisen und Wirtschaftsentwicklung siehe F. IRSIGLER, Kölner Wirtschaft im Spätmittelalter, in: Zwei Jahrtausende Kölner Wirtschaft, S. 217–319, hier S. 302.

62 Den saisongebundenen Arbeitskräftebedarf in der Landwirtschaft hebt bevor: G. DUBY, Die Landwirtschaft des Mittelalters 500–1500, in: Europäische Wirtschaftsgeschichte, S. 119f. Zur Zahl der Arbeitstage pro Jahr siehe F. IRSIGLER, Kölner Wirtschaft im Spätmirtelalter, S. 303. U. DIRLMEIER, Untersuchungen, S. 129 ff.

63 U. DIRLMEIER, Untersuchungen, S. 131–133.

64 Vorbehalte gegen die Annahme einer durchgehenden Beschäftigung gegen Tagelohn bei J. KUCZYNSKI, Geschichte des Alltags des deutschen Volkes 1600–1645, Köln 1981, S. 262f. Dabei übersieht Kuczynski aber, daß die Zahl von ca. 265 jährlichen Arbeitstagen aus Abrechnungen individuell nachgewiesen werden kann.

65 Die Gesetze der Stadt Frankfurt, S. 327f., Nr. 234 und 357–363 Nr. 274 (15. Jahrhundert). F. IRSIGLER, Die wirtschaftliche Stellung, S. 91 (Herstellung von Textilfarbe).

66 K. BÜCHER, Die Bevölkerung, S. 294.

67 Nachweise für saisongebundene Beschäftigung: K. MILITZER, Das Markgröninger Heilig-Geist-Spital im Mittelalter (Vorträge und Forschungen, Sonderband 19), Sigmaringen 1975, S. 89,

ist also eher Zusatzerwerb und nicht als durchgehende Verdienstmöglichkeit einzustufen; das mögliche Jahreseinkommen läßt sich aus dem Tagelohnsatz jedenfalls nicht
ableiten[68].

Für die tageweise bezahlte handwerkliche Lohnarbeit in den Städten bestehen
diese Bedenken nicht im gleichen Umfang, aber es wäre voreilig, die lückenlose Dauerbeschäftigung gegen Zeitlohn von vornherein als Normalfall zu unterstellen. Neben
Berichten über krisenbedingte Arbeitslosigkeit vor allem in Textilgewerben[69], gibt es
qualifizierende und quantifizierende Belege dafür, daß auch in den Städten das Arbeitsangebot saisonal geschwankt hat und im Winter deutlich abnahm: In Städten wie
Straßburg, Ulm oder Nürnberg wurde im Winter mit einer Zunahme der einheimischen
Almosenempfänger gerechnet, Sonderregelungen in Lohntaxen für den Winter machen
für das Baugewerbe eine verminderte Nachfrage nach Arbeitskräften wahrscheinlich[70].
Tatsächlich bestätigen Abrechnungen völ[77]lige Baueinstellungen im Winter oder
zumindest den Rückgang der Beschäftigungszahlen. So wurden z. B. vom städtischen
Bauamt in Nürnberg zu Beginn des 16. Jahrhunderts im Winter bis zu 15 % weniger
gelernte und bis zu 23 % weniger ungelernte Bauhandwerker bezahlt. Dazu werden
noch exogene Faktoren außerordentlich wirksam, gerade bei der Stadt als Arbeitgeber:
Aufgrund des wechselnden Umfangs der Befestigungsarbeiten, überwiegend also aus
politischen Gründen, beschäftigte z. B. die Stadt Nürnberg im 1. Drittel des 15. Jahrhunderts bis zu 200 ungelernte Tagelöhner, um 1460 nur noch 30 bis 36, zu Beginn
des 16. Jahrhunderts im Jahresdurchschnitt wieder um 50 Bauhilfsarbeiter.[71]

Trotz dieser Einschränkungen ist aber festzuhalten: Bauabrechnungen bestätigen
auch längerfristige Arbeitsverhältnisse im Tagelohn bis hin zur jahrelangen Dauerbeschäftigung mit der höchstmöglichen Zahl der Arbeitstage. So begegnen in Nürnberger
Kirchenbaurechnungen der Jahre 1462–67 ein Handlanger und mehrere ausgelernte
Steinmetzgesellen in ununterbrochener Vollbeschäftigung: Sie arbeiten im Winter in
der Steinmetzhütte, also unter Dach, sie werden so von Arbeitsausfällen nicht betroffen und erreichen ca. 265 Tagelöhne pro Jahr.[72] Noch längere Dauerarbeitsverhältnisse
notiert der Nürnberger Stadtbaumeister Endres Tucher (2. Hälfte des 15. Jahrhunderts): Ein wöchentlich entlohnter Vorarbeiter, zwei Karrenführer, je ein Schlosser-,

152f., 204. Quellen zur Verwaltungs- und Wirtschaftsgeschichte der Grafschaft Hohenberg, bearb. von K. O. MÜLLER, Bd. 1 (Württembergische Geschichtsquellen, 24), Stuttgart 1953, S. 163
(1392), 201 (1395); Bd. 2 (Veröffentlichungen der Kommission für geschichtliche Landeskunde
in Baden-Württemberg, Reihe A 4), Stuttgart 1959, S. 27 (1425/26), 29 (1426/27), 157
(1440/41), 197 (1446).

68   K. BÜCHER, Die Bevölkerung, S. 230. K. MILITZER, Das Markgröninger Heilig-Geist-Spital,
      S. 85. G. DUBY, Die Landwirtschaft, S. 119f.

69   J. Kesslers Sabbata mit kleineren Schriften und Briefen, hrsg. vom Historischen Verein des Kan-
      tons St. Gallen 1902, S. 486 und 521 (Krisen im St. Galler Textilgewerbe, 1. Hälfte des 16. Jahr-
      hunderts).

70   O. WINCKELMANN, Das Fürsorgewesen der Stadt Straßburg vor und nach der Reformation bis
      zum Ausgang des 16. Jahrhunderts, 2 Teile (Quellen und Forschungen zur Reformationsge-
      schichte, 5), Leipzig 1922, Teil 2, S. 267–278. C. L SACHS, Das Nürnberger Bauamt, S. 72
      (Lohnordnung von 1502).

71   U. DIRLMEIER, Untersuchungen, S. 138f., 142f., 147f.

72   Ebd., S. 150–154 und 157f.

Schmiede- und Wagnermeister (also gegen Stücklohn arbeitende Handwerker) sind zwischen 18 und 34 Jahre beim städtischen Bauamt beschäftigt[73].

Die Überlieferungslage ist natürlich einseitig, weil vergleichbare private Quellenbestände fehlen, aber die Schlußfolgerung scheint begründet: Längerfristige Dauerbeschäftigung war für Handwerker am ehesten bei öffentlichen (Stadtbau) oder halböffentlichen (Kirchenbau) Arbeitgebern gesichert. Und die Tatsache, daß die Städte wie Frankfurt oder Nürnberg keine erkennbaren Schwierigkeiten hatten, Arbeitskräfte für den Stadtbau zu gewinnen[74], deutet auf die besondere Attraktivität eines gesicherten Arbeitsverhältnisses.

Dauerbeschäftigung gegen Tagelohn muß wohl eher als Ausnahme, nicht als Regel gelten, doch fehlt jede Möglichkeit, die durchschnittliche jährliche Arbeitsdauer zu veranschlagen. Jahreseinkommen, auf der Basis von 265 Tagelöhnen errechnet, sind also Höchstbeträge. Natürlich besteht – um dies wenigstens zu erwähnen – die Möglichkeit, daß eine Familie Einkommen aus [78] mehreren Lohnarbeitsverhältnissen bezogen hat – für das Bauhandwerk gibt es dafür durchaus Indizien[75], aber es fehlt jede Möglichkeit, hier zu begründeten Schätzwerten zu gelangen. Wenn willkürliche Ansätze vermieden werden sollen, können bei den Einkommensbeispielen – um endlich darauf zurückzukommen – solche denkbaren Varianten nicht berücksichtigt werden. Unter der Voraussetzung von rund 265 Arbeitstagen im Jahr ergibt sich demnach als Einkommensobergrenze um die Wende des 15. zum 16. Jahrhundert[76]:

Nürnberg, ungelernte Bauarbeiter (Tagelöhner)	ca.	17 rhein. Gulden.
Nürnberg, Bauhandwerksgesellen	ca.	27–30 rhein. Gulden.
Augsburg, Bauhandwerksgesellen	ca.	30 rhein. Gulden.
Frankfurt, Bauhandwerksmeister	ca.	50 rhein. Gulden.
Straßburg, Bauhandwerksmeister	knapp	50 rhein. Gulden.

Solche bei tageweise bezahlter Bauarbeit nachweisbaren Jahreslöhne sind nicht unbedingt repräsentativ für die Einkommensverhältnisse des gesamten städtischen Handwerks, und der Vergleich mit den vorangehenden Einzelbeispielen für höhere Einkommen soll nicht überdehnt werden. Die Gegenüberstellung kaufmännischer Spitzeneinkommen, vertreten durch die 5.000 Gulden des Lukas Rem[77], mit Bauarbeiterlöhnen von 17–30 Gulden veranschaulicht für Augsburg die materielle Distanz zwischen reicher Oberschicht und einem Großteil der Bevölkerung.

Der Vergleich mit den 200 Gulden, die ein für Ausburger Verhältnisse unbedeutender Kaufmann wie Burkard Zink erzielen konnte[78], bestätigt die bekannte Tatsache,

---

73 Endres Tuchers Baumeisterbuch, S. 17, 51, 55, 97, 101.
74 F. BOTHE, Die Entwicklung der direkten Besteuerung in der Reichsstadt Frankfurt bis zur Revolution 1612–1614 (Staats- und sozialwissenschaftliche Forschungen 26, 2), Leipzig 1906, S. 178. Endres Tuchers Baumeisterbuch, S. 34, 38, 43, 67, 277.
75 C. L. SACHS, Das Nürnberger Bauamt, S. 75. O. WINCKELMANN, Das Fürsorgewesen, Teil 2, S. 278. K. BÜCHER, Die Bevölkerung, S. 240. P. SANDER, Die reichsstädtische Haushaltung, S. 35.
76 U. DIRLMEIER, Untersuchungen, S. 160, 162, 164, 187, 200, 202.
77 Siehe oben S. 203.
78 Siehe oben S. 204.

daß Ersparnisbildung eher über Handelstätigkeit als im Handwerk möglich war. Auch die Beobachtung, daß tageweise bezahlte, gewöhnliche Bauhandwerksmeister z. B. in Straßburg gerade die Hälfte des jährlichen Fixums (= Mindestgehalt) eines fest angestellten Kirchenbaumeisters erreichen können[79], belegt die begrenzten Verdienstmöglichkeiten des durchschnittlichen Handwerkers, selbst unter der günstigen Voraussetzung durchgehender Beschäftigung.

IV. Zu Versorgung und Verbrauch

In der städtischen Einkommenshierarchie stehen tageweise bezahlte handwerkliche Arbeitskräfte und erst recht ungelernte Tagelöhner also si[79]cher auf den unteren Stufen – dafür ließe sich die Indizienreihe noch erheblich verlängern. Aber diese Feststellung sagt doch nur wenig über die objektive materielle Lage der Lohnarbeiter, die in der Forschung für das 14. und 15. Jahrhundert bekanntlich vielfach außerordentlich günstig beurteilt wird[80]. Unter diesem Gesichtspunkt abschließend noch einige Beobachtungen zur Versorgungslage und zu Verbrauchsmöglichkeiten. In der Literatur findet man öfters den Standpunkt vertreten, auch in den größeren Städten Deutschlands sei der Nahrungsmittelbedarf der Bevölkerung bis in das 19. Jahrhundert ganz überwiegend durch Eigenerzeugung gedeckt worden[81].

Danach würden also alle von Löhnen/Einkommen und Lebensmittelpreisen ausgehenden Forschungen zur wirtschaftlichen Lage der Stadtbevölkerung einen verfehlten Ansatz zugrunde legen. Ich glaube aber nicht, daß dies der Fall ist. Natürlich spielt der agrarische Sektor, wie erwähnt, in den spätmittelalterlichen Städten eine wichtige Rolle. Für die größeren Handels- und Gewerbezentren ist aber eine bedarfsdeckende Eigenerzeugung der Lebensmittel wegen des viel zu großen Flächenbedarfs auszuschließen. Sie ist auch als Nebenbeschäftigung zusätzlich zur vollen Berufsausübung unwahrscheinlich. Es gibt durchaus Einzelbelege dafür, daß auch einfache Handwerker landwirtschaftliche Nutzflächen (Gärten) besessen haben[82], aber weit mehr Nachrichten und Indizien sprechen für eine überwiegende Marktabhängigkeit der Bevölkerung: Die lange Reihe der städtischen Preis- und Marktordnungen wäre bei einer im Durchschnitt autarken Bevölkerung ganz sinnlos. Städtische Marktinterventionen in Krisenzeiten, beiläufige Erwähnungen in Ordnungen und erzählenden Quellen, aber auch die städtischen Einnahmen aus der Besteuerung von Grundnahrungsmitteln bestätigen für Wein, Fleisch und Brot die Bedarfsdeckung am Markt als Regelfall[83].

---

79 Siehe oben S. 204.
80 Siehe oben Anm. 7 und 8.
81 H. J. TEUTEBERG, Studien S. 89, U. HAUSCHILD, Studien zu Löhnen und Preisen in Rostock im Spätmittelalter (Quellen und Darstellungen zur Hansischen Geschichte, NF 19), Köln/Wien 1973. S. 153f. (mit Literaturhinweisen).
82 K. MILITZER, Das Markgröninger Heilig-Geist-Spital, S. 84 und 89. Die Urkunden des Heilig-Geist-Spitals in München 1250–1500, bearb. von H. VOGEL (Quellen und Erörterungen zur bayerischen Geschichte, NF 16, 1), München 1960, S. 285 Nr. 195, 231–233 Nr. 163, 525 Nr. 394 (Belege des 14. und 15. Jahrhunderts für den Besitz landwirtschaftlicher Nutzflächen).
83 H. WERMELINGER, Lebensmittelteuerungen, ihre Bekämpfung und ihre politischen Rückwirkungen in Bern vom ausgehenden 15. Jahrhundert bis in die Zeit der Kappelerkriege (Archiv des Historischen Vereins des Kantons Bern, 55), Bern 1971, besonders S. 203–209 (städtische Markt-

Z. B. für Nürnberg ist ausdrücklich überliefert, daß die Bauarbeiter Brot und Fleisch eingekauft haben[84]. Aber auch grundbesitzende Patrizier und Kaufleute, wie die Tucher in Nürnberg oder die Goch in Köln, haben [80] nach Ausweis ihrer Haushaltsbücher den Lebensmittelbedarf ganz überwiegend durch Kauf gedeckt[85].

Weitgehende Versorgung vom Markt ist aber keinesfalls mit einem sorglosen Wirtschaften ohne eigene Vorräte gleichzusetzen. Zumindest nach Ansicht der Obrigkeiten war die private Vorratshaltung außerordentlich erwünscht: Besonders bei drohender Kriegsgefahr wurde den Einwohnern vielfach vorgeschrieben, Grundnahrungsmittel, in erster Linie Getreide, für den Bedarf von 1–2 Jahren einzulagern[86]. Auch in spätmittelalterlichen städtischen Steuerordnungen werden Vorräte für den privaten Haushaltsbedarf fiskalisch begünstigt[87]. An den Vorschriften, die zwar Warenkataloge aufzählen, aber keine Bedarfsmengen erwähnen, ist besonders bemerkenswert, daß die Lebensmittelbevorratung in Zusammenhang mit der Vermögenslage gebracht wird. Die Untergrenze des Besitzes, der zur Anlage von Vorräten verpflichtete, liegt bei 100 rhein. Gulden. Nach der gleichzeitigen Vermögensverteilung, wie sie uns in den Steuerbüchern überliefert ist[88], war danach mindestens die Hälfte der Steuerzahler von den Vorratsvorschriften nicht betroffen, nach zeitgenössischer Auffassung also nicht in der Lage, durch angemessene Reservebildung den eigenen Unterhalt sicherzustellen.

Erzählende Quellen bestätigen vor allem in Berichten über Krisenzeiten die sehr unterschiedliche Versorgungslage, der Gegensatz zwischen den gutgestellten Reichen und den unterversorgten Armen begegnet geradezu stereotyp[89]. Quantitativ läßt sich dieser Tatbestand aber nur anhand der Getreidevorräte nachweisen, für die Ermittlung eines differenzierten Warenkorbs fehlt die Quellenbasis. Zu beachten ist, daß Getreidebesitz nicht nur bei Kriegsgefahr wichtig war; angesichts der sehr unterschiedlichen Ernteergebnisse und der entsprechenden Kornpreisschwankungen waren Vorräte auch in friedlichen Jahren eine wichtige Vorsorgemaßnahme[90].

Soweit detaillierte Vorschriften und Bestandsaufnahmen überliefert und ausgewertet sind, wird durchwegs die sehr ungleiche Verteilung der Vorräte [81] sichtbar, teilweise wird auch die räumliche Konzentration der besser und schlechter versorgten

---

84 ordnungen und -interventionen). Johannes Kesslers Sabbata, S. 241. Die Chroniken der deutschen Städte: Nürnberg, Bd. 2, Leipzig 1864 (Neudruck Göttingen 1961), S. 308f. Nürnberger Ungeldeinnahmen bei P. SANDER, Die reichsstädtische Haushaltung, S. 762–787.

84 Endres Tuchers Baumeisterbuch, S. 62.

85 F. IRSIGLER, Ein großbürgerlicher Kölner Haushalt, besonders S. 640–645. Anton Tuchers Haushaltsbuch, z. B. S. 8, 14f., 20, 24, 27, 29 f., 32, 39, 41f., 47f., 50f.

86 L. SCHÖNBERG, Die Technik des Finanzhaushalts der deutschen Städte im Spätmittelalter (Münchener volkswirtschaftliche Studien, 103), Stuttgart 1910, S. 76f. K. Th. EHEBERG, Verfassungsgeschichte. S. 360 f. Nr. 148. H. WERMELINGER, Lebensmittelteuerung, S, 92 f. Die Chroniken der deutschen Städte: Nürnberg, Bd. 2, S, 299.

87 Die Chroniken der deutschen Städte: Augsburg, Bd. I, S. 137. F. BOTHE. Die Entwicklung, S. 3*ff. Die Gesetze der Stadt Frankfurt, S. 188f. Nr. 90, 255–258 Nr. 170, 393–399 Nr. 315.

88 Siehe oben Anm. 52 und 53.

89 Die Chroniken der deutschen Städte: Nürnberg, Bd. 2, S. 350 und Augsburg, Bd. 2, S. 179–181 und 265f. Zum Begriffspaar reich–arm vgl. E. MASCHKE, Die Unterschichten, S. 5–8 und 52–54.

90 E. MASCHKE, Die Unterschichten, S. 19.

Haushalte innerhalb der Stadt erkennbar[91], So schwankt in Straßburg 1444 in den 15 Stadtbezirken der Anteil der vorratslosen Städter zwischen 22% und 70%. Im Durchschnitt besitzen ca. 40% kein eigenes Getreide. Neben solchen Befunden werden exemplarisch auch die enormen individuellen Besitzunterschiede bezifferbar. Nach den Vorratsverzeichnissen ergibt sich ein durchschnittlicher Getreidebesitz von einigen hundert Kilogramm, dagegen sind für Augsburger, Regensburger und Nürnberger Kaufleute Vorräte von ca. 6 bis 45 t bezeugt und in Frankfurt besaßen 1488 zwei Patrizier exakt 1 Drittel der gesamten privaten Getreidevorräte der Oberstadt[92].

Solche Mengen sind natürlich nicht am eigenen Bedarf orientiert, sie deuten auf kommerzielle Verwertung, vielleicht auch auf spekulative Absichten. Soweit für Vorräte dieser Größenordnung nicht ausdrücklich der Einkauf belegt ist, wird man annehmen dürfen, daß sie weitgehend auf den Bezug von Getreidegülten (Naturalrenten) zurückgehen, die für reiche Kaufleute und grundbesitzende Patrizier gut belegbar sind[93]. Freilich waren sie kein exklusives Statussymbol der Oberschicht: kleine Naturalrenten, außer Getreide auch Wein, lassen sich im Besitz von Handwerkern nachweisen, hier sicher mehr versorgungs- als gewinnorientiert[94]. Gülten unterlagen freilich als Teil des Vermögens der Besteuerung. Nach den überlieferten Preisen und Schätzwerten einerseits, und nach den Vermögensaufnahmen in den Steuerbüchern andererseits ist ausgeschlossen, daß die Mehrzahl der Haushalte einer Stadt den Bedarf an Grundnahrungsmitteln durch Gültbezug [82] sicherstellen konnte[95]. Vermögensgrößen, Vorratsvorschriften, Besitzverzeichnisse und Gültpreise lassen also darauf schließen, daß die Versorgungslage etwa der Hälfte der Stadtbevölkerung im Spätmittelalter labil und krisenanfällig sein konnte, was aber nicht mit dauernder Unterstützungsbedürftigkeit gleichgesetzt werden darf[96]. Zu diesem Befund sind zwei Erklä-

---

91 Die Chroniken der deutschen Städte; Nürnberg, Bd. 2, S. 317–323 (Vorratsaufzeichnung Nürnberg 1449). K. Th. EHEBERG, Verfassungsgeschichte, S. 499–501 Nr. 254 (Vorratsaufzeichnung Straßburg, 1444). Vgl. U. DIRLMEIER, Untersuchungen, S. 47–50.

92 Die Chroniken der deutschen Städte: Augsburg, Bd. 2, S. 178 (Getreidebesitz von Burkard Zink) und Bd. 5, Leipzig 1896 (Neudruck Göttingen 1966), S. 73 (Getreidebesitz von Wilhelm Rem). F. BASTIAN, Das Runtingerbuch 1383–1409 und verwandtes Material zum Regensburger-Südostdeutschen Handel und Münzwesen, Bd. 2 (Deutsche Handelsakten des Mittelalters und der Neuzeit, 7), Stuttgart/Berlin 1935, S. 16 (Getreidebesitz von Matthäus Runtinger, Regensburg). W. G. NEUKAM, Ulrich Stark, ein Nürnberger Handelsherr und Unternehmer († 1478), in: Beiträge zur Geschichte und Kultur der Stadt Nürnberg 11, 1, Nürnberg 1967, S. 177–220, hier S. 205 (Getreidevorräte von Ulrich Stark). F. BOTHE, Die Entwicklung der direkten Besteuerung, S. 56 (Getreidevorräte von Frankfurter Patrizier).

93 H. HOFMANN, Die Getreidehandelspolitik der Reichsstadt Nürnberg, insbesondere vom 13. bis 16. Jahrhundert, Diss. Erlangen, Nürnberg 1912, S. 58. Das Tagebuch des Lucas Rem, S. 57ff.

94 Die Urkunden des Heiliggeistspitals zu Freiburg im Breisgau (Veröffentlichungen aus dem Archiv der Stadt Freiburg, 1, 3 und 5), 3 Bde., bearb. von A. POINSIGNON/L. KORTH/P. ALBERT/J. REST, Freiburg i. Br. 1890, 1900, 1927; Bd. 2, S. 342 Nr. 1399, 382 Nr. 1504, 391f. Nr. 1543 und Bd. 3, S. 109 Nr. 2038 (Beispiele für den Kauf von Naturalrenten durch Handwerker im 15. Jahrhundert).

95 Zur steuerlichen Behandlung von Naturalrenten siehe F. DE CAPITANI, Untersuchungen, S. 80 und Die Gesetze der Stadt Frankfurt, S. 393–399 Nr. 315. Zur Vermögensverteilung siehe oben Anm. 52 und 53.

96 Vgl. B. KIRCHGÄSSNER, Probleme quantitativer Erfassung, S. 81.

rungen denkbar. Entweder: Die Arbeitseinkommen haben bei einem Großteil der Erwerbstätigen nicht ausgereicht, um durch Reservebildung den periodischen Versorgungskrisen vorzubeugen. Oder aber: Die Einkünfte wurden in den guten Jahren für überhöhte Konsumansprüche ausgegeben – das entspräche dann der vielzitierten spätmittelalterlichen Verschwendungssucht[97]. Es ist unbestreitbar, daß im Spätmittelalter der Konsum viel mit dem Sozialstatus zu tun hat, daß mit sichtbarem Aufwand gesellschaftliche Positionen dokumentiert oder Ansprüche angemeldet werden. Vor allem der Statuswert von Kleidung und Schmuck ist bekannt[98]. Entsprechend wird der Aufwand, z. B. bei Hochzeiten wirtschaftlich führender Familien, gern unter den Beispielen exzessiver Verschwendung aufgeführt. Statusmerkmale, hier von der Forschung weniger beachtet, gibt es aber auch im Ernährungsbereich. Sie werden besonders gut greifbar in Verpflegungsordnungen großer Spitäler mit der sorgfältigen Unterscheidung des Aufwandes für Reichen-, Mittel- und Armenpfründe; die letztere wird nach dem vorwiegenden Nahrungsmittel auch als „Muespfründe" bezeichnet. Derartige Rangunterschiede werden auch im allgemeinen Sprachgebrauch deutlich: So wird das Weißbrot auch „Schönbrot" genannt, besonders billiger Wein heißt Knechtwein, der „gemeinen Speise" wird „ehrbarer Leute Speise" gegenübergestellt und von der *underhaldung des gmeinen mans* werden die Spezereien der Reichen unterschieden[99].

Die Beobachtung solcher hierarchisch orientierten Abstufungen sagt freilich wenig darüber, wer tatsächlich welche Waren verbraucht hat und sie sagt garnichts darüber, wer welche Mengen verbraucht hat. Wir kennen nur aus der kaufmännisch/patrizischen Oberschicht detaillierte Ausgabenbücher, für den Haushaltsaufwand der breiten Mehrheit der Bevölkerung ist man weitgehend auf Schätzwerte und Modellberechnungen angewiesen[100]. [83] Ausgangspunkt solcher Berechnungen ist in der Regel die Kaufkraft von Tagelöhnen, die in kg Getreide, meist Roggen, gemessen wird. Für die Perioden niedriger Getreidepreise des 15. Jahrhunderts ergeben sich dabei in Süddeutschland (z. B. in Frankfurt und Straßburg) für das Bauhandwerk Roggenäquivalente bis über 40 kg pro Tagelohn. Solche Werte stützen die Ansicht, spätmittelalterliche Löhne hätten einen weit über dem Existenzminimum liegenden, konsumorientierten Lebensstandard ermöglicht[101]. Gegen eine solche Beweisführung sind aber auch Bedenken möglich: Wenn einzelne Tagelöhne als Berechnungsbasis dienen, bleibt die Frage der tatsächlichen Verdienstmöglichkeiten außer acht – wie vorangehend erörtert. Und bei der Darstellung der Kaufkraft durch das Rohprodukt Getreide wird die Verteuerung des Konsums für den städtischen Endverbraucher nicht berück-

---

97 Siehe oben Anm. 8.

98 E. MASCHKE, Die Unterschichten, S. 9ff.

99 S. REICKE, Das deutsche Spital und sein Recht im Mittelalter, 2 Bde. (Kirchenrechtliche Abhandlungen, 111/112), Stuttgart 1932 (Neudruck Amsterdam 1961), Bd. 2, S. 206f. O. WINCKELMANN, Das Fürsorgewesen, Teil 2, S. 4 Nr. 2 und 20–26 Nr. 10. U. DIRLMEIER, Untersuchungen, S. 308–314.

100 W. ABEL, Strukturen und Krisen, S. 59. W. VON HIPPEL, Bevölkerungsentwicklung und Bevölkerungsstruktur im Königreich Württemberg 1815/65. Überlegungen zum Pauperismusproblem in Süddeutschland, in: Soziale Bewegung und politische Verfassung, hrsg. von U. ENGELHARDT/V. SELLIN/H. STUKE (Industrielle Welt, Sonderband), Stuttgart 1976, S. 270–371, hier S. 346–350 (mit Literaturhinweisen zum Problem der Indexberechnung).

101 W. ABEL, Strukturen und Krisen, S. 58–60. DERS., Agrarkrisen, S. 61.

sichtigt. Wie erwähnt, kennen wir die Bruttoaufschläge des Kleinhandels und der Lebensmittelgewerbe nur ganz vereinzelt[102]. Besser belegbar ist die Verteuerung durch Verbrauchssteuern, mit denen bevorzugt Güter des täglichen Bedarfs belastet wurden: In Süddeutschland Wein (sonst Bier), danach Getreide, während Fleisch als drittes spätmittelalterliches Grundnahrungsmittel nur ausnahmsweise besteuert wurde. Wein wurde in Süddeutschland im 15. Jahrhundert für den städtischen Kleinverbraucher durch die Steuer bei allgemein steigender Tendenz um mindestens 10% bis über 25% verteuert, in Köln schwankte die Besteuerung des Weinkonsums zwischen 2,56% und 16,67%[103]. Kennt man den steuerbelasteten Endpreis der Schenkmaß Wein, können die Kosten für alle denkbaren Verbrauchsmengen berechnet werden. Nach zeitgenössischen Angaben – etwa über Spitalverpflegung – kann davon ausgegangen werden, daß 1 Maß Wein pro Tag für Erwachsene als angemessene Ration betrachtet wurde, übrigens ohne Rücksicht auf die regionalen Volumenunterschiede (ca. 1 bis 1,5 l). Geht man nun aus von 2 Erwachsenen und dem aus Tagelöhnen erreichbaren höchstmöglichen Jahreseinkommen, so ergibt sich für gelernte Bauhandwerker in der 2. Hälfte des 15. Jahrhunderts: Nach Straßburger, Frankfurter und Nürnberger Preisen müßten sie ca. 40% bis 80% ihres Arbeitslohnes aufwenden, um einen nach zeitgenössischer Auffassung keinesfalls überreichlichen Weinverbrauch zu bestreiten[104]. Vor allem dann, wenn ein Verdiener mehrere Personen zu versorgen hatte, war also in Wirklichkeit nur ein erheblich reduzierter Verbrauch möglich. Es bleibt aber bei solchen Berechnungen offen, welche Quantitäten tatsächlich verbraucht wurden und welche [84] Einkommensbelastung daraus resultierte. Genauer als bei jedem anderen Lebensmittel läßt sich für eine Reihe von Städten ermitteln, in welchem Ausmaß das Konsumgut ‚Brot‘ gegenüber dem Rohprodukt ‚Getreide‘ verteuert wurde, und zwar durch Herstellungsprozeß und Steuerbelastung[105]. Die Verbrauchssteuer auf Getreide ergibt im 15. Jahrhundert in Frankfurt, Straßburg und Basel Aufschläge von ca. 14% bis 23% auf den Marktpreis[106].

Dazu kommen die Kosten für die Verarbeitung zu Brot, die aus Backproben und Preisvorschriften bekannt sind. In Frankfurt und Strasburg ergibt sich durch Steuer und Verarbeitung in der 2. Hälfte des 15. Jahrhunderts gegenüber dem Getreidepreis eine Verteuerung von 35% bis 70%. Berücksichtigt man aber zusätzlich die Relation zwischen dem Ausgangsgewicht des Getreides und dem Ertrag an Brot, wird das Ergebnis für den Verbraucher noch ungünstiger: Weil (umgerechnet) 100 kg Weizen nur bis zu 50 kg Weißbrot ergaben, verteuerten sich nach Nürnberger und Straßburger Belegen (2. Hälfte des 15. Jahrhunderts) die feinen Brotqualitäten gegenüber dem Getreidepreis um 200% bis über 300%[107].

---

102 Siehe oben S. 204f.

103 F. IRSIGLER, Die wirtschaftliche Stellung, S. 242, W. HABICH, Das Weinungeld der Reichsstadt Frankfurt am Main (Untersuchungen zur deutschen Staats- und Rechtsgeschichte, NF 8), Aalen 1967, S. 7ff., 43ff., 63ff. U. DIRLMEIER, Untersuchungen, S. 62

104 Einzelnachweise bei U. DIRLMEIER, Untersuchungen, S. 172, 215, 217 sowie (zum Weinkonsum) S. 325f.

105 Auf die Verteuerung des Brotes verweist schon A. HANAUER, Études économiques sur l'Alsace ancienne et moderne, Bd. 2, Paris/Strasbourg 1878, Einleitung S. VII.

106 U. DIRLMEIER, Untersuchungen, S. 61 und 64.

107 F. BOTHE, Die Entwicklung, S. 173* Nr. 4g. A. HANAUER, Études économiques, S. 127. P. SAN-

Entsprechend sinkt, am Brotpreis gemessen, die Kaufkraft der Löhne. Ein Beispiel für Straßburg (1465/79): Das arbeitsjährliche Einkommen gelernter Bauhandwerker entspricht dem Gegenwert von rund 30 kg Roggen pro Kalendertag[108], bzw. 15,5 kg grobem Roggenbrot oder 7,6 kg feinem Weißbrot. Davon, daß die feinen Brotsorten der Oberschicht vorbehalten waren, kann keine Rede sein, aber der Preis macht verständlich, warum in vielen Verpflegungsordnungen Weißbrot, Semmeln u.a. zur ausgesprochenen Festtags-Verpflegung gehören.

Gehobener Konsum mußte über die spätmittelalterlichen Grundnahrungsmittel Brot, Mus, gekochtes Fleisch und einheimischen Wein (oder Bier) hinausgehen, er wird gekennzeichnet durch viel Gewürze, Fisch, Geflügel, Wild und teuere Weinsorten (Importweine). Abrechnungen und Gasthauspreise (Taxen) belegen die Kosten für einen derartigen Aufwand[109]. [85] Unterstellt man gleichbleibenden Verbrauch, ergeben sich für das Jahr Beträge von ca. 30 rhein. Gulden bis weit über 100 rhein. Gulden pro Person. Ernährungsbedingter Luxusaufwand war also kostenbedingt einer kleinen Schicht der Stadtbevölkerung vorbehalten, kann aber auch bei dieser nicht als Alltagsnorm unterstellt werden. Die aufwendigen Mahlzeiten mit langer Speisenfolge sind in der Regel zu besonderen Gelegenheiten überliefert, und es besteht wenig Anlaß, luxuriöse Festessen als typisch für spätmittelalterliche Verbrauchsgewohnheiten auch nur der Oberschicht zu betrachten[110].

Luxusaufwand hat es bei der Kleidung als besonders wichtigem Statussymbol zweifellos gegeben[111]. Der mehrfach erwähnte Augsburger Kaufmann Lukas Rem notiert (1518) zu seiner Hochzeit für sich und seine Frau Ausgaben von ca. 445 rhein. Gulden; allein für den Hochzeitsmantel der Braut wurden 62,5 rhein. Gulden ausgegeben – also weit mehr als das Jahreseinkommen eines Bauhandwerksmeisters. Aber: Ein großer Teil (60%) der Ausgaben wurde wertbeständig in Goldschmuck angelegt und auch die teuren Kleider wurden nicht kurzfristig *verbraucht*[112]. Die Prunkgewänder der Oberschicht wurden oft über Generationen vererbt, sie stellen in Inventaren und Testamenten dauerhafte Wertgegenstände dar. Im Alltag haben dagegen reiche Kaufleute und Patrizier Kleider getragen, die in Stoffqualität und Preis als völlig durchschnittlich anzusprechen sind[113]: Kostenbelege zeigen, daß auch bei der Kleidung die

DER, Die reichsstädtische Haushaltung, S. 911f. U. DIRLMEIER, Untersuchungen, S. 344–349.

108 Bauhandwerkerlöhne nach K. Th. EHEBERG, Verfassungsgeschichte, S. 404f. Nr. 176 und 469 Nr. 232. Getreidepreise bei A. HANAUER, Études économiques, S. 92–94.

109 A. SCHULTE, Geschichte der großen Ravensburger Handelsgesellschaft, Bd. 3 (Deutsche Handelsakten des Mittelalters und der Neuzeit, 3), Stuttgart/Berlin 1923 (Neudruck Wiesbaden 1961), S. 26–33 Nr. 3. Die Chroniken der deutschen Städte, Augsburg Bd. 4, Leipzig 1894 (Neudruck Göttingen 1966), S. 81 und 297. F. BLAICH, Wirtschaft und Gesellschaft in der Reichsstadt Regensburg zur Zeit Albrecht Altdorfers, in: Schriftenreihe der Universität Regensburg, 5, Regensburg 1981, S. 83–102, hier S. 91.

110 Vgl. G. SCHIEDLAUSKY, Essen und Trinken. Tafelsitten bis zum Ausgang des Mittelalters (Bibliothek des Germanischen Nationalmuseums Nürnberg, 4), Nürnberg 1956, S. 37f.

111 Vielfach wird solcher Aufwand in der Forschung mit der Alltagsnorm gleichgesetzt. Vgl. z. B. P. SANDER, Die reichsstädtische Haushaltung, S. 34. F. SOLLEDER, München, S. 274. L. C. EISENBART, Kleiderordnungen der deutschen Städte zwischen 1350 und 1700 (Göttinger Bausteine zur Geschichtswissenschaft, 32), Göttingen 1962, S. 65f.

112 Das Tagebuch des Lucas Rem, S. 44–47.

113 Nachweise bei U. DIRLMEIER, Untersuchungen, S. 263ff.

Kaufkraft der Lohneinkommen nur sehr begrenzten Aufwand ermöglicht hat: Die Kleiderausgaben von Angestellten großer Handelsgesellschaften waren, ohne verschwenderisch zu sein, sicher nicht auf den Minimalbedarf beschränkt, das waren die Handlungsdiener ihrer Stellung schuldig. Nach Abrechnungen des 15. Jahrhunderts waren jährlich ungefähr 15 rhein. Gulden erforderlich[114]. Der gleiche Aufwand, entsprechend dem Topos vom allgemeinen spätmittelalterlichen Kleiderluxus auch für gelernte Bauhandwerker unterstellt, würde 30–55 % der obengenannten Jahreseinkommen kosten. Für Alleinstehende ist dieser Aufwand unwahrscheinlich, für Familien mit nur einem Verdiener ergäben sich Beträge, die rein rechnerisch ausgeschlossen sind. Für den gewiß nicht [86] luxusorientierten Kleiderbedarf, z. B. von Dienstboten, Webergesellen oder Waisenkindern, lassen sich jährliche Kosten bis ca. 4 rhein. Gulden für Einzelpersonen ermitteln[115]. In einem Familienhaushalt (4 Personen) mit Bauhandwerkereinkommen (unter 30 bis ca. 50 rhein. Gulden) mußten die Kleiderausgaben entweder noch bescheidener gehalten werden oder es mußte mehr als ein Familienmitglied verdienen.

Eine Häufung weiterer, ähnlicher Berechnungsbeispiele würde keine zusätzlichen Einsichten vermitteln und keineswegs zu statistisch abgesicherten Ergebnissen führen können. Dagegen belegen die leider nur ganz vereinzelt überlieferten, zeitgenössischen Angaben über die Höhe von Gesamtunterhaltskosten zusätzlich, mit welchen Unterschieden des Lebensstandards innerhalb der Stadtbevölkerung zu rechnen ist: Den Nürnberger Patrizier Anton Tucher kostete laut Rechnungsbuch (1507–1517) seine Haushaltsführung jährlich zwischen rund 700 und knapp 1300 rhein. Gulden. Der mehrfach erwähnte Augsburger Kaufmann und Chronist Burkard Zink verbrauchte nach eigenen Angaben in den Jahren 1441/44 für sich und seine Familie durchschnittlich 100 rhein. Gulden und erzielte dabei noch eine Sparquote von 50 % seines Einkommens. Ebenfalls mit 100 rhein. Gulden pro Jahr werden 1456 die Unterhaltskosten für ein Nürnberger Kaufleuteehepaar veranschlagt. Dagegen gewährt das Nürnberger Almosen zu Beginn des 16. Jahrhunderts einkommenslosen, kinderreichen Familien eine jährliche Unterstützung von ca. 17 rhein. Gulden, die wohl mit dem unabweisbaren Mindestbedarf gleichgesetzt werden darf[116]. Jahreseinkommen aus gelernter Bauarbeit (unter 30 bis ca. 50 rhein. Gulden) liegen zwar eindeutig über diesem Minimum, sie liegen aber ebenso eindeutig unter dem Betrag, den ein mittlerer Augsburger Kaufmann jährlich ausgeben konnte.

V. Schlußbemerkung

Bei der Frage nach den Lebensbedingungen des spätmittelalterlichen Städters sind, wie bei allen geschichtlichen Problemen, Pauschalurteile wenig nützlich. Nach den hier vorgestellten Belegen ist für das Dasein in spätmittelalterlichen Städten weder der allgegenwärtige Schmutz, noch der allgemeine Luxus kennzeichnend. Als charakteri-

---

114 A. SCHULTE, Geschichte, S. 334 (Abrechnung 1477–79).

115 U. DIRLMEIER, Untersuchungen, S. 280, 289, 290.

116 Anton Tuchers Haushaltsbuch, S. 15–48. Die Chroniken der deutschen Städte: Augsburg, Bd. 2, S. 134. E. MASCHKE, Der wirtschaftliche Aufstieg, S. 251 (zu Burkard Zink). W. G. NEUKAM, Ulrich Stark, S. 183. O. WINCKELMANN, Das Fürsorgewesen, Teil 2, S. 267.

stisch erscheint vielmehr, daß sich die innerstädtischen gesellschaftlichen Unterschiede nicht nur im ungleichen politischen Einfluß[117] oder in abstrakten Vermögensgrößen [87] ausdrücken: Sie werden auch an der Wohnqualität im weitesten Sinn, am Einkommen und an den Konsummöglickeiten ablesbar. Sicher wird es aufgrund der Quellenlage für das deutsche Mittelalter kaum je möglich sein, schichtbedingte Unterschiede und die längerfristige Entwicklung der Lebenshaltung so exakt zu erfassen, wie z. B. Vermögensgrößen oder Befunde zur Sozialtopographie. Aber auch unvollständige und manchmal unsichere Angaben zu den Lebensbedingungen haben den Vorzug Anschaulichkeit zu vermitteln.

---

117 E. MASCHKE, Verfassung und soziale Kräfte in der deutschen Stadt des späten Mittelalters, vornehmlich in Oberdeutschland, in: Vierteljahrschrift für Sozial- und Wirtschaftsgeschichte, 46 (1959), S. 289–349 und 433–476. Ferner P. EITEL, Die oberschwäbischen Reichsstädte im Zeitalter der Zunftherrschaft (Schriften zur südwestdeutschen Landeskunde, 8), Stuttgart 1970, bes. S. 77ff.

IV. Umweltforschung und Probleme der Inneren Urbanisierung

Historische Umweltforschung aus der Sicht der mittelalterlichen Geschichte[1]

Jede Zeit läßt sich von eigenen Problemen zu Fragen an die Vergangenheit anregen. Das ist, sofern Wissenschaftlichkeit bewahrt wird, völlig legitim und hat in der historischen Forschung eine lange Tradition. Die Beschäftigung mit dem Komplex „Umwelt" auch seitens der Mittelaltergeschichte muß also weder eigens begründet noch gerechtfertigt werden. Aber eine Richtigstellung ist notwendig: Entgegen oft und gern wiederholten Behauptungen hat die deutsche Geschichtswissenschaft nicht erst gegenwärtig entdeckt, daß es neben Herrschern und Staatsaktionen auch ganz andere und lohnende Themenbereiche gibt. Gewiß hat die politische Ereignisgeschichte lange und mit Erfolg die Führungsrolle für sich beansprucht, aber daneben gibt es auch die niemals vollständig abgerissene Beschäftigung mit Fragen, die heute den Schlagwörtern Umwelt und Alltag zugeordnet sind, aber früher schon Bestandteile der sogenannten Kulturgeschichte waren. Ich erinnere nur an die umfangreichen Arbeiten von Alwin Schultz, Moritz Heyne und Georg Steinhausen[2], die natürlich in mancherlei Hinsicht nicht mehr „modern" sind, aber trotzdem nicht einfach aus der Geschichte der Geschichtswissenschaft gestrichen werden dürfen. Es ist ferner in aller Kürze daran zu erinnern, daß in der neueren Mittelalterforschung die Bereiche Alltag und Umwelt, besonders die Geschichte des Waldes, spätestens seit den 1960er Jahren aufgegriffen wurden[3] als die Konjunktur dafür allenfalls im Anlaufen begriffen war.

Die gegenwärtige Beschäftigung mit den historischen Dimensionen des Komplexes „Umwelt" ist also kein angestrengtes Alibi gegen den Verdacht mangelnder Aktualität einer Wissenschaft im Elfenbeinturm, und sie ist erst recht keine alternative Geschichte. Umweltgeschichte richtig verstanden, ist ein Teil des Bemühens um eine vollständige Rekonstruktion von Daseinsbe[98]dingungen und ihren Veränderungen in gegebenen Zeiträumen. Dies freilich nicht als isolierter Selbstzweck, sondern mit dem Fernziel, einmal zu einer Geschichtsdarstellung zu kommen, in der die einzelnen Sektoren von der hohen Politik bis zum Alltag nicht weitgehend zusammenhanglos nebeneinander stehen. Die Aufgabe wird sein, tiefergreifend als das heute möglich ist,

1   Dem Beitrag liegt der Vortrag zugrunde, der auf der 14. Jahrestagung des Arbeitskreises für genetische Siedlungsforschung in Mitteleuropa (Würzburg, 23.–26. September 1987) gehalten wurde. Vergleiche dazu auch den Tagungsbericht von W. Janssen in diesem Bande (= Siedlungsforschung. Archäologie – Geschichte – Geographie 6 (1988), S. 269–279).

2   A. SCHULTZ, Das höfische Leben zur Zeit der Minnesinger, 2 Bde., 2. Aufl. Leipzig 1889. M. HEYNE, Fünf Bücher deutscher Hausaltertümer, 3 Bde., Leipzig 1899–1903. G. STEINHAUSEN, Geschichte der deutschen Kultur, 3. Aufl. Leipzig 1929.

3   Guter Forschungsüberblick bei R.-J. GLEITSMANN, Der Einfluß der Montanwirtschaft auf die Waldentwicklung Mitteleuropas, in: Der Anschnitt, Beih. 2, Bochum 1984, S. 24–39. Ferner D. LOHRMANN, Energieprobleme im Mittelalter, in: Vierteljahrschrift für Sozial- und Wirtschaftsgeschichte 60 (1979), S. 297–316, und ganz besonders L. SPORHAN – W. v. STROMER, Die Nadelholzsaat in den Nürnberger Reichswäldern zwischen 1469 und 1600, in: Zeitschrift für Agrargeschichte und Agrarsoziologie 17 (1969), S. 76–106.

nach den Wechselbeziehungen zwischen Herrschaft, Herrschaftsausübung und Daseinsbedingungen in allen Gruppen der Gesellschaft zu fragen.

Der Mittelalterforschung eröffnet sich bei der Beschäftigung mit Umweltfragen ein thematisch wie geographisch derart weites Feld, daß der Historiker schlecht beraten wäre, die Arbeit ganz für sich allein aufzunehmen, wenn irgendwo ein Sachzwang zur vielberufenen interdisziplinären Kooperation besteht, dann bei der historischen Umweltforschung. Der Geschichtsforscher ist und bleibt hier angewiesen auf die Ergebnisse eines breiten Spektrums von Nachbardisziplinen, von der Anthropologie bis zur Paläozoologie. Aus der Vielfalt der Erscheinungen und des Datenangebots trifft der Historiker allerdings eine begrenzte Auswahl: Als Humanwissenschaft beschäftigt sich die Geschichte in erster Linie mit den Auswirkungen der anthropogenen Umweltveränderungen auf die Daseinsbedingungen des Menschen. Das ist gewiß anthropozentrisch, aber für das Mittelalter wäre jeder andere Zugriff auf das Mensch-Umweltverhältnis ein Anachronismus.

Quellenlage, Fragestellungen und Ergebnismöglichkeiten der Mittelalterforschung zur Umweltthematik werden im folgenden überwiegend am Beispiel der Stadt erörtert. Die Geschichtswissenschaft verfügt hier, z. B. gegenüber der Archäologie, über den Vorteil, ansatzweise ermitteln zu können, welche Vorstellungen die Zeitgenossen selber über wünschbare äußere Lebensbedingungen gehabt haben. Angaben dazu findet man ab dem 13. Jahrhundert beispielsweise in der Fürstenspiegelliteratur, im 15. Jahrhundert in Handbüchern der Architektur und Ergänzendes in den vielfach idealisierenden Stadtbeschreibungen[4]. Natürlich enthalten diese qualifizierenden Quellen direkte Übernahmen aus antiken Autoren und zahlreiche Topoi. Trotzdem sind sie Zeugnisse für zeitgenössische Idealvorstellungen.

Den antiken Gewährsleuten folgend, aber mit durchaus eigenständigen erläuternden Beispielen, betonen auch die mittelalterlichen Autoren die Gesundheit als oberstes Kriterium für die Wahl einer Niederlassung. Als Indikator für die gesundheitlichen Qualitäten einer Gegend wird die Beobachtung der Einwohner empfohlen, bei denen das Auftreten oder Fehlen der verschiedensartigen Krankheitssymptome erkennbar sei[5]. Determiniert werden günstige oder schädliche Eigenschaften eines Wohnorts vor allem von den zwei [99] Faktoren Luft und Wasser. Wie Leon Battista Alberti (Mitte 15. Jahrhundert) meint, trägt eine möglichst reine Luft, die uns „hauptsächlich ernährt und erhält" wesentlich zur Gesundheit bei, und nach Konrad von Megenberg (Mitte 14. Jahrhundert) brauchen gesunde Menschen gute, reine Luft[6]. Dem folgen, mit vielen Wiederholungen, Einzelheiten zur Luftqualität und deren Veränderungen, wobei die antike Lehre von den vier Elementen sowie von der Krankheitsübertragung durch

---

4   Aegidii Romani De regimine principum libri III. ND der Ausgabe Rom 1607. Konrad von
      Megenberg, Ökonomik, hg. von S. KRÜGER, (MGH Staatsschriften des späteren Mittelalters Bd.
      3), Stuttgart 1973. Leon Battista Alberti, Zehn Bücher über die Baukunst, übs. von M. THEUER,
      Darmstadt 1975. Fratis Felicis Fabri tractatus de civitate Ulmensi, hg. von G. VEESENMEYER ,
      (Bibliothek des Literarischen Vereins Stuttgart 186) Tübingen 1889. A. WERMINGHOFF, Conrad
      Celtis und sein Buch über Nürnberg, Freiburg i. Br. 1921. K. VOIGT, Italienische Berichte aus
      dem spätmittelalterlichen Deutschland, (Kieler historische Studien 17), Stuttgart 1972. Alberti,
      Baukunst, wie Anm. 4, S. 33f.
5   Alberti, Baukunst, wie Anm. 4, S. 33f.
6   Alberti, Baukunst, wie Anm. 4, S. 23. Konrad von Megenberg, wie Anm. 4, S. 242.

die Luft maßgeblich ist[7]. Nordwind ist demnach gesünder als Südwind, aber schlimmer als jeder Wind ist stehende Luft, von Nebel und üblen Dünsten „vergiftet". Deswegen wird in immer neuen Varianten vor der Nachbarschaft luftverderbender Sümpfe gewarnt, wobei aber realistisch durchaus auch die Mückenplage erwähnt wird[8]. Zumindest theoretisch ist der Mensch gegen solche Gesundheitsgefährdungen, im Gegensatz zu denen durch das Klima generell, nicht ganz wehrlos. Alberti erwähnt die Beseitigung von „Luftfehlern" durch Eindeichungen und Trockenlegen von Sümpfen, bezeichnenderweise stammen die praktischen Beispiele aber alle aus der Antike, nicht aus der eigenen Zeit[9].

Auch die Qualität des Trinkwassers als nach der Luft zweitwichtigster Voraussetzung eines gesunden Lebens muß geprüft werden. Maßgeblich ist die Herkunft; Wasser aus Sümpfen und stehenden Gewässern scheidet für den Menschen natürlich aus, aber auch Wasser aus dem Erdinnern, Quellwasser also, kann nach zeitgenössischer Auffassung durch Mineralien oder Metalle vergiftet sein. Als Untersuchungsmethoden empfohlen werden die Kontrolle von Geschmack, Geruch, Aussehen, eine Fleckenprobe auf weißem Stoff, eine Probe auf Rückstände bei Verdampfen des Wassers und schließlich, wie bei der Luft, die Beobachtung der Einwohner, besonders auf Nieren- und Eingeweideschäden[10].

Um diesen Überblick in aller Kürze abzuschließen: Nach Ansicht der mittelalterlichen Autoren und ihrer antiken Gewährsleute gehören zu den weiteren Voraussetzungen eines dem Menschen zuträglichen Daseins auf dem Land wie in der Stadt lichte, luftige, geräumige Häuser mit lärmgeschützten Schlafzimmern und eigenem Brunnen. Besonders hervorgehoben wird auch die Notwendigkeit eines Gartens, der „das Gemüt erheitert und die Gesundheit bewahrt"[11]. Vor der Nachbarschaft dichter Wälder wird dagegen wegen ihrer angeblich luftverderbenden Eigenschaften ausdrücklich gewarnt. Entsprechend lobt Alberti das Ausroden dichter Waldungen und teilt ein Rezept mit für die Vernichtung von Baumbeständen zu Bauzwecken[12]. Unverzichtbarer Bestandteil eines angenehmen Lebens ist auch die Sicherstellung einer [100] guten Ernährung, zu der ausdrücklich bestes Brot und unverfälschter Wein gezählt werden[13]. Insgesamt zeichnet es nach Alberti die ideale Stadt aus, daß hier die Einwohner ein friedliches, sorgenloses und von Beunruhigung freies Leben führen, während nach Konrad von Megenberg kein Bauer aufs Land zurückkehrt, wenn er erst einmal die *urbanitas* kennengelernt hat[14].

---

7   T.M. NISCHIK, Das volkssprachliche Naturbuch im späten Mittelalter, (Hermaea. Germanistische Forschungen NF 8), Tübingen 1986, S. 341. Zur Lehre von der Krankheitsübertragung durch die Luft vgl. L. F. HIRST, The conquest of plague. A Study of the evolution of Epidemiology, Oxford 1953, S. 35–40.

8   Alberti, Baukunst, wie Anm. 4, S. 26 u. 243. Aegidius Romanus, wie Anm. 4, S. 355.

9   Alberti, Baukunst, wie Anm. 4, S. 529f.

10   Alberti, Baukunst, wie Anm. 4, S. 30–32. Konrad von Megenberg, wie Anm. 4, S. 343.

11   Alberti, Baukunst, wie Anm. 4, S. 57. Konrad von Megenberg, wie Anm. 4, S. 244.

12   Alberti, Baukunst, wie Anm. 4, S. 263 u. 596.

13   Leon Battista Alberti, Vom Hauswesen (Della famiglia) übs. von W. KRAUS, Zürich, Stuttgart 1962, S. 244 u. 248.

14   Alberti, Baukunst, wie Anm. 4. S. 180. Konrad von Megenberg, wie Anm. 4, S. 281. Alberti, Hauswesen, wie Anm. 13, S. 259f. gibt dagegen dem Landleben den Vorzug.

Glaubt man spätmittelalterlichen Stadtbeschreibungen, dann hätten zumindest manche deutsche Reichsstädte diesen Idealvorstellungen in vielem entsprochen: Sauberkeit, reine Luft, reichliches Wasser, Blumenschmuck, städtisches Grün und sichere Nahrungsversorgung werden ausdrücklich hervorgehoben[15] Die mittelalterliche Stadt also ein *locus amoenus,* ein Ort glücklichen Daseins für Menschen in einer freundlichen Umwelt? Das wäre gewiß ein sehr überraschendes Ergebnis, aber auch die vorangehend bewußt in einseitiger Auswahl ausgewerteten Autoren haben gesehen, daß die Wirklichkeit anders aussehen konnte[16]. Einleitend ist es auch nur auf den Nachweis angekommen, daß im Mittelalter über Zusammenhänge zwischen Lebensbedingungen, Gesundheit und Umwelt reflektiert worden ist, und daß man in diesem Zusammenhang das Recht auf Eingriffe des Menschen in die naturgegebenen Verhältnisse beansprucht hat.

Unter dem Aspekt aktiver und passiver Umweltbeeinflussung werden folgende Bereiche in unterschiedlicher Ausführlichkeit behandelt:

I.   Wohnen und gewerbliches Wirtschaften auf engem Raum, mit einem Kurzexkurs zum Bergbau- und Hüttenwesen.
II.   Abfälle und Wasserverbrauch von Privathaushalten.
III.   Gesundheit und Lebensmistelversorgung.
IV.   Zum Naturverständnis der Zeit.

Die Geschichtswissenschaft verfügt zu diesen Fragestellungen über qualifizierende Schriftquellen, die, wie einleitend bereits gezeigt wurde, Rückschlüsse erlauben auf Wunschvorstellungen und Kenntnisse der Menschen beim Umgang mit ihrer Umwelt. Dazu kommt der große Bestand normativer Quellen, der die Ordnungsprinzipien der Zeit erkennen läßt, und schließlich erlauben Ratsprotokolle, Gerichtsentscheidungen und vor allem Abrechnungen punktuell auch den Zugriff auf tatsächlich bestehende Verhältnisse. Problematisch bleiben die flächendeckende Erfassung, auch innerhalb des beschränkten Raums einer Stadt, und ganz besonders jede Art von Quantifizierung. Hier werden Ergänzungen durch Nachbarwissenschaften unentbehrlich, aber deren Befunde können nicht der Gegenstand dieses Beitrags sein.

[101] I.

Innerstädtisches Wohnen und gewerbliches Wirtschaften werden zum umweltrelevanten Problemkreis vor allem durch die räumliche Enge der mittelalterlichen Stadt. Vorweg ist zu bedenken, daß diese vielfach als typisches Unterscheidungsmerkmal gegenüber der weiträumigen antiken Stadt angesprochene Beschränkung nicht freiwillig war. Sie wurde erzwungen durch die Wehrfunktion der Stadt, die seit dem Ende der Pax Romana im 3. Jahrhundert n. Chr. ohne den Schutz eines Mauerrings nicht auskommen konnte[17] – eine Tatsache, die die Entwicklung vieler Städte bis in die neuere Zeit nachhaltig mitgeprägt hat. Innerhalb des verfügbaren Stadtareals waren nun Ge-

---

15   Felix Faber, wie Anm. 4, S. 48–51. WERMINGHOFF, Celtis, wie Anm. 4, S. 142 u. 148. VOIGT, wie Anm. 4, S. 107, 125, 155.

16   Alberti, Baukunst, wie Anm. 4, S. 212 über den Gestank in Siena.

17   E. ENNEN, Die europäische Stadt des Mittelalters, 4. Aufl., Göttingen 1987, S. 35–38 u. S. 103f.

werbe unterzubringen, die durch Lärm, Feuer, Rauch und besonders durch Geruchsbelästigungen ihre Umgebung ganz erheblich beeinträchtigen konnten. Dazu gehörten
die Metallgewerbe, voran die Schmiede, die Bäcker, Brauer, Töpfer, Tuchfärber und
Walker sowie selbstverständlich das geruchs- und abfallintensive Gerberhandwerk.

Daß hier nicht einfach moderne Empfindlichkeiten auf die Vergangenheit übertragen werden, beweisen zunächst die zahlreich überlieferten Nachbarschaftsstreitigkei-
ten wegen gewerblicher Immissionen. Zwei Beispiele aus dem Süden und Norden: In
Zürich prozessierten im 15. Jahrhundert Anwohner gegen einen Färber, weil sie durch
den Gestank und Rauch seines Kessels in ihren Häusern schwer belästigt würden.
Ganz ähnlich verklagten Lübecker einen Seifensieder, der durch übergroßen Gestank
die benachbarten Bierbrauer schädige[18]. Solche Auseinandersetzungen, das sei vorweg
erwähnt, sind noch häufiger im Zusammenhang mit Abwasser- und Fäkalienbeseitigung belegt. Sie deuten darauf hin, daß die Städter aufgrund fehlender Distanz in
einem engen Wohnumfeld permanent Anpassungszwängen ausgesetzt waren, die
durchaus zur verbreiteten Gewalttätigkeit beigetragen haben können[19].

Daß die negativen Folgen innerstädtischer Gewerbebetriebe auf die Lebensbedingungen der Bevölkerung zeitgenössisch als Problem erkannt wurden, wird in vollem
Umfang durch die Tatsache bestätigt, daß die Stadtobrigkeiten nicht nur Streitfälle der
eben erwähnten Art einzeln entschieden haben. Überliefert sind teilweise schon sehr
früh[20] und ab dem 14. Jahrhundert in rasch wachsender Zahl die Versuche der Städte,
durch Rahmenordnungen zum Feuerschutz, zur Luftreinhaltung und zur zeitlichen Beschränkung störenden Lärms die negativen immissionsintensiven Gewerbe einzuschränken und Regeln für die Abfallbeseitigung aufzustellen. Besonders deutlich
greifbar wird die Absicht, aus Sicherheitsgründen und zur Reinhaltung der Luft, also
[102] auch mit Rücksicht auf die Wohnqualität, bestimmte Gewerbe örtlich zu konzentrieren. So wurden in Bern schon 1314 nach dem ausdrücklichen Vorbild anderer
Städte den Gerbern Wohnplätze am Austritt des Stadtbachs aus der Stadtmauer zugewiesen. In Rothenburg o. d. T. und Frankfurt wurden dem lauten Büttnerhandwerk
Niederlassungsbeschränkungen auferlegt und in Basel wurden 1417 nach einem Stadtbrand Bäcker, Töpfer, Glockengießer in die Vorstädte verwiesen[21]. Auch in Nürnberg

---

18   Die Zürcher Stadtbücher des XIV. und XV. Jahrhunderts, hg. von H. ZELLER-WERDMÜLLER, Bd.
      2, Leipzig 1901, S. 409f nr. 252. Lübecker Ratsurteile, hg. von W. EBEL, Bd 1, Göttingen 1955,
      S. 141 Nr. 211 (1478).
19   W. HARTUNG, Gesellschaftliche Randgruppen im Spätmittelalter, in: Stadt in der Geschichte Bd.
      13, Sigmaringen 1986, S. 49–114, hier S. 55.
20   Straßburger Stadtrecht des 12. Jhs. mit Vorschriften über die Ablagerung von Abfällen, in: F.
      KEUTGEN, Urkunden zur städtischen Verfassungsgeschichte, Berlin 1901 (ND 1965) S 93–102
      Nr. 126 (c. 82, S. 99).
21   Die Rechtsquellen des Kantons Bern, Erster Teil: Stadtrechte, (Sammlung Schweizerischer
      Rechtsquellen, II. Abt.), 2. Aufl. Aarau 1971, S. 349 Nr. 264. L. SCHNURRER, Die Stadter-
      weiterungen in Rothenburg ob der Tauber, in: Stadterweiterung und Vorstadt, hg. v. E. MASCHKE
      u. J. SYDOW, (Veröffentlichungen der Kommission für geschichtliche Landeskunde in Baden-
      Württemberg B 51), Stuttgart 1969, S. 59–79. hier S. 76. K. BÜCHER, Die Bevölkerung von
      Frankfurt am Main, Tübingen 1886, S. 301. Satzungsbücher und Satzungen der Reichsstadt
      Nürnberg aus dem 14. Jh., bearb. von W. SCHULTHEISS, Nürnberg 1965, S. 133. P. KÖLNER,
      Anno Dazumal. Ein Basler Heimatbuch, Basel 1929, S. 80.

war wegen der Rauchbelästigung das Brennen von Tongeschirr nur außerhalb der Stadt erlaubt. In diesen Fällen wäre also zur Entlastung der Innenstadt ein erheblicher Sicherheitsverlust für die Betroffenen in Kauf genommen worden, die sich außerhalb der schützenden Mauern niederlassen mußten.

Allerdings ist gerade hier zu fragen, ob und wie weit die Ordnungsvorstellungen verwirklicht worden sind. Die Befehlsgewalt auch noch der spätmittelalterlichen Stadtobrigkeiten war von absolutistischer Machtfülle weit entfernt, und angesichts der Interessenkonflikte bei einer eventuellen Verlagerung ganzer Handwerke wird man gut daran tun, bei der Suche nach tatsächlichen raumordnenden Maßnahmen keine zu hohen Erwartungsmaßstäbe anzulegen[22]. Die Quartierbildung und bewußte Konzentration eines Handwerks kann auch dann vorliegen, wenn nicht sämtliche Berufsausübende der betreffenden Sparte erfaßt wurden. Für eine Reihe von Gewerbekonzentrationen und -absonderungen läßt sich nachweisen, daß sie nicht spontan und standortbedingt, sondern aufgrund planerischer Maßnahmen entstanden sind: So sind in Bern Ende des 15. Jahrhunderts 60 % der Gerber tatsächlich in dem schon 1314 für sie ausgewiesenen Gebiet ansässig. In Würzburg wurde schon Ende des 13. Jahrhunderts vom Stadtherrn eine eigene Bäckergasse angelegt, und das 1424/26 verhängte Gewerbeverbot gegen Hafner in der Innenstadt wurde durch Übersiedlung in die Vorstadt Pleichach vollzogen. Auch in Siegen mußten nach der Mitte des 16. Jahrhunderts die Gerber zusammen mit anderen immissionsintensiven Handwerken in eine besondere Gasse am Fuß der Altstadt einziehen[23]. Ich übergehe hier die bekannten Quartierbildungen vor allem von Gerbern[24], bei denen oft unklar bleibt, wie groß der Einfluß planerischer Maßnahmen zu veranschlagen ist. Das Grundprinzip wurde ja be[103]reits deutlich: Ohne die nach heutiger Terminologie umweltschädlichen Einflüsse bestimmter Gewerbe zu verringern – sieht man von Lärmschutzvorschriften einmal ab – wurden die Standorte im Interesse der innerstädtischen Lebensqualität zumindest tendenziell konzentriert, und zwar möglichst in Randlage. Die dabei entstehenden Wohn-Gewerbegebiete haben primär mit sozialer Ausgrenzung wenig zu tun. Man bemühte sich, die Ansiedlung der Berner Gerber am Ausfluß des Stadtbachs veranschaulicht dies, die unerwünschten Nebenfolgen eigener Gewerbe möglichst in das Umland zu exportieren. Ob und in welchem Umfang dabei Schäden angerichtet wurden, kann von der Geschichtswissenschaft kaum näher präzisiert werden.

Das Konzept einer Entschärfung anthropogener Umweltprobleme in der Stadt nicht durch Beschränkung von Gewerben oder Immissionen, sondern durch eine funktionale Trennung, läßt sich auch im theoretisierenden Schrifttum der Zeit nachweisen. Nach Alberti erhöht die Standortkonzentration von Berufen die Annehmlichkeit einer Stadt: Geldwechsler, Maler, Goldschmiede im Zentrum, dann Gewürzhändler, Schnei-

---

22   J. CRAMER, Zur Frage der Gewerbegassen in der Stadt am Ausgang des Mittelalters, in: Die alte Stadt 11 (1984), S. 81–111, hier S. 87, 96, 104f. (mit m. E. zu hohen Ansprüchen an die Vollständigkeit von Gewerbekonzentrationen).

23   F. de CAPITANI, Adel, Bürger und Zünfte im Bern des 15. Jahrhunderts, (Schriften der Berner Burgerbibliothek), Bern 1982, S. 25. W. SCHICH, Würzburg im Mittelalter, (Städteforschung A 3), Köln. Wien 1977, S. 5. J. CRAMER, Gerberhaus und Gerberviertel in der mittelalterlichen Stadt (Studien zur Bauforschung 12), Bonn 1981, S. 75.

24   J. CRAMER, Gewerbegassen, wie Anm. 22, S. 102. DERS. Gerberhaus, wie Anm. 23, S. 65ff.

der und andere ruhige Berufe, am äußersten Ende die niederen, unreinen Gewerbe. Speziell die Lohgerber sind nördlich der Stadt anzusiedeln, weil von Norden selten Wind weht. Doch fehlt auch nicht der Hinweis auf das Dilemma, daß manche lieber überall alle Geschäfte präsent sehen wollen[25] Auch in Idealplänen des 16. Jahrhunderts für Festungsstädte werden unter dem Gesichtspunkt der Luftreinhaltung bestimmte Standorte am Nord- und Ostrand angeordnet[26] Dieses Prinzip ist bekanntlich in Industriestädten des 19. Jahrhunderts angewendet worden und hat zur Entstehung der vornehmen Westendviertel als bevorzugte Wohngebiete geführt.

Unter dem eben angesprochenen Aspekt des Exports städtischer Umweltbelastungen liegt es nahe, einen Blick auf Auswirkungen von Bergbau und Hüttenwesen zu werfen: Die Metallgewinnung wurde ja vielfach mit Kapital aus den Städten und für den Bedarf städtischer Gewerbe betrieben[27]. Negative Folgen haben auch die Zeitgenossen gesehen: Gestützt auf antike Autoren, erörtert Mitte des 16. Jahrhunderts Georg Agricola die Bergbauschäden wie Verwüstung von Feldern, Abholzung von Wäldern und die Vergiftung eßbarer Fische (ausdrücklich so!) durch giftige Abwässer in Flüssen und Bächen. Agricola weist aber alle Vorwürfe zurück, weil die Gewinne den angerichteten Schaden bei weitem überträfen. Immerhin erwähnt er in ganz anderem Zusammenhang und beiläufig, daß die Müglitz bei Altenburg (südlich von Leipzig) immer rötlich gefärbt sei, wenn Zinnerz gepocht werde. Er muß auch zugeben, daß die Herzöge von Sachsen Schutzmaßnahmen gegen die Vergiftung von Feldern und Vieh in der Nähe von Hüttenwerken fordern[28]. Dazu [104] paßt eine Klage des Eisfelder Rates 1512 gegen eine, übrigens von Nürnbergern errichtete, Saigerhütte nahe der Stadt: Unflat, Schlacken, Gift und Hüttenrauch vergifteten die Umgebung, Menschen und Vieh seien schon daran gestorben[29]. Derartige Beispiele ließen sich erheblich vermehren, vor allem aber sind ansatzweise auch quantitative Angaben möglich: So wurden in Idria im 16. Jahrhundert jährlich rund 1000 Zentner des hochgiftigen Schwermetalls Quecksilber gewonnen, das auch als Handelsware großer Firmen in erheblichen Mengen nachweisbar ist. Auch der Verbrauch von Blei bei bestimmten Hüttenprozessen ist bekannt: Gegen Ende des 15. und in der ersten Hälfte des 16. Jahrhunderts wurden in den Saigerhütten am Thüringerwald, in Kuttenberg und in der mittleren Slowakei jährlich bis zu 22000 Zentner Blei bei der Trennung von Kupfer

---

25 Alberti, Baukunst, wie Anm, 4, S. 346.

26 K. KRÜGER, Albrecht Dürer, Daniel Speckle und die Anfänge frühmoderner Stadtplanung in Deutschland, in: Mitteilungen des Vereins für Geschichte der Stadt Nürnberg 67 (1980), S. 79–97, hier S. 81, 87, 89.

27 Vgl. dazu R. SPRANDEL, Zur Geschichte der Eisenerzeugung im Spätmittelalter, in: Der Anschnitt, Beih. 2, Bochum 1984, S. 74–76 und W. v. STROMER, Wassernot und Wasserkünste im Bergbau des Mittelalters und der frühen Neuzeit, ebenda, S. 50–73.

28 Georg Agricola, Zwölf Bücher vom Berg- und Hüttenwesen, übs. von C. SCHIFFNER u.a., Düsseldorf 1961, S. 6, 12, 21, 276. Vgl. auch F. FÜHR, B. SCHEELE, G. KLOSTER, Belastung des Bodens durch lufteingetragene Schadstoffe und das Schicksal organischer Verbindungen im Boden, in: Rheinisch-Westfälische Akademie der Wissenschaften, Vorträge N 346, 1986, S. 35–50, hier S. 36f.

29 J. AHLBORN, Die Familie Landauer, (Nürnberger Forschungen 11), 1969, S. 84f. Zu Saigerhütten und Waldschäden zahlreiche weitere Nachweise bei E. WESTERMANN, Kupferproduktion, -markt und -handel Europas im 15./16. Jahrhundert, Köln, Wien 1971.

und Silber eingesetzt. Davon gingen 15 bis 25% beim Produktionsprozeß verloren, es gelangten im Mittelwert also pro Jahr bis zu 4400 Tonnen Blei durch Verdampfen oder mit der Schlacke in die Umwelt[30]. Das ist im Vergleich zur Gegenwart sicher nicht viel, aber es macht verständlich, warum die im grönländischen Inlandeis gespeicherten Werte zur Bleibelastung am Ende des Mittelalters allmählich ansteigen, bevor sie dann, nach einer kontinuierlichen Zunahme in der frühen Neuzeit, um 1950 steil in die Höhe schnellen[31].

Für die Zeitgenossen am auffälligsten waren sicherlich die Folgen des Bergwerks- und Hüttenbetriebs für die Wälder. Dazu liegen neuere Forschungsergebnisse vor, die mitteleuropäische Waldverluste eindeutig nachweisen[32]. Dazu nur zwei ergänzende Bemerkungen: 1.) Man wird sich hüten müssen, die seit dem hohen Mittelalter überlieferten Klagen über Waldschäden und Forderungen nach Schutzmaßnahmen in jedem Fall ganz wörtlich zu nehmen. Vor allem dürfen sie nicht als Ausdruck eines, modern gesprochen, geschärften Umweltbewußtseins gewertet werden. Dahinter stehen vielfach herrschaftlich-wirtschaftliche Interessen, vor allem der Ausschluß konkurrierender Waldnutzungen[33]. 2.) Besonders frühzeitig und systematisch haben offenbar die Städte eigenen Waldbesitz geschützt und gepflegt. Schon Mitte des 14. Jahrhunderts erwähnt Konrad von Megenberg die beaufsichtigten For[105]ste der süddeutschen Reichsstädte, besondere Schutz- und Pflegemaßnahmen kennt man beispielsweise aus Zürich und vor allem aus Nürnberg. In dieser Stadt war im 15. Jahrhundert sogar die Verwendung von frischem Eichenlaub als Schmuck unter Strafe gestellt[34].

II.

Die wichtigste innerstädtische Maßnahme zur Beseitigung bzw. Zwischenlagerung der menschlichen Fäkalien und anderer organischer wie anorganischer Abfälle aller Art war die Anlage von Kloaken (Abortgruben). Sie sind inzwischen von der Mittelalterarchäologie hundertfach nachgewiesen und als wichtige Zeugen für das Alltagsleben ausgewertet worden: Von Lübeck im Norden, über Braunschweig, Lüneburg, Göttingen, Duisburg, Neuss bis nach Freiburg und Zürich im Süden. Dabei begegnen die unterschiedlichsten Bauformen von einfachen Faßgruben bis zu sorgfältig

---

30   D. MOLENDA, Der polnische Bleibergbau und seine Bedeutung für den europäischen Bleimarkt vom 12. bis 17. Jahrhundert, in: Der Anschnitt, Beih. 2, Bochum 1984, S. 187–198, hier S. 190, und H. VALENTINITSCH, Quecksilberbergbau, -verhüttung und -handel in der frühen Neuzeit, ebenda, S. 199–204, hier S. 200. Das Medersche Handelsbuch, hg. von H. KELLENBENZ, (Deutsche Handelsakten des Mittelalters und der Neuzeit 15), Wiesbaden 1974, S. 43. K.O. MÜLLER, Welthandelsbräuche, ebenda 5, Wiesbaden 1962, S. 89.

31   F. J. DREYHAUPT, Tendenzen der Emissionsentwicklung aus stationären Quellen der Luftverunreinigung, in: Vorträge N 346 (wie Anm. 28), S. 65–93, hier S. 67.

32   D. LOHRMANN und R. J. GLEITSMANN, wie Anm. 3, mit zahlreichen weiteren Literaturhinweisen.

33   Konrad von Megenberg, wie Anm. 4, S. 179f

34   L. SPORHAN, W. v. STROMER, wie Anm. 3. Konrad von Megenberg, wie Anm. 4, S. 179f. Die Zürcher Stadtbücher Bd. 2, wie Anm. 18, S. 340 Nr. 143 (1422). Endres Tuchers Baumeisterbuch der Stadt Nürnberg, hg. von M. LEXER, (Bibliothek des Literarischen Vereins Stuttgart 64), Tübingen 1862 (ND 1968), S. 89f. mit Bericht über Waldschäden.

ausgemauerten Anlagen[35]. Die Mittelalterforschung kann aus der Schriftüberlieferung einige Ergänzungen zum Betrieb dieser Anlagen liefern. Da sind zunächst die bereits erwähnten zahlreichen Nachbarschaftsklagen, wobei es meist um Geruchsbelästigung, seltener um Bauschäden geht: Durch Schweinehaltung und *privet* eines benachbarten Bäckers würden sie in ihren Häusern *gestenckert,* behaupten Lübecker im Jahr 1483. Ratsurteile in solchen Konflikten belegen die Existenz von Bauvorschriften, wenn es etwa in Lübeck heißt, ein *privet* müsse wie üblich gemauert und mit Ziegeln gedeckt werden. Ähnliche Nachweise gibt es auch aus südddeutschen Städten[36]. Zum anderen wird aus den Ratsurteilen ersichtlich, daß ein striktes Verursacherprinzip angelegt wurde. Solange nicht ein Nachbar selber zu nah an eine bereits vorhandene Anlage gebaut hatte, war der jeweilige Besitzer verpflichtet, anliegende Häuser vor Geruchsbelästigungen zu schützen[37]. Überhaupt war die Beseitigung der häuslichen Abfälle in der mittelalterlichen Stadt noch weitgehend Privatsache. Die Stadt [106] übte ganz überwiegend nur Ordnungsfunktionen aus, eine öffentliche Infrastruktur zur Fäkalienbeseitigung gab es nur vereinzelt durch kanalähnliche Systeme, beispielsweise in Nürnberg, Basel und Ulm[38]. Immerhin haben sich die Städte im Rahmen ihrer Aufsichtstätigkeit entschieden gegen ungeregelte Entsorgung gewendet, gerade bei Fäkalien. So mußte ein Hamburger 1387 Buße zahlen, *pro eo, quod non amovit canale, per quod transivit urina super plateam.* Auch in Lübeck gab es Ratsurteile gegen Hausbewohner, die ihre *unrenicheid* vor die Tür auf die Straße schütteten, und ähnliche Belege ließen sich in Fülle beibringen[39]. Unsere Schriftquellen erlauben es nicht zu ermitteln, wie viele Häuser einer Stadt durch Kloakenanschluß entsorgt wurden. Das angeblich typisch mittelalterliche Auskippen der Exkremente war aber keinesfalls die Regel, auch wenn es hier und da vorgekommen ist[40].

Ich habe oben von der Zwischenlagerung der Abfälle in Kloaken gesprochen. Gewiß sind solche Gruben nach der Erschöpfung ihrer Kapazität manchmal einfach abgedeckt und sich selber überlassen worden. Zahlreiche normative Quellen und auch

---

35 A. FALK, Archäologische Erkenntnisse zu Wirtschafts- und Alltagsleben, in: Archäologie in Lübeck, (Hefte zur Kunst- und Kulturgeschichte der Hansestadt Lübeck 3), 1980, S. 94–97. H.-G. STEPHAN, Archäologische Stadtforschung in Niedersachsen, Ostwestfalen, Hamburg und Bremen, in: Stadt im Wandel Bd. 3, Stuttgart 1985, S. 29–79, hier bes. S. 39 u. 43. G. KRAUSE, Ausgrabungen im mittelalterlichen Duisburg in den Jahren 1983/84, in: Ausgrabungen im Rheinland 83/84, Bonn 1985, S. 188–196, hier bes. S. 194f. P. SCHMIDT-THOMÉ, Die Abortgrube des Klosters der Augustinereremiten in Freiburg, in: Archäologische Ausgrabungen in Baden-Württemberg 1983, Stuttgart 1984, S. 240–244. J. SCHNEIDER, u.a., Der Münsterhof in Zürich, 2 Bde., (Schweizer Beiträge zur Kulturgeschichte und Archäologie des Mittelalters Bd. 9 u. 10), Ölten, Freiburg 1982, Bd. 1, S. 123–131, Bd. 2, S. 282f.

36 Lübecker Ratsurteile, wie Anm. 18, S. 198 Nr. 308 u. S. 226 Nr. 358. Nachweise für Süddeutschland bei: U. DIRLMEIER, Die kommunalpolitischen Zuständigkeiten und Leistungen süddeutscher Städte im Spätmittelalter, in: Stadt in der Geschichte 8, Sigmaringen 1981, S. 113–150, hier S. 122f.

37 Lübecker Ratsurteile, wie Anm. 18, S. 69 Nr. 101, 86 Nr. 128, 198 Nr. 308.

38 DIRLMEIER, Kommunalpolitische Zuständigkeiten, wie Anm. 36, S. 139–141.

39 K. KOPPMANN (Hg.), Hamburger Stadtrechnungen Bd. 1, Hamburg 1869, S. 446. Lübecker Ratsurteile, wie Anm. 18, S. 65 Nr. 92.

40 Alberti, Baukunst, wie Anm. 4, S. 212, berichtet ausdrücklich vom Ausschütten der Nachtgefäße auf die Straßen in Siena.

Abrechnungen bestätigen aber, daß Kloaken vielfach, wenn auch im Abstand von Jahren und Jahrzehnten, „gereinigt" oder „gefegt", d. h. ausgeleert wurden. Das geschah mit Rücksicht auf die Geruchsbelästigung bei Nacht und ganz überwiegend in den kälteren Monaten des Jahres. Zuständig dafür war entweder der Henker oder ein eigener Berufsstand der Kloakenreiniger, der in der städtischen Überlieferung vielfach nachweisbar ist[41]. Für den weiteren Verbleib des Grubenaushubs gab es zwei Möglichkeiten: Die Verwendung als Dünger oder das Abkippen in einen Wasserlauf. Die Hamburger Stadtrechnungen, in denen regelmäßig ein *cloacarius* notiert ist, teilen leider nicht mit, was mit dem Kloakeninhalt geschehen ist. Für süddeutsche Städte wie Augsburg, Frankfurt, Nürnberg steht fest, daß der Aushub in Flußläufe geschüttet worden ist. Für Köln dagegen sind beide Entsorgungsarten greifbar: Hermann Weinsberg erwähnt für die zweite Hälfte des 16. Jahrhunderts sowohl den Abtransport zum Rhein wie auch die Verwertung als Dünger. Wegen des umständlichen Verfahrens – Weinsberg erwähnt eine notwendige Verrottungszeit von 10 bis 12 Jahren – werden sicher viele den bequemeren Weg zum Wasser vorgezogen haben[42]. Wieweit damit Schäden in den Flußläufen angerichtet wurden, ist kaum zu ermitteln. Wenn aber in Basel 1530 nach einem Birsig-Hochwasser 20000 Karren voll angeschwemmten Schlamm und Dreck *(grien)* in den Rhein gekippt wurden, wird man eine zeitweise Beeinträchtigung der Fauna nicht ausschließen können[43]. Bei dem Kloakenaushub hat es sich aber jeweils nur um wenige Kubikmeter [107] gehandelt und bei Gewässern mit ausreichender Wasserführung scheint die Selbstreinigungskapazität nicht überschritten worden zu sein. Jedenfalls ist für den Rhein eine gute Wasserqualität bis in die frühe Neuzeit belegt und im Spätmittelalter konnten selbst in Stadtgräben noch Forellen gehalten werden[44].

Der von der Mittelalterarchäologie beobachtete Scherbenschleier auf stadtnahen Feldern[45] kann nach dem Befund der Schriftquellen kaum ausschließlich auf die Düngung mit Grubenaushub zurückgeführt werden. Viel häufiger wird über die entsprechende Verwertung anderer Abfälle berichtet: Alles, was bei der Straßenreinigung – im Spätmittelalter zunehmend belegt – angefallen ist, wurde an besonderen Stellen außerhalb der Stadt deponiert und dann auf die Felder gebracht. Erwähnt werden Kehricht, Schlamm, Mist und, in Köln, auch Schlacken und Abfälle der Schmiede[46]. Vor allem der Straßenkehricht mag auch ein Lieferant zahlreicher Scherben gewesen sein. Ob und gebenenfalls welche negativen Folgen dieser frühe städtische Müllexport gehabt hat, kann von der Mittelalterforschung nicht nachgewiesen werden.

41   DIRLMEIER, Kommunalpolitische Leistungen, wie Anm. 36, S. 124f. u. S. 141.
42   Das Buch Weinsberg. Kölner Denkwürdigkeiten aus dem 16. Jahrhundert, Bd. 5, bearb. v. J. STEIN, Bonn 1926, S. 323f. Endres Tuchers Baumeisterbuch, wie Anm. 34, S. 254. F. IRSIGLER – A. LASSOTTA, Bettler und Gaukler, Dirnen und Henker, Köln 1984, S. 274.
43   Basler Chroniken Bd. 6, bearb. v. A. BERNOULLI, Leipzig 1902, S. 135.
44   IRSIGLER – LASSOTTA, wie Anm. 42, S. 105. Die Chroniken der deutschen Städte, Augsburg Bd. 5, Leipzig 1896 (ND 1966), S. 133 (1520).
45   G. FEHRING, Methoden, Möglichkeiten und Grenzen der Archäologie des Mittelalters, in: Blätter für deutsche Landesgeschichte 122 (1986), S. 193–205.
46   Endres Tuchers Baumeisterbuch, wie Anm. 34, S. 254. Das Buch Weinsberg, Bd. 4, bearb. v. F. LAU, Bonn 1898, S. 263f. DIRLMEIER, Kommunalpolitische Leistungen, wie Anm. 36, S. 144.

So wie die jährliche Abfallmenge – in welcher Form auch immer – einer mittelalterlichen Stadt nicht beziffert werden kann, so entzieht sich auch der exakte Bedarf an Brauch- und Trinkwasser unserer Kenntnis. Zumindest in den Haushalten der Oberschicht kann der Wasserverbrauch aber nicht ganz unerheblich gewesen sein, denn hier ist das wöchentliche Bad genauso wie die regelmäßige große Wäsche in den Quellen bezeugt[47] Mit an Sicherheit grenzender Wahrscheinlichkeit kann aber davon ausgegangen werden, daß über die Trinkwasserversorgung anthropogene Umweltveränderungen unmittelbar auf den Menschen selbst zurückgewirkt haben: Bekanntlich haben die mittelalterlichen Städte ihr Trinkwasser zunächst und in erster Linie über Grundwasserbrunnen bezogen, wofür auch Sicherheitsaspekte maßgeblich waren. Auch da, wo nach den Möglichkeiten der Zeit versucht wurde, Grundwasser und Brunnen vor Verunreinigungen durch die Kloaken zu schützen, blieben diese Maßnahmen doch objektiv völlig unzureichend. Für Lübeck ist das Eindringen von Jauche in Brunnen archäologisch nachweisbar, für andere Städte bezeugen Schriftquellen, daß Abortgruben mit voller Absicht bis in das Grundwasser abgetieft wurden[48] Zur einleitend zitierten Wertschätzung reinen Wassers steht das scheinbar in krassem Widerspruch. Man hat zeitgenössisch aber geglaubt, durch die geruchlose Beseitigung gerade von Fäkalien in fließendem Wasser – auch Grundwasser – eine schadlose Beseitigung sicherzustellen[49] Die mögliche bakterielle Beeinträchtigung der Wasserqualität [108] konnte man nicht erkennen. Auch der im Spätmittelalter zunehmende Bau von Wasserleitungen brachte keine durchgreifende Besserung, weil teils ungeeignetes Oberflächenwasser gewonnen wurde und die überwiegend verwendeten Holzröhren keinen sicheren Schutz vor Verunreinigungen bieten konnten[50]. Bekanntlich hat erst der Fernleitungsbau im 19. Jahrhundert in den Großstädten eine qualitativ einwandfreie Trinkwasserversorgung gesichert und so zum Verschwinden beispielsweise der Cholera beigetragen. Für das Mittelalter erlauben es die Quellen aber nicht einmal, das Auftreten von Infektionskrankheiten sicher zu diagnostizieren, die von Wasserverunreinigungen verursacht werden können. Noch viel weniger kann beziffert werden, welchen Einfluß die chronische Trinkwasserverseuchung auf die Sterblichkeit gehabt hat.

III.

In den bisher betrachteten Bereichen erweisen die der Mittelalterforschung verfügbaren Quellen den Menschen nach dem Maßstab der Gegenwart eindeutig als Umwelttäter, wobei gerechterweise aber auch an die zeitgenössisch verfügbaren Kenntnisse zu denken ist. Eine Betrachtungsweise, die allein Umweltveränderungen durch den Menschen berücksichtigt, ergäbe für die Vergangenheit allerdings ein völlig schiefes Bild, wobei die elementare Abhängigkeit des mittelalterlichen Menschen von naturgegebenen Umwelteinflüssen unerlaubt verkürzt und zu voreiligen Parallelisie-

---

47   DIRLMEIER, Kommunalpolitische Leistungen, wie Anm. 36, S. 127–129
48   T. LÜDECKE, Vom Brunnenwasser zum „Kunstwasser", in: Archäologie in Lübeck, wie Anm. 35, S. 97–100. G. KRAUSE, wie Anm. 35, S. 195.
49   Alberti, Baukunst, wie Anm. 4, S. 212f.
50   T. LÜDECKE, wie Anm. 48, S. 99. M. MISLIN, Die überbaute Brücke: Pont Notre Dame, Frankfurt/M. 1982, S. 52f. (Verwendung von Seinewasser in Paris).

rungen zwischen vordergründig ähnlichen Umweltproblemen der Vergangenheit und Gegenwart verleitet würde. Diese Abhängigkeit wird am deutlichsten unter dem Aspekt Gesundheit und Ernährung oder negativ, Seuchen und Hungersnöte. Damit hat sich die Forschung seit langem und intensiv beschäftigt. Die Allgegenwart von Krankheit und Seuchen in der mittelalterlichen und frühneuzeitlichen Stadt kann, ohne daß hier auf Einzelheiten einzugehen ist, als Tatsache festgestellt werden[51]. Dabei können, wie eben gezeigt, mit dem Trinkwasser zusammenhängende Gesundheitsschäden objektiv – nicht nach dem Verständnis der Zeit – als Folge menschlicher Umwelteinflüsse gesehen werden. Dies gilt aber nicht für die dominierende Seuche des Spätmittelalters, die Pest. Ihr Anteil am spätmittelalterlichen Bevölkerungsrückgang steht als Faktum fest, auch wenn die Größenordnung unsicher bleibt[52]. Die Quellen der Zeit bleiben meist unzuverlässig hinsichtlich der Zahl von Seuchenopfern, sie belegen aber die weitgehende Hilflosigkeit und eine daraus resultierende fast fatalistische Ergebenheit der Menschen in das Unvermeidbare: Wo viel Volk beisammen ist, da *pleibt es selten ungestorben,* meint eine Regensburger Chronik zum Reichstag von 1532[53].

[109] Bei der Ernährung bestand zumindest in den größeren Städten das Problem, eine quantitativ und qualitativ ausreichende Versorgung für die weitgehend marktabhängige Bevölkerung sicherzustellen[54]. Städtische Qualitätskontrollen gab es beispielsweise für Fleisch, Wein, Brot, Gewürze. Wie effektiv diese Überwachung war, läßt sich aufgrund der Schriftquellen so wenig ermitteln wie die durchschnittliche Lebensmittelqualität. Immerhin wurden zeitgenössisch Lebensmittelverfälschungen festgestellt, besonders beim Wein, die alles andere als harmlos waren: Verwendet wurden auch Metallverbindungen und Alaun[55]. Wie die mittelalterlichen Schriftquellen mit naturwissenschaftlichen Methoden ergänzt werden können, zeigt paradigmatisch Bernd Herrmann, der aus dem weitgehenden Fehlen von Bandwurmeiern in Kloaken auf den Erfolg der städtischen Fleischbeschau schließt. Die zahlreichen sonstigen Darmparasiten, die er nachweisen kann, deuten freilich auf eine insgesamt wenig zufriedenstellende Lebensmittelhygiene[56].

Bei dem Grundnahrungsmittel Brot war die gefährlichste Verunreinigung nicht auf betrügerische Verfälschung zurückzuführen, sondern naturbedingt: Der Befall des Getreides mit Mutterkorn, dem Auslöser des Ergotismus, kann zwar ebenfalls nicht

51   Vgl. dazu – mit zahlreichen Literaturhinweisen – H. P. BECHT, Medizinische Implikationen der historischen Pestforschung am Beispiel des „Schwarzen Todes" von 1347/51, in: Stadt in der Geschichte 9, Sigmaringen 1982, S. 78–94.
52   Ebenda, S. 52.
53   Die Chroniken der baierischen Städte Regensburg, Landshut, Mühldorf, München. Die Chroniken der deutschen Städte Bd. 15, Leipzig 1878 (ND 1967), S. 125.
54   Dazu und zum folgenden: W. ABEL, Strukturen und Krisen der spätmittelalterlichen Wirtschaft, Stuttgart, New York 1980. Art. „Ernährung" in: Lexikon d. Mittelalters Bd. 3, München, Zürich 1986, Sp. 2162–2171. U. DIRLMEIER, Zum Problem von Versorgung und Verbrauch privater Haushalte im Spätmittelalter, in: Städteforschung A 18, Köln, Wien 1984, S. 257–288.
55   Konrad von Megenberg, wie Anm. 4, S. 212. Fr. v. BASSERMANN-JORDAN, Geschichte des Weinbaus, 3 Bde. Frankfurt/M. 3. Aufl. 1923 (ND 1975), Bd. 2, S. 635f.
56   B. HERRMANN, Parasitologische Untersuchung mittelalterlicher Kloaken, in: B. HERRMANN (Hg.), Mensch und Umwelt im Mittelalter, Stuttgart 1986, S. 160–169, hier S. 166f., vgl. auch H. P. BECHT, wie Anm. 51, S. 86f.

quantifiziert werden, die Ausbreitung des mit der Pflege der Betroffenen befaßten Antoniterordens deutet aber auf die Häufigkeit solcher Vergiftungen hin, die besonders in regenreichen Jahren auftraten[57]. Das wohl drängendste Problem war aber die mengenmäßig ausreichende Versorgung der Bevölkerung mit Nahrung, voran Getreide. Auch im Spätmittelalter hat es, bei im Durchschnitt tiefstehenden Agrarpreisen, neben Jahren mit echtem Ernteüberfluß immer wieder lokale und überregionale Teuerungsjahre gegeben, bis hin zu den europaweiten Notjahren 1436–1438. Ab der Zeit um 1500 hat die Häufigkeit solcher Krisenerscheinungen dann deutlich zugenommen. Auch wenn die Zeitgenossen hinter vielen Teuerungen das Werk der Spekulation gewittert haben, weiß man heute, daß die Hauptursache bei den niedrigen und witterungsabhängigen Erträgen der vorindustriellen Landwirtschaft gelegen hat. Die mit Zahlen belegbare Tatsache, daß eine Stadt wie Rom Mitte des 17. Jahrhunderts am Ende eines schlechten Erntejahres vor dem Eintreffen der neuen Ernte nur noch über Getreidevorräte für wenige Tage verfügte[58], belegt das Ausmaß der menschlichen Umweltabhängigkeit und läßt [110] ahnen, welche Spannung in solchen Wochen über der Gesellschaft gelegen haben muß.

IV.

Das Bewußtsein der Abhängigkeit von kaum beeinflußbaren Faktoren macht das betont anthropozentrische Naturverständnis des mittelalterlichen Menschen gewissermaßen als Überkompensation verständlich. Alle Pflanzen und Geschöpfe *sunt bona et propter hominem creata,* sagt ein Theologe des 12. Jahrhunderts, und der mehrfach erwähnte Italiener Alberti behauptet im 15. Jahrhundert, Bäume, Sträucher und andere Pflanzen bemühten sich zu wachsen, um dem Gartenbesitzer einen Gefallen zu erweisen[59] Die dahinter stehende Wunschvorstellung vom Menschen als Herrn der Schöpfung dient allerdings nicht zur Rechtfertigung für zerstörende Eingriffe, für Raubbau an der natürlichen Umgebung. Vielmehr bedingt diese Konzeption ein übergeordnetes Nützlichkeitsdenken im Verhältnis zur Natur, das als zeittypisch erscheint. Konrad von Megenberg bezeichnet gierige Jäger als *carnifices rudes* und fordert eine Schonzeit für Vögel während der Brut, aber mit dem bezeichnenden Zusatz, ein getöteter Altvogel bedeute ja viele tote Jungvögel. An anderer Stelle spricht er von der Notwendigkeit, Reihernester in der Nähe von Fischteichen zu zerstören und erwähnt dann Adlige, die lieber auf Fische als auf Reiher verzichten wollen. Der scheinbare Eindruck eines sentimentalen Verhältnisses zur Natur wird entscheidend korrigiert durch Konrads Erklärung: Auf die Reiher wollen sie nicht verzichten, um mit Falken Jagd auf sie zu machen[60]. Rücksichtnahme auf die Natur im unmittelbaren Interesse des Menschen war bereits erkennbar im oben erwähnten Bedauern Georg Agricolas über die Vergiftung eßbarer Flußfische durch Hüttenabwässer. Die gleiche Rationalität steht hinter städ-

57   Art. „Antoniusorden" in: Lexikon des Mittelalters, Bd. 1, München, Zürich 1980, Sp. 743f.
58   W. ABEL, Agrarkrisen und Agrarkonjunktur, 3. Aufl. Hamburg, Berlin 1978, bes. S. 46–48, 67–69, 122f. V. REINHARDT, Brotpreis und Papstfinanz. Annona und Getreideversorgung in Rom während der Krise 1647–49, in: Freiburger Universitätsblätter 96 (1987), S. 41–49, hier S. 51.
59   NISCHIK, wie Anm. 6, S. 1. Alberti, Hauswesen, wie Anm. 13, S. 167.
60   Konrad von Megenberg, wie Anm. 4, S. 173 u. 175.

tischen Verordnungen gegen zu kleinmaschige Fischnetze (von Lübeck bis Straßburg überliefert) und gegen den Vogelfang. So schützt der Zürcher Rat alle Vögel, *so muggen und ander gewürme tilggent und vertribent*. Und Alberti empfiehlt, Hühner nicht in Käfigen, sondern im Freien zu halten, weil „ein im Schatten und im Geschlossenen gelegtes Ei an Geschmack" verliert[61]. Der Wunsch nach eigenem Wohlergehen als Motiv für einen rücksichtsvollen Umgang mit Natur und Umwelt schließt allerdings echtes Mitleid und vor allem auch Freude an einer schönen Umgebung nicht aus. So erzählt der Augsburger Kaufmann und Chronist Burkard Zink, wie er während eines harten Winters in Mittenwald hungernde Vögel gefüttert hat und Alberti lobt die Schönheit einer Landschaft und Farbenpracht der Blumen[62].

[111] Aus mittelalterlicher Umweltforschung Handlungsanweisungen in konkreten Alltagsentscheidungen der Gegenwart ableiten zu wollen, halte ich für ebenso verfehlt wie den Versuch, gesicherte Zukunftsprognosen aus der Geschichte abzuleiten. So direkt wird man das *historia docet* nicht nehmen dürfen, was nicht bedeutet, daß man sich auf bloßes Faktensammeln in der Vergangenheit zu beschränken hat. Die bewußte Einbeziehung der historischen Dimension in die Umweltproblematik kann beispielsweise folgende Einsichten und Erkenntnisse vermitteln: 1.) Die Achtung vor den Leistungen von Generationen, die unter prekären Lebensumständen ihr Dasein gemeistert haben. 2.) Eine materiell ausreichend gesicherte Existenzgrundlage für alle Gesellschaftsschichten hat es in Mittelalter und früher Neuzeit nicht gegeben, Hunger und Massenarmut sind in Mitteleuropa erst im 19. Jahrhundert entscheidend zurückgedrängt worden. 3.) Zugleich damit und seither haben die Eingriffe des Menschen in seine Umwelt Dimensionen angenommen, die mit den eher punktuellen Umweltveränderungen und Umweltschädigungen der vergangenen Jahrhunderte überhaupt nicht mehr vergleichbar sind. Der parallel zu dieser Entwicklung gewonnene, größere materielle Spielraum verpflichtet zwingend dazu, angerichtete Schäden zu beheben und die Entstehung neuer nach Möglichkeit einzugrenzen.

Summary

Historical environment research from the point of view of Medieval History

The discussion of medieval environmental conditions cannot do without the results of the research in archaeology and natural sciences. In addition, though, medieval history with its available source material can first provide which ideas people themselves had about their external living conditions in those days and especially about human existence in the towns.

Here, one will find out that not only ideal notions existed, in many cases shaped by traditions of antiquity, but also people tried to influence and to regulate living conditions with the help of decrees and definitive building measures. In urban areas the essential point was to arrange a tolerable coex-

---

61 J. BRUCKER, Strassburger Zunft- und Polizeiordnungen des 14. und 15. Jahrhunderts, Straßburg 1889, S. 166–231 (Verordnungen über Fischer und Vogler). Lübecker Ratsurteile, hg. v. W. EBEL, Bd. 2, Göttingen 1957, S. 43 Nr. 82. Die Zürcher Stadtbücher des XIV. und XV. Jahrhunderts, hg. v. H. ZELLER-WERDMÜLLER, Bd. 1, Leipzig 1899, S. 146 Nr. 310. Alberti, Baukunst, wie Anm. 4, S. 268.

62 Die Chroniken der deutschen Städte, Augsburg Bd. 2, Leipzig 1866 (ND 1965), S. 184. Alberti, Hauswesen, wie Anm. 13, S. 258. Alberti, Baukunst, wie Anm. 4, S. 289.

istence of residences and commercial production in a close proximity, to ensure the needs for water, to organize how to deal with refuse and to take care of healthy, unobjectionable food. Here, indeed, success concerning improved basic social facilities could occasionally be achieved, but, doubtlessly, damage to the natural environment was also caused now and then (polluted water, destroyed forests). But overall, the life of man was determined by a dependence on the natural environment rather than by man-made changes of the latter, even far beyond medieval times.

Die kommunalpolitischen Zuständigkeiten und Leistungen süddeutscher Städte im Spätmittelalter

(vor allem auf dem Gebiet der Ver- und Entsorgung)

I. Einleitung

Die Leistungen der mittelalterlichen Stadtstaaten für ihre Untertanen sind, im Gegensatz zu denen des Fürstenstaates, von der Forschung häufig sehr positiv bewertet worden: „Was der unsoziale Feudalstaat des Mittelalters nicht als seine Aufgabe empfand, ... das erstrebte und verwirklichte ... die vollentwickelte Stadt des 15. Jahrhunderts: die Beseitigung sozialer Schäden und die tätige Förderung des wirtschaftlichen Wohles innerhalb ihrer Bürgerschaft" (Solleder 1938). Nach Feger (1951) entstand in den Städten „aus der Praxis der staatlichen Betätigung ... der soziale Wohlfahrtsstaat, wie er erst im 19. Jahrhundert von der Theorie als Postulat herausgearbeitet, im 20. Jahrhundert noch keineswegs befriedigend verwirklicht worden ist"[1]. Nach nahezu einhelliger Auffassung der einschlägigen Forschung hat die Stadt freilich auf einem Sektor ihrer kommunalpolitischen Zuständigkeit, dem der Ver- und Entsorgung (im engeren Sinn) so weitgehend versagt, daß sie härtesten Tadel verdient: Die „gute alte Tradition der Römerzeit war längst verschollen, und wenig sorgte man im Mittelalter um Bequemlichkeit und Reinlichkeit" (Boos 1899). In einer Untersuchung über das Nürnberger Gesundheitswesen schildert Mummenhoff (1898) die unbeschreiblichen Straßenzustände und bescheinigt der Bevölkerung Stumpfsinn, den städtischen Verwaltungen „Energielosigkeit und Unbeholfenheit". In seiner Darstellung der geschichtlichen Entwicklung der Abwasserfrage bedauert Strell (1913), daß die „rühmlichen Bestrebungen und Einrichtungen" des römischen Weltreichs bald wieder vergessen wurden; die „folgende trübe Zeit des Mittelalters" sei eine traurige Epoche des Stillstands und Rückschritts auf dem Gebiet der öffentlichen Hygienemaßnahmen gewesen. Nach Strell verursachte die grenzenlose Verseuchung des Bodens dauernde Epidemien und erst die wissenschaftlichen Erkenntnisse der Neuzeit hätten „die städtischen Verwaltungen aus ihrer bisherigen Sorglosigkeit" gewaltsam aufgerüttelt. In den mittelalterlichen [114] Städten sei die Nachlässigkeit in der öffentlichen Reinlichkeits- und Gesundheitspflege geradezu charakteristisch gewesen, aber Strell räumt immerhin ein, daß exakte Quellenbelege zur Abwasserbeseitigung dürftig seien und man auf allgemeine Rückschlüsse angewiesen sei. Daß fehlende Quellen die Sicherheit des Urteils nicht beeinträchtigen müssen, zeigt aber auch die große, von Charles Singer herausgegebene „History of Technology": Gemessen an den Ver- und Entsorgungseinrichtungen der römischen Städte bedeute das Mittelalter tiefen Rückschritt; zwar seien die Nachrichten nur spärlich, aber „in the Middle Ages conditions were certainly worse". Nach Staerck (1972) waren Unsauberkeit und Enge der mittelalter-

---

1   Fridolin SOLLEDER, München im Mittelalter. 1938 (ND 1962). S. 381; Die Statutensammlung des Stadtschreibers Jörg Vögeli, hg. Otto FEGER. Konstanzer Stadtrechtsquellen 4. 1951. Einleitung S. 54*. Umstrittener ist die politische Rolle der Reichsstädte im Spätmittelalter, vgl. Wolfgang ZORN, Die politische und soziale Bedeutung des Reichsstadtbürgertums im Spätmittelalter. In: ZBayerLdG 24 (1961), (S. 460–480) S. 461.

lichen Stadt verantwortlich für die Ausbreitung des Aussatzes zwischen 1000 und 1500. Diese einheitliche Meinungsbildung in den Spezialuntersuchungen hat sich auch in den allgemeinen Nachschlagewerken durchgesetzt. So findet man im Brockhaus (1970) zum Stichwort „Kanalisation": „Im MA. stand man in Europa den hygien. Bedürfnissen sorglos und gleichgültig gegenüber, nur in Burgen und Schlössern trug man für Beseitigung der Abfallstoffe Sorge." Und zu dem Stichwort „Wasserversorgung" (1974) heißt es: „Im Mittelalter waren die techn. Fähigkeiten sowie die hygien. Erkenntnisse der Wasserqualität verlorengegangen"[2]. Angesichts dieser übereinstimmenden Urteile verdient besondere Beachtung, daß Berent Schwineköper schon lange vor der Villinger Tagung des Arbeitskreises eine unvoreingenommene Untersuchung von Wasserversorgung und Kanalisation der mittelalterlichen Stadt gefordert und Möglichkeiten dazu gezeigt hat[3].

Wie die angeführten, fast beliebig zu vermehrenden Beispiele zeigen, stützen sich die negativen Bewertungen auf den Vergleich des Mittelalters mit Antike und Neuzeit; als Ursache der mißlichen Verhältnisse gelten Unwissenheit und völlige Gleichgültigkeit. Daß zeitfremde Kriterien zu einer ausgewogenen Beurteilung nur wenig beitragen können, braucht nicht näher erörtert zu werden. Lohnender scheint die Frage danach, welche Kenntnisse über Ver- und Entsorgung im engeren Sinn (d. h. ohne Lebensmittelversorgung) im Mittelalter denn vorausgesetzt werden können. Nur so scheint mir eine objektivere Beurteilung der städtischen Leistungen möglich.

[115] II. Ansätze zur theoretischen Beschäftigung mit Wasserversorgung und Abfallbeseitigung

Es ist eine nicht nur auf die Geschichtswissenschaft beschränkte Erfahrungstatsache, daß die Überprüfung altvertrauter Pauschalurteile im allgemeinen mindestens zu einer Teilrevision führt. Unter der vorgelegten Fragestellung hat sich eine überraschende Vielzahl an Belegen dafür finden lassen, daß das Bild vom schmutzstarrenden Mittelalter unrichtig ist. Ich bringe zunächst Nachweise über den Stand des theoretischen Wissens im Bereich von Ver- und Entsorgung ganz allgemein, wobei die Quellen nicht auf das Untersuchungsgebiet begrenzt sind. In einem weiteren Schritt soll überprüft werden, ob sich Spuren derartiger Kenntnisse auch in der städtischen Überlieferung des süddeutschen Raumes nachweisen lassen. Abschließend ist dann zu fragen, wie sich die tatsächlichen Zustände zu dem allgemeinen Wissensstand verhalten.

---

2   Heinrich Boos, Geschichte der rheinischen Städtekultur von den Anfängen bis zur Gegenwart mit besonderer Berücksichtigung der Stadt Worms. 3. [2]1899. S. 265; Ernst Mummenhoff, Die öffentliche Gesundheits- und Krankenpflege im alten Nürnberg. In: Festschrift zur Eröffnung des neuen Krankenhauses der Stadt Nürnberg. 1898. (S. 1–122) S. 1f.; Martin Strell, Die Abwasserfrage in ihrer geschichtlichen Entwicklung von den ältesten Zeiten bis zur Gegenwart. 1913. S. 2f., S. 130, S. 139; R. G. Goodchild/R. J. Forbes, Roads and Land Travel. In: A History of Technology, ed. by Charles Singer etc. 2. 1957. (S. 493–536) S. 530f.; Dieter Staerck, Gutleutehäuser und Kotten im südwestdeutschen Raum. In; Die Stadt in der europäischen Geschichte. Festschrift Edith Ennen. 1972. (S. 529–533). S. 531f.; Brockhaus Enzyklopädie. 9.17. Aufl. 1970. S. 700 (Kanalisation) und ebd. 20. 17. Aufl. 1974. S. 75 (Wasserversorgung).

3   Berent Schwineköper, Beobachtungen zum Problem der Zähringerstädte. In: Schau-ins-Land 84/85 (1966/67), (S. 49–78) S. 60–76.

Ungefähr dem zeitlichen Rahmen meines Themas entsprechend, beginne ich mit K. Friedrichs II. Konstitutionen v. Melfi (1231), in denen zwei Paragraphen Gedankengut enthalten, das man heute als umweltschützerisch bezeichnen würde. In Buch III, 48 erklärt Friedrich seine Absicht, eifrig und nach besten Kräften die Reinheit der Luft zu bewahren. Er verbietet deswegen, in stadtnahen Gewässern Hanf zum Reifen einzulegen, weil dadurch *prout (pro) certo didicimus, aeris dispositio corrumpatur.* Aus demselben Grund verordnet er Mindesttiefen für Begräbnisse und Maßnahmen zur Abfallbeseitigung: *Cadavera etiam et sordes, quae foetorem faciunt, ... extra terram ad quartam partem milliaris vel in mari vel in flumine proici mandamus debere*[4]. Der Gedanke, Quellen übler Gerüche von Wohnbereichen zu isolieren, begegnet auch in der gleichzeitigen Wirtschaftsgesetzgebung Friedrichs für Sizilien, wobei aber auch fiskalische Interessen mitzuspielen scheinen[5]. Zu der angeordneten Beseitigung von Aas in Flüssen steht der zweite einschlägige Paragraph der Konstitutionen (Buch 111,72) in auffallendem Widerspruch. Hier wird verboten, Eiben und andere Giftpflanzen in Gewässer zu werfen: *Propter haec etenim et ipsi pisces redduntur infecti et aquae, de quibus interdum homines et bestiae saepius potum assumunt, nocivae redduntur*[6]. Derart schwer vereinbare Vorstellungen über den Umgang mit Wasser werden auch an anderer Stelle begegnen, wo dann auch eine Erklärung versucht werden wird. Hier ist in erster Linie wichtig, daß die beiden Stellen aus den Konstitutionen von Melfi auch eine theoretische Beschäftigung mit Entsorgung, Luft, Wasser und möglichen Auswirkungen auf die menschliche Gesundheit belegen.

[116] Noch deutlicher greifbar wird dies in einer rund 50 Jahre jüngeren Quelle, dem Fürstenspiegel des Aegidius Romanus (verfaßt 1277/79), der als allgemeines politisches Handbuch konzipiert und das im Mittelalter meist verbreitete Werk seiner Gattung war[7]. In seinen Anweisungen zu Bau und Beschaffenheit von Wohnhäusern geht Aegidius besonders detailliert auf die Wasserversorgung ein, weil das Wasser in vielerlei Hinsicht zum Lebensnotwendigen gehöre (*...in multis deservit ad necessaria vitae*). Reichliches, gutes Wasser sei nötig, *ne habitatores..., ob infectionem aquae infirmitatem contrahant.* Aegidius teilt auch mit, wie in einer Zeit, der die chemische und bakteriologische Trinkwasseranalyse unbekannt war, die Wasserqualität geprüft wurde. Zunächst nach der Herkunft: Sümpfe, Tümpel, überhaupt alle stehenden Gewässer scheiden aus, weil sie ungesund und faulig sind. Aber auch Wasser aus der Tiefe der Erde kann durch die Berührung mit Metalladern vergiftet sein. Notwendig ist

---

4   Die Konstitutionen Friedrichs II. von Hohenstaufen für sein Königreich Sizilien. Hg. und übs. von Hermann CONRAD, Thea VON DER LIECK-BUYKEN und Wolfgang WAGNER, Studien und Quellen zur Welt Kaiser Friedrichs II. 2. 1972. S. 308f.

5   Acta imperii inedita saeculi XIII et XIV. Hg. Eduard WINKELMANN. 1. 1880 (ND 1964). S. 614 nr. 784, S. 713 nr. 937. Vgl. Erich MASCHKE, Die Wirtschaftspolitik Kaiser Friedrichs im Königreich Sizilien. In: VSWG 53 (1966), (S. 289–328) S. 297 u. 324f.

6   Die Konstitutionen, wie Anm, 4, S. 332f. Die beiden angeführten Paragraphen gehören wohl zu den selbständigen Beiträgen Friedrichs zur Gesetzessammlung. Vgl. Hermann DILCHER, Die sizilische Gesetzgebung Friedrichs II., eine Synthese von Tradition und Erneuerung. In: Probleme um Friedrich. Hg. Josef FLECKENSTEIN. Vortr.Forsch 16. 1974. (S. 23–42). S. 36–39. Wieweit hier Friedrich ev. auf antike Tradition zurückgreift, konnte ich nicht feststellen.

7   Wilhelm BERGES, Die Fürstenspiegel des hohen und späten Mittelalters. Schriften der MGH. 2. 1938 (ND 1952). S. 211–214 u. S. 223.

die Beobachtung der Wasserfärbung, weil eine Veränderung der Farbe die Vergiftung des Wassers beweist (*...infectio coloris, aquae infectionem demonstrat*). Wasser darf auch nicht riechen und schmecken, denn dies zeigt an, daß es aus Gebieten entspringt oder durch Gebiete gelaufen ist, die vergiftet *(infecta)* sind. Es darf auch keinen Schlamm enthalten, denn schlammige und kotige Erde kann nicht gesund sein, *eo quod infecta sit*. Eine zusätzliche Kontrolle ist möglich durch die Beobachtung des Zustandes derer, die das fragliche Wasser trinken. Dabei ist nach Aegidius besonders auf die Gesundheit von Zähnen, Kopf, Bauch und Nieren zu achten. Ist kein den ge-stellten Anforderungen entsprechendes Wasser beizubringen, empfiehlt Aegidius die Anlage von Regenwasserzisternen, in die Flußfische einzusetzen sind, deren Bewe-gung das Wasser vor dem Faulwerden bewahre. Mit dergleichen Ausführlichkeit teilt er auch die Zusammenhänge zwischen Luftbeschaffenheit und Gesundheit der ansäs-sigen Bevölkerung mit. Dagegen erwähnt er bei der Anlage von Wohnhäusern nur ganz beiläufig auch Mistgrube und Abortanlage, die Einzelheiten will er, leider, den Bauspezialisten überlassen[8]. Aegidius beruft sich ausdrücklich auf spätantike Über-lieferungen, denen er weitgehend folge. Wichtiger als die Frage nach seiner Originali-tät ist aber die Tatsache, daß er in aller Deutlichkeit neben der Luftbeschaffenheit das Trinkwasser als mögliche Krankheitsursache bekannt macht und daß er Schutzmaß-nahmen gegen diese Gefahr weiter empfiehlt.

In direkter Abhängigkeit von Aegidius, aber in sprachlich besonders eingängiger Form, wiederholt diese Ratschläge Konrad v. Megenberg in seiner *Yconomica* (verfaßt ca. 1350–1352): *viciosus sapor, odor et color aquam arguit corruptam*. Und: *querit... salubrium hominum habitacio aquarum puritatem salubrem*. Entscheidend für die Wohnqualität sind Konrads Ansicht nach drei Voraussetzungen: *aeris bonitas, aqua-rum salubritas ... ventorum conveniencia*[9]. Ein Zeugnis dafür, wie allgemein verbreitet die Vorstellung vom Trinkwasser als möglicher Krankheitsursache war, bringt auch Kon[117]rads Traktat über das Große Sterben. Bei seiner kritischen Erörterung der angeblichen Brunnenvergiftung durch die Juden berichtet er, die Bevölkerung aller an größeren Flußläufen gelegenen Städte Bayerns habe sich während des Sterbens sehr sorgfältig vor allen Brunnenwassern gehütet und nur Flußwasser gebraucht, weil die-ses weniger leicht zu vergiften sei[10]. Offenbar unabhängig von der bei Aegidius Roma-nus und Konrad v. Megenberg verwerteten antiken Überlieferung kommt auch Philipp v. Leyden in seinem Fürstenspiegel *De cura reipublicae* (verfaßt 1355 und Folgejahre) auf die Notwendigkeit der Reinhaltung des Wassers zu sprechen: Gegen die Interessen der Stadt verstoße auch, wer in ein öffentliches Gewässer Färbereiabwässer *(immun-ditias tinctorias)* einleitet. Denn dadurch werde einerseits die Schiffahrt behindert, an-dererseits das Wasser vergiftet *(usum aquae inficiunt),* und dadurch werde die Volks-gesundheit beeinträchtigt *(unde sanitas impeditur populi)*. Eine weitere schädliche Folge sei, daß die Nahrung der Fische vergiftet werde. Philipp fordert, die *rectores*

---

8   Aegidii Romani De regimine principum libri III. ND d. Ausg. Rom 1607. 1967. II 3c. 3–II 3c. 4,
     S. 355–358.
9   Konrad von Megenberg, Werke, Ökonomik (Buch 1). Hg. Sabine KRÜGER. MGH Staatsschriften
     des späteren Mittelalters. 3. 1973. S. 242f.
10   Sabine KRÜGER, Krise der Zeit als Ursache der Pest? In: Festschrift für Hermann Heimpel zum
     70. Geburtstag. 2. 1972. (S. 839–883; Text des Traktates: S. 863–883). S. 866f.

civitatum müßten alles beseitigen, *quae salutem populi possunt impedire.* Denn, und hier zitiert er aus dem Codex iuris civilis, *reipublicae interest populum sanitate gaudere.* Daß Philipp nicht nur an Färbereiabwässer gedacht hat, zeigt sein Verweis auf die eben zitierte Stelle in der *Tabula tractatus* seines Fürstenspiegels; sie lautet: *Aqua publica immunditiis et superfluitatibus tinctoriis et infectivis non turbetur*[11]. Leider bringt er in diesem Zusammenhang keine weiteren, konkreten Beispiele, aber für die Frage nach der mittelalterlichen Gleichgültigkeit gegenüber Schmutz ist bemerkenswert, daß Philipp mehrfach das Aussehen *(facies)* und die Zierde *(ornatus)* der Stadt als besonders schätzenswert bezeichnet[12].

Die, soweit feststellbar, detailliertesten Erörterungen zum Bereich der städtischen Ver- und Entsorgung bringt Leon Battista Albertis Abhandlung *De re aedificatoria* (verfaßt um 1450), in der sich antike Überlieferung – vor allem Vitruv – und einige eigene Beobachtungen vermischen[13]. Alberti erörtert gesunde und weniger gesunde Luft, aber auch er berücksichtigt besonders ausführlich das Wasser, weil es zum Lebensnotwendigsten gehöre *(Necessaria ... sunt: esca, vestis, tectum et inprimis aqua).* Er unterscheidet Brauchwasser für Garten, Gewerbe, Kanalisation und Löschen vom Wasser für Menschen, das das beste sein muß. Zur Überprüfung der Qualität empfiehlt er, wie vor ihm Aegidius Romanus, die Probe nach Geruch, Farbe, Geschmack und die Beobachtung eventueller Gesundheitsschäden bei den Verbrauchern. Grundsätzlich unterscheidet Alberti Wasserqualitäten nach der Herkunft: Am besten, wenn auch wegen seiner Verderblichkeit schwer zu speichern, sei das Regenwasser. Danach komme Quellwasser, das freilich jeweils auf seine Eigenschaften zu prüfen sei, am drittbesten sei Flußwasser, am viertbesten Brunnenwasser, am schlechtesten sei das Wasser aus Sümpfen. Die Warnung vor der Gefährlichkeit stehender Gewässer oder langsam fließender Flüsse [118] wird mehrfach wiederholt. Trotz der niedrigen Einschätzung des Wassers aus Brunnen gibt Alberti Bauanweisungen und empfiehlt besonders, den Brunnenschacht allein für sich an einer anderweitig nicht benützten Stelle des Hofes anzulegen[14]. Zur Entsorgung des eigenen Hauses empfiehlt er die sorgfältige Ableitung des Regenwassers von den Hauswänden, man könne es zum Wegspülen *der privatae sordes* verwenden. Wasser- und Abwässerleitungen von Brunnen, Ausgüssen und Aborten innerhalb des Hauses sollten mit ausreichendem Gefälle derart verlegt werden, daß alle Ausdünstungen vom Boden des Hauses ferngehalten werden. Für die Weiterleitung außerhalb des privaten Wohnbereiches empfiehlt Alberti ausdrücklich, für die weniger bemittelten Bürger sollten jeweils zwischen benachbarten Häusern Gäßchen angelegt werden. Diese Gäßchen müßten entweder so breit sein, daß die Luft sie rasch trocknen könne, oder so eng, daß die Abwässer in einer Rinne abgeführt würden. Durch das Regenwasser würden Gäßchen und Rinnen vollständig gereinigt,

---

11 Philippus de Leyden, De cura reipublicae et sorte principantis. Hg. P. C. MOLHUYSEN. s'Gravenhage 1915. S. 293 c.LXXI, 5f. u. S. 371, 19.
12 Ebd. S. 370,14 u. S. 371, 17.
13 Vgl. Hellmut LORENZ, Leon Battista Alberti. In: Die Großen der Weltgeschichte. 4. Zürich 1974. S. 262–281; Edition: Leon Battista Alberti, L'architettura (De re aedificatoria). Hg. G. ORLANDI. Mailand 1966.
14 Ernst RODENWALDT, Leon Baltista Albeni – ein Hygieniker der Renaissance. SB Akad. Heidelberg. Math.-nat. Klasse, 1968, 4. S. 46, S. 86–88 u. S. 92–94.

so daß kein Wasser aufgestaut werde. Für die größeren Straßenzüge, für die Stadt als Ganzes also, hält Alberti die Ableitung in unterirdischen gewölbten Kanälen für notwendig und richtig. Das trage bei zur öffentlichen Sauberkeit, zur Reinheit der Stadtluft und zu deren Schutz vor Vergiftung. Als abschreckendes Beispiel verweist er auf Siena, wo wegen fehlender Kanalisation in den frühen Morgenstunden alles durch ausgeleerte Nachtgeschirre beschmutzt werde.

Besonders aufschlußreich für die dieser Zeit tradierten Vorstellungen über eine unschädliche Beseitigung von Abfällen sind Albertis Anweisungen über die Weiterführung der Kanäle außerhalb der Stadt: In erster Linie empfehlenswert sei das Ableiten ins Meer oder in einen Fluß. Wo das nicht möglich ist, sei bis auf das Grundwasser zu graben, das sich Alberti zutreffend als fließend vorstellt. Der Leib der Erde, erklärt er, könne das Abwasser verzehren und verdauen, ohne daß sich Dünste und Gestank entwickelten[15].

Die angeführten Beispiele zeigen zunächst, daß es im angeblich so schmutzunempfindlichen Spätmittelalter durchaus eine, auf Erfahrung und antiker Überlieferung beruhende, theoretische Beschäftigung mit Fragen der Ver- und Entsorgung gegeben hat. Im Vordergrund stand dabei eindeutig das Wasser als besonders lebenswichtiges Verbrauchsgut. Obwohl seit Hippokrates und Galen in erster Linie die Luft als möglicher Krankheits- und Seuchenträger angesehen wurde[16], erkannte man zutreffend auch den unmittelbaren Zusammenhang zwischen Gesundheit und Wasser, die Gefahr von Gesundheitsschäden durch den Verbrauch ungeeigneten Wassers. Als Vorsorgemaßnahmen kannte man: 1. Allgemein den Schutz von Gewässern vor sichtbaren, groben Verunreinigungen – wobei freilich sehr inkonsequent verfahren wurde. 2. Die Unterscheidung von Trink- und Brauchwasser. 3. Die Qualitätskontrolle des Trinkwassers nach Herkunft und äußerlich erkennbaren Eigenschaften. Bei der Abwasserbeseitigung in Haus und Stadt wurde vor allem der Schutz der Luft vor Verunreinigung und [119] Vergiftung angestrebt, aber auch die erhöhte Annehmlichkeit – die Lebensqualität – wird als Ziel erkennbar. Zur vermeintlich schadensfreien Abfallbeseitigung scheinen Meer, Flüsse und Grundwasser geeignet. Dieser Widerspruch zwischen den Forderungen nach Gewässerschutz und den Empfehlungen zur Abfallbeseitigung erklärt sich, wie die vorgelegten Beispiele zeigen, aus dem offenbar übergroßen Vertrauen in die reinigende Kraft bewegten Wassers, während vor der Gefährlichkeit stagnierender Gewässer immer wieder gewarnt wird. Bei den im Vergleich zur Neuzeit mit Sicherheit viel geringeren Abfall- und Abwassermengen mittelalterlicher Städte konnte für den zeitgenössischen Beobachter freilich sehr leicht der Eindruck entstehen, daß Grundwasser, Flüsse und Meer alles spurlos beseitigen konnten: Mit den allein durchführbaren, oben erwähnten Sinnenprüfungen waren Einleitungen in einigem örtlichen oder zeitlichen Abstand gewiß nicht mehr feststellbar. Zu anderen Aspekten der Ver- und Entsorgung, wie Straßenpflasterung und -reinigung, äußern sich die hier berücksichtigten Quellen nicht mit vergleichbarer Ausführlichkeit. Immerhin werden, wie erwähnt, Pflege des Stadtbildes und öffentliche Sauberkeit bei Philipp von Leyden und Leon Battista Alberti angesprochen.

---

15   Ebd. S. 54f., S. 57f., S. 50–52.
16   Vgl. L. Fabian HIRST, The conquest of Plague. A Study of the evolution of Epidemiology. Oxford 1953. S. 35–40.

III. Grundsätzliche Ansichten über öffentliche Sauberkeit und Fragen der Ver- und Entsorgung in süddeutschen Städten

Die einleitend herangezogenen Quellen stützen die Behauptung, daß es nicht ausreicht, die Maßnahmen mittelalterlicher Städte auf dem Gebiet von Wasserversorgung und Abfallbeseitigung am Standard anderer Epochen zu messen, als Fehlleistungen einzustufen und mit völliger Gleichgültigkeit oder Unkenntnis zu erklären. Dagegen ist der ernstzunehmende Einwand möglich, daß die vorgelegte Beweisführung in einem allenfalls sehr allgemeinen Zusammenhang zum Thema steht und daß – mit Ausnahme vielleicht der Konstitutionen K. Friedrichs II. – der Bezug zur historischen Wirklichkeit fehlt. Um dem Vorwurf zu begegnen, hier würden willkürlich Bruchstücke gelehrter Theorie zusammengesetzt, muß untersucht werden, wie weit auch aus Quellen mit engerer Beziehung zum Untersuchungsgebiet wahrscheinlich gemacht werden kann, daß es Kenntnisse und Vorstellungen über zumindest wünschenswerte Zustände und Verfahrensweisen im Bereich von Ver- und Entsorgung gegeben hat. Eventuelle Übereinstimmungen mit den vorangehend aus theoretischen Schriften ermittelten Grundsätzen sollen dabei keine direkte Abhängigkeit unterstellen, sondern nur die verbreitete Beschäftigung mit diesen Problemen nachweisen. Die Frage nach der Verwirklichung kann deswegen zunächst noch unbeachtet gelassen werden.

Der Ansicht von der im Mittelalter angeblich „geradezu charakteristischen Nachlässigkeit" der Städte in der öffentlichen Reinlichkeitspflege[17] sind Belege gegenüberzustellen, die zeigen, daß zumindest offiziell Schmutz unerwünscht und Sauberkeit sehr geschätzt [120] waren. Diese Einstellung läßt sich schon aus frühen Stadtrechten erschließen[18] mit dem Einsetzen einer reicheren innerstädtischen Überlieferung wird sie unmittelbar belegt: In Bern (1314) halten es Schultheiß und Rat für angemessen, ihre Stadt *ze reinenne vnd ze sufrenne,* weil sie sich auch sonst *an buwe vnd an andren dingen sere gebessret hat;* sie versprechen sich davon Nutz, Ehre und Gemach der Stadt[19]. In München soll 1315 der Marktplatz u. a. durch Verlegung der Fleischbänke sauberer gemacht werden, damit er für Herren, Bürger und Gäste „desto lustsamer, desto schöner und gemachsamer" werde[20]. Der Zürcher Rat ist 1338 dagegen, daß *unsuberkeit* auf die Gasse geschüttet wird, *wan das si suber beliben sol, unserm herren und den undertanen ze eren*[21]. Auch der Münchner Rat hält es für erforderlich, *durch der gest und der stat eren wegen* die Straßen zu reinigen. Geradezu programmatisch wird der Frankfurter Rat (1481) in der Begründung zu einer ausführlichen Sauberkeitsverordnung: Die Stadt sei vor allem mit Märkten und Messen privilegiert und werde viel besucht, sie gehöre deshalb *in die zale der erbern des richs kauffstete;* da-

---

17 STRELL, wie Anm. 2, S. 132.
18 Z. B. Erstes Straßburger Stadtrecht des 12. Jhs., Ziff. 82, in: Friedrich KEUTGEN (Hg.), Urkunden zur städt. Verfassungsgeschichte. 1. 1901. S. 93–102. Auch das Stadtrecht von Freiburg i. Ü. von 1249 verbietet, Unreinheiten in die Stadt zu werfen: Heinrich GENGLER (Hg.), Deutsche Stadtrechts-Alterthümer. 1882. S. 90.
19 Die Rechtsquellen des Kantons Bern. Erster Teil: Stadtrechte. Das Stadtrecht von Bern I und II. SlgSchweizRQ II. Abt: Die Rechtsquellen d. Kantons Bern. Aarau. ²1971. S. 349 nr. 264.
20 SOLLEDER, wie Anm. 1, S. 357, Anordnung Ludwigs d. Bayern.
21 Die Zürcher Stadtbücher des XIV. und XV. Jahrhunderts, hg. H. ZELLER-WERDMÜLLER. 1. 1899. S. 165 nr. 341.

her *sei billich, das sie glich andern steten iren genoszen in erberkeit und reynikeit gehalten werde*[22]. Eine verbal ebenso positive Grundeinstellung zur Sauberkeit, gelegentlich sogar Freude daran, wird auch in halboffiziellen Äußerungen deutlich. So meint der Augsburger Chronist Burkard Zink zum Beginn der Straßenpflasterung (1416): *da was es hüpsch und gar zierlich* [= schmuck, eine Zierde] *und geviel jederman wol.* Wilhelm Rem, ebenfalls Augsburger, findet (1520), die hohen Kosten für das Ausräumen des *kott* aus dem Stadtgraben hätten sich gelohnt, denn *es ward hüpsch darnach, dan der boden im graben ist kiesig.* Und nach Felix Fabris Überzeugung legten die Bürger von Ulm ganz besonderen Wert auf die Sauberkeit *(munditia)* ihrer Stadt[23]. Umgekehrt erklärt Endres Tucher bei der Aufzählung seiner Pflichten als Nürnberger Stadtbaumeister seine ausgeprägte Abneigung gegen schlechte Gerüche und ganz allgemein gegen Verschmutzungen: Er sorgt sich über die mögliche Verunreinigung des Pegnitzufers bei der Grubenleerung, weil *solich kott ser ubel* [121] *schmeckt und grausam sieht.* Unsauber gehaltene Vorwerke empfindet er als *unlust,* nicht ordentlich abgeleitetes Schmutzwasser als *großen unlust*[24]. Die angeführten Belege weisen wohl ausreichend nach, daß zumindest in der Theorie von einem völlig fehlenden Sauberkeitsbewußtsein im öffentlichen Bereich nicht die Rede sein kann.

Diese Behauptung kann durch den Wortlaut zahlreicher städtischer Verordnungen aus dem Ver- und Entsorgungssektor bekräftigt werden. So hat man sich zweifellos Gedanken über die Reinhaltung der Luft gemacht. Nürnberg verbietet z. B. in der ersten Hälfte des 14. Jahrhunderts die Zubereitung von Flachs innerhalb der Mauern; das erinnert zwar an das entsprechende Verbot in den Konstitutionen K. Friedrichs II., doch muß offenbleiben, ob nicht hier der Gedanke des Feuerschutzes maßgebend ist. Bei der im Nürnberger Satzungsbuch unmittelbar dem Flachsverbot nachfolgenden Anordnung wird die Intention aber ausdrücklich ausgesprochen: Schlechtes Schmalz darf in der Stadt nicht geschmolzen werden, ebenso ist das Brennen von Häfen untersagt. Beides muß in gehörigem Abstand *(drei roslauf)* geschehen und so, *daz der wint den smac von der stat treibe*[25]. Der Zürcher Rat will den Betrieb eines Färberkessels nur erlauben, wenn kein *tâmf davon gân mug* und die Nachbarn möglichst wenig *von*

---

22 SOLLEDER, wie Anm. 1, S. 396; Die Gesetze der Stadt Frankfurt am Main im Mittelalter. Hg. u. eingel. von Armin WOLF. Veröff. d. Frankf. Hist, Komm. 13. 1969. S. 375–377 nr. 289. Der Grundsatz, die Stadt zu besonderen Anlässen reinigen zu lassen, begegnet öfters; daraus wird meist auf den Alltagsschmutz geschlossen. Vgl. GOODCHILD/FORBES, wie Anm. 2, S. 532. Der Zusammenhang festlicher Anlaß-Reinigungsmaßnahmen spricht aber doch in erster Linie gegen die angebliche Gleichgültigkeit.

23 Die Chroniken der deutschen Städte vom 14. bis ins 16. Jahrhundert. Hg. Hist. Komm, bei der Bayer. Akad. d. Wiss. Augsburg 2. 1866 (ND 1965). S. 146; Augsburg 5. 1896 (ND 1966). S. 132f.; Fratris Felicis Fabri tractatus de civitate ulmensi, de eius origine, ordine, regimine, de civibus eius et statu. Hg. Gustav VEESENMEYER. BiblLitV 186. 1889. S. 52.

24 Endres Tuchers Baumeisterbuch der Stadt Nürnberg. Hg. Matthias LEXER. BiblLitV 64. 1862 (ND 1968). S. 115, S. 253, S. 256, S. 303.

25 Satzungsbücher und Satzungen der Reichsstadt Nürnberg aus dem 14. Jahrhundert. Bearb. von Werner SCHULTHEISS. Quellen z. Gesch. u. Kult. d. Stadt Nürnberg. 3,1. 1965. S. 133. Feuerschutz dürfte maßgebend sein bei der häufigen Verlegung bzw. dem Verbot von Gewerbebetrieben wie Schmieden, Bäckereien, Brauhäuser. Vgl. Die Gesetze der Stadt Frankfurt, wie Anm. 22, S. 132 nr. 13, S. 182f. nr. 81, S. 409 nr. 330, S. 414 nr. 342; Die Rechtsquellen des Kantons Bern, wie Anm. 19, S. 349 nr. 264; siehe auch unten S. 147 Anm. 136.

gesmak und von röches wegen geschädigt werden[26]. Nach Ansicht des Frankfurter Rates (1481) können Unsauberkeit und schlechte Luft die Ursache von mancherlei *ungesont und verachtunge* sein; eine Verordnung gegen das Leimsieden und die Anlage von Gerbergruben innerhalb der Stadt dürfte auf diese Überzeugung zurückzuführen sein. Noch deutlicher ist der Bezug auf die herrschende Miasma-Lehre (vergiftete Luft als Krankheitsursache) in Augsburg, wo 1563 während eines Sterbens Reinigungsmaßnahmen damit begründet werden, der *beß geschmack* sei keine geringe Ursache der Seuche[27]. An die hohe Wertschätzung guter Luft in den eingangs zitierten theoretischen Schriften erinnert es auch, wenn in Stadtbeschreibungen des 15. Jahrhunderts Städte wie Basel, Ulm oder Nürnberg wegen ihrer reinen Luft besonders gelobt werden[28].

Auf die Wasserversorgung ist vor allem unter dem Gesichtspunkt des tatsächlich Erreichten einzugehen, aber es sind auch einige Belege über zeitgenössische Anschauun[122]gen und Kenntnisse aus dem Bereich der oberdeutschen Städte anzuführen. So hält der Berner Chronist Conrad Justinger den Bau von Wasserleitungen für eine *große notdurft;* diesen Kommentar gibt er zweimal, zum städtischen Leitungsbau 1393 und 1420. Im zweiten Fall begründet er seine Ansicht auch: Im Berner Mattequartier habe es bisher keine Brunnen gegeben, und *wie trüb und unrein die Are waz, so hatten si da niden kein ander wasser*[29]. Eine Stelle wie diese zitiere ich nur mit einigem Zögern, weil ihr Inhalt allzu selbstverständlich wirkt. Man muß dabei aber an die häufige Behauptung von der völligen Gleichgültigkeit des Mittelalters gegenüber Schmutz denken; außerdem erinnert Justingers Bemerkung an die einleitend zitierten Grundsätze der Qualitätsbestimmung von Trinkwasser nach äußeren Merkmalen. An die Aufzählung verschiedener Wassersorten bei Leon Battista Alberti erinnert auch der Ulmer Felix Fabri, der Bach-, Quell-, Regen- und Grundwasser unterscheidet[30]. Kenntnisse über den Zusammenhang zwischen Herkunft und Qualität des Wassers zeigt Conrad Celtis, der Quellwasser, das durch Sand gefiltert ist *(per arenas colata)*, als *dilutissima et suavissima* bezeichnet. Der Sigrist des Berner Münsters muß Mitte des 15. Jahrhunderts schwören, Weihwasser nur noch aus dem Brunnen, nicht mehr aus dem Bach zu nehmen[31].

---

26   Die Zürcher Stadtbücher, wie Anm. 21, 2. 1901. S. 409f. nr. 252.

27   Die Gesetze der Stadt Frankfurt, wie Anm. 22, S. 375–377 nr. 289 u. S. 415 nr. 345; Die Chroniken der deutschen Städte, wie Anm. 23, Augsburg 8. 1928 (ND 1966). S. 454. Zum Vorherrschen der Miasmatheorie bis ins 19. Jh. siehe oben Anm. 16.

28   Klaus VOIGT, Italienische Berichte aus dem spätmittelalterlichen Deutschland, Von Francesco Petrarca zu Andrea de'Franceschi (1333–1492). Kieler hist. Stud. 17. 1972. S. 107 (Enea Silvio über Basel. Die Unterscheidung von Gebirgsluft und Luft der Ebene entspricht ganz der in den zitierten Fürstenspiegeln aufgegriffenen antiken Tradition); Fratris Felicis Fabri tractatus, wie Anm. 23, S. 52 über Ulm; Albert WERMINGHOFF, Conrad Celtis und sein Buch über Nürnberg. 1921. S. 146 zu Nürnberg (die Arbeit enthält den Textabdruck der Norimberga).

29   Zitate nach Hans MORGENTHALER, Die ältere Trinkwasserversorgung der Stadt Bern. Bern 1951. S. 11 u. S. 15.

30   Fratris Felicis Fabri tractatus, wie Anm. 23, S. 51.

31   WERMINGHOFF, Conrad Celtis, wie Anm. 28, S. 140; MORGENTHALER, wie Anm. 29, S. 15.

Auf die gar nicht seltenen Äußerungen über die Wichtigkeit der Brauchwasserversorgung kann hier nicht im einzelnen eingegangen werden[32] Vordringlicher scheint mir die Frage, ob man über die mögliche Gefährdung der Wasserqualität durch menschliche Ausscheidungen tatsächlich nichts gewußt hat, denn angeblich ließen die Bürger ja ganz allgemein „mit der größten Sorglosigkeit" Exkremente direkt neben ihren Brunnen versickern[33]. Über die Auswirkungen eines ganz unmittelbaren Kontaktes war man sich, naheliegenderweise, durchaus klar. Ich zitiere dazu einen Bericht des Chronisten Fritsche Closener, nach dem die Straßburger bei einer Burgbelagerung Fäßchen mit *olbergrien* (Kot) schleuderten; sie *entsuferten ire burnen and alle ire wonungen,* was den Belagerten *gar widerwertig was*[34]. Differenziertere Kenntnisse über die Beeinträchtigung der Trinkwasserqualität durch Fäkalien belegt die Münchner Bauordnung von 1489: Wer künftig in der Stadt heimliche Gemache neu anlegen wolle, der *sol durch den letten nit graben lassen, sonder auf oder in dem letten beleiben, also das die gueten prunnen daran stossend nit schadhaft noch verderbt* werden. Und weiter: Heimliche Gruben, Mistgruben und *schwindgrueben* (Sickergruben) müssen einen Mindestabstand zur Grundstücksgrenze halten und ½ bis 1 Werkschuh dick mit Letten ausgeschlagen [123] werden[35]. Diese Vorschriften zeigen, daß an einer ziemlich engen Nachbarschaft von Abortanlagen und Grundwasserbrunnen (... *daran stossend ...*) tatsächlich kein Anstoß genommen wurde, daß aber die wasserhaltenden Eigenschaften bestimmter Bodenformationen genau bekannt waren und isolierende Baumaßnahmen für notwendig befunden wurden. Die Stelle belegt auch, daß man verdorbene Brunnen von den guten unterscheiden konnte, vermutlich durch Prüfung von Farbe und Geruch des Wassers. Festzuhalten ist ferner, daß hier eine von Leon Battista Albertis Konzept des alles verzehrenden Erdinnern abweichende, wohl empirisch gewonnene Kenntnis möglicher Gefährdung zugrunde liegt. Auch andernorts läßt sich dieser Wissensstand nachweisen: Eine Straßburger Bauordnung von 1482 bestimmt, zwischen einem *prefeye* und einem benachbarten Keller müßten drei Schuh guter Grund stehenbleiben, bei schlechtem Grund müsse *das prefeye* mit Letten ausgeschlagen werden[36]. Eine ähnliche Vorschrift, aber ohne Erwähnung der bautechnischen Einzelheiten, gibt es in Nürnberg schon zu Beginn des 14. Jahrhunderts: Der Rat hält es für notwendig, daß zwischen einem Privet und dem Stadtbach mindestens 10 Schuhe

---

32 Der Straßburger Rat findet, daß die ausreichende Brauchwasserzuleitung den *gemeynen nutz antrift der jederman berüret:* Jean BRUCKER, Strassburger Zunft- und Polizei-Verordnungen des 14. und 15. Jahrhunderts. Strassburg 1889. S. 240. Felix Faber vergleicht den Ulmer Stadtbach mit einem *domesticus et potens civis,* der der Stadt wichtige Dienste leistet. Fratris Felicis Fabri tractatus, wie Anm. 23, S. 50.

33 STRELL, wie Anm. 2, S. 133.

34 Die Chroniken der deutschen Städte, wie Anm. 23, Straßburg 1. 1869 (ND 1961). S. 98f.

35 Franz AUER (Hg.), Das Stadtrecht von München. 1840. S. 213 Art. 39 u. S. 216f. Art. 48f. Bei dem „Letten" handelt es sich um eine wasserundurchlässige Flinz-Schicht. Vgl. Michael SCHATTENHOFER, Die öffentlichen Brunnen Münchens von ihren Anfängen bis zum Ende des 18. Jahrhunderts. In: Otto J. BISTRITZKI, Brunnen in München. Lebendiges Wasser in einer großen Stadt. 1974. (S. 7–32) S. 10.

36 Karl Theodor EHEBERG, Verfassungs-, Verwaltungs- und Wirtschaftsgeschichte der Stadt Straßburg bis 1681. 1. Urkunden und Akten. Strassburg 1899. S. 319–321 nr. 124.

Abstand bleiben. Falls nicht so viel Platz vorhanden ist, muß das Privet *inwendich* nach dem Rat der Baumeister gemacht werden[37].

Daß solche Anordnungen auf rationalen Überlegungen beruhen müssen, wird schwerlich zu bestreiten sein, auch nicht, daß sie im Ansatz richtig sind. Freilich, ganz abgesehen von der Frage nach der Befolgung, erscheinen die Schutzvorschriften wegen viel zu geringen Abständen nach unseren Maßstäben nicht als ausreichend. Vor einer Erneuerung oder Bekräftigung des Vorwurfs der auf Fahrlässigkeit beruhenden Unkenntnis ist aber wieder daran zu erinnern, daß eine Wirksamkeitskontrolle bis weit in die Neuzeit hinein nur nach der eingangs erwähnten Sinnenprüfung auf Farbe, Geruch und Geschmack des Wassers möglich war.

Die zuletzt angeführten Belege haben von der Wasserversorgung bereits übergeleitet zu der Frage nach zeitgenössischen Vorstellungen über Entsorgungsmaßnahmen. Hier kann auf den ersten Blick von der eben behaupteten Rationalität offenbar nicht die Rede sein. Vorschriften, denen Erkenntnisse über die Wichtigkeit des Gewässerschutzes zugrundegelegt scheinen, stehen Verordnungen gegenüber, die Abfallbeseitigung mittels und in Wasser zum Programm erheben; das Verdikt völliger Zerfahrenheit scheint hier zuzutreffen. Bei genauerem Zusehen stellt sich freilich heraus, daß konträre Anweisungen darüber, wie und wohin Abfälle zu beseitigen sind, meist auf ganz verschiedene Stoffe bezogen sind. Für schädlich gehalten wurde es offenbar vor allem, festen, nicht löslichen Abfall und Material, das schwerer ist als Wasser, in Flußläufe oder Gräben zu kippen. Diese Ansicht ergibt sich aus Verordnungen des Straßburger Rates (15. [124] Jahrhundert), in denen verboten wird, Steine, Kehricht, Schutt und alles, was im Wasser auf den Grund sinkt, in die Stadtgräben oder in die Breusch zu schütten[38]. In Zürich wird 1417 angeordnet, Stadtgraben, Stadtbach und Limmat müßten freibleiben von *bu, kummer, erd, stein* [und] *ander gemuder,* in Nürnberg darf kein Bauschutt in die Pegnitz gebracht werden[39]. Der Frankfurter Rat begründet 1584 sein Verbot, *kersal* in den Main zu werfen, damit, es würden dadurch die Ufer überschwemmt, die Viehtränken verunreinigt, die Schiffahrt behindert. Fast im Wortlaut der spätmittelalterlichen Ordnungen wird in Heilbronn noch 1843 untersagt, Schutt und alles, was nicht schwimmt, in den Neckar zu werfen[40]. Nach der Aussage der Quellen geht es bei diesen Vorschriften um den Schutz vor Verlandung, vor allem im Hinblick auf die gewerbliche Nutzung der Wasserläufe. Ob und wie weit auch zeitgenössische Vorstellungen von der Gefährlichkeit stagnierenden Wassers maßgebend waren, kann ich nicht entscheiden.

Als Alternative zur Beseitigung im Wasser wird in einer Vielzahl von Erlassen der Abtransport fester Abfälle und besonders von Mist aus der Stadt angeordnet. Unter dem Gesichtspunkt der Fragestellung nach dem Wissensstand im Entsorgungsbereich

---

37 Satzungsbücher, wie Anm. 25, S. 62 (Satzungsbuch von 1302 bis ca. 1315).
38 EHEBERG, wie Anm. 36, S. 393 nr. 165, S. 467 nr. 230, S. 480 nr. 242. Vgl. auch BRUCKER, wie Anm. 32, S. 409 u. S. 515.
39 Die Zürcher Stadtbücher, wie Anm. 26, S. 75f. nr. 100; Endres Tucher, wie Anm, 24, S. 58.
40 Die Gesetze der Stadt Frankfurt, wie Anm. 22, S. 468 nr. 419; Wilhelm STEINHILBER, Das Gesundheitswesen im alten Heilbronn, 1281–1871. Veröff. d. Arch. d. Stadt Heilbronn 4. 1956. S. 35. Zu erinnern ist auch an die oben S. 117 zitierte Stelle aus Philipp v. Leyden, wonach Färbereiabfälle (Farbpflanzen) die Schiffahrt behindern.

ist dabei wichtig, daß auch Bemühungen um ein, modern ausgedrückt, geordnetes Deponierungsverfahren erkennbar werden. In Nürnberg, wo vor der Mitte des 14. Jahrhunderts nur allgemein vorgeschrieben wurde, Abfälle mindestens *drei roslauf* von der Stadt entfernt niederzulegen, verlangt der Rat Ende des 14. Jahrhunderts die Ablage bei bestimmten, durch Steine markierten Plätzen[41]. Der Frankfurter Rat wollte 1481 erreichen, daß Bauschutt an Stellen gefahren wird, wo er unschädlich ist, für Mist ließ er eigene *mistkuten* vor der Stadt anweisen. 1584 wurde vorläufig die Deponierung des Mülls *(kersal)* im Hirschgraben vorgeschrieben[42]. Auch in Straßburger Verordnungen des 15. Jahrhunderts wird der Grundsatz aufgestellt, Kehricht *(vegot)* dürfe nur noch an bestimmten Plätzen außerhalb der Stadt aufgeschüttet werden, die durch Pfähle gekennzeichnet seien[43].

Bauschutt, Hausmüll, Kehricht und Mist waren nach zeitgenössischer Ansicht also besser außerhalb der Gewässer zu deponieren, gerade entgegengesetzt sollte offenbar mit löslichen Abfällen, in erster Linie bei den menschlichen Fäkalien, verfahren werden. Schon das Augsburger Stadtrecht von 1276 schreibt vor, der Henker habe alle *sprachhäuser* zu räumen und den Aushub in den Lech zu schütten, freilich nur an zwei eigens bezeichneten Stellen. Daß hier aber nicht ganz ohne Bedacht reglementiert wurde, zeigt ein späterer Zusatz zum Stadtrecht: Unter Berufung auf die vermehrte Bevölkerung werden zusätzliche Ausleerstellen am Lech genehmigt, aber mit der Einschränkung, die [125] Häuser dürften nur im Winter geräumt und der Ausraum nur nachts in den Fluß gekippt werden[44]. Auch nach dem Willen des Frankfurter Rates (1437) sollten die *heymelichkeitfegere* das Produkt ihrer Tätigkeit in den Main schütten, dafür waren aber ebenfalls besondere Stellen vorgeschrieben, an denen die Beseitigung ohne Verunreinigung der Ufer möglich schien[45]. Der Umweg der Fäkalien über die Grube wurde aber nicht in jedem Fall verlangt: Nach dem Stadtrecht von München mußte, wer aus Platzmangel *nicht privets gehaben mag,* seinen *unflat* direkt zur Isar tragen[46]. Wenn man sich trotz solcher Verfahrensgrundsätze nicht auf die Entrüstung über das schmutzige Mittelalter beschränken will, fällt neben den angeführten Vorsichtsmaßnahmen immerhin auf, daß große, rasch fließende Wasserläufe zur Fäkalienbeseitigung empfohlen werden. Das erinnert an die einleitend erwähnte, theoretische Wertschätzung des fließenden Wassers für die Beseitigung besonders unangenehmer Abfälle. Dabei lassen sich aber noch engere Parallelen herstellen: In Nürnberg, wo wie in Augsburg das Grubensystem mit Leerung in den Fluß angewendet wurde, war Stadtbaumeister Endres Tucher der Ansicht, bei ausreichender Wasserführung sei die Pegnitz in der Lage, allen Aushub, *das kott,* zu *verzern.* Hier begegnet also in

---

41 Satzungsbücher, wie Anm. 25, S. 139 (Satzungsbuch 1315/30 bis ca. 1360) u. S. 304 (Satzungsbuch ca. 1382 bis 15. Jh.).

42 Die Gesetze der Stadt Frankfurt, wie Anm. 22, S. 375–377 nr. 289 u. S. 468 nr. 419.

43 EHEBERG, wie Anm. 36, S. 393 nr. 165 u. S. 480–482 nr. 242.

44 Das Stadtbuch von Augsburg, insbesondere das Stadtrecht vom Jahre 1276. Hg. Christian MEYER. 1872. S. 71 Art. XXVII, § 6.

45 Die Gesetze der Stadt Frankfurt, wie Anm. 22, S. 318 nr. 226. Vgl. auch Fratris Felicis Fabri tractatus, wie Anm. 23, S. 45, wo mitgeteilt wird, daß in Ulm Abfälle unterhalb der Stadt in die Donau gekippt werden.

46 AUER, wie Anm. 35, S. 138 Art. 358 u. S. 185 Art. 490. Vgl. auch die Chroniken der deutschen Städte, wie Anm. 27, S. 453f. (Augsburg 1563).

leichter Abwandlung die Vorstellung Leon Battista Albertis wieder, der davon aus-
ging, das fließende Grundwasser bzw. der Leib der Erde könne den Abfluß der Kanalisation schadlos verzehren[47]. Auch in den Konstitutionen K. Friedrichs II. wurden, wie
erwähnt, Flußläufe zur Beseitigung der Abfälle, besonders von Aas, empfohlen. Es
überrascht, genau dieser Ansicht reichlich 250 Jahre später wieder in einer oberdeutschen Stadt zu begegnen: In Heilbronn wurde 1489 ausdrücklich verboten, beanstan-
detes Fleisch zu vergraben oder zu verbrennen, es müsse in den Neckar geworfen werden. Erst 1814 wurde diese Anordnung aufgehoben[48].

Völlige Gedankenlosigkeit im Entsorgungsbereich möchte ich nach diesen Belegen nicht mehr unterstellen. Es scheint doch so, als liege zumindest einem Teil der
Anordnungen die Überlegung zugrunde, nach dem Kenntnisstand der Zeit objektiv das
Richtige zu wollen. Akzeptiert man es als Ausdruck eines Verfahrensprinzips und
nicht des Zufalls, wenn größere Flußläufe im Vertrauen auf ihre Fähigkeit des „Ver-
zehrens" in der geschilderten Weise zur Abfall- und Fäkalienbeseitigung herangezogen werden sollten, dann lassen sich auch weitere scheinbare Widersprüchlichkeiten
als differenzierte Vorgehensweisen erklären: Innerhalb der Stadt und bezüglich der
Stadtbäche mit ihrer begrenzten Wasserführung war das unerwünscht, was hinsichtlich
der großen Flüsse ausdrücklich vorgeschrieben wurde. In Nürnberg war, wie erwähnt,
beim Bau von Privets ein Mindestabstand vom Stadtbach einzuhalten, die direkte
Einleitung war verboten; in Frankfurt sollten Mistgruben nicht in den Stadtbach ein-
fließen; in München [126] war verboten, Unrat heimlich in die Stadtbäche zu leiten[49].
Auch zur Beseitigung gewerblicher Abwässer und Abfälle sollten nach dem Willen
der Obrigkeiten die Stadtbäche nicht oder nur unter bestimmten Voraussetzungen
verwendet werden dürfen. So wollte z. B. Bern den Gerbern die Nutzung des Stadtbaches nur an dessen Austritt aus der Stadt erlauben, nach einem weiteren Erlaß sollten Unsauberkeiten nur nachmittags in den Bach geschüttet werden[50]. Auch nach den
Vorstellungen des Nürnberger Rates sollte der Fischbach frei bleiben von Unflat und
den Abfällen der Lederer und Bader; erst unterhalb des Spitals war das Wässern der
Häute erlaubt[51].

Für die Beseitigung des häuslichen Schmutzwassers lassen gegensätzliche Anordnungen ebenfalls zwei verschiedene Prinzipien erkennen: Das Versickern auf dem eigenen Grundstück oder die geordnete Ableitung über Rinnen. Gänzlich unerwünscht
war jedenfalls die einfache Ableitung auf die Straße, das zeigen zahlreiche Verbote
wie in Nürnberg (Anfang des 14. Jahrhunderts) oder Zürich (1338), wo der Rat auch
ausdrücklich auf den Grundsatz verweist, hinten aus dem Haus geschüttetes Wasser
habe in dem *hövelin* zu bleiben, in das es geschüttet werde. Küchenabflußrinnen auf

---

47 Endres Tucher, wie Anm. 24, S. 115. Vgl. auch oben S. 118.
48 STEINHILBER, wie Anm. 40, S. 41.
49 Satzungsbücher, wie Anm. 25, S. 62 u. S. 146; Endres Tucher, wie Anm. 24, S. 349; Die Gesetze
    der Stadt Frankfurt, wie Anm, 22, S. 226f. nr. 138 Ziff. 5 (1413); SOLLEDER, wie Anm. l, S. 396
    (1433).
50 Die Rechtsquellen des Kantons Bern, wie Anm. 19, S. 349 nr. 264 (1314) u. S. 358f. nr. 285
    (1403).
51 Satzungsbücher, wie Anm. 25, S. 62 (Satzungsbuch 1302 bis ca. 1315), S. 146 (Satzungsbuch
    1315/30 bis ca. 1360), S. 235 (Satzungsbuch ca. 1330/34 bis 1390), S. 307 (1385).

das Pflaster werden in Augsburg 1416 untersagt. Eine Art Zwischenlösung deutet sich an in einer Nürnberger Ratsvorschrift (erste Hälfte des 14. Jahrhunderts): Der Bader unter der Burg solle für seine Abwässer eine Grube anlegen, die nur bei Regen oder während der Nacht durch die Stadt abgelassen werden dürfe[52]. Recht früh begegnen aber auch schon Anweisungen, die sich mit der Handhabung von Rinnen und Kanälen beschäftigen. Sehr instruktiv ist ein Entscheid des Zürcher Rates von 1343: Mehrere Grundstücksbesitzer, die sich weigerten, auf eigene Kosten eine Abzugsdohle für ihre Abwässer durch ein Nachbargrundstück zu bauen, müssen künftig alles Wasser auf den eigenen Hofstätten beseitigen[53]. Für den Bau von Ableitungen schreibt der Frankfurter Rat (1501) allgemein vor, er habe ohne Schaden anderer Leute zu erfolgen. Konkretere Vorstellungen vermittelt ein Straßburger Erlaß von 1482: Abwasserableitungen außerhalb des eigenen Grundstücks sind nur erlaubt, wenn sie zu einem Wasser oder Graben führen, wo niemand wohnt[54]. In der Regel, und dies bestätigt erneut ein überlegtes Vorgehen, sollten solche Rinnen in größere Flußläufe, nicht etwa über die Stadtbäche abgeleitet werden.

Auch die bei Leon Battista Alberti ausgesprochene Erkenntnis von der Wichtigkeit des ungestörten Abflusses von Schmutzwasser läßt sich für den Untersuchungsraum [127] nachweisen: Der Zürcher Rat wendet sich 1326 dagegen, daß eine zur Limmat führende Rinne durch feste Abfälle verstopft wird. Der Straßburger Rat erläßt im 15. und noch im 17. Jahrhundert Verordnungen, daß die Rinnen, die Unsauberkeiten zur Breusch führen, am Fließen gehalten werden sollen. Endres Tucher sorgte sich, wie in Nürnberg die zur Pegnitz führenden Rinnen auch bei Frost freigehalten werden könnten[55]. Als letztes Detail zu den zeitgenössischen Kenntnissen und Verfahrensnormen ist noch anzuführen, daß solche Abwasserrinnen, jedenfalls soweit sie offen durch die Stadt führten, in der Regel nicht zur Aufnahme von Fäkalien dienen sollten; das scheint in der Literatur nicht immer beachtet zu werden. Jedenfalls berichtet Endres Tucher für Nürnberg, es sei Vorschrift bezüglich *all graben und reihen ... das niemand kein privet dorein haben und machen soll.* Noch ausführlicher vertritt 1563 der Augsburger Rat den gleichen Grundsatz: Spülwasser und dergleichen Unsauberkeiten gehören *in die rechten rinnen auf des reichs straß,* wo dafür gesorgt werden müsse, daß alles vollständig weggeschwemmt werde. Dagegen sollen Harn und weitere derartige Unsauberkeiten keinesfalls in die Straßenrinnen geschüttet werden, sie gehören ausschließlich in den Lech oder in die heimlichen Gemache[56].

Offenbar hat es also im Spätmittelalter doch eine eingehendere Beschäftigung mit Problemen der städtischen Ver- und Entsorgung gegeben, als meistens angenommen

---

52 Ebd. S. 163 u. S. 185 (Satzungsbuch 1315/30 bis ca. 1360); Die Zürcher Stadtbücher, wie Anm. 21, S. 165 nr. 341 (1338) u. S. 22 nr. 56 (Anf. 14. Jh.); Die Chroniken der deutschen Städte. Augsburg 2, wie Anm. 23, S. 146 Anm. 3.

53 Die Zürcher Stadtbücher, wie Anm. 21, S. 155 nr. 327.

54 Die Gesetze der Stadt Frankfurt, wie Anm. 22, S. 184 nr. 84; EHEBERG wie Anm. 36, S. 319–321 nr. 124.

55 Die Zürcher Stadtbücher, wie Anm. 21, S. 45 nr. 115; EHEBERG, wie Anm, 36, S. 470–473 nr. 234 Ziff. 6 u. 13 sowie S. 706–708 nr. 373 Ziff. 4 u. 6; Endres Tucher, wie Anm. 24, S. 253.

56 Endres Tucher, wie Anm. 24, S. 282; Die Chroniken der deutschen Städte. Augsburg 8, wie Anm. 27, S. 453f. Abweichend STRELL, wie Anm. 2, S. 157 und BOOS, wie Anm. 2, S. 266f. SCHWINEKÖPER, wie Anm. 3, S. 60–62 unterscheidet Kloaken und offen auf den Straßen fließende Bäche.

wird. Zwischen dem einleitend vorgestellten theoretischen Wissen und den Grundsätzen, die sich für den städtischen Bereich ermitteln ließen, besteht hinsichtlich Luft und Wasser recht gute Übereinstimmung, bezüglich der Abfallbeseitigung sind die städtischen Nachweise sehr viel detailreicher. Ganz kurz läßt sich zusammenfassen:

1. Dem Stand der medizinischen Kenntnisse der Zeit entsprechend, reflektieren städtische Verordnungen Vorstellungen über den Zusammenhang zwischen Luft und Wasser einerseits und menschlicher Gesundheit andererseits.
2. Es gibt ansatzweise Vorstellungen über die Erfordernisse einer guten Trinkwasserversorgung.
3. Es gibt Vorstellungen über den Zusammenhang zwischen Entsorgung und Sauberkeit im weitesten Sinn und menschlicher Gesundheit.
4. Vorstellungen über die Zweckmäßigkeit einer geordneten und differenzierten Abfall- und Abwasserbeseitigung werden erkennbar.

IV. Exkurs: Hinweise zum individuellen Sauberkeitsstandard

Bevor abschließend danach gefragt wird, wieviel von den ermittelten Prinzipien denn in die spätmittelalterliche Wirklichkeit eingegangen ist, soll in diesem Exkurs ein Blick auf das individuelle Sauberkeitsbewußtsein geworfen werden. Die Absicht dabei ist, an [128] einigen Beispielen nachzuprüfen, ob sich die für das Mittelalter angeblich typische Schmutzunempfindlichkeit denn hier nachweisen läßt, wenn sie schon im öffentlichen Bereich zumindest nicht als Verhaltensnorm zu unterstellen ist. Auf eine Auswertung der widersprüchlichen, oft sehr drastischen erzählenden Quellen[57] muß ich verzichten; es ist aber festzuhalten, daß das Lob der Sauberkeit und der Tadel des Schmutzes, ganz unabhängig vom jeweiligen Wahrheitsgehalt der Schilderung, die Unterstellung völliger Gleichgültigkeit widerlegen. In diesem Sinn haben auch die folgenden Belege Gewicht, selbst wenn sie mindestens teilweise nur als Absichtserklärung zu werten sind.

Ich beginne in der Sozialskala ganz unten. In Frankfurt ist der Verwalter der Elendenherberge um 1470 angewiesen, Bettücher, Handtücher und dergleichen im Bedarfsfall alle 14 Tage zu waschen und täglich die Betten aufzuschütteln. In Straßburg (15. Jahrhundert) sollten sich die Besucher der Elendenherberge vor Tisch Füße und Beine mit warmem Wasser waschen; wer unsaubere Gebresten hatte oder seine Kleider nachts nicht ablegen wollte, erhielt keine Bettwäsche, sondern nur einen Strohsack. Auch im Nürnberger Pilgrimspital Heiligkreuz sollten nach der Ordnung von 1516 die Gäste ihre Kleider außerhalb des Schlafraums ablegen; der Spitalmeister sollte alle Betten und Polster zweimal im Jahr sonnen. Vorschriften über die Häufigkeit des Wäschewaschens variieren stark: Die Straßburger Spitalsordnung für Sieche von 1529

---

57 Vgl. Konrad v. Megenberg, wie Anm. 9, S. 62 (dort in Anm. 4 weitere Quellen- und Literaturnachweise) u. S. 228f.: allgemeines Lob der Sauberkeit, Tadel der schmutzigen Bayern, Schilderung der deutschen Badegewohnheiten, Äußerungen italienischer Reisender bei VOIGT, wie Anm. 28, S. 59f., S. 176, S. 185. Die Zustände in Herbergen und in den Städten zu Beginn des 16. Jhs. schildert auch der Basler Thomas Platter: Thomas und Felix Platter. Zur Sittengeschichte des XVI. Jahrhunderts. Bearb. v. Heinrich BOOS, 1878, S. 20, S. 22, S. 33.

und die Konstanzer Spitalsordnung für Waisenkinder und Kranke von 1542 schreiben im Sommer zwei, im Winter drei Wochen Abstand vor. Das Lindauer Spital erhielt 1434 eine Stiftung, damit den Armen die Wäsche jährlich achtmal, d. h. reichlich alle sechs Wochen, gewaschen werde. Im Villinger Spital ist dagegen 1502 nur zweimal jährlich eine allgemeine Wäsche vorgesehen, wer mehr will, der *luog ... selb darumb.* Nach der Konstanzer Wirtstaxe der Konzilszeit war es vorgeschrieben, die Bettwäsche einmal pro Monat zu waschen; das darf wohl als Durchschnitt gelten, der für die Bedürfnisse gesunder Erwachsener als angemessen betrachtet wurde[58].

[129] Auf die Beliebtheit des Badens im Mittelalter wird in der Literatur häufiger hingewiesen[59], zahlreiche Ordnungen lassen einen Turnus von 14 Tagen als verbreitete Gewohnheit erscheinen. Nur ausnahmsweise wird in Nürnberg in dem von Konrad Groß Mitte des 14. Jahrhunderts gestifteten Spital durch eine eigene Zustiftung die Frequenz auf ein wöchentliches Bad erhöht, allerdings nur für die Siechen. 14 Tage sind vorgeschrieben in der Mendelschen Zwölfbrüderstiftung (Nürnberg, 1388 und Folgejahre), in der Augsburger Stiftung von Peter Egen (1445), im Spital Biberach (1491) und im Straßburger Mehreren Hospital (um 1540), wo im Abstand von zwei Wochen abwechselnd Bade- oder *zwagtage* stattfinden. Für die Aussätzigen in Straßburg soll Mitte des 15. Jahrhunderts die große Badestube zwar nur alle vier Wochen geheizt werden, da aber eine weitere, kleine Badestube mitbenützt wird, ergibt sich ebenfalls ein zweiwöchiger Badeturnus. Ein Badezuber soll hier übrigens höchstens sechs Ohm Wasser enthalten, was rund 275 l entsprechen könnte. Nur alle drei Wochen wird ein Bad vorgeschrieben in der Ordnung der Nürnberger Zwölfbruderstiftung des Matthäus Landauer (1510), aber der Pfleger darf nach Bedarf sowohl kürzere wie längere Fristen setzen[60]. Eine gewisse Kontrolle des Wirklichkeitsbezugs solcher Ordnungen ermöglicht Endres Tucher, nach dessen Bericht es in Nürnberg im 15. Jahrhundert üblich war, daß Bauhandwerker wegen ihres Badeabends alle 14 Tage eine

---

58 Frankfurter Amts- und Zunfturkunden bis zum Jahre 1612. Hg. Karl BÜCHER u. Benno SCHMIDT. 2. Veröff. d. Hist. Komm. d. Stadt Frankfurt a. M. 4,2. 1915. S. 115–117 nr. 64; Otto WINCKEL-MANN, Das Fürsorgewesen der Stadt Straßburg vor und nach der Reformation, 2 Teile. QForschRefG 5. 1922. Teil 1, S. 43 u. Teil 2, S. 52–54 nr. 17; Helmut Frhr. HALLER v. HALLERSTEIN, Die Geschichte der Heilig-Kreuz-Stiftung, In: DERS. U. Ernst EICHHORN, Das Pilgrimspital zum Heiligen Kreuz vor Nürnberg. Nürnb. Forschungen 12, 1969. S. 88f. WINCKELMANN, a. a. O., Teil 1, S. 138 u. Teil 2, S. 26 nr. 10; Die Statutensammlung des Stadtschreibers Jörg Vögeli, wie Anm. 1, S. 231 § 22; Bernhard ZELLER, Das Heilig-Geist-Spital zu Lindau im Bodensee von seinen Anfängen bis zum Ausgang des Mittelalters. Schwäb. Geschichtsqu. u. Forsch. 4. 1952, S. 155; Wolfgang BERWECK, Das Heilig-Geist-Spital zu Villingen im Schwarzwald von der Gründung bis zum Beginn des 17. Jh. 1963. S. 87. Ulrich Richental, Das Konzil von Konstanz. Kommentar und Text. Bearb. v. Otto FEGER. 1964, S. 173.
59 Vgl. STEINHILBER, wie Anm. 40, S. 37f.; SOLLEDER, wie Anm. 1, S. 395.
60 MUMMENHOFF, wie Anm. 2, S. 51; Wilhelm TREUE (Hg.), Das Hausbuch der Mendelschen Zwölfbruderstiftung zu Nürnberg. Deutsche Handwerkerbilder des 15. und 16. Jahrhunderts. 1. Textband. 1965. S. 57; Das Stadtbuch von Augsburg, wie Anm. 44, S. 279; Victor ERNST, Das Biberacher Spital bis zur Reformation. In: WürttVjhefteLdG, NF 6. 1897 (S. 1–112). S. 32; WINCKELMANN, wie Anm. 58, Teil 2, S. 20–26 nr. 10; BRUCKER, wie Anm. 32, S. 50f.; Joachim AHLBORN, Die Familie Landauer. Vom Maler zum Montanherrn. Nürnberger Forschungen, Einzelarbeiten zur Nürnb. Gesch. 11, 1969, S. 108.

Stunde früher von der Arbeit gingen. Der Anteil des zusätzlich gezahlten Badegeldes betrug gleichzeitig 2 bis 3% des gesamten Wochenlohns[61]. Höhere Ansprüche in den oberen Stufen der Sozialpyramide belegen z. B. die Abrechnungen des Schwäbisch Haller Patriziers Gilg Senfft (Ende 15. Jahrhundert), dessen Ausgaben ungefähr einmal pro Woche den Besuch des Bades und des Baders (Rasur) nachweisen. Auch die Ausgaben für Badeofen, Wäschewaschen und Seife – bis zu 40 Pfund jährlich – in Anton Tuchers Haushaltsbuch (1505–1517) zeigen einen beachtlichen Stand der häuslichen Sauberkeit[62]. An die völlige Unempfindlichkeit der gleichen Menschen gegenüber einer permanent verschmutzten Umgebung wird man nur schwer glauben können.

[130] **V. Nachweisbare stadtische Einrichtungen zur Wasserversorgung, Abfallbseitigung und Reinhaltung der Straßen**

So wichtig die Frage nach Wissensstand und Absichten für eine ausgewogene Beurteilung von Leistungen vergangener Generationen auch ist, entscheidend ins Gewicht fällt natürlich, wieviel tatsächlich erreicht wurde. Was süddeutsche Städte in Mittelalter und früher Neuzeit an Ver- und Entsorgungseinrichtungen wirklich aufzuweisen hatten, wie es um die vielberufene öffentliche Sauberkeit denn bestellt war, das kann schon auf Grund der Quellenlage in folgendem nur exemplarisch dargestellt werden. Methodisch halte ich es für wenig glücklich, auf die Wirklichkeit zu schließen, indem man den Wortlaut der unzähligen städtischen Erlasse einfach umdreht und z. B. aus Sauberkeitserlassen, vor allem wenn sie öfters wiederholt werden, auf fortdauernde Schmutzigkeit schließt[63]. Verordnungen wurden vorangehend ausführlicher für die Frage nach den zeitgenössischen Kenntnissen und Verfahrensgrundsätzen ausgewertet. Abschließend wird der Tenor von Erlassen nur dann berücksichtigt, wenn er das tatsächliche Vorhandensein baulicher oder behördlicher Einrichtungen bezeugt, die mit dem gestellten Thema zu tun haben. Manchmal sicher übertriebene, aber selten frei erfundene Hinweise auf städtische Leistungen geben ferner Chroniken, Stadtbeschreibungen und die Berichte ausländischer, meist italienischer, Reisender. Quellenbestände, die eine lückenlose Rekonstruktion des Ist-Zustandes und seiner Entwicklung erlauben würden, gibt es dagegen für das Untersuchungsgebiet, soweit ich sehe, nicht. Beispielsweise für Augsburg, Basel, Bern, Konstanz, München, Nürnberg, Rothenburg o. T., Schwäbisch Hall sind Haushaltsrechnungen des Mittelalters und der frühen Neuzeit in unterschiedlicher Vollständigkeit überliefert und auch ganz und

---

61 Endres Tucher, wie Anm. 24, S. 61f.; zu den Löhnen vgl. Ulf DIRLMEIER, Untersuchungen zu Einkommensverhältnissen und Lebenshaltungskosten in oberdeutschen Städten des Spätmittelalters. Abh. Akad. Heidelberg. Phil.-Hist. Kl. 1978, 1. S. 151–164.

62 Paul SCHWARTZ, Das Rechnungsbuch der Haller Brüder Daniel und Gilg Senfft aus den Jahren 1468–1507. In: WürttFrank 46 (1962), (S. 17–30) S. 27; Anton Tuchers Haushaltsbuch 1505–1517. Hg. Wilhelm LOOSE. BiblLitV 134. 1877. S. 15 (Badeofen), S. 22f., S. 27, S. 29, S. 32, S. 41 (Wäschewaschen), S. 27, S. 30, S. 39, S. 41f., S. 48, S. 51 (Seife).

63 So z. B. STEINHILBER, wie Anm. 40, S. 50 oder STRELL, wie Anm. 2, S. 142: Die mittelalterlichen Vorschriften über Straßenreinigung „gewähren … einen noch tieferen Einblick in die Art und Weise der damals vorzugsweise gebräuchlichen Abwasserbeseitigung".

teilweise für die Forschung erschlossen[64], aber aufgrund der Besonderheiten der städtischen Haushaltsführung sind sie für die vorliegende Fragestellung nur bedingt auszuwerten: Der große Posten der Bauausgaben wird meistens nur als Pauschalsumme aufgeführt, andere, in der Neuzeit kommunale Aufgaben werden nur in ganz geringen Ausgabeposten greifbar, weil sie überwiegend von anderen Institutionen oder vom Bürger selbst getragen [131] wurden. Zu bedenken ist auch, besonders unter dem Gesichtspunkt der Entwicklung, daß die erste Erwähnung von Einrichtungen oft nicht deren tatsächlichem Alter entspricht. Die Belege nehmen im 14. Jahrhundert zu, weil die Quellenlage überhaupt besser wird, und nicht, weil in den Städten zum erstenmal etwas für die Ver- und Entsorgung getan wurde. Die hochmittelalterlichen Ansätze dazu hat Berent Schwineköper nachgewiesen[65].

Ich beginne mit Angaben zur Wasserversorgung. Sie beruhte im Untersuchungsgebiet, außer auf dem nur ausnahmsweisen Gebrauch von Flußwasser, zunächst auf der Nutzung von innerstädtischem Quell- und Grundwasser, zunehmend aber auch auf der Einleitung von Quellwasser aus der näheren Umgebung einer Stadt. Wie schon erwähnt, wird dieser Zustand gegenüber den eindrucksvollen Aquaedukten der Römer immer wieder als einschneidender Rückschritt und Verfall angesprochen[66]. Den Rückgang der Zivilisation wird niemand abstreiten, man darf bei einem derartigen Vergleich aber die gegenüber der Römerzeit grundsätzlich veränderte Funktion der mittelalterlichen Städte nicht übersehen: Wegen ihres notwendigerweise wehrhaften Charakters durften sie niemals ganz oder überwiegend auf eine leicht verwundbare Wasserzufuhr von außen angewiesen sein. Dazu nur eine Quellenstelle, die zugleich zeigt, wie zufällig wir manchmal von vorhandenen Leitungsanlagen erfahren: Fritsche Closener berichtet von einem Unternehmen der Straßburger und ihres Bischofs 1359 gegen die Stadt Hagenau, bei dem der Brunnen (= Quellfassung und Leitung) abgebrochen wurde, der in die Stadt geleitet war[67]. Der Rückgriff auf die Wasservorkommen innerhalb der Mauern entspricht also den Daseinsbedingungen der mittelalter-

---

64   R. HOFFMANN, Die Augsburger Baumeisterrechnungen von 1320–1331. In: ZHistVSchwab 5 (1878), S, 1–220; Bernhard HARMS, Der Stadthaushalt Basels im ausgehenden Mittelalter. Quellen und Studien zur Basler Finanzgeschichte. Erste Abteilung. 1–3. 1909–1913; Friedrich Emil WELTI, Die vier ältesten Bernischen Stadtrechnungen. In: ArchHistVBern 14 (1896), S. 389–503; DERS,, Stadtrechnungen von Bern. In: Ebd. 20 (1921), S. 1–44; Otto FEGER, Zur Konstanzer Finanzgeschichte im Spätmittelalter. In: ZGO 111 (1963), S. 177–239; SOLLEDER, wie Anm. 1, S. 541–570 (Einnahmen und Ausgaben der Münchner Stadtkammer); Paul SANDER, Die reichsstädtische Haushaltung Nürnbergs. 1902; Jürgen Uwe OHLAU, Der Haushalt von Rothenburg o. T. in seiner Abhängigkeit von Bevölkerungsstruktur, Verwaltung und Territorienbildung (1350–1450). Diss. phil. Erlangen-Nürnberg o. J. [1965]; Dieter KREIL, Der Stadthaushalt von Schwäbisch Hall im 15./16. Jahrhundert. Eine finanzgeschichtliche Untersuchung. Forsch. aus Württ. Franken 1.1967; vgl. auch die Beiträge in Erich MASCHKE/Jürgen SYDOW (Hg.), Städtisches Haushalts- und Rechnungswesen. Stadt in der Geschichte 2. 1977.

65   SCHWINEKÖPER, wie Anm. 3, bes. S. 60–62 u. S. 74–76; vgl. auch Otto BURGER, Freiburgs Wasserläufe, Kanäle, Stadtbächlein und ihre Bedeutung für die Stadt. In: Freib. Almanach 6 (1955), (S. 143–148) S. 146 Hinweis auf den ältesten Stadtbach seit mindestens 1220. S. 143 fragliche Gleichsetzung der Stadtbäche mit Kanalisation.

66   Vgl. oben Anm. 2 (Strell, Goodchild/Forbes, Brockhaus-Enzyklopädie) oder Eduard DECKER, Tiefbauten im alten Alsfeld. In: Mitt.d.Gesch.u.Altertumsver. Alsfeld 6,5 (1929), (S. 34–37) S. 34f.

67   Die Chroniken der deutschen Städte. Straßburg 1, wie Anm. 34, S. 99.

lichen und frühneuzeitlichen Stadt. Die häusliche Wasserversorgung war zwar, wie noch zu zeigen ist, überwiegend Privatsache, trotzdem sind öffentliche Brunnen wohl so alt wie die Städte selbst. Dabei handelte es sich meist um Ziehbrunnen, vereinzelt aufgrund der natürlichen Gegebenheiten auch um laufende Brunnen, wie in Bern oder Heilbronn. Eine reichere Überlieferung dazu setzt, soweit ich sehe, im allgemeinen im frühen 14. Jahrhundert ein. Häufig übernehmen Städte dann unmittelbare Verantwortung und Kostenbeteiligung, wenn das Brunnenwasser überwiegend gewerblich genutzt wird. So sind in München die ersten städtischen Ausgaben 1318 für einen Brunnen neben der Fleischbank belegt, 1343 wird ein fons civium – später der Marktbrunnen – erwähnt, zu Beginn des 15. Jahrhunderts baut die Stadt Ziehbrunnen neben einem neu errichteten Salzstadel (1408), bei der vom Marktplatz wegverlegten Fleischbank (1406) und auf dem Fischmarkt (1423)[68]. In Heilbronn wird 1318 erstmals ein Stadtbrunnen (ab 1363: Kirchbrunnen) erwähnt, dabei handelt es sich um eine innerstädtische Quellfassung, deren auch gewerbliche Nutzung [132] mehrfach belegt ist[69]. In Bern weisen die ersten erhaltenen Stadtrechnungen (1375, 1377, 1382) Ausgaben des Rates für vier oder fünf laufende Brunnen nach, auch hier handelte es sich um Quellfassungen innerhalb der Stadt[70].

Gegen Ende des Mittelalters war die Zahl der öffentlichen städtischen Ziehbrunnen – auf die Leitungsbrunnen komme ich weiter unten zurück – kräftig gestiegen. Endres Tucher zählt in Nürnberg nach der Mitte des 15. Jahrhunderts 100, möglicherweise kamen also ungefähr 280 Einwohner auf einen städtischen Grundwasserbrunnen[71]. Wie zahlreiche Rechnungseinträge beweisen, waren solche Brunnen reparaturanfällig; die Aufbauten bestanden aus Holz, für die Brunnenseile wurden Hanf oder Bast verwendet. Wie Endres Tucher mitteilt, hielt das Brunnenseil auf dem Nürnberger Festungsbrunnen nur 16–18 Wochen, erst 1470 wurde es durch eine Eisenkette ersetzt. Schon 1405 ist die Verwendung einer eisernen Kette für den Münchner Metzgerbrunnen nachgewiesen. Die praktische Anwendung zeitgenössischer Kenntnisse über die notwendige Wasserqualität belegt Endres Tuchers Bemerkung, er habe den Festungsbrunnen 1469 außer der Reihe reinigen lassen, weil eine Katze hineingefallen war[72]. Soweit öffentliche Schöpfbrunnen aber überwiegend der privaten Versorgung dienten, war nicht die Stadt, sondern waren die Benutzer für derartige Unterhaltsleistungen zuständig. Dazu waren sie in Brunngemeinden zusammengeschlossen, die seit dem 14. Jahrhundert beispielsweise in Frankfurt, Köln, München, Heilbronn nachgewiesen sind[73]. Die Frankfurter Ordnungen geben guten Aufschluß über die Pflichten

68 SCHATTENHOFER, wie Anm. 35, S. 9f; SOLLEDER, wie Anm. 1, S. 369f.
69 STEINHILBER, wie Anm. 40, S. 26. Der Brunnen wurde bis zu seinem Versiegen 1838/42 benutzt.
70 MORGENTHALER, wie Anm. 29, S. 11–13.
71 Endres Tucher, wie Anm. 24, S. 192 und S. 195; WERMINGHOFF, Conrad Celtis, wie Anm. 28, S. 140. Bevölkerungszahlen nach Otto PUCHNER, Das Register des Gemeinen Pfennigs (1497) der Reichsstadt Nürnberg als bevölkerungsgeschichtliche Quelle. In: JbFränkLdForsch 34/35 (1975), (S. 909–948) S. 931.
72 Endres Tucher, wie Anm. 24, S. 110 u. S. 301f. (Seile bzw. Kette); SOLLEDER, wie Anm. 1, S. 370.
73 Die Gesetze der Stadt Frankfurt, wie Anm. 22, S. 277 nr. 187 (1422), S. 351 nr. 265 (1458), S. 421 nr. 357 (1469); Edith ENNEN, Kölner Wirtschaft im Früh- und Hochmittelalter. In: Zwei Jahrtausende Kölner Wirtschaft. Hg. Hermann KELLENBENZ unter Mitarb. v. Klara VAN EYLL. 1. 1975.

dieser Brunngemeinden: Bei größeren Reparaturen hat jeder grundbesitzende Anlieger *nach geburnisze und anczal,* d. h. nach der Personenzahl des Haushalts, beizusteuern. Für den laufenden Unterhalt waren dagegen nur die tatsächlichen Benutzer heranzuziehen, Besitzer eigener Brunnen blieben davon befreit. Einen Hinweis darauf, daß solche Arbeiten tatsächlich ausgeführt wurden, gibt das Auftreten der Berufsbezeichnung *bornmecher* oder *bornfeger* in den Frankfurter Bedebüchern seit 1328[74]. Die Gesamtzahl der privaten Brunnen einer Stadt bleibt naturgemäß kaum erfaßbar. Für die Häufigkeit spricht ihre Erwähnung in zahlreichen Feuerlöschordnungen[75], eine exakte Zahl liegt für München vor: Im 15. [133] Jahrhundert gehören zur Brunngemeinde der Dienerstraße 33 Häuser, davon haben $18 = 54\%$ einen eigenen Brunnen; zu Beginn des 19. Jahrhunderts wurden in der Stadt ungefähr 2000 private Brunnen gezählt[76]. Sorgfalt im Umgang mit den hauseigenen Brunnen belegen die Rechnungsbücher von Michel Behaim und von Anton Tucher in Nürnberg (Ende 15. – Anfang 16. Jahrhundert); sie verzeichnen Ausgaben für die Brunnenreinigung und die regelmäßige, alljährliche Auswechslung des Brunnenseils[77]. Die weitgehende private Verantwortlichkeit für die häusliche Wasserversorgung bedeutet übrigens keinen Verzicht der städtischen Obrigkeit auf Einflußnahme, auch wenn die Institution der städtischen Brunnenmeister häufig erst im Zusammenhang mit Wasserleitungsbauten auftritt. Charakteristisch ist das Beispiel Frankfurt: Dort sind die *bornmeister* im 15. Jahrhundert noch aus dem Kreis der Brunnenbenutzer selbst bestimmte, dem Rat verantwortliche Leiter der Brunngemeinden, im 16. Jahrhundert ernennt sie der Rat und läßt sie auf Kosten der Benutzer für Kontrolle und Unterhalt der Brunnen sorgen[78]. Neben den regional unterschiedlich ausgebauten Wasserleitungen sind die Grundwasserbrunnen bis in die Neuzeit für die Versorgung der Städte unentbehrlich geblieben, die technischen Veränderungen haben sich dabei in engen Grenzen gehalten: Im 16. Jahrhundert wurden Grundwasserbrunnen öfters auch als Zierbrunnen angelegt[79], wichtiger ist, daß seit dem 17. Jahrhundert und systematisch im 18. Jahrhundert die Schöpfbrunnen zu Pumpbrunnen umgerüstet wurden[80]. Davon abgesehen, hat sich aber an dem bereits im späten Mittelalter erreichten Standard nichts Wesentliches geändert, die Brunnge-

---

(S. 87–193). S. 167; SCHATTENHOFER, wie Anm. 35, S. 15 und SOLLEDER, wie Anm. 1, S. 368f. zu München; STEINHILBER, wie Anm. 40, S. 28 zu Heilbronn.

74   Karl BÜCHER, Die Berufe der Stadt Frankfurt a. M. im Mittelalter. 1914, S. 32.

75   Beispiele für Feuerlöschordnungen: Das Rote Buch der Stadt Ulm. hg. Carlo MOLLWO, WürttGQ 8. 1905. S. 85 NR. 162; EHEBERG, wie Anm. 36, S. 362f nr. 151 (um 1400) u. S. 606–608 nr. 318 (1571).

76   SOLLEDER, wie Anm. 1, S. 369; SCHATTENHOFER, wie Anm. 35, S. 8; nach Thomas Platter, wie Anm. 57, S. 93, wurden in Basel noch Mitte 16. Jh. private Schöpfbrunnen bevorzugt.

77   Johann KAMANN, aus Nürnberger Haushalts- und Rechnungsbüchern des 15. und 16. Jahrhunderts. In: MittVGNürnb 7 (1886), (S. 57–122) S. 71 zu M. Behaim; Anton Tucher, wie Anm. 62, S. 62, S. 65, S. 68, S. 77, S. 79, S. 84, S. 91, S. 100, S. 124, S. 137, S. 149, S. 152.

78   BÜCHER, wie Anm. 74, S. 32; zur Oberaufsicht des Rates auch STEINHILBER, wie Anm. 40, S. 28.

79   BOOS, wie Anm. 2, S. 268 (Worms); Fragments des anciennes chroniques d'Alsace. 3. Les chroniques strasbourgoises de Jacques Trausch et de Jean Wencker. Les annales de Sébastien Brant. Fragments recueillis par l'Abbé L. DACHEUX. Strasbourg 1892. S. 166.

80   SCHATTENHOFER, wie Anm. 35, S. 10 (München); Beschreibung des Oberamtes Ulm. hg. K.Statist.Landesamt. 2. 1897. S. 8–10; STEINHILBER, wie Anm. 40, S. 29 (Heilbronn); Rheinisches Städtebuch, hg. Erich KEYSER. 1956. S. 266 (Köln).

meinden wurden bis ins 19. Jahrhundert beibehalten und eine Straßburger Brunnmeisterordnung des 17. Jahrhunderts entspricht hinsichtlich der Anliegerpflichten völlig den Vorschriften des 15. Jahrhunderts in Frankfurt[81].

Wasserleitungsanlagen stehen natürlich in engem Zusammenhang mit den örtlichen Gelände- und Quellverhältnissen sowie dem Zwang, die Versorgung aus den innerstädtischen Wasservorkommen zu ergänzen. Grundwasserreiche Städte wie Heilbronn, Worms, Frankfurt, Straßburg kommen deswegen erst ziemlich spät zum Bau von [134] Trinkwasserleitungen[82]. Wasserleitungsbauten kirchlicher Institutionen in Städten sind schon lange vor dem 13. Jahrhundert bezeugt[83], ergiebigere Berichte mit Einzelheiten über Baumaßnahmen in den Städten und durch die Städte setzen aber, soweit ich sehe, im Untersuchungsgebiet erst im 14. Jahrhundert ein. Einige Daten in Auswahl: Basel besaß schon im 13. Jahrhundert Leitungsanlagen, die in kirchlicher Verantwortung gebaut waren; 1316 übernahm die Stadt die Zuständigkeit, im 15. Jahrhundert war sie dann wegen ihres besonderen Reichtums an Laufbrunnen berühmt[84]. Die Wasserleitung von Freiburg i. Br. wird für das 14. Jahrhundert sicher bezeugt, ist aber wahrscheinlich älter[85]. In Nürnberg setzen Nachrichten über Trinkwasserleitungen in der zweiten Hälfte des 14. Jahrhunderts ein, im 15. Jahrhundert besaß die Stadt ein ganzes Leitungsnetz[86]. Bern hat seine erste Wasserleitung 1393, die zweite 1420 gebaut[87], im 15. Jahrhundert folgen Augsburg (1412), Ulm (1426/58), Zürich (1421/30), Regensburg (1449/50), München (1467/71)[88]. Die Reihe der Jahreszahlen ließe sich natürlich ohne große Mühe verlängern, aber das Ergebnis bliebe das gleiche: Eine unverkennbare Zunahme der Wasserleitungsbauten im ausgehenden Mittelalter. Diese Entwicklung spiegelt sich auch in den Zahlen nachweisbar vorhandener Laufbrunnen: Basel, wo 1266 nur der laufende Brunnen auf dem Münsterplatz bezeugt ist, besaß um 1440 schon 40 öffentliche und 22 private, an Wasserleitungen angeschlossene Brun-

81 EHEBERG, wie Anm. 36, S. 757f nr. 393. Zum Fortbestehen der Brunnengemeinschaften vgl. Klara VAN EYLL, Wirtschaftsgeschichte Kölns vom Beginn der preußischen Zeit bis zur Reichsgründung. in: Zwei Jahrtausende, wie Anm. 73, 2. 1975. (S. 163–266). S. 243.

82 STEINHILBER, wie Anm. 40, S. 27; BOOS, wie Anm. 2, S. 267; [ohne Verf.], Über die Wasserversorgung der Stadt [Frankfurt]. in: Mitt.Ver.f.Gesch.u.Altertumskde. in Frankfurt 5 (1874/79), (S. 113–117) S. 114.

83 Bayerisches Städtebuch. hg. Erich KEYSER u. Heinz STOOB. Teil 2. 1974. S. 593 (Regensburg).

84 Rudolf WACKERNAGEL, Geschichte der Stadt Basel. 2,1. Basel 1911 (ND 1968). S. 282–285; vgl. die städtischen Ausgaben bei HARMS, wie Anm. 64, erste Abt. 2, S. 171, S. 174, S. 176, S. 181f., S. 187f., S. 190.

85 Karl BAAS, Gesundheitspflege im mittelalterlichen Freiburg im Breisgau. In: ZGesBeförderungGKdeFreib/Br 21 (1905), (S. 25–48 u. S. 104–152) S. 31f.; Badisches Städtebuch. Hg. Erich KEYSER. 1959. S. 231.

86 Bayerisches Städtebuch, wie Anm. 83, Teil 1. 1971. S. 412 (Nürnberg); MUMMENHOFF, wie Anm. 2, S. 11.

87 MORGENTHALER, wie Anm. 29, S. 14.

88 Bayerisches Städtebuch, wie Anm. 83, S. 76f. (Augsburg), S. 593 (Regensburg); Beschreibung des Oberamtes Ulm, wie Anm. 80, S. 8–10; Hans Eugen SPECKER, Ulm. Stadtgeschichte. SA aus: Der Stadtkreis Ulm. Amtliche Kreisbeschreibung. 1977. S. 271 (Brunnenwerke an der Stadtmauer z. T. schon im 14. Jh. belegbar); Chronik der Stadt Zürich. Mit Fortsetzungen, hg. Johannes DIERAUER. QSchweizG 18. Basel 1900. S. 192; Die Zürcher Stadtbücher, wie Anm. 26, S. 330 nr. 128; SCHATTENHOFER, wie Anm. 25, S. 11.

nen. In Freiburg i. Br., wo 1318 der Laufbrunnen am Rathaus bezeugt ist, gab es 1553 20 öffentliche und 11 private Leitungsbrunnen. In Nürnberg war wohl der Schöne Brunnen (fertiggestellt 1396) der erste öffentliche Röhrenbrunnen, nach der Mitte des 15. Jahrhunderts zählt Endres Tucher 17, Conrad Celtis gibt dann für 1495 23 Laufbrunnen an. Schon 1488 schreibt aber der Ulmer Felix Fabri seiner Stadt ebenfalls 23 Leitungsbrunnen zu – vielleicht deutet die Zahlengleichheit bei Celtis auf zwischenstädtisches Prestigedenken. Bescheidener sind die Zahlen in München (bis 1512: 3, 1587: 13 Laufbrunnen) und in [135] Bern, wo es einschließlich der oben erwähnten innerstädtischen Quellfassung 1510: 9, 1550: 13, 1609: 18 öffentliche Röhrenbrunnen innerhalb der Stadtmauern gab[89].

Etwas seltener als für die Trinkwasserversorgung sind auch städtische Baumaßnahmen zur Brauchwasserversorgung überliefert. Der Berner Rat behauptete bereits zu Anfang des 14. Jahrhunderts, zu allen Zeiten *grosses gůt* für die Einleitung des Stadtbaches verwendet zu haben. In München und in Nürnberg ist im 15. Jahrhundert die jährliche Bachauskehr belegt; das Wiedereinlassen des Wassers *schmecket ser unsauber*, merkt Endres Tucher an. Die Steinpflasterung der vorher z. T. holzgefaßten Stadtbäche ist im 15. Jahrhundert beispielsweise für Basel und ausführlich für Nürnberg belegt: Wegen dauernder, wenig wirksamer Reparaturen wird Endres Tucher vom Rat befohlen, den Fischbach mit besonders harten Steinen auszukleiden; der Auftrag wurde anschließend abschnittsweise, in mehrjähriger Arbeit auch ausgeführt. Charakteristisch für die mögliche Diskrepanz zwischen Wirklichkeit und offiziöser Geschichtsschreibung ist die stadtchronistische Notiz dazu, im Jahr 1467 sei der Fischbach *ganz neu* gemacht worden. An den Kosten von Pflasterung und Bachauskehr hatten sich übrigens die Anlieger zu beteiligen. In Nürnberg wird ausdrücklich als Prinzip vermerkt, daß die städtischen Bachmeister nur machen, was die *gemein ist antreffend*[90]. Den technischen Aufwand bei der Brauchwasserversorgung beweist auch die Anlage von Schöpfrädern, die z. B. für Ulm und Straßburg belegt ist[91].

Die recht kontinuierlichen städtischen Aktivitäten im Bereich vor allem des Wasserleitungsbaus haben auch organisatorische Maßnahmen notwendig gemacht. Für Freiburg i. Br. wird die Institution eines städtischen Brunnenmeisters durch den überlieferten Amtseid schon für das Jahr 1333 bezeugt. In Heilbronn wurde zuerst 1362 ein Stadtbrunnenmeister bestellt, dessen Etat von zwei Ratsbeauftragten verwaltet wurde. In Bern wird 1406 ein besoldeter Brunnenmeister erwähnt, aber das Amt ist möglicherweise älter. In Basel gehörte der Brunnenmeister zu den fest, meist auf Lebens-

---

89 WACKERNAGEL, wie Anm 84, S. 283 (Basel); BAAS, wie Anm. 85, S. 33 (Freiburg i. Br.); Endres Tucher, wie Anm. 24, S. 192 u. S. 195 und WERMINGHOFF, Conrad Celtis, wie Anm. 28, S. 140 (Nürnberg); Fratris Felicis Fabri tractatus, wie Anm. 23, S. 48 (Ulm); SCHATTENHOFER, wie Anm. 35, S. 13 (München); MOGENTHALER, wie Anm. 29, S. 18 u. S. 20 (Bern). Nach den Bevölkerungszahlen bei PUCHNER, wie Anm. 71, käme in Nürnberg Ende 15. Jh. 1 öffentlicher Brunnen auf 195 bis 280 Einwohner.

90 Die Rechtsquellen des Kantons Bern, wie Anm. 19, S. 349 nr. 264 (1314); SOLLEDER, wie Anm. 1, S. 397 (München); Endres Tucher, wie Anm. 24, S. 230–236 (Bachauskehr), S. 86 u. S. 231 (Pflasterung des Stadtbaches); Die Chroniken der deutschen Städte, wie Anm. 23, Nürnberg 4. 1872 (ND 1961). S. 297; HARMS, wie Anm. 64, erste Abt. 2. S. 174 Z. 15–17.

91 Fratris Felicis Fabri tractatus, wie Anm. 23, S. 49; Fragments des anciennes chroniques, wie Anm. 79, S. 216.

zeit angestellten städtischen Werkmeistern, vertragliche Bestellungen sind seit Beginn des 15. Jahrhunderts überliefert. Ein Vergleich mit den Basler Stadtrechnungen erhärtet die oben angedeutete Quellenproblematik: Im frühen 15. Jahrhundert wird regelmäßig die Besoldung des Brunnenmeisters notiert, nach der Rechnung 1415/16 wird sie nicht mehr gesondert ausgewiesen. Das hat aber nichts mit einer Bedeutungsverminderung des Amtes zu tun; verstreute Ausgabennotizen für den Kauf von Holzröhren und Zahlungen [136] an den Brunnenmeister wegen Herstellung von Röhren beweisen vielmehr gerade in den Jahren vor dem Konzil umfangreiche städtische Leitungsbauten. In der zweiten Hälfte des 15. Jahrhunderts und zu Beginn des 16. Jahrhunderts verzeichnen die Basler Stadtrechnungen dann regelmäßig die Deputatsbezüge des Brunnenmeisters[92]. Die steigende Bedeutung des Wasserleitungsbaus innerhalb des organisierten städtischen Baubetriebs läßt sich in Nürnberg nachweisen: Die Oberaufsicht liegt beim Stadtbaumeister, eigens zur Beaufsichtigung der städtischen Brunnen wird 1437 ein Brunnenmeister gegen eine geringe Pauschalvergütung (2 lb hlr pro Jahr) bestellt. Seit der Mitte des 15. Jahrhunderts werden dann fest angestellte Röhrenmeister beschäftigt, zunächst in Tagelohn. Damit liegen sie 1468 unter Stadtbaumeister Endres Tucher in der Lohnskala (vom Zimmermeister bis zum städtischen Handlanger) auf der neunten und vorletzten Stelle. Seit Beginn des 16. Jahrhunderts erhalten die Röhrenmeister dann, wie andere städtische Meister, eine Wochenpauschale und rücken, hinter Steinmetz- und Zimmermeister, an die dritte Stelle der Lohnskala[93].

Bei der Frage nach den Motiven des unbestreitbaren städtischen Engagements für Brunnen- und Leitungsbau versteht sich die Vorsorge für ausreichende Trinkwasserversorgung von selbst, aber auch ein Zusammenhang mit Bemühungen um ausreichende Löschwasservorräte wird erkennbar[94]. Daneben spielt offensichtlich, und mit steigender Tendenz, das Bedürfnis nach städtischer Repräsentation eine wichtige Rolle: Brunnen wurden zunehmend nicht mehr als bloße Zweckbauten errichtet, sondern erhielten monumentalen Charakter. In Basel ist ein steinerner Brunnen mit St. Georgsbild schon 1382 belegt, bis zur Mitte des 15. Jahrhunderts erhielt eine ganze Reihe von Brunnen steinerne Bildstöcke. Den 1390/96 fertiggestellten Schönen Brunnen in Nürnberg ließ die Stadt 1447 für 500 fl neu bemalen, 1490/91 wurde er wiederum für 500 fl repariert und neu vergoldet. Gleichzeitig (1491) gab die Stadt Nürnberg

---

92 Badisches Städtebuch, wie Anm. 85, S. 231 (Freiburg i. Br.); GENGLER, wie Anm. 18, S. 223 (Freiburg i. Br.); STEINHILBER, wie Anm. 40, S. 26; MORGENTHALER, wie Anm. 29, S. 15 mit dem Hinweis auf die Erwähnung eines Brunnenmeisterackers 1378 (Bern); WACKERNAGEL, wie Anm. 84, S. 285; Paul KÖLNER, Geschichte der Spinnwetternzunft zu Basel und ihrer Handwerker. Basel 1931, S. 111; HARMS, wie Anm. 64, erste Abt. 2. z. B. S. 104, S. 109, S. 122, S. 125, S. 129 (Besoldung des Brunnenmeisters 1407/08 bis 1415/16), S. 168, S. 171, S. 174, S. 176f., S. 181f, S. 188 (Ausgaben für Leitungsbauten 1426/27 bis 1432/33); erste Abt. 3. S. 405 (Brunnenmeisterdeputat 1530/31).

93 SANDER, wie Anm. 64, S. 227; Carl Ludwig SACHS, Das Nürnberger Bauamt am Ausgang des Mittelalters. NeujbllGesFränkG 10 (1915), S. 20f. u. S. 59. Endres Tucher, wie Anm. 24, S. 46f.

94 SCHATTENHOFER, wie Anm. 35, S. 10f. (Stadtbrände in München 1418 u. 1429 als Anlaß für städt. Bemühungen um die Wasserversorgung); auch die oben erwähnte Anstellung eines besoldeten Brunnenmeisters in Bern, 1406, kann in Zusammenhang mit dem großen Stadtbrand 1405 gesehen werden.

z. B. für Lebensmitteleinkäufe 563 fl, für Waffen und Munition 810 fl aus. Um die Wende des 15. zum 16. Jahrhundert setzte sich die Mode der Monumentalbrunnen dann ganz allgemein durch: Der Münchener Marktbrunnen wurde 1483 mit Löwen verziert, 1511/12 dann in Marmor für 930 lb dn ganz neu errichtet. Diese Summe macht 15–18 % der jährlichen Gesamtausgaben der Stadt aus, die Ende des 15. Jahrhunderts zwischen 5000 und 6000 lb dn betragen. [137] In Augsburg wurden die nach dem Wasserleitungsbau im ersten Drittel des 15. Jahrhunderts angelegten hölzernen Brunnen seit dem ersten Jahrzehnt des 16. Jahrhunderts systematisch in Marmor erneuert. In Bern wurden die hölzernen Stockbrunnen des 15. Jahrhunderts von 1510 an durch Becken aus Stein und Marmor ersetzt, die seit der Mitte des 16. Jahrhunderts mit Standbildern geschmückt wurden[95]. Natürlich schließt dieser Wille zur Repräsentation auch am Allgemeinwohl interessierte Zielsetzungen nicht aus, aber es ist anzunehmen, daß innerhalb der Stadtgebiete bei der Wasserversorgung ganz erhebliche Unterschiede bestanden haben. Das Beispiel des Berner Matte Viertels, das bis 1420 auf das Flußwasser der Aare angewiesen war, wurde bereits erwähnt. Basel war spätestens Mitte des 15. Jahrhunderts wegen seines Brunnenreichtums berühmt, während der ärmere Stadtteil Kleinbasel erst 1492/93 eine Wasserleitung erhielt. Obwohl im Grund genommen naheliegend, fällt es doch auch auf, daß sich die ersten Nachrichten über private, natürlich auf eigene Kosten erstellte Wasseranschlüsse durchwegs auf die Oberschicht beziehen. So in Nürnberg, wo Endres Tucher die angeschlossenen Privathäuser einzeln aufzählt, oder in Zürich, wo sich 1425 der spätere Bürgermeister Rudolf Stüssi eine Leitung in den eigenen Garten legen ließ[96]. Auch wenn mein Material für eine differenzierte Sozialstatistik oder -topographie der Wasserversorgung nicht ausreicht, darf vermutet werden, daß die reicheren Innenstadtbezirke wesentlich besser gestellt waren als z. B. Vorstädte und daß der private Leitungsanschluß einen hohen Prestigewert hatte.

Schließlich ist noch auf Stand und Entwicklung der Leitungstechnik einzugehen: Im Mittelalter wurden über größere Entfernungen bevorzugt Holzrohre (Deuchel, Teichel) verlegt, nur Brunnen- und Hausleitungen selbst wurden in Metall, oft Blei, ausgeführt[97]. Für den Verzicht, Bleirohre in größerem Umfang zu verwenden, waren wohl in erster Linie Kostengründe maßgebend; wie weit auch Kenntnisse über mög-

---

95   WACKERNAGEL, wie Anm. 84, S. 284 (Basel); Endres Tucher, wie Anm. 24, S. 293; Die Chroniken der deutschen Städte, wie Anm. 23, Nürnberg 5, 1874 (ND 1961). S. 505, S. 560, S. 566; SANDER, wie Anm. 64, S. 782 (Nürnberg); SCHATTENHOFER, wie Anm. 35, S. 12; SOLLEDER, wie Anm. 1, S. 570 (München); Die Chroniken der deutschen Städte, wie Anm. 23, Augsburg 4. 1894 (ND 1966) S. 120 u. S. 463. Augsburg 5, wie Anm. 23, S. 4, S. 24, S. 44; MORGENHALER, wie Anm. 29, S. 18–20 (Bern); STEINHILBER, wie Anm. 40, S. 26 (Heilbronn, 1516 u. 1541); BOOS, wie Anm. 2, S. 268 (Worms, 16. Jh.); Fragments des anciennes chroniques, wie Anm. 79, S. 166 (Straßburg, 1575).

96   Endres Tucher, wie Anm. 24, S. 171–176; Die Zürcher Stadtbücher, wie Anm. 26, S. 372f. nr. 195. In Augsburg ersuchen der Abt von St. Ulrich und Kardinal Matthäus Lang um eigene Wasseranschlüsse für die Dompropstei; Die Chroniken der deutschen Städte, wie Anm. 23, Augsburg 2. S. 303 (1464) und Augsburg 5. S. 83 (1517).

97   Endres Tucher, wie Anm. 24, S. 72 (Verwendung von Föhrenholz) und S. 170 (Privatanschluß aus Blei); vgl. auch oben Anm. 92: Die Basler Ausgaben beziehen sich durchwegs auf das Bohren von Holzröhren.

liche Gesundheitsschäden mitgespielt haben, kann ich nicht entscheiden. Gegenüber den von den Römern viel verwendeten Bleirohren haben die Holzleitungen neben ihrer Ungiftigkeit noch den Vorzug größerer Druckfestigkeit, aber den Nachteil mangelnder Haltbarkeit[98]. Nach [138] Belegen des 18. Jahrhunderts aus Bern mußten Leitungen aus Holz alle 14 bis 15 Jahre erneuert werden[99]. Ein Hauptproblem der städtischen Leitungsbauer war deswegen die Beschaffung des in großen Mengen benötigten Materials: Für Bern sind aus der zweiten Hälfte des 15. Jahrhunderts fast Jahr für Jahr die Aufforderungen und drohenden Ermahnungen des Rates an umliegende Landgemeinden überliefert, das zur Anfertigung von Rohren eingeschlagene Holz in die Stadt zu transportieren. In Nürnberg ließ Endres Tucher 1462 Versuche zum Bau einer Bohrmaschine anstellen, weil den Leuten das Bohren von Hand *sawer worden ist;* der von ihm beauftragte Jude starb aber vor der Vollendung des Werkes. Gegenüber der Eignung von Holzleitungen auch unter erschwerten Bedingungen gab es, außer hinsichtlich der Haltbarkeit, offenbar keine grundsätzlichen Bedenken: in Nürnberg war ein Teil der Wasserleitung in der Pegnitz verlegt, *eins schubs tief ... also das man die rören sicht in dem wasser alle drei.* Nach modernen Maßstäben der Trinkwasserhygiene war das sicher ein sehr bedenkliches Verfahren, es haben sich dabei aber kaum Veränderungen der Wasserqualität ergeben, die nach dem Wissensstand der Zeit als gefährlich erkannt werden konnten[100].

Wohl wegen der mangelnden Haltbarkeit des Holzes wurde schon recht frühzeitig auch mit anderen Materialien experimentiert. Bei der Augsburger Wasserleitung von 1412 versuchte man es mit Eisen- und Tonrohren, die sich aber so wenig bewährten, daß man wieder auf Holz zurückgriff[101]. Zwar wurden im 16. Jahrhundert verschiedentlich auch Leitungen aus Stein gebaut oder streckenweise Metallrohre verlegt[102], aber wesentliche technische Veränderungen traten erst im 18. und 19. Jahrhundert ein: Frankfurt ließ 1551 eine Holzleitung bauen, 1607 eine weitere Wasserleitung in Bleirohren verlegen, aber schon wenig später wieder durch Holz ersetzen. Erst 1771 wurden dann für die fällige Erneuerung Eisenrohre verwendet. In Bern, wo im 17. Jahrhundert neben Holz in geringem Umfang auch Eisen und Blei verwendet wurden, hat man 1756/57 erwogen, eine erneuerungsbedürftige Holzleitung ganz aus Stein zu bauen, ist dann aber doch bei hölzernen Rohren geblieben. Nach Erörterungen über den Vorteil von Metallrohren innerhalb der Stadt wurde 1741 im neu erbauten Großen Spital eine eiserne Leitung verlegt. Nachdem im Januar 1747 Frostschäden auftraten,

---

98 Hans Eschebach, Die Gebrauchswasserleitung des antiken Pompeji. In: Antike Welt 10,2 (1979), S. 3–24; vgl. auch A. W. van Buren, Art. Wasserleitung. In: RE VIII A1. 1955. (Sp. 453–485). Sp. 469.

99 Morgenthaler, wie Anm. 29, S. 74.

100 Ebd. S. 17 für die Jahre 1406 bis 1493. Der Wortlaut der wiederholten Ermahnungen belegt die Schwierigkeiten, die der Rat trotz zunehmender Kompetenzen bei der Durchsetzung gegenüber dem widerspenstigen Landgebiet hatte. Endres Tucher, wie Anm. 24, S. 197 u. S. 179.

101 Die Chroniken der deutschen Städte. Augsburg 2, wie Anm 23, S. 145 und Augsburg 9. 1929 (ND 1960). S. 225; Fratris Felicis Fabri tractatus, wie Anm. 23, S. 48, zum Gebrauch von Bleirohren in Ulm.

102 Schwäbisch Hall beginnt 1575 mit dem Bau einer steinernen Wasserleitung: Kreil, wie Anm. 64, S. 83 u. S. 92; nach Morgenthaler, wie Anm. 29, S. 27 wurden in Bern 1588 gegossene Eisenrohre verwendet.

wurde beschlossen, wieder Holz zu verwenden. 1779 begann man innerhalb der Stadt Bern mit der Auswechslung von Holz- gegen Eisenröhren, aber erst 1824 wurde beschlossen, nur noch Eisen zu verlegen. In München gab es bis 1865 die städtische Deichelbohrstätte, [139] 1867 wurden die letzten Holzröhren ausgetauscht[103]. Das bekannte Mannheimer Wasserleitungsprojekt von 1790 entsprach mit der Verwendung von Tonröhren und Holzdeicheln noch ganz der spätmittelalterlichen Leitungstechnik, während mit den vorgesehenen Entfernungen und dem Anschluß auch zahlreicher Dörfer schon neue Dimensionen eröffnet wurden[104]. Ein größeres technisches Problem als das Verlegen der Röhren stellte für die Wasserleitungsbauer des 15. Jahrhunderts offenbar die Anlage von Pump- und Hebewerken dar. Zwar gab es in Augsburg und Ulm funktionsfähige Anlagen, aber z. B. in Bern scheiterte 1480 der Versuch einer aufwendigen Quellfassung an technischen Schwierigkeiten, die erst 1586 endgültig überwunden werden konnten. Hebewerksanlagen des 16. Jahrhunderts auch in München und Nürnberg zeigen, daß spätestens zu dieser Zeit die Technik sicher beherrscht wurde[105].

Die tatsächlich nachweisbaren Bemühungen spätmittelalterlicher Städte um die Sicherstellung ihrer Wasserversorgung entsprechen in vollem Umfang der zeitgenössischen theoretischen Wertschätzung des Wassers. Der am Ausgang des Mittelalters erreichte Standard ist bis weit in die Neuzeit grundsätzlich nicht überholt worden, durchgreifende Veränderungen hat die städtische Wasserversorgung erst durch den modernen Leitungsbau seit Ende des 19. Jahrhunderts erfahren. Die Gefahren, die vorher vom Trinkwasser der Städte ausgehen konnten, sind jedenfalls nicht allein auf Gleichgültigkeit oder Tatenlosigkeit der Obrigkeiten zurückzuführen. Daß bakterielle Verunreinigungen des Wassers unbekannt und nicht erkennbar waren, begründet gegenüber den Städten des Mittelalters und der frühen Neuzeit keinen Vorwurf.

Wesentlich weniger prestigeträchtig als marmorne Monumentalbrunnen sind Anlagen und Maßnahmen zur Abwasserentsorgung. Es ist aber nicht nur auf diese Tatsache zurückzuführen, daß die Quellenbelege hier viel spärlicher sind. Hauptursache dürfte vielmehr sein, daß die private Verantwortung größer ist als die öffentlich-städtische Zuständigkeit und zwar nicht nur, wie oben ausgeführt, im Prinzip, sondern auch in der Praxis. Entsprechend verstreut und zufällig sind die Quellenzeugnisse, die trotzdem erkennen lassen, daß weitgehendes Stillschweigen über Einrichtungen nicht unbedingt mit völliger Tatenlosigkeit gleichzusetzen ist. In Köln gab es schon im 13. Jahrhundert Straßengemeinschaften für die Entsorgung, man erfährt es aus dem Ankauf eines Grundstücks 1285 zur Ableitung des Wassers[106]. Ganz ähnlich waren in Basel Straßenanlieger zu Dolengemeinschaften zusammengeschlossen, die für den

---

103 Über die Wasserversorgung der Stadt [Frankfurt], wie Anm. 82, S. 114; MORGENTHALER, wie Anm. 29, S. 29, S. 33, S. 74–78 (17. und 18. Jh.), S. 62 u. S. 79 (Großes Spital), S. 80 u. S. 85 (Eisenrohre); SCHATTENHOFER, wie Anm. 35, S. 12.
104 Die Rheinpfälzische Wasser-Leitungsgeschichte von Mannheim vom Jahr 1790–1803. [Mannheim] 1803. S. 6 u. S. 10; Wilhelm SIGMUND, Die Traitteursche Wasserleitung vom Rohrbacher Gebirge nach der kurfürstlichen Residenzstadt Mannheim. In: Heidelberger Rundschau. Halbmonats-Beilage zum Heidelberger Tageblatt Nr. 7. 1914 (ohne Seitenzahlen).
105 MORGENTHALER, wie Anm. 29, S. 15–17 u. S. 22–26 (Einleitung des Küngsbrunnens); SCHATTENHOFER, wie Anm. 35, S. 12; Bayerisches Städtebuch, wie Anm. 86, S. 412.
106 ENNEN, wie Anm. 73, S. 167.

Unterhalt der gewölbten Kanäle sorgten. Der Hausanschluß war vom jeweiligen Benutzer selbst herzustellen, der Einkaufspreis pro angeschlossenem Sitz betrug Ende des 15. Jahrhun[140]derts 5 lb dn, der Rat übte nur eine Oberaufsicht aus. Dies alles erfährt man, weil auch die Basler Spinnwetternzunft einer solchen Dolengemeinschaft angehört hat und sich so schriftliche Aufzeichnungen erhalten haben[107]. In Nürnberg war es dem Stadtbaumeister strikt untersagt, jemandem auf öffentlichem Grund eine Rinne anzulegen. Nur auf Bitten ehrbarer Personen beim Rat darf er 1465 ausnahmsweise von einem heimlichen Gemach einen steingedeckten *dollen* zur Pegnitz bauen, natürlich auf Kosten der Anlieger. Von den Gäßchen und Rinnen zwischen den Häusern unterstehen in Nürnberg nur ganz wenige der unmittelbaren Verantwortung *der gemein*, die damit auch für den baulichen Unterhalt zu sorgen hatte[108]. Weitere mehr oder weniger zufällige Erwähnungen für eine Reihe von Städten zeigen, daß Anlagen zur Abwasserentsorgung nicht als seltene Ausnahmefälle anzusprechen sind: In Zürich sind Ablaufgräben für die erste Hälfte des 14. Jahrhunderts bezeugt. Aus Frankfurt sind Maßnahmen zum Unterhalt des quer durch die Stadt führenden Entsorgungsgrabens seit dem späten 14. Jahrhundert überliefert, dabei wurden die Kosten zwischen Anliegern und Stadt geteilt. In manchen Jahren, so 1445, ließ die Stadt eine Großreinigung durchführen; Grabenmacher, Grabenfeger und Grabenmeister sind in den Frankfurter Steuerbüchern des 14. und 15. Jahrhunderts aufgeführt. In Nürnberg werden Abzugsgräben im 14. Jahrhundert erwähnt, häufiger, und ausdrücklich als unterirdisch angelegt, verzeichnen sie Quellen des 15. Jahrhunderts; der bauliche Unterhalt war, wie andernorts, Privatsache. Aus Ulm berichtet Ende des 15. Jahrhunderts Felix Fabri von der Existenz gedeckter Kanäle und von unterirdischen Latrinenableitungen; die *heimlich greben* der Stadt Bern werden in der Stadtsatzung von 1539 erwähnt[109]. Danach kann also keine Rede davon sein, in den Städten seien erst im 17. Jahrhundert gedeckte oder offene Abzugssysteme angelegt worden[110]. Daß bei der weitgehenden privaten Zuständigkeit für die Durchführung und Finanzierung von Bau- und Unterhaltsmaßnahmen im späten Mittelalter noch vielfach sehr unzulängliche Verhältnisse bestanden haben, ist sicher nicht zu bestreiten[111], mit einem Blick auf die Kostenfrage aber auch leicht zu erklären: In Basel kostete 1420/21 ein *steinyn kenel von* 150 Schuh, also reichlich 30 m Länge, das die Stadt selber bauen läßt, 94 lb 14 ß 6 dn. Nach der gleichzeitigen Lohntaxe ist dies mehr als das Doppelte des höchstmöglichen Jahres-

---

107 KÖLNER, wie Anm. 92, S. 86f.
108 Endres Tucher, wie Anm. 24, S. 200, S. 202, S. 266.
109 Die Zürcher Stadtbücher, wie Anm. 21, S. 45 nr. 115 (1326) u. S. 154f. nr. 325 (1343); BÜCHER, wie Anm. 74, S. 53f; Die Gesetze der Stadt Frankfurt, wie Anm. 22, S. 160 nr. 47 (1392); Satzungsbücher, wie Anm. 25, S. 239 u. S. 308f.; Endres Tucher, wie Anm. 24, S. 108f. u. S. 253; Fratris Felicis Fabri tractatus, wie Anm. 23, S. 20 u. S. 50; Die Rechtsquellen des Kantons Bern, wie Anm. 19, S. 628 nr. 114; AHLBORN, wie Anm. 60, S. 102 über die Pflicht der Familie Landauer, für den Unterhalt eines „tholms" zu sorgen; zur städtischen Kontrolle vgl. Endres Tucher, wie Anm. 24, S. 282, S. 307f., S. 315; zu hochmittelalterlichen Anlagen siehe SCHWINEKÖPER, wie Anm. 3, S. 62, S. 72f., S. 74f.
110 So z. B. STEINHILBER, wie Anm. 40, S. 56 oder SPECKER, wie Anm. 88, S. 270.
111 STEINHILBER, wie Anm. 40, S. 55 über Ratsmaßnahmen 1505/06 gegen den erbärmlichen Gestank in den Winkeln; Endres Tucher, wie Anm. 24, S. 119f. und S. 239 mit der Erwähnung einer *reihen,* die erstmals seit 18 Jahren wieder geräumt wurde, und der Schilderung des Gestanks von Abwassertümpeln innerhalb der Stadt.

verdienstes eines ausgelernten, gegen Taglohn arbeitenden Bau[141]handwerkers[112]. Man kann sich leicht vorstellen, daß weniger wohlhabende Privatpersonen derartige Investitionen nach Möglichkeit vermieden haben und daß in den Wohnbereichen der ärmeren Bevölkerung von einem Entsorgungssystem tatsächlich nicht die Rede sein konnte.

Trotz aller Unvollkommenheiten kann aber keine Rede davon sein, in Privathäusern habe es im 14. Jahrhundert nur ganz vereinzelt, und erst im 16. Jahrhundert häufiger Abortanlagen mit Gruben gegeben, so daß die direkte, offene Ableitung der Fäkalien oder das Ausschütten auf die Straße der Regelfall gewesen wären[113]. Manchmal täuscht hier wohl auch der Wortlaut der Quellen: So erwähnt der Straßburger Chronist Twinger v. Königshofen den Schneidergraben, *do di sprochhüser ingont*. Das läßt an eine ganz primitive Anlage denken, aber aus einer Straßburger Chronik des 17. Jahrhunderts, die bauliche Überreste im Stadtbereich schildert, erfährt man ergänzend: Von diesem Schneidergraben *restirt noch der dolen unter der erden*. Es gab also einen unterirdisch verlegten Abzugskanal[114]. Gegen überwiegend offene Ableitung und das Fehlen von Gruben sprechen auch die oben erwähnten Vorschriften zur baulichen Ausführung von Abortanlagen oder zum Grubenräumen aus Städten wie Augsburg, München und Nürnberg. Auch hier lassen sich Belege für die wenigstens partielle Verwirklichung der angestrebten Normen beibringen: Grubenräumer hat es als private Gewerbetreibende, die unter Ratsaufsicht stehen, tatsächlich gegeben. Ein Frankfurter Ratserlaß von 1437 erwähnt die *Heymelichkeitsfegere* als bestehende Institution. In München werden sie, hier als „die Goldgrübler" bezeichnet, z. B. in einer Ausgabenrechnung von 1423 notiert. In Basel waren für das Ausräumen der oben erwähnten Dolen die Totengräber vom Kohlenberg zuständig, unehrliche Leute also, wie der Henker, der in Augsburg nach dem Stadtrecht von 1296 für das Grubenräumen zuständig ist. In Nürnberg dagegen gehörten die als „Pappenheimer" bezeichneten Grubenleerer zu den geschworenen Handwerkern der Stadt; nach dem Ämterbuch von 1516 gab es 9 Pappenheimer oder Grundmeister[115]. Der Vorschrift des Augsburger Stadtrechts, Gruben nur im Winter und bei Nacht zu leeren, entsprach im allgemeinen die Nürnberger Alltagspraxis. Das bestätigt Endres Tucher, das bestätigen mit Einschränkung aber auch die Rechnungsbücher von Michel Behaim und Anton Tucher, mit Ausgabevermerken für das Räumen der heimlichen Gemächer: Es wurde durchwegs nur bei Nacht gearbeitet, die Daten liegen zwischen Ende September und Ende April, die heißen Monate wurden also tatsächlich ausgespart. Das Grubenräumen war eine ziemlich teure Angelegenheit, die Kosten liegen zwischen 600 dn (Anton Tucher,

---

112 HARMS, wie Anm. 64, erste Abt. 2. S. 144 Z. 70–73; zu den Löhnen vgl. DIRLMEIER, wie Anm. 61, S. 185.

113 STEINHILBER, wie Anm. 40, S. 54; STRELL, wie Anm. 2, S. 133 u. S. 158.

114 Die Chroniken der deutschen Städte, wie Anm. 23, Straßburg 2. 1870 (ND 1961). S. 719; Fragments des anciennes chroniques, wie Anm. 79, S. 100; nach Endres Tucher, wie Anm. 24, S. 113, wurden die heimlichen Gemache, *die auf der Pegnitz sein*, alljährlich ausgeräumt, sie führten also nicht direkt in den Fluß. Der S. 200 erwähnte *dollen* führt von einer Abortanlage mit Kasten, d. h. Grube, zur Pegnitz; er diente also ebenfalls keiner direkten Ableitung der Fäkalien.

115 Die Gesetze der Stadt Frankfurt, wie Anm. 22, S. 318 nr. 226; SOLLEDER, wie Anm. 1, S. 396f.; KÖLNER, wie Anm. 92, S. 86f.; SANDER, wie Anm. 64, S. 228 u. S. 673. Die Chroniken der deutschen Städte, Nürnberg 5, wie Anm. 95, S. 818.

1508) und 2843 dn (Michel Behaim, 1510). Das [142] entspricht 8,5 bis 40,6% dessen, was zu dieser Zeit ausgelernte Bauhandwerksgesellen im städtischen Dienst pro Jahr verdienen konnten. Wegen der hohen Kosten und weil die Gruben groß genug waren, wurde in großen zeitlichen Abständen geräumt: bei 21–28 m³ Fassungsvermögen (falls ein Schuh = 0,303 m) wurde nach 7 bis 30 Jahren ausgeräumt. Im Bereich der Ulmer Altstadt gab es Ende des 19. Jahrhunderts noch 845 derartige Gruben mit Fassungsvermögen für Jahrzehnte; auch auf diesem Gebiet haben sich spätmittelalterliche Einrichtungen also unverändert bis weit in die Neuzeit erhalten[116]. Die Nachweise aus Basel und Nürnberg über die Kosten von Kanalbau und Wartung der Abortanlagen machen deutlich, daß die nach zeitgemäßem Standard einwandfreie Entsorgung von Privathäusern weit mehr vom verfügbaren Einkommen als vom individuellen Sauberkeitsempfinden abhängig war. Solange die Entsorgung insgesamt noch keine Angelegenheit der öffentlichen Hand war, sind sanitäre Mißstände in einer Stadt wohl eher ein Indiz für Vermögensverteilung und Sozialstruktur als für völlige Gleichgültigkeit und Unempfindlichkeit der Bevölkerung[117].

Mehrfach erwähnt wurden bereits die Bauvorschriften verschiedener Städte für Entsorgungsanlagen. In Nürnberg wurde besonderes Gewicht darauf gelegt, daß die gesamte Abortanlage unterirdisch ausgeführt wurde, damit keine Belästigung der Nachbarn eintrat[118]. Dabei wurde, wie in der einleitend dargestellten zeitgenössischen Theorie gefordert, tatsächlich bis auf das Grundwasser gegraben; das berichten Endres Tucher und die Nürnberger Jahrbücher des 15. Jahrhunderts als völlig normal. Die Tatsache wirkt erschreckend, aber es ist möglich, daß das Trinkwasser wenigstens nicht aus der gleichen Schichttiefe entnommen wurde: Endres Tucher ließ in einem Haus vom Kellerboden aus knapp 2 m tief räumen, bis das Wasser erreicht war, einschließlich der Kellertiefe also bis ungefähr 5 m unter die Erdoberfläche. Die in Anton Tuchers Haushaltsbuch erwähnten Gruben sind mit knapp 4 m bis 8,5 m Tiefe angegeben (12 bis 28 Schuh), wobei die tiefste ausdrücklich ganz in den Felsen gehauen war. Demgegenüber kaufte Anton Tucher Brunnenseile von ca. 14,5 m Länge (8 Klafter), Michel Behaim sogar von ca. 20 m Länge (11 Klafter). Nach diesen Angaben entsprachen die Nürnberger Trinkwasserverhältnisse des 15. Jahrhunderts – soweit auf das Grundwasser zurückgegriffen wurde – ungefähr denen des 19. Jahrhunderts in Köln: Dort waren die Abortgruben bis 6 m, die Brunnen 9 bis 12 m tief[119]. Dieser Vergleich

---

116 Endres Tucher, wie Anm. 24, S. 113f. u. S. 319; Das Stadtbuch von Augsburg, wie Anm. 44, S. 71; vgl. auch oben S. 124f.; Anton Tucher, wie Anm. 62, S. 60f., S. 99f., S. 153; KAMANN, wie Anm. 77, S. 72 u. S. 102; SACHS, wie Anm. 93, S. 59; Beschreibung des Oberamts Ulm, wie Anm. 80, 1. 1897. S. 423.

117 Für die Bedeutung der Kostenfrage und gegen die Gleichgültigkeit sprechen auch die häufigen Streitigkeiten zwischen Nachbarn wegen Abortanlagen oder Kanälen; vgl. AHLBORN, wie Anm. 60, S. 102; Die Zürcher Stadtbücher, wie Anm. 21, S. 154f. nr. 325, S. 155 nr. 327, S. 165 nr. 341; Endres Tucher, wie Anm. 24, S. 261; Werner NÄF, Die Familie von Watt. Geschichte eines St. Gallischen Bürgergeschlechts. Mitt.z.vaterl.Gesch. hg. Hist.Ver.d.Kantons St. Gallen 37,2. 1936. S. 48f.

118 Endres Tucher, wie Anm. 24, S. 315.

119 Ebd. S. 314; Die Chroniken der deutschen Städte, Nürnberg 4, wie Anm. 90, S. 313f.; VAN EYLL, wie Anm. 81, S. 243. Der zitierte chronikalische Bericht aus Nürnberg gibt an, das Privet der Prediger-

macht die [143] Maßnahmen und Einrichtungen des späten Mittelalters natürlich nicht objektiv richtiger, aber es zeigt sich erneut, daß erst die naturwissenschaftlichen Errungenschaften der Neuzeit einen grundsätzlichen Wandel herbeiführen konnten. Dabei muß aber festgehalten werden, daß die ersten Kanalisationssysteme des 19. Jahrhunderts noch ohne jede Vorreinigung in Flußläufe mündeten, und dies eindeutig entgegen besserem Wissen[120].

Unter dem Gesichtspunkt der Entsorgung bleibt noch ein Blick auf Straßenpflasterung und -reinigung. Sichere Nachrichten über gepflasterte Straßen in den Städten begegnen vereinzelt für das 13. Jahrhundert, im 14. Jahrhundert werden sie häufiger und seit Beginn des 15. Jahrhunderts scheint das Pflastern in städtischer Regie allgemein üblich geworden zu sein[121]. Städtische Ausgaben für den Straßenunterhalt begegnen in den Augsburger Stadtrechnungen schon seit 1321, zunächst für Holz und Sand, 1324/25 aber bereits für Steine und *pro operariis in pavimento;* auch in den Münchner Rechnungen sind städtische Ausgaben für Sand und Holz notiert. Eine Stiftung für Pflasterarbeiten in Basel (1352) zeigt aber, daß privaten Initiativen noch große Bedeutung zukam[122]. Organisatorisch wurden die Städte aber spätestens gegen Ende des 14. Jahrhunderts allein zuständig: Städtische Pflastermeister sind z. B. in München (ab 1394), Ulm (1397), Basel (1417) beschäftigt worden. In Straßburg sind Amt, Pflichten und Etat der Estricher (Pflasterer) durch ausführliche Ordnungen seit 1405 belegt. In Nürnberg gehörte der Straßenbau zu den Aufgaben des Baumeisters, der dafür eigene Handwerker bestellte; Mitte des 15. Jahrhunderts wurden für die Durchführung der Arbeiten zwei Pflastermeister besoldet, Endres Tucher beschäftigte drei Pflasterer, davon zwei nur für die laufenden Reparaturen. Er notiert, daß diese Fachkräfte nur schwer zu verpflichten waren, wohl auch ein Hinweis auf die Häufigkeit des Straßenpflasterns nach der Mitte des 15. Jahrhunderts[123]. Konkretere Angaben über die erzielten Leistungen finden sich in erzählenden Quellen und in städtischen Haushaltsrechnungen, wobei zu bedenken ist, daß die Kosten nach wie vor wenigstens teilweise von den Anliegern zu bestreiten waren. Chronikalisch belegt ist der Beginn der systematischen Straßenpflasterung für Bern (1399), Zürich (1403 mit der Kostenangabe 3200 lb dn) und ausführlich für Augsburg (1416): Nach dem Bericht von Burkard

---

brüder sei mehr als 20 Mann tief gewesen, doch war bei dieser Tiefe das Grundwasser noch nicht erreicht, wohl wegen der erhöhten Lage des Klosters am Fuß des Burgberges.

120 Walter ORTLEB/Walter KADNER, Stadtentwässerung. Wasserwirtschaft 6. 1960. S. 10f.; vgl. auch STRELL, wie Anm. 2, S. 4.

121 Datenzusammenstellungen z. B. bei Ernst GASNER, Zum deutschen Straßenwesen von der ältesten Zeit bis zur Mitte des XVII. Jahrhunderts. 1899 (ND 1966). S. 125–136. GENGLER, wie Anm. 18, S. 81; GOODCHILD/FORBES, wie Anm. 2, S. 531; STEINHILBER, wie Anm. 40, S. 48f.; STRELL, wie Anm. 2, S. 136. Die wiederholte Angabe des Pflasterungsbeginns in Straßburg mit 1322 beruht wohl auf einer Fehldatierung der Pflastererordnung, die in das 15. Jh. gehört:

122 GASNER, wie Anm. 121, S. 125–132; SOLLEDER, wie Anm. 1, S. 366; BOOS, wie Anm. 2, S. 266; HOFFMANN, wie Anm. 64, S. 35ff.

123 SOLLEDER, wie Anm. 1, S. 366; Beschreibung des Oberamts Ulm, wie Anm. 80, S. 8; KÖLNER, wie Anm. 93, S. 235f.; EHEBERG, wie Anm. 36, S. 11–59 nr. 10 (S. 51 Ziff. 171), S. 331–333 nr. 132, S. 334f. nr. 134, S. 467f. nr. 231, S. 470–473 nr. 234; SANDER, wie Anm. 64, S. 282; Ernst MUMMENHOFF, Lutz Steinlingers Baumeisterbuch vom Jahre 1452. In: MittVGNürnb 2 (1880), (S. 15–77) S. 58; Endres Tucher, wie Anm. 24, S. 47–49.

Zink war die Hauptlast der Ausgaben von den Anliegern zu tragen, nur bei besonders breiten Straßen leistete der Rat einen Zuschuß. Trotz allgemeinem Gefallen zu Beginn dauerten die Arbeiten deswegen Jahre, und die [144] Bürger waren *willig je lenger je geringer*. Unterstützt wurde das Unternehmen durch einen Pflasterzoll, den die Stadt 1418 von Kg. Sigmund erhielt[124]. Für München sind Ausgaben für die Straßenpflasterung in den Stadtrechnungen von 1393 an nachgewiesen. Auch dank einer herzoglichen Zollverleihung von 1394 wurden die Arbeiten offenbar in großem Umfang und mit erheblichem Kostenaufwand durchgeführt, 1398/99 erreichten die Ausgaben mit 2759 lb dn = 30% des Gesamthaushalts einen einmaligen Höhepunkt. Die Pflasterausgaben des 15. Jahrhunderts, soweit überhaupt gesondert ausgewiesen bleiben dahinter weit zurück[125]. In Basel sind vor allem in den Jahren zwischen 1417 und dem Konzilsbeginn regelmäßig Ausgaben für das Besetzwerk verzeichnet, 1417/18 erreichen sie immerhin knapp 5% des Gesamthaushalts, wobei auch hier die Stadt nur einen Kostenanteil trägt[126]. Gepflastert wurde übrigens durchwegs in einer Bettung aus Sand; in Augsburg, Basel, München verwendete man als Belag Flußkiesel, in Nürnberg wurden besonders harte, zubehauene Steine verlegt[127].

Wie die Stadt nur teilweise und neben den Anliegern die finanzielle Last des Straßenbaus trug, so war auch die Reinhaltung zum Teil Privatsache. In zahlreichen Erlassen wurden die Bürger an ihre Pflicht erinnert, vor dem eigenen Haus für Sauberkeit zu sorgen. Entsprechend der nun schon mehrfach festgestellten Entwicklung übernahmen die Städte aber auch bei der Straßenreinigung zunehmend konkrete Aufgaben. Zwar blieben umfassende Säuberungsaktionen in städtischer Regie Ausnahmen aus besonderem Anlaß[128], aber für die Unratabfuhr sorgte zunehmend die Obrigkeit: in Nürnberg ist (Ende 14./Anfang 15. Jahrhundert) der Pflastermeister dafür zuständig, *daz horb* auf Kosten der Anlieger aus der Innenstadt abzufahren. In der ersten Hälfte des 15. Jahrhunderts wird dafür regelmäßig vom Stadtbaumeister der sogenannte Schüttmeister bestellt. In München besoldete der Rat 1397 einen Mann dafür, daß er *kott und mist* aus der Stadt brachte, in Augsburg wird 1416 die Einrichtung städtischer Karren zur Abfuhr des von den Anliegern aufgehäufelten Straßenschmutzes erwähnt, in Frankfurt ist die Abfallbeseitigung durch städtische Schaufler *(scuppler)* 1481 als bestehende Einrichtung bezeugt. In Straßburg gab es mindestens seit 1405 das städtische Horbamt, das für Straßenreinigung und Abfallabfuhr zuständig war. Es hatte einen eigenen Etat und beschäftigte Karrenführer, die zur Warnung ständig ihre *schel-*

---

124 Die Berner-Chronik des Conrad Justinger. hg. G. STUDER Bern 1871. S. 188; Chronik der Stadt Zürich, wie Anm. 88, S. 167; Die Chroniken der deutschen Städte, wie Anm. 23, Augsburg 1. 1865 (ND 1965). S. 232 u. S. 320; Augsburg 2. S. 146f.

125 SOLLEDER, wie Anm. 1, S. 164, S. 558f., S. 562f.

126 HARMS, wie Anm. 64, erste Abt. 2, S. 133 Z. 60–65, S. 135 Z. 74–80, S. 138 Z.4f., S 140 Z. 20, S. 174 Z. 15–21, S. 176 Z. 52f., S. 177 Z. 12–16, S. 181 Z. 80–85, S. 187 Z. 93f., S. 190 Z. 86–88, S 193 Z. 95–100; KÖLNER, wie Anm. 93, S.235f.

127 Die Chroniken der deutschen Städte. Augsburg 2, wie Anm. 23, S. 146; C. H. BAER, Wasserläufe, Straßen und Plätze von Groß- und Kleinbasel. In: Die Kunstdenkmäler des Kantons Basel-Stadt 1. Basel 1932 (ND mit Nachträgen 1971). (S. 301–314). S. 308; SOLLEDER, wie Anm. 1, S, 366; Endres Tucher, wie Anm. 24, S. 87.

128 Verweise auf zahlreiche, allgemeine Reinhaltungsvorschriften unten in Anm. 131; SOLLEDER, wie Anm. 1, S. 396; Endres Tucher, wie Anm. 24, S. 254f.

len ... klinglen sollten. Laut Ordnung waren sie besonders zur Reinhaltung bevorzugter Innenstadtgebiete verpflichtet. Das Amt bestand unverändert noch im 17. Jahrhundert, 1656 verwendete [145] die Stadt dafür knapp 1% ihrer Gesamtausgaben oder knapp 2% der Haushaltsausgaben abzüglich des Schuldendienstes. Zum Vergleich: In Mannheim betrug 1979 bei einem Gesamtetat von 1,2 Mrd DM der Ansatz für die Straßenreinigung 8–10 Mio DM oder ca. 0,83%[129].

Es liegt in der Natur der Sache, daß die Quellen eher das Bestehen als das Funktionieren der städtischen Einrichtungen zur Straßenreinigung bezeugen können. Glaubt man den in der Literatur vertretenen Ansichten über die mittelalterliche Schmutzigkeit, waren die Städte kaum irgendwo so erfolglos wie bei der Reinhaltung der Straßen und der Abfallbeseitigung[130]. Diese Ansicht beruht vor allem auf der beinahe endlosen Reihe städtischer Erlasse zur Sauberkeit auf den Straßen, deren Wirkungslosigkeit aus der stetigen Wiederholung von Maßnahmen gegen Schweinehaltung und Mistablagerung erschlossen wird[131]. Wie schon oben bemerkt, halte ich es für eine problematische Methode, unter Strafandrohung und Verbot gestellte Zustände durch Umdrehung des Wortlauts der Verordnungen einfach mit der Norm des Alltagslebens gleichzusetzen. Dabei sind zweifellos sorgfältige Überlegungen notwendig, nicht um die Städte möglichst reinzuwaschen, sondern weil die Bedingungen berücksichtigt werden müssen, die zum Erlaß der Verbote und Verordnungen geführt haben. So wissen wir z. B. jedenfalls nicht genau, wo die Reizschwelle für das Tätigwerden des Rates gelegen hat, ob seine Ermahnungen eher prophylaktischen Charakter hatten oder erst erfolgten, wenn Mist und Unrat die Stadt buchstäblich bedeckten. Erkennbar wird aber gelegentlich, so in den Zürcher Stadtbüchern, daß sich Ratsgebote auf ganz konkrete Einzelfälle beziehen können. Der Eindruck dauernder Wiederholungen kann auch entstehen, weil, so z. B. in den Satzungsbüchern der Stadt Nürnberg, eine Verordnung als geltendes Recht unverändert oder modifiziert bei der Anlage eines neuen Satzungbuches übernommen wurde. Deutlich wird aus dem Wortlaut der Quellen auch, daß es gar nicht immer darum geht, unerträgliche Mißstände abzustellen, sondern daß Differenzen hinsichtlich der Nutzung der innerstädtischen Allmende, des öffentlichen Grund und Bodens also, den Rat zum Einschreiten veranlassen. Eine zunehmende Zahl

---

129 Satzungsbücher, wie Anm. 25, S. 296; SANDER, wie Anm. 64, S. 228f. u. S. 673; MUMMENHOFF, wie Anm. 123, S. 59; Endres Tucher, wie Anm. 24, S. 57f.; SOLLEDER, wie Anm. 1, S. 396; Die Chroniken der deutschen Städte. Augsburg 2, wie Anm. 23, S. 146 mit Anm. 3; Die Gesetze der Stadt Frankfurt, wie Anm. 22, S. 375–377 nr. 289. EHEBERG, wie Anm. 36, S. 11–59 nr. 10 (S. 51 Ziff. 169), S. 247f. nr. 94, S. 331–333 nr. 132, S.467f. nr. 231, S. 470–473 nr. 234, S. 706–708 nr. 373, S. 734–740 nr. 386. Für die Auskünfte über den Etat der Stadt Mannheim danke ich Stadtrat Lothar Mark.

130 Nach STEINHILBER, wie Anm. 40, S. 48 starrten die Straßen im 15. Jh. von Unrat aller Art; die gleiche Ansicht bei BOOS, wie Anm. 2, S. 266.

131 Verordnungen über Straßenreinigung, Mistausfuhr und Schweinehaltung: Die Gesetze der Stadt Frankfurt, wie Anm. 22, S. 149f. nr. 35 (1386), S. 225f nr. 137 (1412), S. 375–377 nr. 289 (1481); Das Rote Buch, wie Anm. 75, S. 157f. nr. 284 (1414), S. 203f. nr. 396 (1420); EHEBERG, wie Anm. 36, S. 393 nr. 165 (Anf. 15. Jh.), S. 480–482 nr. 242 (15. Jh.), S. 706–708 nr. 373 (1640); Die Rechtsquellen des Kantons Bern, wie Anm. 19, S. 158f. nr. 198 (1314), S. 628 nr. 112 (1539); Die Zürcher Stadtbücher, wie Anm. 21, S. 168 nr. 347 (Mitte 14. Jh.), S. 343 nr. 175 (1403), S. 344 nr. 176 (1403); BRUCKER, wie Anm. 32, S. 106–109 (1412).

von Erlassen muß also nicht auf eine zunehmende Zahl von Verstößen deuten, sondern kann auch im [146] Zusammenhang stehen mit den intensiven Anstrengungen der Stadtobrigkeiten, ihr alleiniges Verfügungsrecht auf allen Gebieten durchzusetzen[132].

Klar erkennbar ist auch, daß es bei den auf Mistablagerung bezogenen Verordnungen nicht um Abfallbeseitigung im eigentlichen Sinn geht, sondern um eine geregelte Weiterverwertung, Sie betreffen eindeutig nur den tierischen Dung, nicht den menschlichen Kot, dessen Beseitigung oben dargestellt wurde. Im Gegensatz zu den Fäkalien war der Mist als Dünger wertvoll, und daß er bei dem ackerbürgerlichen Element in den mittelalterlichen Städten in Mengen anfiel, war eine ganz normale Sache, die ja in ländlichen Kleinstädten bis in die Gegenwart nicht als unerträglicher Mißstand empfunden wird. Vorschriften aus Zürich und Nürnberg zeigen, daß mit dem Mist gehandelt wurde, in Straßburg verkaufte der städtische Horbmeister auch den aus der Stadt geführten Straßenkehricht und Bachausraum[133]. Problematisch war also nicht die Beseitigung, sondern die Zwischenlagerung: Mist muß vor der Verwendung als Dünger durchgären, außerdem kann er nicht ganzjährig auf die Felder oder in die Weingärten gebracht werden. Dem Rat ging es, neben der Sauberkeit, vor allem um die Freihaltung öffentlicher Flächen, und dabei stieß er, wie Endres Tucher bemerkt, auf viele trotzige Leute. Daß der Mist als solcher nicht als etwas überaus Unappetitliches empfunden wurde, zeigt seine Verwendung als Unterlage bei Turnieren[134].

Anders stellt sich das Problem bei den Schweinen, die auch nach zeitgenössischen Äußerungen als innerstädtisches Übel galten: Die Zürcher Chronik berichtet, nach der Pflasterung 1403 seien die Schweine ein ganzes Jahr von den Straßen ferngehalten worden. Der Frankfurter Rat weist darauf hin, daß die Schweine Unreinlichkeit verursachen und für Felix Fabri sind sie die schlimmste Beeinträchtigung der städtischen Sauberkeit[135]. Daß die Verordnungen und Gesetze der Städte zur Schweinehaltung tatsächlich unsicher wirken, ist aus doppeltem Grund erklärlich: Einmal ist die Schweinehaltung altes Recht vor allem der Bäcker, das nicht mit einem Federstrich zu beseitigen ist. Zum anderen war unter dem Gesichtspunkt einer möglichst autarken Fleischversorgung die Schweinehaltung innerhalb der Stadtmauern notwendig und wünschenswert, der Rat stand also in einem wirklichen Interessenkonflikt, der eine radikale Lösung verbot. Rationale Auswegsmöglichkeiten werden am deutlichsten in Frankfurt, wo im Sinne einer innerstädtischen Funktionstrennung versucht wurde, die Schweinehaltung aus der Innenstadt nach Sachsenhausen und in die Neustadt zu [147] verlegen. Im übrigen gilt erneut, daß auch die hier angesprochenen Probleme kein

---

132 Die Zürcher Stadtbücher, wie Anm. 21, S. 4 nr. 6, S. 9 nr. 19, S. 18 nr. 44, S. 20 nr. 51, S. 21 nr. 53 (Einzelfälle), S. 43 nr. 110, S. 228 nr. 18 und ebd. Bd. 2, wie Anm. 26, S. 353 nr. 167 (Freihaltung bestimmter Stellen. Die Verbote auch gegen Holzlagerung zeigen, daß es sich hier nicht in erster Linie um Hygienefragen handelt); Satzungsbücher, wie Anm. 25, S. 56, S. 139, S. 291, S. 296 (Wiederholung bei Neuanlage von Satzungsbüchern); Die Gesetze der Stadt Frankfurt, wie Anm. 22, S. 226f. nr. 138 (1413), S. 375–377 nr. 289 Ziff. 3.

133 Die Zürcher Stadtbücher, wie Anm. 26, S. 328 nr. 125 (1420), S. 365f. nr. 184 (1425); Endres Tucher, wie Anm. 24, S. 254–257; EHEBERG, wie Anm. 36, S. 470–473 nr. 234 Ziff. 16 u. 17, S. 574–578 nr. 304 Ziff. 7. (Verkauf von Asche aus städtischen Öfen), S. 706–708 nr. 373 Ziff. 13 (1640).

134 STEINHILBER wie Anm. 40, S. 56; Endres Tucher, wie Anm. 24, S. 255.

135 Chronik der Stadt Zürich, wie Anm. 88, S. 167; Die Gesetze der Stadt Frankfurt, wie Anm. 22, S. 375–377 nr. 289 Ziff. 1 1481); Fratris Felicis Fabri tractatus, wie Anm. 23, S. 52.

Charakteristikum des 14. und 15. Jahrhunderts sind. Anordnungen über Mistlagerung und Schweinehaltung, ganz im Tenor spätmittelalterlicher Ratserlasse, sind auch aus dem 16. und 17. Jahrhundert überliefert, in Basel wurden die beiden letzten Misthaufen 1851/52 gegen Entschädigung entfernt[136].

Für die Frage nach der Bewältigung innerstädtischer Ver- und Entsorgungsprobleme ist schließlich noch zu berücksichtigen, wie die Leistungen von den Zeitgenossen beurteilt worden sind. Für das Untersuchungsgebiet liegen dazu für das 15. Jahrhundert Berichte italienischer und spanischer Reisender vor, ferner die Stadtbeschreibungen Ulms und Nürnbergs von Felix Fabri bzw. Conrad Celtis[137]. Natürlich sind die Reiseberichte nicht unbesehen als bare Münze zu nehmen, sie enthalten, besonders deutlich bei Enea Silvio Piccolomini, bestimmte Tendenzen und wiederholen Topoi[138]. Wenn zu diesen Topoi aber auch das Lob der Sauberkeit der Städte gehört, ist immerhin zu fragen, wie es dazu kommt, wenn sie in Wirklichkeit von Schmutz gestarrt haben. Glücklicherweise beschränken sich die Schilderungen nicht auf allgemeine Lobsprüche, sondern geben auch Begründungen dafür: Reichtum an Brunnen und Wasser wird beispielsweise, z. T. mehrfach, für Zürich, Heidelberg, München, Ulm und besonders für Basel hervorgehoben. Straßburg war nach Enea Silvio wie Venedig von zahlreichen Kanälen durchzogen, allerdings nicht voll stinkenden Salzwassers, sondern voll klarem Süßwasser. Basel und Wiener Neustadt werden wegen ihrer reinen Luft gelobt. Bei Basel, München, Ulm, Straßburg und Villingen wird besonders erwähnt, daß die Straßen mit Flußkieseln gepflastert waren; am Beispiel Villingen bezeichnet dies 1492 der venezianische Gesandte Andrea de'Franceschi schlechtweg als deutsche Sitte. Konstanz wird wegen schöner, Nürnberg wegen besonders sauberer Straßen gelobt. Gewicht erhalten diese Wertungen durch gelegentliche gegenteilige Urteile: So heißt es von Würzburg (1471), die Straßen seien schlammig und über der ganzen Stadt liege der Geruch gedüngter Weinberge; an Mainz wird die Enge der Straßen getadelt. Das argumentum e silentio ist oft problematisch, aber es ist doch auffällig, daß ein [148] ausgesprochen feindselig eingestellter Berichterstatter

---

136 Die Gesetze der Stadt Frankfurt, wie Anm. 22, S. 375–377 nr. 289, S. 415 nr. 345. Weitere Hinweise auf Funktionstrennung: Fratris Felicis Fabri tractatus, wie Anm. 23, S, 20f. u. S. 45; Das Rote Buch, wie Anm. 75, S. 161f. nr. 288; BRUCKER, wie Anm. 32, S. 106; Die Rechtsquellen des Kantons Bern, wie Anm. 19, S. 349 nr. 264; WERMINGHOFF, Conrad Celtis, wie Anm. 28, S. 139. Zur Neuzeit: BAER, wie Anm. 127, S. 308; STRELL, wie Anm. 2, S. 174; ORTLEB/KADNER, wie Anm. 120, S. 10.

137 Nachweise bzw. Ausgaben: Konrad HÄBLER, Peter Tafurs Reisen im Deutschen Reich in den Jahren 1438/1439. In: Zs.f.Allgem.Gesch., Kultur-, Literatur- u. Kunstgesch. 4 (1887), S. 502–509; Henry SIMONSFELD, Ein venetianischer Reisebericht über Süddeutschland, die Ostschweiz und Oberitalien aus dem Jahre 1492. In: Zs.f.Kulturgesch. 4,2 (1895), S. 241–283; Enea Silvio Piccolomini, Deutschland, Der Brieftraktat an Martin Mayer und Jacob Wimpfelings „Antworten und Einwendungen gegen Enea Silvio". Übs. u. erläutert von Adolf SCHMIDT. GdtVz 3. Gesamtausgabe. 104. 1962; Fratris Felicis Fabri tractatus, wie Anm. 23; WERMINGHOFF, Conrad Celtis, wie Anm. 28 (mit dem Text der Norimberga). J. Cochlaeus, Brevis Germaniae Descriptio (1512). hg. u. komm. von Karl LANGOSCH ²1969, wiederholt weitgehend wörtlich Celtis' Beschreibung von Nürnberg, enthält also in dieser Hinsicht keine zusätzlichen Informationen.

138 VOIGT, wie Anm. 28, besonders S. 132–136.

wie Antonius Campanus (1471) zwar die persönliche Schmutzigkeit der Deutschen drastisch schildert, an ihren Städten selbst aber nichts Wesentliches zu tadeln findet[139]. Bei den Stadtbeschreibungen von Felix Fabri und Conrad Celtis (1488 bzw. 1495/ 1502) muß, damit kein falscher Eindruck erweckt wird, vorweg festgehalten werden, daß sich beide Autoren nicht in erster Linie für die hier behandelten Fragestellungen und Bereiche interessieren. Weit mehr Raum findet z. B. die Schilderung der Befestigungsanlagen, der Bevölkerung, der Stadtverfassung, bei Celtis auch der Maßnahmen zur Lebensmittelversorgung. Die zu meinem Thema einschlägigen Nachrichten aus beiden Quellen habe ich teilweise schon angeführt, ich fasse sie hier kurz zusammen: Fabri hebt die Versorgung Ulms mit Brauch- und Trinkwasser hervor, er lobt den Fischreichtum des Stadtgrabens – ein deutlicher Hinweis, daß es mit der Wasserqualität nicht ganz schlecht bestellt sein konnte. Ähnlich ist übrigens in der Augsburger Chronistik überliefert (zu 1520), daß die Fischer ihre Forellenkästen im Stadtgraben halten konnten. Die Ulmer Straßen bezeichnet Fabri als breit und nicht finster, dank unterirdischer Ableitungen gebe es auch keinerlei Kloakengestank wie andernorts üblich, nur die Schweine beeinträchtigten den Zustand der Sauberkeit. Eine Trennung zwischen Wohn- und Gewerbegebieten wird allgemein als wünschenswert bezeichnet, die Konzentration der Tuchwalker auf die Vorstadt wird als Tatsache berichtet. Insgesamt bot Ulm im ausgehenden 15. Jahrhundert nach Fabri einen überaus prächtigen Anblick. Für Nürnberg erwähnt Celtis die Schmutzbeseitigung auf den Straßen durch zugeleitetes Wasser, das in gedeckten Kanälen zur Pegnitz abgeführt werde. Bei der Trinkwasserversorgung nennt er die Zahlen: 120 öffentliche Schöpfbrunnen und 23 Brunnen mit Leitungsanschluß. Er lobt die reine Luft in der Stadt und erwähnt ein überraschendes Detail: Die Häuser würden durch Kräuter und Blumen, die man vor den Fenstern ziehe, mit Duft durchzogen. Viele Handwerker, und besonders die Tuchwalker, sind nach Celtis' Darstellung in der Vorstadt Wöhrd konzentriert. Als Hinweis auf die Lebensqualität in der spätmittelalterlichen Stadt ist noch zu erwähnen, daß die Einrichtung parkartiger Anlagen mit Spazierwegen auf den Pegnitzinseln und die Ausgestaltung der Hallerwiese als Fest- und Erholungsstätte mit hohem Lob bedacht werden. Die Anpflanzung von Linden und die Errichtung von Brunnen auf der Hallerwiese durch die Stadt werden übrigens von der zeitgenössischen Chronistik bestätigt[140], ähnlich festliche [149] Plätze erwähnen die vorangehend zitierten Reiseberichte auch für Basel und Wien[141]. Belege für die Freude an einer schönen Umgebung, aber

---

139 Ebd. S. 68f., S. 155, S. 221 (Wasser, Brunnen), S. 107 u. S. 125 (gute Luft), S. 170 (Würzburg), S. 175–178 (Schmutzige Deutsche); HÄBLER, wie Anm. 137, S. 505–507 (Brunnen, Straßenpflaster); SIMONSFELD, wie Anm. 137, S. 245, S. 257, S. 260, S. 270 (Straßenpflaster), S. 271 (Pflasterung in Villingen); Enea Silvio, wie Anm. 137, S. 94f. (Straßburg), S. 103 (Nürnberg).

140 Fratris Felicis Fabri tractatus, wie Anm. 23, S. 48 u. S. 51 (Brunnen), S. 52 (Entsorgung), S. 49 (Fische im Stadtgraben), S. 20f. und S. 45 (Funktionstrennung); WERMINGHOFF, Conrad Celtis, wie Anm. 28, S. 134 (Straßenreinigung), S. 140 (Brunnen), S. 139 (Funktionstrennung), S. 135f. (Hallerwiese), S. 142 (Blumen und Kräuter), S. 148 (gute Luft). Die Chroniken der deutschen Städte. Augsburg 5, wie Anm. 23, S. 132f. (Forellenkästen im Augsburger Stadtgraben); Nürnberg 1. 1862 (ND 1961). S. 393 (Kauf der Hallerwiese); Nürnberg 4, wie Anm. 90, S. 160 u. S. 367 (Linden und Brunnen).

141 VOIGT, wie Anm. 28, S. 70 (Basel 1434/35) u. S. 214 (Wien 1486).

auch für das wachsende Repräsentationsbedürfnis der Städte am Ausgang des Mittelalters.

V. Schluß

Soweit es nach dem einleitend untersuchten Kenntnisstand möglich war, sind, daran kann nicht gezweifelt werden, in oberdeutschen Städten des 14. und 15. Jahrhunderts Ver- und Entsorgungseinrichtungen geschaffen worden, die in der frühen Neuzeit ziemlich unverändert weiterbestanden haben, die zum Teil erst im 19. Jahrhundert wesentlich verbessert wurden und die erst aufgrund der modernen naturwissenschaftlichen Erkenntnisse grundsätzlich als untragbar erscheinen konnten. Mit dem vorangehenden exemplarischen Überblick darüber, was im Untersuchungsgebiet erreicht wurde, sollte nicht der Eindruck erweckt werden, es seien überall nach dem Maßstab der Zeit Idealzustände verwirklicht worden. Das ist hoffentlich genügend deutlich gemacht worden, und Felix Fabris Hinweis, daß Ulms unterirdische Kanäle keine Selbstverständlichkeit seien, hat daran ja nochmals erinnert. Ganz zum Schluß ist aber noch danach zu fragen, welches Gewicht Ver- und Entsorgungsprobleme denn innerhalb der Gesamtverantwortung des Rates gehabt haben. Grundsätzlich war der Rat, jedenfalls in den Reichsstädten, nicht nur im staatlich-hoheitlichen Bereich, sondern auch hinsichtlich der heute den Kommunen zugewiesenen Aufgaben die oberste Entscheidungsinstanz[142]. Ein Blick in das Inhaltsverzeichnis von Stadtbüchern oder Satzungsbüchern reicht aus, um zu erkennen, wie groß die Bandbreite der legislativen und verordnenden Aktivitäten von Rat und Ratsbehörden war. Bekannt ist aber auch, daß der Rat auf vielen Gebieten, die heute im Zentrum kommunaler Bemühungen stehen, vorwiegend ordnungspolitische Funktionen wahrgenommen hat. In den städtischen Haushaltsrechnungen sind Bereiche wie Wohlfahrt, Gesundheit, Schule, aber eben auch Trinkwasserversorgung oder Abfallbeseitigung nur als verschwindend kleine Etatposten nachweisbar: Die konkreten Aufgaben und finanziellen Belastungen sind von den Bürgern selbst oder von Stiftungen und von der Kirche übernommen worden. Die Mittel des öffentlichen Haushalts wurden dagegen ganz überwiegend für die Außenabsicherung eingesetzt. In Schwäbisch Hall wurden im 15. Jahrhunden nur 0,1 bis 1,9% der Ausgaben des Stadthaushalts für Recht, Gesundheit und Wohlfahrt ausgegeben; in Nürnberg wurden 1431/40 im Jahresdurchschnitt 90,71% des Etats für die Sicherung der Stadt verwendet[143]. Im Bereich des Versorgungssektors sind die Stadtobrigkeiten über ihre Ordnungsfunktion hinaus am häufigsten bei der Lebensmittelversorgung zu massiven Interventionen übergegangen. Freilich weniger im Sinn einer kontinuierlichen Wohl[150]fahrtspolitik als zur Überbrückung besonders zugespitzter Notsituationen[144]. Der Konzentration des Stadtregiments auf die Außenabsicherung entsprechend, war der innerstädtische Behörden- und Verwaltungsapparat zunächst institutionell nur schwach ausgebildet. Erst der Wandel zur Obrigkeit mit absoluti-

---

142 Vgl. Brockhaus-Enzyklopädie. 10^{17}1970. S. 384 (Kommunalpolitik).
143 KREIL, wie Anm. 64, S. 118–123; SANDER, wie Anm. 64, S. 701. Vgl. allgemein Leo SCHÖNBERG, Die Technik des Finanzhaushalts der deutschen Städte im Mittelalter. Münchner Volkswirt. Studien 103. 1910. S. 70–81.
144 Nachweise mit Zahlenangaben bei DIRLMEIER, wie Anm. 61, S. 53–56.

stischem Herrschaftsanspruch, ein Prozeß, der im 15. Jahrhundert zunehmend deutlich wird[145], hat allmählich zu Veränderungen geführt. Auch sie spiegeln sich in der Entwicklung der Stadthaushalte: In Schwäbisch Hall wurden im Durchschnitt des 15. Jahrhunderts 4,6%, Ende des 16. und zu Beginn des 17. Jahrhunderts aber 8,3 bis 10,2% des Etats für die innere Verwaltung ausgegeben. In Nürnberg lauten die Vergleichszahlen 7,5% (1431/40) zu 15% (Mitte des 16. Jahrhunderts)[146]. Im Rahmen der langsamen Entwicklung zu mehr öffentlicher und weniger privater Verantwortung sind die Stadtobrigkeiten, das habe ich darzustellen versucht, auch auf dem Gebiet der Ver- und Entsorgung zunehmend unmittelbar tätig geworden, aber diese Entwicklung war am Ende des 15. Jahrhunderts noch längst nicht abgeschlossen. In der spätmittelalterlichen Übergangsphase stehen neben konkreten Maßnahmen und finanziellem Einsatz die ordnungspolitischen Willens- und Absichtserklärungen des Rates, der zwar mit zunehmender Eindringlichkeit uneingeschränkten Gehorsam von seinen Bürgern bzw. Untertanen fordert, dem aber eine Exekutive fehlt, die Überwachung auf allen Gebieten und Vollzug in jedem Fall garantieren könnte. Nicht selbst durchzugreifen, sondern Anordnungen und Gebote zu erlassen, ist eine dem organisatorischen Stand des Ratsregiments entsprechende Vorgehensweise und nicht ohne weiteres ein Indiz für Energielosigkeit oder Desinteresse. Zweifellos waren Ver- und Entsorgung kein Gebiet, auf dem der Rat besonders früh und vorrangig die eigene, unmittelbare Zuständigkeit durchgesetzt hat, insofern hat die tatsächliche Bedeutung dieses Aufgabenbereichs innerhalb seiner Gesamtverantwortlichkeit nur langsam zugenommen. Aber die Beschäftigung mit der Entwicklung dieses Sektors der Kommunalpolitik läßt erkennen, wie falsch es ist, die von einer modernen Zentralverwaltung zu fordernde Einsicht und Effektivität als Maßstab anzulegen bei der Bewertung von Zielsetzungen und Leistungen der städtischen Obrigkeiten anderer Epochen: Das erwartungsgemäß negative Ergebnis eines derartigen Vorgehens steht in keinerlei Zusammenhang mit der historischen Wirklichkeit. Der Versuch, Ver- und Entsorgungseinrichtungen differenzierter zu bewerten, kann dagegen neben der Einsicht in zeitgenössische Lebensbedingungen auch Vorstellungen darüber vermitteln, wie Städte und städtische Organe unter den Bedingungen ihrer Zeit funktioniert haben.

---

145 Eberhard NAUJOKS, Obrigkeitsgedanke, Zunftverfassung und Reformation. Studien zur Verfassungsgeschichte von Ulm, Eßlingen und Schwäb. Gmünd. VeröffKommGeschlLdKde BadWürtt B 2. 1958, S. 5–9; Erich MASCHKE, „Obrigkeit" im spätmittelalterlichen Speyer und in anderen Städten. In: ARG 57 (1966), (S. 7–23) S. 18f.
146 KREIL wie Anm. 64, S. 121f. u. S. 127; SANDER, wie Anm. 64, S. 701; Johannes MÜLLER, Die Finanzpolitik des Nürnberger Rates in der zweiten Hälfte des 16. Jahrhunderts. In: VSWG 7 (1909), (S. 1–63) S. 9.

V. Die Stadt im Spätmittelalter: Genossenschaft und Herrschaft

Obrigkeit und Untertan in den oberdeutschen Städten des Spätmittelalters

Zum Problem der Interpretation städtischer Verordnungen und Erlasse

Seit Johann Gottfried Herder die Städte als „stehende Heerlager der Kultur" und den „Anfang einer bessern Staatshaushaltung" bezeichnet hat,[1] gab es in der deutschen Geschichtswissenschaft eine, teilweise liberal beeinflußte[2] Richtung, die ein betont städtefreundliches Geschichtsbild vertreten hat. Trotz Kritik im einzelnen galt die Stadt als Geburtsort der Erkenntnis, „daß die Förderung des leiblichen wie geistigen Bürgerwohls sittliche Aufgabe eines staatlichen Gemeinwesens" sei.[3] Dem positiven Vorbild wurde vielfach der selbstsüchtige, nur auf fiskalischen Gewinn bedachte Fürstenstaat gegenübergestellt.[4] Den Prototyp eines Stadtregiments, das seine Entscheidungen mit hausväterlicher Strenge, aber grundsätzlichem Wohlwollen gegenüber den Bedürfnissen der Bürger getroffen hat, entwickelte F. Lütge am Beispiel des Münchner Stadtrats.[5] Überwiegend auf der Interpretation von Gesetzgebung und Verwaltungserlas[438]sen beruhende, sehr positive Beurteilungen des spätmittelalterlichen Stadtstaates begegnen auch in der neueren Forschung.[6] In den letzten Jahrzehnten sind anstelle der Sorge um das Allgemeinwohl aber zunehmend auch andere Antriebskräfte

---

1 Das Zitat aus Johann Gottfried Herder, Ideen zur Philosophie der Geschichte der Menschheit (4. Teil, 1791) nach G. v. BELOW, Die städtische Verwaltung des Mittelalters als Vorbild der späteren Territorialverwaltung (in: Hist. Zs. 75, 1895, S. 396–463), S. 396.

2 Zur unterschiedlichen Beurteilung der Städte durch liberal und konservativ eingestellte Historiker vgl. G. V. BELOW (wie Anm. 1), S. 396–400; auch W. ZORN, Die politische und soziale Bedeutung des Reichsstadtbürgertums im Spätmittelalter (in: Zs. f. bayr. Landesgesch. 24, 1961, S. 460–480), S. 461. Positive Urteile über die Städte begegnen auch in Arbeiten, die liberales Gedankengut eindeutig ablehnen; vgl. beispielsweise E. KELTER, Geschichte der obrigkeitlichen Preisregelung Bd. 1 (= Bonner staatswiss. Untersuchungen 21, 1935), S. 166, mit einer lobenden Bewertung der „gebundenenWirtschaftsform" mittelalterlicher Städte.

3 O. GIERKE, Das deutsche Genossenschaftsrecht Bd. 2. (Berlin 1873, Neudruck Darmstadt 1954), S. 740/741.

4 Beispielsweise F. RÖRIG, Territorialwirtschaft und Stadtwirtschaft (zuerst in Hist. Zs. 150, 1934, jetzt in: Wirtschaftskräfte im Mittelalter, 2. Aufl. Wien-Köln-Graz 1971, S. 421–447), S. 424. Eindeutige Kritik an der vereinfachenden Gegenüberstellung von selbstlosem Stadt- und egoistischem Fürstenstaat bei D. H. W. SCHWARZ, Münz- und Geldgeschichte Zürichs im Mittelalter (Diss. Zürich 1940), S. 56 mit Anm. 13.

5 F. LÜTGE, Die Preispolitik in München im hohen Mittelalter (zuerst in Jahrbücher f. Nationalökonomie u. Statistik 153, 1941, jetzt in: Studien zur Sozial- und Wirtschaftsgeschichte, gesammelte Abhandlungen von F. Lütge = Forschungen zur Sozial- und Wirtschaftsgeschichte 5, 1963, S. 233–262), S. 248.

6 Beispielsweise O. Feger in der Einleitung, S. 54*, zu: Die Statutensammlung des Stadtschreibers Jörg Vögeli, hrsg. von O. FEGER (= Konstanzer Stadtrechtsquellen 4, 1951); Feger betrachtet den spätmittelalterlichen Stadtstaat als Vorwegnahme des sozialen Wohlfahrtsstaates. Die wohlfahrtspolitischen Zielsetzungen betont auch F. BLAICH, Fleischpreise und Fleischversorgung in Oberdeutschland im 16. Jahrhundert (in: Schriften des Vereins f. Socialpolitik NF 163, 1971, S. 29–56), S. 47. Gemeingeist und praktischen Sozialismus der Stadtregierungen lobt B. ZELLER, Die schwäbischen Spitäler (in: Zs. f. Württemberg. Landesgesch. 13, 1954, S. 71–83), S. 83/84.

für das Tätigwerden der Stadtregierungen herausgestellt worden: Die verstärkte Tendenz zur obrigkeitlichen Herrschaftsausübung und das Bemühen um den Erwerb feudaler Herrschaftsrechte in Angleichung an die Welt des Adels, wurden von E. Naujoks (am Beispiel Ulm), E. Maschke (am Beispiel Speyer), E. Kaiser (am Beispiel Zürich) und von O. Brunner als charakteristisch für viele spätmittelalterliche Städte nachgewiesen.[7] Dieser Prozeß ist in Ansätzen schon für das frühe 14. Jahrhundert nachweisbar, im 15. Jahrhundert wurde allgemein der Anspruch auf absoluten Gehorsam der Bürger durchgesetzt.[8] An die Stelle des traditionellen innerstädtischen Gegensatzes zwischen Patriziat und Zünften trat damit das Spannungsverhältnis zwischen Ratsregiment = Obrigkeit und Bürgerschaft = Untertanen.[9]

Die in Auseinandersetzung mit konkurrierenden Rechten erreichte Intensivierung der Ratsherrschaft und ihre Ausdehnung auf alle Bereiche des innerstädtischen Lebens[10] hat sich deutlich im zunehmenden Umfang der schriftlichen Überlieferung niedergeschlagen. Diese Vielzahl der spätmittelalterlichen Gesetze, Verordnungen und Ratsprotokolle, der Zeugnisse städtischer Verwaltungstätigkeit im weitesten Sinn, ist von der [439] deutschen Geschichtswissenschaft nicht nur zur Erforschung rechts- und verfassungsgeschichtlicher Tatbestände heranzuziehen: Sie hat mit diesen Quellenbeständen auch bei der Frage nach wirtschaftlich-gesellschaftlichen Entwicklungen zu arbeiten, weil das eigentlich erforderliche Zahlenmaterial weitgehend fehlt, das z. B. der auf diesem Gebiet viel besser gestellten französischen und englischen Forschung zur Verfügung steht.

In dem vorliegenden kurzen Beitrag geht es nun nicht darum, die Qualität des spätmittelalterlichen Stadtregiments grundsätzlich zu überprüfen, seine Eigenschaften als vorweggenommener Wohlfahrtsstaat zu bestätigen oder als „Ausbeutungssystem"[11] einzustufende Züge nachzuweisen. Aber es ist zu fragen, ob sich aus dem in der neueren Forschung hervorgehobenen Wandel spätmittelalterlicher Stadtregierungen zur

---

7   E. NAUJOKS, Obrigkeitsgedanke, Zunftverfassung und Reformation. Studien zur Verfassungsgeschichte von Ulm, Eßlingen und Schwäb. Gmünd (= Veröff. d. Kommission f. geschichtl. Landeskde. in Baden-Württemberg, Reihe B, Bd. 2, 1958), bes. S. 5–9. E. MASCHKE, „Obrigkeit" im spätmittelalterlichen Speyer und in anderen Städten (in: Archiv f. Reformationsgesch. 57, 1966, S. 7–23), bes. S. 18/19. E. RAISER, Städtische Territorialpolitik im Mittelalter (= Historische Studien 406, 1969), bes. S. 25/26 u. S. 121–131. O. BRUNNER, Souveränitätsproblem und Sozialstruktur in den deutschen Reichsstädten der frühen Neuzeit (in: Vierteljahrschrift f. Sozial- u. Wirtschaftsgesch. 50, 1963, S. 329–360), bes. S. 338–344.

8   E. MASCHKE (wie Anm. 7), S. 17/18: ab ungefähr 1330. H. LENTZE, Nürnbergs Gewerbeverfassung im Spätmittelalter im Rahmen der deutschen Entwicklung (in: Beiträge zur Geschichte und Kultur der Stadt Nürnberg Bd. 11, 2, 1967, S. 593–619), S. 616: ab etwa 1470 entwickelt sich „allenthalben in den Städten ein autoritäres Regime des Rates als Obrigkeit".

9   MASCHKE (wie Anm. 7), S. 8; NAUJOKS (wie Anm. 7), S. 14.

10   P. EITEL, Die oberschwäbischen Reichsstädte im Zeitalter der Zunftherrschaft (= Schriften zur südwestdt. Landeskde. 8, 1970), S. 23. Das systematische Vorgehen gegen konkurrierende Rechtsansprüche zeigt R. KIESSLING, Bürgerliche Gesellschaft und Kirche in Augsburg im Spätmittelalter (= Abhandlungen zur Geschichte der Stadt Augsburg 19, 1971), bes. S. 175–179 u. S. 231–235.

11   Dieses Urteil aus marxistischer Sicht bei K. CZOK, Die Bürgerkämpfe in Süd- und Westdeutschland im 14. Jahrhundert (in: Jahrb. f. Gesch. d. oberdt. Reichsstädte, Esslinger Studien 12/13, 1966/67, S. 40–72), S. 46.

Obrigkeit nicht Folgen ergeben für eine zu wirtschafts- und sozialgeschichtlichen Fragestellungen weitergeführte Interpretation von Gesetzen und Verordnungen. Als Problem wurde dabei bisher vor allem diskutiert, wie weit man, – bei quellenbedingt fehlender Möglichkeit zur Kontrolle – die Ordnungsvorstellungen des Rats mit der Wirklichkeit des städtischen Alltags gleichsetzen könne. Aber selbst in der Frage, ob die häufige Wiederholung von Vorschriften ein eindeutiges Indiz für oder gegen die Effektivität von Verwaltungsmaßnahmen darstellt, besteht keine Übereinstimmung.[12] Dagegen gilt stillschweigend oder ausdrücklich als sicher, daß die Häufigkeit obrigkeitlicher Eingriffe – unabhängig von dem Grad ihrer Wirksamkeit – die innerstädtische Entwicklung auch für den Bereich der Wirtschaft widerspiegelt. Um hier nur ein Beispiel zu nennen: Der spätmittelalterliche Anstieg der Fleischpreise kann für Deutschland in exakten Zahlen nachgewiesen werden;[13] aber die Annahme, daß gleichzeitig auch mit ernsthaften Versorgungsproblemen gerechnet werden muß, beruht vor allem auf der Interpretation allgemeiner Klagen und der zunehmenden Häufigkeit obrigkeitlicher Eingriffe.[14] Solche Schlußfolge[440]rungen sind an sich durchaus logisch und gerechtfertigt; sie werden aber problematisch, wenn nachzuweisen ist, daß die Intensität der städtischen Gesetzgebung ganz wesentlich von wirtschaftsexogenen Faktoren abhängt.[15] Die einfache Parallelsetzung wirtschaftlich-gesellschaftlicher Entwicklungen mit der Anzahl der Verordnungen auf bestimmten Gebieten des öffentlichen Lebens ist dann nicht mehr möglich.

Als Musterbeispiel für den fraglichen Zusammenhang zwischen dem Gang der Wirtschaft und der Entfaltung städtischer Aktivitäten in Gesetzgebung und Verwaltung kann ein Befund aus der französischen Forschung angeführt werden: Für die provençalische Stadt Carpentras ermittelt L. Stouff einen im 15. Jahrhundert nominell steigenden Fleischpreis und gleichzeitig Klagen über schlechte Versorgung sowie Eingriffe des Ra-

---

12 Aus der Vielzahl der Stellungnahmen nur einige Beispiele; vor der Gleichsetzung von städtischer Gesetzgebung und Alltagspraxis warnen: O. FEGER, Zur Konstanzer Finanzgeschichte im Spätmittelalter (in: Zs. f. d. Gesch. d. Oberrheins 111, 1963, S. 177–239), S. 214/215; B. KIRCH-GÄSSNER, Das Steuerwesen der Reichsstadt Konstanz 1418–1460 (= Konstanzer Geschichts- und Rechtsquellen NF 10, 1960), S. 83 u. S. 87; J. J. SIEGRIST, Beiträge zur Verfassungs- und Wirtschaftsgeschichte der Herrschaft Hallwil (in: Argovia 64, 1952, S. 5–533), S. 377; I. BOG, Wachstumsprobleme der oberdeutschen Wirtschaft 1450–1618 (in: Jahrbücher f. Nationalökonomie u. Statistik 179, 1966, S. 493–537), S. 495. Von der Übereinstimmung Planung-Realität in den Reichsstädten spricht dagegen W. BERGES, Stadtstaaten des Mittelalters (in: Forschung und Information. Schriftenreihe der Rias-Funkuniversität 6, 1970, S. 52–61), S. 57. Zur unterschiedlichen Interpretation der häufigen Wiederholung von Vorschriften vgl. F. BLAICH, Die Reichsmonopolgesetzgebung im Zeitalter Karls V. (= Schriften zum Vergleich von Wirtschaftsordnungen 8, 1967), S. 3/4.

13 Nachweise bei F. BLAICH (wie Anm. 6), S. 29.

14 F. ELSER, Die obrigkeitliche Fleischpreispolitik in München bis zum Beginn des 30jährigen Krieges (Diss. Frankfurt, Breslau 1932), S. 18: Preistaxen als Indiz der Verknappung. F. BLAICH (wie Anm. 6), S. 56: Bis Mitte des 16. Jh. sind Fleischpreistaxen ein gutes Indiz der Versorgungslage. Nach H. CREBERT, Künstliche Preissteigerung durch Für- und Aufkauf (= Deutschrechtl. Beiträge II, 2, 1916), S. 184 ist die Flut der Preiserlasse ein Anzeichen für die zunehmende Geldentwertung. Siehe auch unten Anm. 46.

15 Vgl. O. BRUNNER (wie Anm. 7), S. 335 u. 338: Für die innere Entwicklung der Städte waren nicht wirtschaftliche Fragen entscheidend sondern das Verhältnis zwischen Rat und Bürgerschaft.

tes in gehäufter Zahl. Der Vergleich mit der aus den *libri macelli* nachweisbaren wirklichen Marktsituation bringt aber ein überraschendes Ergebnis: Nur in einem Jahr (1428) fallen Klagen und niedriges Fleischangebot zusammen; bei im Durchschnitt gleichbleibender Verbrauchsmenge nimmt die Bevölkerung von 1400 bis 1473 um 29 % ab, so daß sich die Versorgungslage insgesamt eindeutig gebessert hat.[16] Stouffs gut belegte Feststellungen sind nicht zu bezweifeln, trotzdem können sie nicht ohne weiteres als repräsentativ für alle Städte Frankreichs gelten und noch viel weniger sind sie im Analogieverfahren einfach auf oberdeutsche Reichsstädte übertragbar. Aber der von Stouff für eine einzelne Stadt ermittelte Tatbestand muß doch allgemein als Warnung beachtet werden: Bei der quellenimmanenten Interpretation von Gesetzen und Verordnungen besteht offenbar die Gefahr, nach Art eines Zirkelschlusses vom Vorliegen eines Ratserlasses auf Zustände oder Entwicklungen zu schließen, die eben diesen Ratserlaß notwendig gemacht haben. Für Carpentras ergäbe sich zwingend die Annahme wachsender Schwierigkeiten bei der Fleischversorgung, könnte hier nicht ausnahmsweise anhand von statistisch auswertbarem Zahlenmaterial das Gegenteil nachgewiesen werden.

Eine gleich zwingende Beweisführung mit Hilfe oberdeutschen Materials scheint ausgeschlossen, aber wenigstens anhand von Einzelbeispielen kann gezeigt werden, daß und warum auch hier der Zusammenhang zwischen gesetzgeberischen Aktivitäten und wirtschaftlich-gesellschaftlichen Veränderungen fraglich sein kann: So sind aus dem Spätmittelalter [441] städtische Vorschriften zur Bewirtschaftung des umliegenden Landes (der Allmende und/oder des Territoriums der Stadt) in großer Zahl überliefert. Einige Belege: Der Basler Rat versucht 1413, den Einwohnern des Landgebiets zwingend den Anbau von Korn und das Halten von Zugtieren vorzuschreiben, mit der Begründung, ungöttliches Treiben (= Arbeitsunlust) nehme überhand.[17] Häufiger als das direkte Gebot, Korn anzubauen, begegnet das Verbot der Neuanlage von Sonderkulturen. So wird in Eßlingen 1458, 1467, 1491 die Anlage oder Erweiterung von Weinbergen verboten, offiziell wegen der Sorge des Rats um Weide und Viehtrieb.[18] In Frankfurt wird den Bürgern 1501 verboten, neue Weinberge anzulegen, weil der Ertrag zu unsicher und die Umwandlung der Anbauflächen dem Einkommen der Stadt und ihrer Bewohner schädlich sei.[19] Der Zürcher Rat verbietet 1415 *durch nutz und notdurfft* von Stadt und Land sowohl Neuanlagen als auch die Rekultivierung aufgelassener Weinberge.[20]

---

16 L. STOUFF, Ravitaillement et alimentation en Provence aux XIVe et XVe siècles (= Civilisations et Sociétés 20, Paris 1970), S. 174–179.

17 R. WACKERNAGEL, Geschichte der Stadt Basel Bd. 1 (Basel 1907, Neudruck 1968). S. 392.

18 E. SALZMANN, Weinbau und Weinhandel in der Reichsstadt Esslingen bis zu deren Übergang an Württemberg 1802 (= Tübinger wirtschaftswiss. Abhandlungen 5, 1930), S. 15.

19 Die Gesetze der Stadt Frankfurt im Mittelalter, hrsg. von A. WOLF (= Veröff. d. Frankf. Histor. Gesellschaft 13, 1969), S. 435 nr. 376. Bezeichnenderweise wurde kein absolutes Verbot verhängt, sondern nur die Neuanlage ohne Wissen des Rates untersagt; ein Randvermerk des 16. Jh. sagt freilich: *Nihil est. Wirdt nit gehalten.*

20 Die Zürcher Stadtbücher des XIV. und XV. Jahrhunderts, hrsg. von H. ZELLER-WERDMÜLLER (2 Bde., Leipzig 1899/1901), Bd. 2, S. 34 nr. 54; ein Ratsurteil von 1416 (S. 35 nr. 44) verbietet einem Mann, die Neuanlage eines Weinbergs zu vollenden.

Der Erlaß solcher und ähnlicher Vorschriften[21] wurde schon in der älteren Forschung als Beleg für Veränderungen in der spätmittelalterlichen Landwirtschaft angesehen;[22] diese Deutung paßt aber auch hervorragend zu den Ergebnissen der modernen Konjunkturforschung, die hier zusätzliche Beweise für den krisenhaften Rückgang vor allem des Getreideanbaus und die Zunahme von Sonderkulturen sieht.[23] Diese Entwicklung ist grundsätzlich gar nicht zu bezweifeln, aber die zunächst zwingend erscheinende Kausalkette: wirtschaftliche Veränderungen – Tätigwerden des städtischen Gesetzgebers, hält einer näheren Nachprü[442]fung nicht immer stand: So wird 1395 in Ulm, ebenfalls unter Berufung auf das Gemeinwohl, die Umwandlung von Weideland in Getreideäcker verboten;[24] da nach der Agrarkrisenlehre für diese Zeit mit sinkenden Kornpreisen und dem Rückgang der Anbaufläche zu rechnen ist,[25] kann der gesamtwirtschaftliche Trend kaum Anlaß für die städtische Maßnahme gewesen sein. Ulm verbietet aber auch noch im frühen 16. Jahrhundert die Anlage von Äckern auf Gemeindeland,[26] obwohl, ebenfalls nach dem Verlauf der Agrarkonjunktur, durchaus wieder mit einer Förderung des Getreideanbaus zu rechnen wäre. Zu den oben genannten Eßlinger Weinbergsverboten von 1458, 1467, 1491 können sogar einige Zahlen beigebracht werden; nach den Einnahmen der Stadt aus den Verkaufsabgaben entwickelte sich der Absatz Eßlinger Weine wie folgt:[27]

1479/1490	durchschnittlich	1795	Fuder pro Jahr
1491/1500	„	1684	„ „ „
1501/1510	„	2337	„ „ „

Zumindest das Neuanlageverbot von 1491 (für die früheren Jahre fehlen Zahlen zum Weinabsatz) fällt also keineswegs mit einem Höchststand des Eßlinger Weinbaus zusammen. Starke Bedenken sind auch gegen die offizielle Begründung des oben angeführten Zürcher Neuanlageverbots von 1415 geltend zu machen, obwohl der Herausgeber der Zürcher Stadtbücher ohne weiteres davon ausgeht, die Anordnung solle in vorsorglicher Weise allzu ausgedehnten Weinbau in ungünstigen Lagen verhin-

---

21 Die zahlreichen Verbote – z. B. auch wegen der Anlage von Fischteichen auf Wiesen – können hier nicht einzeln nachgewiesen werden. Belege bringt W. ABEL, Die Wüstungen des ausgehenden Mittelalters (= Quellen und Forschungen zur Agrargeschichte 1, 3. Aufl. 1976), S. 50–53.

22 G. L. KRIEGK, Deutsches Bürgerthum im Mittelalter (Frankfurt 1868, Neudruck 1969), S. 280/ 281. F. BOTHE, Geschichte der Stadt Frankfurt am Main (3. Aufl. Frankfurt 1929), S. 29.

23 W. ABEL (wie Anm. 21), S. 51; zur Ausdehnung des Weinbaus auch H. J. SCHMITZ, Faktoren der Preisbildung für Getreide und Wein in der Zeit von 800 bis 1350 (= Quellen und Forschungen zur Agrargeschichte 20, 1968), S. 2 u. S. 60. Zur Zunahme der Sonderkulturen W. ABEL, Agrarkrisen und Agrarkonjunktur. Eine Geschichte der Land- und Ernährungswirtschaft in Mitteleuropa seit dem hohen Mittelalter (2. Aufl. Hamburg, Berlin 1966), S. 72–74.

24 Das rote Buch der Stadt Ulm, hrsg. v. C. MOLLWO (= Württemberg. Geschichtsquellen 8, 1905), S. 101 nr. 185d; nach S. 101 nr. 185e ist die Umwandlung von Ackern in Gärten nur mit Einwilligung von Bürgermeister und Rat erlaubt.

25 W. ABEL, Agrarkrisen (wie Anm. 13), S. 51/52 u. S. 70/71.

26 E. NÜBLING, Ulm's Fleischereiwesen im Mittelalter (= Ulm's Handel und Gewerbe im Mittelalter, Heft 2, 1892), S. 3.

27 E. SALZMANN (wie Anm. 18), S. 170.

dern.[28] Es gibt aber eine Überlieferung, die eine ganz andere Deutung nahelegt: Nach dem Ratsprotokoll eines Verhörs über Schmähreden gegen den Zürcher Bürgermeister Heinrich Meiss aus dem Jahre 1424 äußerten einige Unterwaldner unter anderem, die Leute um den Zürichsee seien *überherret mit den harren von Zürich, so das ir keiner getörste in sin eigne güt reben leggen und die ufbringen, dann dz si inen irü güter müsten buwen;* gegen diese Maßnahme des Stadtregiments müsse man sich gemeinsam zur Wehr setzen.[29] Folgt man dieser Argumentation, hängt das Verbot von 1415 zunächst zusammen mit dem Ausbau der Herrschaft des Rates über die Zürcher Landschaft. Das stimmt mit neuen Forschungsergebnissen über die Motive der Ratspolitik überein, nach [443] denen die Kontrolle der Wirtschaft ein wichtiges Instrument bei der Durchsetzung des Anspruchs auf absoluten Gehorsam der Untertanen war.[30] Daneben, und durchaus in Übereinstimmung mit diesem Ziel, sollte mit dem Verbot von 1415 offenbar verhindert werden, daß die Weinbauern abgabenbelastete Flächen[31] aufgaben und auf weniger belastete Neuanlagen auswichen.

Die Vermutung, daß weniger der wirtschaftliche Wandel als solcher, sondern eher der Schutz bestimmter Interessen die obrigkeitlichen Eingriffe in die Bewirtschaftung der Anbauflächen auslösen konnte, wird durch einen Gerichtsentscheid aus Freiburg i. Br. bestätigt: 1446 läßt das städtische Spital zwei Weinbergspächtern verbieten, das gepachtete Gelände mit Safran oder anderen Neuanpflanzungen zu bestellen, weil dadurch dem Spital der auf Rebertrag berechnete Zins verloren gehen könne.[32]

Diese wenigen Beispiele schließen Zusammenhänge zwischen städtischen Erlassen auf dem agrarischen Sektor und der langfristigen Wirtschaftsentwicklung natürlich nicht aus, aber es muß damit gerechnet werden, daß die Häufigkeit und Intensität der obrigkeitlichen Eingriffe ganz wesentlich von außerökonomischen Faktoren wie Herrschaftsausübung und Interessenschutz bestimmt sein kann, so daß die Statistik legislativer und administrativer Akte nicht ohne weiteres als Ersatz für fehlendes Zahlenmaterial zum Wirtschaftsablauf selbst herangezogen werden kann. Dieser Vorbehalt läßt sich auch für die städtische Gewerbe- und Marktregulierung nachweisen, auf einem Gebiet also, das als Kernstück innerstädtischer Wirtschaftspolitik gilt, so daß ein besonders enger Zusammenhang zwischen Gesetzgebung und wirtschaftlicher Entwicklung zu erwarten wäre.

So werden zum Beispiel die in den meisten Städten nachweisbaren Maßnahmen gegen auswärtige Gewerbetreibende ganz allgemein als Schutzpolitik zugunsten der Ortsansässigen gewertet; die Zunahme der einschlägigen Vorschriften am Ende des Mittelalters gilt vielfach als Indiz für wirtschaftliche Schwierigkeiten und Verknöche-

---

28   Die Zürcher Stadtbücher (wie Anm. 20), Bd. 2, S. 34 (Anmerkung des Herausgebers).
29   Ebenda, S. 186 nr. 216, Anm. 2. Die Vorwürfe werden teilweise von einem Unterwaldner Tagsatzungsboten erhoben, also einem Mann mit offizieller Funktion.
30   E. RAISER (wie Anm. 7), S. 128; E. NAUJOKS (wie Anm. 7), S. 28.
31   Zur Abgabenbelastung der Bauern vgl. W. ABEL (wie Anm. 21), S. 127/128.
32   Die Urkunden des Heiliggeistspitals zu Freiburg im Breisgau, Bd. 2 (= Veröff. aus d. Archiv der Stadt Freiburg 3, 1900), S. 144ff. nr. 1071; nach einem Urteil von 1469 (S. 246 nr. 1215) muß der Zins für mit Safran bepflanztes Rebgelände in der ursprünglichen Höhe weiterbezahlt werden.

rung der Städte.[33] Wie Belege aus Straßburg zeigen können, ist aber zumindest in Einzelfällen auch eine ganz andere Deutung möglich: Bei Ratsverhandlungen Mitte des 15. Jahrhunderts über die Reglementierung des Bäckerhandwerks wird unter anderem vorgeschlagen, künftig die Landbäcker vom Brot[444]verkauf auszuschließen. Damit würden die in den Dörfern sitzenden Bäcker veranlaßt, in die Stadt zu ziehen, das bringe dieser *nutz an luten ouch an gůt.*[34] Das gleiche Argument begegnet nochmals in Beratungen über die Herabsetzung der städtischen Zölle und Abgaben im Jahr 1479; es wird vorgeschlagen, den Landbäckern die Zollsenkung zu verweigern, *uff das sii deste e glusten...in dise stat zu ziehen.*[35] Auch in der Diskussion über eine Ende des 15. Jahrhunderts vom Straßburger Rat neu erlassene Weberordnung wird, diesmal seitens der Zunft, ein solcher Vorschlag geäußert: Die Landweber hätten Vorteile, weil sie *im land lüchter sützen dan in der stat*; man müsse ihnen den Markt versperren, dann werde mancher Meister wieder in die Stadt zurückziehen.[36] Zweifelsfrei nachzuweisen ist für Straßburg der Zusammenhang derartiger Gewerberegelungen mit der städtischen Abgabenerhebung: Die Notwendigkeit einer neuen Landbäckerordnung wird mit dem *ufgang am malegelt* begründet, das Verbot des Brotkaufs auf dem Land mit dem Anrecht der Stadt auf Abgaben. Auch die Weberordnung wurde erlassen, *daz min herren iren zol davon werd.*[37] In den Beratungen, – nicht in offiziellen Präambeln – erscheint als erklärtes Ziel der Maßnahmen auch nicht die protektionistische Abkapselung der städtischen Gewerbe, sondern der Abzug möglichst vieler Handwerker vom Land: Damit wird neben Haushaltsinteressen auch die wirtschaftliche Kontrolle des flachen Landes als machtpolitisches Ziel dieser Gewerbegesetzgebung sichtbar; daß sie überwiegend von der wirtschaftlichen Lage des Handwerks selbst ausgelöst wurde, und damit direkte Rückschlüsse darauf erlaubt, erscheint danach wenig wahrscheinlich.

Deutlich wird die machtpolitische Komponente auch als wichtiges Motiv städtischer Fürkaufs-(= Zwischenhandels-)verbote; sie gelten meist als Ausdruck einer verbraucherfreundlichen Marktgesetzgebung, ihre in der Tat massive Zunahme am Ende des Mittelalters wird als heftige Abwehrreaktion gegen Frühkapitalismus und

---

33 R. ENNEN, Zünfte und Wettbewerb (= Neue Wirtschaftsgeschichte, hrsg. v. I. Bog, Bd. 13, 1971), S. 98/99. Das Konstanzer Wirtschafts- und Gewerberecht zur Zeit der Reformation, bearb. v. O. FEGER und P. RÜSTER (= Konstanzer Geschichts- und Rechtsquellen 11, 1961), Einleitung S. 25*, S. 27*, S. 31*, S. 51*.

34 J. BRUCKER, Strassburger Zunft- und Polizeiverordnungen des 14. und 15. Jahrhunderts (Straßburg 1889), S. 114/115. Es ist zu beachten, daß es sich hier um eine protokollarische Aufzeichnung handelt und nicht um eine fertige, zur Veröffentlichung bestimmte Ordnung.

35 K. Th. EHEBERG, Verfassungs-, Verwaltungs- und Wirtschaftsgeschichte der Stadt Straßburg bis 1681, Bd. 1, Urkunden und Akten (Straßburg 1893), S. 304–308 nr. 114. Auch hier handelt es sich um die Niederschrift von Beratungen, nicht um eine offizielle Fassung.

36 G. SCHMOLLER, Die Strassburger Tucher- und Weberzunft, Urkunden und Darstellung (Straßburg 1879), S. 95ff. nr. 41 u. S. 104/105 nr. 50. Auch über die Landbäcker heißt es (1447), sie könnten außerhalb der Stadt billiger produzieren: BRUCKER (wie Anm. 34), S. 212.

37 J. BRUCKER (wie Anm. 34), S. 110 (1454); S. 119–121 (1447). G. SCHMOLLER (wie Anm. 36), S. 105;. K. Th. EHEBERG (wie Anm. 35), S. 495/496 nr. 149 (2. Hälfte 15. Jahrhundert).

Gewinnfieber gewertet.[38] Aber [445] zum Beispiel in Zürich gehört das Verbot des Zwischenhandels mit Tuchen, obwohl es mit dem allgemeinen Besten begründet wird, zu den Zwangsmitteln, mit denen der Rat Ende des 15. Jahrhunderts die vollständige wirtschaftliche und politische Beherrschung des Landgebietes anstrebte.[39] Die gleiche Stadt hat auch mit einer Vielzahl von Marktgesetzen und Fürkaufsverboten, überwiegend im 15. Jahrhundert, die zentrale Funktion ihres Getreidemarktes abzusichern gesucht: Nicht nur zur Sicherung der eigenen Versorgung oder wegen der Herrschaft über das Umland, sondern um darüber hinaus den Getreidehandel als politisches Instrument im großen Stil einzusetzen, besonders in der Auseinandersetzung mit den Innerschweizer Kantonen.[40] Die enge Verbindung zwischen politischen Zielsetzungen und der Gesetzgebung im wirtschaftlichen Bereich erklärt wohl auch die empfindliche Gereiztheit, mit der der Zürcher Rat auf jede Kritik an seinen Maßnahmen reagiert hat.[41]

Auch in Bern stehen Wirtschaftsgesetzgebung und die Herrschaft über das städtische Territorium in engem Zusammenhang: Erst nachdem durch den Abschluß des Twingherrenstreites (1471) die weitreichenden Zuständigkeiten des Adels beseitigt und die Voraussetzungen für eine landesherrliche Stellung des Rates geschaffen waren, nahmen auch Häufigkeit und Intensität der obrigkeitlichen Eingriffe in die Wirtschaft geradezu schlagartig zu.[42] Die Einbeziehung dieser Gesetzgebung in die Auseinandersetzungen zwischen Rat und Berner Landschaft zu Beginn des 16. Jahrhunderts macht erneut deutlich, wie locker der Zusammenhang mit den Realitäten des Wirtschaftslebens sein kann: So muß beispielsweise der Rat nach dem Köniz-Aufstand (1513) für 10 Jahre auf die vorher regelmäßig erlassenen Butter-Fürkaufsverbote verzichten.[43] Der Berner Chronist Valerius Anshelm beklagt nicht wirtschaftliche Folgen derartiger Zugeständnisse, sondern bezeichnet sie als Schwächung der Ratsh e r r - s c h a f t : *frî kouf und verkauf* seien *gûtem gemeinem regiment unlidlich und verderblich.*[44]

Wie nach außen, gegenüber dem Landgebiet, ist die Kontrolle des Marktes und der Handwerke auch innerhalb der Stadt ein Bestandteil des obrigkeitlichen Herrschaftsprogramms der Ratsregierungen im Spät[446]mittelalter. Das hat anhand der

---

38 H. WERMELINGER, Lebensmittelteuerungen, ihre Bekämpfung und ihre politischen Rückwirkungen in Bern vom ausgehenden 15. Jahrhundert bis in die Zeit der Kappelerkriege (= Archiv d. Hist. Vereins d. Kantons Bern 55, 1971), S. 64/65.

39 Klagen der Landschaft und Antworten des Zürcher Rates in: Quellen zur Zürcher Wirtschaftsgeschichte, bearb. v. W. SCHNYDER (2 Bde., Zürich, Leipzig 1937), Bd. 2, S. 844/845 nr. 1461; E. RAISER (wie Anm. 7), S. 134.

40 Dazu R. BOSCH, Der Kornhandel der Nord-Ost-Innerschweiz und der ennetbirgischen Vogteien im 15. und 16. Jahrhundert (Diss. Zürich, 1913), S. 91 u. S. 108–110.

41 Zeugnis für diese Empfindlichkeit sind die vielen Untersuchungen und Urteile gegen Kritiker von Ratsmaßnahmen, zum Beispiel: Quellen ... (wie Anm. 39) Bd. 1, S. 218–220 nr. 401; S. 244 nr. 431; S. 257–259 nr. 453; S. 592 nr. 1043. E. RAISER (wie oben Anm. 7), S. 129 zur engen Verbindung zwischen Wirtschaftsgesetzen und politischen Absichten des Rates.

42 J. J. SIEGRIST (wie Anm. 12), S. 120–122.

43 H. WERMELINGER (wie Anm. 38), S. 122/123.

44 Die Berner Chronik des Valerius Anshelm, hrsg. vom Hist. Verein d. Kantons Bern (6 Bde., Bern 1884–1901), Bd. 3, S. 463.

Handwerkerordnungen Nürnbergs H. Lentze nachgewiesen, für Ulm und andere schwäbische Reichststädte hat E. Naujoks den engen Zusammenhang zwischen Wirtschaftsgesetzgebung, Wirtschaftskontrolle und Machtstellung des Rates ausführlich belegt.[45] Man wird also davon ausgehen dürfen, daß die unbezweifelbare, starke Zunahme der städtischen Maßnahmen während des 15. Jahrhunderts nicht rein wirtschaftsbezogen ausgedeutet werden kann, und daß sich aus der städtischen Gesetzgebung ohne ergänzende Informationen kein unverzerrtes Bild der wirtschaftlichen Entwicklung gewinnen läßt.[46]

Als ein weiteres Beispiel dazu kann noch die Interpretation der städtischen Armengesetzgebung am Ausgang des Mittelalters angeführt werden: Es gilt allgemein als gesichert, daß zu Beginn des 16. Jahrhunderts das Bettlerwesen so zugenommen hat, daß es zur Plage wurde.[47] E. Maschke, der die verschlechterte ökonomische Lage der städtischen Unterschichten im Spätmittelalter nachgewiesen hat, sieht von den Quellen her keine Möglichkeit, für das 15. Jahrhundert genaue Bettlerzahlen zu ermitteln;[48] auch für das 16. Jahrhundert sind nur ungefähre Schätzungen möglich.[49] Die dezidierten Aussagen über die Zunahme der Bettlerplage beruhen weitgehend auf allgemeinen zeitgenössischen Klagen, und auf der Tatsache, daß die Zahl der städtischen Bettler- und Armenordnungen sprunghaft ansteigt. Davor, moralisierende Klagen als Ersatz für die fehlende genaue Armenstatistik zu verwenden, hat B. Kirchgässner dringend gewarnt;[50] das gilt weitgehend auch für die Interpretation der Armengesetzgebung. Aus ihrer zunehmenden Häufigkeit und dem Tenor ihrer Präambeln auf einen direkten Zusammenhang mit sozialen Veränderungen zu schließen, bedeutet, den auch hier bestehenden Zusam[447]menhang mit der Intensivierung der städtischen Herrschaftsausübung zu übersehen: Nachdem im 13. und 14. Jahrhundert die Ratsregierungen im allgemeinen ihre Aufsichtsrechte gegenüber den großen Spitalsstiftungen durchgesetzt hatten, wurde seit der Mitte des 15. Jahrhunderts auch das gesamte, zuvor von Kirche

---

45 H. Lentze (wie Anm. 8), S. 606 und S. 608–616; E. Naujoks (wie Anm. 7), S. 28.

46 Bei der Frage nach dem Zusammenhang zwischen wirtschaftlichen Notwendigkeiten und der Zahl der obrigkeitlichen Maßnahmen sollte auch nicht übersehen werden, daß ein Eingriff in den Wirtschaftablauf automatisch und zwangsläufig weitere Eingriffe in zunehmender Anzahl nach sich zieht. Dazu M. Meinhold, Preispolitik (in: Handwörterbuch der Sozialwissenschaften Bd. 8, Stuttgart, Tübingen, Göttingen 1964, S. 499–510), S. 503.

47 Einige Beispiele aus der älteren und neueren Forschung: W. Rüger, Mittelalterliches Almosenwesen. Die Almosengesetze der Reichsstadt Nürnberg (= Nürnb. Beiträge zu den Wirtschafts- und Sozialwiss. 31, 1932), S. 12/13; Th. Stark, Die christliche Wohltätigkeit im Mittelalter und in der Reformationszeit in den ostschwäbischen Reichsstädten (= Einzelarbeiten aus der Kirchengeschichte Bayerns 4, 1926), S. 60; I. Bog (wie Anm. 12), S. 503; W. Abel, Agrarkrisen (wie Anm. 23), S. 129/130.

48 E. Maschke, Die Unterschichten der mittelalterlichen Städte Deutschlands (in: Veröff. d. Kommission f. geschichtl. Landeskde. in Baden-Württemberg Reihe B, Bd. 41, 1967, S. 1–74), S. 54, S. 58 u. S. 71; Maschke weist S. 71 entschieden darauf hin, daß Armut und Bettel vor allem aufgrund der veränderten Quellenlage und nicht als neu auftretendes Phänomen im 15. Jh. deutlicher in Erscheinung treten.

49 Beispiele bei I. Bog (wie Anm. 12), S. 504–513.

50 B. Kirchgässner, Probleme quantitaiver Erfassung städtischer Unterschichten im Spätmittelalter, besonders in den Reichsstädten Konstanz und Esslingen (in: Veröff. d. Kommission f. geschichtl. Landeskde. in Baden-Württemberg, Reihe B, Bd. 41, 1967, S. 75–89), S. 84.

und Privatleuten getragene Armen- und Almosenwesen der Zuständigkeit des Rates unterstellt.[51] Ohne daß daraus weitere Schlußfolgerungen abgeleitet wurden, ist das Streben nach landesherrlicher Gewalt schon in der älteren Forschung als Motiv obrigkeitlicher Armenerlasse erkannt worden.[52] Für Ulm hat E. Naujoks den direkten Zusammenhang zwischen Bettelverboten, der durchgreifenden Neuordnung des Almosenwesens und der Errichtung eines Ratsregiments mit absolutem Gehorsamsanspruchs nachgewiesen.[53] Der beispielsweise in Ulm und Nürnberg aufgetretene hartnäckige Widerstand der Bevölkerung gegen die neuen Gesetze (besonders gegen das Verbot von Bettel und Almosengeben),[54] muß als starkes Indiz dafür gelten, daß die neuen Vorschriften nicht, wie in den Präambeln immer wieder betont, wegen eines allgemein als Plage empfundenen Anwachsens des Bettelwesens notwendig geworden waren. Wie vage der Bezug der offiziellen Begründungen zum Anlaß einer Ordnung sein kann, zeigt die Tatsache, daß Bettelordnungen von Stadt zu Stadt ausgetauscht und mit gleichlautender Einleitung veröffentlicht wurden.[55] In Lindau wurde 1531 einem Abgesandten der Stadt Straßburg erklärt, ein städtisches Almosenwesen sei unnötig, weil es keine Leute gebe, die große Not litten.[56] Aber die 1533 vom Rat erlassene Bettelordnung beruft sich auf die Notwendigkeit, den Bettel zu bekämpfen und den *Grosshauff* der Bettler zu vertreiben.[57] Daß wirklich eine innerhalb von nur zwei Jahren grundlegend veränderte soziale Lage das Vorgehen des Rates veranlaßt hat, wird man kaum glauben können. Bei dem auf den ersten Blick so eindeutigen Befund der starken Zunahme der städtischen Armengesetzgebung muß eben auch beachtet werden, daß der Rat erst am Ende des Mittelalters auch für dieses Gebiet zuständig geworden ist. Faßt man, was sach[448]lich berechtigt ist, die Zahl der städtischen Ordnungen seit der Mitte des 15. Jahrhunderts mit der Zahl der privaten Armen- und Almosenstiftungen seit dem 14. Jahrhundert zusammen, entfällt auch der sprunghafte Anstieg in der Statistik der Armengesetzgebung am Ende des Mittelalters.[58]

Skepsis und Behutsamkeit sind offenbar durchaus am Platz, wenn aus der städtischen Gesetzgebung der Ersatz für fehlende wirtschaftsstatistische Daten gewonnen werden soll, aber mit einer grundsätzlichen Abwertung dieses Materials wäre es natürlich nicht getan. Dazu ein letztes, mit Zahlen belegtes Beispiel: Der Basler Rat be-

51   B. ZELLER (wie Anm. 6), S. 74 u. S. 84; R. KIESSLING (wie Anm. 10), S. 162/163 u. S. 215.

52   W. RÜGER (wie Anm. 47), S. 7.

53   E. NAUJOKS (wie Anm, 7), S. 31–33.

54   E. NAUJOKS (wie Anm. 7), S. 33; M. RÜGER (wie Anm. 47), S. 44; G. GEIGER, Die Reichsstadt Ulm vor der Reformation (= Forschungen zur Geschichte der Stadt Ulm 11, 1971), S. 45.

55   O. WINCKELMANN, Die Armenordnungen von Nürnberg (1522), Kitzingen (1523), Regensburg (1523) und Ypern (in: Archiv f. Reformationsgesch. 10, 1912/13, S. 242–280 und 11, 1914, S. 1–48), S. 258/259, S. 1/2 u. S. 8/9.

56   O. WINCKELMANN, Das Fürsorgewesen der Stadt Straßburg vor und nach der Reformation bis zum Ausgang des 16. Jahrhunderts, 2 Teile (= Quellen und Forschungen zur Reformationsgeschichte 5, 1922), Teil 2, S. 276/277.

57   B. ZELLER, Das Heilig-Geist-Spital zu Lindau im Bodensee von seinen Anfängen bis zum Ausgang des 16. Jahrhunderts (= Schwäbische Geschichtsquellen und Forschungen 4, 1952), S. 87–90.

58   Diesen Befund ergibt zum Beispiel die Auszahlung der bei W. RÜGER (wie Anm. 47) oder bei O. WINCKELMANN (wie Anm. 56) abgedruckten Belege. Vgl. auch oben Anm. 48.

gründet 1429 die Neueinführung einer Abgabe vom Exporthandel mit der Verlagerung der Handelsaktivitäten Basler Kaufleute auf fremde Märkte. Nach dem Wortlaut der Ordnung ist das Kaufhaus der Stadt öde wie eine Scheuer, der Handel *vast niderge-leit*.[59] Tatsächlich ist die Summe der städtischen Einnahmen aus dem Kaufhaus schlagartig zurückgegangen, wohl wegen regionaler Auseinandersetzungen, vielleicht auch wegen einer Münzverrufung 1425.[60] Gegenüber dem Durchschnitt der Jahre 1421/24 (1840 Pfund Pfennige), werden 1425/26 nur 1240 Pfund erzielt (minus 33%); im Haushaltsjahr 1429/30 liegen die Einnahmen mit 1866 Pfund aber schon wieder über dem zu Beginn des Jahrzehnts erreichten Durchschnitt.[61] Die offizielle Begründung der Abgabenerhebung spiegelt also wirkliche Verhältnisse, die freilich zum Zeitpunkt der Erklärung bereits nicht mehr bestanden haben. Dieser Tatbestand wird sicher nicht nur in dem angeführten, ausnahmsweise nachprüfbaren Fall zutreffen.

Das von L. Stouff am Beispiel Carpentras mit konkretem Zahlenmaterial nachgewiesene Auseinanderklaffen zwischen wirklichen und aufgrund obrigkeitlicher Erlasse vermutbaren Gegebenheiten konnte für die oberdeutschen Städte nur exemplarisch belegt werden. Dabei ging es, wie einleitend bemerkt, nicht darum, den Wortlaut städtischer Gesetze und Verordnungen als grundsätzlich unglaubwürdig hinzustellen, oder den Ratsregierungen gemeinschaftsdienliche Zielsetzungen ganz abzusprechen und Ihnen stattdessen bloßes Machtstreben zu unterstellen. Vielmehr war gefragt, wie weit aus der Häufigkeit und aus den offiziellen Begründungen städtischer Maßnahmen verläßliche Anhaltspunkte besonders für Entwicklungen im gesellschaftlich-wirtschaftlichen Bereich [449] zu gewinnen sind. Im Licht neuerer Forschungsergebnisse zur inneren Entwicklung der Städte am Ende des Mittelalters gesehen, scheint bei einer isolierten Interpretation der Wirtschaftsgesetzgebung die Möglichkeit von Verzerrungen und Scheinübereinstimmungen mit dem langfristigen Wirtschaftstrend naheliegend: Übersieht man die Eigendynamik der städtischen Maßnahmen, die aus der Wandlung des Ratsregiments zur allumfassenden Obrigkeit mit absolutem Geltungsanspruch resultiert, werden quantitative wie qualitative Veränderungen der Regierungstätigkeit mit dem Gang der wirtschaftlichen und gesellschaftlichen Entwicklung gleichgesetzt. Bei dem Quellenmangel der deutschen Forschung wird trotzdem oft keine andere Möglichkeit bleiben, als Rückschlüsse aus dem Inhalt und der Abfolge von Verordnungen und Gesetzen zu versuchen; dabei sollte dann aber auf die Unsicherheitsfaktoren ausdrücklich hingewiesen werden.

---

59   Text der Ordnung bei G. SCHÖNBERG, Finanzverhältnisse der Stadt Basel im 14. und 15. Jahrhundert (Tübingen 1879), S. 147 u. S. 165/166.

60   Zu den politischen Ereignissen R. WACKERNAGEL (wie Anm. 17), S. 416–434 u. S. 441–448. Zur Münzverrufung J. CAHN, Der Rappenmünzbund. Eine Studie zur Münz- und Geldgeschichte des oberen Rheintals (Heidelberg 1910), S. 67/68.

61   Errechnet nach den Zahlenreihen der Kaufhauseinnahmen bei B. HARMS, Die Steuern und Anleihen im öffentlichen Haushalt der Stadt Basel 1361–1500 (in: Zs. f. d. gesamte Staatswiss. 6, 1907, S. 627–681), S. 646ff.

Merkmale des sozialen Aufstiegs und der Zuordnung zur Führungsschicht in süddeutschen Städten des Spätmittelalters[*]

Vorbemerkung

Nach den Forschungsergebnissen Erich Maschkes kann es keinen Zweifel daran geben, daß die Bevölkerung der mittelalterlichen oberdeutschen Städte in soziologisch definierbare Schichten untergliedert werden kann, und zwar in die überwiegend durch das Patriziat repräsentierte Oberschicht, die zweigeteilte kommerzielle bzw. handwerkliche Mittelschicht und die Unterschicht[1]. Es kann ferner davon ausgegangen werden, daß unabhängig von den Verfassungen der einzelnen Städte Oberdeutschlands die tatsächliche Macht des Patriziats auch im 15. Jahrhundert so groß geblieben ist, daß nicht generell zwischen einer gesellschaftlich führenden patrizischen Oberschicht und einer politischen Führungsschicht unterschieden werden muß[2]. Im folgenden meint „Oberschicht" oder „Führungsschicht" also, wenn nicht ausdrücklich anders vermerkt, die überwiegend patrizische Elite nach der Definition Erich Maschkes[3]. Zusammenfassende Lagebeschreibungen dieser Gruppe findet man in der Forschung häufig[4],

---

[*] Zum Andenken an Erich Maschke.

[1] E. MASCHKE: Die Unterschichten der mittelalterlichen Städte Deutschlands, in: Gesellschaftliche Unterschichten in den südwestdeutschen Städten, hrsg. von E. MASCHKE und J. SYDOW, (= Veröff. d. Komm. f. gesch. Landesk. in Baden-Württ., B, Bd. 41) Stuttgart 1967, S. 1–74; Schichtdefinition S. 2. DERS.: Mittelschichten in den deutschen Städten des Mittelalters, in: Städtische Mittelschichten, hrsg. von E. MASCHKE und J. SYDOW, Stuttgart 1972, (= ebd., Bd. 69) S. 1–31; Schichtdefinition S. 3. DERS.: Die Schichtung der mittelalterlichen Stadtbevölkerung Deutschlands als Problem der Forschung, in: Melanges en l'honneur de Fernand Braudel, Bd. 2, Toulouse 1973, S. 367–379; hier: S. 372f.; die voranstehenden Arbeiten Maschkes sind neu abgedruckt in: DERS.: Städte und Menschen, Wiesbaden 1980 (= Beihefte zur VSWG, Bd. 68). Vgl. auch Ph. DOLLINGER: Die deutschen Städte im Mittelalter. Die sozialen Gruppierungen, in: Altständisches Bürgertum, hrsg. von H. STOOB, Bd. 2, Darmstadt 1978 (= Wege der Forschung, Bd. 41) S. 269–300 (zuerst erschienen unter dem Titel: Les villes allemandes au moyen âge. Les groupements sociaux, in: La Ville VII, 2, 1955, S. 371–400).

[2] E. MASCHKE, Schichtung (wie Anm. 1), S. 376. DERS.: Verfassung und soziale Kräfte in der deutschen Stadt des späten Mittelalters, vornehmlich in Oberdeutschland, in: VSWG 46 (1959), S. 289–349 und S. 433–476; hier: S. 326ff. und 465–467. DOLLINGER (wie Anm. 1), S. 292. P. EITEL: Die oberschwäbischen Reichsstädte im Zeitalter der Zunftherrschaft. Untersuchungen zu ihrer politischen und sozialen Struktur unter besonderer Berücksichtigung der Städte Lindau, Memmingen, Ravensburg und Überlingen, Stuttgart 1970 (= Schr. z. südwestd. Landesk., Bd. 8), S. 561. G. WUNDER: Die Bürgerschaft der Reichsstadt Hall von 1395–1600, unter Mitwirkung von G. Lencker, Stuttgart 1956 (= Württ. Geschichtsquellen, Bd. 25), S. 36.

[3] MASCHKE, Schichtung (wie Anm. 1), S. 375.

[4] Vgl. z. B. DOLLINGER (wie Anm. 1), S. 269 und 284f. A. DREHER: Das Patriziat der Reichsstadt Ravensburg, zweiter Teil, in: ZWLG 19 (1960), S. 215–313, bes. S. 227. EITEL (wie Anm. 2), S. 49. R. ELBEN: Das Patriziat der Reichsstadt Rottweil. Von den Anfängen bis zum Jahre 1550, Stuttgart 1964 (= Veröff. d. Komm. f. gesch. Landesk. in Baden-Württ., B, Bd. 30), S. 1f. und 54. H. H. HOFMANN: Nobiles Norimbergenses. Beobachtungen zur Struktur der reichsstädtischen Oberschicht, in: Vorträge und Forschungen, Bd. 11, Sigmaringen [2]1974, S. 51–92, bes. S. 76f. O. STOLZE: Der Sünfzen zu Lindau. Das Patriziat einer schwäbischen Reichsstadt, hrsg. v. B.

[78] grundlegend neue Zuordnungsmerkmale werden kaum zu entwickeln sein. Während aber aufgrund der Quellenlage vor dem 14. Jahrhundert für den Aufstieg maßgebliche, gesellschaftliche Wertvorstellungen oft nur erschlossen werden können[5], liegen aus oberdeutschen Städten für das Spätmittelalter auch direkte, zeitgenössische Äußerungen vor. Anhand dieser Belege soll überprüft werden, welche Gruppen innerhalb der städtischen Bevölkerung im 15. und zu Beginn des 16. Jahrhunderts unterschieden wurden, nach welchen Kriterien die Oberschicht abgegrenzt wurde und welche Ansichten über Möglichkeiten, Mittel und Ziele des Aufstiegs vertreten wurden. Daß spätmittelalterliche Autoren wie Felix Faber, Conrad Celtis und Christoph Scheurl bei ihren Bevölkerungseinteilungen von verfassungsrechtlichen Kriterien ausgehen, ist kein entscheidendes Hindernis für die Fragestellung, weil zusätzlich auch zahlreiche gesellschaftsbezogene Merkmale mitgeteilt werden[6]. In einem weiteren Schritt wird anhand konkreter Einzelbeispiele überprüft, wie weit die zeitgenössischen Vorstellungen und Wertmaßstäbe in der Praxis wirksam waren. Der Anspruch, dabei einen repräsentativen Querschnitt aller Aufstiegsziele und -wege zu erfassen, kann nicht erhoben werden.

I. Die Ulmer Bevölkerung nach Felix Faber

Die wohl am ausführlichsten begründete Einteilung einer spätmittelalterlichen Stadtbevölkerung entwickelt der Dominikanermönch Felix Faber in seinem Tractatus de civitate Ulmensi (1488), in dem er zwar von der verfassungsrechtlichen Sonderstellung des Patriziats ausgeht, im wesendlichen aber gesellschaftliche Unterscheidungskriterien verwendet. Faber schreibt ganz im Interesse des Ulmer Patriziats, so daß seine Behauptungen als Belege für die tatsächlichen Zustände nur mit Vorsicht verwertbar sind[7]. Sie bilden aber zweifellos ein verläßliches Zeugnis für die gesellschaftlichen Leitbilder, Wertvorstellungen und Wunschzustände der Ulmer [79] patrizischen

---

ZELLER, Lindau, Konstanz 1956, S. 13f. W. v. STROMER: Oberdeutsche Hochfinanz 1350–1450, 3 Teile, Wiesbaden 1970 (= Beihefte zur VSWG, Bd. 55–57), hier: Teil 2, S. 295f. DERS.: Reichtum und Ratswürde. Die wirtschaftliche Führungsschicht der Reichsstadt Nürnberg, Teil I. Büdinger Vorträge 1968–1969, hrsg. v. H. HELBIG, Limburg 1973 (= Deutsche Führungsschichten in der Neuzeit, Bd. 6), S. 1–50 (bes. S. 1).

5   Vgl. R. MÄRTINS: Wertorientierungen und wirtschaftliches Erfolgsstreben mittelalterlicher Großkaufleute. Das Beispiel Gent im 13. Jahrhundert, Köln, Wien 1976 (= Kollektive Einstellung und sozialer Wandel im Mittelalter, Bd. 5), S. 22 und 27.

6   Fratris Felicis Fabri tractatus de civitate Ulmensi, de eius origine, ordine, regimine, de civibus eius et statu, hrsg. v. G. VEESENMEYER, Tübingen 1889 (= Bibliothek des litterarischen Vereins Stuttgart, Bd. 186). Conrad Celtis, Norimberga, Text in: A. WERMINGHOFF: Conrad Celtis und sein Buch über Nürnberg, Freiburg i. Br. 1921, S. 99–204. Christoph Scheurl's Epistel über die Verfassung der Reichsstadt Nürnberg, 1516, deutsche Fassung in: Die Chroniken der deutschen Städte vom 14. bis ins 16. Jahrhundert, hrsg. durch die Historische Kommission bei der Bayerischen Akademie der Wissenschaften, Nürnberg Bd. 5, Leipzig 1874, Ndr. Göttingen 1961, S. 781–804. Lateinischer Text in: A. WERMINGHOFF, Conrad Celtis, S. 212ff.; zitiert wird im folgenden nach dem Text in der Städtechronik.

7   Vgl. MASCHKE, Verfassung (wie Anm. 2), S. 462ff., und T. BRODEK: Society and politics of late medieval Ulm: 1250–1550; maschinenschriftl. Diss., Columbia University 1972 (University Microfilms International, Ann Arbor, Michigan), S. 273ff.

Oberschicht[8]. Faber unterscheidet insgesamt sieben Gruppen (*ordines*) von Bewohnern, davon stehen drei außerhalb der eigentlichen Bürgerschaft (*ordo civilis*): Die Geistlichkeit und die mit der Stadt verbündeten Landadligen (Ausbürger) stehen oberhalb des *ordo civilis*, die siebte Kategorie, die Bewohner ohne Bürgerrecht, steht darunter. Sie ist aber nicht identisch mit der Unterschicht nach der Definition Erich Maschkes[9], weil hier mit dem rein verfassungsrechtlichen gemeinsamen Merkmal des Nichtbesitzes des Bürgerrechts sowohl *nobiles*, *divites* als auch *ignobiles*, *pauperes* zusammengefaßt werden. Die siebte Kategorie umfaßt also auch, aber nicht ausschließlich, die städtische Unterschicht.

Fabers Einteilung der Bürgerschaft im engeren Sinn läßt sich in folgender Übersicht zusammenfassen[10].

Merkmale

Gruppen	Ständische Qualität	Konnubium	Aufstiegsmöglichkeit	Teilhabe an der Macht	Vermögenslage	Lebensunterhalt
Patrizische Geschlechter	adlig oder adelsgleich	mit dem Landadel	zum Landadel	privilegiert	überwiegend ererbter Reichtum	Überwiegend durch Vermögensertrag
Nichtpatr. Geschlechter	altes Herkommen	mit dem Patriziat	–	eingeschränkt	ererbter Reichtum häufig	teils aus Vermögen, teils zünftische Berufsausübung
Kaufleute	altes Herkommen	–	–	eingeschränkt	Reichtum möglich	zünftische Berufsausübung im Handel
Handwerker	altes Herkommen	–	zu den Kaufleuten	eingeschränkt	Reichtum möglich	zünftische Berufsausübung im Handwerk

Diese Untergliederung ist offensichtlich nicht deckungsgleich mit dem von Erich Maschke entwickelten Schichtgefüge, weil ohne Rücksicht auf Besitz und verfassungsmäßige Rechte der nachfolgenden Gruppen[11] das Patriziat allein an die Spitze gestellt wird. Dabei geht Faber aus von dem Recht auf die Besetzung des Bürgermeisteramtes, für ihn gleichbedeutend mit der Ausübung der Regierungsgewalt[12], im übrigen sind für ihn bei der Unterscheidung der [80] einzelnen *ordines civium* aber verfassungsrechtliche Kriterien nicht ausschlaggebend. So unterscheidet er z. B. scharf

---

8   Vgl. BRODEK (wie Anm. 7), S. 291 und 299.
9   MASCHKE, Unterschichten (wie Anm. 1), S. 5.
10 Fratris Felicis Fabri tractatus (wie Anm. 6), S. 59–124.
11 Vgl. MASCHKE, Verfassung (wie Anm. 2), S. 309 und 317. BRODEK (wie Anm. 7), S. 75ff. H. RABE, Der Rat der niederschwäbischen Reichsstädte, Köln, Graz 1966 (= Forschungen zur deutschen Rechtsgeschichte, Bd. 4), S. 319ff.
12 Fratris Felicis Fabri tractatus (wie Anm. 6), S. 59.

zwischen altem und neu erworbenem Reichtum[13], und er berücksichtigt die Berufsausübung als Lagemerkmal, aber entscheidend für die gesellschaftliche Zuordnung wird
bei ihm nicht die wirtschaftliche Lage, sondern Nähe bzw. Abstand zu Adel und adliger Lebensführung, auch wenn er zugibt, daß sich das adlige Patriziat an kaufmännischen Unternehmungen beteiligt[14]. Die Bedeutung der Adelsqualität als dominie-
render Wertvorstellung spiegelt sich auch in der gesuchten Subtilität, mit der Faber
innerhalb des Ulmer Patriziats sechs Varianten der Adligkeit unterscheidet, die er in
folgende Rangordnung bringt[15]:

1. Adel antiker Abstammung	4. Reiche Auswärtige, in Ulm in das
2. In die Stadt gezogener Landadel	Patriziat aufgenommen
3. Nachkommen aus ungleicher Ehe-	5. Durch Kriegsdienst Aufgestiegene
schließung	6. Vom Kaiser Geadelte

In umständlicher Beweisführung schreibt er dann der patrizischen Oberschicht
zwölf Merkmale zu, die den Anspruch auf Gleichberechtigung mit dem Landadel
belegen sollen: An erster Stelle steht das Konnubium, dann folgen unter anderem
Lehns- und Turnierfähigkeit, das Führen von Wappen, Verzicht auf Berufsausübung,
Zulassung zum Tanz mit dem Landadel, aber auch das Vorrecht bei der Besetzung des
Bürgermeisteramtes wird erwähnt[16].

Die nächstfolgende Gruppe alteingesessener, nichtpatrizischer Familien[17] kommt
nach Fabers Ansicht an Vornehmheit, Weisheit und Reichtum dem Patriziat gleich,
einzelne Familien sind sogar vornehmerer Abkunft (*nobiliores*) als manche Patrizier;
zum Teil leben sie wie *veri nobiles* vom Ertrag ihres ererbten Besitzes, andere sind
aber in Handel und Handwerk tätig, die Berufsmerkmale sind also sehr heterogen. Entscheidend für die Zusammenfassung als Gruppe und für die Abgrenzung nach oben ist
die Zunftzugehörigkeit, die in der Regel vom Bürgermeisteramt ausschließt und die,
wie Faber umständlich begründet, den Aufstieg in das Ulmer Patriziat unmöglich
macht, obwohl der einzelnen *filia zunftalis* die Einheirat offenstand[18]. Das Bestehen
solcher verwandtschaftlicher Beziehungen, das Konnubium mit dem Patriziat, grenzt
die Gruppe bei Faber nach unten gegenüber dem *ordo* der Kaufleute ab. Trotz über-
ragender wirtschaftlicher Bedeutung und gleicher Amtsfähigkeit fehlt den Kaufleuten
dieses auszeichnende Merkmal, bei denen einzelne Familien an Reichtum und Vornehmheit den über ihnen stehenden völlig gleichkommen[19]. Entsprechend seiner Ausrichtung auf die Führungsschicht, wird Faber bei der Beschreibung und Kennzeichnung der Handwerker noch summarischer: Er stellt unter ihnen ebenfalls reiche Fami-

---

13 Ebd. S. 70 und 113f.
14 Ebd. S. 121.
15 Ebd. S. 61–69, S. 73 und 77 unterscheidet Faber alten und neuen Adel.
16 Ebd. S. 69–76. Auf den Widerspruch zwischen dem Verzicht auf Berufsausübung (S. 75) und der
    Beteiligung an Handelsunternehmen (S. 121) geht Faber nicht ein. Zu dem Katalog der Adels-
    merkmale vgl. BRODEK (wie Anm. 7), S. 277–280.
17 Fratris Felicis Fabri tractatus (wie Anm. 6), S. 113f.; vgl. MASCHKE, Verfassung (wie Anm. 2),
    S. 462.
18 Fratris Felicis Fabri tractatus (wie Anm. 6), S. 68f. und 74.
19 Ebd. S. 120–123.

lien alten Herkommens fest, grenzt sie aber ab durch ihre dem Handel nachgeordnete Berufsausübung und eine stärker eingeschränkte Amtsfähigkeit[20].

[81] Angesichts der Ulmer Verfassungswirklichkeit mit ihrer zünftischen Ratsmehrheit[21] übertreibt Faber zweifellos die politische Führungsfunktion des Patriziats, und die als Lagemerkmal so dominierend herausgestellte Adelsgleichheit dürfte eher dessen Selbstgefühl als den Realitäten des ausgehenden 15. Jahrhunderts entsprechen[22]. Es wäre aber vorschnell, Fabers Gesellschaftsbeschreibung deswegen als reaktionäre und wirklichkeitsfremde Gelehrtenspielerei abzuwerten: Er kann es sich leisten, außer bei den dafür zu zahlreichen Handwerkern, die den jeweiligen Gruppen angehörenden Ulmer Familien vollständig (Patriziat) oder in Auswahl (nichtpatrizische Geschlechter, Kaufleute) namentlich aufzuzählen. Damit erscheint es doch recht unwahrscheinlich, daß z. B. die trotz heterogener Zunftzugehörigkeit und Berufsausübung nur aufgrund des patrizischen Konnubiums gebildete Gruppe für Fabers zeitgenössische Leser sinnlos geblieben wäre[23]. Auf seinen Blick für Realitäten, auch was die tatsächliche Bedeutung des Reichtums angeht, wird weiter unten bei der Frage nach Aufstiegszielen und -möglichkeiten zurückzukommen sein[24]. Hier ist zunächst festzuhalten, daß Faber – der Kaufleute und Handwerker an keiner Stelle herabsetzend beurteilt – Standesqualität und Konnubium als schichtabgrenzende Merkmale heraushebt. Aufgrund sehr genauer Beobachtungen differenziert er selbst innerhalb der patrizischen Oberschicht zwischen den besonders vornehmen alten und den etwas weniger vornehmen jüngeren Geschlechtern.

II. Beschreibungen der Nürnberger Bevölkerung

Wie Faber für Ulm belegen auch zeitgenössische Darstellungen der spätmittelalterlichen Gesellschaftsgliederung in Nürnberg ausschließlich die Vorstellungen der patrizischen Oberschicht, die hier allerdings tatsächlich weitgehend allein über die politische Macht verfügt hat[25]: Conrad Celtis hat 1495/1502 seine Norimberga ganz zum

---

20 Ebd. S. 123f.

21 RABE (wie Anm. 11), S. 119ff. BRODEK (wie Anm. 7), S. 75ff. MASCHKE, Verfassung (wie Anm. 2), S. 309 und 317.

22 Fratris Felicis Fabri tractatus (wie Anm. 6), S. 76f.: *civitas Ulmensis regitur per dominos cives tertii ordinis* (= Patrizier). Zur tatsächlichen Entfremdung Patriziat-Landadel vgl. DOLLINGER (wie Anm. 1), S. 285. HOFMANN (wie Anm. 4), S. 74–76. BRODEK (wie Anm. 7), S. 279–286. A. SCHULTE: Geschichte der großen Ravensburger Handelsgesellschaft 1380–1530, Bd. 1, Stuttgart, Berlin 1923, Ndr. Wiesbaden 1964 (= Deutsche Handelsakten des Mittelalters und der Neuzeit, Bd. 1), S. 216.

23 Über ähnliche Zwischenschichten in anderen Städten vgl. MASCHKE, Verfassung (wie Anm. 2), S. 461. BRODEK (wie Anm. 7), S. 288. W. ZORN: Augsburg, Geschichte einer deutschen Stadt, Augsburg ²1972, S. 149f.

24 Siehe unten S. 298. Über Reichtum als gesellschaftliches Leitbild MASCHKE, Unterschichten (wie Anm. 1), S. 5, und DERS., Mittelschichten (wie Anm. 1), S. 9. Ferner MÄRTINS (wie Anm. 5), S. 49ff. und 306f.

25 Vgl. die gute Übersicht über Nürnbergs Verfassungseinrichtungen bei v. STROMER, Hochfinanz (wie Anm. 4), S. 299f., und HOFMANN (wie Anm. 4), S. 70ff. Zum Patriziat auch K. HEGEL: Die Ehrbaren und das Patriziat in Nürnberg, in: Die Chroniken der deutschen Städte (wie Anm. 6), Nürnberg Bd. 1, Leipzig 1862, Ndr. Göttingen 1961, S. 214–221.

höheren Ruhm des Nürnberger Rates und mit deutlicher Rücksichtnahme auf die Führungsschicht geschrieben. Christoph Scheurl, im Dienst der Stadt stehend, entspricht mit seiner Schilderung des Nürnberger Regiments (1516) ebenso der offiziellen Auffassung, wie das 1521 von einer Ratskommission verfaßte Tanzstatut[26].

[82] Mit der wiederholten Erwähnung von Armen gibt Celtis auch Hinweise auf die Existenz der städtischen Unterschicht[27], aber seine von den unterschiedlichen politischen Rechten ausgehende Bevölkerungsaufteilung berücksichtigt nur die Vollbürger. Bei ihnen unterscheidet er die Masse der Handwerker (*plebs, cives operarii*), die Kaufleute (*mercatores*) und die Ehrbaren (*patres*), bei denen er die Ehrbarkeit im weiteren Sinn von den eigentlichen Patriziern trennt[28]. Wie Faber für Ulm, kommt Celtis also zu vier Bevölkerungsgruppen, deren Merkmale er aber wesentlich knapper beschreibt:

Die Handwerker – nach der Definition Erich Maschkes die untere Mittelschicht – verfügen über keinerlei Anteil an der politischen Macht, unterliegen einem strikten Versammlungs- und Vereinigungsverbot, das Konnubium mit der Oberschicht ist nahezu ausgeschlossen (*patrum et plebis rarum connubium*), und anerkennend wird ein Nürnberger Patrizier zitiert, der die plebs als *servile et indomitum vulgus* bezeichnet[29].

Die Kaufleute – als obere Mittelschicht – haben ebenfalls keinen Anteil an der politischen Führung, das Konnubium wird von Celtis nicht erwähnt, also auch nicht ausgeschlossen. Wie Faber verweist er nachdrücklich auf die wirtschaftliche Unentbehrlichkeit der Kaufleute, bei denen also der Beruf zum dominierenden Merkmal wird[30].

Die Ehrbaren *(patres)* verfügen allein über Gewalt, Gesetz und Recht. Sie leben zum Teil adelsgemäß vom Ertrag ihres Besitzes (*ex agris et praediis vivunt*), aber die meisten beteiligen sich nach Gewohnheit der Stadt auch an Handelsgeschäften. Das Konnubium nach unten ist Ausnahme, dazu wird noch die Mildtätigkeit als besondere Eigenschaft der Oberschicht bezeichnet. Celtis erwähnt, daß einige Familien durch Alter und Ehrbarkeit herausragen (*honestiores et veteres familiae*), aber er übergeht, daß diesen allein das Recht zusteht, den Kleinen Rat zu besetzen: Das ständische Merkmal wird vor dem verfassungsrechtlichen dominierend[31].

Eine noch weitergehende Differenzierung der Oberschicht entwickelt Christoph Scheurl, dessen Unterscheidungsmerkmale wohl weitgehend das Selbstgefühl der patrizischen Führungsspitze reflektieren, in deren Wertvorstellungen die Standesqualität

---

26 Die Editionen von Celtis und Scheurl siehe Anm. 6. Über Celtis' Ratsfreundlichkeit WERMING-HOFF (wie Anm. 6), S. 30f., 47, 49. Das Tanzstatut von 1521 ist vollständig abgedruckt und kommentiert in: Th. AIGN: Die Ketzel. Ein Nürnberger Handelsherren- und Jerusalempilgergeschlecht, Neustadt/Aisch 1961 (= Freie Schriftenfolge der Gesellschaft für Familienforschung in Franken, Bd. 12), S. 106–113.

27 Conrad Celtis (wie Anm. 6), S. 171, 174, 180.

28 Vgl. zu dieser Unterscheidung AIGN (wie Anm. 26), S. 15f. HOFMANN (wie Anm. 4), S. 70, v. STROMER, Hochfinanz (wie Anm. 4), S. 300.

29 Conrad Celtis (wie Anm. 6), S. 181f. und 185f. Über ausnahmsweises Konnubium Patrizier-Handwerker vgl. v. STROMER, Hochfinanz (wie Anm. 4), S. 297. Die Seltenheit, mit der Handwerker bis in den Kleinen Rat aufstiegen, betont HOFMANN (wie Anm. 4), S. 73.

30 Conrad Celtis (wie Anm. 6), S. 201.

31 Ebd., S. 179f. und 181f. Zur Verfassung vgl. Anm. 25. Siehe auch unten S. 95f. und 100.

an erster Stelle steht[32]. Das Patriziat definiert er als *soliche leut, dero anen und uranen vor langer zeit her auch im regiment gewest und über uns geherscht haben*. Weil er aber weiß, daß nicht alle ratsfähigen Familien diesem Anspruch entsprechen, unterscheidet Scheurl innerhalb der Führungsschicht eine Gruppe, die entgegen dem Gewohnheitsrecht neu aufgenommen wurde, wie er ausdrücklich betont *ihrer eherlichen gepurt und stammens wegen*. Das verfassungsrechtliche Unterscheidungsmerkmal ist die abgestufte Amtsfähigkeit, zu der Scheurl eine regelrechte Skala des Prestigewertes aufstellt: Ratsherr zu sein ist „ein groß", alter Bürgermeister zu sein noch viel größer, aber am „größten" ist es, alter Herr oder Losunger zu werden. Während die später Aufgenommenen keiner *hohem wirdigkait* fähig sind als der Stellung eines jungen Bürgermei[83]sters, können die alten Patrizierfamilien *an iren ehern* täglich weiter zunehmen, denn ihnen sind gewohnheitsrechtlich die höchsten Ämter vorbehalten[33].

Die enge Korrelation zwischen Sozialstatus und Amtsfähigkeit dient Scheurl auch bei der Kennzeichnung der nächsten Gruppe: Auf das zweigeteilte Patriziat folgt eine Schicht von *eherlichen tapfern burgern*. Diese werden nach unten abgegrenzt durch ihre Berufsausübung, denn sie erwerben *ir narung mit eherlichen dapfern gewerben und nicht mit verachtem hantwerke*. Nach oben unterscheidet sie ein verfassungsrechtliches Lagemerkmal: Es steht ihnen zu, als Ehrbare im weiteren Sinn den großen Rat zu besetzen, was man *nit für eine geringe eher* hält; die feine Abstufung gegenüber den höheren Ehren des Kleinen Rates ist auffallend. Noch eigens hervorgehoben werden von Scheurl die Mitglieder des Großen Rates (Genannte, *nominati*), die *von renten und zinsen ir gnugsame narung haben*, die also adelsmäßig leben; ihnen ist es vorbehalten, in der Ämterlaufbahn eine weitere Stufe aufzusteigen und das Stadtgericht zu übernehmen[34].

Von der gesamten, durch ständische, politische und wirtschaftliche Kriterien abgegrenzten, in sich vierfach abgestuften Oberschicht (zwei patrizische, zwei ehrbare Rangstufen) wird von Scheurl die ganze übrige Bevölkerung als *das gemain völklein* unterschieden. Kennzeichen sind die Berufsausübung *mit verachtem hantwerke* und der völlige Ausschluß von der „gewalt", also von der Teilhabe an der Macht. Nur einigen wenigen Handwerkern, so *in ansehenlichem wesen schweben* und die der Stadt besonders nützlich sind, steht der Zugang zum Großen Rat offen – hier wird also der wirtschaftliche Erfolg maßgebend für den Sozialstatus[35].

Daß der von Scheurl behauptete Zusammenhang zwischen gesellschaftlichem Rang und Ämterlaufbahn in der Praxis wirksam war und eine Rolle für den Aufstieg

---

32 Vgl. dazu den Nürnberger Patrizier Ulman Stromer in seinem *Püchl von meim geslechet und von abentewr*, in: Die Chroniken der deutschen Städte, Nürnberg Bd. 1 (wie Anm. 25), bes. S. 60f., 74f., 97.

33 Christoph Scheurl's Epistel (wie Anm. 6), S. 791f. Zu den Neuaufnahmen in das Patriziat vgl. AIGN (wie Anm. 26), S. 106f., und HOFMANN (wie Anm. 4), S. 72. Beobachtungen über das Herkommen Augsburger Geschlechter durch den Chronisten W. Rem, in: Die Chroniken der deutschen Städte (wie Anm. 6), Augsburg Bd. 3, Leipzig 1892, Ndr. Göttingen 1965, S. 339–342.

34 Christoph Scheurl's Epistel (wie Anm. 6), S. 791f. und 787f. (zu Berufsausübung und Großem Rat), S. 800 (zum Stadtgericht). Durch die herabsetzende Beurteilung des Handwerks unterscheiden sich Celtis und Scheurl von dem Ulmer Felix Faber.

35 Ebd., S. 787 und 791.

spielen konnte, ist an Einzelbeispielen nachweisbar[36]. Daß aber geburtsständische Merkmale nach zeitgenössischer Auffassung vor allem bei der Differenzierung der Oberschicht an erster Stelle kamen, wird auch durch das Nürnberger Tanzstatut von 1521 belegt, das die prestigeträchtige Zulassung zum Tanz auf dem Rathaus regelte[37]. Innerhalb der ratsfähigen Geschlechter, des Patriziats also, werden in diesem Statut sogar drei Gruppen nach ihrem Herkommen unterschieden: Die „alten Geschlecht", die „neuen Geschlecht" und Familien, die „erst zugelaßen" wurden. Da die Daten der Zulassung bis 1440 zurückreichen, wurde also noch nach mehr als 80 Jahren Patriziatszugehörigkeit ein Unterschied gegenüber den noch älteren Familien gemacht[38].

Aus dem Kreis der ca. 52 zur nicht ratsfähigen Ehrbarkeit zählenden Familien wurden lediglich sechs zum Tanz auf dem Rathaus zugelassen, und zwar wegen *ihrm alten Herkommen* und unter der Bedingung, daß sie sich weiter *ehrlich und redlich halten*, kein Handwerk treiben und standesgemäße Ehen eingehen[39]. Sonst wurden nur noch Einzelpersonen zugelassen, und [84] zwar Ehemänner von Patriziertöchtern und unverheiratete Kinder mit einem patrizischen Elternteil; das Konnubium ist hier also das ausschlaggebende Merkmal. Ganz entsprechend unterschied der Patrizier Lazarus Holzschuher bereits ein Jahrzehnt vor dem Tanzstatut von 1521 vier Abstufungen im Sozialstatus der nicht ratsfähigen Ehrbarkeit nach der Dauer des Konnubiums, das er bis zu 150 Jahren zurückverfolgt[40].

Die bisher berücksichtigten Ulmer und Nürnberger Quellen sind, obwohl aus zwei Städten mit unterschiedlicher Verfassung, hinsichtlich ihres patrizisch-aristokratischen Standpunktes einheitlich. Aus den darin enthaltenen Angaben über Sozialstruktur, Lagemerkmale und Abgrenzungskriterien läßt sich zusammenfassen: Die zeitgenössischen Bevölkerungseinteilungen stehen trotz der Einbeziehung verfassungsrechtlicher Kategorien in keinem unüberbrückbaren Gegensatz zu dem von Erich Maschke vorgeschlagenen, soziologisch definierten Gliederungsschema in Ober-, Mittel- und Unterschicht; sie bringen aber besonders bei den als Oberschicht zusammenfaßbaren Gruppen weitergehende Differenzierungen. Für die Zugehörigkeit zum Patriziat als gesellschaftlich-politisch maßgeblicher Führungsschicht ist nach den befragten Quellen das vornehme, alte Herkommen der Familien entscheidend, also ein geburtsständisches Prinzip, das auch über die Rangfolge innerhalb der Schicht entscheidet. Adelsgleicheit und Konnubium, ein privilegierter Anteil an der Macht, Lebensunterhalt aus Vermögenserträgen oder Berufsausübung im Großhandel, bei absolutem Ausschluß jeder handwerklichen Tätigkeit, werden als wichtigste Lagemerkmale genannt: Die wirtschaftliche Situation wird also nicht ganz übergangen, aber Reichtum erscheint nicht dominierend wichtig für die Zugehörigkeit zur Führungsschicht[41].

---

36 Siehe unten S. 97ff.
37 AIGN (wie Anm. 26), S. 106–113. Zum Statuswert der Festzulassung vgl. MASCHKE, Unterschichten (wie Anm. 1), S. 9f.
38 AIGN (wie Anm. 26), S. 106. Zur Dauer des Aufstiegs in das Nürnberger Patriziat vgl. unten S. 100.
39 AIGN (wie Anm. 26), S. 107f. Die gestellten Anforderungen an den Lebenswandel begegnen noch im 17. Jahrhundert in Nürnberg als patrizische Norm; ebd., S. 95.
40 Die Chroniken der deutschen Städte, Nürnberg Bd. 1 (wie Anm. 25), S. 215f.
41 Auf das zunehmende Auseinanderfallen von Reichtum und Ratsfähigkeit in Nürnberg im 15. Jahrhundert verweisen HOFMANN (wie Anm. 4), S. 73f., und v. STROMER, Reichtum und

Von der patrizischen Elite wird eine zweite Führungsschicht mit reduzierter ständischer Qualität unterschieden, der das Aufsteigen zu voller Gleichberechtigung in der Regel versperrt sein soll, die sich aber durch die Zulässigkeit von Heiratsverbindungen mit dem Patriziat auszeichnet und nach unten abgrenzt. Eine nur begrenzte Teilhabe an der Macht, aber statusbewußte Lebensführung und Berufsausübung werden als weitere Merkmale angeführt.

Bei den wesentlich summarischer behandelten, als Mittelschicht zusammenfaßbaren Gruppen werden wirtschaftlicher Erfolg und Berufsausübung stärker betont. Die Tätigkeit im Handel wird sozial viel höher bewertet, während die handwerklichen Berufe in Nürnberg ganz ausdrücklich als sozial deklassierend eingestuft werden.

III. Ergänzende zeitgenössische Ansichten über die Merkmale der Oberschicht

Vor einer näheren Betrachtung der Äußerungen über Möglichkeiten und Ziele sozialer Mobilität scheint es nützlich, die Materialbasis über Ulm und Nürnberg hinaus zu erweitern. Eine gute Quelle für die Selbstdarstellung der adligen Oberschicht und knapper gehalten auch für die des Zunftbürgertums ist Thüring Frickarts Darstellung des Berner Twingherrenstreites von 1470[42]. Danach zerfällt die Stadtbevölkerung in Adlige und die Masse der gemeinen, [85] schlichten Bürger, die in Handel und Handwerk tätig sind[43]. Nach seiner und seiner Parteigänger Ansicht steht dem Adel als *blům und zierd* der Stadt die Führung zu; er ist dafür prädestiniert wegen der eigenen und besonders auch der von den Vorfahren seit alters geleisteten Dienste für die Stadt, wegen der besonderen Befähigung zum Regiment und wegen des Besitzes, der Uneigennützigkeit im Dienst der Stadt erlaubt[44]. Demgegenüber ist *der schlecht gmein gwerb- und handtwerksmann* für die große Politik (zu *grossen dingen*) *weder geschickt noch gnůgsam erfaren*[45]. Ein weiteres Unterscheidungsmerkmal vieler Familien gegenüber dem Adel ist der erst kürzlich erfolgte Zuzug nach Bern; sie sind nur *nüwe Berner* und werden spöttisch als die *drytågigen Berner* bezeichnet[46].

Schärfer als in den bisher ausgewerteten Quellen wird in dieser bei Frickart wiedergegebenen Argumentation auch die wirtschaftliche Lage als Abgrenzungsmerkmal erfaßt. Dem besitzenden und deshalb der Stadt ohne materielle Interessen dienenden Adel werden die besitzlosen und deswegen geldgierigen, am Wohlergehen der Ge-

---

Ratswürde (wie Anm. 4), S. 12f. Zeitgenössische Belege für die Wichtigkeit des Reichtums siehe unten S. 88f.

42   Thüring Frickarts Twingherrenstreit, hrsg. v. G. STUDER, Basel 1877 (= Quellen zur Schweizer Geschichte, Bd. 1), S. 1–187. Zu den politischen Hintergründen vgl. P. LIVER: Rechtsgeschichtliche Betrachtungen zum Berner Twingherrenstreit 1469/70/71, in: Festgabe Hans von Greyerz zum sechzigsten Geburtstag, Bern 1967, S. 235–256, und R. FELLER: Geschichte Berns, Bd. 1, Bern ³1963, S. 339–351.

43   Frickart (wie Anm. 42), S. 50, 67, 70.

44   Ebd., S. 33, 50, 67.

45   Ebd., S. 41, 50, 69. Den gleichen Anspruch überlegener Fähigkeiten erhebt auch das Basler Patriziat Mitte des 15. Jahrhunderts. Vgl. die Nachweise bei E. GILOMEN-SCHENKEL: Henman Offenburg (1379–1459). Ein Basler Diplomat im Dienste der Stadt, des Konzils und des Reichs, Basel 1975 (= Quellen und Forschungen zur Basler Geschichte, Bd. 6), S. 133–135.

46   Frickart (wie Anm. 42), S. 59, 68, 118.

meinschaft uninteressierten Handwerker gegenübergestellt. Und noch weiter: Die adlige Oberschicht wird durch ihre Wirtschaftskraft als unentbehrlich hingestellt, die Händler und Handwerker der Stadt sind auf ihren Verbrauch und ihre Aufträge angewiesen, also wirtschaftlich abhängig[47].

Sofern die Argumente des Wortführers der Zunftbürger, des Berner Schultheißen Peter Kistler, vollständig aufgeführt sind, bestreitet er weder das adlige Merkmal der Standesqualität noch die auf Besitz gegründete Sonderstellung des Adels, aber er verneint den aus Herkommen und Vermögen abgeleiteten Anspruch auch auf die politische Führung. Für Kistler qualifizieren sich in Umdrehung der Argumentation seiner Gegner gerade die jüngeren Familien, die *drytägigen Berner*, für das Regiment, weil ihre Interessen mit denen der Stadt identisch sind, der Adel in erster Linie an seinen auswärtigen Besitz denkt[48]. Hier begegnet eine Auffassung von der Oberschicht, die sich vom patrizisch-adligen Standpunkt der Ulmer, Nürnberger und Berner Geschlechter grundsätzlich unterscheidet: Die feste Zuordnung der Schichtmerkmale Herkunft – Besitz – politische Macht wird aufgegeben und stattdessen die Möglichkeit einer Trennung von gesellschaftlicher und politischer Führungsschicht postuliert. Dieser Gedanke hat sich in der Praxis des 15. Jahrhunderts zwar noch wenig durchgesetzt[49], aber er läßt im Prinzip gegenüber der Betonung geburtsständischer Qualifikation mehr Raum für gesellschaftlichen Aufstieg. Ähnliche Auffassungen wie die Kistlers sind auch sonst gelegentlich nachweisbar: In der Darstellung des Berner Chronisten Diebold Schilling reduziert sich der Twingherrenstreit auf eine Auseinandersetzung über das Recht auf besondere Kleidung[50]. Bei der [86] Selbstdarstellung der Position des Berner Adels wird dabei aus den Hinweisen auf Abstammung, Konnubium und Fähigkeiten die Forderung abgeleitet, daß man den Edlen *billich vor anderem gemeinem volk einen vorteil tůn und gŏnnen solt.* Dieser Vorteil besteht hier aber nicht in politischer, sondern in gesellschaftlicher Privilegierung. Die Adligen wollen sich durch ihre Kleidung *bekantlich machen,* sich vor anderen *zieren* und sich ihrem *wesen und harkomen* gemäß tragen, sich also durch das Statussymbol der Kleidung von der übrigen Bevölkerung abgrenzen[51]. In Straßburg wird 1472 bei Beratungen über Neuaufnahmen in das Patriziat (Konstofel) terminologisch unterschieden zwischen der Vermögenslage (*gůt, gůt von sinen altern harbroht*) und dem mit der Zugehörigkeit verbundenen sozialen Ansehen (*ere, uffgang der eren*). Als gesellschaftliche Führungsschicht werden die Konstofler durchaus anerkannt – das Konnubium mit ihnen ist erstrebenswert, selbst wenn sie nicht reich sind –, aber es wird

---

47   Ebd., S. 67f., 71, 95. Das Argument der wirtschaftlichen Unentbehrlichkeit auch in: Die Berner Chronik des Diebold Schilling 1468–1484. Im Auftrag des historischen Vereins des Kantons Bern, hrsg. v. G. TOBLER, 2 Bde., Bern 1897/1901, hier: Bd. 1, S. 69. Zum Vorwurf der Geldgier vgl. unten S. 102.

48   Frickart (wie Anm. 42), S. 50. Zum Vorwurf auswärtiger Bindungen gegen das Basler Patriziat vgl. GILOMEN-SCHENKEL (wie Anm. 45), S. 131ff.

49   Vgl. die Literaturhinweise oben in Anm. 2.

50   Diebold Schilling (wie Anm. 47), S. 46–73. Zu den eigentlichen Hintergründen siehe die Literaturhinweise oben Anm. 42. Hier ist nur wichtig, daß Diebolds Darstellung zeitgenössisch plausibel erscheinen konnte.

51   Ebd., S. 47, 50f., 54, 61, 70. Zum Statuswert der Kleidung vgl. MASCHKE, Unterschichten (wie Anm. 1), S. 9f. Vgl. unten S. 94f.

ausdrücklich darauf hingewiesen, daß der mehrheitlich zünftisch besetzte Rat die politische Kontrolle ausübt[52]. Die begriffliche Trennung der Lagemerkmale Reichtum und Machtausübung begegnet auch regelmäßig in der Chronik des Augsburgers Burkard Zink, der mit Vorliebe die Adjektive „reich" und „gewaltig" (= einflußreich) zur Kennzeichnung bedeutender Männer verwendet. Er unterscheidet zwischen Herkunft, Ehre, Weisheit, Besitz und Teilhabe an der Macht, Merkmalen, die zwar häufig, aber nicht unbedingt zusammenfallen: Ein zur Führungsschicht gehörender Mann kann auch weniger reich sein, ein Angehöriger der „gemain" kann „gewaltig" sein[53].

Nach dieser Quellenübersicht haben die Zeitgenossen, teilweise auch kritisch, folgende Merkmale der städtischen Oberschicht besonders beachtet: Herkommen und Standesqualität, Ehre, Konnubium, bevorzugte Teilhabe an der Macht, besondere Eignung, Besitz, Berufsausübung und Kleidung. Unabhängig von der im allgemeinen andersartigen Wirklichkeit waren dabei die Lagemerkmale Ehre, Besitz und Macht nicht in jedem Fall[54] unlösbar miteinander verbunden.

IV. Zeitgenössische Ansichten über den gesellschaftlichen Aufstieg

Daß es in der städtischen Gesellschaft des Spätmittelalters Mobilität gegeben hat, muß angesichts der Forschungslage nicht eigens nachgewiesen werden[55]; hier ist nur zu erörtern, wie [87] weit derartige Vorgänge zeitgenössisch beobachtet wurden und welche Beurteilungen dazu vorliegen.

Unter den negativen Vorzeichen patrizischer Kritik, aber sehr eindringlich, wird der bürgerlich-zünftische Aufstiegswille bei Thüring Frickart beschrieben[56]: Peter Kistler, als Angehöriger der Metzgerzunft bis zum Schultheiß von Bern aufgestiegen, habe von jung an eine unruhige Art gehabt und stets versucht, *sich zu erheben mer dann einem gmeinem burger von nöten were gsin*. Selbst nachdem *er den höchsten Staffel erlanget, wölte er sich der harbrachten Verwaltung (...) nit benügen, sonder uß sinem gefallen alles regieren. Er bedenke nicht, wer er were, von wannen, was sin stat*

52 K. Th. EHEBERG: Verfassungs-, Verwaltungs- und Wirtschaftsgeschichte der Stadt Straßburg bis 1681, Bd. 1: Urkunden und Akten, Straßburg 1899, S. 242–246 Nr. 92, bes. Absatz 1, 4, 17, und S. 453–455 Nr. 216. Vgl. MASCHKE, Verfassung (wie Anm. 2), S. 457f.
53 Die Chroniken der deutschen Städte (wie Anm. 6), Augsburg Bd. 2, Leipzig 1866, Ndr. Göttingen 1965, S. 15, 292, 316 (Wahl der Adjektive), S. 197f. (Merkmale), S. 128 und 201. Vgl. auch J. STRIEDER: Zur Genesis des modernen Kapitalismus, München, Leipzig ²1935, S. 185.
54 Eine zunehmende Trennung von Reichtum und politischer Führung ist für das 15. Jh. in Nürnberg festgestellt worden: v. STROMER, Reichtum und Ratswürde (wie Anm. 4), S. 12f. DERS., Hochfinanz (wie Anm. 4), S. 332.
55 Vgl. MASCHKE, Unterschichten (wie Anm. 1), S. 2. DERS., Mittelschichten (wie Anm. 1), S. 9. DERS., Verfassung (wie Anm. 2), S. 454. DERS.: Der wirtschaftliche Aufstieg des Burkard Zink (*1396, †1474/75) in Augsburg, in: Festschrift Herman Aubin zum 80. Geburtstag, Bd. 1, Wiesbaden 1965, S. 235–262, hier: S. 260. F. BLENDINGER: Die wirtschaftlichen Führungsschichten in Augsburg, in: Führungskräfte in Mittelalter und Neuzeit, Teil I. Büdinger Vorträge 1968–1969, hrsg. v. H. HELBIG, Limburg 1973 (= Deutsche Führungsschichten in der Neuzeit, Bd. 6), S. 51–86, hier: S. 56. EITEL (wie Anm. 2), S. 49f. GILOMEN-SCHENKEL (wie Anm. 45), S. 53.
56 Frickart (wie Anm. 42), S. 68, 170, 187.

und vermógen were und es *ist kein růw gsin, biß er in stůl keme*[57]. Ein ähnlich ungezü-
gelter Aufstiegswille wird der ganzen Anhängerschaft Kistlers vorgeworfen; wie der
wiederholte Vorwurf von Habgier und Eigennutz beweist, ist dabei neben dem politischen genauso das wirtschaftliche Aufstiegsstreben Gegenstand der kritischen Ablehnung[58]. Grundsätzlich positiv wird dagegen der wirtschaftlich-gesellschaftliche Ehrgeiz von Felix Faber beurteilt: Jeder Handwerker, der es zu etwas gebracht habe,
steige zu den Kaufleuten auf, *ut magis proficiat*; früher (*olim*) sei es sogar möglich
gewesen, auf diese Weise Zugang zum Patriziat zu erlangen. Für Faber ist Aufstiegswille ein ganz normales Verhalten: *regulariter omnis homo est ad crescendum et ad-
scendendum inclinatus*, jeder ist also an materiellem und gesellschaftlichem Zugewinn
interessiert[59].

Unterschiedlich werden von den Zeitgenossen die Aufstiegsmöglichkeiten beurteilt. Für Celtis und Scheurl ist in Nürnberg der Anschluß an die Führungsschicht nur
ganz selten oder durch *ubertretten* der gewohnten Ordnung möglich[60]. Nach Ansicht
der Parteigänger des Berner Adels reagiert ein Handwerker auf die fälschliche Anrede
als Junker damit, daß er *schamrot* wird, und die Übertragung von Ämtern, die sonst
dem Adel zustehen, ehrt ihn über seinen Stand. Nach Felix Fabers Darstellung können
in Ulm von auswärts Zugezogene ins Patriziat aufgenommen werden, während dies
ortsansässigen Zunftmitgliedern verwehrt bleibt. Allerdings nicht wegen unüberwind-
licher Standesschranken, sondern im Hinblick auf *regiminis harmonia*, also mit Rücksicht auf den innerstädtischen Frieden. Nach Ansicht des Straßburger Rates (1472) soll
der gesellschaftliche Aufstieg aus einer Zunft in die Konstofel grundsätzlich möglich
sein, in Konstanz (1495) steht es Angehörigen der *gemainde* frei, sich aus ihrer Zunft
loszukaufen und zum Patriziat überzutreten; sie sollen *darnach von den alten ge-
schlechten haissen und sein*, also völlig gleichberechtigt werden[61].

Zahlreiche Äußerungen gibt es über Aufstiegswege und -ziele. Zeitgenössisch besonders hervorgehoben wird das Konnubium als Mittel zur gesellschaftlichen Rangerhöhung[62]. Nach [88] Felix Faber besteht für Familien, die in das Ulmer Patriziat
einheiraten konnten, bei fortgesetztem Konnubium (*si continuaverint pro filiis suis
connubia nobilium*) die Möglichkeit, Ranggleichheit zu erlangen, und das Patriziat von
Schwäbisch-Hall ließ, keinen auf seine Trinkstube, *er wer dan von den alten ge-*

---

57 Vgl. unten S. 104 die ähnliche Formulierung zur Herkunft Hans Waldmanns in Zürich.
58 Gegen Kistler wird der Vorwurf erhoben, er sei *trefflich gutgytig*. Frickart (wie Anm. 42), S. 187;
   S. 68 und 119 der Bereicherungsvorwurf. Zur Kritik am gesellschaftlichen Aufstiegsstreben siehe
   unten S. 89. Vgl. auch unten S. 102 die Vorwürfe gegen Bürgermeister Ulrich Schwarz in Augsburg.
59 Fratris Felicis Fabri tractatus (wie Anm. 6), S. 69 und 121. Zu der Andeutung Fabers über den
   erschwerten Zugang zum Patriziat vgl. DOLLINGER (wie Anm. 1), S. 290. DREHER (wie Anm. 4),
   S. 227. HOFMANN (wie Anm. 4), S. 70 und 76.
60 Konrad Celtis (wie Anm. 6), S. 182: *Patrum et plebis rarum connubium*. Christoph Scheurl (wie
   Anm. 6), S. 791. Vgl. die Literaturverweise in der vorangehenden Anm.
61 Frickart (wie Anm. 42), S. 129, 170, 187. Fratris Felicis Fabri tractatus (wie Anm. 6), S. 64–66
   und 68f. EHEBERG (wie Anm. 52), S. 242–246 Nr. 92. F. WIELANDT: Das Konstanzer Leinengewerbe, Bd. 2: Quellen, Konstanz 1953 (= Konstanzer Stadtrechtsquellen Bd. 3), S. 38–41 Nr. 32.
62 Vgl. EITEL (wie Anm. 2), S. 100, und MASCHKE, Verfassung (wie Anm. 2), S. 454.

schlechtern bürtig oder darinnen verheurat[63]. Frühneuzeitliche Familienchroniken führen den Aufstieg der Vorfahren neben anderem besonders auf günstige Eheverbindungen zurück[64]. Die zeitgenössische hohe Einschätzung der sozialen Bedeutung des Konnubiums wird auch belegt durch Äußerungen über die gesellschaftlich disqualifizierende Auswirkung unstandesgemäßer Ehen: Nach Felix Faber bewirken *connubia rusticana* und die Heirat mit Bürgerlichen den Verlust des Adels, und auch der Augsburger Chronist Wilhelm Rem schildert die statusmindernden Folgen unstandesgemäßer Eheverbindungen[65].

Neben den Hinweisen auf die ständischen Faktoren des Aufstiegs findet man aber auch die große Bedeutung von Geld und Besitz ganz klar ausgesprochen[66]. In den eben erwähnten Familienchroniken wird der Vermögenserwerb gleichrangig neben dem Konnubium als Grundlage des gesellschaftlichen Erfolgs erwähnt. Mehrfach weist auch Felix Faber auf die Möglichkeit hin, durch Reichtum aufzusteigen, freilich mit der eindeutigen Einschränkung, daß Besitz allein nicht ausreicht, um den Anspruch auf Zulassung zum Patriziat zu begründen; zu den erforderlichen weiteren Qualifikationen gehört bei ihm besonders die *liberalitas*. Auch seine mehrfachen Hinweise auf die Möglichkeit sozialen Abstiegs in Armut zeigen, welche Bedeutung dem Vermögen beigemessen wurde[67]. Auch nach den Straßburger Erörterungen über den Zugang zum Patriziat gehört eine entsprechende Vermögenslage zu den Voraussetzungen für den Übertritt von Zunftbürgern. Knapp und kritisch beurteilt Diebold Schilling die Funktion des Reichtums in seiner Berner Chronik: *wer gelt hat, der überkompt* (= erreicht, erlangt) *leider was er wil*[68]. Weitere Wege zum sozialen Aufstieg führen nach zeitgenössischer Ansicht über die Ämterlaufbahn im Ratsdienst, über den Kriegsdienst und hier ausdrücklich ohne Reichtum, schließlich auch über kaiserliche Privilegierung: *potest enim imperator de rustico creare nobilem*[69].

Der hohen Einschätzung des Reichtums als Mittel zum gesellschaftlichen Aufstieg ent[89]spricht es, daß der wirtschaftliche Erfolg seltener als Ziel an sich dargestellt

63   Fratris Felicis Fabri tractatus (wie Anm. 6), S. 64, 66, 74, 120. Das Zitat des Schwäbisch Haller Chronisten J. M. Herolt nach ELBEN (wie Anm. 4), S. 1.

64   Die Familienchroniken der Augsburger Aufsteigerfamilien Bimmel und Pfister zitiert bei STRIEDER (wie Anm. 53), S. 101 und 109. Die Chronik der Berner Familie Diesbach auszugsweise in: H. AMMANN: Die Diesbach-Watt-Gesellschaft. Ein Beitrag zur Handelsgeschichte des 15. Jahrhunderts, St. Gallen 1928 (= Mitteilungen zur vaterländischen Geschichte, hrsg. vom Historischen Verein des Kantons St. Gallen, Bd. 37, 1), S. 4*.

65   Fratris Felicis Fabri tractatus (wie Anm. 6), S. 62f. Die Chroniken der deutschen Städte (wie Anm. 6), Augsburg Bd. 5, Leipzig 1896, Ndr. Göttingen 1966, S. 57.

66   Zur Bedeutung des Reichtums als Aufstiegsziel vgl. MASCHKE, Burkard Zink (wie Anm. 55), S. 245, 260. DERS.: Das Berufsbewußtsein des mittelalterlichen Fernkaufmanns, in: Miscellanea Mediaevalia, Bd. 3, 1964: Beiträge zum Berufsbewußtsein des mittelalterlichen Menschen, S. 306–335, hier: S. 330. MÄRTINS (wie Anm. 5), S. 49ff. und 305ff.

67   Fratris Felicis Fabri tractatus (wie Anm. 6), S. 63, 66, 120f. zur Aufstiegsmöglichkeit; S. 66 und 70 zu den weiteren Qualifikationen; S. 53, 75, 114f., 121 zur Armut. Zur Bedeutung von Stiftungen siehe unten S. 95f.

68   EHEBERG (wie Anm. 52), S. 242–246 Nr. 92 (1472). Die Berner Chronik des Diebold Schilling (wie Anm. 47), Bd. 2, S. 256.

69   Fratris Felicis Fabri tractatus (wie Anm. 6), S. 66f. WUNDER (wie Anm. 2), S. 44. STRIEDER (wie Anm. 53), S. 206. Vgl. unten Anm. 93.

wird. Wie erwähnt, beurteilt Felix Faber das Gewinnstreben aufstiegswilliger Ulmer Handwerker neutral. Im Berner Twingherrenstreit wird den Zunftbürgern zwar unangemessene Besitzgier auf Kosten der Stadt vorgeworfen, dagegen wird Gewinnstreben im Rahmen der zünftischen Berufsausübung durchaus anerkannt; auch ausdrückliche kaufmännische Bekenntnisse zum Gewinn als Ziel des Wirtschaftens sind überliefert[70]. Dem stehen aber zahlreiche anderslautende Wertungen gegenüber: Nach der Meinung der Leiter der Großen Ravensburger Handelsgesellschaft folgt auf die Bewährung im Kaufmannsberuf das Leben als Junker, nach Ansicht des erfolgreichen Handelsherren Lutfrid Mötteli ermöglicht erfolgreiche kaufmännische Berufsausübung *erbarklich*, also sozial angesehen, zu leben[71]. Das soziale Ansehen, die Ehre, wird gern zum legitimen Aufstiegsziel schlechthin erhoben: Felix Faber glaubt, daß alle Menschen nach Ehre streben, *cum maximus bonorum exteriorum sit honor.* In Straßburg wird in der Debatte über den Zugang zum Patriziat die Meinung vertreten, wem *got gůt beschere, der hette ouch gern ere,* und wer *noch eren stelle*, verdiene volle Unterstützung[72]. Nach der Familienchronik war Ehre eines der hervorragenden Lebensziele des Berners Niklaus v. Diesbach, und besonderes Lob verdienen Mütter, die danach trachten, *das irer kinder stammen erhöcht werde.* Nach dem Schwäbisch-Haller Chronisten Herolt haben die Bürger der Stadt *ein sondere Influenz zum Adel, dann jeder gern Wappen hätt und edel oder gnad Junker were, so er nur vil Einkommens in seinem Register fünde*[73]; der Besitz steht danach in der Wertskala eindeutig unter der Standesqualität. Mit spitzer Ironie weist in der Darstellung Frickarts auch der Berner Adrian v. Bubenberg auf das bürgerliche Ziel der Rangerhöhung: Leute, die vor kurzem noch *schlecht, arm gsellen warend* und ihr Handwerk trieben, haben jetzt den Beruf aufgegeben und wollen *allein groß junkherren sin die man grüßt und nampt: meister Peter* (...). Auf eine halbe Meile Weges muß man das Haupt vor ihnen entblößen und nicht nur Junker und Herr, sondern sogar gnädiger Herr zu ihnen sagen[74]. Viel seltener als Gewinn oder soziales Ansehen wird zeitgenössisch auch der Besitz politischer Macht als eigentliches Ziel des Aufstiegsstrebens genannt, das Urteil darüber ist in der Regel ablehnend und kritisch[75].

Wie die angeführten Äußerungen zeigen, wird der Zusammenhang zwischen Sozialstatus und Reichtum nicht immer so weitgehend in den Hintergrund gedrängt wie in der offiziösen Darstellung der Eigenschaften und Vorrechte der Nürnberger Füh-

---

70 Fratris Felicis Fabri tractatus (wie Anm. 6), S. 121. Frickart (wie Anm. 42), S. 68, 70, 118f. Kaufmännische Bekenntnisse zum Gewinn bei MASCHKE, Berufsbewußtsein (wie Anm. 66), S. 308f.

71 SCHULTE (wie Anm. 22), S. 143 (1478). H. C. PEYER: Leinwandgewerbe und Fernhandel der Stadt St. Gallen von den Anfängen bis 1520, Bd. 1: Quellen, St. Gallen 1959 (= St. Galler wirtschaftswissenschaftliche Forschungen, Bd. 16, 1), S. 189–199 Nr. 426, ca. 1469; das Zitat steht auf S. 199.

72 Fratris Felicis Fabri tractatus (wie Anm. 6), S. 69f. EHEBERG (wie Anm. 52), S. 453–455 Nr. 216, dazu auch MASCHKE, Verfassung (wie Anm. 2), S. 457.

73 AMMANN (wie Anm. 64), S. 4* (die Abfassungszeit der Familienchronik ist 1596–1609). Zitat von J. M. HEROLT (zu 1540) nach WUNDER (wie Anm. 2), S. 44f.

74 Frickart (wie Anm. 42), S. 70.

75 Ebd., S. 170 und 187. Die Chroniken der deutschen Städte, Augsburg Bd. 2 (wie Anm. 53), S. 198. MASCHKE, Verfassung (wie Anm. 2), S. 323f. Vgl. unten S. 104f.

rungsschicht. Zumindest programmatisch wird der Besitzerwerb freilich nicht als Selbstzweck gewertet, sondern als allerdings wesentliche Voraussetzung für das Erreichen höherer Ziele. Wie das Beispiel Straßburg zeigt, kann die Zugehörigkeit zur gesellschaftlichen Oberschicht vorgezogen werden, auch wenn damit keine politische Privilegierung verbunden ist[76]. Die deutliche [90] Relativierung des Reichtums als Gradmesser sozialer Geltung und die zumindest verbale Überbetonung ständischer Ehre orientieren sich ganz offensichtlich eher an feudaler als an kaufmännischer Ethik. Nach Konrad v. Megenberg ist es für den Ritterbürtigen angemessen, sich auf einen *decentem habitum* (...) *pecunie* zu beschränken, während der sozial unter ihm stehende Kaufmann *ad maiora lucra se gradatim transferat*[77].

V. Aufstiegsziele und Zuordnungsmerkmale anhand konkreter Beispiele

Für den Aufstieg einzelner Personen oder von Familien in die Führungsschicht hat die Forschung aus den oberdeutschen Städten des Spätmittelalters eine Fülle von Nachweisen erbracht[78]. Allerdings ist es von der Quellenlage her meistens nur möglich, das Stadium unmittelbar vor oder während des Anschlusses an die Oberschicht zu erfassen. Das gilt auch für das bekannteste oberdeutsche Beispiel erfolgreicher Aufsteiger, die Fugger, die bereits mit beträchtlichem Vermögen nach Augsburg kamen, nicht als mittellose Weber[79]. Einer der wenigen Fälle, in denen die Vermögensentwicklung von Anfang an verfolgt werden kann, ist die Laufbahn des Augsburger Kaufmanns und Chronisten Burkard Zink, der aber ist nie über die Mittelschicht hinausgekommen ist[80].

Am auffallendsten und in guter Übereinstimmung mit den zeitgenössisch vertretenen Ansichten häufen sich wohl die Belege dafür, daß im Spätmittelalter Reichtum verstärkt durch den Erwerb von Landbesitz, Herrschaftsrechten und Adelstiteln als Mittel zur Standeserhöhung eingesetzt wurde und die Umsetzung der Vermögensgrößen in Standesqualitäten Gradmesser für das Ansehen des erfolgreich wirtschaftenden Menschen wurde. Unter der Fragestellung nach den Merkmalen spielt es dabei keine Rolle, ob der Aufstieg innerhalb der Stadt in das Patriziat oder aus der Stadt heraus in den Landadel angestrebt wurde: Die Adelsgleichheit des Patriziats wurde zumindest postuliert, Belege für die Aufstiegsziele städtisches Patriziat und Adel stehen neben-

---

76 Gegenbeispiele, die den freiwilligen Verbleib in den Zünften wegen des größeren politischen Einflusses belegen, bei MASCHKE, Verfassung (wie Anm. 2), S. 463.

77 Konrad von Megenberg, Ökonomik (Buch I), hrsg. v. S. KRÜGER, 1973 (= MGH Staatsschriften des späteren Mittelalters, Bd. III,5), S. 101 und 105. Über den Stellenwert des Reichtums für den Adel vgl. MÄRTINS (wie Anm. 5), S. 311; S. 2ff. eine Zusammenfassung der Forschungsdiskussion über kaufmännisches Gewinnstreben und Rentnergesinnung.

78 Außer den Literaturhinweisen oben in Anm. 55 z. B. noch F. BLENDINGER: Ulrich Artzt, in: Lebensbilder aus dem Bayerischen Schwaben, hrsg. v. Götz Frhr. v. PÖLNITZ, Bd. 6, 1958, S. 88–130, hier: S. 89ff. DREHER (wie Anm. 4), S. 230. HOFMANN (wie Anm. 4), S. 73f. STRIEDER (wie Anm. 53), S. 101ff., 135ff., 163ff.

79 R. EHRENBERG: Das Zeitalter der Fugger. Geldkapital und Creditverkehr im 16. Jh., Bd. 1, Jena 1896, Ndr. Hildesheim 1963, S. 85. G. Frhr. v. PÖLNITZ: Anton Fugger, 1. Band 1453–1535, Tübingen 1958 (= Studien zur Fuggergeschichte, Bd. 13), S. 5. STRIEDER (wie Anm. 53), S. 163.

80 MASCHKE, Burkhard Zink (wie Anm. 55), S. 235 (Quellenlage) und 260.

einander[81]. Fritz Rörig wertete die Rezeption ritterlich-adliger Wertmaßstäbe als „Tragik des deutschen Bürgertums", das im Spätmittelalter „kein in sich selbst ruhendes maßgebendes Gesellschaftsideal zu behaupten und durchzusetzen vermocht hat"[82]. Die eher negative Beurteilung der Standeserhöhung als Aufstiegsziel und der [91] damit verbundenen Vermögensinvestitionen wird mit dem Hinweis auf den zugrundeliegenden Mentalitätswandel begründet, der als Indiz für Sättigung, Erschlaffung und wirtschaftlichen Rückgang angesehen wird[83]. Auf jeden Fall gilt die Vermögensanlage in Landbesitz als Ausdruck des Sicherheitsstrebens[84], wozu sich wohl detailliertere Einzeluntersuchungen lohnen würden: Einzelne Hinweise deuten auf fragliche Sicherheit und mangelnde Rentabilität, was schon wegen der vielen spätmittelalterlichen Fehden im oberdeutschen Raum nicht überraschen würde[85]. Ebenso erscheint es fraglich, ob Adelsgleichheit als Aufstiegsziel ganz allgemein als Merkmal verminderter wirtschaftlicher Tüchtigkeit betrachtet werden kann: Es ist nicht richtig, den Aufstieg in den Adel und Handelstätigkeit als einander ausschließende Alternative zu sehen, in vielen Fällen bleibt noch lange nach Erreichen der Standeserhöhung das Merkmal Kaufmannsberuf beibehalten. Noch Jahrzehnte nach dem Anschluß Niklaus' v. Diesbach an den Berner Adel war sein Enkel, Niklaus II., als Kaufmannsgehilfe in Barcelona tätig. Die Ravensburger Kaufmannsfamilie Humpis, von Aloys Schulte als Beispiel für die Abwanderung in den Landadel angeführt, war noch bis weit in das 16. Jahrhundert kaufmännisch aktiv[86]. Die Augsburger Fernhändlerfamilie Rem investierte bereits gegen Ende des 14. Jahrhunderts in Landbesitz und Herrschaftsrechten, war aber noch zu Beginn des 16. Jahrhunderts geschäftlich tätig. Auch zwei typische Augsburger Aufsteigerfamilien des 15. und 16. Jahrhunderts, die Pfister und die Bimmel, blieben trotz Immobilieninvestitionen und dem Adelserwerb einzelner Mitglieder aktiv am Wirtschaftsprozeß beteiligt[87]. Darüber hinaus ist aber auch festzustellen, daß im Spät-

81 So will z. B. der Augsburger Kaufmann Georg Redel *als sein gutt lassen darauffgen*, um die Zulassung zum Patriziat zu erzwingen: Die Chroniken der deutschen Städte, Augsburg Bd. 5 (wie Anm. 65), S. 59 (1518). Weitere Belege für das Aufstiegsziel Patriziat bei BRODEK (wie Anm. 7), S. 523, und STRIEDER (wie Anm. 53), S. 185f. Zur Gleichstellung Adel–Patriziat vgl. MÄRTINS (wie Anm. 5), S. 10. Zur zunehmenden, tatsächlichen Entfremdung städtisches Patriziat–Landadel vgl. HOFMANN (wie Anm. 4), S. 76.

82 F. RÖRIG: Die europäische Stadt im Mittelalter, Göttingen ²1964, S. 85.

83 Eine gute Zusammenfassung der Forschungsdiskussion bei MÄRTINS (wie Anm. 5), S. 2–17. Ohne Wertung, als Tatbestand registriert wird der verstärkte Drang in den Adel z. B. bei AMMANN (wie Anm. 64), S. 18, oder bei DOLLINGER (wie Anm. 1), S. 285. Auf den Rückgang kaufmänischer Tüchtigkeit verweisen z. B. SCHULTE (wie Anm. 22), S. 217, 499, und STOLZE (wie Anm. 4), S. 56f.; beide weisen darauf hin, daß es um 1500 auch unter den Geschlechtern noch tüchtige Kaufleute gibt.

84 Vgl. MASCHKE, Berufsbewußtsein (wie Anm. 66), S. 322. MÄRTINS (wie Anm. 5), S. 304. BLENDINGER, Führungsschichten (wie Anm. 55), S. 59. SCHULTE (wie Anm. 22), S. 214 f.

85 BLENDINGER, Führungsschichten (wie Anm. 55), S. 71 mit Anm. 185. GILOMEN-SCHENKEL (wie Anm. 45), S. 45 und 146.

86 AMMANN (wie Anm. 64), S. 36. SCHULTE (wie Anm. 22), S. 172–182 und 214f., dagegen DREHER (wie Anm. 4), S. 300.

87 BLENDINGER, Führungsschichten (wie Anm. 55), S. 57. Tagebuch des Lucas Rem aus den Jahren 1494–1541. Ein Beitrag zur Handelsgeschichte der Stadt Augsburg, mitgetheilt von B. GREIFF, Augsburg 1861, S. 1–6. STRIEDER (wie Anm. 53), S. 101 und 143–145. Daß auch die Fugger

mittelalter enge Verbindungen zum Adel, vor allem zu Herrscherhäusern, durch Geld-
und Bergwerksgeschäfte vielfach zusätzliche, neue Aufstiegschancen erst eröffnet
haben. An die Tatsache, daß die Fugger durch ihre Beziehungen zu den Habsburgern
zu ihren durchschlagenden wirtschaftlichen Erfolgen kamen, darf erinnert werden[88],
aber es gibt auch zahlreiche weniger bekannte Beispiele, die beweisen, daß dies kein
Sonderfall war: Der Basler Henman Offenburg, der vom Apotheker in den Ritterstand
aufstieg, verdankt nicht nur die Adelserhebung, sondern auch seinen wirtschaftlichen
Aufschwung den planmäßig gepflegten Beziehungen zu König Sigmund[89]. Der aus
Nördlingen nach Nürnberg übersiedelte Heinrich Wolff (Geldgeschäfte, Bergbau)
erlitt – ein Hinweis auf das damit verbundene Risiko – große finanzielle Einbußen in
Darlehensgeschäften mit Maximilian I. [92] Dafür wurde aber sein Sohn im Herr-
scherdienst geadelt, und der Vater wurde, in Nürnberg zu Beginn des 16. Jahrhunderts
ein fast einmaliger Vorgang, in den Kleinen Rat aufgenommen ohne vorheriges Konnubium mit der Oberschicht[90]. Ein gutes Beispiel ist auch die ursprünglich bäckerzünf-
tige Basler Familie Kilchmann, die zielstrebig die Verbindung zum König und zu adligen Herren gesucht hat: Nach einer reichen Erbschaft um 1440 erwarb Konrad Kilchmann 1442 von König Friedrich III. einen Wappenbrief, zwei seiner Söhne traten in
Heeresdienste, ein dritter Sohn wurde in Basel in die Hohe Stube aufgenommen. Bei
ihm sind durch Bergwerksanteile und Handelseinlagen auch Verbindungen zur Wirtschaft belegt. Ein Enkel schließlich ließ sich in Jerusalem zum Ritter schlagen und trat
als Basler Hauptmann in Beziehungen zum französischen König, von dem er eine le-
benslängliche Pension bezog[91].

Da weder Darlehensgeschäfte mit Fürsten noch der Herrendienst als besonders ri-
sikoarme Wege zu wirtschaftlichem und gesellschaftlichem Aufstieg gelten können,
darf zumindest vermutet werden, daß ständische Rangerhöhung als Aufstiegsziel und
Zuordnungsmerkmal differenzierter beurteilt werden muß. Am Beispiel Ulm wurde
von Eberhard Naujoks nachgewiesen, wie tiefgreifende Rückwirkungen auf das städtische Selbstverständnis der verstärkte politische Kontakt mit Fürsten und Herren Ende
des 15. Jahrhunderts gehabt hat, allgemein ist in dieser Zeit die erfolgreiche Durchset-

---

nach ihrer Erhebung in den Reichsfürstenstand wirtschaftlich aktiv blieben, braucht nur in Erinnerung gerufen zu werden: v. PÖLNITZ (wie Anm. 79), S. 32.

88   EHRENBERG (wie Anm. 79), S. 88ff., und SCHULTE (wie Anm. 22), S. 233.

89   GILOMEN-SCHENKEL (wie Anm. 45), S. 33f. und 41–44.

90   H. Frh. v. HALLERSTEIN: Größe und Quellen des Vermögens von hundert Nürnberger Bürgern
     um 1500, in: Beiträge zur Wirtschaftsgeschichte Nürnbergs, Bd. 1, Nürnberg 1967 (= Beiträge
     zur Geschichte und Kultur der Stadt Nürnberg, Bd. 11.1), S. 117–176, hier: S. 123. W. SCHULT-
     HEISS: Geld- und Finanzgeschäfte Nürnberger Bürger, in: ebd., S. 46–116, hier: S. 106f. Zu den
     Vorteilen der Augsburger Gossembrot und Herbrot aus den Beziehungen zu Maximilian siehe
     STRIEDER (wie Anm. 53), S. 89 und 177. Zum Aufstieg Jakob Villingers im Dienst Maximilians
     I. siehe Cl. BAUER: Jakob Villinger, in: Syntagma Friburgense. Historische Studien Hermann
     Aubin dargebracht zum 70. Geburtstag, Lindau, Konstanz 1956, S. 9–28.

91   Basler Chroniken, hrsg. von der Historischen und Antiquarischen Gesellschaft in Basel, Bd. 6,
     bearb. von A. BERNOULLI, Leipzig 1902, darin S. 423ff. Die Chronik in Ludwig Kilchmanns
     Schuldbuch; Einleitung S. 425–432, 433, 449. Vgl. auch die Erneuerung des Vermögens der
     Diesbach in Bern durch französische Pensionen, AMMANN (wie Anm. 64), S. 37f. und unten S.
     34.

zung des fürstlichen Flächenstaates zu beachten[92]. Wenn und soweit aus dieser Entwicklung auch neue wirtschaftliche und gesellschaftliche Aufstiegsmöglichkeiten entstanden sind und gesucht wurden, können der verstärkte Drang zum Aufstieg in den Adel[93] und der teilweise Abzug der Patrizier aus den Städten auch [93] eine Reaktion auf gewandelte Bedingungen und nicht nur das Indiz für nachlassende wirtschaftliche Aktivitäten sein[94].

Neben der Standeserhöhung als Aufstiegsziel wird in der spätmittelalterlichen Gesellschaftswirklichkeit das Konnubium als besonders wichtiges Aufstiegsmittel deutlich[95], in guter Übereinstimmung zu den grundsätzlichen, zeitgenössischen Äußerungen darüber. Genauigkeit der Beobachtung und Geschäftsmäßigkeit beim Abschluß entsprechen sich dabei: So wurde in Schwäbisch Hall einer der reichsten Bürger nicht zur Trinkstube des Adels zugelassen, weil seine Eltern erst auf dem Totenbett geheiratet hatten. Das Nürnberger Tanzstatut (1521) trifft für einen einzelnen Mann, den Angehörigen einer ratsfähigen Münchner Familie, Sonderregelungen. Er wird nur bedingt zum Tanz zugelassen *von wegen des weibs, die abgetheilt ist*; dabei handelt es sich um die Tochter eines gewerblichen Unternehmers in Nürnberg, die Ehe wurde ohne Einverständnis der Eltern geschlosssen. Auch in Augsburg wurde 1518 einem Kaufmann die Zulassung zur patrizischen Trinkstube verweigert, weil er eine verwaiste Patriziertochter *on irer fraind wissen und willen* genommen hatte, obwohl normalerweise der Ehemann einer Patrizierin Zutritt hatte. Ein anderer Bewerber wurde im gleichen Jahr ausgeschlossen, weil seine Frau aus der Ehe eines Patriziers mit einer Spitalmagd stammte. Umgekehrt bedeutete für Burkard Zink in Augsburg die Verheiratung mit einer völlig verarmten Adligen keinerlei gesellschaftliche Rangerhöhung[96].

---

92   E. NAUJOKS: Obrigkeitsgedanke, Zunftverfassung und Reformation. Studien zur Verfassungsgeschichte von Ulm, Esslingen und Schwäbisch Gmünd, Stuttgart 1958 (= Veröffentl. d. Komm. f. gesch. Landesk. in Baden-Württ., B, Bd. 2), S. 25–29, W. ZORN: Die politische und soziale Bedeutung des Reichsstadtbürgertums im Spätmittelalter, in: ZBLG 24 (1961), S. 460–480, hier: S. 465.

93   Vgl. dazu auch die zahlreichen, meist erfolgreichen Bemühungen um gesellschaftlichen Aufstieg durch den Erwerb von Wappenbriefen und durch den Ritterschlag: Niklaus v. Diesbach, Wappenbrief von Kg. Sigmund 1434, AMMANN (wie Anm. 64), S. 18. Henman Offenburgs Wappenbrief und Ritterschlag (1429 u. 1433) von Kg. Sigmund, GILOMEN-SCHENKEL (wie Anm. 45), S. 53f. Ritterschlag für zwei Angehörige der Familie Haller von Kg. Sigmund (1433). Die Chroniken der deutschen Städte, Nürnberg Bd. 1 (wie Anm. 25), S. 218. Wappenbrief der Familie Watt von Kg. Sigmund (1430), W. NÄF: Die Familie von Watt, Geschichte eines St. Gallischen Bürgergeschlechts, St. Gallen 1936 (= Mitt. zur vaterländ. Gesch., hrsg. vom Hist Verein des Kantons St. Gallen, Bd. 37, 2), S. 27. Über die Verleihung des Adels durch den Kaiser: Fratris Felicis Fabri tractatus (wie Anm. 6), S. 67. Der Versuch, durch Beziehungen zum Herrscher innerhalb der Stadt sozial aufzusteigen, konnte aber auch zu erheblichen Schwierigkeiten führen: Die Chroniken der deutschen Städte, Augsburg Bd. 5 (wie Anm. 65), S. 206, oder BRODEK (wie Anm. 7), S. 399–401.

94   Zum teilweisen Abzug der Patrizier vgl. DOLLINGER (wie Anm. 1), S. 290, oder SCHULTE (wie Anm. 22), S. 214.

95   Vgl. EITEL (wie Anm. 2), S. 100. HOFMANN (wie Anm. 4), S. 74. H. MORF: Zunftverfassung und Obrigkeit in Zürich von Waldmann bis Zwingli, Zürich 1969 (= Mitteilungen der Antiquarischen Gesellschaft in Zürich, Bd. 45, 1), S. 38f.

96   WUNDER (wie Anm. 2), S. 43. AIGN (wie Anm. 26), S. 109. STRIEDER (wie Anm. 53), S. 185. Die Chroniken der deutschen Städte, Augsburg Bd. 5 (wie Anm. 65), S. 57–59. Zum Augsburger

Der Aufstieg mittels Konnubium war also an genau beachtete Konventionen gebunden, wozu vor allem ordnungsgemäße Absprachen zwischen den beteiligten Familien gehörten, nur dann wurde eine Eheschließung gesellschaftlich wirksam. Die Familienchronik der Diesbach formuliert dazu anläßlich der Eheschließung Niklaus' I.: Nach seiner Rückkehr nach Bern *bedacht man seine vorderen, die von ehren harkomen warendt*, deswegen gab man ihm eine Frau *von einem fromen alten geschlächt*, was vor allem für den gesellschaftlichen Status der Kinder vorteilhaft war[97]. Die Geschäftsmäßigkeit, mit der dabei vorgegangen wurde, aber auch die Bedeutung, die einer gesellschaftlich aufsteigenden Eheschließung beigemessen wurde, ergibt sich aus den Vereinbarungen über die Mitgift der Braut bzw. die Gegengabe (Widerlegung) des Ehemannes: Bei nach Zeit und Vermögensverhältnissen natürlich unterschiedlich hohen Summen sind die Beträge beider Seiten bei ranggleichen Heiraten ungefähr gleich, meist ist die Widerlegung geringfügig höher: In Ulm waren im 15. Jahrhundert bei Patrizierehen 1000 fl Mitgift und 1100 fl Gegengabe die Regel, bemerkenswerterweise auch bei Heiraten zwischen Patrizier- und Kaufleutefamilien, ein Indiz dafür, daß hier der Standesunterschied weniger ausgeprägt war, als das Felix Faber schildert[98]. Bei ungleichen Eheschließungen treten dagegen gravierende Ungleichheiten bei den vereinbarten Beträgen auf: Der Nürnberger Patrizier Ulman Stromer verschrieb seiner Tochter Else 1382 für die Ehe mit einem Nichtpatri[94]zier nur 300 fl, während der Gatte als Morgengabe 2000 fl versprechen mußte. Daß laut Testament Stromers sein Sohn nur 800 fl erhalten sollte, um ihn zur Ehe zu *bestaten*, zeigt, wie außerordentlich hoch die Morgengabe der Tochter angesetzt ist. Der Basler Henman Offenburg, dessen eigene Ehefrau 500 fl Mitgift brachte, zahlte 1421 seiner Tochter für die Heirat mit einem Landadligen 2700 fl. In Ulm mußte eine Angehörige der Patrizierfamilie Ehinger wegen ihrer Eheschließung mit einem Zünftigen auf alle Erbansprüche verzichten und erhielt 500 fl, ihr Mann mußte 1200 fl verschreiben[99]. Besonders aufschlußreich für diese fast als Tarifierung von Standesunterschieden zu bezeichnenden Gewohnheiten sind die Eheabsprachen der Paumgartner in Augsburg: Sechs Töchter Paumgartner wurden zwischen 1507 und 1517 bei standesgleichen Heiraten mit in der Regel 4000 fl Mitgift ausgestattet, die Ehemänner erlegten gleiche oder unwesentlich höhere Beträge. Auch bei der Ehe Hans d. Jüngeren Paumgartner mit Regina Fugger (1512) wurde das finanzielle Gleichgewicht gewahrt. Aber eine Tochter aus dieser Verbindung wurde 1532 mit 10000 fl in Gold (= 12000 fl in Münze) Mitgift an einen Adligen verheiratet, der nur 4000 fl (in Münze?) als Widerlegung aufbringen mußte. Ein Sohn wurde 1546 mit einer Adligen verheiratet und mußte 6000fl Widerlegung gegenüber 3000 fl Mitgift aufbringen. Ein weiterer Sohn, Hans III. Paumgartner, heiratete 1537

Patriziat und den zur Trinkstube zugelassenen Kaufleuten, den „Mehrern der Gesellschaft", vgl. MASCHKE (wie Anm. 2), S. 461, und ZORN (wie Anm. 23), S. 149f. MASCHKE, Burkhard Zink (wie Anm. 55), S. 251.

97 AMMANN (wie Anm. 64), S. 3*f.
98 BRODEK (wie Anm. 7), S. 438f. Zu Felix Faber vgl. oben S. 78f.
99 Die Chroniken der deutschen Städte, Nürnberg Bd. 1 (wie Anm. 25), S. 68 und 207. Nach AIGN (wie Anm. 26), S. 206, gehört die Familie des Ehemanns, die Rieter, zu den später ins Patriziat aufgenommenen. BRODEK (wie Anm. 7), S. 433f.

die Schwester des Augsburger Bischofs Christoph v. Stadion, die lediglich 2000 fl Heiratsgut mitbrachte[100].

Während sich Adlige also wirtschaftlich sehr vorteilhaft verheiraten konnten, mußten die Ehepartner bzw. deren Familien für den sozialen Aufstieg schwer bezahlen. Die Festlegung der fränkischen Ritterschaft (1485), eine Patriziertochter müsse bei der Einheirat in eine adlige Familie mindestens 4000 fl mitbringen, damit den Nachkommen die Turnierfähigkeit erhalten bleibe, erscheint nach diesen Zahlenbeispielen keineswegs unrealistisch; der Beschluß zeigt aber auch erneut die geschäftsmäßige Abwicklung des Konnubiums. In Straßburg bezeichnete man in diesem Zusammenhang reiche, heiratswillige Bürgertöchter als *der armen constofeler spittal*, in dem diese *wider zu richtum kummen*[101]. Ganz nachdrücklich zeigen die voranstehenden Beispiele auch nochmals, daß Reichtum häufig als Mittel zum sozialen Aufstieg und nicht für sich allein als Statusmerkmal gegolten hat.

Bei einer Reihe weiterer Aufstiegsattribute ist nicht eindeutig feststellbar, ob sie Mittel oder Zugehörigkeitsmerkmale sind, weil nicht immer entschieden werden kann, ob sie zur Demonstrierung des erreichten Status oder zur Anmeldung eines Anspruchs gebraucht wurden[102]. Allein aus Kostengründen setzen Statussymbole in der Regel freilich den wirtschaftlichen Erfolg bereits voraus[103]. Am wenigsten ausgeprägt ist dies der Fall bei anspruchsvoller Kleidung, die zwar teuer ist, aber doch nicht die Investition großer Vermögensbeträge erfordert. Wahrscheinlich ist sie deswegen in besonderem Maß Reglementierungen unterworfen worden[104]. Daß exklusive Kleidung als Schichtmerkmal eifersüchtig verteidigt wurde, [95] haben die oben angeführten Stellungnahmen Berner Adliger bei Diebold Schilling gezeigt. Wie entsprechendes Auftreten in der Öffentlichkeit als demonstrativer Schritt verstanden wurde, zeigt eine Bemerkung des Augsburger Chronisten Wilhelm Rem zum Jahr 1518: *also fiengen des Fuggers und Adlers volck an und trügen schlairlin wie die edlen frauen*. In Nürnberg versuchten 1492 zwei Angehörige der Oberschicht, durch Fürsprache Maximilians I. die Erlaubnis zu erhalten, samtene Kleider zu tragen, die durch städtische Verordnung verboten waren[105]. Das Verbot auszeichnender Kleidung als Strafe konnte zum sichtbaren Zeichen des Rangverlustes werden: Der reiche Augsburger Ulrich Dendrich, der sich als Inhaber der höchsten städtischen Ämter durch *seinen gewalt und würdigkeit* auszeichnete, stürzte über finanzielle Unregelmäßigkeiten; ihm wurde verboten, künftig noch Gold, Silber und Gewänder aus Marder, Seide oder Samt zu tragen. Preisbei-

---

100 Quellen zur Handelsgeschichte der Paumgartner von Augsburg (1480–1570), hrsg. v. K. O. MÜLLER, Wiesbaden 1955 (= Deutsche Handelsakten des Mittelalters und der Neuzeit, Bd. 9), Einleitung S. 6*f., 10*, 13*f. und S. 5 Nr. 5, S. 29 Nr. 45, S. 48 Nr. 72. Vgl. auch unten S. 98.

101 BRODEK (wie Anm. 7), S. 286. EHEBERG (wie Anm. 52), S. 242–246 Nr. 92.

102 Zur Bedeutung von Statussymbolen vgl. MASCHKE, Unterschichten (wie Anm. 1), S. 9f.

103 Vgl. die Feststellung v. STROMERS, Reichtum und Ratswürde (wie Anm. 4), S. 18, daß in Nürnberg Stiftungen kaum am Anfang des Aufstiegs stehen.

104 L. C. EISENBART: Kleiderordnungen der deutschen Städte zwischen 1350 und 1700. Ein Beitrag zur Kulturgeschichte des deutschen Bürgertums, Göttingen 1962 (= Göttinger Bausteine zur Geschichtswissenschaft, Bd. 23), S. 52ff. Über besondere Kleidung der Patrizier, ELBEN (wie Anm. 4), S. 61, und HOFMANN (wie Anm. 4), S. 76. Vgl. unten S. 102 und 104.

105 Zitat nach STRIEDER (wie Anm. 53), S. 206. AIGN (wie Anm. 26), S. 33f.; die Antragsteller sind ein Angehöriger der ratsfähigen Familie Paumgartner und einer der nicht ratsfähigen Ketzel.

spiele zeigen, daß solche Gewänder, die gesellschaftlichen Erfolg oder Ehrgeiz anzeigen, wesentlich mehr kosteten, als gleichzeitig ein tageweise bezahlter Handwerker im ganzen Jahr verdienen konnte[106]. Wie Inventare und Testamente zeigen, gehört neben der Kleidung auch der Besitz von silbernem und goldenem Geschirr, meist Trinkgefäßen, zu den üblichen Statussymbolen der reichen Oberschicht[107].

Wie oben erwähnt, wird nach Ansicht des Ulmers Felix Faber der auf Reichtumsbesitz beruhende Wunsch nach gesellschaftlicher Rangerhöhung besonders durch *liberalitas* legitimiert[108]. Wie unzählige fromme oder wohltätige Stiftungen beweisen, besteht auch hier gute Übereinstimmung zur spätmittelalterlichen Wirklichkeit. Sicher spielte bei den Stiftern auch der Wunsch nach Sicherung des eigenen Seelenheils als Motiv eine Rolle, aber der Zusammenhang mit dem Sozialprestige liegt nahe. So verfügte Niklaus v. Diesbach, der Begründer des Aufstiegs der Familie, testamentarisch die Errichtung einer Familienkapelle im Berner Münster, die samt Pfründstiftung rund 2800 fl kostete und mit dem Familienwappen geschmückt wurde. Eine mit dem eigenen Wappen gekennzeichnete Kapelle stifteten auch die Mötteli in Ravensburg. Bei der oben erwähnten Basler Familie Kilchmann setzten die Stiftungen sofort nach dem reichen Erbschaftsanfall ein[109]. Für Ulm konnten von der Forschung typische Verhaltensunterschiede zwischen Zünften und Patriziat ermittelt und der Prestigecharakter patrizischer [96] Stiftungen in tabellarischer Übersicht auch zahlenmäßig dargestellt werden[110]. Wegen des erforderlichen finanziellen Aufwands konnten große Stiftungen natürlich nicht am Beginn des Aufstiegs stehen, trotzdem sind sie wohl nicht nur als Merkmal des erreichten Erfolgs, sondern auch als Zeichen für fortgesetzten gesellschaftlichen Ehrgeiz zu verstehen. Das gilt besonders für Nürnberg, wo mehrere Familien der nicht ratsfähigen Ehrbarkeit durch Stiftungen hervortreten, sicher auch, um damit die Zugehörigkeit zur Führungsschicht zu demonstrieren[111].

Die Qualität des Wohnens als Merkmal der Führungsschicht ist in den oben angeführten zeitgenössischen Äußerungen nicht eigens erwähnt worden, vielleicht ist der

106 Die Chroniken der deutschen Städte, Augsburg Bd. 2 (wie Anm. 53), S. 274 und 283. Zu Preisbeispielen vgl. U. DIRLMEIER: Untersuchungen zu Einkommensverhältnissen und Lebenshaltungskosten in oberdeutschen Städten des Spätmittelalters (Mitte 14. bis Anfang 16. Jahrhundert), Heidelberg 1978 (= Abhandlungen der Heidelberger Akad. d. Wiss., Phil.-hist. Klasse, 1978, 1), S. 265 und 268.
107 Vgl. J. AHLBORN: Die Familie Landauer. Vom Maler zum Montanherrn, Nürnberg 1969 (= Nürnberger Forschungen, Einzelarbeiten zur Nürnberger Geschichte, Bd. 11), S. 92, Testament M. Landauers von 1513. AMMANN (wie Anm. 64), S. 5*, Nachlaß des Niklaus v. Diesbach. W. EIKENBERG: Das Handelshaus der Runtinger zu Regensburg. Ein Spiegel süddeutschen Rechts-, Handels- und Wirtschaftslebens im ausgehenden 14. Jahrhundert, Göttingen 1976 (= Veröff. d. Max-Planck-Inst. f. Geschichte, Bd. 43), S. 33f., Testament der Margarete Runtinger von 1410. Quellen zur Handelsgeschichte der Paumgartner (wie Anm. 100), S. 12*, Erbteilung der Paumgartner von 1534. Vgl. unten S. 102 und 104.
108 Fratris Felicis Fabri tractatus (wie Anm. 6), S. 66, vgl. oben S. 299.
109 AMMANN (wie Anm. 64), S. 115 (Diesbach). SCHULTE (wie Anm. 22), S. 221 (Mötteli). Basler Chroniken (wie Anm. 91), Bd. 6, S. 429f. (Kilchmann). Vgl. auch GILOMEN-SCHENKEL (wie Anm. 45), S. 14–19. NÄF (wie Anm. 93), S. 17 und 20. Zu den großen wohltätigen Stiftungen, auf die hier nicht eingegangen werden kann, siehe AHLBORN (wie Anm. 107), S. 100ff.
110 BRODEK (wie Anm. 7), S. 472–476 und 492–497.
111 AHLBORN (wie Anm. 107), S. 70, 94, 99, 100ff. Aign (wie Anm. 26), S. 23, 47.

Hausbesitz als selbstverständlich in den allgemeinen Redewendungen über standesgemäße Lebensführung mit einbezogen. Tatsächlich hat die Wohnung aber offenbar eine sehr große Rolle als sichtbarer Ausdruck der gesellschaftlichen Position gespielt: Mit spürbarem Stolz notierte der arrivierte Nürnberger Patrizier Ulman Stromer die für sein Haus und dessen Ausbau verwendeten Beträge, im Testament von 1406 wurde den Söhnen ausdrücklich die Möglichkeit offengehalten, das Anwesen zu einem vorteilhaften Schätzwert von 2800 fl ungeteilt aus dem Nachlaß auszulösen. In der ersten Hälfte des 15. Jahrhunderts ist in Nürnberg Hausbesitz am Markt im Wert von mindestens 4000 fl kennzeichnend, Spitzenwerte liegen wesentlich darüber[112]. Besonders zu beachten ist, daß Neubauten, Umzüge und Hauskäufe oft zeitlich nahe bei gesellschaftlichen Veränderungen einer Familie liegen: Zwei Söhne des Berners Niklaus v. Diesbach, die ihren adligen Stand besonders betonten, errichteten kurz nach dem Tod des Vaters Neubauten. Der eine ließ ein für 740 fl gekauftes Haus abreißen und für 2000 fl wieder aufbauen, der andere ließ das väterliche Anwesen abbrechen und für 3000 fl neu errichten. Der Basler Henman Offenburg kaufte kurz vor seinem Übertritt in die Hohe Stube einen innerstädtischen Adelssitz in bevorzugter Lage. Wie er handelten drei weitere Kaufleute aus seiner Umgebung: Wohnungswechsel und sozialer Aufstieg fallen zusammen[113]. Ein reicher Nürnberger Neubürger, Hans Thumer, erwarb kurz nach seinem Zuzug das Anwesen der Stromer am Markt um 5500 fl; er ist einer der wenigen erfolgreichen Aufsteiger, die als Einzelperson – nicht für die ganze Familie – die Ratsfähigkeit erwerben konnten[114]. Der nichtpatrizische Augsburger Kaufmann Peter Egen ließ 1433 sein Haus am Weinmarkt abreißen und um zwei Stockwerke höher aufbauen. Im Folgejahr logierte König Sigmund bei ihm, hob seinen Sohn aus der Taufe und schlug ihn zum Ritter[115]. Für die Fugger waren sozial vorteilhafte Heiraten im letzten Viertel des 15. Jahrhunderts der Anlaß dazu, das von der Familie seit 1397 bewohnte Haus am Judenberg zu verlassen und 1488 für 2032 fl ein Haus am Rindermarkt zu kaufen; bis 1494 wurde es umgebaut und prächtig ausgestattet. Der erste nach Augsburg gezogene Paumgartner, Franz, zog nach 1479, in den Jahren seines steilen Vermö[97]gensanstiegs, zweimal um. Sein Bruder Hans, der zu den größten Augsburger Vermögen aufschließen konnte, erwarb drei aneinanderliegende Wohnhäuser für 5300 fl[116]. Der Vergleich solcher Investitionen mit den Häuserkäufen des mittelständischen Burkard Zink, der jeweils 200–350 fl anlegte, verdeutlicht den

112 Die Chroniken der deutschen Städte, Nürnberg Bd. 1 (wie Anm. 25), S. 75; von 1368–1394 betragen die Ausgaben für das Haus am Markt 4225 fl., v. STROMER, Hochfinanz (wie Anm. 4), S. 327f. Bei den Angaben zum Häuserwert (bis 10 000 fl) handelt es sich um Veranschlagungen zur Besteuerung, möglicherweise erklären sich die hohen Werte durch Einbeziehung des Inventars.

113 AMMANN (wie Anm. 64), S. 7*f. und 34f. GILOMEN-SCHENKEL (wie Anm. 45), S. 21, 53, 56, vgl. unten S. 101.

114 v. HALLERSTEIN (wie Anm. 90), S. 121f. Der Zuzug erfolgte 1477, der Hauskauf 1479. Im Testament von 1498 ist das Haus mit 20 000 fl veranschlagt.

115 Bericht Burkard Zinks: Die Chroniken der deutschen Städte, Augsburg Bd. 2 (wie Anm. 53), S. 153–158; vgl. auch S. 395ff. (Beilage VI) zu Peter Egens Übertritt in den Adel.

116 v. PÖLNITZ (wie Anm. 79), S. 10, 16, 18. Quellen zur Handelsgeschichte der Paumgartner (wie Anm. 10, S. 3*f. und 8*.

sozialen Abstand zur Oberschicht und den Prestigewert der teuren Wohnhäuser[117]. Die Wohnlage als Schichtmerkmal wird übrigens auch durch die topographische Auswertung von Steuerbüchern bestätigt: Danach hat es in den spätmittelalterlichen Städten Reichtumskonzentrationen, meist in Marktnähe, und ausgesprochene Armenviertel gegeben[118].

VI. Beispiele für Aufstiegsprobleme

In weitgehender Übereinstimmung mit zeitgenössisch geäußerten Grundsätzen, auf der Grundlage ausreichender wirtschaftlicher Möglichkeiten und in Kombination der Merkmale Konnubium, Lebensführung, Teilhabe an der politischen Macht, Gebrauch prestigeträchtiger Statussymbole vollzieht sich der Aufstieg in die städtische Führungsschicht und in den Adelsstand in vielen Einzelfällen erstaunlich glatt. Wie groß demgegenüber die Quote der Mißerfolge war, wird kaum je exakt zu beziffern sein, ebensowenig die Gesamtzahl derer, die innerhalb einer Stadt eventuell gebotene Aufstiegschancen zu realisieren vermochten[119]. Dagegen kann die abschließende Frage nach den Merkmalen einzelner Problemfälle vielleicht zum besseren Verständnis der vorgegebenen Rahmenbedingungen beitragen.

Zwei Nürnberger Familien, denen der Aufstieg aus der erweiterten Ehrbarkeit zu den ratsfähigen Geschlechtern nicht gelungen ist, die Landauer und die Ketzel, sind durch gründliche, neuere Monographien gut dokumentiert[120]:

Der erste genealogisch sicher einzuordnende Landauer, Berthold, begegnet 1396 als Nürnberger Neubürger, er war von Beruf Maler, also Handwerker[121]. Er brachte es zu einem mittleren Vermögen, der soziale Ehrgeiz war aber wohl nicht allzu groß, denn beim Befestigungsbau 1430 zog es Berthold vor, selber zu schanzen statt die Ablösesumme zu bezahlen. Sein Sohn Markus gab aber bereits das Handwerk auf, wurde Kaufmann, heiratete zweimal in gute, aber nichtpatrizische Familien und ist in Geldgeschäften mit König Sigmund [98] nachzuweisen. Er war nach 1440 für die

---

117 MASCHKE, Burkard Zink (wie Anm. 55), S. 248, 252, 255f. Weitere Nachweise für schichtbezogene Häuserpreise s. DIRLMEIER (wie Anm. 106), S. 248–256; die oben angeführten Nürnberger Spitzenwerte fehlen dort.
118 Vgl. MASCHKE, Unterschichten (wie Anm. 1), und DIRLMEIER (wie Anm. 106), S. 524.
119 Vgl. die Berechnungsversuche für Ulm bei BRODEK (wie Anm. 7), S. 404ff. In Lindau steigen im Spätmittelalter von 59 bürgerlichen Ratsfamilien acht in den Adel auf. STOLZE (wie Anm. 4), S. 55.
120 AHLBORN (wie Anm. 107), AIGN (wie Anm. 26).
121 Nachweise zu den Aufstiegsdaten der Landauer aus AHLBORN (wie Anm. 107): S. 4 (Berthold, 1396), S. 5 (mittleres Vermögen, Schanzarbeit 1430), S. 7 (Geldgeschäfte Markus Landauers), S. 41 (Übergang in den Handel), S. 7 und 10 (Eheschließungen Markus Landauers), S. 12–14 (politische Tätigkeit), S. 17 (Darlehen an die Stadt), S. 18 (Genannter im Großen Rat, 1452), S. 19 (Eheschließung der Tochter, 1455), S. 21 (Nürnberger Rat im Haus Landauer, 1459), S. 22 (Gassenhauptmann 1462), S. 22, 70, 95 (Stiftungen Markus Landauers 1466 und 1468), S. 25 (Eheschließung Matthäus Landauers, 1480), S. 26 (Haus- und Landbesitz, 1484 und 1485), S. 30 (Matthäus Landauer Genannter im Großen Rat, 1488), S. 29f. (Eheschließung Dorothea Landauers mit Wilhelm Haller, 1497), S. 92–94 (Nachlaßinventar Matthäus Landauers, 1515), S. 99ff. (Stiftungen).

Stadt politisch tätig, gewährte ihr im Markgrafenkrieg 1449/50 ein Darlehen und wurde 1452 mit der Aufnahme in den Großen Rat belohnt, d. h. er erreichte den Anschluß an die Führungsschicht im weiteren Sinn, an den Kreis der nicht zum Kleinen Rat zugelassenen Ehrbarkeit[122]. Seine Tochter heiratete 1455 Hans Starck, dessen Vater 1453 in den Kleinen Rat gewählt worden war, aber diese zweifellos prestigefördernde Ehe ist nicht als Konnubium mit dem Patriziat zu werten, weil erst Mitte des 16. Jahrhunderts ein weiterer Starck in den Kleinen Rat gelangte[123]. Ein sicheres Indiz für den gehobenen Sozialstatus der Familie Landauer ist die Tatsache, daß der Nürnberger Rat 1459 aushilfsweise in deren Haus tagte, das also ein stattlicher Bau gewesen sein muß. Mit der Übertragung des Amtes eines Gassenhauptmanns (1462) stieg Markus Landauer in der städtischen Hierarchie ein Stück weiter und bedeutende Stiftungen sind als Ausdruck seines Selbstgefühls, aber auch seiner wirtschaftlichen Möglichkeiten zu werten: 1466 errichtete er eine Ewiggeldstiftung für 20 Hausarme im Kapitalwert von 1350 fl, und sein Testament von 1468 bestimmte 400 fl für wohltätige Zwecke. Sein Sohn Matthäus, der laut Nachlaßinventar von 1515 über mehr als 30 000 fl Vermögen verfügte, schloß 1480 eine reiche, aber nichtpatrizische Ehe, kaufte 1484 mehrere Häuser und 1485 ein Gut mit Herrensitz vor der Stadt für 2300 fl – ein Schritt, der ihn dem Besitzstand nach mit dem Patriziat gleichstellte, aber nur die Investition von 7,5 % des Gesamtvermögens erforderte. 1488 wurde Matthäus Landauer Mitglied des Großen Rates, zusammen mit einem Verwandten ließ er 1490–1495 für insgesamt 370 fl den Schreyer-Landauer-Epitaph an der Sebalduskirche errichten. Der Anschluß an die engere, patrizische Führungsschicht schien 1497 erreicht, als Matthäus' Tochter in die Familie Haller, eines der angesehensten Nürnberger Geschlechter, einheiraten konnte. Matthäus Landauer, dessen eigene Frau 800 fl Mitgift brachte, zahlte seiner Tochter 3500 fl, ein weiterer Beleg für die oben festgestellte Geschäftsmäßigkeit des Konnubiums. Offensichtlich fehlten aber die notwendigen Absprachen zwischen beiden Familien: Der Vater, Wilhelm Haller, lehnte die Eheverbindung seines Sohnes entschieden ab, die damit für die Landauer ohne gesellschaftliche Wirkung blieb. Matthäus starb 1515 und hinterließ die Hälfte seines Vermögens, rund 15 000 fl, der von ihm errichteten Zwölfbruderstiftung.

Die Ketzel sind 1422 von Augsburg nach Nürnberg übergesiedelt und waren im Gewürzhandel tätig[124]. Sie erwarben in bevorzugter Wohnlage am Herrenmarkt ein

---

122 Vgl. oben S. 293f.
123 v. STROMER, Hochfinanz (wie Anm. 4), S. 300 mit Anm. 15. Im Tanzstatut von 1521 sind die Starck nicht unter den ratsfähigen Geschlechtern verzeichnet, AIGN (wie Anm. 26), S. 106.
124 Nachweise zu den Aufstiegsdaten der Ketzel aus AIGN (wie Anm. 26), S. 17 , 19, 20 (Heinrich Ketzel, Bürger in Nürnberg, Gewürzhandel), S. 18 (Wahl Heinrich Ketzels in den Großen Rat, Erwerb eines Hauses am Herrenmarkt), S. 22 (Sohn Georg I. Ketzel auf Pilgerfahrt, Erwerb eines Wappenbriefes, 1453), S. 22 (Wahl Georgs I. in den Großen Rat, nichtpatrizische Heirat), S. 23 (Stiftung einer Kapelle, 1459), S. 25 (Lukas Ketzel heiratet eine Patrizierin, 1467; im nächsten Jahr wird er in den Großen Rat gewählt), S. 33f. (Georg II. Ketzel 1498 auf Pilgerfahrt, erwirbt 1507 einen Wappenbrief), S. 34f. (Georg II. 1504 auf eigene Kosten im Krieg, 1509 Heirat mit einer Patrizierin auf dem Rathaus. 1510 im Großen Rat), S. 36f. (Städtische Ämter 1523 und 1525, 1533 in eigener Familiengrablege bestattet), S. 37 und 40 (Wolf Ketzel 1493 auf Pilgerreise, Ritterschlag), S. 38 (Ratsämter, freiwillige Kriegsteilnahme), S. 39 (Wolf Ketzel heiratet

Haus, das bis zum Erlöschen des Mannesstammes (Mitte des 16. Jahrhunderts) im Besitz der Familie blieb. Schon 1438 wurde ein Ketzel in den Großen Rat gewählt, gehörte also zur erweiterten Führungsschicht. Die zweite in Nürnberg ansässige Generation ist durch Teilnahme an einer Pilgerfahrt [99] nach Jerusalem mit Erwerb eines Wappenbriefs (1453), durch die Stiftung einer Heilig-Grab-Kapelle (1459), durch Zugehörigkeit zum Großen Rat und die erste patrizische Eheschließung ausgezeichnet. Sie wurde aber auch von einem gesellschaftlich gravierenden Rückschlag betroffen: 1476 war Georg Ketzel in eine Betrugsaffäre mit falschem Goldschmuck verwickelt, im Jahr darauf wurde er nicht wieder in den Großen Rat gewählt. Nach Christoph Scheurl, der sich dabei allerdings auf den Kleinen Rat bezieht, galt die Abwahl als *ein grosse Schmach*, denn außer durch Tod gehen Ratsherren nur wegen *geubter Laster* ab[125]. Tatsächlich zählten neben Ehedelikten die Eigentumsvergehen zu den unverzeihlichen, weil ehrenrührigen Verstößen, während Körperverletzungen oder Beleidigungsaffären die Amtsfähigkeit nicht beeinträchtigten[126]. Für die dritte Ketzel-Generation in Nürnberg trat durch diesen Zwischenfall zwar keine Statusminderung ein, aber die Grenzen der Aufstiegsmöglichkeiten wurden deutlich. Drei patrizische Heiraten (in die Familien Haller, Tetzel und Harsdorffer) verstärkten das Konnubium mit den ratsfähigen Geschlechtern. Georg II. Ketzel, der seinen gesellschaftlichen Ehrgeiz durch den oben[127] erwähnten Antrag auf besondere Samtkleidung, durch eine Pilgerfahrt und 1504 durch Kriegsbeteiligung zu Pferd auf eigene Kosten erkennen läßt, erreichte, was ohne Zugehörigkeit zum Kleinen Rat erreichbar war: Ein Jahr nach der auf dem Rathaus gefeierten Hochzeit mit der Patriziertochter Martha Haller kam er in den Großen Rat, 1523 wurde er Kirchenpfleger und erhielt damit ein Amt, das im allgemeinen Mitgliedern des Kleinen Rates vorbehalten war. 1525 wurde er Schöffe am Stadtgericht, das nach Christoph Scheurl eine Schule für die Söhne der Ratsherren war, bevor sie dann mit genügend Erfahrungen in den Kleinen Rat gewählt wurden[128]. Georg II. Ketzel hat sich mit diesem Aufstieg bis zur Vorstufe der Ratsfähigkeit offenbar zufrieden gegeben, jedenfalls sind seinetwegen keine Schwierigkeiten überliefert.

Ganz anders sein Bruder Wolf, der 1493 am Hl. Grab zum Ritter geschlagen wurde[129], 1499 freiwillig am Schweizer Krieg teilnahm, 1504 eine Tetzel heiratete und sofort nach dieser patrizischen Verbindung in den Großen Rat kam – ein Zusammenhang zwischen vorteilhafter Eheschließung und Übernahme öffentlicher Funktionen, die bei den Ketzel und den Landauer mehrfach begegnet. Wolf Ketzel wurde 1504 aber offenbar bedeutet, daß seinem Aufstieg Grenzen gesetzt waren: Er erhielt zwar für seine Hochzeit das Rathaus samt Stadtpfeifern zur Verfügung gestellt, gleichzeitig

---

eine Patrizierin, 1504), S. 42ff. (Streitigkeiten mit dem Rat), S. 46 (Wolf Ketzel aus der Liste der Mitglieder des Großen Rates gestrichen, 1517).

125 Die Chroniken der deutschen Städte, Nürnberg Bd. 5 (wie Anm. 6), S. 788f.

126 Zu Eigentumsdelikten vgl. Die Chroniken der deutschen Städte, Augsburg Bd. 2 (wie Anm. 53, S. 291 und Nürnberg Bd. 4, Leipzig 1872, Ndr. Göttingen 1961, S. 753ff. Beleidigungen und Gewalttaten: AIGN (wie Anm. 26), S. 38 und 48, ferner E. GAGLIARDI: Hans Waldmann und die Eidgenossenschaft des 15. Jahrhunderts, Basel 1912, S. 8f.

127 Siehe oben S. 306.

128 Die Chroniken der deutschen Städte, Nürnberg Bd. 5 (wie Anm. 6), S. 800 und 802.

129 In Nürnberg wurde der Ritterschlag am Hl. Grab nicht als sozial relevant anerkannt: AIGN (wie Anm. 26), S. 57f. v. STROMER, Reichtum und Ratswürde (wie Anm. 4), S. 18.

aber auch die Mitteilung, *das er sich dasselbe hinfüro nit mer geprauch*. Von dem patrizischen Vorrecht, auf dem Rathaus zu feiern, blieb er also ausgeschlossen[130]. Zwar nahm Wolf Ketzel, zusammen mit drei weiteren Ketzel, 1504 noch auf eigene Kosten am bayerischen Erbfolgekrieg teil, danach begannen aber sich zuspitzende Auseinandersetzungen mit dem Nürnberger Rat, die 1517 zu seiner Streichung aus der Liste der Mitglieder des Großen Rates führten. Während Wolf Ketzel also 1504 von der patrizischen Führungsschicht abgewiesen wurde, kamen gleichzeitig, nach vier Generationen sozialen [100] Aufstiegs aus dem Handwerk, die einheimische Familie Fütterer und mit den Welsern zusätzlich ein auswärtiges Geschlecht neu in den Kleinen Rat[131].

Wie diese beiden Beispiele zeigen, kann die Zurückstellung der Ketzel und der Landauer nicht auf eine endgültige Abschließung des Patriziats zurückzuführen sein, ebensowenig kann im Fall Landauer die Herkunft aus dem Handwerk als alleinige Ursache angesehen werden[132]. Allgemein war es in Nürnberg für ortsansässige Familien zwar schwerer, aber bis in das 16. Jahrhundert hinein nicht ausgeschlossen, in den Kreis der ratsfähigen Geschlechter aufzusteigen[133]. Am Beispiel der Landauer und der Ketzel zeigt sich vielmehr, daß in Nürnberg über das Konnubium zwar sozialer Aufstieg möglich war, daß die völlige Gleichstellung mit der engeren Führungsschicht aber nicht sofort und nicht in automatischem Ablauf erreichbar war. Wie schon oben gezeigt, war eine nicht einwandfrei zustande gekommene patrizische Eheschließung gesellschaftlich nicht oder nur begrenzt wirksam, in der Entwicklung der Familie Ketzel ist außerdem der Betrugsfall von 1476 als Unregelmäßigkeit gegenüber der sonst vollständigen Reihe von Aufstiegsmerkmalen auffällig. Wirklich entscheidend für den teilweisen Mißerfolg dürfte bei beiden Familien aber die Dauer des Konnubiums mit den Ratsfamilien sein: Wie oben gezeigt, wurde in Nürnberg darauf mit größter Genauigkeit geachtet, die Heiratsverbindungen der nicht ratsfähigen Ehrbarkeit wurden bis zu 150 Jahren zurückverfolgt[134]. Dagegen war für die Landauer die problematische Verbindung mit der Familie Haller (1497) die erste patrizische Heirat überhaupt, bei den Ketzel lag sie 1504 knapp vier Jahrzehnte zurück. Die unfreundliche Auskunft für Wolf Ketzel über die künftige Nichtbenutzung des Rathauses deutet außerdem auf die Empfindlichkeit der Führungsschicht gegenüber drängendem gesellschaftlichem Ehrgeiz, den Wolf Ketzel schon durch den Erwerb der Würde eines Ritters vom Hl. Grab zu erkennen gegeben hatte. Versuche, sich auf eigene Initiative und z. B. mit Hilfe des Kaisers schnellen Zugang in die Führungsschicht zu verschaffen, sind vielfach auf sehr abweisende Reaktionen des Patriziats gestoßen[135].

---

130 AIGN (wie Anm. 26), S. 40 (Zitat), S. 101f. zum Prestigewert der Hochzeiten auf dem Rathaus.
131 Ebd., S. 106 und HOFMANN (wie Anm. 4), S. 73f.
132 Nach v. STROMER, Hochfinanz (wie Anm. 4), S. 301, wurde das Patriziat in Nürnberg 1521 durch das Tanzstatut abgeschlossen. Die handwerkliche Abstammung der Landauer vermutet AHLBORN (wie Anm. 107), S. 59 als Ursache der Nichtzulassung in den Kleinen Rat.
133 HOFMANN (wie Anm. 4), S. 73f. Vgl. Fratris Felicis Fabri tractatus (wie Anm. 6), S. 68f. mit grundsätzlichen Äußerungen über bessere Aufstiegschancen der von auswärts Zugezogenen.
134 Siehe oben S. 84. Zur Aufstiegsdauer in Nürnberg vgl. HOFMANN (wie Anm. 4), S. 72–74. Die Chroniken der deutschen Städte, Nürnberg Bd. 1 (wie Anm. 25), S. 215.
135 Vgl. BRODEK (wie Anm. 7), S. 396ff. am Beispiel der Ulmer Familie Greck. EITEL (wie Anm. 2), S. 100. STRIEDER (wie Anm. 53), S. 206.

Das Problem der Dauer des Aufstiegsprozesses wird besonders deutlich in Fällen sehr schnellen, gesellschaftlich-politischen Aufstiegs mit katastrophalem Ausgang. Im Bereich der oberdeutschen Städte sind dafür die bekanntesten Beispiele die Bürgermeister Ulrich Schwarz in Augsburg und Hans Waldmann in Zürich, deren äußerliche Laufbahnmerkmale noch kurz betrachtet werden sollen. Die politischen Hintergründe und Parteiungen bleiben dabei bewußt unberücksichtigt[136].

[101] Für Ulrich Schwarz ist wegen der systematischen Vernichtung von Unterlagen nach seinem Sturz die Überlieferung sehr unvollständig[137]. Sicher ist, daß er einfacher, aber nicht völlig mittelloser Herkunft war: Der Vater arbeitete als Zimmermann, wohnte seit 1416 in einem Haus im Armenviertel „unter den Fischern" und besaß laut Steuerzahlung ungefähr 120 fl, bis 1440 stieg das Vermögen auf 450 fl. Nach dem Tod des Vaters bezog Ulrich Schwarz 1445 mit seiner Mutter ein Haus in der Hauptstraße der Stadt, zweifellos ein Indiz für den Willen zum gesellschaftlichen Aufstieg. Nach den späteren Behauptungen seiner Gegner verschaffte er sich das Geld für diesen Hauskauf durch Erpressung, um mit seiner Frau bei Ehren bleiben zu können. Das zeigt ganz unabhängig vom Wahrheitsgehalt, daß der Zusammenhang zwischen derartigen Wohnungswechseln und dem Sozialstatus auch zeitgenössisch recht aufmerksam registriert wurde. In der Zeit dieses Umzugs hat Schwarz auch seine erste Ehe geschlossen, vielleicht mit einer Angehörigen der Goldschmiede- und Bierbrauerfamilie Seid, eine Verbindung zur Oberschicht stellte diese Heirat aber nicht her. Aufstiegsstreben zeigt Schwarz' Berufsausübung an: Er blieb zwar in der Zimmerleutezunft, war aber im Salzhandel und als Wirt tätig[138]. Wie am Beispiel Schwäbisch-Hall nachgewiesen wurde, ermöglicht das Wirtsgewerbe durch den Übergang zum Weinhandel Vermögensakkumulation[139], aber der wirtschaftliche Erfolg blieb bei Schwarz sehr bescheiden. Er versteuerte 1445–54 rund 100 fl Vermögen, 1455 und Folgejahre 220–440 fl, 1462 rund 160 fl, war also weder reich[140] noch mit der Führungsschicht

---

136 Zu Ulrich Schwarz: G. PANZER: Ulrich Schwarz, der Zunftbürgermeister von Augsburg 1422–1478, Diss. phil. München, Bamberg o. J. (1912). E. DEUERLEIN: Ulrich Schwarz (um 1422–1478), in: Lebensbilder aus dem Bayerischen Schwaben, hrsg. v. Götz Frhr. v. PÖLNITZ, Bd. 2, München 1953, S. 94–121. Die Chroniken der deutschen Städte, Augsburg Bd. 3 (wie Anm. 33), Beilage VI, S. 415–442. Zu Hans Waldmann: E. GAGLIARDI: Dokumente zur Geschichte des Bürgermeisters Hans Waldmann, Basel 1911–1913 (= Quellen zur Schweizer Geschichte, Neue Folge II. Abteilung: Akten, Band II, 1 u. 2). DERS. (wie Anm. 126).
137 PANZER (wie Anm. 136), S. 4f.; DEUERLEIN (wie Anm. 136), S. 95.
138 Zur Vermögensentwicklung siehe Tabelle in Anm. 140. PANZER (wie Anm. 136), S. 18f., 21ff. (Umzug, Ehe, Beruf). Dazu auch DEUERLEIN (wie Anm. 136), S. 102 und 104f.
139 WUNDER (wie Anm. 2), S. 48f.
140 Zur Vermögensentwicklung Angaben bei PANZER (wie Anm. 136), S. 18, 23, 89f., doch werden hier nur die Steuerbeträge, ohne Rücksicht auf Veränderungen des Steuersatzes, als Vermögensindiz ausgewertet. Die folgende Umrechnung in Vermögensbeträge nach der Steuertabelle bei STRIEDER (wie Anm. 53), S. 2. In mehreren Jahren war der Steuersatz für mobiles und immobiles Vermögen unterschiedlich hoch, so daß nur die rechnerischen Grenzwerte angegeben werden können. Umrechnung in Gulden (fl) nach den Kursangaben bei MASCHKE, Burkard Zink (wie Anm. 55), S. 241f. und F. DORNER: Die Steuern Nördlingens zu Ausgang des Mittelalters, Diss. phil. München, Nürnberg 1905, S. 103f.

versippt, als seine Ämterkarriere begann: 1459 kam er als Meister der Zimmerleutezunft in den Kleinen Rat, 1462 erlangte er als städtischer Söldnermeister Einfluß auf
die Kriegführung der Stadt[141], 1467 wurde er als Baumeister auch mitverantwortlich
für den Finanzhaushalt. In dieser Zeit stieg sein Vermögen auf 330–660 fl an. 1469
wurde er mit der Mehrheit der kleinen Handwerkszünfte zum Bürgermeister gewählt,
im jährlichen, turnusmäßigen Wechsel mit dem Baumeisteramt hat er diese Stellung
bis 1475 behauptet, danach wurde er gegen die gewohnte Ordnung bis zu seinem Sturz
1478 ununterbrochen im Amt bestätigt. Sein versteuertes Vermögen nahm inzwischen
kontinuierlich auf 1500–3000 fl zu, nach der Inventarisierung durch den Rat (1478)
sogar auf über 18 000 fl. Auch ohne diese problematische Angabe hat sein Vermögen
also von 1466 bis 1476/78 um mindestens 500% zugenommen.

    [102] Im Jahr seines Aufstiegs zur politischen Macht, 1469, hat Schwarz in zwei-
ter Ehe eine reiche, aber nichtpatrizische Witwe geheiratet und demonstrierte dabei
sein gesellschaftliches Selbstbewußtsein durch eine verbotswidrig hohe Anzahl gela-
dener Hochzeitsgäste[142]. Die drei Töchter heirateten übrigens ebenfalls angesehen,
aber nicht in patrizische Familien, nur der Sohn Ulrich II. Schwarz erreichte durch
seine Ehe eine Verbindung mit den Mehrern der Gesellschaft, d. h. zu einer Gruppe
von Kaufleuten, die dank verwandtschaftlicher Beziehungen Zugang zur Trinkstube
des Patriziats hatten[143]. Während der gesellschaftliche Anschluß an die patrizische
Oberschicht also nicht gelang oder nicht gesucht wurde, ahmte Schwarz deren Lebens-
stil offensichtlich nach. Das zeigt der Besitz von reichlich Gold- und Silbergeschirr,
das zeigen seine Bemühungen um gute Beziehungen zu Fürsten und zeigen schließlich
besonders deutlich seine Kleider, z. B. ein mit Marderpelz gefütterter Mantel, *deren
dieser zeyt nicht vil in Augspurg gewesen*; er trug ihn den *geschlechtern zu layd* noch
bei seiner Hinrichtung[144].

    Schwarz war also im Besitz der politischen Macht und benützte die Attribute der
gesellschaftlichen Oberschicht, aber seine Stellung beruhte weder auf Reichtum noch
auf Herkommen, als er innerhalb eines Jahrzehnts (1459–69) an die Spitze der Stadt
vorstieß. Gewiß ist diese eklatante Abweichung von den bisher festgestellten Aufstiegsmerkmalen nicht die Hauptursache für Ulrich Schwarz' Ende, aber es fällt auf,
daß seine Gegner gerade von dieser Seite her das Urteil gegen ihn nach außen, und für

Vermögen:	1402–15	120 fl	1455	220–440 fl	1475	900–1800 fl
	1427–39	130 fl	1462	160 fl	1476–78	1500–3000 fl
	1440	450 fl	1466	330–660 fl	1478	über 18 000 fl
	Ulrich Schwarz:		1472	700–1400 fl		(Vermögensaufnahme
	1445–54	ca. 100 fl	1473/74	650–1300 fl		durch den Rat)

141 Darauf verweist besonders ZORN (wie Anm. 23), S. 149. Zur Ämterlaufbahn PANZER (wie Anm.
    136), S. 33, 35, 37–40, 42, 44, 46, 53.
142 PANZER (wie Anm. 136), S. 34f. Schwarz lud 150 statt der erlaubten 40 Gäste, die Buße dafür
    betrug 10 fl.
143 Ebd., S. 54f. Zu den Mehrern der Gesellschaft: DOLLINGER (wie Anm. 2), S. 462. ZORN (wie
    Anm. 23), S. 150.
144 Edelmetallgefäße in der Vermögensaufzeichnung von 1478 und Fürbitte der bayerischen Herzöge
    für Ulrich Schwarz bei PANZER (wie Anm. 136), S. 89–91. Zur Kleidung: Die Chroniken der
    deutschen Städte, Augsburg Bd. 3 (wie Anm. 33), S. 260f. und 437.

die Zeitgenossen plausibel, gerechtfertigt haben: Daß Schwarz als Sohn eines Zimmermanns ungewöhnlich weit gekommen ist, notiert auch der ihm keineswegs besonders feindlich gesonnene Chronist Hector Mülich. Seine Gegner knüpften daran den Vorwurf, er sei *gar geitig auf guet* gewesen, und die Verurteilung stützt sich vor allem auf die Delikte Amtsmißbrauch, Unterschlagungen, Eigennutz[145]. Die nachweisbare Vermögensentwicklung scheint zumindest den Vorwurf der Bereicherung zu rechtfertigen. Ohne daß es dabei zu einem Prozeß gekommen wäre, wurde auch der aus der Metzgerzunft aufgestiegene Berner Schultheiß Peter Kistler der Habgier und Bereicherung beschuldigt; aus dem Blickwinkel der Berner Aristokratie sind Männer, die ohne nennenswerten Besitz wichtige Ämter übernehmen, als *stattkelber* zu qualifizieren, die sich von der Stadt wie das Kalb von der Kuh großziehen lassen[146]. Das Mißtrauen der etablierten Oberschicht gegenüber Aufsteigern ohne das Lagemerkmal Reichtum scheint also eine typische Einstellung zu sein.

Den Lebensweg des 1489 hingerichteten Zürcher Bürgermeisters Hans Waldmann kennzeichnet ein ihm durchaus günstiger, zeitnaher Bericht mit folgenden Entwicklungsstufen: Er habe zuerst *armůt gliten und verachtung*, dann sein Leben *in kriegen* (...) *manlich und frischlich* (...) *gewaget*, er sei dadurch *nach und nach zuo eeren kommen*, habe in den Burgunderkriegen *gross eer und guot* gewonnen und habe davon zuhause freigebig verteilt. Dadurch habe sich *sin fal und glück* gewendet, so daß er bald darauf Bürgermeister geworden sei[147]. Zu dieser [103] Aufstiegsbeschreibung sind in der aktenmäßigen Überlieferung konkretisierende, teilweise auch korrigierende Angaben zu finden. So ist angesichts der wohlhabenden Verwandtschaft seitens der Mutter die *armůt* nicht im Sinn völliger Mittellosigkeit zu verstehen, aber es ist richtig, daß Waldmann in der Sozialskala weit unten als Handwerkslehrling angefangen hat[148]. Aufgefallen ist er zunächst wohl mehr durch zahlreiche Schlägereien und Beleidigungsaffären, weniger durch große berufliche Erfolge: Nach der Teilnahme an zwei Fehdezügen ist er 1461 erstmals mit dem bescheidenen Vermögen von 230 fl zur Steuer veranlagt worden. 1462 oder 1463 heiratete er eine Witwe, die ihm nach späteren Angaben zwar 1350 fl mitbrachte, aber kaum großen Ansehenszuwachs: Sie war in der Stadt wegen ehelicher Untreue im Gerede[149]. Ob demgegenüber die mit der Eheschließung erworbene Anwartschaft auf das Amt eines Ammanns des Klosters Einsiedeln sozial ins Gewicht fiel, ist schwer abzuschätzen. In der Folgezeit wird allerdings eine aufsteigende gesellschaftlich-wirtschaftliche Tendenz deutlich erkennbar: 1463 versteuerte das Ehepaar Waldmann 1370 fl Vermögen und beschäftigte eine Dienstmagd. 1466 kam Waldmann an das Stadtgericht und betrat damit die unterste Stufe der Ämterlaufbahn, erwarb für sich und seine Frau einen Kirchenstuhl, erlitt aber auch

145 Die Chroniken der deutschen Städte, Augsburg Bd. 3 (wie Anm. 33), S. 260, 372, 438–441. Panzer (wie Anm. 136), Quellenbeilage S. 87f.
146 Frickart (wie Anm. 42), S. 118f. und 187. Vgl. oben S. 295 und 297.
147 Städtzürcherischer Bericht, in: Gagliardi (wie Anm. 136), Bd. II, 2, S. 404.
148 Gagliardi (wie Anm. 126), S. 8. Waldmanns ökonomische Ausgangsbasis wird hier wohl zu günstig bewertet.
149 Ebd., S. 9 und 11 (Gerichtsverfahren, Ehe). Zu den Vorwürfen gegen Waldmanns Frau: Gagliardi (wie Anm. 136), Bd. I, 1, S. 56–63 Nr. 52 (1462, 1465, 1466) und Bd. II, 2, S. 251 zum Vermögen der Frau.

einen schweren gesellschaftlichen Rückschlag, als seine Wahl zum Zunftmeister der Gerber, gleichbedeutend mit der Delegation in den Rat, nicht bestätigt wurde. In der Stadt äußerte man damals über ihn: *wir schissint uff inn und gebind ein seich umb inn*[150]. Waldmann konnte diesen gesellschaftlichen Rückschlag aber ausgleichen: Um 1468 wechselte er in den Eisenhandel, 1470 zog er in den Hof des Klosters Einsiedeln um, er versteuerte mit seiner Frau 1840 fl Vermögen, und die Beschäftigung von jetzt zwei Mägden und einem Knecht deutet eine gehobene Lebensführung an[151]. 1473 wurde Waldmann schließlich als Zunftmeister der Kämbelzunft doch noch Ratsmitglied und erhielt gleichzeitig das wichtige Amt eines Landvogts[152]. Das sind eindeutige Erfolgsmerkmale, aber entscheidend für seinen weiteren Aufstieg war die Teilnahme an den Burgunderkriegen, das ist in dem einleitend zitierten Bericht ganz richtig erkannt: Vor der Schlacht von Murten wurde Waldmann zum Ritter geschlagen, er kam also ganz so, wie Felix Faber dies als Möglichkeit schildert, ohne Konnubium und ohne herausragenden Reichtum, nur durch kriegerische Bewährung zur Standeserhöhung[153]. Seinen weiteren Weg nach oben kennzeichnen Beziehungen zu Fürsten und Königen, die Beteiligung an diplomatischen Missionen und der Bezug zahlreicher Jahrgelder. Nach einem späteren Bericht verdankte [104] er dem auf diese Weise gewonnenen Reichtum, daß er *bald hinuff* (...) *ruckt, bis er das burgermeysterampt zu Zürich erlanget.* Das war 1483 der Fall, und Waldmann verdrängte dabei unter Störung des eingespielten Wahlturnus den bisherigen Vertreter des Patriziats in diesem Amt, Heinrich Göldlin[154].

Wie sehr sich Waldmann bei seinem Aufstieg zur politischen Führung auch um gesellschaftliche Anpassung an seinen neuen Stand bemühte, zeigt 1487 der Ankauf von Feste und Herrschaft Dübelstein für 1700 fl, d. h. rund 7 % des 1489 verzeichneten Gesamtvermögens. Danach nannte er sich „Herr Hans (oder Johans) Waldmann von Tübelstein, Ritter"[155]. Auch seine Stiftungen, vor allem aber seine Vorliebe für Statussymbole, sind Merkmale seines Lebensstils: Nach der Inventarisierung von 1489 besaß er Silbergeschirr im Gesamtgewicht von ungefähr 35 kg (136 Mark, 4 Lot), von dem

---

150 GAGLIARDI (wie Anm. 126), S. 12f. DERS. (wie Anm. 136), Bd. II, 1, S. 68–74 Nr. 63.
151 GAGLIARDI (wie Anm. 126), S. 11. DERS. (wie Anm. 136), Bd. II, 1, S. 84 Nr. 71. Ebd. Nachweise zur Vermögensentwicklung: S. 36–38 Nr. 30 (1461), S. 44 Nr. 37 (1463), S. 67f. Nr. 60 (1467) S. 78 Nr. 67 (1468), S. 84f. Nr. 72 (1469), S. 85 Nr. 75 (1470). Bd. II, 2, S. 45–48 Nr. 268 und 217ff. Nr. 323 (Vermögensaufzeichnung 1489).

Waldmanns Vermögen:	1461	230 fl	1469	1840 fl
	1463	1370 fl	1470	1840 fl
	1467	1840 fl	1489	24 300 fl
	1468	1840 fl	(mindestens)	

152 GAGLIARDI (wie Anm. 126), S. 13. Zur Bedeutung von Zunftmeisteramt und Landvogtei als Aufstiegsmöglichkeit vgl. MORF (wie Anm. 95), S. 17f.
153 Fratris Felicis Fabri tractatus (wie Anm. 6), S. 66. GAGLIARDI (wie Anm. 126), S. 25.
154 Waldmanns diplomatische Missionen und seine Jahrgelder bei GAGLIARDI (wie Anm. 126), S. 27, 39, 44, 46, 51, 54; zur Bürgermeisterwahl S. 56 und 71. Das Zitat aus der „Historia von her Hanßen Waldmann" nach GAGLIARDI (wie Anm. 136), Bd. II, 2, S. 550.
155 Ebd., Bd. II, 1, S. 237–239 Nr. 164 (Dübelstein) und S. 240 Nr. 167b (Titel); Bd. II, 2, S. 307 (Titel).

ein Teil für 840 fl verkauft wurde. Ferner hatte er Goldschmuck, der 200 fl Erlös brachte, 14 Ellen (ca. 8 m) schwarzen Samt, 8 einfache und 10 kostbare, zum Teil mit Marderpelz gefütterte Mäntel, die beim Verkauf bis zu 31 fl pro Stück erbrachten[156]. Es gibt aber noch direktere Zeugnisse für die gesellschaftliche Seite von Waldmanns Aufstiegsstreben aus den Gerichtsakten. Besonders heftig reagierte er offenbar auf Zweifel an seinem Herkommen, 1467 verletzte er einen Mann, der unter anderem geäußert hatte: *wer wennt er, der er sy? Wendt er nit, daz wir wissint, wer er sye?* Auch gegen den Vorwurf, er sei nicht so „biderb" wie andere, setzte er sich zur Wehr (1474). Besonders aufschlußreich sind seine Äußerungen 1482 im Streit mit einem Berner Ritterbürtigen über das Recht gegenseitiger vertrauter Anrede. Waldmann beanspruchte volle Ranggleichheit und rechtfertigte sich dabei wegen seiner handwerklichen Vergangenheit: Auch ohne Schneider- und Gerberhandwerk *hette ich danocht ze essen gehept; dann ich bin och von vatter und můter von biderben lüten*[157]. Die psychologischen Interpretationsmöglichkeiten liegen auf der Hand. In einem privaten Brief, während des Feldzugs gegen Karl d. Kühnen geschrieben, äußerte sich Waldmann unmittelbar über die Ziele seines Handelns: Er wolle alles tun, um *als vil ehr* heimzubringen; er wolle *mehr thůn mitt eigner person, dan ir keiner than hab. Das můß mengclich vernemen (...)*[158].

Ehre in reichem Maß, dazu Reichtum und politische Macht, hat Waldmann innerhalb eines Jahrzehnts nach seiner Wahl in den Rat erlangt. Unter dem Vorwurf des Gewaltmißbrauchs ist er gestürzt worden[159], trotz seines offensichtlichen Vermögensanstiegs haben Geldfragen, im Gegensatz zum Verfahren gegen Ulrich Schwarz, keine Rolle gespielt; das wäre angesichts der Problematik auswärtiger Pensionen ein viel zu brisantes Thema gewesen.

Gegenüber Ulrich Schwarz kommt bei Hans Waldmann als Erfolgsmerkmal noch die Standeserhöhung dazu, gemeinsam ist beiden das Fehlen verwandtschaftlicher Beziehungen zur [105] patrizischen Oberschicht ihrer Stadt und die außerordentliche Schnelligkeit, mit der sie zu Besitz, Ansehen und Macht gekommen sind. Sie haben damit nicht nur Neid erregt[160], sondern auch, wie Felix Faber dies für Ulm formuliert hat, die *regiminis harmonia* gestört[161]. Um den Interessenausgleich der verschiedenen, um Einfluß bemühten Gruppen einigermaßen zu wahren, gab es in den spätmittelalterlichen Städten ein außerordentlich kompliziertes System der Machtverteilung[162]. Das von Christoph Scheurl erwähnte Prinzip, niemanden ohne gravierenden Anlaß aus sei-

---

156 Ebd., Bd. II, 1, S. 120ff. Nr. 110 Jahrzeitstiftung 1479), S. 244f. Nr. 172 (Testament von 1487 mit 500 fl für Stiftungen). Bd. II, 2, S. 217–234 Nr. 323 (Vermögensinventar) und S. 257 (Verkaufserlöse).

157 Ebd., Bd. II, 1, S. 68–74 Nr. 63 (1467), S. 108f. Nr. 95 (1474), S. 144–149 Nr. 132 (1482). Zu Streitigkeiten wegen der richtigen Anrede vgl. BRODEK (wie Anm. 7), S. 279 und SCHULTE (wie Anm. 22), S. 216.

158 GAGLIARDI (wie Anm. 136), Bd. II, 1, 162f. Nr. 139.

159 Ebd., Bd. II, 2, S. 31–35 Nr. 33. GAGLIARDI (wie Anm. 126), S. 172.

160 Neid auf Hans Waldmann ausdrücklich erwähnt in: GAGLIARDI (wie Anm. 136), Bd. II, 2, S. 421 und 550f. Zum Neid gegenüber erfolgreichen Aufsteigern vgl. auch STRIEDER (wie Anm. 53), S. 142.

161 Fratris Felicis Fabri tractatus (wie Anm. 6), S. 69.

162 MASCHKE, Verfassung (wie Anm. 2), S. 467. v. STROMER, Hochfinanz (wie Anm. 4), S. 307.

nen Würden zu entfernen, hat vielfach zur langjährigen, turnusmäßigen Wiederwahl der gleichen Personen geführt[163]. Schwarz und Waldmann haben durch ihre Wahl den eingefahrenen Rhythmus im Wechsel der vorherigen Amtsinhaber gestört. Unabhängig von ihrem hier nicht zu erörternden politischen Programm liegt darin, verursacht durch die Schnelligkeit ihres Aufstiegs, ein möglicher Ansatz zum Konflikt. Wie erwähnt, konnte der Aufstieg einer Familie zur Ratsfähigkeit in Nürnberg innerhalb der vorgegebenen Bedingungen weit über 50 Jahre dauern. Zu beobachten ist auch, daß manche wirtschaftlich überaus erfolgreiche Aufsteigerfamilie mit ihren gesellschaftlichen und politischen Ansprüchen zunächst sehr zurückhaltend war: Das berühmteste Beispiel sind die Fugger, die hohe Ratsämter vermieden haben und erst lange nach ihrer adligen Standeserhöhung in das Augsburger Patriziat eingetreten sind[164]. In der Gegenüberstellung zu Waldmann und Schwarz ergibt sich also die lange Zeitdauer als wichtiges, zusätzliches Merkmal gesicherten Aufstiegs.

VII. Ergebnisse

Im Spätmittelalter gab es im Untersuchungsgebiet erstaunlich klare und detaillierte, zeitgenössische Vorstellungen über gesellschaftlichen Aufstieg und über Zugehörigkeitsmerkmale zur überwiegend adlig-patrizisch charakterisierten Oberschicht. Die der Forschung wohlvertrauten Merkmale Herkommen, Ehre, Konnubium, Teilhabe an der Macht, Besitz, Beruf, Statussymbole, sind nicht nur als Fakten erkannt, sondern zumindest teilweise auch ihrer Funktion nach zutreffend beurteilt worden. Als wichtigstes Aufstiegsziel wurde immer wieder die Standeserhöhung angegeben, an diesem Ideal orientierten sich auch die Anforderungen an Lebensführung und Berufsausübung. Als der richtige Weg zum Anschluß an Patriziat und/oder den Landadel wurde übereinstimmend das Konnubium empfohlen, dabei begegnete explizit [106] auch der Hinweis auf die Zeitdauer bis zur vollständigen Rangangleichung. In den grundsätzlichen Äußerungen trat der Reichtum als Selbstzweck ganz in den Hintergrund, als Mittel zum Aufstieg wurde er eher anerkannt. Wenn auch als Ausnahme, wurde der Anschluß an die Oberschicht auch nach der Wende zum 16. Jahrhundert noch für möglich gehalten.

---

163 Die Chroniken der deutschen Städte, Nürnberg Bd. 5 (wie Anm. 6), S. 788f. Zur Amtsbesetzung auf Lebenszeit v. STROMER, Hochfinanz (wie Anm. 4), S. 306. Vgl. die Ämterlisten bei GAGLIARDI (wie Anm. 136), Bd. II, 2, S. 292ff. und PANZER (wie Anm. 136), S. 33, 35, 37ff., 40, 42, 44, 46, 53.

164 BLENDINGER (wie Anm. 55), S. 68. MASCHKE, Verfassung (wie Anm. 2), S. 366. ZORN (wie Anm. 23), S. 184; das Argument der geschäftlichen Auslastung reicht allein als Erklärung für die offensichtliche Zurückhaltung nicht aus. Als weitere Beispiele vgl. AMMANN (wie Anm. 64), S. 18 und 36 zu den Diesbach, die erst in der dritten Aufstiegsgeneration eine politische Führungsrolle in Bern übernahmen. Die Göldlin kamen zu Beginn des 15. Jahrhunderts bereits mit großem Vermögen nach Zürich, aber erst der oben erwähnte Heinrich Göldlin, Amtsvorgänger Waldmanns, übernahm eine politische Führungsposition; B. KIRCHGÄSSNER: Heinrich Göldlin. Ein Beitrag zur sozialen Mobilität der oberdeutschen Geldaristokratie an der Wende vom 14. zum 15. Jahrhundert, in: Aus Stadt- und Wirtschaftsgeschichte Südwestdeutschlands. Festschrift für Erich Maschke zum 75. Geburtstag, Stuttgart 1975 (= Veröff. d. Komm. f. gesch. Landesk. in Baden-Württ., B, Bd. 85), S. 97–109, hier: S. 108f.

Angesichts der Unmöglichkeit, den Aufstieg insgesamt oder auch nur den Stellenwert einzelner Merkmale quantitativ abzugrenzen, konnte die Richtigkeit der Beobachtungen nur an Einzelbeispielen überprüft und im allgemeinen bestätigt werden. Korrigierend wurde vor allem die nach wie vor hohe Bedeutung des Reichtums für die Stellung innerhalb der Gesellschaft belegt, die meisten Aufstiegsattribute blieben ohne entsprechende wirtschaftliche Ausgangsbasis unerreichbar. Dagegen zeigte sich tatsächlich, daß Reichtum vielfach nicht als Wert an sich eingeschätzt, sondern als Mittel zur Verwirklichung der angestrebten Standeserhöhung eingesetzt wurde. Die geschäftsmäßige Abwicklung des Konnubiums zwischen Familien unterschiedlichen Standes lieferte dazu konkrete Zahlenbeispiele. Das Dominieren der ständischen Ideale gegenüber dem Erwerb von Reichtum als Lebensziel kann vielleicht nicht nur ab Zeichen nachlassender wirtschaftlicher Tüchtigkeit gedeutet werden, sondern auch als eine neue Möglichkeiten eröffnende Anpassung an gewandelte Bedingungen. Zu der großen Bedeutung von Statussymbolen wie Wohnung, Silbergeschirr und Kleidung als sichtbare Kennzeichen der Schichtzugehörigkeit im spätmittelalterlichen Alltagsleben konnten auch bezifferbare Belege beigebracht werden. Der abschließende Blick auf Problemfälle erlaubt die Annahme, daß es den automatischen Aufstieg weder aufgrund von Reichtum noch aufgrund von Eheverbindungen gegeben hat. Die spätmittelalterliche Gesellschaft kannte offenbar sehr empfindliche Spielregeln für den Aufstieg in die Führungsschicht: Wenn und solange eine etablierte Gruppe die feste Kontrolle behielt, gehörten dazu Geduld, der Verzicht auf zu viel Eigeninitiative, die Anpassung an die von oben gesetzten Anforderungen. Als Zielsetzung dieser Konventionen darf neben der Besitzstandswahrung auch die Erhaltung des inneren Ausgleichs vermutet werden. Die Merkmale eines von den gewohnten Regeln abweichenden Aufstiegs erweckten nicht nur Neid, sie ermöglichten auch den Vorwurf der Habgier und der Willkür. Die daraus ableitbaren Anschuldigungen waren für den Betroffenen außerordentlich gefährlich, ganz gleich, ob sie wirklich auf dem Unbehagen über eine Störung des Gleichgewichts beruhten, oder ob sie in den Vordergrund gespielt wurden, um von tiefer reichenden Gegensätzen abzulenken.

Stadt und Bürgertum

Zur Steuerpolitik und zum Stadt-Land-Verhältnis

Es hieße, mit Schwung weit offene Türen einzurennen, wenn hier die Einbeziehung der Städte in eine Darstellung der Ereignisse um 1525 nochmals eigens gerechtfertigt würde. Die zur Zeit des Jubiläumsjahres 1975 vertretbare Feststellung, vor allem die westliche Geschichtsforschung habe die Verwicklung der Städte in die Bauernunruhen des 16. Jahrhunderts zu wenig beachtet[1], ist durch die seitherige Entwicklung eindeutig überholt[2].

Die Übereinstimmung in der Erweiterung des Forschungshorizonts durch die Einbeziehung der Städte erstreckt sich freilich nicht auch auf Sachaussagen und Interpretationen im einzelnen. Diese Feststellung spricht a priori weder gegen die angewandten Methoden noch gegen die erzielten Ergebnisse, sie läßt sich mühelos mit der Vielfalt der Erscheinungsformen erklären: Die gegen Ende des 15. und zu Beginn des 16. Jahrhunderts gehäuft auftretenden innerstädtischen Unruhen erstrecken sich vom Alpennordrand bis an die Küste und erfassen Orte, die nach Größe, Verfassung, politischer Zugehörigkeit und wirtschaftlicher Ausrichtung denkbar verschieden sind[3]. Ohne Anspruch auf Vollständigkeit sind beson[255]ders folgende Forschungsdifferenzen zu nennen: Die städtischen Unruhen und Aufstände werden einerseits in Kontinuität zu den Verfassungskonflikten des 15. Jahrhunderts gesehen, andererseits im Zusammenhang mit grundlegenden Wandlungen[4]. Sie erscheinen als integrieren-

---

1   A. LAUBE, Die Volksbewegungen in Deutschland von 1470 bis 1517. Ursachen und Charakter, in: P. BLICKLE (Hrsg.), Revolte und Revolution in Europa. Referate und Protokolle des Internationalen Symposiums zur Erinnerung an den Bauernkrieg 1525 (Memmingen 24. bis 27. März 1975) (Historische Zeitschrift, Beiheft 4 NF), München 1975, S. 84–98, hier S. 85.

2   Vgl. die Literaturangaben bei P. BLICKLE, Die Revolution von 1525, München-Wien 1981², S. 165ff. Besonders hinzuweisen ist auf die Arbeiten aus dem Sonderforschungsbereich 8 der Universität Tübingen wie z. B. D. DEMANDT – H.-Chr. KUBLACK, Stadt und Kirche in Kitzingen (Spätmittelalter und Frühe Neuzeit 10), 1978, und zuletzt I. BÁTORI – E. WEYRAUCH, Die bürgerliche Elite der Stadt Kitzingen (Spätmittelalter und Frühe Neuzeit 11), 1982.

3   Die von Erich Maschke geplante Darstellung konnte leider von ihm nicht mehr abgeschlossen werden. Eine vorläufige Übersicht gibt: DERS., Deutsche Städte am Ausgang des Mittelalters, in: W. RAUSCH (Hrsg.), Die Stadt am Ausgang des Mittelalters (Beiträge zur Geschichte der Städte Mitteleuropas 3), Linz/Donau 1974, S. 1–44, hier S. 40 mit Anm. 206.

4   Zur Kontinuität vgl. K. ARNOLD, Spätmittelalterliche Sozialstruktur, Bürgeropposition und Bauernkrieg in der Stadt Kitzingen, in: Jahrbuch für fränkische Landesforschung 36 (1976), S. 173–214, hier S. 186f.; W. WETTGES, Reformation und Propaganda. Studien zur Kommunikation des Aufruhrs in süddeutschen Reichsstädten (Geschichte und Gesellschaft, Bochumer Historische Studien 17), 1978, bes. S. 121; H. SCHILLING, Aufstandsbewegung in der Stadtbürgerlichen Gesellschaft des Alten Reiches, in: H.-U. WEHLER (Hrsg.), Der Deutsche Bauernkrieg 1524–1526 (Geschichte und Gesellschaft, Sonderheft 1), Göttingen 1975, S. 193–238, hier bes. S. 234 u. 238. Zu grundlegenden Wandlungen vgl. A. LAUBE, Volksbewegungen (wie Anm. 1), S. 89f.; J. BÜCKING, Michael Gaismair: Reformer – Sozialrebell – Revolutionär. Seine Rolle im Tiroler „Bauernkrieg" (1525/1532) (Spätmittelalter und Frühe Neuzeit 5), Stuttgart 1978, S 15; O. RAMMSTEDT, Stadtunruhen 1525, in: Hans-Ulrich WEHLER (Hrsg.), Der Deutsche Bauern-

der Bestandteil der Bauernbewegung, als Zweig des Bauernkriegs und als isolierte innerstädtische Ereignisse[5]. Entsprechend unterschiedlich gewichtet wird das Ausmaß bürgerlich-bäuerlicher Solidarisierung und das Potential wirklicher Interessengleichheit[6]. Übereinstimmung besteht zwar darin, daß monokau[256]sale Erklärungsansätze für die Motive der Aufstände nicht in Frage kommen, aber im einzelnen werden die Akzente außerordentlich unterschiedlich gesetzt: Als wichtigster Grund für die innerstädtischen Konflikte im ersten Drittel des 16. Jahrhunderts werden wirtschaftliche Bedrängnis, ungünstige sozioökonomische Entwicklung, inflationärer Preisanstieg ebenso eindeutig behauptet[7] wie bestritten[8], und vor einer einseitigen Überbewer-

---

krieg 1524–1526 (Geschichte und Gesellschaft, Sonderheft 1), Göttingen 1975, S. 239–276, hier S. 252f.

5   Den engen Zusammenhang zwischen Bauernbewegung und städtischen Unruhen betont, mit Differenzierungen zwischen Reichs- und Territorialstädten, besonders P. BLICKLE, Revolution von 1525 (wie Anm. 2), S. 181f. u. 188. DERS., Deutsche Untertanen. Ein Widerspruch, 1981, S. 105; DERS., Die Funktion der Landtage im Bauernkrieg, in: Historische Zeitschrift 221 (1975), S. 1–17, hier S. 3f. Vgl. auch H. A. OBERMAN, Tumultus rusticorum: Vom „Klosterkrieg" zum Fürstensieg. Beobachtungen zum Bauernkrieg unter besonderer Berücksichtigung zeitgenössischer Beurteilungen, in: DERS. (Hrsg.), Deutscher Bauernkrieg 1525 (Zeitschrift für Kirchengeschichte 85, 1974, Heft 2), 1974, S. 157–172, hier S. 160f. Betonung der Unterschiede z. B. bei: H. SCHILLING, Aufstandsbewegung (wie Anm. 4), S. 237f.; R. ENDRES, Zünfte und Unterschichten Zünfte und Unterschichten als Elemente der Instabilität in den Städten, in: Peter BLICKLE (Hrsg.), Revolte und Revolution in Europa. Referate und Protokolle des Internationalen Symposiums zur Erinnerung an den Bauernkrieg 1525 (Memmingen 24. bis 27. März 1975) (Historische Zeitschrift, Beiheft 4 NF), München 1975, S. 151–170, hier S. 168f. H.-Chr. RUBLACK, Die Stadt Würzburg im Bauernkrieg, in: Archiv für Reformationsgeschichte 67 (1976), S. 76–100, hier S. 94. Th. NIPPERDEY, Reformation, Revolution, Utopie. Studien zum 16. Jahrhundert (Kleine Vandenhoeck-Reihe 1408), 1975, S. 95. Zu den Stadtunruhen als Zweig des Bauernkriegs vgl.: O. RAMMSTEDT, Stadtunruhen 1525 (wie Anm. 4), S. 239, und L. P. BUCK, Civil Insurrection in a Reformation City: The Versicherungsbrief of Windsheim, March 1525, in: Archiv für Reformationsgeschichte 67 (1976), S. 100–117, hier S. 100.

6   Außer den in der voranstehenden Anm. genannten Arbeiten vgl. auch: T. SCOTT, Reformation and Peasants' War in Waldshut and Environs: A Structural Analysis, in: Archiv für Reformationsgeschichte 69 (1978), S. 82–102, und 70 (1979), S. 140–168, hier Teil 2, S. 145 u. 166f. W. WETTGES, Reformation und Propaganda (wie Anm. 4), S, 117. G. MÜHLPFORDT, Bürger im Bauernkrieg. Stimmen und Stimmungen 1524/25, in: G. BRENDLER – A. LAUBE (Hrsg.), Der deutsche Bauernkrieg 1524/1525. Geschichte – Traditionen – Lehren (Akademie der Wissenschaften der DDR. Schriften des Zentralinstituts für Geschichte 57), Berlin 1977, S. 131–144, hier S. 131 u. 138f. G. FRANZ, Der Deutsche Bauernkrieg, Darmstadt 1977[11], S. 277f.

7   Gegen monokausale Erklärungen z. B. G. SEEBASS, Bauernkrieg und Täufertum in Franken, in: Heiko A. OBERMAN (Hrsg.), Deutscher Bauernkrieg 1525 (Zeitschrift für Kirchengeschichte 85, 1974, Heft 2), 1974, S. 140–156, hier S. 145, oder A. LAUBE, Die Volksbewegung (wie Anm. 1), S. 88f. Preisanstieg und ungünstige wirtschaftliche Entwicklung betonen u. a.: O. RAMMSTEDT, Stadtunruhen 1525 (wie Anm. 4), S. 252f.; R. ENDRES, Zünfte und Unterschichten (wie Anm. 5), S. 153f.; J. BÜCKING, Der „Bauernkrieg" in den habsburgischen Ländern als sozialer Systemkonflikt, in: H.-U. WEHLER (Hrsg.), Bauernkrieg 1524–1526 (wie Anm. 4), S. 168–192, hier S. 170; Ph. BROADHEAD, Popular Pressure for Reform Augsburg 1524–1534, in: W. J. MOMMSEN (Hrsg.), Stadtbürgertum und Adel in der Reformation (Veröffentlichungen des Deutschen Historischen Instituts London 5), 1979, S. 80–87, hier S. 80f.

8   Gegen ungünstige wirtschaftliche Entwicklung als Grund für die Unruhen wenden sich z. B.: K. ARNOLD, Kitzingen (wie Anm. 4), S. 202; I. BÁTORI – E. WEYRAUCH, Bürgerliche Elite (wie

tung ökonomischer Kriterien bei der Beschäftigung mit der „frühbürgerlichen" Gesellschaft wird zu Recht generell gewarnt.[9]

Von diesen Differenzen weitgehend unberührt besteht dagegen eine breite Übereinstimmung in der Annahme, da die Ausgestaltung der Verfassungswirklichkeit spätestens seit Ende des 15. Jahrhunderts deswegen zu den wesentlichen Ursachen der innerstädtischen Probleme gehört, weil sie zur Frontstellung zwischen einer sich abschließenden Honoratiorenschicht als Obrigkeit einerseits und der Mehrheit der Stadtbevölkerung (Gemeinde) andererseits führen mußte[10]. Unbestritten ist auch, daß innerhalb dieses Span[257]nungsverhältnisses Steuer- und Finanzfragen besonders häufige „Unruheauslöser" waren[11].

Zweck der nachfolgenden Ausführungen kann es nicht sein, eine künstliche Harmonisierung aller unterschiedlichen Erklärungsansätze zu versuchen und eine „endgültige" Lösung vorzuschlagen. Ich konzentriere mich auf die Frage nach der Berechtigung der zeitgenössischen Beschwerden über den Steuerdruck, was natürlich Überlegungen zur wirtschaftlichen Lage der Stadtbevölkerung einschließt. Weiter werde ich kurz auf die obrigkeitlichen Tendenzen und auf die mögliche Interessenidentität zwischen Stadt- und Landbewohnern eingehen. Ich berücksichtige dabei vor allem die großen Reichsstädte des oberdeutschen Bauernkriegsgebietes, deren Teilnahme bzw.

Anm. 2), S. 159; W. BECKER, Reformation und Revolution (Katholisches Leben und Kirchenreform im Zeitalter der Glaubensspaltung 34), 1974, S. 84; W. WETTGES, Reformation und Propaganda (wie Anm. 4), S. 10; W.-H. STRUCK, Der Bauernkrieg am Mittelrhein und in Hessen. Darstellung und Quellen (Veröffentlichungen der Historischen Kommission für Nassau 21), Wiesbaden 1975, S. 69 u. 72f.

9   A. HAVERKAMP, Die „frühbürgerliche" Welt im hohen und späten Mittelalter. Landesgeschichte und Geschichte der städtischen Gesellschaft, in: Historische Zeitschrift 221 (1975), S. 571–602, hier S. 575.

10 K. ARNOLD, Kitzingen (wie Anm. 4), S. 185. I. BÁTORI, Ratsherren und Aufrührer. Soziale und ökonomische Verhältnisse in der Stadt. Kitzingen zur Zeit des Bauernkrieges und der Reformation, in: W. J. MOMMSEN (Hrsg.), Stadtbürgertum und Adel (wie Anm. 7), S. 149–214, hier S. 150 u. 161f. P. BLICKLE, Revolution von 1525 (wie Anm. 2), S. 172 u. 182. DERS., Deutsche Untertanen (wie Anm. 5), S. 105. R. ENDRES, Probleme des Bauernkriegs in Franken, in: Rainer WOHLFEIL (Hrsg.): Der Bauernkrieg 1524–1526. Bauernkrieg und Reformation (Nymphenburger Texte zur Wissenschaft 21), München 1975, S. 90–115, hier S. 96. D. DEMANDT – H.-Chr. RUBLACK, Stadt und Kirche (wie Anm. 2), S. 11f. und 69. G. WUNDER, Geschlechter und Gemeinde. Soziale Veränderungen in süddeutschen Reichsstädten zu Beginn der Neuzeit, in: W. RAUSCH (Hrsg.), Die Stadt an der Schwelle der Neuzeit (Beiträge zur Geschichte der Städte Mitteleuropas 4), Linz/Donau 1980, S. 41–52, hier S. 41f.

11 J. ELLERMEYER, Sozialgruppen, Selbstverständnis, Vermögen und städtische Verordnungen, in: Blätter für deutsche Landesgeschichte 113 (1977), S. 203–275, hier S. 272. Ferner z. B. P. BLICKLE, Thesen zum Thema – Der „Bauernkrieg" als Revolution des „gemeinen Mannes", in: DERS. (Hrsg.), Revolte (wie Anm. 1), S. 127–131, hier S. 130. Ph. BROADHEAD, Populär Pressure (wie Anm. 7), S. 80f. S. JAHNS, Frankfurt, Reformation und Schmalkaldischer Bund. Die Reformations-, Reichs- und Bündnispolitik der Reichsstadt Frankfurt am Main 1525–1536 (Studien zur Frankfurter Geschichte 9), 1976, S. 25f. E. MASCHKE, Deutsche Städte (wie Anm. 3), S. 21. W.-H. STRUCK, Bauernkrieg am Mittelrhein (wie Anm. 8), S. 68. O. RAMMSTEDT, Stadtunruhen 1525 (wie Anm. 4), S. 253. G. WUNDER, Geschlechter und Gemeinde (wie Anm. 10), S. 44.

Nichtteilnahme an der Bauernbewegung ich im Anschluß an Rudolf Endres in der Tat für entscheidend halte[12].

[258] 1. Beschwerden über Steuern

Die im ersten Drittel des 16. Jahrhunderts überaus zahlreichen Klagen über die Beschwernisse des Gemeinen Mannes verweisen fast immer auch und besonders auf die *Belastung mit Steuern und Abgaben*[13]. Für die städtischen Unruhen nach 1512 läßt sich durchweg die indirekte Besteuerung (das Ungeld) als Mitauslöser feststellen und 1525 gehört die Forderung nach steuerlicher Entlastung zu den auffälligsten Übereinstimmungen zwischen Bauern und Städtern: Vom Oberrhein (Straßburg) über Franken (Würzburg, Kitzingen, Windsheim, Nürnberg), Schwaben (Augsburg) bis Frankfurt und darüber hinaus in den Städteunruhen nördlich des Mains werden Abgabenentlastungen gefordert und/oder wenigstens zeitweise von der Obrigkeit zugestanden[14]. Die Abschaffung bzw. drastische Verringerung von Steuern und Zöllen in Friedrich Weygandts Heilbronner Reformprogramm gilt als Eingehen vor allem auf die Interessenlage der Stadtbewohner[15]. Es liegt also nahe, hier einen Beleg zu sehen für den Kausalzusammenhang zwischen wirtschaftlicher Unzufriedenheit und Schlechterstellung breiter Bevölkerungskreise einerseits sowie der Häufung städtischer Unruhen andererseits[16].

[259] Tatsächlich hat der Konnex zwischen stadtinternen Konflikten und Steuererhebung zur Bauernkriegszeit bereits eine lange Tradition. Angefangen spätestens mit der Augsburger Verfassungsänderung von 1368, bei der die Frage vorzugsweise direkter oder indirekter Steuern eine wesentliche Rolle spielte, gehört die *ungerechte Steuererhebung* neben Bestechlichkeit, Willkür, Cliquenwirtschaft zum festen Bestand

---

12 R. ENDRES, Probleme des Bauernkrieges (wie Anm. 10), S. 104f. u. 110. Vgl. auch G. MÜHL-PFORDT, Bürger im Bauernkrieg (wie Anm. 6), S. 143f. – Um jedes Mißverständnis zu vermeiden, sei ausdrücklich hinzugefügt: Die folgenden Ausführungen thematisieren nicht die ganze Breite der Aspekte, die das Problem Bürgertum und Bauernkrieg stellt; sie greifen zwei, u. E. jedoch zentrale Fragestellungen heraus. Im übrigen sei auf das Kapitel „Ursachen" [R. ENDRES, Ursachen, in: H. BUSZELLO – P. BLICKLE – R. ENDRES (Hrsg.), Der deutsche Bauernkrieg, Paderborn-München-Wien-Zürich 1984 S. 217–253] verwiesen.

13 H. A. OBERMAN, Tumultus rusticorum (wie Anm. 5), S. 157. G. FRANZ, Bauernkrieg (wie Anm. 6), S. 70, 84, 93. Vgl. auch die Nachweise in Anm. 11.

14 P. BLICKLE, Revolution von 1525 (wie Anm. 2), S. 176 (Straßburg). L P. BUCK, Civil Insurrection (wie Anm. 5), S. 102 (Windsheim). D. DEMANDT – H.-Chr. RUBLACK, Stadt und Kirche (wie Anm. 2), S. 11f. (Kitzingen). H.-Chr. RUBLACK, Würzburg im Bauernkrieg (wie Anm. 5), S. 78 (Würzburg). G. FRANZ, Bauernkrieg (wie Anm. 6), S. 93 (Augsburg). S. JAHNS, Frankfurt (wie Anm. 11), S. 38. R. POSTEL, Zur Sozialgeschichte Niedersachsens im Zeitalter des Bauernkrieges, in: H.-U. WEHLER (Hrsg.), Bauernkrieg 1524–1526 (wie Anm. 4), S. 85 (Braunschweig). O. RAMMSTEDT, Stadtunruhen 1525 (wie Anm. 4), S. 253.

15 M. STEINMETZ, Die dritte Etappe der frühbürgerlichen Revolution. Der deutsche Bauernkrieg 1524–1526, in: R. WOHLFEIL (Hrsg.), Der Bauernkrieg 1524–1526. Bauernkrieg und Reformation (Nymphenburger Texte zur Wissenschaft 21), München 1975, S. 65–89, hier S. 81f.

16 Ph. BROADHEAD, Popular Pressure (wie Anm. 7), S. 80f. O. RAMMSTEDT, Stadtunruhen. 1525 (wie Anm. 4), S. 252f. u. 262f. G. SEEBASS, Täufertum in Franken (wie Anm. 7), S. 145. Vgl. auch Anm. 11.

der Vorwürfe Unzufriedener gegen das jeweilige Stadtregiment[17]. Gerade diese Standardisierung zwingt zu Überlegungen, ob hier der Finanzsektor insgesamt nur zum populären Vehikel allgemeiner, überwiegend verfassungsbedingter Unzufriedenheit gemacht wird, ob – dies die trivialste Interpretationsmöglichkeit – nur die zu allen Zeiten gegebene Unlust am Steuerzahlen darin zum Ausdruck kommt oder ob tatsächlich von einer Entwicklung ausgegangen werden kann, die für wirtschaftlich weniger gut gestellte Schichten nachteilig war. Dabei wird man tunlichst nicht zuerst und allein auf qualifizierende Quellen zurückgreifen, sondern auch auf Zahlen, soweit sie durch städtische Haushaltsrechnungen zur Verfügung gestellt werden – ein Zahlenmaterial, das bisher bei den Erörterungen über die Kausalzusammenhänge städtischer Unruhen des frühen 16. Jahrhunderts anscheinend weniger beachtet wurde.

2. Der Anteil direkter und indirekter Steuern an den Haushaltseinnahmen der Städte Frankfurt, Nördlingen, Nürnberg, Schwäbisch Hall und Basel

2.1 Die Zahlen

Die folgenden Belege zur Entwicklung des Steueraufkommens, besonders der die Masse der Bevölkerung belastenden Verbrauchssteuern, sind auf den Zeitraum nach der Mitte des 15. Jahrhunderts beschränkt. Sie erfassen danach also in etwa einen Ausschnitt, für den Kenntnisse oder Erfahrungen bei den an Unruhen der Bauernkriegszeit Beteiligten vorausgesetzt werden können[18]. [260] Zumindest für die Frage nach der subjektiven Berechtigung von Unzufriedenheit ist der Verzicht auf die säkulare Entwicklung deswegen angemessen, weil den Zeitgenossen entsprechende Vergleichsmöglichkeiten kaum verfügbar waren.

Frankfurt/Main[19]

Anteil der Vermögenssteuer (Bede) und der indirekten Steuern an den ordentlichen Haushaltseinnahmen, in Pfund Heller

	Einnahmen, gesamt	I Bede	II Ungeld	III Mahlgeld	IV Weinniederlage	V Zoll, Weggeld	Anteil von II–V
1480	24 500	–	4 000	4 200	1 400	1 700	46,1 %
1515	22 500	–	3 100	4 000	1 750	2 000	48,2 %
1525	21 600	–	4 100	2 900	1 600	1 900	48,6 %
1540	28 300	–	3 450	3 700	3 100	2 400	44,7 %

17 O. BRUNNER, Souveränitätsproblem und Sozialstruktur in den deutschen Reichsstädten der früheren Neuzeit, in: H. STOOB (Hrsg.), Altständisches Bürgertum, Bd. 2 (Wege der Forschung 417), 1978, S. 361–399, hier S. 364. Der Aufsatz ist zuerst erschienen in: Vierteljahrschrift für Sozial- und Wirtschaftsgeschichte 50 (1963), S. 329–360.

18 Zum Aspekt des Erfahrungshorizonts vgl. H. BUSZELLO, „Wohlfeile" und „Teuerung" am Oberrhein 1340–1525 im Spiegel zeitgenössischer erzählender Quellen, in: Peter BLICKLE (Hrsg.), Bauer, Reich und Reformation. Festschrift für Günther Franz zum 80. Geburtstag, Stuttgart 1982, S. 18–42, hier S. 27.

19 Zahlen nach F. BOTHE, Die Entwicklung der direkten Besteuerung in der Reichsstadt Frankfurt bis zur Revolution 1612–1614 (Staats- und sozialwiss. Forschungen 26, 2), 1906, S. 115.

Nördlingen[20]

Anteil von Vermögenssteuer und Getränkeungeld an den ordentlichen Haushaltseinnahmen, in rhein. Gulden bzw. in %

	Einnahmen, gesamt	davon Vermögenssteuer in %	davon Ungeld in %
1451	10 484	30,5	33,8
1469	8 897	17,2	31,5
1480	8 404	20,8	38,5
1505	9 722	17,2	49,1

Nürnberg[21]

Anteil der Vermögenssteuer (Losung), des Getränkeungelds und der Getreideauflage an den ordentlichen Haushaltseinnahmen. Fünfjahresdurchschnitte in Pfund Heller neu
[261]

	Einnahmen, gesamt	I Losung	II Getränke-ungeld	III Getreide-auflage	II + III
1501/05	207 690 = 100%	32 333 = 15,6	86 862 = 41,8		
1506/10	189 391 = 100%	50 947 = 26,9	80 647 = 42,6	17 454 = 9,2	98 101 = 51,8
1511/15	177 618 = 100%	48 904 = 27,5	75 679 = 42,6	11 775* = 6,6	87 545 = 49,2
1516/20	173 923 = 100%	47 278 = 27,2	71 872 = 41,3		
1521/25	201 726 = 100%	61 139 = 30,3	87 980 = 43,6		
1526/30	216 650 = 100%	58 809 = 27,1	88 411 = 40,8		

* für die Jahre 1511–1514

20   Zahlen nach F. DORNER, Die Steuern Nördlingens zu Ausgang des Mittelalters, phil. Diss. München 1905, S. 68.
21   Zahlen errechnet nach P. SANDER, Die reichsstädtische Haushaltung Nürnbergs. Dargestellt aufgrund ihres Zustandes von 1431–1440, 1902, S. 784f.

Schwäbisch Hall[22]

Anteil der Vermögenssteuer (Beet) und Verbrauchsabgaben an den Gesamteinnahmen, in %

	Beet	Ungeld	Weintax	Ungeld + Weintax
1449/50	18,6	10,6	–	–
1479/80	23,3	13,6	5,8	19,4
1498/99	18,2	16,4	7,2	23,6
1519/20	17,1	13,3	6,7	20,0
1539/40	3,9	4,8	8,8	13,6

Einnahmen aus Beet, Ungeld und Weintax, in rhein. Gulden

	Beet	Ungeld + Weintax
1479/80	1 620 = 100 %	1 354 = 100 %
1498/99	1 566 = 96	2 024 = 149
1519/20	1 547 = 95	1 815 = 134
1539/40	1 064 = 66	3 754 = 277

[262] *Basel*[23]

Entwicklung der Einnahmen aus den wichtigsten Verbrauchssteuern, Fünfjahresdurchschnitte in Pfund Pfennigen

	Weinungeld	Mühlenungeld	Fleischsteuer	Salzgewinn
1500/01 bis 1504/05	2 289 = 100 %	3 727 = 100 %	1 450 = 100 %	784 = 100 %
1505/06 bis 1509/10	2 753 = 120	4 112 = 110	1 605 = 110	815 = 104
1510/11 bis 1514/15	3 867 = 169	4 485 = 120	1 732 = 119	911 = 116
1515/16 bis 1519/20	4 204 = 183	4 151 = 111	1 692 = 117	988 = 126
1520/21 bis 1524/25	4 755 = 207	4 372 = 117	1 836 = 127	942 = 120
1525/26 bis 1529/30	4 190 = 183	4 211 = 113	1 708 = 118	911 = 116

22 Zahlen nach D. KREIL, Der Stadthaushalt von Schwäbisch Hall im 15./16. Jahrhundert. Eine finanzgeschichtliche Untersuchung (Forschungen aus Württembergisch-Franken 1), 1967, S. 201–205.

23 Zahlen errechnet nach B. HARMS, Der Stadthaushalt Basels im ausgehenden Mittelalter, Erste Abt., Bd 1, 1909, S. 339–495. Zur Trendentwicklung der Basler Haushaltseinnahmen und -ausgaben vgl. J. ROSEN, Eine mittelalterliche Stadtrechnung – Einnahmen und Ausgaben in Basel 1360–1535, in: E. MASCHKE – J. SYDOW (Hrsg.), Städtisches Haushalts- und Rechnungswesen (Stadt in der Geschichte 2), 1977, S. 45–68, bes. die Tabellen und Grafiken S. 63–68.

2.2 Auswertung

Bei der Interpretation von Ergebnissen spätmittelalterlicher Stadthaushalte besteht das Problem, daß bekanntlich die Höhe der Einnahmen vom Finanzbedarf dominiert wurde und daß von Haushaltsjahr zu Haushaltsjahr starke Schwankungen auftreten können[24]. So ist z. B. in Nürnberg die Entwicklung des Haushalts [263] nach 1500 ganz eindeutig von der politischen Lage (bayerisch-pfälzischer Krieg 1504/05) bestimmt[25]. Eben deswegen empfiehlt es sich auch nicht, die kurz- bis mittelfristige Entwicklung der Einnahmeseite unreflektiert als Indiz für den Gang der Wirtschaftskonjunktur zu verwenden: Steigende Steueraufkommen können ebenso rigorosere Fiskalpolitik wie zunehmenden Wohlstand anzeigen. Auch wenn man diese, kaum verbindlich lösbaren Methodenprobleme im Auge behält, ergeben die vorausstehenden Zahlenreihen bei unterschiedlichen Berechnungsansätzen durchaus Anhaltspunkte dafür, wie weit sich der Gemeine Mann zumindest aus seiner Sicht durch die obrigkeitliche Steuerpolitik über Gebühr belastet fühlen konnte.

Auffallend ist die gegenläufige Entwicklung des Aufkommens aus Verbrauchs- und Vermögenssteuern in Nördlingen und Schwäbisch Hall, wobei daran zu erinnern ist, daß die sozial ungleichen Auswirkungen direkter bzw. indirekter Steuern durchaus bekannt waren. In Nördlingen führte die Erhöhung des Weinungeldes 1505 zum schlagartigen Anstieg der Einnahmen (+ 70 %) gegenüber 1504. Unter dem Eindruck der Unruhen von 1514 wurde die Steuererhöhung kurzfristig zurückgenommen, ab 1519 kehrte der Rat zum Ungeldsatz von 1505 zurück[26]. In Schwäbisch Hall wurde ab 1462 der Weinausschank zusätzlich mit der „Weintax" belastet, dagegen wurde 1522 der Satz der Vermögenssteuer von 0,5 % auf 0,25 % halbiert, entsprechend reduzierte sich das Aufkommen (1521: 1263 Gulden, 1523: 706 Gulden). Teilweise wurde dieser Ausfall wohl durch verstärkte Besteuerung des Landgebietes mit Schätzungen ausgeglichen, aber eben auch durch das Anziehen der Konsumsteuern. Der Anstieg der Ungeldeinnahmen von 1479/80 = 100 auf 1539/40 = 277 erklärt sich jedenfalls nicht durch ein [264] Anwachsen der Bevölkerung: Zwischen 1500 (ca. 5 000 Einwohner) und 1530 (ca. 4 800 Einwohner) ist die Entwicklung leicht rückläufig[27].

---

24   L. SCHÖNBERG, Die Technik des Finanzhaushalts der deutschen Städte im Mittelalter (Münchener volkswirtschaftliche Studien 103), 1910, S 144–146 u. 152. B. KIRCHGÄSSNER, Zur Frühgeschichte des modernen Haushalts. Vor allem nach den Quellen der Reichsstädte Eßlingen und Konstanz, in: E. MASCHKE – J. SYDOW, (Hrsg.), Rechnungswesen (wie Anm. 23), S. 9–44, hier S. 38.

25   P. SANDER, Reichsstädtische Haushaltung (wie Anm. 21), S. 856 u. 862. Bei den Basler Einnahmen aus Wein- und Mühlenungeld werden z. T. auch Teuerungsjahre durchgeschlagen haben. Vgl. H. BUSZELLO, „Teuerung" am Oberrhein (wie Anm. 18), S. 34.

26   F. DORNER, Steuern Nördlingens (wie Anm. 20), S. 62, 69, 111; Dorner übt heftige Kritik an der, wie er meint, unsozialen Steuerpolitik des Rates. Als Beispiel für eine frühe Stellungnahme zu direkter und indirekter Steuer s.: Die Chroniken der deutschen Städte vom 14. bis ins 16. Jahrhundert, hrsg. v. der Historischen Kommission bei der Bayerischen Akademie der Wissenschaften. Augsburg, Bd. 1, 1865 (Neudruck 1965), S. 79; Teile der Zünfte wollen dem Ungeld 1387 nur zustimmen, falls die *purger ir güt stiurten, als lib in wär*.

27   D. KREIL, Stadthaushalt (wie Anm. 22), S. 167, 181, 201–205. DERS., Zusammensetzung und Entwicklung des Haushalts der Reichsstadt Schwäbisch Hall von 1420 bis 1620, in: E. MASCHKE – J. SYDOW (Hrsg.), Rechnungswesen (wie Anm. 23), S. 83–90, hier S. 88. Da im Haushaltsjahr

Dem Trend zu abnehmendem Aufkommen aus direkter Besteuerung passen sich im Betrachtungszeitraum auch Frankfurt und Basel an. In beiden Städten dominierten im ganzen 15. Jahrhundert die indirekten Steuern, doch wurden zumindest bei außerordentlichem Geldbedarf auch Vermögenssteuern erhoben. In Frankfurt war dies nach den Rechenbüchern im 15. Jahrhundert neunmal der Fall, gehäuft in der zweiten Jahrhunderthälfte (1475–78, 1495–97), aber zwischen 1510 und 1556 wurde die Vermögenssteuer ganz ausgesetzt; in Basel wurde zuletzt 1475/76–1480/81 auch eine direkte Steuer erhoben. In beiden Städten erreichen die Einkünfte aus Verbrauchsabgaben einen Anteil von etwa 60% der Haushaltseinnahmen[28]. Die zu Beginn des 16. Jahrhunderts in Basel ziemlich regelmäßig ansteigenden Erträge der indirekten Steuern erklären sich auch hier nicht durch Bevölkerungswachstum, weil für das ganze 16. Jahrhundert nur mit einer Zunahme um rund 11% zu rechnen ist[29]. Auffallend ist die Verdoppelung des Weinungeld-Aufkommens zwischen 1500 und 1525, während Getreide (Brot) und Fleisch anscheinend nicht ganz so rigoros besteuert wurden.

Eine mindestens teilweise abweichende Fiskalpolitik lassen die Zahlen für Nürnberg erkennen. Hier wurde die Vermögenssteuer [265] (Losung) bis 1504 nur jedes zweite Jahr erhoben, danach fast ohne Unterbrechung; vor dem Bauernkriegsjahr wurde sie nur 1508 und 1516 ausgesetzt. Entsprechend steigt ihr prozentualer Anteil an den Haushaltseinnahmen. Freilich: Die Verbrauchssteuern bringen auch hier weit höhere Erträge, zwischen der zweiten Hälfte des 15. und der ersten Hälfte des 16. Jahrhunderts beträgt die durchschnittliche Steigerung des Aufkommens ungefähr 64%[30]. Auffallend ist, daß zur Deckung des zusätzlichen Finanzbedarfs von 1504 bis 1514 für Nürnberg erstmals auch das Brotgetreide mit einer Sondersteuer belastet wurde, die den Anteil der Konsumabgaben auf über 50% der ordentlichen Einnahmen steigen läßt. Gleichzeitig wurden durch befristete Aufschläge auch beim Weinungeld 1504 und 1505 Höchsterträge erzielt: Bei einer insgesamt ausgewogeneren Steuerpolitik war der Nürnberger Rat im ersten Viertel des 16. Jahrhunderts auch bei der Konsumbelastung keinesfalls zimperlich, und im Durchschnitt der Jahre 1521/25 wurden bei der Losung wie beim Ungeld die besten Einnahmen seit dem Jahrhundertbeginn verzeichnet[31].

1539/40 wegen Gebietserwerbungen hohe Anleihen aufgenommen wurden, sinkt der Anteil des Steueraufkommens an den Gesamteinnahmen prozentual ab. Daher gibt die Entwicklung der Steuern in absoluten Zahlen ein klareres Bild.

28 F. BOTHE, Besteuerung (wie Anm. 19), S. 71 u. 97, zur Steuererhebung in Frankfurt. G. SCHÖNBERG, Finanzverhältnisse der Stadt Basel im 14. und 15. Jahrhundert, 1879, S. 448ff., zu den Basler Vermögenssteuern. Zum Prozentanteil der Verbrauchsabgaben: H. MAUERSBERG, Wirtschafts- und Sozialgeschichte zentraleuropäischer Städte in neuerer Zeit, 1960, S. 441, und O. FEGER, Zur Konstanzer Finanzgeschichte im Spätmittelalter, in: Zeitschrift für die Geschichte des Oberrheins 111 (1963), S. 177–239, hier S. 213.

29 H. MAUERSBERG, Wirtschafts- und Sozialgeschichte (wie Anm. 28), S. 26.

30 P. SANDER, Reichsstädtische Haushaltung (wie Anm. 21), S. 784f. (Jahre ohne Vermögenssteuer) und S. 863, durchschnittliche Entwicklung des Ungelds von 1469/82 = 50 000–60 000 Pfund Heller bis 1522/45 = 80 000–100 000 Pfund Heller. Die solide Nürnberger Finanzpolitik als Voraussetzung des sozialen Friedens betont W. WETTGES, Reformation und Propaganda (wie Anm. 4), S. 97.

31 P. SANDER, Reichsstädtische Haushaltung (wie Anm. 21), S. 853f. u, 863f., zu Weinungeld und Getreideaufschlag. Wie weit der Anstieg des Steueraufkommens auch von der Bevölkerungs-

Bei dem Vergleich von Einzelergebnissen aus Haushaltsrechnungen muß man wegen der häufigen Einnahmeschwankungen zweifellos besonders vorsichtig sein, trotzdem deuten sich auch unmittelbare, *kurzfristige Reaktionen auf das Jahr 1525* an: In Frankfurt liegen die Erträge des Mahlgeldes, d. h. der besonders unbeliebten Steuer auf den Brotverbrauch, im Bauernkriegsjahr um rund 25 % unter denen der verfügbaren, nächstgelegenen Vergleichsjahre 1515 und 1540. Hier gab es im Rat schon 1508 anläßlich einer Steuer für König Maximilians Italienzug Sorge vor Unruhen, und gegen die bösen Reden im gemeinen Volk sollten die [266] Bürger wegen der erhöhten Verbrauchssteuern um Geduld gebeten werden. In den 46 Artikeln der Frankfurter Gemeinde (22. April 1525) gehört dann die Halbierung der Ungelder, *dem Armen zu Gutt*, zu den zentralen Forderungen (Art. 9). Der hier zu unterstellende unmittelbare Zusammenhang mit der Alltagswirklichkeit ist freilich nicht durchgehend gegeben: In Artikel 40 wird auch die gerechte Festsetzung der Vermögenssteuer verlangt – *dem Armen als dem Richen nach Anzale* – obwohl, wie oben erwähnt, seit 1510 keine Bede mehr erhoben worden war[32]. In Nürnberg gab es 1525 im Volk Forderungen nach einem Zusammengehen mit den Bauern gegen das städtische Ungeld, und zu den unruhedämpfenden Maßnahmen des Rates gehörte die Befreiung der Besitzer kleiner Vermögen (bis 100 Gulden) von der direkten Steuer (einschließlich Kopfsteuer)[33]. Das Losungsaufkommen 1525 liegt dann auch um 8 % unter dem Vorjahr und um 10,5 % unter dem Folgejahr. Noch deutlicher ist der Einschnitt beim Ungeld: Hier werden 1522, also in unmittelbarer zeitlicher Nähe, die bis dahin höchsten Einnahmen des Jahrhunderts erzielt (100 516 Pfund Heller neu). Im Bauernkriegsjahr liegt das Aufkommen dann um 15 % unter dem Vor- und um 19 % unter dem Folgejahr; besonders dieses rasche Wiederanziehen der Verbrauchssteuer ist zu beachten. In Basel wurden vom Rat 1525 vor allem den Bauern des Landgebietes Abgabenerleichterungen versprochen. Die Stadt erzielte im Rechnungsjahr 1524/25 bei Wein- und Mühlenungeld auffallend hohe Einkünfte, im folgenden Haushaltsjahr ergeben sich Abnahmen von 23 bzw. 11,5 %, die nach dem Befund der weiteren Rechnungen kurzfristig nicht wieder ausgeglichen wurden[34].

---

vermehrung beeinflußt wird, ist schwer zu sagen, weil die Zahlen umstritten sind; vgl. O. PUCHNER, Das Register des Gemeinen Pfennigs (1497) der Reichsstadt Nürnberg als bevölkerungsgeschichtliche Quelle, in: Jahrbuch für fränkische Landesforschung 34/35 (1975), S. 909–948, hier S. 931.

32   F. BOTHE, Besteuerung (wie Anm. 19), S. 150f. zu 1508. G. FRANZ (Hrsg.), Quellen zur Geschichte des Bauernkrieges (ausgewählte Quellen zur deutschen Geschichte der Neuzeit. Freiherr von Stein-Gedächtnisausgabe, Bd. 2), Darmstadt 1963, S. 455–461, Nr 150 (Text der Frankfurter Artikel). Vgl. auch S. JAHNS, Frankfurt (wie Anm. 11), S. 38.

33   P. SANDER, Reichsstädtische Haushaltung (wie Anm. 21), S. 863. R. ENDRES, Der Bauernkrieg in Franken, in: Blätter für deutsche Landesgeschichte 109 (1973), S. 31–68, hier S. 55.

34   P. SANDER, Reichsstädtische Haushaltung (wie Anm. 21), S. 785, Einnahmen der Stadt Nürnberg aus Losung und Ungeld (Pfund Heller neu)

1524	61 783	97 698
1525	56 986	82 988
1526	63 661	102 519

[267] 3. Die Auswirkungen der Verbrauchssteuern

Die voranstehenden Zahlen belegen für fünf Reichsstädte zwischen Oberrhein und Main: Die Erträge der indirekten, im Fall Nürnbergs auch der direkten, Steuern steigen im Vorfeld des Bauernkriegs teils in absoluten Zahlen an, teils ergeben sich deutliche Gewichtsverlagerungen von den Vermögenssteuern zur vorzugsweisen Konsumbelastung. Es bleibt die Überlegung, wieweit Kenntnisse über solche Entwicklungen als Motiv für Unzufriedenheit in breiteren Bevölkerungsschichten vorausgesetzt werden können. Angesichts der strikten Geheimhaltung im Finanzwesen der Städte[35] – hier liegt wohl eher als bei tatsächlicher Mißwirtschaft die Ursache für Verdächtigungen und Vorwürfe – war die Höhe der Haushaltseinnahmen, ihre prozentuale Aufteilung und ihre Entwicklung selbstverständlich nur einem ganz kleinen Kreis bekannt. Dagegen war der Sache nach nicht geheimzuhalten, ob direkte oder indirekte Steuern erhoben wurden, und auch die Höhe der Abgabesätze war kaum wirksam zu verbergen[36]. Erst recht war nicht geheimzuhalten, daß entgegen den Grundsätzen einer vorzugsweise konsumentenfreundlichen Versorgungspolitik mit Wein (bzw. Bier), Getreide (Brot) und seltener auch Fleisch gerade die spätmittelalterlichen Grundnahrungsmittel besteuert und verteuert wurden. Damit wurde zwar die Gesamtheit der Bevölkerung erfaßt, aber die weniger Vermögenden waren besonders betroffen – dies wird man als allgemein bekannt voraussetzen dürfen, auch wenn die Aufschläge nicht von jedem exakt beziffert werden konnten.

In Frankfurt betrug das Ungeld für Schankwein seit der Wende 14./15. Jahrhundert 25%; das Ungeld pro Achtel Roggen wurde 1488–1491, 1493–1513 und 1518 jeweils von 20 auf 25 Heller erhöht (+ 25%), zu Beginn des 16. Jahrhunderts wurde damit der Getreidepreis durchschnittlich um rund 23% verteuert[37]. In [268] Nördlingen war der Schankwein im 15. Jahrhundert mit 11–16% belastet, nach der Ungelderhöhung von 1505 stieg dieser Satz beim billigen Schankwein, d. h. einem Massenkonsumgut, auf 20–22%, während die exklusiven Südweine nur mit ca. 8% besteuert wurden. Wer eigenen Wein einlagerte, sich also Vorratswirtschaft leisten konnte, zahlte in Schwäbisch Hall nur ca. 4% Steuer, wahrend der Schankwein durch Maßverkleinerung zu Beginn des 16. Jahrhunderts um 20% verteuert wurde. In Basel ergeben sich aus den Ungeldsätzen zu Anfang des 16. Jahrhunderts Preisaufschläge von rund 25% bei Wein und über 20% bei Getreide[38]. In Nürnberg betrug das Weinungeld pro Fuder zu Beginn des 15. Jahrhunderts 2 Gulden, es wurde in der Folgezeit konti-

---

Zu Basel 1525 s. Basler Chroniken, Bd. 6, bearb. v. A. BERNOULLI, 1902, S 128 und P. BLICKLE, Revolution von 1525 (wie Anm. 2), S. 178f. J. ROSEN, Stadtrechnung (wie Anm. 23), verzeichnet S. 63, Graphik 1, für 1517, 1520, 1524 und dann wieder 1530 Einnahmespitzen.

35 B. KIRCHGÄSSNER, Frühgeschichte des Haushalts (wie Anm. 24), S. 44.

36 In Nördlingen versucht Mitte des 15. Jahrhunderts der Rat, den Weinschenken die Geheimhaltung des Ungelds vorzuschreiben. F. DORNER, Steuern Nördlingens (wie Anm. 20), S. 63.

37 Die Gesetze der Stadt Frankfurt im Mittelalter, hrsg. v. A. WOLF (Veröffentlichungen der Frankfurter Historischen Kommission 13), 1969, S 402–404 Nr. 321. U. DIRLMEIER, Untersuchungen zu Einkommensverhältnissen und Lebenshaltungskosten in oberdeutschen Städten des Spätmittelalters (Abhandlungen der Heidelberger Akademie der Wissenschaften, Phil.-hist. Klasse, Jg. 1978, 1), 1978, S. 61–66, auch zum folgenden.

38 F. DORNER, Steuern Nördlingens (wie Anm. 20), S. 58 u. 64. D. KREIL, Stadthaushalt (wie Anm. 22), S. 182.

nuierlich gesteigert – 1435 auf 4 Gulden, 1458 auf 6 Gulden, 1504–06 und 1510 auf 8 Gulden. Daraus errechnen sich für den Schankwein Belastungen von 27% nach der Mitte des 15. Jahrhunderts bzw. 33% zu Beginn des 16. Jahrhunderts. Nach einem Gutachten von 1470 enthielt auch der Schankpreis für Bier einen Steueranteil bis zu 28%. Dagegen nimmt sich die Getreideauflage von 1504–14 geradezu bescheiden aus: Die 32 Pfennige pro Sümmer Roggen bedeuten einen durchschnittlichen Preisaufschlag von 7,6%[39].

Die Reihe läßt sich fortsetzen: Überlingen und Ulm liegen mit einer Schankweinsteuer von 12,5% am unteren Ende der Skala, Eßlingen schlug 16,66% auf, in Augsburg wurde 1474 das Weinungeld von rund 14% auf rund 20% heraufgesetzt – *wan man muest gellt machen*, bemerkt der Chronist dazu[40]. In Straßburg waren nach der Schankpreisordnung Mitte des 15. Jahrhunderts durch Ungeld und Gewinnspanne bei Wein Preisaufschläge bis zu 40% möglich. Ende des 15. Jahrhunderts wurde das Mahlgeld, d. h. die Besteuerung des Brotverbrauchs, kräftig heraufgesetzt, für Weizen von 12 auf 20 Pfennige pro Viertel (+ 66,6%), was [269] einem durchschnittlichen Preisaufschlag von 30% entspricht. Dabei wurde im Rat die Zielrichtung dieser Fiskalmaßnahme ganz offen angesprochen: Den Getreideaufschlag zahle jeder, auch der, der sonst (d. h. bei der Vermögenssteuer) wenig oder nichts gebe. Gerade die unteren Schichten sollten also zu finanziellen Leistungen herangezogen werden. Kein Wunder, daß zu den Beruhigungsmaßnahmen des Straßburger Rates 1525 auch die Aufhebung der Konsumsteuern gehörte[41].

Über allgemeine Kritik am Finanzwesen und der Abgabenbelastung hinausgehend, sind speziell negative Folgen der indirekten Besteuerung zeitgenössisch durchaus gesehen worden: Generell für falsch hält z. B. Erasmus v. Rotterdam die vorzugsweise Besteuerung lebensnotwendiger Güter wie Brot, Wein, Tuch wegen der Benachteiligung der Armen gegenüber den Reichen. Ins Positive gewendet, preist Ende des 15. Jahrhunderts Felix Faber seine Heimatstadt Ulm wegen ihrer niedrigen Steuern, die besonders den Armen das Dasein erleichtern (*sed leviter potest quilibet pauper ibi stare*) – zumindest bezüglich der Höhe des Weinungeldes ein zutreffendes Lob[42]. Der Freiburger Rat klagt (1486) über eine landesherrliche Getränkesteuer, die einseitig die Stadt belaste. Die Nachbarn könnten daher *die grösser maß schenken, daz gar clein zerung by unns ist, unser maß clein, mit zweyen ungelt pfennig beladen* ... Fast gleichzeitig stellen die Straßburger Tucher fest, manche Landweber seien früher Bürger und

---

39   U. DIRLMEIER, Untersuchungen (wie Anm. 37), S. 61 u. 64.

40   Die Chroniken der deutschen Städte (wie Anm. 26). Augsburg, Bd. 3 1892 (Neudruck 1965), S. 355. Die Rückkehr zum früheren Maßvolumen gehörte 1524 zu den Forderungen der Opposition: G. FRANZ, Bauernkrieg (wie Anm. 6), S. 93.

41   K. Th. EHEBERG, Verfassungs-, Verwaltungs- und Wirtschaftsgeschichte der Stadt Straßburg bis 1681, Bd. 1, 1899, S. 510f., Nr. 266. P. BLICKLE, Revolution von 1525 (wie Anm. 2), S. 176.

42   Erasmus von Rotterdam, Institutio principis Christiani, nach: J. HÖFFNER, Wirtschaftsethik und Monopole im fünfzehnten und sechzehnten Jahrhundert (Freiburger Staatswissenschaftliche Schriften 2) o. J. [1941], Nachdruck 1969, S. 56. Fratris Felicis Fabri tractatus de civitate ulmensi, hrsg. v. G. VEESENMEYER (Bibliothek des Litterarischen Vereins Stuttgart 186), 1889, S. 147; zur Höhe des Ulmer Weinungeldes s. o. S. 268.

Zunftmitglieder gewesen *und hant ir burgreht und zunft ufgeseit und verlorn lon werden*, weil sie auf dem Land billiger lebten als in der Stadt[43].

Ob solche Feststellungen und Wertungen in vollem Umfang zutreffen, muß hier nicht entschieden werden. Jedenfalls haben die [270] Folgen des städtischen Steuersystems, so wie sie von den Zeitgenossen gesehen wurden, auch das Verhältnis zwischen Stadt und Land belastet. Die von František Graus diagnostizierte Mischung von Furcht und Verachtung des Bürgers gegenüber den Bauern wäre hier noch um den Neid zu ergänzen[44]. Überdies haben die städtischen Finanzinteressen zusätzliche, das Umland diskriminierende Maßnahmen nach sich gezogen: Auf die Verbrauchssteuern und deren Erhöhung reagierte die Stadtbevölkerung offenbar gern mit <u>Konsumverlagerung</u> in die umliegenden Dörfer, und dagegen richteten sich vom 14. Jahrhundert an zahlreiche Erlasse. Städte wie z. B. Augsburg, Frankfurt, Nürnberg, Speyer oder Straßburg versuchten ihren Einwohnern zu verbieten, auf dem Land zu feiern, Wein zu kaufen oder Getreide mahlen zu lassen. Noch Mitte des 16. Jahrhunderts erklärt der Basler Rat, die Fleischeinkäufe der Bürger auf den Dörfern schadeten nicht nur dem Ungeld, sondern gereichten zum höchsten Gespött der Stadt[45].

Quantifizierende wie qualifizierende Belege bestätigen demnach, daß die innerstädtischen Beschwerden über Abgabenbelastung zumindest in vielen Fällen nicht auf subjektives Mißbehagen, sondern tatsächlich auf wachsenden Steuerdruck und zunehmendes Reglementieren zurückgeführt werden können[46]. Dementsprechend wächst die Menge der überlieferten Verordnungen, die gelegentlich auch Hinweise auf die wirtschaftliche Situation von Teilen der [271] Stadtbevölkerung enthalten, beispielsweise im Bereich des Almosenwesens: In Straßburg, Augsburg, Nürnberg, Kitzingen wird der Bezug von *Almosenleistungen* ausdrücklich für Arbeitsfähige, auch im Kindesalter, verboten[47]. Wenn dergestalt Arbeit statt Bettel vorgeschrieben werden mußte,

---

43 H. FLAMM, Der wirtschaftliche Niedergang Freiburgs i. Br. und die Lage des städtischen Grundeigentums im 14. und 15. Jahrhundert (Volkswirtschaftliche Abhandlungen der Badischen Hochschulen 8,3), 1905, S. 146. U. DIRLMEIER, Untersuchungen (wie Anm. 37), S. 65.

44 F. GRAUS, Randgruppen der städtischen Gesellschaft im Spätmittelalter, in: Zeitschrift für historische Forschung 8 (1981), S. 385–437, hier S. 435. Zum Stadt-Land-Verhältnis s. u. S. 337ff.

45 Die Chroniken der deutschen Städte. Augsburg, Bd. 3 (wie Anm. 40), S. 355. Die Gesetze der Stadt Frankfurt (wie Anm. 37), S. 252, Nr. 164, und S. 335, Nr. 245. C. WEISS, Das Rechnungswesen der freien Reichsstadt Speyer im Mittelalter, in: Mittheilungen des historischen Vereines der Pfalz 5 (1875), S. 3–27, hier S. 12–14. J. BAADER, Nürnberger Polizeiordnungen aus dem XIII. bis XV. Jahrhundert (Bibliothek des Litterarischen Vereins Stuttgart 63), 1861, S. 248f. J. BRUCKER, Strassburger Zunft- und Polizeiverordnungen des 14. und 15. Jahrhunderts, 1889, S. 543. Basler Chroniken, Bd. 8, bearb. v. P. BURCKHARDT, Basel 1945, S. 385 mit Anm. 20.

46 P. BLICKLE, Thesen zum Thema (wie Anm. 11), S. 130. R. ENDRES, Zünfte und Unterschichten (wie Anm. 5), S. 153f. W. WETTGES, Reformation und Propaganda (wie Anm. 4), S. 29f. Weitere Nachweise in Anm. 11. Zunehmender Steuerdruck muß aber nicht in jedem Fall mit eigennütziger und unsozialer Steuerpolitik gleichsetzbar sein – so G. FRANZ, Bauernkrieg (wie Anm. 6), S. 84.

47 O. WINCKELMANN, Das Fürsorgewesen der Stadt Straßburg vor und nach der Reformation bis zum Ausgang des 16. Jahrhunderts, 2 Teile (Quellen und Forschungen zur Reformationsgeschichte 5), 1922, Teil 1, S. 67, Teil 2, S. 84, 90, 92, 100. M. BISLE, Die öffentliche Armenpflege der Reichsstadt Augsburg mit Berücksichtigung der einschlägigen Verhältnisse in anderen

wird man als Ursache weniger eine Prädisposition zur Arbeitsscheu voraussetzen, als vielmehr vermuten dürfen, daß die verfügbaren Beschäftigungen keine wesentlich bessere Existenzsicherung boten als die Teilhabe an Wohlfahrtsleistungen. Eine Nürnberger Ordnung von 1522 gibt die Möglichkeit zur Zahlengegenüberstellung: Arbeitsunfähige, aber nicht pflegebedürftige Eheleute mit Kindern erhalten als Unterhaltszahlung bis maximal 90 Pfennige pro Woche oder im Jahr 4 680 Pfennige – ca. 17 rhein. Gulden. Nach den Lohnverhältnissen des Stadtbauamtes zu Beginn des 16. Jahrhunderts konnten Handlanger, selbst unter der wenig wahrscheinlichen Voraussetzung einer lückenlosen Dauerbeschäftigung, den Betrag von 17 Gulden nur knapp erreichen[48]. Sie blieben also auch unter günstigsten Umständen auf dem Niveau von Almosenempfängern, jedenfalls als Alleinverdiener mit Familie.

Zu den auf die wirtschaftliche Situation bezogenen Beschwerden der innerstädtischen Opposition zu Beginn des 16. Jahrhunderts besteht also eine recht gute Übereinstimmung: Dem Nachweis einer [272] sehr spürbaren steuerlichen Belastung der Stadtbevölkerung, noch dazu auf besonders empfindlichen Bereichen des Konsumsektors, lassen sich Indizien zuordnen für eine, vorsichtig formuliert, wenig vorteilhafte wirtschaftliche Lage derer, die an der Basis der Sozialhierarchie standen. Das entspricht den vom säkularen Trend ableitbaren Folgerungen, doch sollte man den „inflationären Preisanstieg" nicht überstrapazieren, weil dessen Auswirkungen doch erst nach 1525 verstärkt wirksam wurden[49].

4. Entfremdung zwischen Rat und Gemeinde – Gemeinsamkeiten zwischen Städtern und Landbewohnern?

4.1 Rat und Gemeinde

Der gewiß nicht in ihrer Gesamtheit von Verelendung bedrohten, aber doch in Teilen von negativen Entwicklungen betroffenen Stadtbevölkerung steht der Rat gegenüber – mit seinem Streben nach exklusiver Abgrenzung, Ausdehnung der Kompetenzen und

---

Reichsstädten Süddeutschlands, 1904, S. 165 u. 170. O. WINCKELMANN, Die Armenordnungen von Nürnberg (1522), Kitzingen (1523), Regensburg (1523) und Ypern, Teil 1, in: Archiv für Reformationsgeschichte 10 (1912/13), S. 242–280, Teil 2, in: ebd. 11 (1914), S. 1–18; hier Teil 1, S. 259ff. D. DEMANDT – H.-Chr. RUBLACK, Stadt und Kirche (wie Anm. 2), S. 55. – Vgl. ferner Chr. SACHSSE – F. TENNSTEDT, Geschichte der Armenfürsorge in Deutschland. Vom Spätmittelalter bis zum 1. Weltkrieg, 1979; Th. FISCHER, Städtische Armut und Armenfürsorge im 15. und 16. Jahrhundert (Göttinger Beiträge zur Wirtschafts- und Sozialgeschichte 4), 1979.

48 O. WINCKELMANN, Das Fürsorgewesen (wie Anm. 47), Teil 1, S. 48, und Teil 2, S. 278. J. KESSLER, Sabbata, unter Mitwirkung von Emil EGLI und Rudolf SCHOCH hrsg. v. Historischen Verein des Kantons St. Gallen, St. Gallen 1902, S. 242, 479, 487 (zur Kinderarbeit in St. Gallen). Fratris Felicis Fabri tractatus (wie Anm. 42), S. 147 (zur Kinderarbeit in Ulm). Zu den Almosen-Lohn-Vergleich in Nürnberg s. U. DIRLMEIER, Untersuchungen (wie Anm. 37), S. 443f.

49 D. SAALFELD, Die Wandlungen der Preis- und Lohnstruktur während des 16. Jahrhunderts in Deutschland, in: Beiträge zu Wirtschaftswachstum und Wirtschaftsstruktur im 16. und 19. Jahrhundert (Schriften des Vereins für Socialpolitik NF 163), 1971, S. 9–28, hier S. 16 mit dem Nachweis, daß die Kaufkraft der Löhne erst in den 1530er Jahren steil abfällt.

dem Anspruch auf weitestgehenden Gehorsam[50]. Unverkennbar [273] ist die Tendenz der Obrigkeit, in dem auf wachsender Entfremdung beruhenden Spannungsverhältnis zu den Untertanen mit zunehmender Härte und Kleinlichkeit auf jede Art von Kritik zu reagieren. Es fällt nicht schwer, Beispiele dafür zu finden, wie im 15. und 16. Jahrhundert schon einige unbedachte, aufruhrverdächtige Worte schwerste Bestrafung nach sich ziehen können: In Frankfurt (1487), Ulm (1517), Augsburg (1524), Nürnberg (1525) werden Todesurteile vollstreckt[51]. In Villingen wird 1497 ein Bürger zu lebenslanger Haft verurteilt *von ettlicher wortt wegen*, die er gegen Stadtschreiber und Schultheiß geäußert haben soll. Die Äußerung *Ist ain burgermaister mer weder ain gemain?* war in den Augsburger Unruhen 1524 genügender Anlaß zur Bestrafung; in Bern wurde schlechthin als meineidig bestraft, wer gegen Ratsbeschlüsse redete, und die St. Galler Obrigkeit war sich (1477) nicht zu schade, Untersuchungen anzustellen über Geschwätz, das im Bad belauscht worden war[52].

Die durchwegs erkennbare Neigung zum „harten Durchgreifen" wird in halboffiziellen Selbstdarstellungen auch zum Grundsatz [274] der Regierungskunst erklärt, am deutlichsten in Nürnberg, wo Konrad Celtis allen Stadtregierungen und Fürsten die

---

50 Aus Raumgründen ist eine ausführlichere Darstellung der negativen wirtschaftlichen Entwicklungen und der obrigkeitlichen Tendenzen an dieser Stelle nicht möglich. Nur ein Hinweis: Auch die Intensivierung des Ratsregiments nach innen kann in den Haushaltsrechnungen nachgewiesen werden. Z. B.:

Schwäbisch Hall, Haushaltsaufwendungen für

	Allgemeine Verwaltung	Innere Sicherheit	Anteil am Gesamthaushalt
1479/80	303 Gulden = 100%	273 Gulden = 100%	8,0%
1498/99	403 Gulden = 133%	272 Gulden = 99%	12,7%
1519/20	708 Gulden = 233%	487 Gulden = 178%	15,3%
1539/40	1 318 Gulden = 435%	466 Gulden = 170%	6,2%

Nürnberg, Aufwendungen der Stadt für Besoldungen und Gehälter

1486:	2 599 Gulden	1508:	8 000–10 000 Gulden
1491:	5 000–6 000 Gulden	1520:	10 000–11 000 Gulden
1501:	10 000–12 000 Gulden	1539:	11 000–12 000 Gulden

Nach D. KREIL, Stadthaushalt (wie Anm. 22), S. 119 u. 124, und P. SANDER, Reichsstädtische Haushaltung (wie Anm. 21), S. 859.

51 Frankfurter Chroniken und annalistische Aufzeichnungen des Mittelalters, bearb. v. R. FRONING (Quellen zur Frankfurter Geschichte 1), 1884, S. 228. E. NAUJOKS, Obrigkeitsgedanke, Zunftverfassung und Reformation. Studien zur Verfassungsgeschichte von Ulm, Esslingen und Schwäb. Gmünd (Veröffentlichungen der Kommission für geschichtliche Landeskunde Baden-Württemberg, Reihe B, Bd. 2), 1958, S. 46. Die Chroniken der deutschen Städte. Augsburg, Bd. 1 (wie Anm. 26), S. 157f. R. ENDRES, Probleme des Bauernkrieges (wie Anm. 10), S. 97.

52 Heinrich Hugs Villinger Chronik, hrsg. v. Chr. RODER (Bibliothek des Litterarischen Vereins Stuttgart 164), 1883, S. 3f. mit dem Hinweis auf allgemeine Schadenfreude über das Entkommen des Verurteilten. Die Chroniken der deutschen Städte (wie Anm. 26). Augsburg, Bd, 6, 1906 (Neudruck 1966), S. 26 mit Anm. 3. Die Berner Chronik des Valerius Anshelm, hrsg. v. E. BLÖSCH u. a., 6 Bde., Bern 1882–1901, hier Bd. 5, S. 218 zu 1527. H. C. PEYER, Leinwandgewerbe und Fernhandel der Stadt St. Gallen von den Anfängen bis 1520, Bd. 1: Quellen (St. Galler wirtschaftswissenschaftliche Forschungen 16,1), 1959, S. 237–241, Nr. 509.

Einsicht empfiehlt, gegen das Volk *ut servile et indomitum vulgus* streng mit Geld- und Leibesstrafen vorzugehen, weil mit Furcht mehr als mit dem Appell an das Ehrgefühl zu erreichen sei. Dagegen wirkt Christoph Scheurl's zufriedene Feststellung, in Nürnberg habe die plebs keinerlei politisches Gewicht, noch durchaus moderat[53].

Angesichts dieser, bis hierher bewußt einseitig gezeichneten Entwicklungen und Voraussetzungen erscheint es nur logisch und naheliegend, daß partielle Zusammenschlüsse zwischen Bauern und Städtern nachweisbar sind. Besonders eng waren diese Zusammenschlüsse zwischen städtischer Opposition und Bauern offensichtlich in Thüringen, aber z. B. auch im Elsaß oder in Franken wurden Stadt-Land-Barrieren überwunden. Am Beispiel der Stadt Waldshut zeigt eine exemplarische Untersuchung die Kooperationsmöglichkeiten, aber auch die Konfliktpotentiale in den Beziehungen einer Landstadt zu den umliegenden Bauern[54]. Überraschender als bäuerlich-städtisches Zusammengehen erscheint eher, daß größere Territorialstädte und manche Reichsstädte nur widerstrebend und zeitweise auf die Seite der Bauern getreten sind (wie Würzburg, Freiburg, Memmingen, Heilbronn, Frankfurt) und daß sich gerade die entscheidenden oberdeutschen Zentren – Straßburg, Augsburg und voran Nürnberg – ganz verweigert haben[55]. Die kompromißbereite, klug taktierende Ratspolitik[56] ist sicher nur [275] eine teilweise Erklärung dafür, daß hier der Druck von unten nicht ausreichte, um eine eindeutige Parteinahme für die Bauern zu erzwingen. Neben dem diplomatischen Geschick der Regierenden wird zunächst zu berücksichtigen sein: Trotz unbestreitbarer Anlässe zur Kritik kann die innerstädtische Herrschaftsausübung im Spätmittelalter nicht einfach als „Ausbeutungssystem"[57] bezeichnet werden. Vielmehr sind im 15. und verstärkt zu Beginn des 16. Jahrhunderts auf Notjahre bezogene Sozialleistungen nachweisbar, die mindestens eine teilweise Legitimation für die finanzielle Beanspruchung der Bevölkerung darstellten und auf die sich die Obrigkeiten mit einem gewissen Recht berufen konnten: So unterstützte der Nürnberger Rat in der

---

53   A. WERMINGHOFF, Conrad Celtis und sein Buch über Nürnberg, 1921, S. 185f. (Celtis) u. 217 (Scheurl). Zu beachten ist, daß Celtis zwischen Stadtregiment und Fürsten keinen Unterschied macht.

54   G. MÜHLPFORDT, Bürger im Bauernkrieg (wie Anm. 6), S. 133–136. T. SCOTT, Peasants' War in Waldshut (wie Anm. 6), Teil 2, S. 167f. Besonders auch P. BLICKLE, Revolution von 1525 (wie Anm. 2), S. 178 u. 181f. Vgl. auch die einzelnen Abschnitte im regional-chronologischen Teil, besonders die Kapitel „Oberrhein", „Franken", „Thüringen" und „Mittelrhein"; dort zahlreiche Beispiele für ein Zusammengehen von Bauern und Bürgern [siehe H. BUSZELLO – P. BLICKLE – R. ENDRES (Hrsg.), Der deutsche Bauernkrieg, Paderborn-München-Wien-Zürich 1984 S. 61–214].

55   R. ENDRES, Bauernkrieg in Franken (wie Anm. 33), S. 53f. u. 57. DERS., Probleme des Bauernkrieges (wie Anm. 10), S. 104f. u. 110. M. STEINMETZ, Die dritte Etappe (wie Anm. 15), S. 68 u. 74. H.-Chr. RUBLACK, Würzburg im Bauernkrieg (wie Anm. 5), S. 94. G. MÜHLPFORDT, Bürger im Bauernkrieg (wie Anm. 6), S. 143f. – Vgl. dazu auch die Ausführungen in den Abschnitten des regional-chronologischen Teils dieses Bandes [H. BUSZELLO – P. BLICKLE – R. ENDRES (Hrsg.), Der deutsche Bauernkrieg, Paderborn-München-Wien-Zürich 1984, S. 61–214].

56   Zur vermittelnden Ratspolitik z. B. R. ENDRES, Bauernkrieg in Franken (wie Anm. 33), S. 55. P. BLICKLE, Revolution von 1525 (wie Anm. 2), S. 173. Ph. BROADHEAD, Popular Pressure (wie Anm. 7), S. 87. G. SEEBASS, Täufertum in Franken (wie Anm. 7), S. 143.

57   K. CZOK, Die Bürgerkämpfe in Süd- und Westdeutschland im 14. Jahrhundert, in: Jahrbuch für Geschichte der oberdeutschen Reichsstädte, Esslinger Studien 12/13 (1966/67), S. 46.

Teuerung 1501–03 über 5 000 Arme mit verbilligtem Brot, in Straßburg gab es in der Versorgungskrise 1517/18 zusätzlich zu Spitalsinsassen und Findelkindern über 2 000 Almosenempfänger, in Augsburg ließ der Rat 1517 pro Woche 200 Schaff Roggen (= ca. 29 000 kg) verbacken, was bei einem unterstellten Jahresbedarf von 200 kg pro Person ungefähr 7 500 Unterstützungsbedürftigen entspräche[58].

4.2 Städter und Landbewohner

Noch mehr als solche loyalitätsfördernden Maßnahmen fällt aber wohl ins Gewicht, daß nicht nur zwischen der städtischen Obrigkeit und dem Umland, sondern auch zwischen der Mehrheit der Stadtbevölkerung und den Landbewohnern mit erheblichen Interessengegensätzen zu rechnen ist. Der Hinweis darauf bedeutet keinen Rückfall in eine überholte, Stadt und Land isolierende Betrachtungsweise[59]. Im Gegenteil, gerade die auf die Stadt als [276] Zentralort gerichtete Orientierung der ländlichen Wirtschaft bedingt die beiderseitigen Interessendivergenzen[60]. Unabhängig von der Frage nach den (sicher nicht auf Wohlfahrtserwägungen beschränkten) Antriebskräften und unabhängig von Fragen nach der Effektivität der getroffenen Maßnahmen ist festzuhalten: Grundsätzlich betreiben die Städte auf dem Sektor der Lebensmittelversorgung eine Politik des Konsumentenschutzes und auf dem Sektor der gewerblichen Erzeugung eine Politik des Produzentenschutzes – beides verlangt nach der wirtschaftlichen Kontrolle des Umlandes[61].

Besonders die Maßnahmen zur Sicherstellung der Getreideversorgung sind bekannt. Städte wie Augsburg, Nürnberg, Zürich, Bern oder – um den oberdeutschen Bereich einmal zu verlassen – Magdeburg haben sich mindestens mit Teilerfolgen darum bemüht, die Getreideüberschüsse eines möglichst weiten Einzugsbereichs auf ihre Märkte zu lenken. Mit der gleichen Absicht wurden aber auch die übrigen Nahrungsmittel (tierische Produkte, Wein) erfaßt[62]. Ein bei den Konsumenten populäres, in der

---

58 R. ENDRES, Zur Einwohnerzahl und Bevölkerungsstruktur Nürnbergs im 15./16. Jahrhundert, in: Mitteilungen des Vereins für Geschichte der Stadt Nürnberg 57 (1970), S. 242–271, hier S. 267 (Armenunterstützung in Nürnberg). O. WINCKELMANN, Das Fürsorgewesen (wie Anm. 47), Teil 1, S. 73 (Straßburg). Die Chroniken der deutschen Städte (wie Anm. 26). Augsburg, Bd. 5, 1896 (Neudruck 1966), S. 77.

59 Davor warnen z. B. F. KOPITZSCH, Bemerkungen zur Sozialgeschichte der Reformation und des Bauernkrieges, in: R. WOHLFEIL (Hrsg.), Der Bauernkrieg 1524–1526. Bauernkrieg und Reformation (Nymphenburger Texte zur Wissenschaft 21), München 1975, S. 177–218, hier S. 186, sowie A. HAVERKAMP, Die „frühbürgerliche" Welt (wie Anm. 9), S. 599.

60 R. KIESSLING, Herrschaft – Markt – Landbesitz. Aspekte der Zentralität und der Stadt-Land-Beziehungen spätmittelalterlicher Städte an ostschwäbischen Beispielen, in: Städteforschung, Reihe A, Bd. 8 (1979), S. 180–218, hier S. 216. A. HAVERKAMP, Die „frühbürgerliche" Welt (wie Anm. 9), S. 602.

61 Vgl. dazu: H. MAUERSBERG, Wirtschafts- und Sozialgeschichte (wie Anm. 28), S. 544–546. F. BLAICH, Fleischpreise und Fleischversorgung in Oberdeutschland im 16. Jahrhundert, in: Beiträge (wie Anm. 49), S 29–56 hier S. 30. G. WUNDER, Reichsstädte als Landesherren, in: Städteforschung, Reihe A, Bd. 8 (1979), S. 79–91, hier S. 88.

62 Dazu U. DIRLMEIER, Untersuchungen (wie Anm. 37), S. 39ff.; ferner: H. WERMELINGER, Lebensmittelteuerungen, ihre Bekämpfung und ihre politischen Rückwirkungen in Bern vom ausgehenden 15. Jahrhundert bis in die Zeit der Kappelerkriege (Archiv des Historischen Vereins der

Praxis sicher oft mißachtetes, aber doch bevorzugt eingesetztes Ordnungsmittel war dabei das <u>Fürkaufsverbot</u>. Es besagt, daß in einem bestimmten Umkreis um die Stadt – die Tendenz zur räumlichen Ausweitung [277] ist im 15. und 16. Jahrhundert klar erkennbar – der Einkauf durch (Zwischen-)Händler untersagt ist[63]. Damit soll der landwirtschaftliche Erzeuger am freihändigen Verkauf gehindert und zum Besuch des städtischen Marktes gezwungen werden. Hier unterliegt er zumindest de jure den zahlreichen städtischen <u>Preistaxen</u>, die ganz im Interesse der Verbraucher konzipiert sind[64].

Klar in Erscheinung tritt der Gegensatz zwischen freihändlerisch gesinnten Produzenten und städtischen Marktordnungsprinzipien beispielsweise im Verhältnis der Stadt Bern zu den Bauern ihres Landgebietes im ersten Drittel des 16. Jahrhunderts: Die Bauern wollen ihre Produkte, besonders Butter, so lohnend wie möglich nach Oberitalien exportieren, während der Rat den Verkauf zu vorgeschriebenen Preisen auf dem städtischen Markt zu erzwingen versucht[65]. Nach der offiziösen Darstellung der Stadtchronistik sind die 1513 von den Bauern erzwungenen Zugeständnisse, voran *fri kouf und verkouf*, für ein geordnetes Regiment *unlidlich und verderblich*[66]. Wenn also in Frankfurt 1525 die Gemeinde in den 46 Artikeln auch die strikte Beachtung des Getreide-Fürkaufsverbotes verlangt, dann richtet sich diese Forderung nicht nur gegen den stadtsässigen Spekulanten, sondern genauso gegen den landsässigen Erzeuger[67]. Man wird auch bezweifeln können, daß die Fürkaufs- und Exportverbote der Tiroler Landesordnung von 1526 tatsächlich Stadt und Land gleichermaßen gedient haben[68].

Marktzwang und Preisregulierung als Mittel städtischer Ordnungspolitik gegenüber dem Umland betreffen die <u>überschußproduzierenden Betriebe</u>, d. h. die bäuerliche Oberschicht und die [278] Grundherren. Dagegen tangieren die Grundsätze des Gewerbeschutzes vor allem jene Teile der Landbevölkerung, die auf handwerklichen (Zusatz-)Verdienst angewiesen sind. Das Ziel der städtischen Politik ist es, selbständige <u>Dorfhandwerker</u> zu unterdrücken oder in die Stadt zu holen, dagegen richten sich z. B. die Beschwerden der Zürcher Landschaft (1489)[69]. Die Absicht, das Hinterland als Lieferanten von Rohstoffen und Halbfabrikaten zu organisieren, wird auf dem <u>Textilsektor</u> gut erkennbar – ein besonders wichtiger Aspekt für die Frage nach möglicher

---

Stadt Bern 55), 1977, bes. S. 13f. R. KIESSLING, Herrschaft – Markt – Landbesitz (wie Anm. 60), S. 194f. H. HARNISCH, Bauern – Feudaladel – Städtebürgertum (Abhandlungen zur Handels- und Sozialgeschichte 20), 1980, S. 133, zu Magdeburg.

63 Zum Begriff des Fürkaufs H. WERMELINGER, Lebensmittelteuerungen (wie Anm. 62), S. 58–62. R. KIESSLING, Herrschaft – Markt – Landbesitz (wie Anm. 60), S. 194–197.

64 F. BLAICH, Die Reichsmonopolgesetzgebung im Zeitalter Karls V. Ihre ordnungspolitische Problematik (Schriften zum Vergleich von Wirtschaftsordnungen 8), 1967, S. 82–85 u. 89–95.

65 H. WERMELINGER, Lebensmittelteuerungen (wie Anm. 62), S. 78f.

66 Die Berner Chronik des Valerius Anshelm (wie Anm. 52), Bd. 3, S. 463. Hier wird die enge Verbindung von Wirtschaftskontrolle und Herrschaft besonders gut erkennbar.

67 W.-H. STRUCK, Bauernkrieg am Mittelrhein (wie Anm. 8), S. 19. Bezeichnend ist auch die Forderung nach dem Ausschluß auswärtiger Tagelöhner: O. RAMMSTEDT, Stadtunruhen 1525 (wie Anm. 4), S. 262.

68 So P. BLICKLE, Funktion der Landtage (wie Anm. 5), S. 9.

69 Quellen zur Zürcher Wirtschaftsgeschichte, bearb. v. W. SCHNYDER, Bd. 2, Zürich, Leipzig 1937, S. 844f., Nr. 1461. Zum Landhandwerk auch: O. RAMMSTEDT, Stadtunruhen 1525 (wie Anm. 4), S. 253. G. WUNDER, Reichsstädte als Landesherren (wie Anm. 61), S. 88. R. KIESSLING, Herrschaft – Markt – Landbesitz (wie Anm. 60), S. 205 u. 216.

Interessenidentität von städtischen Handwerkern und Landbevölkerung. Es zeigt sich dabei, daß die Weberzünfte durchweg zu einer ausgeprägt restriktiven Politik neigen, während die Stadtobrigkeiten mit Rücksicht auf die Exportförderung die Produktionsausweitung auf das Umland nicht ausschließen und die Verleger sogar ausgesprochen daran interessiert sind, Kostenvorteile auf dem Land wahrzunehmen[70]. Die Frage der Zulassung bzw. Nichtzulassung der Landweber zum städtischen Markt ist im 15. und 16. Jahrhundert ein stets wiederkehrender Streitpunkt zwischen Rat und Webern, z. B. in Augsburg, Ulm, Memmingen. In Memmingen, 1525 eine Stadt des bäuerlich-bürgerlichen Zusammengehens, waren die Gäuweber 1496 zugelassen, 1510/11 auf Druck der Weber wieder ausgeschlossen worden; 1512 erzielte der Rat einen Kompromiß über ihre Zulassung zum Barchentmarkt der Stadt[71]. Daß der hier sichtbare Gegensatz zwischen Stadthandwerk und Umland 1525 zeitweise überdeckt wurde, kann nicht bezweifelt werden; daß er aber ganz ausgeräumt war, erscheint unwahrscheinlich.

Stadtansässige Verbraucher und Handwerker profitieren also gegenüber den agrarischen wie gewerblichen Produzenten des Umlandes mindestens tendenziell von den Ordnungsvorstellungen [279] ihrer Obrigkeit. Gewiß wirkt sich die dabei angestrebte Stadtorientierung der Wirtschaft des Umlandes nicht ausnahmslos nur negativ aus; Köln beispielsweise hat einer weiteren Umgebung durchaus auch positive Impulse gegeben[72]. Auf jeden Fall aber tritt die Stadt hier dem Land gegenüber mit dem Anspruch auf Unterordnung auf. Das gilt erst recht im Fall eigenen Territorialbesitzes, wo die Kontrolle der Wirtschaft nur der Teilaspekt einer Herrschaftsausübung ist, die sich von der fürstlicher Territorialstaaten kaum unterscheidet. Ulm, Heilbronn, Rothenburg und Schwäbisch Hall halten an der Leibeigenschaft in ihren Landgebieten fest; besonders bezeichnend erscheint das Vorgehen der Stadt Basel, die sich in ihrem Ewigen Bund mit den Eidgenossen (1501) ausdrücklich die Herrschaft über ihre Eigenleute und das Weiterbestehen der Leibeigenschaft garantieren läßt[73]. Und Nürnbergs Verhältnis zu seiner Landschaft wird auch dadurch charakterisiert, daß das Bauerngericht als Schule gilt, *darinn die Nurmbergischen rathsherren ire söen erstlich uben und küen machen wollen*[74]. Aus dem Blickwinkel der Landbevölkerung können demnach die Städte mit ihrem Anspruch auf wirtschaftliche Dominanz und herrschaftliche Überordnung kaum als besonders freiheitlich organisierte Gemeinwesen in Erscheinung getreten sein. Das erklärt vielleicht, warum nicht städtische Verfassungselemente, sondern die Schweizer Eidgenossenschaft als Ideal bäuerlicher Reformvorstellungen erscheinen, und das erklärt vielleicht auch, warum in der Umgebung Jäck-

70 F. IRSIGLER, Stadt und Umland im Spätmittelalter: Zur zentralitätsfördernden Kraft von Fernhandel und Exportgewerbe, in: Städteforschung, Reihe A, Bd. 8, 1979, S. 1–14, hier S. 8.

71 R. KIESSLING, Herrschaft – Markt – Landbesitz (wie Anm. 60), S. 199–203. G. GEIGER, Die Reichsstadt Ulm vor der Reformation. Städtisches und kirchliches Leben am Ausgang des Mittelalters (Forschungen zur Geschichte der Stadt Ulm 11), 1971, S. 41f.

72 F. IRSIGLER, Stadt und Umland (wie Anm. 70), S. 4–6.

73 G. WUNDER, Reichsstädte (wie Anm. 61), S. 88f. G. GEIGER, Reichsstadt Ulm (wie Anm. 71), S. 46. Quellenbuch zur Verfassungsgeschichte der Schweizerischen Eidgenossenschaft und Kantone, bearb. v. H. NABHOLZ u. P. KLÄUI, Aarau 19473, S. 75–85, Ziff. 20 u. 21.

74 Christoph Scheurl's Epistel, in: Die Chroniken der deutschen Städte (wie Anm. 26). Nürnberg, Bd. 5, 1874 (Neudruck 1961), S. 801f.

lein Rohrbachs und besonders bei Michael Gaismair ausgesprochen städtefeindliche Töne begegnen[75].

[280] 5. Schluß

Als kurzes Fazit: Innerhalb der Städte bestehen zwischen der zunehmend autoritären Obrigkeit und der in sich keineswegs homogenen Bevölkerungsmehrheit Spannungsverhältnisse mit z. T. langer Tradition, die in der Bauernkriegszeit das Übergreifen der Bewegung erleichtern. Die auf mehr politische Mitspracherechte und auf Abgabenentlastung gerichteten Forderungen sind, jedenfalls auf städtischer Seite, deutlich von den bestehenden politischen und wirtschaftlichen Verhältnissen mitbestimmt; besonders vom Zustand des Steuerwesens her gesehen ist der Realitätsbezug unbestreitbar. Die weitgehende Übereinstimmung zwischen den Programmen von Bauern und Stadtgemeinden sollte nicht übersehen lassen, daß zwischen der Landbevölkerung und den Einwohnern vor allem (aber nicht nur[76]) der größeren Städte gravierende Interessengegensätze bestehen[77]. Eine gemeinsame Frontstellung von innerstädtischer Opposition und Bauern gegen obrigkeitliche Ansprüche wird niemand bestreiten, die Beispiele dafür reichen von Südtirol bis Sachsen[78]. Eine darüber hinausgehende, dauerhafte Interessengemeinschaft von städtischen Konsumenten und bäuerlichen Produzenten sowie von städtischen Zünftlern und Landhandwerkern wird man sich dagegen nur schwer vorstellen können. Voraussetzung dafür wäre der Verzicht auf Vorteile gewesen, die das Stadtsystem zu bieten hatte, trotz Gehorsamsanspruch, trotz fehlender politischer Mitverantwortung und trotz steuerlicher Belastung.

---

75 Zum Idealbild von der Eidgenossenschaft vgl. H. BUSZELLO, Der deutsche Bauernkrieg als politische Bewegung mit besonderer Berücksichtigung der anonymen Flugschrift „An die versamlung gemayner Pawerschafft" (Studien zur europäischen Geschichte 8), Berlin 196, S. 190f. DERS., Die Staatsvorstellungen des „Gemeinen Mannes" im deutschen Bauernkrieg, in: Peter BLICKLE (Hrsg.), Revolte und Revolution in Europa. Referate und Protokolle des Internationalen Symposiums zur Erinnerung an den Bauernkrieg 1525 (Memmingen 24. bis 27. März 1975) (Historische Zeitschrift, Beiheft 4 NF), München 1975, S. 273–295, hier S. 294. Zum wirtschaftlichen Gegensatz Bauern – Städte: F. KOPITZSCH, Sozialgeschichte der Reformation (wie Anm. 59), S. 192. Städtefeindliche Äußerungen: G. FRANZ, Bauernkrieg (wie Anm. 6), S. 189. J. BÜCKING, Michael Gaismair (wie Anm. 4), S. 76, 83, 154. Entschieden zu weit geht H. ANGERMEIER, Die Vorstellungen des gemeinen Mannes von Staat und Reich im deutschen Bauernkrieg, in: Vierteljahrschrift für Sozial- und Wirtschaftsgeschichte 53 (1966), S. 329–343, S. 341, mit der Annahme, die Bauern hätten u. a. alles einebnen wollen, was städtische Kultur erreicht habe.
76 Zur Bannmeilenpolitik einer Territorialstadt (Lauingen) vgl. R. KIESSLING, Herrschaft – Markt – Landbesitz (wie Anm. 60), S. 197f.
77 H. SCHILLING, Aufstandsbewegung (wie Anm. 4), S. 194 u. 237f., mit der Warnung vor der Gleichsetzung städtischer und ländlicher Aufstandsbewegungen.
78 P. BLICKLE, Revolution von 1525 (wie Anm. 2), S. 183ff.

Die Kosten des Aufgebots der Reichsstadt Rothenburg ob der Tauber im Schweizerkrieg von 1499

Nach Monaten wachsender Spannung am Oberrhein, manifestiert vor allem durch eine Flut zunehmend bösartiger und unflätiger Beschimpfungen zwischen Schwaben und Schweizern, begann am 5. Februar 1499 mit der Eroberung der Burg Gutenberg durch die Schweizer der gut halbjährige Krieg im Gebiet von Basel bis in den oberen Vinschgau. Nach sechs größeren Schlachten, die alle mit katastrophalen und verlustreichen Niederlagen der Aufgebote des Schwäbischen Bunds und König Maximilians endeten, einigte man sich am 25. August in Basel auf 10 Friedensartikel, die dann am 22. September 1499 förmlich bekräftigt wurden[1].

Den wiederholten und dringenden Aufrufen Maximilians zur Waffenhilfe folgten, obwohl das Reichsaufgebot verkündet wurde, nur wenige Reichsstände, darunter die süddeutschen Reichsstädte Rothenburg ob der Tauber, Nürnberg und Schwäbisch Hall[2]. Obwohl aufgrund von Willibald Pirckheimers Bericht[3] die Nürnberger Kriegsteilnahme wesentlich bekannter ist, soll ergänzend zu dem umfassenden Überblick von Gerhard Fouquet über die finanzielle Seite des städtischen Kriegswesens im folgenden gewissermaßen als exemplarische Fallstudie die Teilnahme Rothenburgs am Schweizerkrieg dargestellt werden. Dazu liegt nämlich eine Quelle vor, die der Forschung zwar nicht ganz unbekannt ist, die aber bisher, soweit ich sehe, nur sehr partiell und unvollständig ausgewertet worden ist[4]: Das *Register des Zugs und rayß wider die Schweytzer* von 1499 im Rothenburger Stadtarchiv[5].

Das reichsstädtische Kontingent brach am 22. April 1499 auf und kehrte am [28] 9. Oktober zurück[6], war also knapp ein halbes Jahr im Feld und kam in dieser Zeit über die Bodenseegegend bis in den oberen Vinschgau. Die im Register nachgewie-

---

1   Gute Überblicksdarstellungen geben: Walter SCHAUFELBERGER, Spätmittelalter. In: Handbuch der Schweizer Geschichte Bd. 1, 2. Aufl. Zürich 1980, S. 239–388, hier S. 338–348. Hermann WIESFLECKER, Kaiser Maximilian I., Bd. 2, München 1975, S. 323–355.

2   WIESFLECKER (wie Anm. 1), S. 333. Paul SCHWARZ, Das Rechnungsbuch der Haller Brüder Daniel und Gilg Senfft aus den Jahren 1468–1507. In: Württembergisch Franken 46 (1962), S. 17–30, hier S. 28 zum Aufgebot von Hall.

3   Willibald PIRCKHEIMER, Schweizer Krieg, hg. von K. RÜCK, München 1895.

4   Heinrich SCHMIDT, Eine Reise in die Schweiz von Rothenburg aus vom 22. April bis 9. Oktober 1499. In: Die Linde, Beilage zum Fränkischen Anzeiger, Jahrgang 37 (1955), Heft 10, S. 78–80, Heft 11, S. 86–87, Heft 12, S. 93–96. Reinhard BAUMANN, Das Söldnerwesen im 16. Jahrhundert im bayerischen und süddeutschen Beispiel (Miscellanea Bavaria Monacensia 79), München 1978, S. 63–65; die Angabe S. 64, alle „Kriegsleute" seien von der Stadt verköstigt worden, ist unrichtig. [Der Verweis bezieht sich auf: Gerhard FOUQUET, Die Finanzierung von Krieg und Verteidigung in oberdeutschen Städten des späten Mittelalters (1400–1500), In: Bernhard KIRCHGÄSSNER/Günter SCHOLZ (Hrsg.), Stadt und Krieg (Stadt in der Geschichte, 15), Sigmaringen 1989, S. 41–82.]

5   Stadtarchiv Rothenburg B 388, f. 161r–297r. Von dieser Quelle hat Dr. Gerhard Fouquet während eines Forschungsaufenthalts in Rothenburg ein vollständiges Exzerpt angefertigt. Für seine Mühe und Sorgfalt danke ich ihm auch an dieser Stelle herzlich.

6   StadtA Rothenburg B 388, f. 112r und f. 230v.

senen Gesamtausgaben in dieser Zeit betragen rund 2200 fl. rh., aber es besteht hier ein Quellenproblem, das ich derzeit nicht schlüssig erklären kann: Der Schreiber der Rechnung verbucht zu Beginn Einnahmen *(Recepta an allem gelt)* in Höhe von 2396 fl. rh., an späterer Stelle gibt er nochmals eine Aufstellung des *Empfangen gelt,* hier insgesamt 2743 fl. rh.[7]. Über diese Diskrepanz, aber auch über den Verbleib der Differenz zwischen dem eingenommenen Geld und den nachgewiesenen Ausgaben gibt die Rechnung in der vorliegenden Form keine Auskünfte. Im folgenden beziehe ich mich stets auf den Gesamtbetrag der nachgewiesenen Ausgaben in Höhe von 2200 fl. rh. Die Zwischensummen-Angaben der Rechnung sind übrigens recht korrekt, bei Stichproben konnten Additionsfehler nur in Größenordnungen unter 0,5 % nachgewiesen werden[8]. Die von Rothenburg für den Schweizerkrieg aufgewendete Summe ist beachtlich. Zwar fehlen für das ausgehende 15. Jahrhundert Haushaltsabrechnungen der Stadt als Vergleichsmaßstab, aber man kann ersatzweise auf die Rechnungen von Schwäbisch Hall zurückgreifen – Größe und Bedeutung beider Städte lassen diesen Ausweg als statthaft erscheinen. Es ergibt sich dann, daß Rothenburgs Kosten im Schweizerkrieg in Schwäbisch Hall 27–41 % eines Jahresetats entsprechen, wobei die Rechnungen 1478/79, 1498/99 und 1519/20 zugrunde gelegt sind[9]. Auch im Hinblick auf die Zahlenbefunde im Beitrag von Gerhard Fouquet deutet das also auf ein beachtliches militärisches Unternehmen der Stadt hin. Wie weit ein solcher Rückschluß allein aus der Höhe des Finanzaufwands zulässig ist, muß nachgeprüft werden.

Rothenburgs Aufgebot umfaßte zu Beginn des Unternehmens 63 Söldner zu Fuß und 15 Reisige der Stadt zu Pferd[10]. Zunächst zu den Fußknechten: Mit Ausnahme eines Kriegsmanns aus Kärnten und eines Schaffhausers (?) stammten sie aus Rothenburg selbst beziehungsweise aus der näheren und weiteren Umgebung der Stadt. Mit höchstmöglicher Wahrscheinlichkeit hat es sich also überwiegend nicht um Berufskrieger, nicht um Landsknechte gehandelt. Dagegen spricht auch die unvollkommene Ausrüstung: Nur vier (6,3 %) besaßen eine vollständige Bewaffnung, bestehend aus Krebs, Goller, Spieß oder Hellebarde. 26 (36,5 %) der Söldner besaßen einzelne Teile, aber immerhin 36 (57,1 %) mußten vollständig aus der städtischen Rüstkammer ausgestattet werden[11]. Aus den Reihen dieser Söldner wurde ein Stab ernannt, bestehend aus dem Hauptmann, dem Weibel und dem Fähnrich. Die übrigen 60 Mann wurden in [29] sechs Rotten eingeteilt mit jeweils einem Rottmeister. Der Wochensold der drei Stabsmitglieder betrug 1,5 fl. rh., die Fußknechte erhielten wöchentlich 1 fl. rh., die Büch-

---

7   StadtA Rothenburg B 388, f. 161 v/r und f. 234r–239r.

8   Vgl. Jürgen Uwe OHLAU, Der Haushalt der Reichsstadt Rothenburg o.T. in seiner Abhängigkeit von Bevölkerungsstruktur, Verwaltung und Territorienbildung, Diss. Erlangen-Nürnberg o. J. [1965], S. 121ff.

9   Dieter KREIL, Der Stadthaushalt von Schwäbisch Hall im 15./16.Jahrhundert. Eine finanzgeschichtliche Untersuchung (Forschungen aus Württembergisch-Franken 1), Schwäbisch Hall 1967, S. 119, 125.

10   Reinhard BAUMANN, Das Söldnerwesen (wie Anm. 4), S. 63, ferner SCHMIDT, Eine Reise (wie Anm. 4), Heft 1, S. 79.

11   StadtA Rothenburg B 388, f. 273r–280r, *Was die knecht für harnisch haben.* Ob f. 275r *Hans Schweytrer von Schaffhausen* Schaffhausen/Rhein meint, kann ich nicht entscheiden.

senträger allerdings nur den Dreiviertelsold von 0,75 fl. rh.[12]. Diese Reduzierung erfolgte wegen der geringeren Gefährdung der rückwärts postierten Büchsenschützen, sie belegt zugleich, daß diese Waffengattung im Vergleich zum 16. Jahrhundert noch von recht untergeordneter Bedeutung war[13]. Die wöchentliche Bezahlung entsprach übrigens dem Interesse der Söldner, während die Arbeitgeber bei Kriegsunternehmen stets versuchten, die monatliche Besoldung durchzusetzen[14]: Auf das Jahr hochgerechnet, ergibt der Wochensold von 1 fl. rh. eben 52 fl. rh., der Monatssold von 4 fl. rh. nur 48 fl. rh. Mit Ausnahme einer einzigen, geringfügigen Weinspende im Wert von 14 Kreuzern und 1 Heller (was etwa 10 Maß Wein entsprechen könnte) verzeichnet die Rechnung außer den Soldzahlungen keinerlei weitere Naturalleistungen der Stadt für die Fußknechte; verpflegt wurden sie jedenfalls nicht. Auch über die Unterbringung, vielleicht in Zelten, wird in der Rechnung nichts mitgeteilt, offenbar bestand aber stets eine räumliche Distanz zum Quartier der Reisigen. Im übrigen war die Stadt bei der Soldzahlung pünktlich und genau[15]. Mit Ausnahme eines einzigen Doppelsolds wurde unterwegs allwöchentlich ausgezahlt. Bei den 23 Soldterminen konnte sogar in 14 Fällen (61%) der gleiche Wochentag, der Montag, eingehalten werden. Mit insgesamt 1235 fl. rh. wurden für die Söldner insgesamt 55,7% der nachgewiesenen Ausgaben aufgewendet. Am Ende des Unternehmens waren von den ursprünglich 63 Mann allerdings nur noch 23 (40%) dabei. Darauf ist an späterer Stelle zurückzukommen.

Unter den nominell 15 Reisigen befand sich der oberste Anführer des Unternehmens, der Rothenburger Patrizier und spätere Bürgermeister Erasmus von Musloe. Zu den Reisigen gezählt wurden aber auch: der Rechnungsschreiber und Küchenmeister, der Gegenschreiber, der Spitalkoch, der Schmied, der Stadtpfeifer und der Trommler, die aber immerhin alle auch bewaffnet gewesen sein dürften[16]. Die übrigen Reisigen kann ich nicht einordnen, es mögen Bürger und Patrizier aus der Stadt oder von diesen gestellte Reiter gewesen sein. Mit den Berittenen zogen auch zunächst fünf, von der zweiten Woche an nur noch vier Troßwägen für den Transport von Ersatzteilen, Küchengerät, Zelten und Vorräten. Der fünfte Wagen wurde übrigens, weil offensichtlich überzählig, schon in der zweiten Woche in Überlingen samt den Gespannpferden für 60 fl. rh. an einen Grafen von Nassau verkauft[17]. Zu jedem Wagen sollten zwei Mann Besatzung gehören, aber zumindest in den beiden ersten Wochen wurden wesentlich mehr Mahlzeiten für Fuhrknechte abgerechnet, als nach der Anzahl der [30] Wagen zu erwarten wäre. Besonders auffällig ist, daß nur die beiden Musiker – ein Pfeifer und der Trommler – einen Wochensold von 1 fl. rh. erhielten. Alle Reisigen, einschließlich des Kochs und der übrigen genannten Funktionsträger, aber auch sämtliche Fuhrleute,

---

12 StadtA Rothenburg B 388, f. 240r–241v, Soldregister. Vgl. SCHMIDT, Eine Reise (wie Anm. 4), Heft 1, S. 80, und BAUMANN, Das Söldnerwesen (wie Anm. 4), S. 63f.

13 Nach Reinhard BAUMANN, Georg von Frundsberg. Der Vater der Landsknechte, München 1984, S. 201, 211, ist der Wendepunkt die Schlacht von Bicocca (1522) mit dem erfolgreichen Einsatz spanischer Büchsenschützen.

14 Fritz REDLICH, The German Military Enterpriser and his Work Force, Bd. 1 (Beihefte zur VSWG 47), Wiesbaden 1964, S. 123–126.

15 StadtA Rothenburg B 388, f. 240r–241v, Soldregister der Fußknechte.

16 BAUMANN, Das Söldnerwesen (wie Anm. 4), S. 63; SCHMIDT, Eine Reise (wie Anm. 4), Heft 10, S. 79.

17 StadtA Rothenburg B 388, f. 161v und 172v.

wurden nicht bezahlt. Die Erklärung ist darin zu suchen, daß es sich teilweise um abgeordnete Dienstleute der Stadt gehandelt hat, und teilweise wahrscheinlich eben um Kriegsleute, die von den Bürgern der Stadt gestellt wurden. Immerhin: Die Stadt bestritt den vollständigen Unterhalt der Reisigen und des Trosses, was rund 44 % der nachgewiesenen Aufwendungen ausmachte. Mit den detaillierten Angaben über den Verbrauch des Reiterkontingents im Schweizerkrieg wird die Abrechnung auch eine Quelle zur gegenwärtig vielerörterten Alltagsgeschichte, wenn auch eines Alltags unter besonderen Umständen.

In den folgenden Ausführungen kann und soll nicht versucht werden, den Auszug der Rothenburger an den Bodensee, in den oberen Vinschgau und zurück Tag um Tag zu verfolgen und nachzuerzählen. Es kann hier nur darum gehen, einige charakteristische Tatbestände herauszuarbeiten.

Unterwegs sind die Reisigen samt den Fuhrleuten zunächst in Gasthäusern eingekehrt, auch für die neun Übernachtungen bis zum Erreichen des Bodensees. 15 Reisige mit Pferden und 14 Wagenknechte mit 20 Pferden waren zu versorgen, allerdings schwankt während der ersten Woche aus unerklärlichen Gründen die Zahl der Mahlzeiten für Reisige und für Wagenknechte jeweils zwischen 12 und 19. Verzehrt wurden täglich zwei Hauptmahlzeiten, unterschiedlich auch Zwischenmahlzeiten; besondere Bedeutung kam offensichtlich dem „Schlaftrunk" zu. Bemerkenswert für das Festhalten an Statusunterschieden ist die Preisdifferenz für das Essen der Reisigen und der Wagenknechte, die Mahlzeiten der Kriegsleute waren in der Regel doppelt so teuer (zum Beispiel 24 beziehungsweise 12 Pfennige). Auch bei den Weinrationen, besonders beim Schlaftrunk, wurden der Hauptmann und seine Reiter bevorzugt behandelt. Im Stall wurden diese Standesunterschiede nicht fortgesetzt, für Wagen- und Reitpferde wurde die gleiche Stallmiete von 5 bis 6 Pfennigen bezahlt. Auffallend ist es, daß dagegen für die Menschen kein gesonderter Preis für das Quartier berechnet wurde, nur in Ulm mußten die Reisigen (und nur sie!) einmal für Bettlaken eigens bezahlen. Sonst war aber offensichtlich die Übernachtung in den Preisen für Verpflegung und Stallbenutzung eingeschlossen.

Faßt man die erste Woche (19.–24.4.1499) und damit den Weg der Reisigen von Rothenburg bis Ravensburg rechnerisch zusammen[18], ergibt sich ein Gesamtaufwand von umgerechnet 62 fl. rh. Bei durchschnittlich wohl 30 Personen – während des gesamten Zugs belegen unter anderem schwankende Zahlen von Mahlzeiten ein ständiges Kommen und Gehen, so daß die Anzahl der Verpflegten pro Woche stets einen Unsicherheitsfaktor von ein bis zwei Personen enthält – ergeben sich pro Kopf Kosten von 2,08 fl. rh. Hochgerechnet auf ein ganzes Jahr, entspräche der Aufwand von 108 fl. rh. mindestens zwei Jahreseinkommen gutverdienender Bauhandwerksmeister. Die Ausgaben entfallen zu knapp 53 % auf Mahlzeiten und Wein als einzigem Getränk. Dabei bleiben kostenmäßig unberücksichtigt die insgesamt 58 Kannen Wein, die bei [31] Übernachtungen in Reichsstädten von der Obrigkeit geschenkt wurden – sicher eine Reverenz an den patrizischen Anführer des Kontingents. Gut 4 % der Ausgaben für die Reiter waren nicht ernährungsbedingt, 3,5 % entfielen auf Trinkgelder: Die Reisigen traten als Repräsentanten ihrer Stadt also recht großzügig und standesbewußt

---

18   StadtA Rothenburg B 388, f. 162r–168r.

auf. Als für mich überraschendstes Ergebnis dieser ersten Stichprobe aus dem Rechnungsmaterial war festzustellen, daß knapp 40% des Wochenaufwands für den Unterhalt der Pferde ausgegeben werden mußte: Ein gutes Viertel des Gesamtbetrags (28%) entfiel allein auf Haferkäufe. Darauf wird nochmals einzugehen sein.

Tabelle 1: Kostenrelationen der 1. Woche (19.–25.4.1499):
Aufenthalt in Gasthäusern, ca. 30 Personen, 33–40 Pferde; in fl. rh.

1. Mahlzeiten	28,85		5. Stallmiete	5,01
2. Wein	3,96		6. Hafer	17,33
	1.+2.	= 32,81 = 52,6%	7. Pferde, Sonstiges	2,03
3. Sonstiger Aufwand		= 2,72 = 4,4%	5. bis 7. = 24,37 = 39,1%	
4. Wach- u. Trinkgeld		= 2,13 = 3,5%	8. Gesamt	62,38 = 100%

Wie dies auch von anderen städtischen Aufgeboten bekannt ist[19], wurde bei längeren Aufenthalten die Verpflegung von der eigenen Küche geliefert. Für das Rothenburger Kontingent war dies beispielsweise im Bodenseegebiet der Fall, in Überlingen, Meersburg, Konstanz und Engen. Die Reisigen bezogen zwar Quartier – das Haus oder der Wirt werden in der Rechnung meist vermerkt –, aber gekocht wurde von dem Rothenburger Spitalskoch. Mindestens während eines Aufenthalts, in Überlingen, waren die Fuhrknechte gesondert in einem Dorf außerhalb untergebracht, wohl in Zelten. Tag für Tag verzeichnet die Rechnung den gesamten Unterhaltsaufwand für die Menschen und Tiere. Dabei werden beispielsweise Kosten für Holz und Lichter verbucht, aber erneut keine gesonderten Ausgaben für Übernachtungen oder Herbergsmiete.

Mit Abstand am regelmäßigsten eingekauft und verbraucht wurden Brot, Wein und Fleisch. Bevorzugt wurden Rind- und Hammelfleisch, vereinzelt begegnen in der Rechnung auch Kalbsbraten, Vögel, Hühner und Kutteln. Dagegen fehlt Schweinefleisch fast völlig, wohl wegen der Jahreszeit. In der Häufigkeit der Käufe folgen in absteigender Linie: Fische – soweit erkennbar, stets frische Süßwasserfische, speziell Renken –, sodann Eier, Käse und Milch, Frischgemüse und Obst – speziell Kirschen –, ein- bis zweimal pro Woche Mehl, wohl für Mus. Während der gesamten 24 Abrechnungswochen wurden nur zweimal teure Importwaren gekauft: Zucker, Rosinen, Nelken, Kalmus[20]. Dagegen waren in der Nürnberger Küchenordnung 1449/50 als Bedarf der *erbern* für acht Tage an Gewürzen veranschlagt: ½ Pfund Safran, 2 Pfund [32] Ingwer, ½ Pfund Nelken und 2 Pfund Pfeffer[21]. Unter den nicht ernährungsbedingten

---

19 Vgl. die Nürnberger Küchenordnung von 1449/50, in: Die Chroniken der deutschen Städte, hg. durch die Hist. Komm. bei der Bayr. Akad. d. Wiss., Nürnberg Bd. 2, Leipzig 1864 (ND 1961), S. 316f. Regensburger Küchenvorräte bei dem Hussitenzug 1431, in: Max MENDHEIM, Reichsstädtisches, besonders Nürnberger Söldnerwesen im 14. und 15. Jahrhundert, Leipzig 1889, S. 12 (Hinweis von G. Fouquet).

20 StadtA Rothenburg B 388, f. 199r (17.7., Konstanz) und f. 211r (19.8., Freiburg/Br.). Es fällt auf, daß die „Luxuswaren" in größeren Städten gekauft wurden.

21 Die Chroniken der deutschen Städte, Nürnberg Bd. 2 (wie Anm. 19), S. 316. Nach der Anzahl der Schüsseln zu schließen, wurde der Bedarf für 50 „Ehrbare" veranschlagt. Für die 15 Rothen-

Ausgaben begegnen bunt gemischt Kleider- und Rüstungsreparaturen, Schuhkäufe und, wie schon erwähnt, Lichter und Brennholz. Denkt man an die Klischeevorstellungen vom fehlenden mittelalterlichen Hygienebewußtsein, ist es überraschend und für Kriegsleute nicht unbedingt vorauszusetzen, daß auch Ausgabenposten für das Waschen von Tisch- und Handtüchern, für den Besuch von Bad und Barbier notiert sind[22]. Zu dem allem kommt, wie schon bei den Wirtshausaufenthalten der ersten Woche, noch der Unterhalt der Pferde. Außer dem Futter mußte regelmäßig Stallmiete bezahlt werden, 2 bis 3 Kreuzer pro Pferd und Tag. Auch hier fällt also der Tatbestand auf, daß die Unterbringung der Tiere einen eigenen Rechnungsposten bildet, nicht aber das Quartier für die Personen.

Für insgesamt vier Wochen mit Verpflegung aus eigener Küche habe ich den Gesamtaufwand und seine Verteilung berechnet, und zwar während Aufenthalten in Konstanz, Engen und Waldshut. Für ungefähr 17 Personen – auf das Problem des ständigen Kommens und Gehens wurde weiter oben bereits hingewiesen – und für 19 Pferde (7 Reit- und 12 Wagenpferde) wurden wöchentlich zwischen 26 und 31 fl. rh. ausgegeben. Pro Person waren dies zwischen 1,5 und 1,8 fl. rh. oder 13–33% weniger als während der ersten Anmarschwoche mit Versorgung in Wirtshäusern. Auf ein ganzes Jahr hochgerechnet, würde der Unterhalt pro Person 78–94 fl. rh. kosten. Bei den von mir gezogenen Stichproben schwankt der Anteil der reinen Lebensmittelkosten zwischen 45 und 51% der Gesamtausgaben, er liegt also recht stabil. Betrachtet man zunächst diesen Ernährungsaufwand für sich, ist der nahezu völlig konstante Kostenanteil für Brot am auffälligsten. Zusammen mit kleineren Ausgaben für Mehl macht das Brot genau ein Fünftel des Einkaufsbetrags für Lebensmittel aus, bei einer minimalen Schwankung zwischen 19,8 und 20,7%. Wenn die Rechnungseinträge nicht täuschen, wurde das Brot in der Regel täglich frisch eingekauft, auch am Sonntag. Sehr viel unregelmäßiger ist der Kostenanteil des Fleisches, der zwischen 14 und 27% liegt. Fisch als Ersatz an Fasttagen erreicht einen Anteil von 6,5–11% an den Gesamtkosten der Verpflegung. Regelmäßig am höchsten, aber ebenfalls mit deutlichen Schwankungen, sind die Ausgaben für Wein notiert: Der Getränkekonsum erreichte knapp 40 bis gut 54% des Ernährungsaufwands. Auffallend ist, daß bei der Stichprobe mit den wenigsten Fleischeinkäufen anteilsmäßig am meisten Wein verbraucht wurde. Wenn also aus Gründen, die in der Rechnung nicht festgehalten sind, von der Küche nur qualitativ reduzierte Mahlzeiten geliefert werden konnten, wurden die Kriegsleute offenbar mit erhöhten Weinrationen bei Laune gehalten. Eier, Käse und Milch mit einem maximalen Anteil von zusammen 7% an den Ernährungskosten, Obst und [33] Gemüse mit zusammen höchstens 3% haben für den Verbrauch erwartungsgemäß nur eine sekundäre Rolle gespielt.

---

burger Reisigen ergäben sich danach allein gut 14 Pfund Pfeffer, aber ein derartiger Aufwand ist in der Abrechnung nicht zu entdecken.

22 StadtA Rothenburg B 388, f. 188v (3.7., Bad), 196r (10.7., Bad), 202v (24.7., Wäsche), 208v (12.8., Bad), 215r (26.8., Bad), 216r (2.9., Bad und Barbier), 218r (7.9., Barbier), 227r (1.10., Barbier). Es ist nicht ersichtlich, ob alle Bad- und Barbierbesuche eigens notiert wurden.

Tabelle 2: Kostenrelationen der 14. Woche (22.–28.7.1499).
Eigene Küche, Konstanz, ca. 17 Personen, 19 Pferde; in fl. rh.[23]

1. Brot, Mehl	2,38	7. Zehrkosten	2,84
2. Fleisch	2,36	8. Nicht verpflegungsbedingt	0,50
3. Fisch	1,35	9. Hafer, Pferdekosten	15,87 = 50,82%
4. Wein	4,74	10. Gesamt	31,23 = 100%
5. Eier, Käse, Milch	0,84		
6. Obst, Gemüse	0,35		

1. bis 6. = 12,02 = 38,5%

Tabelle 3: Kostenrelationen der 15. Woche (29.7.–4.8.1499).
Eigene Küche, Konstanz, ca.17 Personen, 19 Pferde; in fl. rh.[24]

1. Brot, Mehl	2,60	7. Zehrkosten	0,06
2. Fleisch	1,81	8. Nicht verpflegungsbedingt	2,00
3. Fisch	0,98	9. Hafer, Pferdekosten	13,30 = 47,0%**
4. Wein	7,08*	10. Gesamt, ohne Vorratskäufe	28,30 = 100%
5. Eier, Käse, Milch	0,34		
6. Obst, Gemüse	0,12		

1. bis 6. = 12,93 = 45,7%

* dazu noch 4,2 fl für Vorratskäufe   ** dazu noch 5,33 fl Vorratskäufe

Tabelle 4: Kostenrelationen der 16. Woche (5.8.–11.8.1499).
Eigene Küche, Engen, ca. 17 Personen, 19 Pferde; in fl. rh.[25]

1. Brot, Mehl	2,70	7. Zehrkosten	–
2. Fleisch	3,68	8. Nicht verpflegungsbedingt	0,20
3. Fisch	0,87	9. Hafer, Pferdekosten	12,42 = 47,8%
4. Wein	5,34	10. Gesamt	26,00 = 100%
5. Eier, Käse, Milch	0,69		
6. Obst, Gemüse	0,10		

1. bis 6. = 13,38 = 51,5%

---

23 StadtA Rothenburg B 388, f. 202r–203v.
24 StadtA Rothenburg B 388, f. 204r–206r.
25 StadtA Rothenburg B 388, f. 206v–208r.

[34] *Tabelle 5: Kostenrelationen der 20. Woche (2.9.–8.9.1499).*
Eigene Küche, Waldshut, ca.17 Personen, 19 Pferde; in fl. rh.[26]

1. Brot, Mehl	2,60		7. Zehrkosten	0,01
2. Fleisch	2,98		8. Nicht verpflegungsbedingt	0,70
3. Fisch	1,28		9. Hafer, Pferdekosten	14,05 = 50,7%
4. Wein	5,50		10. Gesamt	27,70 = 100%
5. Eier, Käse, Milch	0,23			
6. Obst, Gemüse	0,35			

1. bis 6. = 12,94 = 46,7%

Tabelle 6: Ernährungsbudget der Rothenburger Reisigen (vier Wochen).

Pflanzliche Produkte: 21,85%
Tierische Produkte: 33,95%
Wein: 44,20%

Abb.   Brot, Mehl   Fisch
        Obst, Gemüse   Eier etc.
        Fleisch   Wein

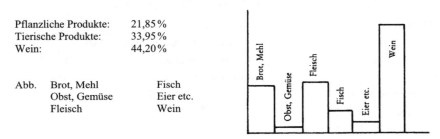

Ende Mai 1499 zogen 14 Reisige und zwei Wägen mit vier Fuhrleuten unter der Führung des Hauptmanns Erasmus von Musloe über Arlberg- und Reschenpass in das Kriegsgebiet im oberen Vinschgau[27], wo sie bis Ende Juni blieben. Es wäre besonders reizvoll, das Kostenergebnis dieser vier Wochen mit den Ausgaben während des Aufenthalts am Bodensee zu vergleichen, aber das ist wegen der Eigenheiten der Abrechnung nur begrenzt möglich: In den knapp vier Wochen, die man unterwegs war, werden teils einzelne Einkäufe für die eigene Küche, teils Mischposten (wie Brot und Wein, Brot und Käse) notiert, teilweise wird aber auch einfach die „Zehrung" verbucht als Pauschale für die gesamten Aufenthaltskosten in einer Herberge. So können nur ganz ungefähre Kostenrelationen ermittelt werden: Der Anteil der Verpflegungskosten für Speisen und Getränke liegt bei Vernachlässigung der „Zehrung" mit knapp 63% des Gesamtaufwands höher als am Bodensee, wo er 45–51% ausmacht. Soweit erkennbar, ist dafür nicht ein erhöhter Konsum verantwortlich, sondern das Absinken der Ausgaben für die Pferde. Während am Bodensee pro Tier und Woche 0,83–1,0 fl. rh. ausgegeben wurden, liegen die Kosten auf der Malser Heide bei ungefähr 0,03 fl. rh., unterwegs wurde nämlich keine Stallmiete gezahlt oder jedenfalls nicht verbucht. Wohl auch wegen dieser Kostenminderung liegt der Gesamtaufwand pro Kopf

---

26   StadtA Rothenburg B 388, f. 216v–218r. Zur Höhe der Ausgaben für die Pferde siehe unten S.36f.

27   SCHMIDT, Eine Reise (wie Anm.4), Heft 11, S.86f. Ferner WIESFLECKER, Kaiser Maximilian (wie Anm. 1), Bd. 2, S. 340–345.

und Woche im oberen Vinschgau mit ca. 1,6 fl. rh. an der Untergrenze der für das Bodenseegebiet ermittelten Beträge. Wie gesagt, in diesen Angaben stecken quellenbedingt einige [35] Unsicherheitsfaktoren, aber ein anderes Faktum wird durch die Abrechnung eindeutig belegt: Für die Rothenburger Reisigen gab es auf der Malser Heide im Vinschgau in den Wochen nach der Calvenschlacht am 22. Mai 1499 offenbar keine erkennbaren Versorgungsschwierigkeiten. Man konnte Brot, Fleisch, Fisch, Milch, Eier und Käse einkaufen, überwiegend in Pfunds und Nauders. Für 3 Gulden 36 Kreuzer kaufte man beispielsweise einen ganzen Ochsen, was kein hoher Preis war, wenn es sich nicht um ein ganz elendes Tier gehandelt hat. Selbst Hafer gab es, trotz der Jahreszeit noch vor der neuen Ernte. Unter der unsicheren Voraussetzung, daß ein Hafermaß der Abrechnung im Vinschgau ungefähr die gleiche Menge bedeutet wie ein Hafermaß in Konstanz, war Pferdefutter an der oberen Etsch allerdings erheblich teurer: 30 Kreuzer pro Hafermaß gegenüber 10 Kreuzern und darunter am Bodensee.

Diese Befunde zur Versorgungslage überraschen, weil allgemein davon ausgegangen wird, nach der Calven-Schlacht am 22. Mai sei der Vinschgau durch die siegreichen Bündner vollständig zerstört und ausgeplündert worden. Diese Ansicht stützt sich wohl besonders auf Willibald Pirckheimers dramatischen Bericht[28]. Der Verpflegungsaufwand der Rothenburger Reisigen, die nur knapp zwei Wochen nach der Calven-Schlacht auf der Malser Heide eintrafen, belegt einmal mehr, daß nüchterne Abrechnungen farbige Erzählungen korrigieren können.

Tabelle 7: Kostenrelationen bei dem Zug auf die Malser Heide (2.–24.6.1499).
14 Reisige, 4 Fuhrleute; in fl. rh.[29]

1. Ernährung*	17,12		4. Nicht verpflegungsbedingt	0,61
2. Wein	23,43		5. Pferdefutter	21,95
	1. + 2. = 40,55 = 62,8 %		6. Sonstige Pferdekosten	0,25
3. Sonstiges	1,21			5. + 6. = 22,20 = 34,4 %
			7. Gesamt**	64,54 = 100 %

* darunter geringfügige Mischposten mit Heu und Stroh
** dazu kommen noch 6,96 fl. rh. für „Zehrung", so daß sich die Gesamtkosten auf 71,5 fl. rh. erhöhen. Schlägt man den Posten „Zehrung" ganz zu den Verpflegungskosten, steigt deren Anteil auf 66,45 %

Nach diesem Abstecher in das Kriegsgebiet von 1499 nochmals zurück zu den Aufenthaltskosten des städtischen Aufgebots am Bodensee: Bezüglich der absoluten Verbrauchsmengen pro Kopf sind die Aussagemöglichkeiten begrenzt. Für das Brot werden nur die Preise notiert, die ich in keine Relation zu den Gewichtsmengen bringen kann. Beim Wein ergibt sich eine Tagesration von 2 Maß als Norm. Falls es sich dabei um die Konstanzer Maß zu 1,19 l handeln sollte, ergäbe sich ein täglicher Konsum von

---

28 Außer WIESFLECKER, Kaiser Maximilian (wie Anm. 1), Bd. 2, S. 341f., besonders Otto FEGER, Geschichte des Bodenseeraumes Teil 3, 2. unver. Auflage, Sigmaringen 1980, S. 343.
29 StadtA Rothenburg B 388, f. 191r–193v. Die Reisigen brachen am 28. Mai vom Bodensee auf und erreichten die Malser Heide am 2. Juni.

rund 2,4 Litern[30]. Im Wochendurchschnitt wurde die Ration, soweit errechenbar, eher über- als unterschritten. Der wöchentliche Fleischverbrauch lag, soweit erkennbar, [36] bei 5 bis knapp 8 Gewichtspfund, also rund 2,3–3,7 kg pro Person oder, abzüglich der fleischlosen Wochen auf das Jahr hochgerechnet, bei 72–116 kg[31]. Es läßt sich aber auch nicht annähernd abschätzen, welchen Knochenanteil das in Großportionen eingekaufte Fleisch hatte, wieviel davon tatsächlich auf die Teller gekommen ist. Aber die Portionen waren zweifellos reichlich.

Bezüglich möglicher Statusunterschiede bei der Verpflegung durch die Rothenburger Feldküche ist die Abrechnung weniger genau als wünschenswert. Sie verzeichnet zwar „Schönbrot" und „Roggenbrot", verschweigt aber, ob die bessere Sorte für die Reisigen, die billigere für die Fuhrknechte bestimmt war. In mehreren Einträgen wird dagegen faßbar, daß der Wein der Fuhrknechte um die Hälfte billiger sein konnte als der der Reisigen. Daß die besonderen Einkäufe wie Hühner, Sulz, Gewürze und Frischobst ganz oder überwiegend für den Hauptmann Musloe bestimmt waren, erscheint wahrscheinlich, aber die Quelle erlaubt hier nur Vermutungen.

Während sich ausgesprochener „Luxusaufwand" jedenfalls in recht engen Grenzen gehalten hat, wurde bei den Mengen kräftig zugelangt, wie die voranstehenden Zahlenangaben belegen. Man hat nicht ausgesprochen üppig, aber gut gelebt, und ein *für den unlust* an die Wirtin in Konstanz gezahltes Trinkgeld[32] mag der Hinweis darauf sein, daß der reichliche Weingenuß nicht immer ohne Folgen geblieben ist. Ein Vergleich der Rothenburger Abrechnung des tatsächlichen Aufwands mit dem Soll-Anschlag für die Verköstigung des Nürnberger Aufgebots im Markgrafenkrieg 1449/50 ist wegen der unterschiedlichen Voraussetzungen natürlich nur beschränkt möglich[33]. Immerhin fällt auf, daß bei den Nürnbergern die mitgeführten Vorräte eine große Rolle spielen: Stockfisch, Salzfisch, Speck und besonders Getreide und Hülsenfrüchte zum Kochen von Mus. Die Rothenburger Reisigen haben laut Rechnungsnotizen zwar auch ein Fleischfaß und ein Fäßchen für *kuchespeiß* (Mus) mit sich geführt[34], aber sie haben ganz offensichtlich den regelmäßigen Einkauf frischer Ware bevorzugt. Sie haben lieber Süßwasserfische als Salzfische und lieber Brot vom Bäcker statt Mus gegessen. Aber bei ihnen fehlt, wie bereits erwähnt, der in Nürnberg für die *erbern* vorgesehene Konsum von Safran, Ingwer, Nelken, Pfeffer und Zimt, der vergleichbar auch bei dem Regensburger Aufgebot gegen die Hussiten (1431) feststellbar ist[35]. Ob die Rothenburger bei den teuren Gewürzen aus finanziellen Gründen oder wegen fehlender Einkaufsmöglichkeiten so sparsam sein mußten, läßt sich nicht ermitteln. Die Angebote des fruchtbaren Bodenseegebiets haben sie aber durchaus zu genießen gewußt.

Es ist nochmals daran zu erinnern, daß der Ernährungsaufwand in den überprüften Wochen nur rund die Hälfte der Gesamtkosten ausgemacht hat. Schon bei der ersten

---

30   Friedrich LUTZ, Altwürttembergische Hohlmaße (Getreide, Salz, Wein). (Darstellungen aus der württembergischen Geschichte 31), Stuttgart 1938, S. 129.

31   Aus dem Rahmen fällt die 16. Woche mit über 11 Pfund Fleischeinkäufen pro Kopf. Dabei handelte es sich wohl um Vorratskäufe: StadtA Rothenburg B 388, f. 206v–208r.

32   StadtA Rothenburg B 388, f. 205v (15. Woche, Konstanz).

33   Siehe oben Anm. 19.

34   StadtA Rothenburg B 388, f. 178v, 182v, 195r.

35   Siehe oben Anm. 19 und Anm. 21.

Anmarschwoche mit Wirtshausverpflegung war der hohe Anteil der Pferdekosten (ca. 40 %) auffallend. In den Wochen mit eigener Küche tritt dieses Faktum in den Abrechnungen noch deutlicher in Erscheinung: Zwischen 47 und 51 % der Ausgaben [37] entfallen auf Stallmiete und Haferkäufe. Bei durchschnittlich wohl 19 Pferden und 17 (gelegentlich auch 20) Personen bedeutet dies, daß der Unterhalt von Mensch und Tier praktisch gleich viel kostete. Das ist außer auf die Stallmiete – pro Pferd und Tag meist 3 Kreuzer – in erster Linie auf die überraschend hohen Ausgaben für Hafer zurückzuführen. Verbrauchsangaben aus der 14. und 15. Woche (Konstanz) legen den Schluß nahe, daß für sieben Reit- und zwölf Wagenpferde wöchentlich 3,5 Malter = 56 Maß Hafer verfüttert wurden. Falls es sich dabei um das Konstanzer rauhe Malter zu rund 446 l handelt, ergeben sich folgende Zahlen: 1561 l Hafer je Woche = 82,12 l je Pferd = 11,73 l je Tag = 5,12 kg[36].

Diese 11,73 Liter liegen sehr nahe bei der Haferration von 12,6 Litern, die Ende des 19. Jahrhunderts bei der preußischen schweren Reiterei üblich war. Eine Straßburger Vorschrift des ausgehenden 14. Jahrhunderts über die Fütterung von Kriegspferden nennt 1 Sester täglich (ca. 15,7 l = 6,85 kg) und läge also deutlich höher, und auf der jülischen Burg Kaster wurden Ende des 14. Jahrhunderts sogar 9 kg täglich verfüttert[37]. Geht man davon aus, daß die Reitpferde der Rothenburger Reisigen einen größeren Teil der Hafereinkäufe erhalten haben als die Wagenpferde, werden sie zumindest die Ration der preußischen Kavalleriepferde erreicht haben. Der Wochenbedarf von wahrscheinlich rund 1500 Litern Hafer für das kleine Rothenburger Aufgebot verdeutlicht auch, welche Anforderungen der Unterhalt eines größeren Reiterkontingents an die Leistungsfähigkeit der Landwirtschaft einer Region oder des Nachschubsystems stellen mußte. Im übrigen sind die Futterkäufe in der Abrechnung nicht der einzige Beleg dafür, wie pfleglich die Pferde behandelt wurden. Außer den selbstverständlichen Ausgaben für neue Hufeisen belegen zahlreiche Notizen die regelrechte Behandlung aufgerittener oder sonst verletzter Pferde: Dafür verwendete man Eier, Schmer, Tropfwein, Essig und Olivenöl, und einmal wurde deswegen sogar in der *appoteken* eingekauft[38]. Das entsprach offenbar verbreiteten Gewohnheiten der Zeit, beispielsweise wurden im städtischen Pferdestall von Göttingen zur Behandlung Butter, Hundefett, Kleie, Eier, Essig, Bier, Mehl und Kupferrauch eingesetzt[39].

Im Kontext des Rothenburger Aufgebots im Schweizerkrieg war in meinen bisherigen Ausführungen ganz überwiegend von der Versorgung der Reiter und ihrer Pferde die Rede. Dies nicht deswegen, um hier unbedingt Alltagsgeschichte auszubreiten, sondern weil – um dies vorwegzunehmen – der doch so erbittert ausgetragene Schweizerkrieg für das Aufgebot der Reichsstadt Rothenburg nicht stattgefunden hat. Das ist

---

36 LUTZ, Hohlmaße (wie Anm. 30), S. 129, 165. Die Umrechnung in Kilogramm nach Wilhelm ABEL, Agrarkrisen und Agrarkonjunktur, 3. Aufl. Hamburg, Berlin 1978, S. 294.

37 Ernst VON DER NAHMER, Die Wehrverfassungen der deutschen Städte in der zweiten Hälfte des 14. Jahrhunderts, Marburg 1888, S. 14f. (preußische Ration: frdl. Hinweis von G. Fouquet). Die Chroniken der deutschen Städte (wie Anm. 19), Straßburg Bd. 2, Leipzig 1870 (ND 1961), S. 960. Wolfgang HERBORN, Alltagsleben auf einer Burg. Kaster im ausgehenden 14. Jahrhundert. In: Dürener Geschichtsbll. 75 (1986), S. 5–20, hier S. 9 mit Anm. 17.

38 StadtA Rothenburg B 388, f. 163r, 164r, 165r, 171v, 176r, 192v u.a.

39 Dieter NEITZERT, Pferdebedarf und Pferdeeinkauf im 15. Jahrhundert am Beispiel der Stadt Göttingen. In: Niedersächs. Jahrbuch 48 (1976), S. 369–380, hier S. 374.

nach heutiger Auffassung gewiß eher ein Vorzug, aber man wird diese Betrachtungsweise nicht einfach auf das ausgehende 15. Jahrhundert übertragen dürfen.

[38] Im einzelnen: Einleitend habe ich erwähnt, daß nur 23 (= 40%) der ursprünglich 63 Rothenburger Fußknechte von dem Feldzug zurückgekommen sind. Dies allerdings nicht wegen Kriegsverlusten, es sind keinerlei Feindberührungen erkennbar. Vielmehr sind die Söldner in ihrer Mehrzahl einfach weggelaufen[40]. In der 13. Woche muß es geradezu zu einer Art Meuterei gekommen sein, denn die 1. Rotte schrumpfte von neun auf fünf Mann, insgesamt traten elf Söldner aus dem Dienst. Vielleicht besteht hier ein Zusammenhang mit der von König Maximilian für den 15. Juli 1499 angesagten Truppenmusterung vor Konstanz[41] und der damit verbundenen Möglichkeit, in andere Dienste zu treten. Trotzdem überraschen die Rothenburger Mannschaftsverluste: Wie oben schon dargestellt, erfolgte die Soldzahlung absolut pünktlich, was in der spätmittelalterlichen Kriegführung selbstverständlich nicht die Norm war. Wenn die Fußknechte trotzdem davonliefen, bleiben nur zwei Erklärungen: die Hoffnung auf Beute bei einer aktiveren Kriegsteilnahme oder die Angst vor den Schweizern, die in der Rechnung einmal als *die groben Bauern* bezeichnet werden[42].

Auch bei den Reisigen gibt es in der Abrechnung keinen Hinweis auf eine Beteiligung am Kampfgeschehen des Schweizerkriegs. Einziges Opfer des Unternehmens war ein Reitpferd, das beim Sturz in einen Keller verendete. Außerdem mußte ein gestürzter Reisiger, Peter der Marstaller, verarztet werden – die einzige Notiz dieser Art in der Abrechnung[43]. Bei den Unterhaltskosten für Wagentroß und Reisige erscheinen nur ganz vereinzelt unmittelbar kriegsbezogene Ausgaben – einige Waffenreparaturen, zwei Pulverkäufe, zusammen gerade 0,63% des Gesamtaufwands[44]. Obwohl die Reisigen keinen Sold bezogen, kostete der Unterhalt eines Reiters samt Pferd pro Woche das Eineinhalb- bis knapp Zweifache des gewöhnlichen Soldes für Fußknechte (1 fl. rh.). Bei bezahlten Reitern würde sich diese Schere noch erweitern, kein Wunder also, daß auch aus Kostengründen dem büchsenbewaffneten Söldner zu Fuß wachsende Bedeutung zukam[45].

Von der Reichsstadt Rothenburg aus betrachtet, war der einzige positive Aspekt des Unternehmens das Ausbleiben von Verlusten, insbesondere auch von Gefangennahmen mit der möglichen Konsequenz hoher Lösegeldforderungen. Ob Hauptmann Musloe durch bewußt vorsichtiges Taktieren zu diesem Ergebnis beigetragen hat oder ob es zufallsbedingt war, muß offenbleiben. Die eher weinfröhliche Bodenseefahrt der Rothenburger Reiter darf man sicher nicht als repräsentativ für städtische Kriegsteilnahmen betrachten und erst recht nicht als charakteristisch für das allgemeine Kriegswesen der Zeit. Aber der ausnehmend genau überlieferte Ablauf zeigt doch, daß nicht jede größere Kriegsausgabe in einem Stadthaushalt unbesehen mit ernsthaften militärischen Ambitionen gleichgesetzt werden darf. Rothenburgs Teilnahme am Schweizerkrieg verdeutlicht auch sehr konkret, warum diese Art von

---

40 Ergebnis der Auswertung des Soldregisters, StadtA Rothenburg B 388, f. 240r–272r.
41 WIESFLECKER, Kaiser Maximilian (wie Anm. 1), Bd. 2, S. 346.
42 StadtA Rothenburg B 388, f. 182v.
43 StadtA Rothenburg B 388, f. 193 und 196v (Sturz eines Reisigen), 207v (verendetes Reitpferd).
44 StadtA Rothenburg B 388, f. 162v, 165v, 174r (Pulver), 177r, 179r (Pulver).
45 BAUMANN, Frundsberg (wie Anm. 13), S. 201 und 211.

Reichsdienst bei den Städten [39] so unbeliebt war[46]: Ohne daß damit realistische Aussichten auf politischen Gewinn verbunden gewesen wären, konnten in kurzer Zeit sehr hohe Kosten auflaufen. Im vorliegenden Fall kostete das vergleichsweise winzige Aufgebot von knapp 80 Kriegsleuten in 24 Wochen rund 2200 fl. rh. Von diesem Betrag ausgehend, läßt sich mühelos hochrechnen, vor welche Finanzprobleme kriegführende Mächte gestellt waren – allein im Schweizer Krieg haben Maximilian I. und der Schwäbische Bund ja viele Tausende von Söldnern und Landsknechten angeworben[47]. Wie im Beitrag von Gerhard Fouquet nachgewiesen wird, konnten Stadthaushalte auch bei der Bestreitung von Kriegskosten und Verteidigungsmaßnahmen eine erstaunliche Leistungskraft entwickeln. Aber gegenüber den Erfordernissen der Söldnerkriegsführung, wie sie sich besonders im 16. Jahrhundert entwickelten, mußte die Finanzkraft der meisten Städte hoffnungslos zurückbleiben. Der Bedeutungsrückgang und- der Verlust an selbständiger politischer Handlungsfähigkeit, der für viele Reichsstädte im 16. Jahrhundert feststellbar ist, kann zwar nicht allein, aber unter anderem auch mit den Wandlungen im Kriegswesen[48] erklärt werden.

---

46 WIESFLECKER, Kaiser Maximilian (wie Anm. 1), Bd. 2, S. 333.
47 Zu den ja allgemein bekannten Finanzproblemen der Kriegführung mit Söldnern finden sich sehr genaue Angaben bei BAUMANN, Frundsberg (wie Anm. 13), S. 256–262, 270–275.
48 Ein guter Überblick dazu bei William H. MCNEILL, The Pursuit of Power, Technology, Armed Force, and Society since A.D. 1000, Oxford 1983, S. 63–116.

Erinnerungen an Ulf Dirlmeier

Erinnerungen an Ulf Dirlmeier

von Kurt Andermann

Zu Beginn meines Geschichtsstudiums in Mannheim, in den Jahren 1972/73, erschien mir der Oberassistent Dr. Ulf Dirlmeier gänzlich unnahbar. Mit der Arbeit an seiner Habilitationsschrift beschäftigt, war er von der Lehre freigestellt. Gelegentlich tauchte der hagere Mann in der Bibliothek des Historischen Instituts auf, war meist binnen kurzem wieder verschwunden und hinterließ einen vergeistigten bis scheuen Eindruck. Regelmäßig begegnete er mir später in den Haupt- und Oberseminaren meines Lehrers Fritz Trautz, wo er „assistierte" und wohl manches Mal erreichte, daß die Benotung eines vorgetragenen Referats nochmals überdacht wurde. Und schließlich – das „zweite Buch" war inzwischen fertiggestellt – besuchte ich bei ihm selbst eine Übung über mittelalterliche Rechnungen; von dem dort Gelernten zehre ich noch heute. Bei einer Seminar-Exkursion zu Felsenburgen im Wasgau begegnete der gebürtige Oberbayer dem Stolz des Pfälzers auf die Schönheit des Pfälzerwaldes mit der freundlichen Frage, wo denn hier die Berge seien. Langsam verdichteten sich die Kontakte, und als Dirlmeiers eines Abends die Übungsteilnehmer zu sich nach Hause einluden, durfte ich sogar meine Freundin mitbringen. Einige Zeit danach, der erste Schritt ins Berufsleben war bereits getan, begegneten wir uns wieder bei einer Tagung des Südwestdeutschen Arbeitskreises für Stadtgeschichte, wo er mich zur abendlichen Nachsitzung mitnahm und Sorge trug, daß ich neben Erich Maschke zu sitzen kam – ein in jeder Hinsicht bereicherndes Erlebnis. Eben damals entstand auch meine Dissertation, die seinen Anregungen und Ermutigungen viel verdankt, bis hin zur Übernahme des Koreferats.

Infolge berufsbedingter Distanz sah man sich in den Jahren danach nur noch selten, immer wieder einmal bei Tagungen, aber es entspann sich ein lockerer, gewöhnlich den Austausch von Separata begleitender Briefwechsel. 1993 lud er mich dann „in alter Verbundenheit" zu einem Gastvortrag an der Universität Siegen ein, mein erster akademischer Gastvortrag überhaupt. Aus den ihm damals unterbreiteten Themenvorschlägen entschied er sich zielsicher für ‚Adel und Geld', nicht allein aus eigenem wirtschaftshistorischem Interesse, sondern natürlich auch, weil er genau wußte, daß diese Materie mir selbst vor allem am Herzen lag und überdies genügend Zündstoff barg für die anschließende Diskussion; zur beiderseitigen Zufriedenheit kam es auch so. Meiner Erinnerung hat sich jener Besuch in Siegen aber weniger wegen des Vortrags und der am Ende doch nur teilweise kontroversen Diskussion eingeprägt, als vielmehr wegen des wahrhaft großartigen Empfangs, der mir in Siegen bereitet wurde. Selbstverständlich begann alles damit, daß man mich am Bahnhof abholte und mich in mein mit viel Bedacht gewähltes Quartier begleitete. Am Abend gaben sodann Dirlmeiers zu Ehren des Gasts in einem Restaurant ein nachgerade festliches Abendessen, wozu alle Lehrstuhlangehörigen eingeladen waren, insgesamt wohl gegen zwanzig Personen. Tags darauf – mein Vortrag war auf zehn Uhr terminiert – wurden mir vorweg Seminar und Bibliothek gezeigt, ganz so, wie ich das einst als Student in Mannheim beobachten konnte, wenn Fritz Trautz einem Gastreferenten alle Ehren erwies. Zum Abschluß lernte ich in anregender Gesellschaft auch noch das Séparée der Siegener Mensa kennen und wurde schließlich, solcherart an Seele und Leib gestärkt, wieder zum Zug gebracht.

Die letzten persönlichen Begegnungen waren Ende der 1990er Jahre auf der Insel Reichenau bei Gelegenheit von Tagungen des Konstanzer Arbeitskreises für mittelalterliche Geschichte, zu denen man ihn um Referate zunächst über Friedrich Barbarossa und dann auch über Heinrich den Löwen als „Wirtschaftspolitiker" gebeten hatte; den zuletzt genannten Vortrag schloß er – typisch Dirlmeier – mit dem kategorischen Hinweis, für künftige Vorträge über mittelalterliche Herrscher „und die Wirtschaft" nicht mehr zur Verfügung stehen zu wollen. Eine Einladung zum Abendessen im kleinen Kreis schlug ich bei einer dieser Tagungen mit Rücksicht auf die Geselligkeit im großen Kreis aus, was ihn möglicherweise kränkte. Allerdings unternahmen wir seinerzeit auch einmal einen gemeinsamen, sehr ausgedehnten Spaziergang über die abendliche, ja schon nächtliche Reichenau, an den ich wegen der dabei geführten intensiven und vertrauensvollen Gespräche besonders gern zurückdenke. Nach dem plötzlichen Tod seiner Frau schlief der Kontakt rasch ein. Die letzte Karte, die ich von ihm erhielt, datiert von Ende Januar 2003 und artikuliert in vier Zeilen seinen Dank für Geburtstagswünsche und eine Aufsatzwidmung. Ulf Dirlmeier war mir wieder ganz weit entrückt. Geblieben ist das Andenken an einen liebenswürdigen, wohlwollenden und allzeit hilfsbereiten Menschen mit einem hintergründigen Humor, an einen Menschen, bei dem ich indes nie so recht wußte, wie ich mich ihm nähern soll, ohne ihm zu nah zu treten.

Condicio sine qua non

von Jens Aspelmeier

Die Leistungen und Verdienste Herrn Dirlmeiers als Professor für die mittlere und neuere Geschichte an verschiedenen Universitäten sowie als langjähriger DFG-Hauptgutachter für die Forschungslandschaft sind bereits von berufener Stelle hervorgehoben worden. Es sollen hier die eher persönlichen Momente betrachtet werden: Als ich mein Studium der Geschichte im Sommer 1995 begann, war ich bereits seit Jahren von Geschichte fasziniert, allerdings besaß ich lediglich eine vage Vorstellung, wie das Fach zu studieren sei. Dies änderte sich schnell, als ich Herrn Dirlmeier in den ersten Seminaren begegnete. Das Mittelalter mit seiner faszinierenden Fremdheit umfassend darstellen zu können und vor allem sein wohltuend sachlicher Blick auf alltägliches Leben in dieser Epoche eröffneten eine für mich neue – eine wissenschaftliche Betrachtung. Dass dabei Rechnungsquellen die Grundlage sozialgeschichtlicher Fragestellungen bildeten, war wohl nicht nur für mich eine gute Schule, die methodischen Grundlagen des Faches zu erlernen und dabei den bisweilen verklärenden Blick auf Geschichte insgesamt, besonders auf das Mittelalter und die frühe Neuzeit zu verlieren.

Nachdem ich nun seit einigen Jahren selbst in der universitären Lehre tätig bin und dabei mittlerweile einige vermeintlich erfolgversprechende Trends medialer Seminargestaltung kennengelernt habe, denke ich immer öfter an die Seminare Herrn Dirlmeiers zurück. Sie galten unter den Studenten als Highlight des Faches, da seine sprachliche Präzision, die subtilen Kommentare sowie sorgsam dosierte humoristische Ergänzungen neben der selbstverständlichen fachlichen Kompetenz stilbildende Wirkung hinterließen. Wie wenige andere vermochte er das Plenum allein *so* in seinen Bann zu schlagen; freilich gelegentlich unterstützt durch ein sorgsam eingewickeltes Stück Kreide. Nicht wenige – wozu auch ich gehörte – belegten mehrere seiner Seminare, ohne einen Schein erwerben zu wollen, um sich im wortwörtlichen Sinne aufs Angenehmste belehren zu lassen. Wie selbstverständlich haben wir uns auf die Seminare vorbereitet, indem die zu vorbereitenden Quellenauszüge sorgfältig gelesen und mit Randkommentaren versehen mitgebracht wurden. Ohne didaktische Kunstgriffe zu benötigen, reichte eine richtige Antwort und das freilich sparsam eingesetzte – sehr richtig beobachtet! – den Ansporn für intensiveres Studium freizusetzen. Die intimere Atmosphäre der von ihm begleiteten großen Jahresexkursionen des Faches sowie ein freies Doktorandenkolloquium verstärkten noch seine erfreulich unprätentiöse Art der Bildung mit zahlreichen Anekdoten, die bis heute im Kreis der Eingeweihten wohlige Sentimentalität an gute alte Studienzeiten hervorrufen.

Gegen Ende meines Studiums bestärkten mich die in Hausarbeiten erfolgten eigenen Schritte wissenschaftlicher Quellenanalyse und die höfliche Ermunterung Herr Dirlmeiers eine akademische Laufbahn einzuschlagen – dies erfreulicherweise als Teil der Dirlmeier-Schule, die bis heute in der Wissenschaftslandschaft nichts an Anerkennung eingebüßt hat. Weitaus mehr als die fundierte wissenschaftliche Begleitung waren mir der Freiraum und das Vertrauen Herr Dirlmeiers der entscheidende Rückhalt, der mir nach schwierigen Jahren des beruflichen Einstiegs zum Abschluss meiner Dissertation verholfen hat. Immer wieder ertrug er in der ihm eigenen Zurückhaltung trotz privat schwieriger Jahre die Abgabeverzögerungen seines letzten Doktoranden, wobei wohl immer offen bleibt, wessen Erleichterung nach meinem Rigorosum größer gewesen ist.

Es gehörte zu den schönen Erlebnissen neben dem Wissenschaftler und Doktorvater immer mehr den Menschen Ulf Dirlmeier kennenzulernen und dabei die eine oder andere Gemeinsamkeit zu entdecken, so z. B. das Wandern in den Südtiroler Bergen. Diese geteilte Leidenschaft führte dazu, dass wir eine gemeinsame Wanderung rund um das Kloster Marienstatt im Westerwald mit einigen seiner Doktoranden sowie seinem geschätzten Kollegen Herrn Reulecke organisieren konnten. Nach erfolgreicher Tour im dortigen Kloster-Brauhaus angekommen, ergab sich schnell der Wunsch nach einer Wiederholung. Die bereits anvisierte nächste Tour war uns leider nicht mehr vergönnt. Die Bilder des munteren Tages bleiben uns wohl alle in schöner Erinnerung.

Das Studium und die ersten akademischen Berufsjahre mit allen inhaltlichen Herausforderungen und organisatorischen Klippen, die es zu bewältigen galt, sind ohne Zweifel eine Phase im Leben eines jungen Menschen, die ihn für sein weiteres berufliches und privates Leben nachhaltiger prägen als vieles zuvor. Neben den Inhalten des Faches begegnete ich vor allem vielen unterschiedlichen Menschen, die meist genauso fasziniert auf Vergangenes in seiner Vielfalt blicken. Dabei gehörte jedoch mein Doktorvater zu den wenigen, die mir über das fachliche Streben hinaus auch im menschlichen Miteinander an der Alma mater Orientierung gaben. Wissenschaftliches Denken, Bildungslust und -genuss ohne persönliche Eitelkeit miteinander zu verbinden und andere daran teilhaben zu lassen, dies war in seinem Leben eine *condicio sine qua non*. Mein Doktorvater bleibt darin für mich bis heute unerreicht.

Ja, das ist es!

von Hans-Peter Becht

Es muß Mitte Oktober 1974 gewesen sein… an einem Dienstag, 16.15 Uhr. Wo es war, weiß ich noch mit Bestimmtheit: „EO 116" nannte sich dieses schlauchartige Gelaß im Mannheimer Schloß. Am einen Ende eine Tür, am anderen Ende, fünf oder sechs Meter entfernt, ein Fenster. Dazwischen eine Doppelreihe Tische mit Stühlen – kein Interieur, das an ein Schloß erinnert, vielleicht aber Grund genug, die Raumbezeichnung „Ehrenhof Ost" schamhaft abzukürzen. Aus der Erfahrung des Vormittags heraus hatte ich vermutlich eine halbe Stunde für das Suchen des Raumes eingeplant, ich war aber auf alle Fälle rechtzeitig da.

In diesem Ambiente begegnete ich Ulf Dirlmeier zum ersten Male. Anlaß war ein Proseminar, das der damalige „Oberassistent" mit dem Thema „Wüstungen im Spätmittelalter" zuzubringen gedachte. Das Thema scheint Abschreckungspotential besessen zu haben, das freilich nicht nur mir nicht bewußt war, sondern auch drei anderen Erstsemestern nebst einer Kommilitonin im dritten Fachsemester. Vielleicht dachten wir Anfänger, daß „Wüstungen" irgendetwas mit dem zu tun haben, was man heute „action" nennt.

Die erste Sitzung wird mir unvergeßlich bleiben. Die Einführung ins Thema war zugleich eine Skizze dessen, was Historiker gemeinhin so tun. Sie reichte aus, um mich zu unverzüglichem Studium der nicht eben allzu aufregenden Monographie Wilhelm Abels zum Thema zu animieren. Viel davon werde ich kaum auf Anhieb kapiert haben (und schließlich – so meine längst bereitgelegte Ausrede – war ich ja auch mit einem vorrangigen Neuzeit-Interesse an die Universität gegangen), es reichte aber aus, um am späteren Abend dieses Tages die Wahl des Studienfaches bestätigt zu sehen: „Ja, das ist es!" Mit diesem Eindruck gewappnet, konnten mir auch die Einführungsveranstaltungen in meinen beiden anderen Fächer – in einer davon galt es, binnen 14 Tagen zwei englischsprachige Bücher à 500 Seiten zu lesen – kaum noch etwas anhaben.

Ulf Dirlmeier hat „Ja, das ist es!" in der folgenden Zeit noch mehr als einmal bestätigt und zur Gewißheit gerinnen lassen. Zwei Jahre später assistierte ich Ulf Dirlmeier erstmals als Tutor in seinem Seminar und lernte unendlich viel von ihm über seine Auffassung von akademischer Lehre und versuche bis heute, ihm nachzueifern. Obschon ich mich zum Renegatentum bekennen muß – wenige Jahre später vollzog ich doch noch einen dauerhaften Rückwärtsschwenk zur Neueren Geschichte –, übt vor allem derjenige Bereich der mittelalterlichen Geschichte, für den Ulf Dirlmeier stand und Pionierarbeit leistete, nach wie vor nicht unerhebliche Faszination auf mich aus, nicht zuletzt auch deshalb, weil die thematische wie inhaltliche Fortentwicklung, ja Modernisierung der Mediävistik in den letzten 40 Jahren so ungeheuer beeindruckend ist. Auch an dieser Modernisierung hat Ulf Dirlmeier nicht wenig Anteil.

Unsere Wege kreuzten sich institutionell wenig später in Heidelberg, wo Ulf Dirlmeier einen verwaisten Mittelalter-Lehrstuhl vertrat und ich mittlerweile Assistent war. Mit den Worten: „Hier tagt die Mannheim-Fraktion", erläuterte er den Charakter eines unserer Zusammentreffen einem zufälligen Besucher. Sein Humor und seine Herzlichkeit – beides oftmals auch in einem herzlichen Lachen vereint – begleiteten jede Begegnung mit ihm und seiner Frau Cornelia. Auch die tiefe Bindung zwischen beiden war stets zu spüren – selbst beim leicht ins Anarchische spielenden gemeinsamen Zubereiten selbst gesammelter Pilze.

Ulf Dirlmeier begleitete auch meine ersten wissenschaftlichen Gehversuche. Ohne Zögern versprach er dem Neuling einen Beitrag für die erste eigene Edition und gab vielerlei Ratschläge für die ersten Publikationen – immerhin zwei davon betrafen das Mittelalter. Seine Ratschläge waren stets motivierend. Er war ein Meister darin, kritische Einwände in Fragen zu kleiden, stets zu ermutigen und zu begeistern.

Ulf Dirlmeier wurde mir mit den Jahren vom akademischen Lehrer zum Kollegen und zum Freund. Die räumliche Distanz verhinderte eine wirklich intensive Pflege der Freundschaft, dennoch waren wir uns beide unserer Verbundenheit bewußt. Zuletzt empfand ich sie, als ich an seinem Grab stand. „Ecce homo!" – „Sehet, welch ein Mensch", lautet Luthers Übersetzung dieses angeblichen Ausspruchs von Pontius Pilatus. Dieses Wort auf Ulf Dirlmeier anzuwenden, fällt auch dann leicht, wenn man sich nur noch seiner erinnern kann. Ich werde es stets in Dankbarkeit und Verbundenheit tun.

Heidesand und Contenance

von Manfred Clauss

Wann lernt man einen neuen Kollegen kennen? Wenn er sich in der Berufungskommission vorstellt. Dies war meine erste Begegnung mit Ulf Dirlmeier. Er versprach, nach Siegen zu kommen und auch dorthin umzuziehen, sobald seine Frau eine Stelle gefunden hätte. Da dies einige Monate dauern konnte, lud ich Ulf Dirlmeier ein, die Zeit seines ersten Semesteraufenthaltes in Siegen bei uns zu verbringen. So kam er ein Semester lang dienstags bei uns an, übernachtete zweimal und brach dann wieder nach Mannheim auf. Es war eine schöne Zeit, die allen Familienmitgliedern in guter Erinnerung blieb, was sicherlich nicht zuletzt an den ausgezeichneten Pralinen lag, die Ulf Dirlmeier stets aus Mannheim mitbrachte.

Dann fand Cornelia Dirlmeier rasch eine Stelle in Attendorn, und die beiden siedelten sich in Freudenberg/Alchen an. Um noch etwas beim Kulinarischen zu verbleiben: Cornelia Dirlmeier buk zu Weihnachten hervorragende Plätzchen, unter anderem auch Heidesand. Es ist schwer zu sagen, ob Ulf Dirlmeier diesen Heidesand mehr schätzte oder ich. Aber dann stellte Cornelia Dirlmeier einmal auf ein ökologisches Rezept um, das deutlich weniger Zucker verlangte als der bisherige Heidesand benötigt hatte. Ulf Dirlmeier trug es mit der ihm eigenen Fassung und Zurückhaltung, von beidem besaß er ungemein viel und ich deutlich weniger: „Im vergangenen Jahr schmeckte der Heidesand besser", stellte ich, vielleicht etwas vorlaut, aber ehrlich fest. Ulf Dirlmeier strahlte, vor allem, als wir im nächsten Jahr wieder die gewohnten süßen Weihnachtsplätzchen erhielten.

Die Contenance zu wahren, das war sicherlich eine Eigenschaft, die mir vor allem einfällt, wenn ich an meine persönlichen und wissenschaftlichen Kontakte mit Ulf Dirlmeier denke. In der doch recht kurzen Zeit unserer gemeinsamen Tätigkeit in Siegen haben wir zwei Exkursionen durchgeführt. Unvergeßlich ist mir eine Situation in einer Stadt, deren Namen mir entfallen ist. Ein sicherlich hochgelehrter mediävistischer Kollege referierte dort weit über eine Stunde über ein mittelalterliches Phänomen, das ich ebenfalls längst vergessen habe. Dies lag vor allem daran, daß es sich unsichtbar unter dem Asphalt befand, auf dem wir standen. Meine Bereitschaft, den Ausführungen zu folgen, verflog rasch, aber Ulf Dirlmeier ertrug die zähen Erläuterungen mit jener stoischen Gelassenheit, die ihm nach außen eigen war und die doch vom Fach her, eher mein Thema gewesen wäre. Wenn ich auch sicherlich die diplomatische Gelassenheit Ulf Dirlmeiers nicht völlig verinnerlicht oder gar erreicht habe, an seine beruhigenden Handbewegungen habe ich mich oft noch erinnert, wenn ich später wieder einmal geneigt war, in die Luft zu gehen. Es erübrigt sich eigentlich zu erwähnen, dass wir mit Dirlmeiers weit über unsere gemeinsame Siegener Zeit hinaus befreundet geblieben sind.

Erinnerung an Ulf Dirlmeier in den Dolomiten

von Ute Daniel

Es war Juni, aber auf dem Monte Piano in den Sextener Dolomiten mit seinen gut 2.300 Metern lag Schnee. So hoch, dass die kleineren Teilnehmer/innen der Siegener Geschichtsexkursion bis zur Körpermitte versanken. Nebel, Wolken und Schneegestöber nahmen diesen vertikal Behinderten die Sicht auf die Langbeinigeren, die sich mit weniger Mühen fortbewegten und im Grauweiß verschwanden. Da schon am Busparkplatz auf halber Höhe des Berges die abenteuerlichen Wetterverhältnisse absehbar gewesen waren, hatten viele Exkursionsteilnehmer beschlossen, den Aufenthalt im warmen Bus dem Aufstieg auf die Höhe und der Besichtigung des Freilichtmuseums zur Geschichte des Alpenkriegs 1915–18 vorzuziehen.

Oben waren also die Unentwegten, die Wander- und Abenteuerlustigen, die Pflichtbewussten und die mangels Bergerfahrung Ahnungslosen unter sich. Unter ihnen war, immer vorweg, auch der langbeinige Ulf Dirlmeier, einer der Leiter der Exkursion und so bergerfahren, wander- und abenteuerlustig, wie man nur sein konnte. Er trug Kniebundhosen, was damals (1989) noch nicht so ungewöhnlich war wie heute, wo die Outdoor-Markenfirmen außer statusbewussten städtischen Büroarbeitern aller Kontinente auch die Wanderer ausstatten.

Die Siegener Exkursionen hatten schon viele Höhepunkte gehabt, unter anderem bei einer anderen Gelegenheit einen Beinahe-Autobahnunfall: Der nur knapp vermiedene Absturz von der Brenner-Autobahn (die hinten am rechten Fenster Sitzenden hatten schon freie Aussicht auf das Tal direkt unter sich) hätte auf einen Schlag zwei historische Lehrstühle und ebenso viele Assistentenstellen dieses Fachs freigemacht, gar nicht davon zu reden, dass viele und vielversprechende studentische Biographien vorzeitig gekappt worden wären. Ein Höhepunkt gemütlicherer Art war im Juni 1989 der Abend bei besonders gutem Wein in Brixen, wo Ulf Dirlmeiers kaustischer Witz zu ungeahnten Höhepunkten auflief. Die Studierenden, die ihren Professor im universitären Alltag so noch nicht erlebt hatten, waren ihm von da an verfallen.

Fraglos war aber bei dieser Exkursion der Monte Piano die Mutter aller Höhepunkte. Zeitweise allerdings war das Erlebnis *in actu* von einer Art, die sich erzählend genießerischer ausnimmt als erlebend. Etwa an derjenigen Stelle, wo die Gruppe einem völlig unter den Schneemassen verschwundenen schmalen Pfad zu folgen suchte, der sich normalerweise zwischen einem Hang und einem Abhang durch eine Kurve schlängelte, jetzt jedoch Teil eines abschüssigen Schneedesigns mit Tendenz in den Abgrund war. Sicherheitshalber wurde an dieser Stelle eine nicht schwindelfreie, aber mutige Studentin angeseilt. Oder an der Stelle, wo – das war gegen Ende der Wanderung, wo die Wolken etwas höher gestiegen und ein wenig Sicht war – ein großes abschüssiges Schneefeld aus matschigem neugefallenen Schnee nur darauf wartete, als Brett abzurutschen: Mangels Alternative marschierte alles quer darüber, möglichst nicht zu fest aufstampfend und nicht nach unten schauend. Nach oben aber schauten alle, denn dort lief Ulf Dirlmeier, der seinen Schirm aufgespannt hatte, was sich jetzt, da der Schnee nicht mehr von allen Seiten gleichzeitig, sondern klassisch von oben kam, lohnte. Dieses Bild war unvergesslich: ein drahtiger, munter ausschreitender, sorgloser Mann in Kniebundhose und Anorak (grün, wenn ich mich recht erinnere), über sich einen Schirm, dessen Ästhetik durch eine Schicht von Schneeflocken auf dem schwarzen Stoff gewann. War er sorglos, weil er, wie Mary Poppins, hätte fliegen können, wenn der Schnee trügerisch wurde? War er sorglos, weil ihn diese Situation glücklich machte? Damals hat ihn das keiner gefragt.

Ach ja, man muss noch hinzufügen, dass von den Schützengräben, Höhlen und anderen Hinterlassenschaften des Ersten Weltkriegs kaum etwas zu sehen gewesen war. Dafür allerdings hatten alle einen unerwartet realistischen Eindruck von den Wetterbedingungen für Soldaten, die im Gegensatz zu früheren Alpenkriegen hier auch im Winter Dienst hatten tun müssen.

Sag' niemals Tschüss!

von Rainer S. Elkar

Wohl keine andere Weltsprache hat ähnlich liebenswürdige Grußformen wie das Bayerische.

Ein herzliches „Grüß Gott!", in Stadt oder Land gesprochen, lässt erkennen, in welch kulturellem Umfeld die Begegnung stattfindet. Authentischer wäre freilich ein „Griaß Good!", „Griaß di!" oder „Griaß Eana!", wobei natürlich nicht alle onomasiologischen und dialektologischen Varianten des Bayerischen zum Ausdruck gebracht sind. Das partielle Fehlen des Gottesbezuges ist freilich nur eine scheinbare Unterlassung, tatsächlich aber bleibt der Herr durchaus immer im Sinn. Für Bayern ist dieser geistliche Bezug im Begrüßungsfalle selbstverständlich, während er etwa in der Präambel eines europäischen Verfassungsentwurfes von Bayern schmerzlich vermisst wurde. Allerdings bestände ein gewisses Problem darin, eine europäische Verfassung mit einem „Griaß eich Good!" beginnen zu lassen, doch erweisen sich entsprechende Überlegungen ohnehin als etwas obsolet – gegenwärtig jedenfalls.

Angehörige anderer Nationen, denen der fromme Wunsch trotz seiner weltweiten Verbreitung unbekannt ist, reagieren zuweilen mit der Sottise „... wenn ich ihn seh'"; freilich sie demonstrieren damit wenn nicht Arroganz, so doch Ignoranz und schließen sich so aus dem Kreis der Angehörigen wahrer Kulturnationen aus. Jedenfalls und ganz allgemein gilt: Besagte Grußformen sind gleichermaßen hoffähig im Biergarten, in der Bayerischen Botschaft in Berlin wie gewiss auch beim Papst, jedenfalls solange der noch aus dem oberbayerischen Marktl am Inn kommt.

Der Gruß hat identifizierenden Charakter. So war dies auch bei der ersten Begegnung mit Ulf Dirlmeier. Feinsinniges Lächeln und freundlicher Dank mit denselben Worten verhießen eine gute Zukunft in Gemeinsamkeit. Dies war insofern erstaunlich, als sich ein Franke und ein Bayer so begrüßten, zwar von Geburt an Bürger desselben Freistaates, aber denn doch – vorsichtig gesprochen – Menschen von feinem Unterschied. Und so wie der Gruß nur Gutes verheißt, so sollte es bleiben, wobei noch hinzuzufügen ist, dass Gruß und Abschied beiden Stämmen gemeinsam ist, wenn auch in unterschiedlicher Lautung.

Was den Abschied anbelangt, so war man sich noch bei demselben ersten Treffen einig: Ein „Tschüss!" sei völlig unpassend. „Tschüss!", dieses Grußfragment eines übrigens auch recht frommen „Adieu!", pfeifend und zischend wie eine abgeschossene Gewehrkugel, mochte der Bayer nie, auch wenn es sich – horribile dictu – bereits innerhalb der weiß-blauen Staatsgrenzen verbreitet. Vielleicht wäre nur ein schlaffes schwäbisches „Adele!", wie es gelegentlich in Württemberg auftaucht, schlimmer gewesen. Es bestand Einvernehmen darüber: Gerade in fremden Landen, an den Ufern der Sieg sei es geboten, eigenes Kulturgut zu wahren.

Da wurden voll der Toleranz alle Abschiedsformeln bis auf die besagten geduldet. Und so hätte man sich vielleicht sogar verabschieden können mit: „Habed'Ehre!" Doch das haben wir nie verwendet, zu altbayerisch wäre es dem Einen gewesen, zu altertümlich, förmlich und durchaus schon zu abweisend dem Anderen.

Und so bleibt nur Eines zu sagen, ein Letztes, was nie gesprochen wurde und beide doch gut kannten: „Servus!" Es ist der Gruß, der aus dem Kreis der Studenten kam, der sich in der geliebten Universitas ausbreitete, der darüber hinausgriff in die bürgerliche Welt, zumal in die bayerische, der dem Anderen seine Dienste anbietet mit Wärme und in Freundschaft! Es ist ein Gruß, der Gutes wirken soll, wie er es immer tat. Das Tschüss kann man übergehen, das von ihm nie ausgesprochene, aber stets bewahrte Servus nicht, es wirkt nach.

„UD" – Erinnerungen an einen Historiker und Freund

von Gerhard Fouquet

Er, Ulf Dirlmeier, oder „UD", wie er seinen Namen in Vermerken abzukürzen pflegte, hatte schon seine besondere Art, und wir beide waren auf eigentümliche Weise miteinander verbunden. Schon das erste Kennenlernen mit diesem Historiker hatte es in sich: Es war bei seiner Antrittsvorlesung 1977, welche die Mannheimer Fakultät von jedem frisch Habilitierten verlangte. Gerade war ich aus Gießen nach Mannheim gekommen. Ich kannte Ulf Dirlmeier nicht, aber das Thema der Vorlesung interessierte mich. Er handelte von der Großen Pest, von den Erklärungen für dieses unendliche Sterben, um die der Zeitgenosse Konrad von Megenberg rang. Ich saß als Student im Publikum, ohne es zunächst zu wissen, neben Erich Maschke, und ließ mich von „diesem Dirlmeier", dem spröden Mann, in das Faszinosum der Geschichte des Mittelalters hineinführen. Er berührte mich mit seiner Geschichtsschreibung. Und es ist bestimmt nicht merkwürdig, dass einer der letzten Texte, den Ulf Dirlmeier von mir las – und er sah sie alle durch, bevor sie zum Druck gingen –, von Konrad von Megenbergs Versuchen handelte, Erdbeben zu beschreiben und ihre Ursachen vor der gelehrten Tradition und mit seinen eigenen fünf Sinnen zu begründen – Ulf Dirlmeier hat mich in seine Art, Geschichte zu verstehen, hineingezogen.

Es wäre maßlos zu sagen, dass ich alles, was ich über das Mittelalter weiß, von meinem Lehrer gelernt habe. Aber es waren doch Augenblicke wie jene Antrittsvorlesung, auch ein Vortrag vor dem Südwestdeutschen Arbeitskreis für Stadtgeschichte über Ver- und Entsorgung oder die schier traumwandlerisch-ideale Interpretation einer Quelle zur Geschichte des Rheinischen Goldguldens, die blieben. Es waren auch die Erzählungen, in die sich behutsam seine Lehre vom Umgang mit der Geschichte mischte, es waren die Lektüreerlebnisse und die Erfahrungen vieler Exkursionen, es waren auch Schweigen, Zurückhaltung, treffende Kargheit des Wortes, Unbestechlichkeit, unvoreingenommenes Vertrauen, unbedingte Loyalität und Pflichtbewusstsein – all das und vieles mehr verbinde ich mit Ulf Dirlmeier. Zuletzt war es herzliche Freundschaft, von ihm dem Schüler großzügig gewährt, vielfach bewiesen und über die letzten für ihn sehr leidvollen Jahren bewahrt, angefangen von der Gastfreundschaft vieler wunderbarer Abende der ersten Siegener Jahre, über die vielen gemeinsamen, oft langen Autofahrten zu Vorträgen und Tagungen – unvergessen: als im Autoradio bei der Rückfahrt von einem Kongress in Krems der Tod von Franz Josef Strauß bei der Jagd gemeldet wurde – spontan und wie mit einer Stimme: „Wie Ludwig der Bayer!" – bis hin zu den gemeinsamen Bergwanderungen im Oberen Vintschgau in den letzten Jahren.

Was Ulf Dirlmeier der deutschsprachigen Geschichtswissenschaft vom Mittelalter vorlebte und darin seinem Lehrmeister Erich Maschke folgte, war die Überzeugung, dass Menschen und Umwelt in vielfältiger Weise aufeinander bezogen sind, dass mithin etwa die menschliche Ernährung im erkenntnistheoretischen Sensorium der Geschichtswissenschaft gleichberechtigt neben Recht oder politischem Geschehen zu stehen hat, dass das wirtschaftliche Geschehen tiefe Furchen auf dem Ackerfeld der

Geschichte, auf dem sich Vieles tummelt, hinterlässt und beachtet werden muss, dass die wirtschaftenden Menschen, insbesondere die Lohnarbeiter, Garnspinnerinnen und Mägde, die ‚kleinen Leute' eben genauso eine Geschichte haben, die geschrieben werden will, wie ihre Herren – sie ist nur anders –, dass eine ausreichende Wasser- und Holzversorgung für eine Stadtgemeinde zumindest so entscheidend war wie ihr Recht, dass es endlich wichtig ist, für diesen, oft von großer Quellennot bestimmten Teil der gemeinsamen Geschichte ein handhabbares methodisches Instrumentarium zu entwickeln. Wir, die wir an dieser Art von Historiographie teilhaben und davon wissenschaftlich profitieren durften, sind ihm, diesem etwas anderen Historiker, darin bereitwillig gefolgt, mit großer, dankbarer Freude.

Erinnerte Momente

von Bernd Fuhrmann

Als ich vor vielen Jahren das Studium der Geschichte begann, mich über Inhalte und Verlauf informierte, erlebte ich Ulf Dirlmeier zunächst als einen sehr distanzierten Menschen. Dass Ulf es sein sollte, der mein Interesse an der mittelalterlichen und frühneuzeitlichen Geschichte wecken sollte, konnte ich mir zu diesem Zeitpunkt nicht vorstellen. Doch waren es seit Beginn des Studiums gerade seine Veranstaltungen, die mich faszinierten, mir bisher unbekannte Welten öffneten. Auch zur Archäologie des Mittelalters fand ich derart Zugang. Die intensive Betreuung der Studierenden, das Eingehen auf Fragen sowie die Weitergabe seines immensen Wissens waren eine Herzensangelegenheit und gelebte Praxis, die Sprechstunden für ihn keine lästige Pflichtveranstaltung. Auch die spätere Beschäftigung mit der Wirtschafts- und Sozialgeschichte hat hier ihre Wurzeln, selbst zunächst spröde erscheinende Überlieferungen wie Rechnungen wurden zu einer zumindest phasenweise spannenden Lektüre. Im Mittelpunkt seiner Publikationen und Veranstaltungen standen stets der Mensch in seiner Umwelt, seiner Lebenssituation und seinen Gestaltungsmöglichkeiten. Zahlreiche Exkursionen, auch mit weiteren Lehrenden, führten an verschiedene Ziele in In- und Ausland, von denen vielfältige Eindrücke blieben.

Zunächst als Mitarbeiter, dann als Assistent genoss ich eine unbeschränkte Freiheit wissenschaftlichen Arbeitens, zahlreiche Gespräche bis kurz vor seinem Tod dienten dem Gedankenaustausch, der weit über das Fachliche hinaus reichte. Bis zuletzt las und korrigierte Ulf Manuskripte, gab manch wichtigen Hinweis. Seine wissenschaftliche und menschliche Unterstützung, seine Natürlichkeit, seine tiefe Menschlichkeit und nicht zuletzt sein hintergründiger Humor bleiben in dankbarer Erinnerung. Die Nachricht von seinem Tod traf mich unerwartet und tief, selbst wenn nach dem langen Sterben von Cornelia seine Gedanken häufig um den Tod kreisten, das Thema in vielen Gesprächen aufgegriffen wurde. Aus dem akademischen Lehrer war im Laufe der Jahre ein väterlicher Freund geworden, der noch viele Jahre in der Erinnerung weiterleben wird.

Peter Funke, Fritz Schmidt, Gerhard Fouquet und Ulf Dirlmeier in Vicenza (Oktober 1988)

Kollegialität und Freundschaft

von Peter Funke

Ulf Dirlmeier hätte es sich wohl verbeten, von mir als einer meiner Lehrmeister bezeichnet zu werden – und dennoch tue ich es aus der festen Überzeugung heraus, dass er ein Lehrmeister für mich war in einer Zeit, die für jeden, der sich auf eine Laufbahn als Universitätslehrer einlässt, in besonderer Weise prägend ist. Das hatte eigentlich weniger etwas unmittelbar mit unserer Fachdisziplin zu tun, auch wenn es vor allem im Bereich der Alltagsgeschichte und der Erschließung nichtschriftlicher historischer Quellen zwischen dem Alt- und dem Mittelalterhistoriker viele gemeinsame Interessen und daher auch zahllose ebenso lehr- wie ertragreiche Debatten gab. Lehrmeister und zugleich auch fürsorglicher Wegbegleiter war er mir darüber hinaus aber vor allem bei der Bewältigung – oder besser gesagt: bei der Gestaltung – der vielfältigen Aufgaben, denen ich mich unmittelbar nach meiner Habilitation an der Kölner Universität ab dem Wintersemester 1985/6 als neu an die (damals noch) „Universität-Gesamthochschule-Siegen" Berufener zu stellen hatte. Dabei ging es gar nicht so sehr um die Erledigung des bürokratischen Alltagsgeschäfts der akademischen Selbstverwaltung, obgleich mir Ulf auch hier immer hilfreich zur Seite stand und ich sehr schnell von ihm lernen konnte, Wichtiges von Unwichtigem zu scheiden und das rechte Maß von Pflichtbewusstsein und Gelassenheit an den Tag zu legen. Weitaus prägender aber war es für mich, im alltäglichen Umgang mit Ulf einen Hochschullehrer zu erleben, der das immer wieder beschworene und oft auch überstrapazierte Ideal der Einheit von Forschung und Lehre mit konsequenter Entschiedenheit vertrat und der durch sein überzeugendes Engagement für die Geschichtswissenschaft zu begeistern vermochte.

Durch seine gelebte Kollegialität und Freundschaft schuf Ulf einen außergewöhnlichen Zusammenhalt zwischen allen Kolleg(inn)en, Mitarbeiter(innen) und Studierenden, der dem Fach Geschichte an der Siegener Hochschule einen ganz eigenen Charakter verlieh. Obgleich „die Historiker" institutionell nur durch ihre persönliche (mit vielen Kollegen anderer Fächer gemeinsame) Zugehörigkeit zu einem Fachbereich miteinander verbunden waren und über mehrere Flure und Etagen getrennt in ihren Dienstzimmern hausten, waren das gemeinsame Forschen, Lehren und Lernen von einer Intensität geprägt, wie sie an anderen Universitäten mit fest gefügten Seminar- und Institutsstrukturen nur äußerst selten anzutreffen war. In einer Zeit, als Viele über Interdisziplinarität nur redeten, waren für uns „Siegener" epochenübergreifende Lehrveranstaltungen und Exkursionen längst eine selbstverständliche Praxis. Daher war es auch nicht verwunderlich, dass beim ersten deutschen Hochschulranking, das der „Spiegel" im Dezember 1989 veröffentlichte, im Bereich Geschichte die Universität Siegen mit großem Abstand auf Platz 1 rangierte. Die mitreißende Arbeitsatmosphäre und die Selbstverständlichkeit, mit welcher über Epochengrenzen hinweg miteinander kommuniziert wurde, mag auch durch die besondere Aufbruchsstimmung an der noch jungen Hochschule in Siegen befördert worden sein; es bedurfte aber gerade in dieser Situation der Persönlichkeiten vom Schlage Ulf Dirlmeiers, um die Chancen eines solchen Neubeginns auch fruchtbar werden zu lassen. Daher werde ich immer dankbar

bleiben, in den ersten Jahren meiner Tätigkeit als Universitätslehrer mit Ulf einen un-
vergesslichen Weggefährten und Lehrmeister an meiner Seite gehabt zu haben, der mir
Vieles in meinem weiteren (nicht nur) akademischen Leben hat leichter werden lassen.

Erinnerungen eines Siegener „Historikerfabrikats"

von Volker Hirsch

1992 begann ich mein Geschichtsstudium an der Universität Siegen und besuchte bald auch Veranstaltungen von Prof. Dr. Ulf Dirlmeier. In seinen Vorlesungen bot er eine Überblicksdarstellung, die den Zeitraum vom frühen Mittelalter bis zum Dreißigjährigen Krieg umfasste. In den Seminaren beschäftigten ihn „moderne" Themen wie „Reisen im Mittelalter" (mit G. Fouquet) oder „Spätmittelalterliche Haushaltsbücher als Geschichtsquelle" (mit B. Fuhrmann). Bereits an diesen beiden Seminartiteln wird die charakteristische Ausrichtung seiner Forschungen und Lehrveranstaltungen deutlich.

Die Berücksichtigung sozialgeschichtlicher Fragestellungen und die Wertschätzung der Abrechnungen als Quellen hat den Blick sowohl auf die alltäglichen wie auch die außergewöhnlichen Details des vergangenen Lebens gelenkt und mich als Studenten fasziniert. Bald verfasste ich Hausarbeiten auf der Basis von kleineren Quellenauswertungen. Die damit verbundenen Besuche der Sprechstunden von Herrn Dirlmeier sind mir in besonderer Erinnerung geblieben. Als Student ging man nie unvorbereitet in eine solche Sprechstunde. Nicht nur ich hatte den Eindruck, dass gerade bei ihm genau überlegt werden müsse, was man sagen und fragen wollte. Herr Dirlmeier beantwortete die Fragen auf eine Weise, wie sie knapper und präziser nicht hätte sein können. Diese Qualität der Antworten führte zu kurzen Gesprächen und – bei mir als Studenten unbeabsichtigt – zum Gefühl der eigenen sprachlichen Unzulänglichkeit. Herr Dirlmeier, so mein Eindruck, sprach in Sprechstunden immer druckreif. Sein späteres Lob des Ausdrucks in meinen Texten habe ich daher als Ritterschlag empfunden, dankbarer war ich allerdings für die berechtigten Verbesserungsvorschläge des großen Stilisten.

In seinen Lehrveranstaltungen beeindruckte Herr Dirlmeier nicht nur durch umfassende Bildung, die weit über die in der Lehre zu vertretenden Bereiche hinausreichte, sondern auch durch die Fähigkeit, mit der ihm eigenen sprachlichen Präzision treffsichere Pointen zu setzen. In dem Verhältnis Zahl der Worte zu humoristischer Wirkung ist der von ihm erreichte Wirkungsgrad wohl beispiellos und wird es auch bleiben. Diese Fähigkeit zeigte er auch auf Exkursionen und nach seiner Emeritierung auf informellen Treffen seiner verbliebenen Doktoranden, wo wir uns nicht nur über Probleme unserer Arbeiten, sondern auch über Forschungsdebatten unterhielten und aktuelle Aufsätze diskutierten.

Der für mich als Studenten gelegentlich anstrengende Hang zur druckreifen Rede weist auf einen besonderen Charakterzug des Verstorbenen, nämlich seinen kaum zu überbietenden Hang zur Exaktheit, Professionalität und Verlässlichkeit. Eine Eigenheit, die ich mehr und mehr schätzen lernte. Als ich zum Beispiel einen Vorschlag für das Thema meiner Magisterarbeit formulierte, dachte Herr Dirlmeier für mich irritierend lange nach, um dann einen Gegenvorschlag zu machen, der sich nach meinem Verständnis kaum von der ursprünglichen Formulierung abhob. Erst während der Bearbeitung habe ich die ganze Tragweite seiner Verbesserung erfasst und als fürsorgliche Weitsicht zu schätzen gewusst.

Während meiner bei ihm angefertigten Promotion konnte ich wiederum auf seine Unterstützung und Hilfe zählen. Wenn ich als Doktorand auf Tagungen berichtete, aus welchem Stall ich stamme, habe ich einen Eindruck davon bekommen, welchen Klang der Name Dirlmeier in der Wissenschaft hatte und noch hat. Als besonderes Verdienst ist die Camilla-Dirlmeier-Stiftung zu erwähnen, die besondere Leistungen des wissenschaftlichen Nachwuchses fördert und die historischen Exkursionen unterstützt.

Mit großer Dankbarkeit denke ich daran, dass er – auch in persönlich schwieriger Zeit – in vielen Situationen meine Angelegenheiten zu den seinen gemacht hat. Er unterstützte mich mit Umsicht und Kritik, auch Lob und Anerkennung für geleistete Arbeit sprach er respektvoll aus. Sein offener und durch große Höflichkeit gekennzeichneter Umgang mit dem eigenen Doktoranden war frei von jeglicher Eitelkeit und immer der Sache verpflichtet. Eigenständiges Denken des wissenschaftlichen Nachwuchses war erwünscht, wurde begünstigt und gefördert. Erst im Nachhinein habe ich aus verschiedenen Beispielen lernen müssen, dass dies in der Forschung längst nicht so selbstverständlich ist, wie ich damals glaubte. Und so steht neben der Hochachtung für die wissenschaftlichen Leistungen die Hochachtung für die menschlichen Leistungen Prof. Dirlmeiers. Die Haltung meines Doktorvaters wird mir im eigenen Umgang mit Studierenden immer Vorbild sein.

„Ich würde Ihnen folgenden Rat geben..."

von Guido Lammers

Zu Beginn meines Studiums war Ulf Dirlmeier ein Name in einer Lektüreliste zur mittelalterlichen Stadt- und Wirtschaftsgeschichte, im weiteren Verlauf des Studiums dann ein Autor, auf dessen Arbeiten man aufmerksam wurde, auch wenn der eigene Studienschwerpunkt nicht in der Mediävistik lag. Zum ersten Mal persönlich begegnet bin ich Herrn Dirlmeier im Frühjahr 1997, kurz nachdem ich in der Geschäftsstelle der Deutschen Forschungsgemeinschaft die Aufgabe des Fachreferenten übernommen hatte, in dessen Betreuung die Geschichtswissenschaft fällt. Mein hoch angesehener Vorgänger Sylvester Rostosky hatte bis dahin in stupender Kenntnis seines Faches und jahrzehntelanger Erfahrung die Anliegen der Geschichtswissenschaften in der DFG-Geschäftsstelle betreut.

Historiker sind eine selbstbewußte und diskussionsfreudige Zunft. Der Neue in diesem Referat war daher vor allem auf Eines angewiesen: guten Rat. Damals wie heute entschieden von den Fach-Communities alle vier Jahre gewählte Wissenschaftlerinnen und Wissenschaftler über die Förderungswürdigkeit von Projekten. Der Tübinger Historiker Dieter Langewiesche war seinerzeit Vorsitzender des Fachausschusses Geschichtswissenschaft, sein Stellvertreter war Ulf Dirlmeier. Wir haben uns recht bald in meinem Büro in der DFG-Geschäftsstelle in der Bonner Kennedyallee getroffen und miteinander besprochen, wie wir in den kommenden Jahren die Arbeit miteinander gestalten wollen. Dieter Langewiesche und Ulf Dirlmeier haben von Beginn an signalisiert, dass sie dem neuen Referenten nach Kräften unter die Arme greifen und ihn bei seiner neuen Aufgabe unterstützen wollen.

Ich bin beiden für ihre freigiebige, nie müde werdende und viele Jahre während Hilfe zu herzlichem Dank verpflichtet. Herr Dirlmeier war von diesem ersten Treffen an für mich ein wichtiger Partner. Wir haben sehr schnell Vertrauen zueinander gefasst und in zahlreichen manchmal auch abendlichen Telefonaten über eingegangene Anträge, in erster Linie natürlich Anträge zur Geschichte des Mittelalters, und die Auswahl von Gutachterinnen und Gutachtern gesprochen, über Bedenkens- und Beachtenswertes, auch über Querlagen und Unverträglichkeiten. Ich kann Herrn Dirlmeiers markante Stimme und die Melodie seiner Sprache noch heute hören. Sein Rat war immer unvoreingenommen und klar und hat mir über manche Klippe hinweg geholfen. Den Rahmen für unsere Gespräche bildete die Tätigkeit für die DFG in den verschiedenen Rollen, die wir dabei hatten. Umso deutlicher sind mir die Gespräche während einer langen Zugfahrt zu einer Begutachtung im Süddeutschen in Erinnerung, während der Herr Dirlmeier aus den Tagen seiner Jugend und von seiner Heimat erzählte. Wir sind auch längere Zeit nach seinem Ausscheiden aus den DFG-Gremien miteinander in Kontakt geblieben. Unvergessen bleibt mir das Telefonat, in dem er mir vom Schicksal seiner Frau erzählte. Ich werde Ulf Dirlmeier für all seine Hilfe und Unterstützung immer dankbar sein.

Siegener Historikerinnen und Historiker in Troja (Oktober 1992)

Mit Ulf Dirlmeier in der „Historikerfabrik" Siegen

von Jürgen Reulecke

Sammeln, Forschen und Darstellen (womit wohl auch das Lehren gemeint ist) seien die drei zentralen Aufgaben des Historikers, schrieb der berühmte Göttinger Historiker August Ludwig Schlözer im Jahre 1784: „Die ganze Geschichtsschreiberei" - jene drei Aufgaben als Einheit verstanden – sei, so Schlözer, als eine einzige „große, unendlich zusammengesetzte Fabrike" zu begreifen![1] In dieser großen „Fabrike", und zwar in einem kleinen Zweigwerk an der Universität Siegen, haben Ulf Dirlmeier und der Verfasser in einem höchst anregenden Klima zusammen mit den engeren Kollegen, Mitarbeiterinnen und Mitarbeitern rund zwei Jahrzehnte quasi an einem Fließband gestanden und (Stichwort: Darstellen und Lehren) Seite an Seite einerseits an der *Produktion von Nachwuchs* für Universität und Schule, Archiv- und Verlagswesen, öffentliches Bildungswesen, Medienwelt usw. mitgewirkt. Höhepunkte dieses Darstellens und Lehrens waren zweifellos die großen jährlichen Exkursionen seit Mitte der 1980er Jahre – von den Beneluxländern, der Normandie und Norditalien (speziell von den Dolomiten) bis nach Schottland, von Polen und der Türkei bis nach Santiago de Compostela! Andererseits fand aber gleichzeitig im Siegener Historikerteam selbstverständlich auch jenes intensive Sammeln und Forschen statt, das Schlözer angesprochen hat: Die daraus hervorgegangene *wissenschaftliche Produktion*, die die Siegener Historiker und Historikerinnen als Frucht ihrer Forschungsaktivitäten auf den Markt gebracht haben – häufig übrigens im Rahmen erfolgreicher Drittmittelprojekte entstanden –, ist beträchtlich und kann sich ohne Zweifel quantitativ wie qualitativ sehen lassen.

Welches waren inhaltliche Schwerpunkte jenes Sammelns und Forschens in unserer Siegener „Fabrike"? Hier einen Überblick über die Fülle der aufgrund geschichtswissenschaftlicher Recherchen und Analysen in Siegen zustande gebrachten Veröffentlichungen geben zu wollen – von den Produkten der Lehrenden bis hin zu hervorragenden Dissertationen und Habilitationsschriften – würde jetzt zu weit führen. Die unterschiedlichen Typen historiographischer Darstellung lassen sich ja in einem breiten und höchst facettenreichen Spektrum verorten: Das Extrem auf der einen Seite ist die (oft handbuchartige) große Zusammenschau ganzer Epochen, ganzer Nationengeschichten über einen längeren Zeitraum, ganzer Völker und Weltanschauungen, Geistesrichtungen u.ä. Auf der Gegenseite stehen dagegen Beiträge, die vielleicht – Stichwort „Geschichte am Wegrand" – nur ein scheinbar nebensächliches historisches Detail, ein punktuelles Ereignis oder eine Durchschnittsperson in den Mittelpunkt stellen, dies aber meist in exemplarischer Absicht!

Im Folgenden soll kurz an zwei zur erstgenannten Kategorie gehörende Publikationen, die besonders großflächige Handlungsfelder ins Visier nahmen, erinnert werden, in denen Hand in Hand Ulf Dirlmeier und der Verfasser historisch Bedeutsames zu identifizieren und in eine Art historiographische Erntescheune zu bringen versucht

---

1   Zit. nach Reinhart Koselleck: Geschichte, in: Geschichtliche Grundbegriffe, 2. Band, Stuttgart 1975, S. 692.

haben. Gemeint ist die Beteiligung an zwei Mammutwerken in den 1990er Jahren: einerseits an einer „Geschichte des Wohnens" seit den Anfängen der menschlichen Zivilisation um 5000 v. Chr. bis heute und andererseits an einer „Deutschen Geschichte" vom 6. nachchristlichen Jahrhundert bis zur neuen Bundesrepublik nach der Wiedervereinigung – beide Werke übrigens reich bebildert! Das erste Projekt mündete 1996 bis 1999 in ein fünfbändiges schwergewichtiges Werk (Gesamtgewicht etwa 14 Kilo) und wurde von der Wüstenrot-Stiftung gefördert; das zweite war vom Reclam-Verlag angestoßen worden und startete 1995 zunächst als „Kleine deutsche Geschichte" im üblichen gelbfarbigen Reclam-Format, ehe es 1999 inhaltlich erweitert auch als großformatiges Buch auf den Markt gebracht wurde.

Zur Mitarbeit am 2. Band der „Geschichte des Wohnens", erschienen 1998, mit dem Titel „500 – 1800: Hausen, Wohnen, Residieren" hatte Ulf Dirlmeier unter anderem seine Schwester Imma Kilian, eine Archäologin und Althistorikerin, sowie den kurz vorher an die Universität Kiel berufenen Mittelalter- und Frühneuzeithistoriker Gerhard Fouquet, seinen ehemaligen Siegener Assistenten, gewinnen können. Auf über achthundert Seiten behandeln die fünf Großkapitel des Bandes den „Zeitraum vom frühmittelalterlichen Pfostenbau und Grubenhaus bis zum fürstlichen Residenzschloss des 18. Jahrhunderts", wobei Dirlmeier zwar durchaus zugibt, dass ein „Mut zur Lücke" die Gesamtkonzeption bestimmt habe. Doch behandeln die Beiträge im Einzelnen dennoch in einer geradezu erdrückenden Breite die immense Vielfalt des „Hausens und Wohnens" auf dem Land und dann in den Städten sowie die unerschöpflichen „erfinderischen und organisatorischen Energien", die die Menschen in ihren Zeiten (mit allen Begrenzungen und Gegenschlägen) darauf verwendet haben, sich „immer zweckmäßiger, komfortabler und aufwendiger einzurichten." Dass ein „Mut zur Lücke" auch den weiteren in der Siegener „Historikerfabrik" in engem Austausch untereinander konzipierten Band auszeichnete, liegt auf der Hand: Der 1997 herausgebrachte Band 3 der „Geschichte des Wohnens" mit dem Titel „1800 – 1918: Das bürgerliche Zeitalter", auch er in fünf Hauptkapiteln gegliedert, liefert auf fast 770 Seiten sowohl viele Hinweise zu den allgemeinen Wandlungen der Lebensverhältnisse in diesem Zeitraum der „Industrialisierung und Modernisierung" als auch ausführliche Darstellungen des Lebens „im Hause, zu Hause", des Wohnungsmarktes, des sozialpolitischen Handelns mit Blick auf die Wohnverhältnisse bis hin zur Frage nach dem Wohnen in Anstalten, Heimen und Asylen.

Anders, aber nicht minder herausfordernd und facettenreich waren die Vorgaben zu jenem zweiten Überblickswerk, an dem Ulf Dirlmeier und der Verfasser, ebenfalls ab Mitte der 1990er Jahre – auch hier wieder Seite an Seite – beteiligt waren. Der Reclam-Verlag hatte damals damit begonnen, mit Blick auf eine wachsende Zahl von Ländern „kleine Geschichten" in Auftrag zu geben. 1995 erschien als Nr. 9359 von „Reclams Universal- Bibliothek" erstmalig die „Kleine deutsche Geschichte", die in den Folgejahren mehrmals ergänzt bzw. aktualisiert wurde und 1999 auch, wie bereits erwähnt, als reich bebilderter Großband „Deutsche Geschichte" mit 440 Seiten Umfang herauskam. Ulf Dirlmeier und der Verfasser hatten jeweils zwei Kapitel der insgesamt acht Kapitel beigesteuert, die nahezu die Hälfte des Bandes ausmachten: einerseits zum Früh- und Hochmittelalter bzw. zum Spätmittelalter und andererseits zum 19. Jahrhundert und zur Zeit der Weltkriege 1914 bis 1945. Jedes der acht Kapitel des

Bandes wurde durch einen „Epochenüberblick" und eine Zusammenstellung der wichtigsten Daten eingeleitet und endete mit einer Auswahlbibliographie. In einer aktualisierten Neuauflage kam dann übrigens 2006 zur „Kleinen deutschen Geschichte" noch ein neues Kapitel, verfasst von einem weiteren Kollegen, hinzu, bezogen auf die Jahre 1990 bis 2005.

Dieser nur allzu kurze Beitrag zur Erinnerung an Ulf Dirlmeier ging von einem ungewöhnlich anregenden und von ihm entscheidend mitgestalteten kollegialen Klima im „Zweigwerk Siegen" der „Fabrike Geschichte" (im Sinne Schlözers) aus und hat nur eine einzige Facette des munteren dortigen Zusammenwirkens ein wenig ausführlicher vorgestellt. Zwar schwebte über allem der Singular „Geschichte" als Bezeichnung für das Handlungsfeld einer unverwechselbaren und traditionsreichen „Zunft" in den Geisteswissenschaften, aber für ein erfolgreiches Zusammenwirken und auch für die meisten Formen des historiographischen „Sammelns, Forschens und Darstellens" sind konkrete „Geschichten" letztlich doch wohl ausschlaggebend. In der Lebensgeschichte des Verfassers und ganz sicher auch in der einer beträchtlichen Zahl weiterer Mitmenschen, die mit dem historischen „Zweigwerk" an der Siegener Universität seit den frühen 1980er Jahren in engere Berührung gekommen sind, hat Ulf Dirlmeier eine zentrale Rolle als Kollege und Freund, als Förderer und geistiger Herausforderer gespielt. Dafür sind wir ihm immens dankbar!

Begegnungen mit Ulf Dirlmeier

von Johann Peter Schäfer

Die erste Frage, die mir von Ulf Dirlmeier gestellt wurde, lautete: „Welche Bedeutung messen Sie den Geisteswissenschaften an einer Gesamthochschule bei". Die Frage, die er in der – wie ich sie später kennen und schätzen lernte – ihm typischen Art mit leiser, aber dennoch deutlich akzentuierter Stimme vortrug, hat mich und ich glaube auch die Zuhörer beeindruckt. Die Szene, an die ich hier erinnere, spielte im Frühjahr des Jahres 1992 im Akademischen Senat der Universität Siegen, dem ich mich im Rahmen meiner Bewerbung um die Stelle des Kanzlers zu präsentieren hatte. Dem Fragesteller war ich zwar zuvor noch nie begegnet; er war mir aber bekannt, da ich mich im Vorfeld meiner Bewerbung zu Stärken und Schwächen der Universität, an die ich wechseln wollte, erkundigt hatte. Hierbei war mir von Historikern neben anderen der Namen Dirlmeier als einer der Großen ihres Faches genannt worden.

Ich kam dann im Januar 1993 an die Universität – Gesamthochschule Siegen und begegnete Ulf Dirlmeier bei meiner Tour durch die Universität zum zweiten Mal. Und es war wieder diese, Kompetenz ausstrahlende, unaufgeregte Art, Fragen zu stellen oder Gesagtes zu kommentieren, die mich beeindruckte. Bei eingehender Beschäftigung mit diesem Wissenschaftler erfuhr ich dann, dass ich es mit einem wirklich Angesehenen zu tun hatte, einem der Menschen, die nicht getrieben werden von dem Wunsch, gesehen zu werden, die aber in ihrer Bescheidenheit auffallen mit präzisen, nachdrücklich hinweisenden Fragen und umfassenden Antworten. Hinzu kam bei Ulf Dirlmeier der feine, von einem hohen Maß an Achtung vor den Menschen geleitete Humor, dessen Entäußerungen stets von einem in seinem ausdrucksstarken Gesicht wie ein Sonnenstrahl aufblitzenden Lächeln begleitet wurden. Ulf Dirlmeier hatte den Charme des erfolgreichen Wissenschaftlers. Er wusste zu überzeugen und seine schriftlichen Arbeiten zeugen von seiner hohen Fähigkeit im Umgang mit der Sprache. Er hatte es nicht nötig, sich kompliziert auszudrücken, da er alles, was er sagte und schrieb, im Innersten verstanden und elaboriert hatte. Im Jahre 2006 schenkte er mir ein Exemplar seiner „Kleinen deutschen Geschichte, Stuttgart 2006 ". Ich lese gern in Büchern von Wissenschaftlerinnen und Wissenschaftlern unserer Universität. Auf diesem Weg erfahre ich viel über sie und das, was die Universität ausmacht. Dabei gibt es Themen, die mir mehr und andere, die mir weniger nahe liegen. Geschichte interessiert mich; und nicht nur deshalb habe ich in das Buch Dirlmeiers schneller geschaut als in andere. Ich war begeistert, wie gut er Geschichte darstellen und analysieren kann.

Eines Tages überraschte er mich mit der Idee, eine Stiftung zu gründen: Die Camilla-Dirlmeier-Gedächtnisstiftung. Mit dieser Stiftung, die Ulf Dirlmeier zusammen mit seiner Schwester, Frau Dr. Imma Kilian, aus dem Erbe ihrer Mutter gründete, wollten sie junge Wissenschaftler fördern und den Grundstock dafür bilden, sehr gute Leistungen von Absolventen und Doktoranden der Universität Siegen auch finanziell honorieren zu können. Ulf Dirlmeier hatte schon alles geplant und vorbereitet: Thema, Satzung und Finanzierung der Stiftung ebenso wie Stiftungsrat und Vergabeverfahren. Es war dann nicht mehr viel zu tun und dabei konnte ich helfen. Die Stiftung wurde

und ist ein Erfolg – obwohl ihr, den Stiftern und den Preisträgern, zeitweilig die ange-
messene Würdigung dieser großen Idee und ihrer Umsetzung vorenthalten worden ist.
Aber Ulf Dirlmeier hat sich auch hier als ein Visionär und Mensch mit beharrlichem
Umsetzungsvermögen erwiesen. Er hat lange bevor Stiftungen „populär" wurden, ein
Zeichen gesetzt und auch dafür gesorgt, dass selbst in Zeiten niedriger Zinsen auf
Geldanlagen immer hinreichend Erträge für die Preise bereit standen.

Ulf Dirlmeier war auch ein leidenschaftlicher Kämpfer – nicht für sich, sondern
für seine Ideen und deren Realisierung; und gegen Unehrlichkeit und Unredlichkeit;
Trägheit und Intoleranz. Tricks und Mauscheleien waren mit ihm nicht zu machen. Ich
habe ihn in einer Senatssitzung erlebt, wie er mit deutlicher Stimme das aussprach,
was viele dachten – aber nicht auszusprechen wagten,. Er war eben kein Opportunist.
Dafür war er viel zu unabhängig. Er lebte die grundgesetzlich garantierte Freiheit der
Wissenschaft als Anspruch und Verpflichtung. Nicht ohne Grund war er deshalb lange
Jahre sowohl Vertrauensdozent der DFG an der Universität Siegen, Hauptgutachter
der DFG und Mitglied der Historischen Kommission für Westfalen. Gute wissenschaftliche Praxis war für ihn ebenso selbstverständlich wie die Bereitschaft zur Unterstützung der Lernenden. Dies zeigt der Respekt, der ihm von Professoren und Studierenden ebenso entgegen gebracht wurde wie von den Mitarbeiterinnen und Mitarbeitern der Universitätsverwaltung. Nicht nur dafür habe ich ihm in deren Namen zu
danken. Mir selbst bleibt die Erinnerung an einen Gelehrten, der mich oft in Gesprächen, immer handgeschriebenen Briefen und kleinen Gesten unaufdringlich daran
erinnert hat, wofür ich in meinem Amt da bin: der Wissenschaft, den Wissenschaftlerinnen und Wissenschaftlern und den Studierenden zu dienen.

Ulf Dirlmeier in Siegen

von Harald Witthöft

Mit der Berufung Ulf Dirlmeiers an die Universität-Gesamthochschule Siegen im Jahre 1981 gewann das Fach Geschichte an Statur. Endlich waren auch Mittelalter und Frühneuzeit etabliert, kurz zuvor bereits die Alte Geschichte. Gründend auf dem Kernbestand der beiden älteren Lehrstühle für das Fach und die Didaktik der Geschichte (zum einen: Neueste Geschichte, zum anderen: Westfälische Landesgeschichte und – seit 1978 – Wirtschafts- und Sozialgeschichte) wuchs ein profiliertes ‚Fach' heran. Bei einem ersten deutschen Ranking fand es sich 1990 in der Rangliste für Geschichte auf Platz eins (Spiegel Spezial Nr. 1, S. 35f.).

Epochen- und fachübergreifende Angebote und Forschungen zur Wirtschafts- und Sozialgeschichte waren zu einem besonderen Merkmal der Siegener Historiker geworden. Ulf Dirlmeier stärkte auf seine Weise die Tradition der klassischen historischen Methode und nahm doch die spannungsreichen Strömungen der Geschichtswissenschaften der 1960er und 70er Jahre auf. Humanistisch geprägt war er mit seiner frankophilen Zuneigung dem Alltäglichen des wirtschaftenden Lebens einer materiellen Kultur in Mittelalter und Frühneuzeit forschend besonders zugewandt.

Die späten 1980er und die 1990er Jahre brachten Siegen mit einem Rückgang der Einschreibungen für die Lehrämter einen markanten Zuwachs der Magisterstudien und an Doktoranden. Die stärker fach- und forschungsorientierte Nachfrage traf am Lehrstuhl Dirlmeiers auf ein vergleichsweise gutes und vor allem permanentes Angebot an drittmittelfinanzierten Projekten und damit auch Stellen für Mitarbeiter und Hilfskräfte. Privat fanden seine Schüler, Kollegen und Gäste in Alchen ein offenes Haus; dazu oft eine gedeckte Tafel, von den Dirlmeiers bedacht, vorbereitet und aufgetragen.

Ulf Dirlmeier war es gegeben, in Forschung und Lehre fortzudenken und abzurunden, was er sachlich und methodisch innovativ in seinen ‚Einkommensverhältnissen und Lebenshaltungskosten' (1977) erschlossen hatte. Ein Mediävist von Gnaden war er, der seine Schüler und Hörer für die frühe Geschichte einer Wirtschaft einzunehmen verstand, die es „als abstrakten Begriff und eigenständiges Gebiet" noch ebensowenig gab wie ein „allgemein verbreitetes Wissen über Ursachen und Auswirkungen wirtschaftlicher Veränderungen".

Er hat es wahrhaft vermocht, „aus den Quellen der Zeit zu einigermaßen glaubhaften Ergebnissen zu kommen" – der „oft triviale Alltag hat Verhaltensweisen und Mentalität der damals lebenden Menschen entscheidend beeinflußt". Es ging ihm um „das Verständnis einer Epoche als Gesamtheit, zusammengesetzt aus großen Entwicklungen und Alltäglichem" (1977, Vorwort). Einer abstrakten Theorie hat er sich zum Besten seiner Forschung und Lehre nicht ausgeliefert. Seine humanistisch geistesgeschichtliche Prägung blieb überzeugend. Kollegen einer anderen Grundhaltung und Arbeitsweise ist Ulf Dirlmeier mit Geduld und nachsichtiger Freundlichkeit begegnet.

In einem, wie stets, handschriftlichen Brief antwortete er mir, verbunden mit dem Dank für einen Aufsatz: „Sie haben völlig recht damit, daß man (auch terminologisch) nicht so tun kann, als wäre früh- und hochmittelalterliche Wirtschaft letztlich doch so eine Art mehr oder weniger freie Marktwirtschaft. Selbst für das Spätmittelalter ärgert mich oft der gedankenlos-inflationäre Gebrauch von Termini wie industrielle Revolution, Technologietransfer, Innovation etc." (2006 Dezember 4).

Anhang

Ulf Dirlmeier (1938–2011) – Schriftenverzeichnis

(ohne Rezensionen)

Dirlmeier, Ulf: Mittelalterliche Hoheitsträger im wirtschaftlichen Wettbewerb (Vierteljahrschrift für Sozial- und Wirtschaftsgeschichte, 51), Wiesbaden 1966.

Dirlmeier, Ulf: Untersuchungen zu Einkommensverhältnissen und Lebenshaltungskosten in oberdeutschen Städten des Spätmittelalters (Mitte 14. bis Anfang 16. Jahrhundert) (Abhandlungen der Heidelberger Akademie der Wissenschaften, phil.-hist. Kl. 1978, 1), Heidelberg 1978.

Dirlmeier, Ulf: Die kommunalpolitischen Zuständigkeiten und Leistungen süddeutscher Städte im Spätmittelalter (vor allem auf dem Gebiet der Ver- und Entsorgung), in: Jürgen Sydow (Hrsg.), Städtische Versorgung und Entsorgung im Wandel der Geschichte (Stadt in der Geschichte, 8), Sigmaringen 1981, S. 113–150.

Dirlmeier, Ulf: Umweltprobleme in deutschen Städten des Spätmittelalters, in: Technikgeschichte 48 (1981), S. 191–205.

Riché, Pierre: Die Welt der Karolinger, aus dem Französischen übersetzt von Cornelia und Ulf Dirlmeier, Stuttgart 1981 (2. durchges. Aufl., Stuttgart 1999).

Dirlmeier, Ulf: Zu Arbeitsbedingungen und Löhnen von Bauhandwerkern im Spätmittelalter, in: Rainer S. Elkar (Hrsg.), Deutsches Handwerk in Spätmittelalter und Früher Neuzeit. Sozialgeschichte – Volkskunde – Literaturgeschichte (Göttinger Beiträge zur Wirtschafts- und Sozialgeschichte, 9), Göttingen 1983, S. 35–54.

Dirlmeier, Ulf: Merkmale des sozialen Aufstiegs und der Zuordnung zur Führungsschicht in süddeutschen Städten des Spätmittelalters, in: Hans-Peter Becht (Hrsg.), Pforzheim im Mittelalter. Studien zur Geschichte einer landesherrlichen Stadt (Pforzheimer Geschichtsblätter, 6), Sigmaringen 1983, S. 77–106; auch in: Annalisa Guarducci (Hrsg.), Gerarchie economiche e gerarchie sociali, secoli XII-XVIII (Istituto Internazionale di Storia Economica 'F. Datini' Prato, serie II, 12), Florenz 1990, S. 171–216.

Dirlmeier, Ulf: Art. Branntwein, in: Lexikon des Mittelalters, Bd. II, München-Zürich 1983, Sp. 574.

Dirlmeier, Ulf: Art. Brot (I. Brotgetreide, Brotsorten, Herstellung; II. Broterträge und Brotverbrauch; III. Obrigkeitliche Reglementierung, Besteuerung), in: Lexikon des Mittelalters, Bd. II, München-Zürich 1983, Sp. 719–720.

Dirlmeier, Ulf: Art. Butter, in: Lexikon des Mittelalters, Bd. II, München-Zürich 1983, Sp. 1162.

Dirlmeier, Ulf: Zum Problem von Versorgung und Verbrauch privater Haushalte im Spätmittelalter, in: Alfred Haverkamp (Hrsg.), Haus und Familie in der spätmittelalterlichen Stadt (Städteforschung, A, 18), Köln-Wien 1984., S. 257–288.

Dirlmeier, Ulf: Stadt und Bürgertum. Zur Steuerpolitik und zum Stadt-Land-Verhältnis, in: Horst Buszello/Peter Blickle/Rudolf Endres (Hrsg.), Der deutsche Bauernkrieg, Paderborn-München-Wien-Zürich 1984, S. 254–280.

Dirlmeier, Ulf: Europa. Früh- und Hochmittelalter, in: Hugo Ott/Hermann Schäfer (Hrsg.), Wirtschafts-Ploetz. Die Wirtschaftsgeschichte zum Nachschlagen, Freiburg i. Br.-Würzburg 1984, S. 47–49, 55–57, 60–61, 64–65, 71–72, 89–99, 119–122, 126–129, 131–132, 135–136, 139–140.

Dirlmeier, Ulf: Staatliche Gewalt und Wirtschaft im Deutschen Reich des 12. Jahrhunderts, in: Siegener Studien 36 (1984), S. 12–18.

Dirlmeier, Ulf: Zu den materiellen Lebensbedingungen in deutschen Städten des Spätmittelalters: Äußere Rahmen, Einkommen, Verbrauch (Diskussionsbeiträge. Universität-Gesamthochschule Siegen. Forschungsschwerpunkt Historische Mobilität und Normenwandel, 31), Siegen 1984, S. 12–18.

Dirlmeier, Ulf: Realienkunde und mittelalterliche Wirtschaftsgeschichte Deutschlands, in: Die Erforschung von Alltag und Sachkultur des Mittelalters. Methode, Ziel, Verwirklichung. Internationales Round-Table-Gespräch Krems an der Donau 20. September 1982 (Veröffentlichungen des Instituts für Mittelalterliche Realienkunde Österreichs, 6; Sitzungsberichte, Österreichische Akademie der Wissenschaften, phil.-hist. Kl., 433), Wien 1984, S. 122–128.

Dirlmeier, Ulf: Le condizioni materiali dell'esistenza nelle città tedesche del Basso Medioevo: Ambiente externo, reddito, consumi, in: Reinhard Elze (Hrsg.), Aristocrazia cittadina e ceti popolari nel tardo Medioevo in Italia e in Germania. Atti della settimana di studi (Annali dell'Istituto Storico Italo-Germanico in Trento, Quaderno, 13), Bologna 1984, S. 79–122.

Dirlmeier, Ulf/Fouquet, Gerhard: Eigenbetriebe niedersächsischer Städte im Spätmittelalter, in: Cord Meckseper (Hrsg.), Stadt im Wandel. Kunst und Kultur des Bürgertums in Norddeutschland 1150–1650, Bd. III, Stuttgart-Bad Cannstatt 1985, S. 257–279.

Dirlmeier, Ulf: Zu den Lebensbedingungen in der mittelalterlichen Stadt: Trinkwasserversorgung und Abfallbeseitigung, in: Bernd Herrmann (Hrsg.), Mensch und Umwelt im Mittelalter, Stuttgart 1986, S. 150–159.

Dirlmeier, Ulf: Art. Ernährung (A. Westliches Europa, II. Spätmittelalter, in: Lexikon des Mittelalters, Bd. III, München-Zürich 1986, Sp. 2164–2169.

Dirlmeier, Ulf: Mittelalterliche Zoll- und Stapelrechte als Handelshemmnisse?, in: Hans Pohl (Hrsg.), Die Auswirkungen von Zöllen und anderen Handelshemmnissen auf Wirtschaft und Gesellschaft vom Mittelalter bis zur Gegenwart (Vierteljahrschrift für Sozial- und Wirtschaftsgeschichte, Bh. 80), Stuttgart 1987, S. 19–39.

Dirlmeier, Ulf: Die Ernährung als mögliche Determinante der Bevölkerungsentwicklung, in: Bernd Herrmann/Rolf Sprandel (Hrsg.), Determinanten der Bevölkerungsentwicklung im Mittelalter, Weinheim 1987, S. 143–154.

Dirlmeier, Ulf: Lebensmittel- und Versorgungspolitik mittelalterlicher Städte als demographisch relevanter Faktor?, in: Saeculum 39 (1988), S. 149–153.

Dirlmeier Ulf: Historische Umweltforschung aus der Sicht der mittelalterlichen Geschichte, in: Siedlungsforschung. Archäologie – Geschichte – Geographie 6 (1988), S. 97–111.

Fouquet, Gerhard/Dirlmeier, Ulf: Probleme und Methoden der quantitativen Finanz- und Wirtschaftsgeschichte des Spätmittelalters: Öffentliche Finanzen und städtische Militärpolitik in Basel und Hamburg während der Jahre 1460 bis 1481, in: Karl Heinrich Kaufhold/Jürgen Schneider (Hrsg.), Geschichtswissenschaft und elektronische Datenverarbeitung (Beiträge zur Wirtschafts- und Sozialgeschichte, 36), Wiesbaden 1988, S. 175–228.

Dirlmeier, Ulf: Die Kosten des Aufgebots der Reichsstadt Rothenburg ob der Tauber im Schweizerkrieg von 1499, in: Bernhard Kirchgässner/Günter Scholz (Hrsg.), Stadt im Krieg (Stadt in der Geschichte, 15), Sigmaringen 1989, S. 27–39.

Dirlmeier, Ulf/Fouquet, Gerhard (Hrsg.), Menschen, Dinge und Umwelt in der Geschichte. Neue Fragen der Geschichtsforschung an die Vergangenheit, St. Katharinen 1989.

Dirlmeier, Ulf: Alltag, materielle Kultur, Lebensgewohnheiten im Spiegel spätmittelalterlicher und frühneuzeitlicher Abrechnungen, in: Mensch und Objekt im Mittelalter und in der frühen Neuzeit. Leben – Alltag – Kultur (Österreichische Akademie der Wissenschaften, phil.-hist. Kl. SB 568: Veröffentlichungen des Instituts für Realienkunde des Mittelalters und der frühen Neuzeit, 13), Wien 1990, S. 157–180.

Fouquet, Gerhard/Dirlmeier, Ulf/Schamberger, Reinhold: Die spätmittelalterliche Haushaltsführung Hamburgs und die Finanzierung der städtischen Militärpolitik in den Jahren zwischen 1460 und 1481, in: Peter Lösche (Hrsg.), Göttinger Sozialgeschichte heute. Fragestellungen, Methoden, Inhalte (Göttinger Universitätsschriften, A, 8), Göttingen 1990, S. 45–59.

Dirlmeier, Ulf/Elkar, Rainer S./Fouquet, Gerhard: Mittelalterliches und frühneuzeitliches Steuer- und Abrechnungswesen, in: Jürgen Reulecke (Hrsg.), Stadtgeschichte als Zivilisationsgeschichte: Beiträge zum Wandel städtischer Wirtschafts-, Lebens- und Wahrnehmungsweisen (Siegener Studien, 47), Essen 1990, S. 11–22.

Dirlmeier, Ulf: Zu den Bedingungen der Lohnarbeit im spätmittelalterlichen Deutschland, in: Annalisa Guarducci (Hrsg.), Forme ed evoluzione del lavoro in Europa: XIII-XVIII secc. (Istituto internazionale di storia economica 'F. Datini' Prato, serie II, 13), Florenz 1991, S. 521–558.

Dirlmeier, Ulf/Elkar, Rainer S./Fouquet, Gerhard (Hrsg.): Öffentliches Bauen in Mittelalter und Früher Neuzeit. Abrechnungen als Quelle für die Finanz-, Wirtschafts- und Sozialgeschichte des Bauwesens (Sachüberlieferung und Geschichte, 9), St. Katharinen 1991.

Dirlmeier, Ulf: Zum städtischen Bauwesen der frühen Neuzeit. Ein Ausschnitt aus der Alltagswirklichkeit am Beispiel der Stadt Siegen, in: Dirlmeier/Elkar/Fouquet (Hrsg.), Öffentliches Bauen, S. 348–367.

Dirlmeier, Ulf: Zu den materiellen Lebensbedingungen in deutschen Städten des Spätmittelalters: Äußerer Rahmen, Einkommen, Verbrauch, in: Reinhard Elze/Gina Fasoli (Hrsg.), Stadtadel und Bürgertum in den italienischen und deutschen Städten des Spätmittelalters (Schriften des Italienisch-Deutschen Historischen Instituts in Trient, 2), Berlin 1991, S. 59–88.

Dirlmeier, Ulf: Friedrich Barbarossa – auch ein Wirtschaftspolitiker?, in: Alfred Haverkamp (Hrsg.), Friedrich Barbarossa. Handlungsspielräume und Wirkungsweisen des staufischen Kaisers (Vorträge und Forschungen, 40), Sigmaringen 1992, S. 501–518.

Dirlmeier, Ulf/Fouquet, Gerhard: Bischof Johannes von Venningen (1458–1478) auf Reisen. Aufwand und Konsum als Merkmale adliger Lebensführung, in: Gertrud Blaschitz/Helmut Hundsbichler/Gerhard Jaritz/Elisabeth Vavra (Hrsg.), Symbole des Alltags – Alltag der Symbole. Festschrift für Harry Kühnel zum 65. Geburtstag, Graz 1992, S. 113–145.

Dirlmeier, Ulf: Umweltprobleme im Mittelalter. Abwasser und Müll: Wohin damit?, in: Damals 25 (1993), 8, S. 16–21.

Dirlmeier, Ulf/Fouquet, Gerhard: Ernährung und Konsumgewohnheiten im spätmittelalterlichen Deutschland, in: Geschichte in Wissenschaft und Unterricht 44 (1993), S. 504–526.

Dirlmeier, Ulf: Früh- und Hochmittelalter (6.–13. Jahrhundert)/Spätmittelalter (Mitte 13. Jahrhundert bis Ende 15. Jahrhundert), in: Kleine deutsche Geschichte, Stuttgart 1995 (erg. Aufl., Stuttgart 2006).

Fouquet, Gerhard/Dirlmeier, Ulf: „weger wer, ich het sie behaltten" – Alltäglicher Konsum und persönliche Beziehungen in der Hofhaltung des Basler Bischofs Johannes von Venningen (1458–1478), in: Werner Paravicini (Hrsg.), Alltag bei Hofe (Residenzenforschung, 5), Sigmaringen 1995, S. 171–196.

Dirlmeier, Ulf/Fouquet, Gerhard: Diet and Consumption, in: Robert W. Scribner (Hrsg.), Germany: A New Social and Economic History, Bd. I: 1450–1630, London-New York-Sydney-Auckland 1996, S. 85–111.

Dirlmeier, Ulf/Schmidt, Fritz: Die Hanse und die Nahrung im südlichen Ostseeraum, in: Günter Wiegelmann/Ruth E. Mohrmann (Hrsg.), Nahrung und Tischkultur im Hanseraum (Beiträge zur Volkskultur in Nordwestdeutschland, 91), Münster 1996, S. 267–302.

Dirlmeier, Ulf/Fuhrmann, Bernd: Art. Südfrüchte, -handel, in: Lexikon des Mittelalters, Bd. VIII, München-Zürich 1997, Sp. 281–283.

Fuhrmann, Bernd/Dirlmeier, Ulf: Art. Viehhandel, in: Lexikon des Mittelalters, Bd. VIII, München-Zürich 1997, Sp. 1641–1643.

Dirlmeier, Ulf (Hrsg.): Geschichte des Wohnens. 500–1800. Hausen-Wohnen-Residieren, Bd. II, Stuttgart 1998.

Dirlmeier, Ulf/Fuhrmann, Bernd: Vielfalt in der Einheit (West- und Mitteleuropa im Spätmittelalter), in: Brockhaus. Die Weltgeschichte, Bd. 3, Leipzig/Mannheim 1998, S. 334–411 (ND in Arnold Bühler u. a., Das Mittelalter, Stuttgart 2004, S. 270–347).

Dirlmeier, Ulf/Fuhrmann, Bernd: Die Stadt in der europäischen Geschichte, in: Brockhaus. Die Weltgeschichte, Bd. 3, Leipzig-Mannheim 1998, S. 412–419.

Dirlmeier, Ulf: Früh- und Hochmittelalter (6.–13. Jahrhundert)/Spätmittelalter (Mitte 13. Jahrhundert bis Ende 15. Jahrhundert), in: Deutsche Geschichte, Stuttgart 1999, S. 15–97.

Dirlmeier, Ulf/Fouquet, Gerhard/Fuhrmann, Bernd: Europa im Spätmittelalter 1215–1378 (Oldenbourg. Grundriß der Geschichte, 8), München 2003, 2. Aufl., München 2008.

Dirlmeier, Ulf: Heinrich der Löwe und ‚die Wirtschaft', in: Johannes Fried/Otto Gerhard Oexle (Hrsg.), Heinrich der Löwe. Herrschaft und Repräsentation (Vorträge und Forschungen, 57), Ostfildern 2003, S. 293–309.

Dirlmeier, Ulf/Fuhrmann, Bernd: Räumliche Aspekte sozialer Ungleichheit in der spätmittelalterlichen Stadt, in: VSWG 92 (2005), S. 424–439.

Abkürzungs- und Siglenverzeichnis

AbhAkHeidelb	Abhandlungen der Heidelberger Akademie der Wissenschaften
AbhMNG	Abhandlungen zur mittleren und neueren Geschichte
AQ	Ausgewählte Quellen zur deutschen Geschichte des Mittelalters
ArchHistVBern	Archiv des Historischen Vereins des Kantons Bern
ARG	Archiv für Reformationsgeschichte
BDLG	Blätter für deutsche Landesgeschichte
BeitrGKulturNürnberg	Beiträge zur Geschichte und Kultur der Stadt Nürnberg
BiblLitV/BiblLitVStuttgart	Bibliothek des Litterarischen Vereins in Stuttgart
ChrDtSt	Die Chroniken der deutschen Städte vom 14. bis ins 16. Jahrhundert
GdtVz	Die Geschichtsschreiber der deutschen Vorzeit
Jb.	Jahrbuch
JbFränkLdForsch	Jahrbuch für fränkische Landesforschung
LUB	Codex diplomaticus Lubecensis. Lübeckisches Urkundenbuch
MGH	Monumenta Germaniae Historica
Const.	Constitutiones
DFI	Die Urkunden Friedrichs I.
DDHdL	Die Urkunden Heinrichs des Löwen
DDHIV	Die Urkunden Heinrichs IV.
DDLIII	Die Urkunden Lothars III.
Staatsschriften	Staatsschriften des späteren Mittelalters
MIÖG	Mitteilungen des Instituts für Österreichische Geschichtsforschung
MittVGNürnb/MVGNürnberg	Mitteilungen des Vereins für Geschichte der Stadt Nürnberg

QDHansG	Quellen und Darstellungen zur hansischen Geschichte
QFRefG	Quellen und Forschungen zur Reformationsgeschichte
QSchweizG	Quellen zur Schweizer Geschichte
RE	Realencyclopädie der classischen Altertumswissenschaft
Rhein. Vjbll.	Rheinische Vierteljahrsblätter
SbbAkHeidelb	Sitzungsberichte der Heidelberger Akademie der Wissenschaften
SlgSchweizRQ	Sammlung schweizerischer Rechtsquellen = Les sources du droit Suisse
StF A	Städteforschung; Reihe A
VGesfränkG	Veröffentlichungen der Gesellschaft für Fränkische Geschichte
VHistKommFrankfurt	Veröffentlichungen der Frankfurter Historischen Kommission
VKommGLkBWürtt	Veröffentlichungen der Kommission für geschichtliche Landeskunde in Baden-Württemberg
VStAFreiburg	Veröffentlichungen aus dem Archiv der Stadt Freiburg im Breisgau
VSWG	Vierteljahrschrift für Sozial- und Wirtschaftsgeschichte
VuF/Vortr.Forsch	Vorträge und Forschungen
WürttGQ	Württembergische Geschichtsquellen
WürttVjhefteLdG	Württembergische Vierteljahrshefte für Landesgeschichte
ZBayerLdG	Zeitschrift für Bayerische Landesgeschichte
ZGesBeförderungKdeFreib/Br	Zeitschrift der Gesellschaft für Beförderung der Geschichts-, Altertums- und Volkskunde (von Freiburg, dem Breisgau und den angrenzenden Landschaften)
Zs.	Zeitschrift
ZGO/ZGOrh	Zeitschrift für die Geschichte des Oberrheins
ZHistVSchwab	Zeitschrift des Historischen Vereins für Schwaben

Zs.f.Allgem.Gesch.   Zeitschrift für allgemeine Geschichte, Kultur-, Literatur- und Kunstgeschichte

ZWLG   Zeitschrift für Württembergische Landesgeschichte

KIELER WERKSTÜCKE

Reihe A: Beiträge zur schleswig-holsteinischen und skandinavischen Geschichte
Hrsg. von Oliver Auge und Thomas Riis

Band 1 Kai Fuhrmann: Die Auseinandersetzung zwischen königlicher und gottorfischer Linie in den Herzogtümern Schleswig und Holstein in der zweiten Hälfte des 17. Jahrhunderts. 1990.

Band 2 Ralph Uhlig (Hrsg.): Vertriebene Wissenschaftler der Christian-Albrechts-Universität zu Kiel (CAU) nach 1933. Zur Geschichte der CAU im Nationalsozialismus. Eine Dokumentation, bearbeitet von Uta Cornelia Schmatzler und Matthias Wieben. 1991.

Band 3 Carsten Obst: Der demokratische Neubeginn in Neumünster 1947 bis 1950 anhand der Arbeit und Entwicklung des Neumünsteraner Rates. 1992.

Band 4 Thomas Hill: Könige, Fürsten und Klöster. Studien zu den dänischen Klostergründungen des 12. Jahrhunderts. 1992.

Band 5 Rüdiger Wurr / Udo Gerigk / Uwe Törper / Alfred Sielken: Türkische Kolonie im Wandel. Ausländersozialarbeit und Ausländerpädagogik in Schleswig-Holstein (Bandhrsg.: Kai Fuhrmann und Ralph Uhlig). 1992.

Band 6 Torsten Mußdorf: Die Verdrängung jüdischen Lebens in Bad Segeberg im Zuge der Gleichschaltung 1933-1939 (Bandhrsg.: Kai Fuhrmann und Ralph Uhlig).1992.

Band 7 Thorsten Afflerbach: Der berufliche Alltag eines spätmittelalterlichen Hansekaufmanns. Betrachtungen zur Abwicklung von Handelsgeschäften. 1993.

Band 8 Ralph Uhlig: *Confidential Reports* des Britischen Verbindungsstabes zum Zonenbeirat der britischen Besatzungszone in Hamburg (1946-1948). Demokratisierung aus britischer Sicht. 1993.

Band 9 Broder Schwensen: Der Schleswig-Holsteiner-Bund 1919-1933. Ein Beitrag zur Geschichte der nationalpolitischen Verbände im deutsch-dänischen Grenzland. 1993.

Band 10 Matthias Wieben: Studenten der Christian-Albrechts-Universität im Dritten Reich. Zum Verhaltensmuster der Studenten in den ersten Herrschaftsjahren des Nationalsozialismus. 1994.

Band 11 Volker Henn / Arnved Nedkvitne (Hrsg.): Norwegen und die Hanse. Wirtschaftliche und kulturelle Aspekte im europäischen Vergleich. 1994.

Band 12 Jürgen Hartwig Ibs: Die Pest in Schleswig-Holstein von 1350 bis 1547/48. Eine sozialgeschichtliche Studie über eine wiederkehrende Katastrophe. 1994.

Band 13 Martin Höffken: Die "Kieler Erklärung" vom 26. September 1949 und die "Bonn-Kopenhagener Erklärungen" vom 29. März 1955 im Spiegel deutscher und dänischer Zeitungen. Regierungserklärungen zur rechtlichen Stellung der dänischen Minderheit in Schleswig- Holstein in der öffentlichen Diskussion. 1994.

Band 14 Erich Hoffmann / Frank Lubowitz (Hrsg.): Die Stadt im westlichen Ostseeraum. Vorträge zur Stadtgründung und Stadterweiterung im Hohen Mittelalter. Teil 1 und 2. 1995.

Band 15 Claus Ove Struck: Die Politik der Landesregierung Friedrich Wilhelm Lübke in Schleswig-Holstein (1951-1954). 1997.

Band 16 Hannes Harding: Displaced Persons (DPs) in Schleswig-Holstein 1945-1953. 1997.

Band 17 Olav Vollstedt: Maschinen für das Land. Agrartechnik und produzierendes Gewerbe Schleswig-Holsteins im Umbruch (um 1800-1867). 1997.

Band 18 Jörg Philipp Lengeler: Das Ringen um die Ruhe des Nordens. Großbritanniens Nordeuropa-Politik und Dänemark zu Beginn des 18. Jahrhunderts. 1998.

Band 19 Thomas Riis (Hrsg.): Tisch und Bett. Die Hochzeit im Ostseeraum seit dem 13. Jahrhundert. 1998.

Band 20 Alf R. Bjercke: Norwegische Kätnersöhne als königliche Dragoner. Eine Abhandlung über den Dragonerdienst in Norwegen und die Grenzwache in Schleswig-Holstein 1758-1762. 1999.

Band 21 Niels Bracke: Die Regierung Waldemars IV. Eine Untersuchung zum Wandel von Herrschaftsstrukturen im spätmittelalterlichen Dänemark. 1999.

Band 22 Lutz Sellmer: Albrecht VII. von Mecklenburg und die Grafenfehde (1534-1536). 1999.

Band 23 Ernst-Erich Marhencke: Hans Reimer Claussen (1804-1894). Kämpfer für Freiheit und Recht in zwei Welten. Ein Beitrag zu Herkunft und Wirken der "Achtundvierziger". 1999.

Band 24 Hans-Otto Gaethke: Herzog Heinrich der Löwe und die Slawen nordöstlich der unteren Elbe. 1999.

Band 25 Henning Unverhau: Gesang, Feste und Politik. Deutsche Liedertafeln, Sängerfeste, Volksfeste und Festmähler und ihre Bedeutung für das Entstehen eines nationalen und politischen Bewußtseins in Schleswig-Holstein 1840-1848. 2000.

Band 26 Joseph Ben Brith: Die Odyssee der Henrique-Familie (Bandhrsg.: Björn Marnau und Ralph Uhlig). 2001.

Band 27 Karl-Otto Hagelstein: Die Erbansprüche auf die Herzogtümer Schleswig und Holstein 1863/64. 2003.

Band 28 Annegret Wittram: Fragmenta. Felix Jacoby und Kiel. Ein Beitrag zur Geschichte der Kieler Christian-Albrechts-Universität. 2004.

Band 29 Sönke Loebert: Die dänische Vergangenheit Schleswigs und Holsteins in preußischen Geschichtsbüchern. 2008.

Band 30 Hans Gerhard Risch: Der holsteinische Adel im Hochmittelalter. Eine quantitative Untersuchung. 2010.

Band 31 Silke Hinz: Hochzeit in Kiel. Wandel im Hochzeitsgeschehen von 1965 bis 2005. 2011.

Band 32 Sönke Loebert / Okko Meiburg / Thomas Riis: Die Entstehung der Verfassungen der dänischen Monarchie (1848-1849). 2012.

Band 33 Franziska Nehring: Graf Gerhard der Mutige von Oldenburg und Delmenhorst (1430-1500). 2012.

Reihe B: Beiträge zur nordischen und baltischen Geschichte
Hrsg. von Hain Rebas

Band 1 Rainer Plappert: Zwischen Zwangsclearing und Entschädigung. Die politischen Beziehungen zwischen der Bundesrepublik Deutschland und Schweden im Schatten der Kriegsfolgefragen 1949-1956. 1996.

Band 2 Volker Seresse: Des Königs "arme weit abgelegenne Vntterthanen". Oesel unter dänischer Herrschaft 1559/84-1613. 1996.

Band 3 Ingrid Bohn: Zwischen Anpassung und Verweigerung. Die deutsche St. Gertruds Gemeinde in Stockholm zur Zeit des Nationalsozialismus. 1997.

Band 4 Saskia Pagell: Souveränität oder Integration? Die Europapolitik Dänemarks und Norwegens von 1945 bis 1995. 2000.

Band 5 Ulrike Hanssen-Decker: Von Madrid nach Göteborg. Schweden und der EU-Beitritt Estlands, Lettlands und Litauens, 1995-2001. 2008.

Reihe C: Beiträge zur europäischen Geschichte des frühen und hohen Mittelalters
Hrsg. von Hans Eberhard Mayer

Band 1 Martin Rheinheimer: Das Kreuzfahrerfürstentum Galiläa. 1990.

Band 2 Oliver Berggötz: Der Bericht des Marsilio Zorzi. Codex Querini-Stampalia IV 3 (1064). 1990.

Band 3 Thomas Eck: Die Kreuzfahrerbistümer Beirut und Sidon im 12. und 13. Jahrhundert auf prosopographischer Grundlage. 2000.

Reihe D: Beiträge zur europäischen Geschichte des späten Mittelalters
Hrsg. von Werner Paravicini

Band 1 Holger Kruse, Werner Paravicini, Andreas Ranft (Hrsg.): Ritterorden und Adelsgesellschaften im spätmittelalterlichen Deutschland. Ein systematisches Verzeichnis. 1991.

Band 2 Werner Paravicini (Hrsg.): Hansekaufleute in Brügge. Teil 1: Die Brügger Steuerlisten 1360-1390, hrsg. von Klaus Krüger. 1992.

Band 3 Les Chevaliers de l'Ordre de la Toison d'or au XVe siècle. Notices bio-bibliographiques publiées sous la direction de Raphaël de Smedt. 1994. 2. Auflage 2000.

Band 4 Werner Paravicini (Hrsg.): Der Briefwechsel Karls des Kühnen (1433-1477). Inventar. Redigiert von Sonja Dünnebeil und Holger Kruse. Bearbeitet von Susanne Baus u.a. Teil 1 und 2. 1995.

Band 5 Werner Paravicini (Hrsg.): Europäische Reiseberichte des späten Mittelalters. Eine analytische Bibliographie. Teil 1: Deutsche Reiseberichte, bearb. von Christian Halm. 1994. 2., durchgesehene und um einen Nachtrag ergänzte Auflage 2001.

Band 6 Rainer Demski: Adel und Lübeck. Studien zum Verhältnis zwischen adliger und bürgerlicher Kultur im 13. und 14. Jahrhundert. 1996.

Band 7 Anne Chevalier-de Gottal: Les Fêtes et les Arts à la Cour de Brabant à l'aube du XVe siècle. 1996.

Band 8 Stephan Selzer: Artushöfe im Ostseeraum. Ritterlich-höfische Kultur in den Städten des Preußenlandes im 14. und 15. Jahrhundert. 1996.

Band 9 Werner Paravicini (Hrsg.): Hansekaufleute in Brügge. Teil 2. Georg Asmussen: Die Lübecker Flandernfahrer in der zweiten Hälfte des 14. Jahrhunderts (1358-1408). 1999.

Band 10 Jean Marie Maillefer: Chevaliers et princes allemands en Suède et en Finlande à l'époque des Folkungar (1250-1363). Le premier établissement d'une noblesse allemande sur la rive septentrionale de la Baltique. 1999.

Band 11 Werner Paravicini, Horst Wernicke (Hrsg.): Hansekaufleute in Brügge. Teil 3. Prosopographischer Katalog zu den Brügger Steuerlisten 1360-1390. Bearbeitet von Ingo Dierck, Sonja Dünnebeil und Renée Rößner. 1999.

Band 12 Werner Paravicini (Hrsg.): Europäische Reiseberichte des späten Mittelalters. Eine analytische Bibliographie. Teil 2: Französische Reiseberichte, bearbeitet von Jörg Wettlaufer in Zusammenarbeit mit Jacques Paviot. 1999.

Band 13 Nils Jörn, Werner Paravicini, Horst Wernicke (Hrsg.): Hansekaufleute in Brügge. Teil 4. Beiträge der Internationalen Tagung in Brügge April 1996. 2000.

Band 14 Werner Paravicini (Hrsg.): Europäische Reiseberichte des späten Mittelalters. Eine analytische Bibliographie. Teil 3. Niederländische Reiseberichte. Nach Vorarbeiten von Detlev Kraack bearbeitet von Jan Hirschbiegel. 2000.

Band 15 Werner Paravicini (Hrsg.): Hansekaufleute in Brügge. Teil 5. Renée Rößner: Hansische Memoria in Flandern. Alltagsleben und Totengedenken der Osterlinge in Brügge und Antwerpen (13. bis 16. Jahrhundert). 2001.

Band 16 Werner Paravicini (Hrsg.): Hansekaufleute in Brügge. Teil 6. Anke Greve: Hansische Kaufleute, Hosteliers und Herbergen im Brügge des 14. und 15. Jahrhunderts. 2011.

Reihe E: Beiträge zur Sozial- und Wirtschaftsgeschichte
Hrsg. von Gerhard Fouquet

Band 1 Thomas Hill / Dietrich W. Poeck (Hrsg.): Gemeinschaft und Geschichtsbilder im Hanseraum. 2000.

Band 2   Gabriel Zeilinger: Die Uracher Hochzeit 1474. Form und Funktion eines höfischen Festes im 15. Jahrhundert. 2002.

Band 3   Sascha Taetz: Richtung Mitternacht. Wahrnehmung und Darstellung Skandinaviens in Reiseberichten städtischer Bürger des 16. und 17. Jahrhunderts. 2004.

Band 4   Harm von Seggern / Gerhard Fouquet / Hans-Jörg Gilomen (Hrsg.): Städtische Finanzwirtschaft am Übergang vom Mittelalter zur Frühen Neuzeit. 2007.

Band 5   Gerhard Fouquet (Hrsg.): Die Reise eines niederadeligen Anonymus ins Heilige Land im Jahre 1494. 2007.

Band 6   Sven Rabeler: Das Familienbuch Michels von Ehenheim (um 1462/63-1518). Ein niederadliges Selbstzeugnis des späten Mittelalters. Edition, Kommentar, Untersuchung. 2007.

Band 7   Gerhard Fouquet / Gabriel Zeilinger (Hrsg.): Die Urbanisierung Europas von der Antike bis in die Moderne. 2009.

Band 8   Dietrich W. Poeck: Die Herren der Hanse. Delegierte und Netzwerke. 2010.

Band 9   Carsten Stühring: Der Seuche begegnen. Deutung und Bewältigung von Rinderseuchen im Kurfürstentum Bayern des 18. Jahrhunderts. 2011.

Band 10 Sina Westphal: Die Korrespondenz zwischen Kurfürst Friedrich dem Weisen von Sachsen und der Reichsstadt Nürnberg. Analyse und Edition. 2011.

Band 11 Ulf Dirlmeier: Menschen und Städte. Ausgewählte Aufsätze. Herausgegeben von Rainer S. Elkar, Gerhard Fouquet und Bernd Fuhrmann. 2012.

Reihe F: Beiträge zur osteuropäischen Geschichte
Hrsg. von Rudolf Jaworski und Ludwig Steindorff

Band 1   Peter Nitsche (Hrsg.), unter Mitarbeit von Ekkehard Klug: Preußen in der Provinz. Beiträge zum 1. deutsch-polnischen Historikerkolloquium im Rahmen des Kooperationsvertrages zwischen der Adam-Mickiewicz-Universität Poznań und der Christian-Albrechts-Universität zu Kiel. 1991.

Band 2   Rudolf Jaworski (Hrsg.): Nationale und internationale Aspekte der polnischen Verfassung vom 3. Mai 1791. Beiträge zum 3. deutsch-polnischen Historikerkolloquium im Rahmen des Kooperationsvertrages zwischen der Adam-Mickiewicz-Universität Poznań und der Christian-Albrechts-Universität zu Kiel, unter Mitarbeit von Eckhard Hübner. 1993.

Band 3   Peter Nitsche (Hrsg.): Die Nachfolgestaaten der Sowjetunion. Beiträge zur Geschichte, Wirtschaft und Politik. Herausgegeben unter Mitarbeit von Jan Kusber. 1994.

Band 4   Stephan Conermann / Jan Kusber (Hrsg.): Die Mongolen in Asien und Europa. 1997.

Band 5   Randolf Oberschmidt: Rußland und die schleswig-holsteinische Frage 1839-1853. 1997.

Band 6   Rudolf Jaworski / Jan Kusber / Ludwig Steindorff (Hrsg.): Gedächtnisorte in Osteuropa. Vergangenheiten auf dem Prüfstand. 2003.

Band 7   Ulrich Kaiser: Realpolitik oder antibolschewistischer Kreuzzug? Zum Zusammenhang von Rußlandbild und Rußlandpolitik der deutschen Zentrumspartei 1917-1933. 2005.

Band 8   Annelore Engel-Braunschmidt / Eckhard Hübner (Hrsg.): Jüdische Welten in Osteuropa. 2005.

Band 9   Martin Aust / Ludwig Steindorff (Hrsg.): Russland 1905. Perspektiven auf die erste Russische Revolution. 2007.

Reihe G: Beiträge zur Frühen Neuzeit
Hrsg. von Olaf Mörke

Band 1   Rolf Schulte: Hexenmeister. Die Verfolgung von Männern im Rahmen der Hexenverfolgung von 1530-1730 im Alten Reich. 2000. 2., ergänzte Auflage 2001.

Band 2   Jan Klußmann: Lebenswelten und Identitäten adliger Gutsuntertanen. Das Beispiel des östlichen Schleswig-Holsteins im 18. Jahrhundert. 2002.

Band   3   Daniel Höffker / Gabriel Zeilinger (Hrsg.): Fremde Herrscher. Elitentransfer und politische
            Integration im Ostseeraum (15.-18. Jahrhundert). 2006.

Band   4   Volker Seresse (Hrsg.): Schlüsselbegriffe der politischen Kommunikation in Mitteleuropa
            während der frühen Neuzeit. 2009.

Band   5   Björn Aewerdieck: Register zu den Wunderzeichenbüchern Job Fincels. 2010.

Reihe   H: Beiträge zur Neueren und Neuesten Geschichte
Hrsg. von Christoph Cornelißen

Band   1   Lena Cordes: Regionalgeschichte im Zeichen politischen Wandels. Die Gesellschaft für
            Schleswig-Holsteinische Geschichte zwischen 1918 und 1945. 2011.

Band   2   Birte Meinschien: Michael Freund. Wissenschaft und Politik (1945-1965). 2012.

www.peterlang.de